1000个
企业纳税疑难问题精解
暨营业税改征增值税答疑

北京中经阳光税收筹划事务所 ◎ 编著

中国市场出版社
China Market Press

图书在版编目（CIP）数据

1 000个企业纳税疑难问题精解：暨营业税改征增值税答疑/北京中经阳光税收筹划事务所编著. —北京：中国市场出版社，2013.3
ISBN 978-7-5092-1000-0

Ⅰ.①1… Ⅱ.①北… Ⅲ.①企业管理-税收管理-中国-问题解答②增值税-税收管理-中国-问题解答 Ⅳ.①F812.42-44

中国版本图书馆CIP数据核字（2013）第002636号

书　名：	1 000个企业纳税疑难问题精解暨营业税改征增值税答疑
作　者：	北京中经阳光税收筹划事务所　编著
责任编辑：	胡超平
出版发行：	中国市场出版社
地　址：	北京市西城区月坛北小街2号院3号楼（100837）
电　话：	编辑部（010）68037344　读者服务部（010）68022950
	发行部（010）68021338　68020340　68053489
	68024335　68033577　68033539
经　销：	新华书店
印　刷：	河北省高碑店市鑫宏源印刷包装有限公司
规　格：	787×1092毫米　1/16　34.5印张　715千字
版　本：	2013年3月第1版
印　次：	2013年3月第1次印刷
书　号：	ISBN 978-7-5092-1000-0
定　价：	78.00元

本书编委会

主　任：蔡承宇
副主任：黄洁瑾
编　委：景志伟　王皓鹏　林佳良　牛鲁鹏
　　　　杨万斌　陈　丹　张云华　徐　林
　　　　曹　磊　王爱清

前 言

税收是一个国家生存和发展的基石。随着市场经济的深入发展，我国经济结构日益完善，经济实力得到长足发展，税收收入快速增长：

1998年，中国税收首次破万亿，实现10 682.6亿。
2002年，税收实现20 017.3亿。
2005年，税收实现34 804.4亿。
2009年，税收实现63 104.0亿。
2010年，税收实现77 390.0亿。
2011年，税收实现95 729.0亿。
2012年，税收首次突破10万亿。

从这些数字可以看出，税收收入增长的速度远高于国民经济的增长速度，整体而言，企业比例税负加大了。在这样的背景下，企业更加关注纳税，纳税多少也成为决定企业利润高低的关键因素之一。

这些年，我国税收法律、法规及相关政策做了较大程度的修订，税收法制更加完善和健全。企业需要健全法制观念，依法纳税，在经营中规避各种税收风险。但实践中我们发现，一方面，企业通过各种手段偷税；另一方面，很多企业面对税收法条和税收政策文件浩如烟海的税收环境非常茫然，经常因对政策的理解有误或根本不了解政策，无意识地少交税或稀里糊涂地多交税。在为企业税收咨询与顾问中可以看到，大概只有5%的企业家，真正赢在纳税的前沿，意识到"依法"纳税不是让缴多少就缴多少，而是依法"不多缴、不少缴、不早缴、不晚缴"。

北京中经阳光税收筹划事务所在为企业做税务顾问时，接触到来自企业一线的许许多多的税收疑难问题，事务所专家们对这些问题进行了详细的解答。呈现在您面前的这本《1 000个企业纳税疑难问题精解暨营业税改征增值税答疑》是我们对读者的提问进行了全面的梳理后精心挑选出来的典型疑难问题。可以说这是一本税收问答的大词典，涵盖营业税、增值税、企业所得税、消费税、个人所得税、土地增值税、房产税、城镇土地使用税、印花税、契税、车船税、资源税等多个税种，有些问题涉及账务的处理。

本书是广大纳税人在困惑之际查询答案的工具书，可以说是企业财务工作者必备的纳税词典，是工作中的良师益友。

本书出版之时，恰逢国家营业税改征增值税扩围，在此，我们把营业税改征增值税的相关试点疑难问题一并纳入本书，为广大财税工作者提供最新、最前沿的问题解答。

购买本书，您可以免费下载使用《税务指南针》软件中"中国税典"和"中国会计法典"版块，可以在线查询全部税收政策及解读。（下载地址：中国阳光财税网 www.suntax.com.cn，产品专区中"税务指南针"板块）。

希望本书能给您的财税工作带来一片阳光！

阳光财税编委会
北京中经阳光税收筹划事务所
2013 年 1 月

CONTENTS 目 录

第一篇 分税种纳税答疑

增值税 ……………………………………………………………………… 3
  1. 公司购买的接送职工上下班的班车能否抵扣进项税额？ …………… 3
  2. 一般纳税人资格证书到期后如何处理？ ……………………………… 3
  3. 企业从农民手中收购的芸豆再销售是否可享受免征增值税优惠？ … 3
  4. 未办理税务登记的连锁餐饮分公司销售外带食品如何缴纳增值税？ … 4
  5. 一般纳税人对增值税税控系统专用设备的抵扣是否有新规定？ …… 4
  6. 商贸企业取得加油开具的增值税专用发票分录如何做？ …………… 5
  7. 销售自产的经晾晒、冷藏、脱水等工序的蔬菜是否适用免缴增值税
     政策？ …………………………………………………………………… 5
  8. 取得林业局开具的原木增值税普通发票是否可以抵扣进项税额？ … 5
  9. 企业经营外购砂和煤炭后再转售如何确定增值税税率？ …………… 6
 10. 如何计算来料加工免税收入的进项税转出额？ ……………………… 6
 11. 拍卖行受托拍卖货物收取的款项是否需要缴增值税？ ……………… 7
 12. 代开发票是否加盖发票专用章？ ……………………………………… 7
 13. 以旧换新的设备如何开具发票？ ……………………………………… 8
 14. 采取赊销方式应该如何缴纳增值税？ ………………………………… 8
 15. 因市场等原因发生的损失是否需要做进项税转出？ ………………… 8
 16. 销售未抵扣进项税的固定资产如何适用税率？ ……………………… 9
 17. 提前付款是否涉及流转税？ …………………………………………… 9
 18. 购入设备运费取得专用发票能否抵扣？ ……………………………… 10
 19. 如何确定纳税义务发生时间？ ………………………………………… 11
 20. 非试点企业向试点企业提供服务开具何种发票？ …………………… 11
 21. 试点区外企业应取得试点企业开具何种运输发票方能抵扣？ ……… 11
 22. 新旧政策下"不得抵扣的进项税额"计算方法有何区别？ ………… 12
 23. 视同销售如何确定增值税销售额？ …………………………………… 13

24. 视同销售货物应如何填报？ ………………………………………… 13
25. 取得个税扣缴手续费是否要缴增值税？ ……………………………… 14
26. 分次支付预付工程款何时开具发票？ ………………………………… 14
27. 商品车转为固定资产进项税额是否要转出？ ………………………… 15
28. 如何确定运输劳务的销售额？ ………………………………………… 15
29. 用旧机器增资是否开具专用发票？ …………………………………… 15
30. 取得境外公司开具的发票能否抵扣进项税？ ………………………… 16
31. 移送货物是否要缴纳增值税？ ………………………………………… 16
32. 铜产品所含的黄金是否属于伴生金？ ………………………………… 17
33. 增值税应纳税额中全额抵减的设备费用如何填写纳税申报表？ …… 17
34. 膨化血粉、膨化肉粉、水解羽毛粉能否享受免征增值税优惠政策？ … 18
35. 享受蔬菜免征增值税政策的纳税人对外销售蔬菜应使用什么发票？ … 18
36. 超市按照货物的销售比例向厂家收取的收入如何缴纳增值税？ …… 18
37. 销售自产的经晾晒、冷藏、脱水等工序的蔬菜是否适用免缴增值税政策？ ……………………………………………………………………… 19
38. 环保设备制作、销售及安装资质企业是否可以开具建安发票？ …… 19
39. 超市销售免税蔬菜可否抵扣进项税？ ………………………………… 20
40. 汽车美容及洗车服务是否缴纳增值税？ ……………………………… 21
41. 转让固定资产是否需要缴纳增值税？ ………………………………… 21
42. 货物运输业增值税专用发票的联次和用途及纸张规格是如何规定的？ …………………………………………………………………… 21
43. 企业将购买原材料时取得的包装物再销售给农民是否缴纳增值税？ … 22
44. 超市以免费品尝形式请顾客试吃的产品是否视同销售？ …………… 22
45. 税务机关检查发现少计销售额是否计入查补年度销售额？ ………… 22
46. 邮政部门设立的物流公司销售月饼、鲜花等礼品是否应缴纳增值税？ ……………………………………………………………………… 23
47. 已抵扣进项税额的固定资产在什么情况下需要作进项税额转出处理？ ……………………………………………………………………… 23
48. 流通环节免征增值税的蔬菜产品出口能否享受出口产品免税并退税政策？ …………………………………………………………………… 24
49. 用积分购物商家应该如何缴纳增值税？ ……………………………… 24
50. 商品削价处理的损失是否应作进项税额转出？ ……………………… 25
51. 增值税专用发票丢失应如何处理？ …………………………………… 25
52. 未经批准的单位从事融资租赁业务如何缴税？ ……………………… 26
53. 个体工商户能否申请代开增值税专用发票？ ………………………… 26
54. 业务招待中消耗货物的增值税怎样处理？ …………………………… 27

55. 办公饮用水如何进行税务处理？	28
56. 收售二手车过户是否需要缴纳增值税？	29
57. 如何理解与计算不得抵扣的进项税额？	29
58. 营改增后，应税服务年销售额是否包含减免税销售额？	31
59. 总分机构统一采购如何抵扣进项税？	31
60. 境外公司开具的发票可否抵扣相应进项税额？	31
61. 购物卡销售如何申报纳税？	32
62. 一般纳税人注销清算是否需要关注增值税相关问题？	33
63. 企业的分支机构应在何地缴纳增值税？	35
64. 商场无偿赠送礼品是否应视同销售货物？	36
65. 租赁厂房安装电暖设施能不能抵扣增值税？	37
66. 哪些货物运输费用准予抵扣进项税？	38
67. 增值税起征点"按月"和"按次"如何划分？	39
68. 跨省迁址后账面存货的增值税处理有何规定？	39
69. 饭店自制桌椅用于经营是否视同销售	40
70. 不同用途的供气管道进项税额是否应分别核算？	40
71. 用于研发新产品的原材料是否应做进项税额转出？	41
72. 销售使用过物品增值税应怎样计缴？	42
73. 银行业赠送礼品给客户是否缴增值税？	43
74. 代购进口货物垫付货款是否缴纳增值税？	44
75. 研究开发活动相关的进项税能否抵扣？	45
76. 受托处理污水能否申请增值税免税？	48
77. 购进方已认证抵扣的发票开票方误作废如何处理？	49
78. 一般纳税人批发、零售复混肥料是否缴纳增值税？	49
79. 直接收款销售方式下未实际收到货款时如何纳税？	50
80. 国家税务总局公告 2011 年第 49 号是否意味着专用发票取消抵扣期限的限制？	51
81. 增值税一般纳税人取得机动车销售统一发票是否可以抵扣？	51
82. 制衣厂因经营不善转让厂房及机器设备是否需要缴纳增值税？	52
83. 增值税即征即退款能否享受"三免三减半"优惠？	52
84. 公司收取的一次性供水设施配套建设费等应如何缴税？	53
85. 销售边角废料按何税率缴纳增值税？	53
86. 购置新设备支付的开发费如何开具发票？	54
87. 施工现场生产混凝土如何缴税？	56
88. 进料加工企业下脚料的进项税额可否抵扣？	56
89. 矿产资源开采等劳务如何缴纳增值税？	57

90. 兼营不同税率的应税行为是否应单独核算？ ……………………… 57
91. 试点区企业提供服务是否均缴纳增值税？ ……………………… 58
92. 非试点企业取得试点企业开具的专用发票能否抵扣？ ………… 59
93. 赠送纪念币的进项税额能否抵扣？ ……………………………… 60
94. 供热公司收取一次性入网费如何进行财税处理？ ……………… 60
95. 由卖方分公司开具增值税发票入账是否可行？ ………………… 60
96. 取得的管理用汽油专用发票可否抵扣进项税额？ ……………… 62
97. 非法人分支机构之间调拨固定资产是否缴纳增值税？ ………… 62
98. 取得报废固定资产小额收入如何缴增值税？ …………………… 63
99. 增值税、营业税起征点是否适用于小微企业？ ………………… 63
100. 随同房屋销售的家电、家具应如何缴纳增值税？ ……………… 64
101. 母公司租赁给子公司的固定资产是否作进项税额转出？ ……… 64
102. 商品混凝土公司如何确定增值税税率？ ………………………… 65
103. 礼品赠送如何进行增值税和所得税处理？ ……………………… 65
104. 支付款项与开具抵扣凭证单位不一致可否抵扣？ ……………… 67
105. 购买税控系统专用和通用设备如何进行纳税处理？ …………… 67
106. 井下、生产区安装监控设备可否抵扣进项税？ ………………… 68
107. 非统一核算的总、分机构间的货物转移是否视同销售？ ……… 69
108. 通过空运货物取得的航空运输业发票是否可以抵扣进项税额？ … 70
109. 企业购买电缆及中央空调取得的增值税发票是否可抵扣进项税额？ … 71
110. 供热企业向居民个人供热而取得的采暖费收入是否征收增值税？ … 71
111. 环氧大豆油和氢化植物油适用的增值税税率是多少？ ………… 72
112. 企业设备和存货转移到新厂是否需要缴纳增值税和所得税？ … 72
113. 饭店设立窗口外卖如何缴税？ …………………………………… 73
114. 因转让技术所有权而发生的安装等费用是否征收增值税？ …… 73
115. "营改增"试点企业向境外支付咨询费如何缴流转税？ ………… 73
116. 软件产品的开发和销售有何增值税优惠政策？ ………………… 74
117. 企业自产设备转为自用后如何进行财税处理？ ………………… 75
118. 购进货物不符合规定增值税专用发票如何处理？ ……………… 75
119. 《增值税暂行条例实施细则》中的"其他个人"怎么界定？ …… 76
120. 跨地区经营的直营连锁企业可否统一申报缴纳增值税？ ……… 76
121. 无增值税专用发票是否可享受退（免）税优惠？ ……………… 77
122. 将自产钢筋用于厂房维修是否视同销售？ ……………………… 77
123. 材料样品是否应按照组成计税价格确定销售额？ ……………… 78
124. 代养奶牛如何缴纳流转税？ ……………………………………… 78
125. 增值税一般纳税人向小规模纳税人销售货物能否开具增值税专

目 录

用发票？ …………………………………………………………… 79
126. 用于增值税应税项目又用于非增值税应税项目的固定资产是否
可以抵扣进项税额？ …………………………………………… 79
127. 取得的铁路运输发票名称与托运人（或收货人）不一致，是否
可以作进项税额抵扣？ ………………………………………… 79
128. 本月申报期发现上月开具的增值税专用发票有误，能否直接作
废重开？ ………………………………………………………… 80
129. 外地库存产品是否缴增值税？ ………………………………… 80
130. 辅导期取得的农产品收购发票是否需要稽核比对？ ………… 81
131. 农业生产者销售自养种鸡产的鸡蛋是否免税？ ……………… 81
132. 企业取得的失控增值税专用发票能否抵扣进项税？ ………… 82
133. 纳税人从事垃圾处理、污泥处理处置劳务是否征收增值税？ … 82
134. 取得的粮食企业开具的增值税专用发票能否抵扣进项税？ … 83
135. 公司购入的同时用于生产经营和职工福利的固定资产可否抵扣
进项税？ ………………………………………………………… 83
136. 境外公司开具的发票可否抵扣相应进项税额？ ……………… 84
137. 尿素产品是否免缴增值税？ …………………………………… 84
138. 印刷厂自购纸张，受出版单位委托印刷报纸，是否需要缴纳
增值税？ ………………………………………………………… 84
139. 生产企业委托加工收回的产品，如何办理视同自产产品申请
退税？ …………………………………………………………… 84
140. 由库存商品转入固定资产是否需要缴纳增值税？ …………… 85
141. 农民专业合作社可否使用增值税专用发票？ ………………… 85
142. 商业企业向供货方收取的返还收入如何处理？ ……………… 85
143. 因对外承包工程而出口方便面和速冻饺子等食品是否免税？ … 86
144. 销售有机肥能否享受增值税优惠？ …………………………… 86
145. 代销货物的企业没有利润是否需要申报缴纳增值税？ ……… 87
146. 转让土地使用权或不动产时一并销售固定资产，怎样处理？ … 87
147. 药品批发企业是否使用增值税防伪税控系统？ ……………… 87
148. 补交采暖费发生的滞纳金，能否取得发票？ ………………… 88
149. 已取得退税款的国产设备对外出售，是否需要缴回已退税款？ … 88
150. 商贸企业以前年度少缴税款如何处理？ ……………………… 88
151. 农民专业合作社销售鱼苗，是否免缴增值税？ ……………… 89
152. 加工好的鲜牛奶对外销售时增值税税率是多少？ …………… 89
153. 因购置防暑降温用品而取得的增值税专用发票，其进项税额可否
抵扣？ …………………………………………………………… 89

154.	将旧的设备转让应如何纳税？	90
155.	企业购入监控设备的进项税是否允许抵扣？	90
156.	加油站销售加油卡只开具普通发票的行为是否正确？	91
157.	销售免税进口的饲料用鱼粉能否享受免征增值税的优惠？	91
158.	能否用留抵税额抵缴欠税？	91
159.	商场向供货商收取的进场费等部分费用应如何纳税？	92
160.	电力公司过网费收入是否征收增值税？	92
161.	生产销售滴灌带产品能否享受增值税优惠政策？	92
162.	销售自产中水是否可以免征增值税？	93
163.	逾期未退还的保证金是否要申报缴纳增值税？	93
164.	被作为赠品的展品是否缴纳增值税？	93
165.	来料加工货物在国内采购辅料能否抵扣进项税额？	94
166.	融资性售后回租业务中，承租方购买的固定资产能否抵扣进项税额？	94
167.	飞机维修业务能否享受增值税优惠？	94
168.	海关完税凭证丢失需要办理哪些手续才允许抵扣增值税进项税额？	94
169.	加油站自有生产经营用车辆所耗用的汽油如何进行税务处理？	95
170.	现在铁路运输货运发票的抵扣期限是否为180天？	95
171.	销售野生红柳枝做成的烤肉扦子是否免缴增值税？	95
172.	军需工厂取得增值税进项税额是否可以抵扣？	96
173.	京原煤、丰沙大煤的运输费用是否可以抵扣？	96
174.	抵扣联上没有发票专用章是否影响认证该发票？	97
175.	既有货物销售又有维修业务收入的小规模纳税人企业的标准是多少？	97
176.	发生红字冲回的销项税额能否申请退税？	97
177.	销售皮棉适用增值税税率是多少？	98
178.	制造大型专业机械的企业的运输行为属于兼营还是混合销售行为？	98
179.	内外贸兼营的商贸企业按多少税率计算进项税额？	98
180.	企业中央空调修理费可否作进项税额抵扣？	99
181.	干姜是否属于农产品的范畴？	99
182.	进口材料的增值税进项税额是否还能抵扣？	99
183.	超过增值税纳税义务的发生时间是否还可开具专用发票？	100
184.	企业销售采用融资租赁形式租回设备的行为是否需要缴纳增值税？	100
185.	货运发票的抵扣联没有加盖印章，是否符合规定？	100
186.	制种企业销售种子是否免缴增值税？	101

目 录

187. 增值税实行先征后返的企业，附征的附加税费是否可以退还？ …… 101
188. 运输发票内容填写不全能否抵扣进项税额？ …… 101
189. 从事不在经营范围内的业务，可否开具相关内容的增值税专用发票？ …… 101
190. 从国外进口货物，直接出口到另外一个国家，是否应缴纳增值税？ …… 102
191. 如何确认自己单位适用于哪种抵扣管理办法？ …… 102
192. 开票方逃逸且税款没有缴纳该如何处理？ …… 103
193. 销售电影母带和拷贝取得的收入是否应缴纳增值税？ …… 103
194. 用信托资金融资取得专用发票可否抵扣？ …… 104
195. 丢失增值税专用发票抵扣联能否办理出口退税？ …… 104
196. 银粉是否取消了出口退税？ …… 104
197. 企业出口的样品能否退税？ …… 104
198. 非正常损失购进货物的进项税额需要转出吗？ …… 105
199. 出口已过海关监管期的设备如何征税？ …… 105
200. 外贸企业部分货物的出口退税率为零，进项税额可否进行抵扣？ …… 105
201. 出口加工区内企业如何办理水、电费的增值税退税？ …… 106
202. 购进礼品的进项税额能否抵扣？ …… 106
203. 增值税专用发票的密文是 108 位吗？ …… 106
204. 增值税进项留抵税额能否抵减增值税欠税形成的滞纳金？ …… 106
205. 旋窑法工艺生产的水泥享受优惠政策该如何计算和认定？ …… 107
206. 汽车销售企业提供代办保险服务收取的费用是否征收增值税？ …… 107
207. 增值税一般纳税人和小规模纳税人在税收征管上有何不同？ …… 107
208. 销售额未达到标准是否会取消一般纳税人资格？ …… 108
209. 一般纳税人企业在辅导期预缴的税款如何处理？ …… 108
210. 从事快餐制作、销售及配送，应缴纳营业税还是增值税？ …… 109
211. 因地震发生的原材料损失是否属于非正常损失？ …… 109
212. 以农林剩余物为原料的综合利用产品，其增值税可否减免？ …… 110
213. 税务登记证正在办理中的企业可否申请税务机关代开发票？ …… 110
214. 汽车销售公司装修展厅所耗用材料取得的发票可抵扣？ …… 110
215. 增值税一般纳税人支付的国际货物运输代理费用能否抵扣进项税额？ …… 111
216. 企业取得供货方开具的增值税专用发票，但供货方却委托另一公司收款，这样的发票能否抵扣？ …… 111
217. 农民个人手工编制竹器销售是否免征增值税？ …… 111
218. 稽核结果为相符的海关缴款书其进项税额可否在其他月份进行

抵扣？ …………………………………………………………………… 111
219. 公司为提高知名度而印制宣传资料，是否要视同销售缴纳增值税？ ……………………………………………………………… 112
220. 以个人使用过的设备投资能否免增值税？ ………………………… 112
221. 生产门窗的企业收取的用于保证安装质量的保证金是否缴纳增值税？ ……………………………………………………………… 112
222. 拖欠纳税检查应补缴的增值税税款如何处理？ …………………… 113
223. 超市取得普通发票是否可以抵扣进项税额？ ……………………… 113
224. 无偿赠送货物是否可以开具专用发票？ …………………………… 113
225. 对公司已经注销但曾有业务往来的货款如何处理？ ……………… 114
226. 个体户对自产林木销售部分是否可以享受增值税减免？ ………… 114
227. 购买的办公设备既用于出口也用于内销业务是否可以抵扣进项税额？ ………………………………………………………………… 114
228. 宾馆销售月饼的金额达到了一般纳税人标准，是否必须认定为一般纳税人？ …………………………………………………………… 115
229. 可抵扣的航空货运票据有哪些？ …………………………………… 115
230. 有海关增值税专用缴款书是否可以办理进项税额抵扣？ ………… 116
231. 用于企业内部所购进的道路配套设施其进项税额能否抵扣？ …… 116
232. 利用垃圾发酵产生的资源能否享受增值税优惠政策？ …………… 116
233. 曾经放弃增值税免税政策，以后还可以申请享受吗？ …………… 117
234. 企业将下脚料销售给客户应如何缴纳增值税？ …………………… 117
235. 丢失海关专用缴款书带来的损失应如何补救？ …………………… 117

营业税 ………………………………………………………………… 118
236. 销售集资房是否缴纳营业税和土地增值税？ ……………………… 118
237. 收取的违约金是否缴纳流转税？ …………………………………… 119
238. 资产重组涉及的无形资产转让是否缴纳营业税？ ………………… 120
239. 货运企业收挂靠车辆管理费是否缴营业税？ ……………………… 120
240. 财税〔2011〕12号文件中"购买"住房如何界定？ ……………… 121
241. 企业资金管理中心利息转贷如何缴纳营业税？ …………………… 121
242. 分公司为总公司提供服务如何纳税？ ……………………………… 122
243. 分公司以总公司名义中标的工程如何缴纳营业税？ ……………… 123
244. 电梯维修按建筑业还是服务业缴税？ ……………………………… 123
245. 建筑劳务分包对营业税纳税地点是否有限定？ …………………… 124
246. 企业出租房产代收代付的电费是否缴纳营业税？ ………………… 124
247. 差额缴税的物业单位是否必须具备相应资质？ …………………… 125

248. 内部单位间提供自产货物同时提供建筑业劳务如何纳税？ …………… 125
249. 房地产开发企业为其他单位代建房屋如何征收营业税？ ……………… 126
250. 非金融机构统借统还业务中的利息是否缴纳营业税？ ………………… 126
251. 跨境设备租赁老合同取得的收入是否仍免缴营业税？ ………………… 127
252. 从事汽车清洗业务应如何缴税？ ………………………………………… 127
253. 转贷业务收取的利息是否缴纳营业税？ ………………………………… 128
254. 收到股票股息是否缴纳营业税？ ………………………………………… 129
255. 收取关联方的资金占用费是否缴纳营业税？ …………………………… 129
256. 设备租赁一次性开票应如何核算和计税？ ……………………………… 130
257. 家政服务免税是否包括写字楼打扫卫生收入？ ………………………… 132
258. 转让产权是否缴营业税？ ………………………………………………… 132
259. 处置车辆如何进行会计处理？ …………………………………………… 133
260. 公用电话亭取得的收入如何征收营业税？ ……………………………… 133
261. 土地拍卖取得补偿可否不缴营业税？ …………………………………… 134
262. 委托他人转让著作权，应按哪个税目缴纳营业税？ …………………… 134
263. 个人将房屋、土地无偿赠与他人是否征收营业税？ …………………… 135
264. 对出租廉租房和公租房取得的租金收入需要缴纳营业税吗？ ………… 135
265. 对金融机构农户小额贷款的利息收入征收营业税吗？ ………………… 135
266. 保险公司开办的一年期以上返还性人身保险业务以及个人投资分
红保险业务缴纳营业税吗？ ……………………………………………… 136
267. 节能服务公司实施合同能源管理项目是否可以免缴营业税？ ………… 136
268. 如何理解享受免税的党报党刊发行收入按邮政企业报刊发行收入
的70％计算？ ……………………………………………………………… 136
269. 单位和个人受托种植植物、饲养动物的行为如何缴纳营业税？ ……… 137
270. 如何确定个人销售通过无偿受赠取得的房产的购房时间？ …………… 137
271. 学校取得的赞助收入是否征税？应如何征税？ ………………………… 137
272. 污水处理费是否应缴纳营业税？ ………………………………………… 138
273. 专利代理机构取得收入如何计算缴纳营业税？ ………………………… 138
274. 营业税纳税人发生退款后，已缴纳的营业税如何处理？ ……………… 138
275. 包销房地产应如何缴纳营业税？ ………………………………………… 139
276. 劳务公司的营业收入应如何确定？ ……………………………………… 139
277. 对地质矿产部门的勘探收入应如何征税？ ……………………………… 139
278. 如何理解国税发〔2010〕75号文件的相关规定？ ……………………… 139
279. 建筑业分包单位如何缴纳营业税并开具发票？ ………………………… 140
280. 从事代理报关业务的纳税人如何确定计税营业额？ …………………… 140
281. 保安公司取得相关单位支付的保安服务费如何缴纳营业税？ ………… 141

282. 货物运输代开票纳税人，能否按交通运输业差额计征营业税？ …… 141
283. 个人取得的年度客房利润分红是否缴纳营业税？ ………… 141
284. 支付给外国单位的参展费是否计征营业税？ ……………… 141
285. 房地产开发公司将开发产品转为自用，是否要视同销售计缴营业税？ …………………………………………………………… 142
286. 装饰装潢公司为客户代购辅助材料应如何缴纳营业税？ …… 142
287. 公司转包的技术服务费用在计征营业税时，能否从营业额中扣除？ …………………………………………………………… 142
288. 电梯维护收取的维护费应如何缴税？ …………………… 142
289. 房地产企业新设立的酒店公司需要缴纳营业税吗？ …… 143
290. 买卖金融商品按差额缴纳营业税，正负差可否结转下一会计年度？ …………………………………………………………… 143
291. 房地产公司代收业主的住房专项维修基金是否应并入营业额缴纳营业税？ …………………………………………………… 143
292. 转让在建工程应如何缴纳营业税？ ……………………… 144

企业所得税 …………………………………………………………… 144
293. 以低于成本价销售库存商品发生损失如何税前扣除？ …… 144
294. 合资企业中方增资是否补缴以前减免税优惠？ …………… 145
295. 因购买汽车而支付的车辆购置税、车船税等如何税务处理？ …… 145
296. 企业自定差旅费标准的补助可否税前扣除？ ……………… 146
297. 以前年度资产损失可否追补至发生年度扣除？ …………… 146
298. 涉嫌诈骗的逾期贷款能否作为损失税前扣除？ …………… 146
299. 汇算清缴哪些调整项目需进行账务处理？ ………………… 147
300. 支付境外采购物料的佣金可否在税前扣除 ………………… 148
301. 因管理不善报废的原材料如何办理企业所得税税前扣除手续？ …… 148
302. 招用应届高校毕业生就业能否享受所得税优惠政策？ …… 149
303. 高新资格复审期间如何预缴企业所得税？ ………………… 149
304. 收入小于成本的加工企业如何税前扣除？ ………………… 150
305. 以现金支付的残疾人工资是否享受加计扣除？ …………… 150
306. 租赁车辆发生的修理费以及油费是否可以税前扣除？ …… 150
307. 研究开发费加计扣除部分可否用以后年度所得弥补？ …… 151
308. 因报废清理发生的损失如何在所得税税前扣除？ ………… 151
309. 无偿转让股权如何缴税？ ……………………………………… 152
310. 汇兑收益是否可以不计入应纳税所得额？ ………………… 152
311. 弥补以前年度亏损是否要出具鉴证报告？ ………………… 153

312.	哪些项目属于会议费的列支范围？	153
313.	贷款损失准备金是否可以税前扣除？	154
314.	自建厂房进行扩建的费用是否并入固定资产的计税基础计提折旧？	154
315.	房地产企业支付给销售企业的佣金或手续费，税前扣除有何限制？	155
316.	如何确定受赠固定资产的价值？	155
317.	以前年度税金能否税前扣除？	156
318.	员工午餐支出能否税前扣除？	157
319.	收到政府奖励金计入哪个科目？	157
320.	检查调增的应纳税所得额如何弥补亏损？	158
321.	分支机构设备加速折旧是否由总机构向税务局申请？	159
322.	年度终了，无法准确计算完工进度的未完工施工项目如何结转收入成本？	159
323.	核定征收企业所得税的企业能否享受小型微利企业的税收优惠政策？	160
324.	超期未开发土地可否转入无形资产管理？	160
325.	跨地区分支机构企业所得税由总公司汇总缴纳，分公司在当地预缴，是否由总公司提供分配表？	160
326.	企业租赁个人的车辆，发生的汽油费、修理费用可以税前扣除吗？	160
327.	按定率征收所得税的企业，其取得的银行存款利息是否应缴纳所得税？	161
328.	安置残疾人就业所得税优惠政策对残疾人的残疾级别是否有规定？	161
329.	在施工过程中，采用先进技术措施进行施工所发生的费用，能不能按科技支出加计抵扣？	161
330.	政府拆迁补偿款如何作账务处理，需要缴纳哪种税？	161
331.	施工单位雇用临时工（不需要缴纳三险）的费用如何处理？	162
332.	单位支付的外聘销售人员费用如何做税务处理？	162
333.	企业发生的借款利息支出如何扣除？	163
334.	企业发生的公益性捐赠支出如何税前扣除？	163
335.	新企业所得税法中规定的"合理工资薪金"应如何掌握？	163
336.	新企业所得税法如何规定年度汇算清缴期限？	164
337.	企业固定资产的大修理支出如何扣除？	164
338.	跨年度工程如果持续时间不超过12个月，如何确认收入？	164

339. 企业在年度中间终止经营活动的应如何缴纳企业所得税？ …………… 164
340. 居民企业取得向境内直接投资的已完税的投资收益是否应为免税收入？ ……………………………………………………………… 165
341. 因企业员工非法挪用单位资金造成的损失（该员工被判刑）如何税前扣除？ …………………………………………………………… 165
342. 集茶叶种植和初加工于一体的企业，其所得税应如何缴纳？ 165
343. 与伤亡家属达成的工伤死亡抚恤金可以在计算企业所得税时扣除吗？ ……………………………………………………………… 166
344. 单位职工食堂的开支可以在计提的福利费范围内税前列支吗？ …… 166
345. 两免三减半的优惠政策和西部大开发15%的企业所得税优惠税率的优惠政策是否可以同时享受？ …………………………………… 167
346. 视同销售收入包含在计算业务招待费的销售收入中吗？ …………… 167
347. 企业安置外地残疾人员就业是否可以享受加计扣除？ ……………… 168
348. 企业为扩大销售开展打折促销让利活动应如何确认收入？ ………… 168
349. 企业对厂房改建，发生的改建支出是否可以在税前扣除？ ………… 168
350. 进行存货损失的确认应提供哪些证明材料报送主管税务机关审批？ ……………………………………………………………………… 169
351. 小型微利企业该如何认定？ …………………………………………… 169
352. 业务招待费如何税前扣除？ …………………………………………… 170
353. 外国投资者从外商投资企业取得利润是否征收企业所得税？ ……… 170
354. 企业计提了职工的工资，但是没有发放，可以在企业所得税前扣除吗？ ……………………………………………………………………… 170
355. 企业发生哪些费用可以作为企业研究开发费用在税前加计扣除？ … 170
356. 固定资产残值如何确定？ ……………………………………………… 171
357. 集团公司收取下属公司的管理费，能否税前列支？ ………………… 171
358. 跨省、市分支机构的企业所得税如何汇算清缴？ …………………… 171
359. 企业向会员收取的会员费应如何确认销售收入？ …………………… 172
360. 从财政局取得的设备技术更新改造拨款需要缴所得税吗？ ………… 172
361. 取得增值税返还是否缴纳所得税？ …………………………………… 172
362. 企业从政府取得的奖励、扶持资金是否应当缴纳企业所得税？ …… 173
363. 新办企业发生的开办费如何处理？ …………………………………… 173
364. 用于研发活动的固定资产提取的折旧费是否属于研究开发费？ …… 173
365. 办理企业所得税季度预缴时，能否弥补以前年度未弥补的亏损？ … 174
366. 企业外币货币性项目因汇率变动导致的汇兑损失是否要在实际处置或结算时才能税前列支？ ………………………………………… 174
367. 音像制品销售不出去，超过3年能否作为损失在税前扣除？ ……… 174

368. 《企业所得税法》规定的多项优惠政策，能否同时享受？ …… 175
369. 政府性基金是否可以在企业所得税前扣除？ …… 175
370. 企业为职工缴纳的保险费是否可以税前扣除？ …… 175
371. 买一赠一销售的商品是否需要确认收入？ …… 176
372. 采用外币结算的业务如何确定汇率？ …… 176
373. 企业为员工报销的个人医药费能否税前列支？ …… 176
374. 公司人员出国考察期间取得的国外票据能否税前扣除？ …… 177
375. 所得税多缴税款可否抵减以后年度的税款？ …… 177
376. 《企业所得税法》中规定的小型微利企业的条件关于从业人数是如何计算的？ …… 177
377. 软件企业销售自行开发的软件产品，应缴纳增值税还是营业税？如果办理软件企业认定，可以享受什么税收优惠政策？ …… 178
378. 子公司向母公司支付的服务费用是否可以税前扣除？ …… 178
379. 公司将自行开发的商品房转为出租需要视同销售吗？ …… 178
380. 关联企业之间借款利息的扣除怎样处理？ …… 179
381. 实行核定征收的纳税人能否适用20%的优惠税率？ …… 179
382. 单位发放职工防暑降温费是否能税前列支？ …… 179
383. 什么是符合条件的技术转让所得？ …… 180
384. 研发部门的差旅费可否加计扣除？ …… 180
385. 手续费及佣金支出如何税前扣除？ …… 181
386. 企业发生清算向股东分配的剩余资产，需要缴纳企业所得税吗？ …… 181
387. 企业给职工支付的补充养老保险费、补充医疗保险费可否在税前扣除？ …… 182
388. 企业固定资产加速折旧如何办理相关手续？ …… 182
389. 企业所得税季报时弥补亏损，"实际利润额"栏怎样填写？ …… 182
390. 企业投资者投资未到位而发生的利息支出是否可以税前扣除？ …… 183
391. 软件企业的即征即退款用于扩大生产购进的设备能否计提折旧？ …… 183
392. 从财政局取得的专项开发资金是否免税？ …… 183
393. 2009年收到以前年度分配的股利是否适用2009年新的企业所得税法税率？ …… 184
394. 新企业所得税法中电子设备折旧年限是多少？ …… 184
395. 因被担保人不能按期偿还债务而承担连带还款责任的损失可以在企业所得税前扣除吗？与本企业应纳税收入有关的担保具体规定是什么？ …… 185
396. 2009年以后新办的从事建筑安装的企业，企业所得税属于国税征管还是地税征管？ …… 185

397. 将自产产品发给员工作为福利，请问企业所得税是否要作视同销售处理？ 185
398. 化肥生产企业的主要生产设备常年处于高腐蚀状态，是否可以加速折旧？如何办理？ 185
399. 经营马鹿鹿茸加工、切片，按规定是否可以享受企业所得税税收减免？ 186
400. 公司因经营管理需求能否将产品的成本核算方法由先进先出法改为标准成本法？ 186
401. 公司返聘已退休人员继续工作，这部分支出能否作为工资、薪金支出在税前列支？ 187
402. 企业员工特殊岗位的津贴应列入"工资、薪金"还是"职工福利费"？ 187
403. 企业通过妇联的捐赠可否税前扣除？ 187
404. 申请核定征收有何具体规定？ 188
405. 向境外股东分配利润何时履行代扣代缴义务？ 188
406. 未摊销完的维修费该作何处理？ 189
407. 公司从事农产品初加工，享受企业所得税免税优惠，同时还享受过渡期两免三减半的税收优惠，可以叠加享受吗？ 189
408. 已被认定为高新技术企业，享受15%的税率时需要经税务机关审批吗？ 189
409. 补缴的土地出让金是否应列为无形资产？如何进行摊销？ 190
410. 从事运输的企业，运输发票由地方税务局代开。地税局在代开发票时，已经按运输费用金额代征企业所得税，但公司企业所得税由国税局征管，两个局都征收我公司的企业所得税，会不会双重征税？ 190
411. 银行罚息可以在税前扣除吗？ 190
412. 商业企业能否计提存货跌价准备金并在企业所得税前扣除？ 191
413. 企业接受政府科技部门资助，进行技术开发。如技术成果为政府所有，能进行技术开发费加计扣除吗？ 191
414. 外资企业支付给外国企业的装修设计费（劳务发生在境内），无法按实征收时如何计算缴纳企业所得税？ 191
415. 房地产开发企业预售收入如何处理？ 192
416. 外资生产型企业从2008年开始享受两免三减半的过渡期优惠，如果该企业经营期不足10年，需要补缴已减免的企业所得税吗？ 192
417. 企业员工私人汽车无偿给企业使用，汽油费和保险费是否可以在企业所得税前列支？ 193
418. 总、分公司的税率不一样，季度如何预缴企业所得税？ 193

419. 企业以工资方式付分红款可否税前扣除？ …… 194
420. 软件生产企业的职工培训费用在企业所得税前扣除是否有限制？ …… 194
421. 房地产企业代有关单位收取的管理费等是否需要确认收入？ …… 195
422. 创业投资企业申请享受投资抵扣应纳税所得额时，应向税务机关报送哪些资料？ …… 195
423. 合伙企业的合伙人如何缴纳所得税？ …… 195
424. 如何确定企业享受"三免三减半"的优惠政策的时间？ …… 196
425. 公司从农户手中收购茶叶后进行分类、包装再销售，取得的收入是否属于免税的农产品初加工收入？ …… 196
426. 内资企业的进出口业务如何处理？ …… 196
427. 企业内部的技术改造费用是否适用研发费用加计扣除政策？ …… 197
428. 企业从财政部门取得的财政性资金是否免征企业所得税？ …… 197
429. 以前年度未扣除的资产损失可否在以后年度扣除？ …… 198
430. 高新技术企业可否都享受国发〔2007〕40号中规定的两免三减半优惠政策？ …… 198
431. 民办非营利性质的事业单位可否申请享受小型微利企业的税收优惠？ …… 199
432. 因意外没有计提完折旧就已报废的固定资产如何处理？ …… 199
433. 购入农产品再种植销售可否享税收优惠？ …… 200
434. 企业持有中国铁路建设债券取得的利息收入是否缴纳企业所得税？ …… 200
435. 农产品初加工，其加工费能否列入免税范围？ …… 200
436. 公共基础设施项目投资企业可以享受哪些企业所得税优惠？ …… 201
437. 委托外国企业进行的技术检测支出是否代扣代缴企业所得税？ …… 201
438. 房地产企业因国家无偿收回土地使用权形成损失，如何在税前扣除？ …… 201
439. 以前年度取得的返还土地出让金收入是否需要纳税？ …… 202
440. 企业购买设备提取的预计净残值比例可否自行确定？ …… 202
441. 企业扩建费用是否并入固定资产计税基础计提折旧？ …… 202
442. 企业从政府取得的奖励、扶持资金是否应当缴纳企业所得税？ …… 202
443. 航空企业发生的空勤训练费用能否税前扣除？ …… 203
444. 创业投资企业在企业所得税方面有什么优惠政策？ …… 203
445. 企业员工服饰费用支出如何在企业所得税前扣除？ …… 203
446. 取得的社会保险补贴和岗位用工补贴等，是否缴纳企业所得税？ …… 203
447. 分支机构可否享受总公司高新技术企业的优惠？ …… 204
448. 分支结构的福利费、教育经费、对外公益捐赠和业务招待费等

费用扣除额如何计算？ ································· 204
449. 福利企业即征即退增值税免征企业所得税的规定是否继续执行？ ······ 205
450. 取得土地使用权期限是40年如何摊销？ ················ 205
451. 汇率变动，未实现的汇兑损益是否作纳税调整？ ············ 205
452. 房地产开发企业在小区内建造地下停车场所的成本如何处理？ ····· 205
453. 国有学校学历教育、非学历教育，民办学历教育、非学历教育，
　　　是否免征企业所得税？ ······························ 205
454. 研发项目中职责为全面主持（或协调）项目的人员算不算直接
　　　从事研发活动人员？ ······························· 206
455. 农作物的新品种选育如何才能享受税收优惠？ ·············· 206
456. 2010年被认定为高新技术企业，2011年可否继续享受15%的优惠
　　　税率？ ·· 206
457. 小额贷款公司的相关税务处理？ ······················· 207
458. 收到未加盖发票专用章的发票能否在企业所得税前扣除？ ········ 207
459. 子公司合并孙公司且外资股份不撤出，已享受的定期税收优惠应
　　　如何处理？ ····································· 207
460. 研究开发费人工支出中受雇的其他支出，是否包括社保、住房公
　　　积金、福利费？ ·································· 208
461. 申请加计扣除的研发费是否必须在"管理费用"科目核算？ ······· 208
462. 企业增资扩股、稀释股权，是否缴纳企业所得税？ ············ 208
463. 企业为部分高管支付的保险费可否税前扣除？ ·············· 208
464. 企业购进的软件可否采用缩短年限法摊销折旧？ ············· 209
465. 企业在注销前，对未付清的货款是否需要确认收入？ ··········· 209
466. 房地产开发企业将开发产品用于职工福利，是否应缴纳企业所
　　　得税？ ·· 210
467. 清算所得与剩余财产有何区别？ ······················· 210
468. 如果汇总纳税企业的分支机构使用的固定资产符合加速折旧规定，
　　　请问应到何地备案？ ······························· 210
469. 房地产开发企业在开发项目中建造的物业管理场所，应如何进行
　　　企业所得税处理？ ································· 210
470. 合伙企业对当年所得不进行任何分配，那么是否需要缴纳企业所
　　　得税？ ·· 211
471. 会所俱乐部办理客户会员卡后提供的免费项目，是否要确认
　　　收入？ ·· 211
472. 捐赠的物品可否在企业所得税前扣除？ ··················· 211
473. 筹建期间发生的业务招待费性质的支出，如何在企业所得税前

474. 公司经济类型变更是否要进行企业所得税清算？ …………… 212
475. 担保费用能否在企业所得税前列支？ ………………………… 213
476. 企业注销前，厂房、设备等固定资产没有提完折旧，应如何处理？ …………………………………………………………… 213
477. 两个独立法人的母子公司之间发生的费用如何处理？ ……… 213
478. 涉及销售折扣、折让及销售退回的业务如何分别处理？ …… 214
479. 非居民企业担保费收入是否代扣代缴所得税？ ……………… 214
480. 总分支机构的企业所得税适用不同税率，应如何计算申报？ … 214
481. 金融企业的贷款利息收入应如何确认并缴纳企业所得税？ … 215
482. 本年的收入能否抵减上年度亏损数额后再缴纳企业所得税？ … 215
483. 技术转让所得可否申请税收优惠？ …………………………… 216
484. 若不能提供外出经营活动税收管理证明，应如何缴纳企业所得税？ ……………………………………………………………… 216
485. 房地产企业支付给销售企业的佣金或手续费，税前扣除有何限制？ ……………………………………………………………… 216
486. 税务机关检查调增的企业应纳税所得额能否弥补以前年度亏损？ …… 217
487. 企业为员工缴纳本应由员工本人承担的社会保险费用，可否税前扣除？ ……………………………………………………… 217
488. 技术先进型服务企业职工教育经费税前扣除有何规定？ …… 217
489. 建筑企业从承包方收取的管理费如何纳税？ ………………… 218
490. 房地产企业利用地下设施修建地下车库并取得的收入如何列支？ … 218
491. 采取融资性售后回租方式租赁固定资产，企业所得税方面如何处理？ ……………………………………………………………… 218
492. 用税后利润增加注册资本是否需要缴税？ …………………… 219
493. 金融企业贷款逾期后发生的利息何时确认收入？ …………… 219
494. 企业取得财产转让等所得应如何确认收入？ ………………… 220
495. 企业购进某种财务软件应如何列支？ ………………………… 220
496. 以手写形式填写的发票能否在税前扣除？ …………………… 220
497. 软件退税收入如何进行税务处理？ …………………………… 221
498. 哪种工会经费收入凭据可税前扣除？ ………………………… 221
499. 香港公司取得境内投资公司税后利润分配时，是否有税收优惠政策？ ……………………………………………………………… 221
500. 境内总机构支付给境外分支机构利息，如何缴税？ ………… 222
501. 房地产开发公司支付的土地闲置费可否在税前扣除？ ……… 222
502. 核定征收企业进行固定资产清理时，所得税应纳所得额如何

确定？ …………………………………………………………………… 223
503. 房地产企业因资金直接拆借而发生的损失能否税前扣除？ …… 223
504. 加计扣除和小型微利企业优惠能否同时享受？ ………………… 224
505. 借款期间提前竣工，剩下月份的借款支付利息如何处理？ …… 224
506. 销售使用过的固定资产形成的损失能否在企业所得税前扣除？ … 224
507. 职工贪污挪用公款造成单位资产损失可否在税前扣除？ ……… 225
508. 支付给劳务派遣人员的薪酬能否在税前扣除？ ………………… 225
509. 企业集团取消合并纳税后，以前年度尚未弥补的亏损应如何
处理？ ……………………………………………………………… 225
510. 亏损企业是否可享受残疾人工资加计扣除？ …………………… 226
511. 转让股权时如何确定股权转让所得？ …………………………… 226
512. 变更主管税务机关后，原未弥补完的亏损可否继续弥补？ …… 227
513. 利息和投资收益是否可以弥补今年和去年的亏损额？ ………… 227
514. 公司在筹建期间发生的费用如何进行税前扣除？ ……………… 228
515. 内部处置小汽车的差价可否税前扣除？ ………………………… 228
516. 下属单位之间的业务往来是否需缴纳企业所得税？ …………… 228
517. 部分应付利息转出可以在次年列支吗？ ………………………… 229
518. 经认定合格的高新技术企业，何时可享受企业所得税优惠？ … 229
519. 企业支付的佣金能否在企业所得税前全额列支？ ……………… 229
520. 未办理竣工结算的厂房可否计提折旧？ ………………………… 230
521. 车辆购置税和牌照费能否计入固定资产原值计提折旧？ ……… 230
522. 仪器销售收入是否能并入技术转让收入征收企业所得税？ …… 230
523. 债务人公司以资抵债所得税如何处理？ ………………………… 230
524. 既从事种植业又从事养殖业该如何纳税？ ……………………… 231
525. 从政府获得的拆迁补偿款如何申报缴纳企业所得税？ ………… 231
526. 律师事务所企业所得税是否可以核定征收？ …………………… 232
527. 无法取得发票的赔偿金可否在企业所得税前扣除？ …………… 232
528. 发生福利费事项时，是否必须凭合法发票列支？ ……………… 233
529. 雇主责任险可否在税前扣除？ …………………………………… 233
530. 有合法票据的利息支出可否税前扣除？ ………………………… 233
531. 企业购买的古董、字画能否在税前列支？ ……………………… 234
532. 计提未实际支付的借款利息是否可以税前扣除？ ……………… 234
533. 管理性质的业务招待费如何列支？ ……………………………… 235
534. 职工福利费范围如何界定及处理？ ……………………………… 235
535. 核定征税企业的免税收入可否税前扣除？ ……………………… 235
536. 非居民转让境内股权，企业所得税在何处缴纳？ ……………… 235

537. 法人成立的合伙企业如何缴纳所得税? ………………………… 236
538. 集团内子公司合并的特殊税务处理? …………………………… 238
539. 投资者设立不同类型公司的税负如何比较? …………………… 239
540. 债券投资所得如何纳税? ………………………………………… 242
541. 如何理解持有股票12个月以上股息、红利免税? …………… 244
542. 企业税前扣除职工工资支出应注意哪些问题? ………………… 244
543. 如何对公益性捐赠进行税前扣除? ……………………………… 246
544. 非居民企业在中国境内有多处所得应如何纳税? ……………… 247
545. 上年度认定为小型微利企业的其分支机构是否需就地预缴企业所
     得税? …………………………………………………………… 247
546. 企业合并、分立中税收优惠金额如何界定? …………………… 248
547. 滞纳金是否允许在企业所得税前扣除? ………………………… 248
548. 非福利企业安置残疾人如何加计扣除? ………………………… 249
549. 事故赔偿款是否允许税前列支? ………………………………… 250
550. 持执业许可证及事业单位法人证书的单位是否缴纳所得税? … 250
551. 非居民企业在境外交易如何缴纳企业所得税? ………………… 250
552. 按揭贷款未到位是否应确认收入? ……………………………… 252
553. 如何确定股权投资损失金额? …………………………………… 252
554. 按权益法核算的长期股权投资收益如何纳税调整? …………… 253
555. 哪些资产损失可申报所得税税前扣除? ………………………… 254
556. 土地对外投资增值是否缴纳企业所得税? ……………………… 254
557. 未支付的质量保证金如何扣除? ………………………………… 255
558. 建筑施工企业跨地区经营如何缴纳企业所得税? ……………… 256
559. 设备常规改造费用可否加计扣除? ……………………………… 259
560. 存货所含的工资成本能不能扣除? ……………………………… 259
561. 期货公司支付居间人佣金可否税前扣除? ……………………… 260
562. 银行存款利息是否核定缴纳企业所得税? ……………………… 261
563. 软件企业即征即退的增值税是否要征收企业所得税? ………… 261
564. 单位出国参展得到财政局补助的展位费是否缴纳企业所得税? … 263
565. 企业收到分红款是否需缴纳所得税? …………………………… 263
566. 金融企业哪些准备金准予在企业所得税前扣除? ……………… 264
567. 自建商品房转为自用或经营是否要缴纳企业所得税? ………… 267
568. 企业所得税汇算清缴关注哪些纳税调整事项? ………………… 267
569. "企业所得税非优惠事项"有哪些需要备案? ………………… 270
570. 汇总和合并纳税企业的亏损如何弥补? ………………………… 272
571. 筹建期无偿捐赠可否在以后年度税前扣除? …………………… 273

572. 税控系统两项费用能否抵减企业所得税？ …………………………… 273
573. 筹建期企业是否需要所得税汇算清缴？ ………………………………… 274
574. 小型微利企业如何填报所得税申报表？ ………………………………… 275
575. 境外企业在境内取得房租如何缴税？ …………………………………… 275
576. 盘盈的固定资产是否应缴纳企业所得税？ ……………………………… 277
577. 到期应支付而未支付的所得如何扣缴企业所得税？ …………………… 278
578. 企业迁址注销是否作所得税清算？ ……………………………………… 278
579. 被合并企业的亏损可否由合并企业弥补？ ……………………………… 279
580. 企业注销时固定资产应如何处理？ ……………………………………… 279
581. 年度内预缴企业所得税款超过应纳税款如何处理？ …………………… 280
582. 并购发生的贷款利息能否税前列支？ …………………………………… 280
583. 已计提未实际支付的利息费用能否列支？ ……………………………… 281
584. 没有计提完折旧的就因意外报废的固定资产如何处理？ ……………… 283
585. 如何理解财税〔2008〕160号文件的扣除额？ ………………………… 283

消费税 ………………………………………………………………………… 284

586. 啤酒桶的押金是否算进出厂价格来划分消费税单位税额档次？ …… 284
587. 农用拖拉机轮胎是否属于现行消费税"汽车轮胎"税目征税
范围？ …………………………………………………………………… 284
588. 生产企业出口货物是否缴纳消费税？ …………………………………… 285
589. 卷烟批量销售是否需要缴纳消费税？ …………………………………… 285
590. 征收消费税的汽车如何界定？ …………………………………………… 285
591. 可抵扣的连续生产应税消费品应具备哪些条件？ ……………………… 286
592. 已缴消费税的乘用车改装专用车是否需再缴纳消费税？ ……………… 287
593. 饮料酒以何种税率缴纳消费税？ ………………………………………… 287
594. 将自产的白酒与外购的礼品搭配成套对外销售如何计算消费税？ …… 288
595. 免税乙醇汽油是否缴纳城建税及教育费附加？ ………………………… 288
596. 应税消费品的包装物是否计征消费税？ ………………………………… 288
597. 利用废油生产纯生物柴油是否需缴消费税？ …………………………… 289
598. 外购润滑油生产变压器油缴纳的消费税能否抵扣？ …………………… 289
599. 购入烟丝生产卷烟如何换算不含税销售额？ …………………………… 289
600. 无完税证的外贸企业外购轮胎出口可否申请退还消费税？ …………… 290
601. 以前年度库存成品油的已税原料如何计算扣除消费税？ ……………… 290
602. 各种标号汽油与乙醇混掺制成乙醇汽油后对外销售是否应缴纳消
费税？ …………………………………………………………………… 290
603. 消费税纳税人有哪些？ …………………………………………………… 291

604. 委托加工应税消费品如何缴纳消费税？ ………………………… 291
605. 用外汇结算货物如何折算为人民币计算缴纳消费税？ ………… 291
606. 香皂是否征收消费税？ …………………………………………… 291
607. 消费税应如何确定纳税义务发生时间？ ………………………… 292
608. 钻石及钻石饰品消费税在哪个环节缴纳？ ……………………… 292
609. 成品油是否征收消费税？ ………………………………………… 292
610. 生产变压器绝缘油是否缴消费税？ ……………………………… 292
611. 首饰盒并入首饰销售应如何计算消费税？ ……………………… 293
612. 消费税计算时的"销售额"是否是增值税含税销售额？ ……… 293
613. 将外购的柴油用于连续生产生物柴油如何计算抵扣税款？ …… 294
614. 对既生产销售汽油又生产销售乙醇汽油的企业，消费税的征收管理
　　 规定是什么？ ……………………………………………………… 295
615. 如何确定白酒消费税计税价格？ ………………………………… 295
616. 收取啤酒包装物押金是否缴纳消费税？ ………………………… 297
617. 烟草批发公司批发卷烟如何确定纳税时间？ …………………… 297
618. 未取得专票的应税消费品可否抵扣消费税？ …………………… 298
619. 卷烟政策修订后的消费税税率为多少？ ………………………… 298
620. 镀金首饰是否缴纳消费税？ ……………………………………… 299
621. 零售18K铂金饰品的销售商是否缴消费税？ …………………… 300
622. 批发给商场的金银首饰缴纳消费税吗？ ………………………… 300
623. 药酒如何缴纳消费税？ …………………………………………… 301
624. 外购燃料油、渣油、重油能否抵扣消费税？ …………………… 301
625. 金店销售金条、黄金摆件是否征收消费税？ …………………… 302
626. 用溶剂油勾兑出甲醇汽油可否扣除已纳消费税？ ……………… 302
627. 委托加工收回的白酒重新贴标销售如何缴纳消费税？ ………… 303
628. 销售环节不用缴纳消费税吗？ …………………………………… 303
629. 生产清洁汽油可扣除外购消费税吗？ …………………………… 304
630. 销售黄金（非黄金饰品）是否需缴纳消费税？ ………………… 305
631. 外购轮胎销售摩托车能否扣除消费税？ ………………………… 305
632. 生产企业购销应税消费品要交消费税吗？ ……………………… 306
633. 公司购进的润滑油能否抵扣已纳消费税税款？ ………………… 306
634. 制作LED发光管是否属于消费税的征收范围？ ………………… 307
635. 生产卡丁车轮胎是否缴纳消费税？ ……………………………… 307
636. 委托加工出口产品能否退消费税？ ……………………………… 308
637. 酒类生产企业收取的品牌使用费是否缴纳消费税？ …………… 308
638. 炼油厂将自产的成品油用于本单位的客运汽车，是否可以免缴消

　　　　费税？ ……………………………………………………………… 308
　　639. 混合掺制的乙醇汽油对外销售是否缴纳消费税？ ……………… 309
　　640. 用燃料油生产乙烯、芳烃等化工产品在缴纳消费税时是否有税收
　　　　优惠？ ……………………………………………………………… 309
　　641. 委托加工金银首饰是否缴纳消费税？ …………………………… 309
　　642. 外购大包装润滑油经简单加工改成小包装，或者外购润滑油不经
　　　　加工只贴商标的行为，是否缴纳消费税？ ……………………… 310
　　643. 对外销售批发购入的红酒是否需要缴纳消费税？ ……………… 310
　　644. 珠宝加工怎样缴纳消费税？ ……………………………………… 310
　　645. 委托加工收回白酒贴标外售是否缴纳消费税？ ………………… 311
　　646. 由小汽车改装的专用车是否缴纳消费税？ ……………………… 311
　　647. 购进用于生产的已税白酒能否抵扣缴纳的消费税？ …………… 312
　　648. 利用外购原料生产成品油已纳消费税如何抵扣？ ……………… 312
　　649. 兼营不同应税消费品如何计税？ ………………………………… 314
　　650. 预收货款如何确认纳税义务发生时间？ ………………………… 315
　　651. 乳化柴油要缴纳消费税吗？ ……………………………………… 315
　　652. 生产销售润滑脂产品是否应缴纳消费税？ ……………………… 315
　　653. 进口汽车零部件是否需要缴纳消费税？ ………………………… 315

个人所得税 ……………………………………………………………… 316
　　654. 为什么在全国适用统一的工资、薪金所得减除费用标准？ …… 316
　　655. 新个人所得税法对涉外人员附加减除费用如何规定？ ………… 316
　　656. 修改工资、薪金所得税率表的主要原则是什么？ ……………… 317
　　657. 为什么要同步调整生产经营所得税率表？ ……………………… 317
　　658. 企业为员工个人缴纳的年金是否可以在个人所得税税前扣除？ … 317
　　659. 个人租赁房屋再转租，租金收入是否全部作为个税的计税依据？ … 318
　　660. 年所得超过12万元的个人是否需要纳税申报？ ………………… 318
　　661. 自然人股东平价转让股权是否需要缴纳个人所得税？ ………… 319
　　662. 发票中奖获得的奖金是否缴纳个人所得税？ …………………… 319
　　663. 工资中因绩效考核而扣除的部分是否缴纳个人所得税？ ……… 319
　　664. 单位代扣代缴个人所得税是否可到地税局申请开具完税证明？ … 319
　　665. 对离退休人员发放离退休工资以外的奖金、补贴如何征收个税？ … 320
　　666. 代开货物运输业发票个人所得税预征率是多少？ ……………… 320
　　667. 个人储蓄存款利息所得是否免征个人所得税？ ………………… 320
　　668. 个人收入年所得12万元以上自行申报的口径是如何规定的？ … 321
　　669. 户口所在地与工作所在地不一致时在何处纳税申报？ ………… 322

670. 年终奖金如何缴纳个人所得税？ …………………………… 322
671. 上市公司股权分置改革的个人所得税如何缴纳？ ………… 323
672. 以优惠价格购得的店面如何计征个人所得税？ …………… 323
673. 个人年所得 12 万元申报需补税的是否要征滞纳金？ …… 324
674. 年终企业给客户赠送礼品是否需要扣缴个人所得税？ …… 324
675. 个人从上市公司取得的股息、红利如何计算缴纳个人所得税？ … 324
676. 退休人员再任职，应如何计算个人所得税？ ……………… 324
677. 解除劳动关系而取得的一次性补偿金如何计算个人所得税？ … 325
678. 无住所且未满 183 天的外籍个人的个人所得税如何征收？ … 325
679. 同一作品连载如何缴纳个人所得税？ ……………………… 326
680. 兼职人员按工资薪金还是按劳务报酬计算缴纳个人所得税？ … 326
681. 独资和合伙性质的律师事务所年度经营所得缴纳企业所得税还是个人所得税？ …………………………………………… 326
682. 员工获得两处工资的个人所得税如何处理？ ……………… 327
683. 加班工资是否属于"按照国家统一规定发给的补贴、津贴"？ … 327
684. 外籍人员有哪些所得可免征个人所得税？ ………………… 327
685. 个人对公益事业的捐赠如何在个人所得税前计算扣除？ … 328
686. 个人领取的住房公积金是否要缴纳个人所得税？ ………… 328
687. 改制时分得的债权是否需征收其个人所得税？ …………… 329
688. 超标准缴纳的住房公积金是否要征收个人所得税？ ……… 329
689. 计征个人所得税时的费用如何扣除？ ……………………… 329
690. 个人取得的生育津贴和生育医疗费是否需缴纳个人所得税？ … 330
691. 企业为个人购买房屋，如何计征个人所得税？ …………… 330
692. 因请病假而被扣掉的工资在计算个人所得税时是否并入工资中？ … 331
693. 行政事业单位的残疾职工工资薪金所得是否享受减免政策？ … 331
694. 个人取得高温补助是否并入工资薪金所得计算缴纳个人所得税？ … 331
695. 单位给员工报销的旅游费是否计入工资薪金缴纳个人所得税？ … 332
696. 赠与房产过户时的个人所得税如何缴纳？ ………………… 332
697. 个人通过网络买卖虚拟货币是否要缴纳个人所得税，如何计征？ … 332
698. 中国籍员工从境外取得收入如何缴纳个人所得税？ ……… 333
699. 自建住房以低于造价出售给职工个人是否缴纳个人所得税？ … 333
700. 退休人员取得原单位发放的过节费是否需缴纳个人所得税？ … 334
701. 在大型超市购物时参与抽奖活动得奖如何纳税？ ………… 334
702. 医院支付专家所得时应如何扣缴个人所得税？ …………… 334
703. 企业向香港个人支付债券利息，如何缴纳个税？ ………… 334
704. 与外籍人员解除劳动关系并给予一次性补偿金，如何缴纳个人所

得税？ …… 335
705. 取得绿卡但从未长期居住过的中国公民，如何计算个人所得税？ …… 335
706. 通过淘宝网"秒杀"活动购买商品，是否缴纳个人所得税？ …… 336
707. 房产赠给亲属是否缴纳个人所得税？ …… 336
708. 个人通过公益性组织向舟曲灾区的捐款是否可以税前扣除？ …… 336
709. 个体工商户业主、个人独资企业和合伙企业自然人投资者，个人所得税费用的扣除标准是多少？ …… 337
710. 年末发放全年一次性奖金如何计算个人所得税？ …… 337
711. 中国公民在境外博彩所得，是否缴纳个人所得税？ …… 337
712. 股东需要就增资的部分缴纳个人所得税吗？ …… 337
713. 向引进人才发放一次性安家费是否需要代扣个人所得税？ …… 338
714. 发放独生子女津贴需要代扣代缴个人所得税吗？ …… 338
715. 发放的交通、通信补贴需要全额并入员工工资、薪金收入，代扣代缴个人所得税吗？ …… 338
716. 如何处理自然人将技术评估后投资设立公司的征税？ …… 339
717. 公司员工取得的原境外母公司股东支付收购价与行权价的差额如何缴税？ …… 339
718. 发放给职工的误餐补助是否并入工资并计征个人所得税？ …… 339
719. 资本公积转增股本是否需要缴纳个人所得税？ …… 339
720. 如何确定合伙企业投资者缴纳个人所得税的所在地？ …… 340
721. 在中国境内两处或者两处以上取得工资、薪金如何缴纳个人所得税？ …… 340
722. 合伙企业实行增值税"免、抵、退"的退税方法取得的退税款需要缴纳个人所得税吗？ …… 341
723. 个人所得税各税目之中如果有亏损项目，是否可以抵免有收入的税款？ …… 341
724. 股票分红如何缴纳个人所得税？ …… 341
725. 只要是发给员工的福利都要纳入当月的薪酬计算缴纳个人所得税吗？ …… 342
726. 单位给出差人员发放的交通费、餐费补贴和每月通讯费补贴，是否计征个人所得税？ …… 342
727. 个人独资企业和合伙企业取得"四业"所得是否征收个人所得税？ …… 342
728. 单位发给职工的过节实物福利是否计征个人所得税？ …… 343
729. 业务招待费中的礼品费是否缴纳个人所得税？ …… 343
730. 个人投资者从其投资的企业借款，是否征收个人所得税？ …… 343

731. 个人股权转让过程中取得违约金收入是否缴纳个人所得税？ ………… 343
732. 军队干部取得的伙食补贴是否缴纳个人所得税？ ………… 344
733. 量化给职工的资产是否需要缴纳个人所得税？ ………… 344
734. 残疾人取得房屋租赁收入能否免征个人所得税？ ………… 344
735. 个人取得保期内的利息收入，是否需要缴纳个人所得税？ ………… 345
736. 因公用私人身份证购买的汽车，是否代扣代缴个人所得税？ ………… 345
737. 个人转让股权的纳税地点如何确定？ ………… 345

土地增值税 ………… 346

738. 土地投资后出售如何缴税？ ………… 346
739. 转让旧房应如何计算有关土地增值税加计扣除项目？ ………… 347
740. 取得销售预售许可证满三年仍未销售完毕的项目如何进行土地增值税清算？ ………… 347
741. 土地增值税清算中职工福利费如何扣除？ ………… 348
742. 将开发产品转成自用或出租是否缴纳土地增值税？ ………… 349
743. 普通住宅和非普通住宅能否合并计缴土地增值税？ ………… 349
744. 企业分立涉及土地过户是否缴纳土地增值税？ ………… 350
745. 计征土地增值税时利息支出如何扣除？ ………… 350
746. 房地产项目营销设施可否享受土地增值税加计扣除？ ………… 351
747. 转让地上附着物是否缴纳土地增值税？ ………… 352
748. 物业前期介入费可否在土地增值税清算中扣除？ ………… 353
749. 如何确定国税函〔2000〕687号文件的适用范围？ ………… 354
750. "装饰款"是否计缴土地增值税？ ………… 354
751. 自行开发商场整体对外销售如何缴纳土地增值税？ ………… 355
752. 无产权的储藏室销售收入是否计入土地增值税清算收入？ ………… 356
753. 土地增值税清算时如何理解开发费用的"计算扣除"？ ………… 356
754. 同一项目分次开发，土地增值税是否分别清算？ ………… 357
755. 一个项目涉及不同性质的开发产品如何确定增值额？ ………… 358
756. 地下设施成本可否作为开发成本在计算土地增值税时扣除？ ………… 358
757. 未开票也未签订销售合同的房产清算时如何确认收入？ ………… 359
758. 清算后补缴的土地增值税是否加收滞纳金？ ………… 360
759. 住宅未分开核算能否享受土地增值税免税优惠？ ………… 360
760. 开发项目土地增值税清算时收入如何确认？ ………… 360
761. 企业不同项目的土地增值税能否混算？ ………… 361
762. 违约金是否可以在土地增值税前扣除？ ………… 361
763. 转让自有房屋及土地如何计算土地增值税？ ………… 361

764. 生产企业销售办公楼如何缴纳土地增值税？ …… 362
765. 拍卖抵债房地产无增值额是否缴纳土地增值税？ …… 364
766. 土地增值额的扣除项目如何确定？ …… 365
767. 转让旧房在加计扣除时应按几年计算？ …… 365
768. 以土地投资入股如何缴纳土地增值税？ …… 366
769. 转让政府投入的土地如何缴纳土地增值税？ …… 367
770. 合作建房如何进行土地增值税清算？ …… 368
771. 开发成本需要取得何种合法有效凭证？ …… 368
772. 土地增值税清算中不同项目增值额负数与正数能否相抵？ …… 370
773. 缴纳土地增值税能否在各年度平均调整？ …… 371
774. 土地增值税清算时销售收入如何确定？ …… 371
775. 转让闲置营业楼是否缴纳土地增值税？ …… 372
776. 土地增值税计算实例。 …… 372
777. 清算后应补缴的土地增值税如何加收滞纳金？ …… 373
778. 对外投资未取得实际收入，计算土地增值税时如何确定收入？ …… 373
779. 房地产开发费用如何扣除？ …… 373
780. 拆迁安置土地增值税如何计算？ …… 374
781. 转让旧房准予扣除项目的加计扣除率是多少？ …… 374
782. 联合开发项目土地增值税如何清算？ …… 374
783. 房企收取顾客的违约金是否缴纳土地增值税？ …… 375
784. 转让土地是否可以加计5％扣除计算土地增值税？ …… 375
785. 地下车位出租收入是否缴纳土地增值税？ …… 376
786. 房地产开发间接费如何进行分配？ …… 376
787. 企业分立时房产、土地的分割是否缴的土地增值税？ …… 377
788. 委托贷款利息支出能在土地增值税税前扣除吗？ …… 378
789. 清算时用于出租的地下停车场面积如何处理？ …… 378
790. 出售自有土地如何缴纳土地增值税？ …… 379
791. 土地增值税清算中扣除项目金额中所归集的各项成本和费用如何处理？ …… 380
792. "与转让房地产有关的税金"是否包括地方教育附加？ …… 380
793. 受让土地使用权时缴纳的契税能否在计算土地增值税时扣除？ …… 380
794. 企业转让旧房及建筑物，如何缴纳土地增值税？ …… 381
795. 合作建房是否需要缴纳土地增值税？ …… 381
796. 2011年卖掉一套自有住房是否要缴纳土地增值税？ …… 381
797. 个人将土地归还政府取得的收入，是否缴纳土地增值税？ …… 381
798. 企业是否可以委托税务中介机构进行土地增值税的清算鉴证？ …… 382

799. 房地产开发企业扣留的质保金可否税前扣除？ …… 382
800. 未办理完工备案和会计决算手续可以进行计税成本结转吗？ …… 382
801. 房地产企业单独修建的售楼部等营销设施费，在土地增值税清算中如何扣除？ …… 383
802. 土地闲置费及契税滞纳金是否可在计算土地增值税时扣除？ …… 383
803. 出售高级公寓增值额未超过扣除金额的20%，是否可以免征土地增值税？ …… 383
804. 国家行政机关、事业单位是否是土地增值税的纳税人？ …… 384
805. 以土地使用权投资入股房地产开发企业，土地成本如何确认？ …… 384
806. 向其他企业借用资金的利息费用能否在土地增值税清算时扣除？ …… 384
807. 如何确定土地增值税的清算单位？ …… 385
808. 土地增值税清算后尾房销售如何报税？ …… 385
809. 土地增值税清算中利息扣除有哪些规定？ …… 386
810. 房企分立分割土地是否缴纳土地增值税？ …… 388
811. 土地增值税税前扣除范围有哪些？ …… 388
812. 企业重组中的土地增值税如何处理？ …… 389
813. 转让独立的地下商业街是否缴纳土地增值税？ …… 392
814. 合作建房土增税清算时成本如何确认？ …… 392
815. 土地增值税清算金额是否可分期缴纳？ …… 394
816. 开发产品毁损如何清算土地增值税？ …… 395
817. 房企采用自有资金该如何计算开发费用？ …… 395
818. 土地一级整理是否缴纳土地增值税？ …… 396
819. 转让在建项目是否缴纳土地增值税？ …… 397
820. 装修费用能否作为开发成本加计扣除？ …… 398
821. 对土地增值税能否定率征收？ …… 398
822. 股东投入的土地在计算土地增值税时如何扣除？ …… 399
823. 转让土地的土地增值税如何计算？ …… 400
824. 投资、联营企业将房地产再转让时，纳税义务人是谁？ …… 400
825. 国有划拨地对外有偿转让时是否先缴纳土地出让金？ …… 401

房产税 …… 401
826. 外资企业及外籍个人如何缴纳房产税？ …… 401
827. 烟囱是否视同建筑物缴纳房产税？ …… 401
828. 供热企业为居民供热所使用的厂房是否需要缴纳房产税？ …… 402
829. 按揭买房发生的利息支出是否计入房屋原值计算缴纳房产税？ …… 402
830. 企业土地未全部使用该如何计算房产税？ …… 402

831. 违章建筑是否缴纳房产税？ 402
832. 武警部队对外出租房产取得的租金是否可以免征房产税？ 403
833. 更换原消防设备后的房产税计税原值可否减除原消防设备的价值？ 403
834. 自己使用的载人电梯和货梯缴纳房产税时是否并入房产总额？ 403
835. 住宅小区内共有经营性房产由谁缴纳房产税？ 403
836. 外商投资企业和外国企业是否需要缴纳房产税？ 404
837. 房地产开发公司临时搭建的售楼部是否要缴纳房产税？ 404
838. 甲乙两企业合作建房的房产税由哪方缴纳？ 404
839. 房地产开发企业开发的商品房是否缴纳房产税？ 405
840. 房产开发公司将自己开发的门面房两间作为售楼部，是否征收房产税？如果征收房产税应如何确定原值？ 405
841. 没有拿到房产证的房产，需要缴纳房产税吗？ 405
842. 自行开发的商品房作为售楼部，用不用缴纳房产税？ 406
843. 土地价值是否要并入固定资产缴纳房产税？ 406
844. 土地是否应并入房产缴纳房产税？ 406
845. 职工使用的生产运行倒班楼是否免缴房产税？ 407
846. 几种特殊租赁情况下房产税如何缴纳？ 407
847. 产权已确定是否应纳房产税？ 408
848. 地下车库临时经营收入如何缴纳房产税？ 408
849. 账面土地评估增值如何计入房产原值缴纳房产税？ 408
850. 无租使用关联企业房屋如何缴纳房产税？ 409
851. 租入房产经改造，增值财产如何缴税？ 410
852. 按揭买房发生的利息支出是否计入房屋原值计算缴纳房产税？ 412
853. 公司以融资租赁方式租入房产，房产税如何缴纳？ 412
854. 频繁更换的给水设备是否需计入房产原值缴房产税？ 412
855. 房产评估增值部分是否应当缴纳房产税？ 413
856. 地价应当如何把握？ 413
857. 闲置土地是否免征房产税与土地使用税？ 414
858. 未办理产权的地下停车场如何缴纳房产税？ 414
859. 租用房产发生的装修费是否缴纳房产税？ 415
860. 车棚和临时仓库是否应缴纳房产税？ 415

城镇土地使用税 416

861. 不拥有该土地使用权的公司是否应缴纳城镇土地使用税？ 416
862. 购买填海整治的土地是否可以享受免缴城镇土地使用税的优惠

　　　　政策？ …………………………………………………………… 416
863. 未取得土地证的纳税人是否应缴纳城镇土地使用税？ ………… 417
864. 城镇土地使用税和耕地占用税有何不同？ ………………………… 417
865. 企业搬迁后，原有场地不使用的，是否可以免征城镇土地使
　　　用税？ …………………………………………………………… 417
866. 物流企业仓储设施用地何种情形可减征城镇土地使用税？ …… 418
867. 储备仓库是否需要缴纳城镇土地使用税？ …………………… 418
868. 对于单独建造的地下建筑是否需要缴纳城镇土地使用税？ …… 419
869. 个人卖房应缴哪些税费？ ………………………………………… 419
870. 火电厂是否征收城镇土地使用税？ …………………………… 419
871. 租用村集体用地是否缴纳城镇土地使用税？ ………………… 420
872. 尚未出售的商品房占用的土地是否能够减免城镇土地使用税？ … 420
873. 无偿使用村委会土地从事经营，谁来缴纳城镇土地使用税？ … 420
874. 在同一栋房产中土地使用权共有的怎样计算城镇土地使用税？ … 420
875. 股东无偿将个人名下房产做办公室用，哪方缴纳城镇土地使
　　　用税？ …………………………………………………………… 421
876. 林场中度假村等休闲娱乐场所是否征收城镇土地使用税？ …… 421

印花税 ……………………………………………………………………… 421
877. 委托开垦耕地合同是否需要缴纳印花税？ …………………… 421
878. 货物运输合同印花税计税依据是否包括装卸费？ …………… 422
879. 管理费是否也要合并到租金中一起缴印花税？ ……………… 422
880. 工程监理合同是否需要贴花？ ………………………………… 422
881. 婚前财产婚后加名是否需要缴纳印花税？ …………………… 423
882. 出版单位与发行单位之间订立的征订凭证是否缴纳印花税？ … 423
883. 没有签订运输合同取得的发票金额是否缴纳印花税？ ……… 423
884. 企业转让旧汽车如何缴纳印花税？ …………………………… 424
885. 合同结算金额与合同所载金额不一致的是否补贴印花？ …… 424
886. 事业单位的开办资金是否需要缴纳印花税？ ………………… 424
887. 进口货物的购货合同是否需要按购销合同贴花？ …………… 424
888. 招聘合同是否需要缴纳印花税？ ……………………………… 424
889. 年营业收入在 100 万元以下的餐饮企业与银行签订的借款合同，
　　　是否需要缴纳印花税？ ………………………………………… 425
890. 高校学生公寓租赁合同是否缴纳印花税？ …………………… 425
891. 股东将其股权转让给其他自然人是否缴纳印花税？ ………… 425
892. 见证方是否需要缴纳印花税？ ………………………………… 426

893. 一次性签订多年的房屋租赁合同，如何缴纳印花税？ …………… 426
894. 以持有的上市公司股权出资而发生的股权转让行为，是否要缴纳
    印花税？ …………………………………………………………… 426
895. 土地租赁合同是否属于印花税应税凭证？ ……………………… 426
896. 无租赁期限使用房产合同如何贴花？ …………………………… 427
897. 跨省市的建筑安装项目，其印花税纳税地点如何确定？ ……… 427
898. 甲乙双方签订的买卖合同由哪方来缴纳印花税？ ……………… 427
899. 企业签订的应税合同如果没有履行是否可免缴印花税？ ……… 427
900. 仓储保管单据是否需要贴花？ …………………………………… 428
901. 合并成立新企业，启用资金账簿怎样缴纳印花税？ …………… 428
902. 境外签订的股权转让合同，是否缴纳印花税？ ………………… 428
903. 商品房买卖如何征收印花税？ …………………………………… 429
904. 企业集团内部使用的有关凭证是否征收印花税？ ……………… 429
905. 电子合约是否要缴纳印花税？ …………………………………… 429
906. 个人出租房屋合同需要缴纳印花税吗？ ………………………… 430
907. 银行与客户签订的委托贷款合同是否需要缴纳印花税？ ……… 430
908. 装饰装修行业合同如何计算缴纳印花税？ ……………………… 430
909. 贴息贷款合同要缴纳印花税吗？ ………………………………… 430
910. 用工合同适用印花税的什么项目？ ……………………………… 431

契税 ……………………………………………………………………… 431

911. 用拆迁补偿款重新购房如何缴纳契税？ ………………………… 431
912. 事业单位改制后承受的土地房屋是否缴契税？ ………………… 431
913. 与已有购房记录的人共同购房可否享受首次购房的契税优惠
    政策？ ……………………………………………………………… 432
914. 采取分期付款方式购买住房的个人如何缴纳契税？ …………… 432
915. 房产证变更为夫妻双方共有是否缴纳契税？ …………………… 432
916. 购买精装房屋的装修费用是否缴纳契税？ ……………………… 432
917. 房屋置换如何缴纳契税？ ………………………………………… 432
918. 请建筑公司建造厂房，是否需要缴纳契税？ …………………… 433
919. 出租房屋永久使用权是否缴纳契税？ …………………………… 433
920. 将个人房地产投入自己投资的个人独资企业是否征收契税？ … 433
921. 房地产开发企业以新建的房屋作为对拆迁户的补偿金，如何缴纳
    契税？ ……………………………………………………………… 434
922. 退房是否可以退契税？ …………………………………………… 434
923. 享受减征或免征契税的土地、房屋改变用途后是否要补缴契税？ …… 434

924. 原企业资产含有房产、土地，变更法人后的企业是否要缴纳
契税？ ……………………………………………………………… 435
925. 房屋附属设施的契税应如何计算？ …………………………… 435
926. 承受破产企业的房屋，可否免征契税？ ……………………… 435
927. 土地使用权由划拨方式改为出让方式是否应缴纳契税？ …… 436
928. 以竞标方式取得国有土地使用权，契税的计税依据是如何规
定的？ ……………………………………………………………… 436

车船税 ……………………………………………………………………… 436

929. 境外机动车临时入境是否缴纳车船税？ ……………………… 436
930. 不需要在车船登记管理部门登记的车辆是否需要缴纳车船税？ … 436
931. 购买交强险时应该提供哪些资料给保险公司？ ……………… 437
932. 履带式专业机械车是否应缴纳车船税？ ……………………… 437
933. 在非车辆登记地由保险公司代收代缴了机动车车船税是否还要向
车辆登记地税务机关缴纳？ ……………………………………… 437
934. 车辆达到报废年限，已缴纳的车船税是否可以办理退税？ … 437
935. 个人汽车被盗后，是否还需要缴纳车船税？ ………………… 438
936. 特殊情况下的机动车如何缴纳车船税？ ……………………… 438

车辆购置税 ………………………………………………………………… 438

937. 车辆购置税的计税依据是如何规定的？ ……………………… 438

资源税 ……………………………………………………………………… 439

938. 生产建材产品的企业，在当地主管税务机关没有书面资料
委托或者口头通知的情况下，应该代扣代缴资源税吗？ …… 439

第二篇　营改增专题纳税答疑

939. 参与营改增的纳税人是哪些企业或组织？ …………………… 443
940. 单位以承包、承租、挂靠方式经营的应如何纳税？ ………… 443
941. 试点纳税人有哪几类，如何划分？ …………………………… 443
942. 小规模纳税人可否成为一般纳税人？ ………………………… 444
943. 营改增后，一般纳税人资格如何认定？ ……………………… 445
944. 增值税扣缴义务人有哪些？ …………………………………… 445
945. 总、分公司，母、子公司，两个或者两个以上的试点纳税人，营
改增后如何计征？ ………………………………………………… 446

946. 营改增中应税服务指哪些服务？ ··· 446
947. 营改增中提供的无偿应税服务、有偿服务如何界定？ ·················· 447
948. 营改增中，何为境内提供应税服务？ ······································ 447
949. 单位和个体工商户向其他单位或者个人无偿提供交通运输业和部分现代服务业服务是否是应税服务？ ···································· 448
950. 营改增后，增值税税率有何变动？ ··· 448
951. 营改增后，增值税征收率是多少？ ··· 453
952. 营改增后，增值税如何计税？ ··· 453
953. 销售固定资产如何纳税？ ·· 454
954. 小规模纳税人提供应税服务如何纳税？ ···································· 454
955. 境外单位或者个人在境内提供应税服务如何纳增值税？ ·············· 454
956. 一般计税方法如何计算应纳税额？ ··· 455
957. 什么是销项税额？ ··· 455
958. 什么是销售额？ ··· 456
959. 什么是进项税额？ ··· 456
960. 哪些进项税额准予从销项税额中抵扣？ ···································· 456
961. 纳税人抵扣进项税额时，原则上有何要求？ ······························ 458
962. 哪些项目的进项税额不得从销项税额中抵扣？ ·························· 459
963. 非增值税应税项目是指哪些项目？ ··· 460
964. 适用一般计税方法的纳税人，兼营简易计税方法计税项目、非增值税应税服务、免征增值税项目而无法划分不得抵扣的进项税额的应如何计算？ ··· 461
965. 已抵扣进项税额的购进货物、接受加工修理修配劳务或者应税服务（营改增地区），发生简易计税方法项目，非增值税应税服务，免征增值税项目，应如何计算？ ·· 461
966. 纳税人提供的适用一般计税方法计税的应税服务，因服务中止或者折让而退还给购买方的增值税额如何计算？ ··························· 462
967. 有下列情形之一者，应当按照销售额和增值税税率计算应纳税额，不得抵扣进项税额，也不得使用增值税专用发票：一般纳税人会计核算不健全，或者不能够提供准确税务资料的；应当申请办理一般纳税人资格认定而未申请的。如何理解？ ······························ 463
968. 简易计税方法的应纳税额如何计算？ ······································ 463
969. 简易计税方法的销售额不包括其应纳税额，如何确定？ ·············· 464
970. 纳税人提供的适用简易计税方法计税的应税服务，因服务中止或者折让而退还给接受方的销售额如何处理？ ··························· 464
971. 销售额允许扣除的项目有哪些？ ·· 464

972. 销售额的计算单位如何确定? ……………………………………… 465
973. 多个不同税率或者征收率的应税服务如何计算? ………………… 465
974. 纳税人兼营营业税应税项目的如何计缴增值税? ………………… 466
975. 对一般纳税人提供应税服务发生退款如何征税? ………………… 466
976. 纳税人采取折扣方式提供应税服务如何征税? …………………… 467
977. 纳税人提供应税服务的价格明显偏低或者偏高,税务局如何
 征税? ………………………………………………………………… 467
978. 增值税纳税义务发生时间如何确定? ……………………………… 467
979. 增值税纳税地点如何确定? ………………………………………… 469
980. 增值税的纳税期限如何规定? ……………………………………… 469
981. 税收减免有何优惠规定? …………………………………………… 470
982. 对增值税起征点有何规定? ………………………………………… 471
983. 跨期业务如何进行税务处理? ……………………………………… 472
984. 纳税人提供应税服务不得开具增值税专用发票的情况有哪些? … 472
985. 小规模纳税人提供应税服务,接受方索取增值税专用发票的,如何
 处理? ………………………………………………………………… 473
986. 营业税改征增值税一般纳税人资格认定与现行一般纳税人资格认
 定的主要差异是什么? ……………………………………………… 473
987. 混业经营的小规模纳税人,如何确认是否超过小规模纳税人
 标准? ………………………………………………………………… 474
988. 计税销售额如何计算? ……………………………………………… 474
989. 兼有多项差额征税应税服务如何核算? …………………………… 474
990. 当期扣除支付给其他单位或个人价款如何规定? ………………… 475
991. 增值税差额征税应税服务项目,交通运输业服务中允许扣除价款
 项目的具体规定是什么? …………………………………………… 476
992. 试点物流承揽的仓储业务中允许扣除价款项目的具体要求有
 哪些? ………………………………………………………………… 477
993. 勘察设计单位承担的勘察设计劳务允许扣除价款项目的具体要求有
 哪些? ………………………………………………………………… 477
994. 代理业务中允许扣除价款项目的具体要求有哪些? ……………… 477
995. 有形动产融资租赁中允许扣除价款项目的具体要求有哪些? …… 479
996. 增值税专用发票如何发售? ………………………………………… 480
997. 增值税专用发票开具要求有哪些? ………………………………… 481
998. 作废增值税专用发票的条件是什么? ……………………………… 481
999. 红字增值税专用发票如何开具? …………………………………… 482
1000. 丢失增值税专用发票如何抵扣? ………………………………… 483

1001. 发票违法如何处罚? ……………………………………………………… 484
1002. 会计科目如何设定? ……………………………………………………… 484
1003. 营业税改增值税后,账务应如何处理? ………………………………… 485
1004. 一般纳税人差额征税的账务应如何处理? ……………………………… 488
1005. 小规模纳税人差额征税的账务应如何处理? …………………………… 488

附录一　财政部　国家税务总局负责人就营业税改征增值税试点答记者问 …… 489

附录二　营业税改征增值税试点方案 ………………………………………… 492

附录三　交通运输业和部分现代服务业营业税改征增值税试点实施办法 ……… 494

附录四　国家税务总局关于上海市营业税改征增值税试点增值税一般纳税人
　　　　资格认定有关事项的公告 …………………………………………… 502

附录五　国家税务总局关于调整增值税纳税申报有关事项的公告 …………… 503

附录六　财政部　国家税务总局关于中国东方航空公司执行总机构试点
　　　　纳税人增值税计算缴纳暂行办法的通知 ……………………………… 504

附录七　关于交通运输业和部分现代服务业营业税改征增值税试点若干
　　　　税收政策的通知 ………………………………………………………… 506

附录八　财政部　国家税务总局关于增值税税控系统专用设备和技术维护费用
　　　　抵减增值税税额有关政策的通知 ……………………………………… 509

第一篇
分税种纳税答疑

增值税

1. 公司购买的接送职工上下班的班车能否抵扣进项税额?

问:由于距离市区较远,公司购买了大巴接送职工上下班,请问公司购买的接送职工上下班的班车能否抵扣进项税额?

答:《中华人民共和国增值税暂行条例》第十条第一款规定,下列项目的进项税额不得从销项税额中抵扣:用于非增值税应税项目、免征增值税项目、集体福利或者个人消费的购进货物或者应税劳务。

根据上述规定,该单位接送员工上下班的班车属于用于集体福利的非增值税应税项目,所以进项税额不可以抵扣。

2. 一般纳税人资格证书到期后如何处理?

问:增值税一般纳税人资格证书上写的是三年一换证,企业是 2007 年 3 月 1 日取得证书的,现在已经过了换证日期了,怎么办理呢?

答:《增值税一般纳税人资格认定管理办法》(国家税务总局令第 22 号)第十条规定:主管税务机关应当在一般纳税人《税务登记证》副本"资格认定"栏内加盖"增值税一般纳税人"戳记(附件 3)。第十四条规定:本办法自 2010 年 3 月 20 日起执行。

根据上述规定,现在一般纳税人资格证书到期后不需要换证,纳税人只需要向主管税务机关办税服务厅(综合窗口)提供《税务登记证》副本,经主管税务机关确认后,在《税务登记证》副本"资格认定"栏内加盖"增值税一般纳税人"戳记即可。

3. 企业从农民手中收购的芸豆再销售是否可享受免征增值税优惠?

问:我企业为增值税一般纳税人,主要经营芸豆的收购及销售,请问从农民手中收购芸豆再销售,是否可以享受免征增值税?

答:根据下列规定,纳税人从农民手中收购的芸豆再销售可以享受免征增值税优惠。

《财政部 国家税务总局关于免征蔬菜流通环节增值税有关问题的通知》(财税〔2011〕137 号)规定:

自 2012 年 1 月 1 日起,免征蔬菜流通环节增值税。对从事蔬菜批发、零售的纳税人销售的蔬菜免征增值税。蔬菜是指可作副食的草本、木本植物,包括各种蔬菜、菌类植物和少数可作副食的木本植物。蔬菜的主要品种参照《蔬菜主要品种目录》(见附件)执行。

经挑选、清洗、切分、晾晒、包装、脱水、冷藏、冷冻等工序加工的蔬菜，属于本通知所述蔬菜的范围。

4. 未办理税务登记的连锁餐饮分公司销售外带食品如何缴纳增值税？

问：我公司是一家全国连锁餐饮企业的珠海分公司，未在国税局办理税务登记，现销售外带食品，如何缴纳增值税？

答：根据《国家税务总局关于旅店业和饮食业纳税人销售食品有关税收问题的公告》(国家税务总局公告2011年62号)规定，旅店业和饮食业纳税人销售非现场消费的食品应当缴纳增值税，不缴纳营业税。旅店业和饮食业纳税人发生上述应税行为，符合《增值税暂行条例实施细则》第二十九条规定，年应税销售额超过小规模纳税人标准的其他个人，按小规模纳税人纳税；非企业性单位、不经常发生应税行为的企业可选择按小规模纳税人纳税。只能开具普通销售发票。

因此，你公司应尽快到主管国税机关办理税务登记，对销售非现场消费的食品按规定申报缴纳增值税。

5. 一般纳税人对增值税税控系统专用设备的抵扣是否有新规定？

问：我公司刚认为一般纳税人，2012年2月购买增值税税控系统专用设备，请问对增值税税控系统专用设备的抵扣是否有新规定？

答：根据《财政部 国家税务总局关于增值税税控系统专用设备和技术维护费用抵减增值税税额有关政策的通知》(财税〔2012〕15号)规定，增值税纳税人2011年12月1日以后购买增值税税控系统专用设备支付的费用以及缴纳的技术维护费(以下称二项费用)可在增值税应纳税额中全额抵减。

该文件第一条第一款规定：增值税纳税人2011年12月1日(含，下同)以后初次购买增值税税控系统专用设备(包括分开票机)支付的费用，可凭购买增值税税控系统专用设备取得的增值税专用发票，在增值税应纳税额中全额抵减(抵减额为价税合计额)，不足抵减的可结转下期继续抵减。增值税纳税人非初次购买增值税税控系统专用设备支付的费用，由其自行负担，不得在增值税应纳税额中抵减。第二条规定：增值税纳税人2011年12月1日以后缴纳的技术维护费(不含补缴的2011年11月30日以前的技术维护费)，可凭技术维护服务单位开具的技术维护费发票，在增值税应纳税额中全额抵减，不足抵减的可结转下期继续抵减。技术维护费按照价格主管部门核定的标准执行。

因此，你公司取得购买增值税税控系统专用设备支付的费用可以在增值税应纳税额中抵减。在填写纳税申报表时，应按以下要求填报：

将抵减金额填入《增值税纳税申报表（适用于增值税一般纳税人）》第23栏"应纳税额减征额"。当本期减征额小于或等于第19栏"应纳税额"与第21栏"简易征收办法计算的应纳税额"之和时，按本期减征额实际填写；当本期减征额大于第19栏"应纳税额"与第21栏"简易征收办法计算的应纳税额"之和时，按本期第19栏与第21栏之和填写，本期减征额不足抵减部分结转下期继续抵减。

6. 商贸企业取得加油开具的增值税专用发票分录如何做？

问：一般纳税人商贸企业，长年租用车辆运输服装送往外地，取得加油开的增值税专用发票分录应该怎么做？

答：如果该笔进项税额在税法上是允许抵扣的，收到的加油发票时：

借：管理费用（或销售费用）

　　应交税费——应交增值税（进项税额）

　贷：现金等科目

7. 销售自产的经晾晒、冷藏、脱水等工序的蔬菜是否适用免缴增值税政策？

问：农户按购买方的订单要求，将自己种植的蔬菜晾晒成菜干销售，是否适用免征增值税政策？

答：按《增值税暂行条例》第十五条第一款规定：农业生产者销售的自产农产品，免征增值税。按照《财政部 国家税务总局关于印发〈农业产品征税范围注释〉的通知》（财税字〔1995〕052号）规定，属于农业产品征税范围的"蔬菜"是指可作副食的草本、木本植物的总称。本货物的征税范围包括各种蔬菜、菌类植物和少数可作副食的木本植物。经晾晒、冷藏、冷冻、包装、脱水等工序加工的蔬菜、腌菜、咸菜、酱菜和盐渍蔬菜等，也属于本货物的征税范围。各种蔬菜罐头（罐头是指以金属罐、玻璃瓶和其他材料包装，经排气密封的各种食品）不属于本货物的征税范围。

综上所述，农业生产者销售自产的经晾晒、冷藏、冷冻、包装、脱水等工序加工的蔬菜，符合"农业产品征税范围"，对于农业生产者销售的自产农产品，适用免征增值税政策。

8. 取得林业局开具的原木增值税普通发票是否可以抵扣进项税额？

问：做木材加工的企业，取得的林业局开具的原木增值税普通发票，是否可以抵扣进项税额？

答：《中华人民共和国增值税暂行条例》（中华人民共和国国务院令第538号）第八条规定，购进农产品，除取得增值税专用发票或者海关进口增值税专用缴款书外，按照农产品收购发票或者销售发票上注明的农产品买价和13％的扣除率计算的进项税额可以抵扣。进项税额计算公式为：进项税额＝买价×扣除率。

根据上述规定，贵公司取得林业局开具的原木增值税普通发票可以按票面金额×13％抵扣进项税额。

9. 企业经营外购砂和煤炭后再转售如何确定增值税税率？

问：某一般纳税人商贸公司主要经营外购砂和煤炭的再转售业务，适用增值税税率如何确定？

答：《财政部 国家税务总局关于金属矿、非金属矿采选产品增值税税率的通知》（财税〔2008〕171号）中规定，自2009年1月1日起，金属矿采选产品、非金属矿采选产品增值税税率由13％恢复到17％。上述所称金属矿采选产品，包括黑色和有色金属矿采选产品；非金属矿采选产品，包括除金属矿采选产品以外的非金属矿采选产品、煤炭和盐。

如一般纳税人商贸公司主要经营砂和煤炭的商品流通，应依据上述规定，自2009年1月1日起，对砂和煤炭销售收入适用17％的增值税税率。

10. 如何计算来料加工免税收入的进项税转出额？

问：我公司同时从事来料加工和国内生产销售业务，暂不能准确划分计算来料加工业务和国内生产销售业务的进项税额使用情况。这种情况下我们应该怎样计算来料加工免税收入的进项税转出金额？

答：一般纳税人兼营免税项目或者非增值税应税劳务而无法划分不得抵扣的进项税额的，应按照《增值税暂行条例实施细则》第二十六条规定，按下列公式计算不得抵扣的进项税额：

$$\text{不得抵扣的进项税额} = \text{当月无法划分的全部进项税额} \times \frac{\text{当月免税项目销售额、非增值税应税劳务营业额合计}}{\text{当月全部销售额、营业额合计}}$$

需要注意，根据《国家税务总局增值税问题解答（之一）》（国税函发〔1995〕288号）第十二条精神，对由于纳税人月度之间购销不均衡，按上述公式计算出现不得抵扣的进项税额不实的现象，税务征收机关可采取按年度清算的办法。即年末按当年的有关数据计算当年不得抵扣的进项税额，对月度计算的数据进行调整。

此外，《关于增值税若干问题处理意见的通知》（粤国税发〔1994〕034号）第三点规定了出口企业承接外商来料加工业务应按规定计算不得抵扣的进项税额问题：对出口企业承接外商来料加工业务取得的工缴费收入，应取得由主管出口退税的税务机关出具的"来料加工免税证明"，主管征收税务机关方可给予免征增值税，并按规定计算不得抵扣的进项税额。计算公式为：

$$\text{不得抵扣的进项税额} = \left(\text{当期共同用途货物的进项税额} - \text{进项税转出额}\right) \times \frac{\text{当期"来料加工"业务工缴费销售额}}{\text{当期全部销售额}}$$

上述所称"当期共同用途货物的进项税额"，系指当期购进用于纳税人的生产经营管理、设备维修、劳动保护、办公等方面的辅助材料、包装物、低值易耗品等物料和自来水、电力等货物的进项税额。所称"进项税转出额"系指购进的共同用途货物用于非应税项目、集体福利和个人消费，或发生的非正常损失等按规定不得从销项税额中抵扣的进项税额。

11. 拍卖行受托拍卖货物收取的款项是否需要缴增值税？

问：拍卖行受托拍卖货物，向买方收取的款项需要缴纳增值税吗？

答：根据《国家税务总局关于拍卖行取得的拍卖收入征收增值税、营业税有关问题的通知》（国税发〔1999〕40号）第一条规定，拍卖行受托拍卖增值税应税货物，向买方收取的全部价款和价外费用，应当按照4%的征收率征收增值税，拍卖货物属于免税货物范围的，经拍卖行所在地县级主管税务机关批准，可以免征增值税。

因此，拍卖行受托拍卖非免税货物并向买方收取相关款项的，应按照4%的征收率征收增值税。

12. 代开发票是否加盖发票专用章？

问：代开发票是否需要加盖收款单位的财务专用章或发票专用章？

答：《税务机关代开增值税专用发票管理办法（试行）》（国税发〔2004〕153号）第十一条规定，增值税纳税人应在代开专用发票的备注栏上，加盖本单位的财务专用章或发票专用章。

《国家税务总局关于加强和规范税务机关代开普通发票工作的通知》（国税函〔2004〕1024号）规定，代开普通发票应指定专人负责，一般应使用计算机开具，并确保开票记录完整、准确、可靠存储，不可更改；暂无条件使用计算机开具的，也可手工填开。无论使用计算机开具还是手工填开，均须加盖税务机关代开发票专用章，否则无效。

根据上述规定，代开专用发票应在备注栏上加盖增值税纳税人的发票专用章。

13. 以旧换新的设备如何开具发票？

问：公司用一台旧的设备换来新设备，对方开具发票只开差价部分，是否可行？

答：根据《国家税务总局增值税若干具体问题的规定》（国税发〔1993〕154号）第二条第三点规定，纳税人采取以旧换新方式销售货物，应按新货物的同期销售价格确定销售额。因此，发生以旧换新业务的应该按照上述规定确定销售收入。

14. 采取赊销方式应该如何缴纳增值税？

问：《增值税暂行条例实施细则》第三十八条规定，采取赊销方式的，以合同约定的收款日期为纳税义务发生时间。

我公司本月销售一批货物，合同约定下月收款并开具发票。我公司目前申报增值税的做法是，本月记录收入所得，下月开票再进行增值税申报。这样，增值税收入与所得税收入相差一月，这种做法是否正确？

答：赊销是以信用为基础的销售，卖方与买方签订购货协议后，卖方让买方取走货物，而买方按照协议在规定日期付款或分期付款形式付清货款的过程。

《增值税暂行条例实施细则》第三十八条规定，采取赊销和分期收款方式销售货物，增值税纳税义务发生时间为书面合同约定的收款日期的当天，无书面合同的或者书面合同没有约定收款日期的，为货物发出的当天。

《增值税专用发票使用规定》（国税发〔2006〕156号）第十一条规定，专用发票应按照增值税纳税义务的发生时间开具。

《企业所得税法实施条例》第二十三条规定，企业的下列生产经营业务可以分期确认收入的实现：以分期收款方式销售货物的，按照合同约定的收款日期确认收入的实现。

依据上述规定，采取赊销（包括分期收款）方式销售货物，增值税纳税义务时间和开专用发票时间以及企业所得税确认收入，为书面合同约定的收款日期的当天，无书面合同的或者书面合同没有约定收款日期的，为货物发出的当天。

15. 因市场等原因发生的损失是否需要做进项税转出？

问：我公司购买货物，因市场、铁路等原因致使我公司产生较大损失。我公司现与销货方协商，对方已同意承担部分损失，即我公司不用支付购货尾款约1.5万元，请问1.5万元是否需要作进项税转出？

答：《增值税暂行条例》第十条第二项规定，非正常损失的购进货物及相关的应税劳务，其进项税额不得从销项税额中抵扣。

《增值税暂行条例实施细则》第二十四条规定，条例第十条第二项所称非正常损失，是指因管理不善造成被盗、丢失、霉烂变质的损失。

根据上述规定，纳税人由于市场的原因造成的货物价格降低，不属于应做进项税额转出的情况。而铁路的原因产生的损失，如果不是由于你公司管理不善造成货物丢失、被盗、霉烂变质，也不用做进项税额转出。

16. 销售未抵扣进项税的固定资产如何适用税率？

问：增值税扩大抵扣范围后，增值税一般纳税人购进的固定资产没有抵扣进项税额，如果再对外销售，如何适用税率？

答：企业2009年1月1日后购入未抵扣增值税进项税的固定资产，使用后再销售，适用税率应遵循《财政部 国家税务总局关于部分货物适用增值税低税率和简易办法征收增值税政策的通知》（财税〔2009〕9号）中的规定。该通知第二项规定了继续按简易办法征收增值税、不得抵扣进项税额的项目，其中第一款规定，纳税人销售自己使用过的物品，按下列政策执行：一般纳税人销售自己使用过的属于条例第十条规定不得抵扣且未抵扣进项税额的固定资产，按简易办法依4％征收率减半征收增值税。

《增值税暂行条例》第十条第一款规定，下列项目的进项税额不得从销项税额中抵扣：用于非增值税应税项目、免征增值税项目、集体福利或者个人消费的购进货物或者应税劳务。所称非增值税应税项目，是指提供非增值税应税劳务、转让无形资产、销售不动产和不动产在建工程。所称不动产是指不能移动或者移动后会引起性质、形状改变的财产，包括建筑物、构筑物和其他土地附着物。纳税人新建、改建、扩建、修缮、装饰不动产，均属于不动产在建工程。第四款规定，国务院财政、税务主管部门规定的纳税人自用消费品，进项税额不得从销项税额中抵扣。

《增值税暂行条例实施细则》第二十五条规定，纳税人自用的应征消费税的摩托车、汽车、游艇，其进项税额不得从销项税额中抵扣。

根据上述规定，增值税一般纳税人销售自己使用过的属于条例第十条规定不得抵扣且未抵扣进项税额的固定资产，应按4％征收率减半计算增值税。否则，应按17％缴纳增值税。

17. 提前付款是否涉及流转税？

问：A公司销售货物给B公司，合同约定在12月付款。但是，A公司要求B公司提前付款，于11月支付，并提出弥补B公司提前付款的损失，该弥补金额直接冲抵销售货物的收入。请问这种情况是否涉及流转税？

答：《增值税暂行条例实施细则》第十一条规定，小规模纳税人以外的纳税人

(以下称一般纳税人）因销售货物退回或者折让而退还给购买方的增值税额，应从发生销售货物退回或者折让当期的销项税额中扣减；因购进货物退出或者折让而收回的增值税额，应从发生购进货物退出或者折让当期的进项税额中扣减。

《企业会计准则第14号——收入》第六条规定，销售商品涉及现金折扣的，应当按照扣除现金折扣前的金额确定销售商品收入金额。现金折扣在实际发生时计入当期损益。现金折扣，是指债权人为鼓励债务人在规定的期限内付款而向债务人提供的债务扣除。第八条规定，企业已经确认销售商品收入的售出商品发生销售折让的，应当在发生时冲减当期销售商品收入。销售折让，是指企业因售出商品的质量不合格等原因而在售价上给予的减让。

依据上述规定，A公司为鼓励B公司提前付款而向B公司提供的债务扣除属于现金折扣，不属于销售折让。由此可见，销售方无须从销项税额中扣减；购货方无须从进项税额中转出。现金折扣只对应收债权金额产生影响，并不影响销售收入，也不影响流转税的处理。

18. 购入设备运费取得专用发票能否抵扣？

问：我公司与供应商签订的设备买卖合同中未约定运费事宜。我公司2011年10月支付了设备款，同时供应商也开具了增值税专用发票，并已在当月抵扣。2011年11月份我公司与供应商又签订该买卖合同的补充变更协议，约定供应商负责设备的运输，我公司向供应商支付运费。供应商为我公司开具17%的增值税发票，请问是否可以开具17%的增值税发票？如果可以，填写项目是设备运费还是设备名称？如果不可以，供应商应为我公司开具什么类型的发票？

答：《增值税暂行条例》第六条第一款规定，销售额为纳税人销售货物或者应税劳务向购买方收取的全部价款和价外费用，但是不包括收取的销项税额。

《增值税暂行条例实施细则》第十二条规定，《增值税暂行条例》第六条第一款中所称价外费用，包括价外向购买方收取的手续费、补贴、基金、集资费、返还利润、奖励费、违约金、滞纳金、延期付款利息、赔偿金、代收款项、代垫款项、包装费、包装物租金、储备费、优质费、运输装卸费以及其他各种性质的价外收费。

向供应商支付的设备运输装卸费，属于供应商销售设备计税销售额的组成部分，可以按规定出具增值税专用发票，发票应注明"设备运费"。

但个别地方对这种发票的进项税额抵扣问题有明确规定，建议与主管税务机关沟通后处理。如《天津市国家税务局关于增值税若干税政问题的通知》（津国税流〔2000〕1号）第五条规定，凡价外费用与货物的销售额分别开在同一张增值税专用发票上的，可以进行抵扣；如果价外费用单独开具发票，脱离了货物，则不能抵扣。

19. 如何确定纳税义务发生时间？

问：我单位为"营改增"试点地区的事务所，2012年1月5日为A企业提供了一项咨询服务，合同价款200万元，合同约定1月10日A企业付款50万元。我单位实际到2012年2月1日才取得价款。请问如何确定该项劳务的纳税义务发生时间？

答：《财政部 国家税务总局关于在上海市开展交通运输业和部分现代服务业营业税改征增值税试点的通知》（财税〔2011〕111号）附件1《交通运输业和部分现代服务业营业税改征增值税试点实施办法》第四十一条规定，增值税纳税义务发生时间为：纳税人提供应税服务并收讫销售款项或者取得索取销售款项凭据的当天；先开具发票的，为开具发票的当天。取得索取销售款项凭据的当天，是指书面合同确定的付款日期的当天；未签订书面合同或者书面合同未确定付款日期的，为应税服务完成的当天。

根据上述规定，你单位与A企业签订合同，合同约定付款日期为1月10日，则1月10日为你单位取得索取销售项凭据的当天。无论是否收到款项，其50万元的纳税义务发生时间为2012年1月10日，而不是你单位收到款项的时间2012年2月1日。

20. 非试点企业向试点企业提供服务开具何种发票？

问：营改增非试点地区的公司向试点地区企业提供服务，是否仍然开具营业税发票？试点地区企业取得营业税发票是否可以抵扣？

答：此次试点地区为上海市（后又增加了北京等8省市），非试点地区的企业向试点区企业提供服务，不适用试点地区的规定，仍然开具营业税发票，其不属于增值税扣税凭证（运输票据除外），试点地区企业不可以抵扣。

21. 试点区外企业应取得试点企业开具何种运输发票方能抵扣？

问：我公司为试点区外企业，试点区内某企业为我公司提供陆路运输服务。我公司应取得何种运输发票才能抵扣？

答：《财政部、国家税务总局关于在上海市开展交通运输业和部分现代服务业营业税改征增值税试点的通知》（财税〔2011〕111号）附件2《交通运输业和部分现代服务业营业税改征增值税试点有关事项的规定》规定：原增值税一般纳税人（指按照《中华人民共和国增值税暂行条例》缴纳增值税的纳税人）接受试点纳税人提供的应税服务，取得的增值税专用发票上注明的增值税额为进项税额，准予从销项税额中抵扣。原增值税一般纳税人接受试点纳税人中的小规模纳税人提供的交通运输业服务，按照从提供方取得的增值税专用发票上注明的价税合计金额和7%的扣除率计算进项税额，从销项税额中抵扣。

根据上述规定，你公司应取得试点企业开具的增值税专用发票方可按规定抵扣，从小规模纳税人取得的增值税专用发票按发票上注明的价税合计金额和7%的扣除率计算进项税额。

22. 新旧政策下"不得抵扣的进项税额"计算方法有何区别？

问："不得抵扣的进项税额"在《财政部、国家税务总局关于增值税若干政策的通知》（财税〔2005〕165号）中规定的计算方法是：

$$\left(\begin{array}{c}当月全部\\进项税额\end{array} - \begin{array}{c}当月可准确划分用于应税项目、\\免税项目及非应税项目的进项税额\end{array}\right) \times \begin{array}{c}当月免税项目销售额、\\非应税项目营业额合计\end{array}$$

$$\div \begin{array}{c}当月全部销售额、\\营业额合计\end{array} + \begin{array}{c}当月可准确划分用于免税\\项目和非应税项目的进项税额\end{array}$$

但是，2009年1月1日起实施的《增值税暂行条例实施细则》的第二十六条将上述计算方法改变为：

$$\begin{array}{c}当月无法划分的\\全部进项税额\end{array} \times \begin{array}{c}当月免税项目销售额、非增\\值税应税劳务营业额合计\end{array} \div \begin{array}{c}当月全部销售额、\\营业额合计\end{array}$$

请问上述两个计算公式有什么区别？两个公式中的"当月全部销售额、营业额合计"的涵盖范围是否相同？

答：《增值税暂行条例实施细则》发布后，财税〔2005〕165号文件第四条有关"不得抵扣增值税进项税金的计算划分问题"已经废止。上述两个计算公式实际上是一样的，只是表述方法有所不同。

财税〔2005〕165号文件第四条规定的计算公式为：

$$\begin{array}{c}不得抵扣的\\进项税额\end{array} = \left(\begin{array}{c}当月全部\\进项税额\end{array} - \begin{array}{c}当月可准确划分用于应税项目、\\免税项目及非应税项目的进项税额\end{array}\right)$$

$$\times \begin{array}{c}当月免税项目销售额、\\非应税项目营业额合计\end{array} \div \begin{array}{c}当月全部销售额、\\营业额合计\end{array}$$

$$+ \begin{array}{c}当月可准确划分用于免税项\\目和非应税项目的进项税额\end{array}$$

公式中"当月全部进项税额－当月可准确划分用于应税项目、免税项目及非应税项目的进项税额"实际上与《增值税暂行条例实施细则》中的"当月无法划分的全部进项税额"，中间的分式是完全相同的。财税〔2005〕165号文件中只是加上了"当月可准确划分用于免税项目和非应税项目的进项税额"的内容，这一部分无论如何在新的《增值税暂行条例实施细则》中也是不允许扣除的。新公式中没有加上这一部分，是因为税法对这一部分的扣除问题已经明确。

23. 视同销售如何确定增值税销售额？

问： 我公司在进行市场推广活动时会送一些小礼品给客户，如印有公司标识的洗手液、U 盘等。这些外购货物应视同销售，还是作进项税额转出？如果是视同销售，可否可以平买平卖？还是必须按 10％加成计算？

答：《增值税暂行条例实施细则》第四条第八款规定，单位或者个体工商户的下列行为，视同销售货物：将自产、委托加工或者购进的货物无偿赠送其他单位或者个人。

第十六条规定，纳税人有条例第七条所称价格明显偏低并无正当理由或者有本细则第四条所列视同销售货物行为而无销售额者，按下列顺序确定销售额：（1）按纳税人最近时期同类货物的平均销售价格确定；（2）按其他纳税人最近时期同类货物的平均销售价格确定；（3）按组成计税价格确定。组成计税价格的公式为：组成计税价格＝成本×（1＋成本利润率），属于应征消费税的货物，其组成计税价格中应加计消费税额。公式中的成本是指：销售自产货物的为实际生产成本，销售外购货物的为实际采购成本。公式中的成本利润率由国家税务总局确定。

市场推广活动时送小礼品给客户，如印有公司标识的洗手液、U 盘等，属于增值税视同销售行为。计税价格应按《增值税暂行条例实施细则》第十六条的顺序确定。纳税人有自销同类货物的，首先按本企业平均销售价格确定；自己不销售但市场销售的，按市场其他纳税人同类货物售价确定；前两项均无可参照售价的，再选择按组成计税价格确定。

24. 视同销售货物应如何填报？

问： 我单位将自产产品用于职工福利和销售赠品，在福利费和销售费用中核算。年终汇算清缴填表时，按市场价填入视同销售收入，按成本价填入视同销售成本。税务局检查人员认为，这样填写不正确，不能填入视同销售成本，既然将费用和福利费税前扣除，就不能作为视同销售成本再扣除一次。请问我公司的做法是否正确？

答： 将自产产品用于职工福利和赠品视同销售的企业所得税处理涉及两个环节：一是视同销售资产的视同销售利润对应纳税所得额的影响；二是职工福利费及销售费用等费用项目的税前扣除问题。

视同销售资产的视同销售利润对应纳税所得额的影响是要通过分别调整视同销售收入和视同销售成本来完成的，即同时调增视同销售收入与视同销售成本；对于费用项目的纳税调整则通过调整附表三中"职工福利费"等相应行次完成。

25. 取得个税扣缴手续费是否要缴增值税？

问：我公司财务部门为员工代扣代缴个人所得税，税务机关给我们一定比例的扣缴手续费。请问，企业取得个税代扣代缴手续费是否要缴增值税？

答：根据《增值税暂行条例》第一条规定，在中华人民共和国境内销售货物或者提供加工、修理修配劳务以及进口货物的单位和个人，为增值税的纳税人，应当依照本条例缴纳增值税。《国家税务总局关于代扣代缴储蓄存款利息所得个人所得税手续费收入征免税问题的通知》（国税发〔2001〕31号）规定，根据《国务院对储蓄存款利息所得征收个人所得税的实施办法》的法规，储蓄机构代扣代缴利息税，可按所扣税款时2%取得手续费。对储蓄机构取得的手续费收入，应分别按照《营业税暂行条例》和《企业所得税暂行条例》的有关法规征收营业税和企业所得税。

因此，企业履行代扣代缴义务取得的代扣代缴个人所得税手续费收入，不需要缴纳增值税，但应缴纳营业税和企业所得税。

26. 分次支付预付工程款何时开具发票？

问：某增值税一般纳税人，主要经营大型设备的销售及安装业务，此次与客户签订的合同工期超过一年。合同约定客户分次支付预付工程款。请问这种情况企业应在什么时间开具发票，申报缴纳增值税？

答：《增值税暂行条例》第十九条第一款规定，增值税纳税义务发生时间：销售货物或者应税劳务，为收讫销售款项或者取得索取销售款项凭据的当天；先开具发票的，为开具发票的当天。

《增值税暂行条例实施细则》第三十八条第四项规定，条例第十九条第一款第一项规定的收讫销售款项或者取得索取销售款项凭据的当天，按销售结算方式的不同，具体为：采取预收货款方式销售货物，为货物发出的当天，但生产销售生产工期超过12个月的大型机械设备、船舶、飞机等货物，为收到预收款或者书面合同约定的收款日期的当天。

根据上述文件规定，贵公司采取预收货款方式销售设备，因为该设备属于生产工期超过12个月的大型设备，合同约定客户分次向贵公司支付工程款，那么应按书面合同约定的收款日期确认增值税纳税义务的发生时间并开具发票，并在确认增值税纳税义务发生的当月申报纳税。

27. 商品车转为固定资产进项税额是否要转出？

问：我公司是汽车销售企业，最近购入一批商品车并已抵扣进项税额，现因业务需要从在售的这批商品车中拿出几辆留作公司自用。请问，商品车转为固定资产时要作进项税额转出吗？

答：根据《增值税暂行条例》第十条第四项及其实施细则第二十五条规定，纳税人自用的应征消费税的摩托车、汽车、游艇，其进项税额不得从销项税额中抵扣。从 2009 年 1 月 1 日开始实行的《消费税税目税率表》第九项规定小汽车的征税范围为：1. 乘用车。2. 中轻型商用客车。

根据上述规定，企业购进商品车转为自用的小轿车应作进项税转出处理。

28. 如何确定运输劳务的销售额？

问：我单位为营业税改征增值税试点运输企业，2012 年 1 月 4 日接受乙企业委托运送一批物资，不含税运费为 100 万元。我单位 2012 年 1 月 6 日开始运输，2 月 1 日抵达目的地，1 月 7 日收到乙企业运费 50 万元（不含税），1 月 25 日收到运费 20 万元（不含税），2 月 1 日收到运费 30 万元（不含税）。在这种情况下，我单位 1 月应如何确认销售额？

答：《财政部、国家税务总局关于在上海市开展交通运输业和部分现代服务业营业税改征增值税试点的通知》（财税〔2011〕111 号）附件 1《交通运输业和部分现代服务业营业税改征增值税试点实施办法》第四十一条规定，增值税纳税义务发生时间为纳税人提供应税服务并收讫销售款项或者取得索取销售款项凭据的当天。先开具发票的，为开具发票的当天。收讫销售款项，是指纳税人提供应税服务过程中或者完成后收到款项。

根据上述规定，你单位 1 月 6 日已经开始提供运输劳务，在 2012 年 1 月 7 日收到乙企业运费 50 万元，1 月 25 日收到运费 20 万元，属于你单位在提供应税服务过程中收取的销售款，应在收款当天作为纳税义务发生时间，而不是等到运输劳务完成时（2 月 1 日抵达目的地）才确认收入。因此，你公司 1 月销售额为 70 万元（50+20）。

29. 用旧机器增资是否开具专用发票？

问：某增值税一般纳税人（未参加扩大增值税抵扣试点）拟将一台 2008 年 12 月 31 日以前购置的旧机器向其参股公司增资，该公司可否向参股公司开具增值税专用发票？

答：根据《增值税暂行条例实施细则》的规定，将自产、委托加工或者购进的货物作为投资，提供给其他单位或者个体工商户，视同销售货物行为征收增值税。根据《财政部 国家税务总局关于全国实施增值税转型改革若干问题的通知》（财税〔2008〕170号）的规定，2008年12月31日以前未纳入扩大增值税抵扣范围试点的纳税人，销售自己使用过的2008年12月31日以前购进或者自制的固定资产，按照4％征收率减半征收增值税。根据《国家税务总局关于增值税简易征收政策有关管理问题的通知》（国税函〔2009〕90号）的规定，适用按简易办法依4％征收率减半征收增值税政策的，应开具普通发票，不得开具增值税专用发票。

因此，上述公司的情况不得开具增值税专用发票，应开具普通发票。

30. 取得境外公司开具的发票能否抵扣进项税？

问：我公司从国外购买电脑，取得了境外公司开具的发票。请问，我公司从境外取得的发票能否抵扣进项税额？可否作为入账的凭据？

答：根据《增值税暂行条例》第八条规定，纳税人购进货物从海关取得的海关进口增值税专用发票缴款书上注明的增值税额准予从销项税额中抵扣。另外根据《发票管理办法》第三十四条规定，单位和个人从中国境外取得的与纳税有关的发票或者凭证，税务机关在纳税审查时有疑义的，可以要求其提供境外公证机构或者注册会计师的确认证明，经税务机关审核认可后，方可作为计账核算的凭证。

因此，上述公司取得的境外公司开具的发票不可以抵扣进项税额，但可以按照规定审核后作为记账核算的凭证。

31. 移送货物是否要缴纳增值税？

问：某公司为了便于销售，在外地设立了仓库，无营业执照和银行账号，所有与仓库有关的费用和开支、销售发票的开具和货款的回收均由该公司负责，公司只是将货物移送到仓库用于存放，这种情况的移送货物是否要缴纳增值税？

答：根据《增值税暂行条例实施细则》第四条第三款规定，设有两个以上机构并实行统一核算的纳税人，将货物从一个机构移送其他机构用于销售的应视同销售，但相关机构设在同一县（市）的除外。

根据《国家税务总局关于企业所属机构间移送货物征收增值税问题的通知》（国税发〔1998〕137号）规定，将货物从一个机构移送其他机构用于销售，是指受货机构发生以下情形之一的经营行为：（1）向购货方开具发票；（2）向购货方收取货款。受货机构的货物移送行为有上述两项情形之一的，应当向所在地税务机关缴纳增值税；未发生上述两项情形的，则应由总机构统一缴纳增值税。

因此，该公司向其在外地设立的仓库移送货物的行为，不属于视同销售业务，不需缴纳增值税。

32. 铜产品所含的黄金是否属于伴生金？

问：铜加工企业生产的铜产品所含的黄金是否属于伴生金，可否享受免征增值税政策？伴生金含量的有效证明是由供货方、购买方还是有鉴定资格的第三方出具？

答：根据《国家税务总局关于纳税人销售伴生金有关增值税问题的公告》（国家税务总局公告〔2011〕8号）规定，财税〔2002〕142号文件中所指的伴生金，是指黄金矿砂以外的其他矿产品、冶炼中间产品和其他可以提炼黄金的原料中所伴生的黄金；纳税人销售含有伴生金的货物并申请伴生金免征增值税的，应当出具伴生金含量的有效证明，分别核算伴生金和其他成分的销售额。

根据《江西省国家税务局关于纳税人销售伴生金免征增值税管理的公告》（江西省国家税务局公告2011年第2号）的规定，纳税人申请伴生金免征增值税，应向主管国税局提供检测单位的有效检测资格证明，并提供每笔业务经检测单位出具的检测报告，主管国税局经对出具检测报告的检测单位资格确认后，凭检测报告办理有关免税事宜。未经有资格检测单位检测的，不得享受免税。

因此，铜加工企业生产的铜产品所含黄金伴生金，可享受增值税免税政策，伴生金含量的有效证明应是有资质的检测单位出具的检测报告。

33. 增值税应纳税额中全额抵减的设备费用如何填写纳税申报表？

问：纳税人支付的增值税税控系统专用设备费用以及技术维护费在增值税应纳税额中全额抵减的，应如何填写增值税纳税申报表？

答：《财政部、国家税务总局关于增值税税控系统专用设备和技术维护费用抵减增值税税额有关政策的通知》（财税〔2012〕15号）第五条规定，纳税人在填写纳税申报表时，对可在增值税应纳税额中全额抵减的增值税税控系统专用设备费用以及技术维护费，应按以下要求填报：增值税一般纳税人将抵减金额填入《增值税纳税申报表（适用于增值税一般纳税人）》第23栏"应纳税额减征额"。当本期减征额小于或等于第19栏"应纳税额"与第21栏"简易征收办法计算的应纳税额"之和时，按本期减征额实际填写；当本期减征额大于第19栏"应纳税额"与第21栏"简易征收办法计算的应纳税额"之和时，按本期第19栏与第21栏之和填写，本期减征额不足抵减部分结转下期继续抵减。

小规模纳税人将抵减金额填入《增值税纳税申报表（适用于小规模纳税人）》第11栏"本期应纳税额减征额"。当本期减征额小于或等于第10栏"本期应纳税额"时，按本期减征额实际填写；当本期减征额大于第10栏"本期应纳税额"时，按本期第10栏填写，本期减征额不足抵减部分结转下期继续抵减。

34. 膨化血粉、膨化肉粉、水解羽毛粉能否享受免征增值税优惠政策？

问：膨化血粉、膨化肉粉、水解羽毛粉能否按照"单一大宗饲料"享受免征增值税优惠政策？

答：《国家税务总局关于部分饲料产品征免增值税政策问题的批复》（国税函〔2009〕324号）规定：根据《财政部 国家税务总局关于饲料产品免征增值税问题的通知》（财税〔2001〕121号）及相关文件的规定，单一大宗饲料产品仅限于财税〔2001〕121号文件所列举的糠麸等饲料产品。膨化血粉、膨化肉粉、水解羽毛粉不属于现行增值税优惠政策所定义的单一大宗饲料产品，应对其照章征收增值税。

混合饲料是指由两种以上单一大宗饲料、粮食、粮食副产品及饲料添加剂按照一定比例配置，其中单一大宗饲料、粮食及粮食副产品的掺兑比例不低于95％的饲料。添加其他成分的膨化血粉、膨化肉粉、水解羽毛粉等饲料产品，不符合现行增值税优惠政策有关混合饲料的定义，应对其照章征收增值税。

35. 享受蔬菜免征增值税政策的纳税人对外销售蔬菜应使用什么发票？

答：《增值税暂行条例》规定：纳税人销售货物或者应税劳务，应当向索取增值税专用发票的购买方开具增值税专用发票，并在增值税专用发票上分别注明销售额和销项税额。而销售货物或者应税劳务适用免税规定的，不得开具增值税专用发票。

因而，自2012年1月1日起，享受免税政策纳税人对外销售蔬菜时，应该开具增值税普通发票，不得开具增值税专用发票。

36. 超市按照货物的销售比例向厂家收取的收入如何缴纳增值税？

《国家税务总局关于商业企业向货物供应方收取的部分费用征收流转税问题的通知》（国税发〔2004〕136号）规定，对商业企业向供货方收取的与商品销售量、销售额挂钩（如一定比例、金额、数量计算）的各种返还收入，均应按照平销返利行为的有关规定冲减当期增值税进项税金，不征收营业税。

因此，对于超市按照货物的销售比例向厂家收取的收入，属于返利收入，应按照以下方式计算调整应冲减进项税金，公式为：

$$\frac{当期应冲减}{进项税金} = \frac{当期取得的返还资金}{(1+所购货物适用税率)} \times \frac{所购货物}{适用税率}$$

37. 销售自产的经晾晒、冷藏、脱水等工序的蔬菜是否适用免缴增值税政策？

问：农户按购买方的订单要求，将自己种植的蔬菜晾晒成菜干销售，是否适用免征增值税政策？

答：按《增值税暂行条例》第十五条第（一）款规定，农业生产者销售的自产农产品，免征增值税。按照《财政部 国家税务总局关于印发〈农业产品征税范围注释〉的通知》（财税字〔1995〕052号）规定，属于农业产品征税范围的"蔬菜"是指可作副食的草本、木本植物的总称。本货物的征税范围包括各种蔬菜、菌类植物和少数可作副食的木本植物。经晾晒、冷藏、冷冻、包装、脱水等工序加工的蔬菜、腌菜、咸菜、酱菜和盐渍蔬菜等，也属于本货物的征税范围。各种蔬菜罐头（罐头是指以金属罐、玻璃瓶和其他材料包装，经排气密封的各种食品）不属于本货物的征税范围。

综上述，农业生产者销售自产的经晾晒、冷藏、冷冻、包装、脱水等工序加工的蔬菜，符合"农业产品征税范围"，对于农业生产者销售的自产农产品，适用免征增值税政策。

38. 环保设备制作、销售及安装资质企业是否可以开具建安发票？

问：我单位属于具有环保设备制作、销售及安装资质的增值税一般纳税人企业。最近签订一笔环保设备的制作、安装及销售合同，客户要求安装工程开具建安发票，设备销售开具增值税发票，这样开具发票是否符合税法的规定？

答：如果贵单位属于下列文件规定的情况，并按照规定分别核算的，可以就货物的销售额开具增值税发票，建筑业劳务开具相应的建安发票。

《增值税暂行条例实施细则》第六条规定，纳税人的下列混合销售行为，应当分别核算货物的销售额和非增值税应税劳务的营业额，并根据其销售货物的销售额计算缴纳增值税，非增值税应税劳务的营业额不缴纳增值税；未分别核算的，由主管税务机关核定其货物的销售额：（1）销售自产货物并同时提供建筑业劳务的行为；（2）财政部、国家税务总局规定的其他情形。

《关于纳税人销售自产货物并同时提供建筑业劳务有关税收问题的公告》（国家税务总局公告2011年第23号）文件的规定：纳税人销售自产货物同时提供建筑业劳务，应按照《增值税暂行条例实施细则》第六条及《营业税暂行条例实施细则》第七条规定，分别核算其货物的销售额和建筑业劳务的营业额，并根据其货物的销售额计算缴纳增值税，根据其建筑业劳务的营业额计算缴纳营业税。未分别核算的，由主管税务机关分别核定其货物的销售额和建筑业劳务的营业额。

纳税人销售自产货物同时提供建筑业劳务，须向建筑业劳务发生地主管地方税务机关提供其机构所在地主管国家税务机关出具的本纳税人属于从事货物生产的单位或个人的证明。建筑业劳务发生地主管地方税务机关根据纳税人持有的证明，按本公告有关规定计算征收营业税。

39. 超市销售免税蔬菜可否抵扣进项税？

问：近日，某私营超市的李会计咨询，其所在超市为增值税一般纳税人，为满足经营品种多样化的需求，超市增设了农业产品销售专柜，所售农产品中，有一部分是从农户手中采购，开具农产品收购发票。另一部分是从农贸公司购进，取得对方开具的增值税普通发票。李会计想知道，购进农产品时开具的收购发票以及取得的普通发票，是否可以申报抵扣进项税额？

答：根据《增值税暂行条例》规定，纳税人购进货物或者接受应税劳务支付或者负担的增值税额，为进项税额。购进农产品，除取得增值税专用发票或者海关进口增值税专用缴款书外，按照农产品收购发票或者销售发票上注明的农产品买价和13％的扣除率计算进项税额，准予从销项税额中抵扣。同时还规定，用于免征增值税项目的购进货物或者应税劳务，其进项税额不得从销项税额中抵扣。因此，该超市销售农产品如果缴纳增值税，购进时开具的收购发票以及取得的普通发票，按照以上规定计算的进项税额准予从销项税额中抵扣。

需要注意的是，按照《财政部、国家税务总局关于印发〈农业产品征税范围注释〉的通知》（财税字〔1995〕52号）规定，农业产品的征税范围中包括蔬菜。又根据《财政部、国家税务总局关于免征蔬菜流通环节增值税有关问题的通知》（财税〔2011〕137号）规定，自2012年1月1日起，免征蔬菜流通环节的增值税。对从事蔬菜批发、零售的纳税人销售的蔬菜免征增值税。由于用于免征增值税项目的进项税额不得从销项税额中抵扣，所以，该超市自2012年1月1日起销售免征增值税的蔬菜，其进项税额不得申报抵扣。

提醒，财税〔2011〕137号文件还就享受免征增值税的蔬菜主要品种、享受优惠的简单加工蔬菜等作出具体规定，蔬菜的主要品种参照《蔬菜主要品种目录》执行。经挑选、清洗、切分、晾晒、包装、脱水、冷藏、冷冻等工序加工的蔬菜，属于本通知所述蔬菜的范围，各种蔬菜罐头不属于本通知所述蔬菜的范围。纳税人既销售蔬菜又销售其他增值税应税货物的，应分别核算蔬菜和其他增值税应税货物的销售额。未分别核算的，不得享受蔬菜增值税免税政策。

40. 汽车美容及洗车服务是否缴纳增值税？

答： 汽车服务店除提供汽车改装、修理业务及销售汽车零配件等业务外，提供汽车美容及洗车服务的，属于兼营非增值税应税项目，根据《增值税暂行条例实施细则》的规定，纳税人兼营非应税项目的营业额，应分别核算货物或者应税项目的额；未分别核算的，由主管税务机关核定货物或者应税劳务的销售额。因此，企业提供汽车美容及洗车服务，应单独核算营业额，不缴纳增值税。

41. 转让固定资产是否需要缴纳增值税？

问： 甲公司欲将一批租赁给乙公司使用的生产设备永久转让给乙公司，并以该设备的账面净值为转让价，抵减甲公司欠乙公司相同金额的货款，该笔转让是否需要缴纳增值税？

答： 根据《财政部、国家税务总局关于部分货物适用增值税低税率和简易办法征收增值税政策的通知》（财税〔2009〕9号）的规定，销售使用过的固定资产应按规定征收增值税。

根据《国家税务总局关于融资租赁业务征收流转税问题的通知》（国税函〔2000〕514号）的规定，对经中国人民银行批准经营融资租赁业务的单位所从事的融资租赁业务，无论租赁的货物的所有权是否转让给承租方，均按《营业税暂行条例》的有关规定征收营业税，不征收增值税。生产设备属于固定资产，如果甲公司不是经中国人民银行批准经营融资租赁业务的单位，那么甲公司将租赁给乙公司的固定资产永久转让给乙公司，属于销售行为，应按规定缴纳增值税。

42. 货物运输业增值税专用发票的联次和用途及纸张规格是如何规定的？

答：《国家税务总局关于启用货物运输业增值税专用发票的公告》（国家税务总局公告2011年第74号）规定：

（1）货物运输业增值税专用发票，是增值税一般纳税人提供货物运输服务（暂不包括铁路运输服务）开具的专用发票，其法律效力、基本用途、基本使用规定及安全管理要求等与现有增值税专用发票一致。

（2）货物运输业增值税专用发票的联次和用途。货物运输业增值税专用发票分为三联票和六联票，第一联：记账联，承运人记账凭证；第二联：抵扣联，受票方扣税凭证；第三联：发票联，受票方记账凭证；第四联至第六联由发票使用单位自行安排使用。

（3）货物运输业增值税专用发票纸张、式样、内容及防伪措施。

①使用专用的无碳复写纸。

②发票规格为240mm×178mm。

③发票各联次颜色与现有增值税专用发票相同，各联次的颜色依次为黑、绿、棕、红、灰和紫色。

(4) 货物运输业增值税专用发票的发售价格与增值税专用发票的发售价格一致。

(5) 本公告自2012年1月1日起施行。

43. 企业将购买原材料时取得的包装物再销售给农民是否缴纳增值税？

问：某企业将购买原材料时取得的包装物（即旧包装袋）再销售给农民用于包装稻谷等粮食作物，是否适用销售旧货政策缴纳增值税？

答：按照《财政部、国家税务总局关于部分货物适用增值税低税率和简易办法征收增值税政策的通知》（财税〔2009〕9号）的规定，纳税人销售旧货，按照简易办法依照4%征收率减半征收增值税；旧货，是指进入二次流通的具有部分使用价值的货物（含旧汽车、旧摩托车和旧游艇），但不包括自己使用过的物品；一般纳税人销售自己使用过的除固定资产以外的物品，应当按照适用税率征收增值税，小规模纳税人销售自己使用过的除固定资产以外的物品，应按照3%的征收率征收增值税。

因此，该企业销售的旧包装不属于销售旧货，应根据企业的不同纳税类型来确定是按旧包装袋适用的法定税率还是3%的征收率计征增值税。

44. 超市以免费品尝形式请顾客试吃的产品是否视同销售？

问：超市为某品牌食品做宣传，请顾客免费品尝其产品，企业所得税方面还需要视同销售处理吗？

答：是的。根据《国家税务总局关于企业处置资产所得税处理问题的通知》（国税函〔2008〕828号）的规定，企业将资产移送他人的下列情形，因资产所有权属已发生改变而不属于内部处置资产，应按规定视同销售确定收入：用于市场推广或销售。

根据上述规定，超市以免费品尝形式请顾客试吃的产品，其资产所有权已发生了改变，因此企业所得税方面需要视同销售处理。

45. 税务机关检查发现少计销售额是否计入查补年度销售额？

问：某公司是一家去年成立的小规模纳税人，主要从事汽车配件销售。今年3月主管税务机关在检查时，发现该公司上年10月有一批产品发出未记销售收入，造成少计应税销售额15万元，遂依法作出了补缴税款及滞纳金，并处以罚款的处理决定，上述款项该公司已于4月份申报并缴纳入库。该公司在申请一般纳税人资格认定时，是否要将这笔15万元的查补销售额记入年应税销售额，以判断是否达到认定标准？

答：根据《国家税务总局关于明确〈增值税一般纳税人资格认定管理办法〉若干条款处理意见的通知》（国税函〔2010〕139号）的规定，年应税销售额，包括纳税申报销售额、稽查查补销售额、纳税评估调整销售额、税务机关代开发票销售额和免税销售额。稽查查补销售额和纳税评估调整销售额计入查补税款申报当月的销售额，不计入税款所属期销售额。

该公司查补销售额虽然是上年10月的违规行为造成的，但相应的查补税款是在今年4月申报入库，因此，在计算年应税销售额时，应将这15万元作为今年4月的应税销售额。

46. 邮政部门设立的物流公司销售月饼、鲜花等礼品是否应缴纳增值税？

问：邮政部门设立的物流公司销售月饼、鲜花等礼品并负责运送，开具营业税发票，是否应缴纳增值税？

答：根据《增值税暂行条例实施细则》的规定，一项销售行为如果即涉及货物又涉及非增值税应税劳务，为混合销售行为，从事货物的生产、批发或者零售的企业、企业性单位和个体工商户的混合销售行为，视为销售货物，应当缴纳增值税；其他单位和个人的混合销售行为，视为销售非增值税应税劳务，不缴纳增值税。从事货物的生产、批发或零售的企业、企业性单位和个体工商户，包括以从事货物的生产、批发或者零售为主，并兼营非增值税应税劳务的单位和个体工商户在内。

因此，邮政部门设立的物流公司销售礼品是否缴纳增值税，应先确定其是否以从事货物的生产、批发或零售为主。如以货物的生产、批发或零售为主，应当征收增值税；如以非应税劳务为主，则不征收增值税。

47. 已抵扣进项税额的固定资产在什么情况下需要作进项税额转出处理？

问：已抵扣进项税额的固定资产在什么情况下需要作进项税额转出处理？

答：根据《财政部、国家税务总局关于全国实施增值税转型改革若干问题的通知》（财税〔2008〕170号）的规定，纳税人已抵扣进项税额的固定资产发生《增值税暂行条例》第十条（一）至（三）项所列情形的，应在当月按下列公式计算不得抵扣的进项税额：

不得抵扣的进项税额＝固定资产净值×适用税率

固定资产净值，是指纳税人按照财务会计制度计提折旧后计算的固定资产净值。

《增值税暂行条例》第十条（一）至（三）项所列情形是指：（一）用于非增值税应税项目、免征增值税项目、集体福利或者个人消费的购进货物或者应税劳务；（二）非正常损失的购进货物及相关的应税劳务；（三）非正常损失的在产品、产成品所耗用的购进货物或者应税劳务。

48. 流通环节免征增值税的蔬菜产品出口能否享受出口产品免税并退税政策？

答：《国家税务总局关于下发出口退税率文库 20120201A 版的通知》（国税函〔2012〕61 号）第二条规定：财税〔2011〕137 号文件规定的蔬菜产品，在 2012 年 2 月 29 日（含）前出口的，满足退税条件的，应退税；不满足退税条件的，予以免税。2012 年 3 月 1 日起，统一执行出口免税政策。上述时间以出口货物报关单（出口退税专用）海关注明的离境日期为准。

49. 用积分购物商家应该如何缴纳增值税？

问：企业以购物送积分方式搞促销，如消费者购买 1 000 元货物，将获得 200 元积分，消费者可用积分来购物。请问，消费者用积分购物，企业应该如何缴纳增值税？

答："购物送积分"属于以折扣方式销售货物的形式。《国家税务总局关于印发〈增值税若干具体问题的规定〉的通知》（国税发〔1993〕154 号）第二条第二项规定，纳税人采取折扣方式销售货物，如果销售额和折扣额在同一张发票上分别注明的，可按折扣后的销售额征收增值税。如果将折扣额另开发票，不论其在财务上如何处理，均不得从销售额中减除折扣额。《国家税务总局关于折扣额抵减增值税应税销售额问题通知》（国税函〔2010〕56 号）规定，纳税人采取折扣方式销售货物，销售额和折扣额在同一张发票上分别注明是指销售额和折扣额在同一张发票上的"金额"栏分别注明，可按折扣后的销售额征收增值税。未在同一张发票"金额"栏注明折扣额，而仅在发票的"备注"栏注明折扣额的，折扣额不得从销售额中减除。

根据此项规定，纳税人以用送积分换购物品方式销售货物，如果将销售额和积分购物填写在同一张发票上并在"金额"栏注明积分购物金额，则可以按扣除积分后的销售额申报缴纳增值税。

50. 商品削价处理的损失是否应作进项税额转出？

问：最近，我们在进行税务检查时，发现某企业（增值税一般纳税人）因改制，将其下属统一核算的公司出售给他人经营，所有库存商品均参照现行市场进价一次性转让，其原进价高于现售价部分，企业作商品削价处理，这些库存商品均取得增值税专用发票且已抵扣进项税。我们在检查时，对此笔业务产生的损失是否应作增值税进项税额转出意见不统一，有人认为企业已就此笔业务申报抵扣进项税款，发生亏损应作进项税额转出；有人则认为此项损失为正常损失，不应作进项税额转出。请问企业的这笔业务损失是否应作增值税进项税额转出？

答：根据《增值税暂行条例》及其实施细则的有关规定，非正常损失的购进货物其进项税额不得从销项税额中抵扣，而非正常损失，是指因管理不善造成被盗、丢失、霉烂变质的损失。根据来信所述，某企业将其下属统一核算的某公司所有库存商品卖给他人经营，因其库存商品积压多年造成部分商品现价低于原进价而造成的损失，不属于因管理不善造成被盗、丢失、霉烂变质的损失，是企业的正常经营损失，其已申报抵扣的进项税款不应作进项税额转出处理。

在具体操作时，税务机关仍应认真检查此笔业务损失，核对其原始凭证，一看是否存在非正常损失的情况，如有应作进项税额转出；二看转让库存商品的价格是否明显低于现行市场进价，如果有则应参照现行市场价格或其他合理的方法调整其销售额。

51. 增值税专用发票丢失应如何处理？

问：我公司（增值税一般纳税人）将开给外地某企业的增值税专用发票不慎丢失。该企业因未能取得增值税专用发票，无法抵扣进项税额而拒绝付款，为此给我公司造成了很大损失。请问增值税专用发票丢失应如何处理？

答：根据《国家税务总局关于修订〈增值税专用发票使用规定〉的通知》（国税发〔2006〕156号）第二十八条的规定，丢失增值税专用发票应分两种情况处理。一种情况是增值税一般纳税人丢失已认证相符的增值税专用发票的发票联和抵扣联，购买方凭销售方提供的相应专用发票记账联复印件及销售方所在地主管税务机关出具的《丢失增值税专用发票已报税证明单》，经购买方主管税务机关审核同意后，可作为增值税进项税额的抵扣凭证；另一种情况是增值税一般纳税人丢失未认证的增值税专用发票，购买方凭销售方提供的相应专用发票记账联复印件到主管税务机关进行认证，认证相符的凭该专用发票记账联复印件及销售方所在地主管税务机关出具的《丢失增值税专用发票已报税证明单》，经购买方主管税务机关审核同意后，可作为增值税进项税额的抵扣凭证。一般纳税人丢失已开具专用发票的发票联，可将专用发票抵扣联作为记账凭证，专用发票抵扣联复印件留存备查。

52. 未经批准的单位从事融资租赁业务如何缴税？

问：我公司从事融资租赁业务，但未经中国银行批准经营，现以融资租赁的方式出租一批机械设备给承租方，合同约定租期为5年，每个季度初收取租金，我公司应如何缴增值税？如何开票？

答：《国家税务总局关于融资租赁业务征收流转税问题的通知》（国税函〔2000〕514号）规定，对经中国人民银行批准经营融资租赁业务的单位所从事的融资租赁业务，无论租赁的货物的所有权是否转让给承租方，均按《营业税暂行条例》的有关规定征收营业税，不征收增值税。其他单位从事的融资租赁业务，租赁的货物的所有权转让给承租方，征收增值税，不征收营业税；租赁的货物的所有权未转让给承租方，征收营业税，不征收增值税。

融资租赁是指具有融资性质和所有权转移特点的设备租赁业务。即：出租人根据承租人所要求的规格、型号、性能等条件购入设备租赁给承租人，合同期内设备所有权属于出租人，承租人只拥有使用权，合同期满付清租金后，承租人有权按残值购入设备，以拥有设备的所有权。

因此，你公司如属融资租赁业务，在合同规定的5年租赁期间，应征营业税，收取租金应开具相关发票，合同期满付清租金后，承租人按残值购入设备，这时出租方取得的收入应征增值税，在收到销售款或者取得索取销售款凭据的当天按规定开具相应的销售发票，确认增值税纳税义务发生。

53. 个体工商户能否申请代开增值税专用发票？

问：个体工商户在税务部门可以申请代开3%的增值税专用发票吗？是不是月营业额达不到当地增值税起征点的个体工商户不能申请代开增值税专用发票？

答：根据《国家税务总局关于印发〈税务机关代开增值税专用发票管理办法（试行）〉的通知》（国税发〔2004〕153号）第五条规定，本办法所称增值税纳税人是指已办理税务登记的小规模纳税人（包括个体经营者）以及国家税务总局确定的其他可予代开增值税专用发票的纳税人。

根据《国家税务总局关于增值税起征点调整后有关问题的批复》（国税函〔2003〕1396号）第二条规定，《增值税暂行条例》第十七条规定销售额未达到起征点的纳税人免征增值税，第二十一条规定纳税人销售免税货物不得开具专用发票。对销售额未达到起征点的个体工商业户，税务机关不得为其代开专用发票。

《国家税务总局关于个体工商户定期定额征收管理有关问题的通知》（国税发〔2006〕183号）第六条对未达到起征点定期定额户的管理规定：（1）税务机关应

当按照核定程序核定其定额。对未达起征点的定期定额户，税务机关应当送达《未达起征点通知书》。(2) 未达到起征点的定期定额户月实际经营额达到起征点，应当在纳税期限内办理纳税申报手续，并缴纳税款。(3) 未达到起征点的定期定额户连续三个月达到起征点，应当向税务机关申报，提请重新核定定额。税务机关应当按照国税发〔2004〕153号文件有关规定重新核定定额，并下达《核定定额通知书》。

因此，销售额未达起征点的个体工商户免缴增值税。根据以上政策，税务机关不能为未达起征点的个体工商户代开增值税专用发票。如果纳税人达到起征点的，依照税法规定应全额计算缴纳增值税，同时税务机关可以为其代开增值税专用发票。

54. 业务招待中消耗货物的增值税怎样处理？

问：某啤酒酿制企业为了提高销售业绩，巩固客户关系，2010年春季召开了新品供货及业务洽谈会，期间赠送礼物共消耗购进货物50万元，相应进项税额8.5万元，该费用已在业务招待费中列支。这些消耗的货物一部分作为礼品赠送客户，另一部分在活动期间消费掉。如何处理其中的税务问题呢？

答：

作为礼品赠送客户的税务问题：

活动期间将购进货物作为礼品赠送客户，货物的所有权已经转移，涉及的增值税问题为是否应视同销售缴纳增值税。

《增值税暂行条例实施细则》第四条规定，单位或者个体工商户将自产、委托加工或者购进的货物无偿赠送其他单位或者个人的行为，视同销售货物。如果视同销售成立，增值税纳税义务随即发生。根据对本条款的理解，视同销售成立的前提条件可以概括为"将货物无偿赠送其他单位或者个人"。无偿赠送是无任何代价地将货物给予其他单位或个人，但本案中的礼品赠送并非无代价。

首先，无偿赠送更多的是出于某种感情或其他非利益动机，无须受赠人任何经济上的回报。但本案中的业务招待是为新品供货及业务洽谈会而发生的，也是公司经营业务的重要组成内容，目的是为了增加日后的销售量，并非出于其他非经营目的的赠送。同时企业的经济属性以及追求盈利的目的决定了包括业务招待费在内的支出必须通过未来的经济业务得到回馈。因此从本质及动机上说，本案中业务招待所消耗的货物是有代价和有报酬的，并非无偿的。

其次，本次活动是新品供货及业务洽谈，活动期间或多或少地达成购销合同或意向，具有明确的销售对象，所消耗的货物及其进项税能够从销售产生的销项税额得到补偿。

再次，即使本次活动未达成任何销售合同，无疑也会给公司的销售业务带来帮助，有利于增加日后的产品销量，消耗的货物及其进项税同样可以得到补偿。这些补偿虽然不像商品买卖中一手交钱、一手交货那样明确，但也不能因此否定可以从礼品接受方取得代价、报酬或其他经济利益。

最后，既然本案的新品供货及业务洽谈会是公司经营活动的范围，必然带来日后产品销量的增加，其相关费用无疑就是经营成本的组成部分，也是促使产品增值的直接因素，所消耗的货物虽然其实体脱离了增值税链条，但价值并没有脱离，最终随着价值转移会形成相应的销项税额。

因此，如果将本案中业务招待消耗货物视同销售而需缴纳增值税，未免有重复纳税之嫌，是不公平的。要判断一项行为是否视同销售不能简单地依据货物的所有权是否转移，应看其价值是否已经脱离增值税链条，发生额是否合理。笔者认为，本案业务招待中向客户赠送的礼品不应该视同销售，无须缴纳增值税。

活动中消费货物的税务问题：

如果说本案中业务招待消费的货物涉及增值税问题，应就是其进项税是否可以抵扣。仅从现行税收法规的字面简单理解，答案是否定的。因为《增值税暂行条例》第十条规定，用于非增值税应税项目、免征增值税项目、集体福利或者个人消费的购进货物或者应税劳务的进项税额不得从销项税额中抵扣。《增值税暂行条例实施细则》第二十二条规定，条例第十条所称的个人消费包括纳税人的交际应酬消费。以上两个条款已经规定得很清楚，无须争论。关键是实际操作中要看行为的本质，而不是简单、机械地执行法规，这也是税务机关一直遵循的"实质重于形式"原则。笔者个人理解，《增值税暂行条例》第十条的立法原理应该是这些项目的货物消费终结了增值税链条。本案中业务招待中的货物消费是否这样呢？笔者认为没有终结。具体事实和理由前文第一点已经作了详细论述，不再重复。既然货物消费没有终结增值税链条，其进项税额就应该可以抵扣，因为货物消费可以带来产品销售及其销项税。

综上所述，本案中企业出于经营目的发生的对外礼品馈赠的货物，不属于税法中规定的无偿赠送货物行为，不视同销售。同时，活动消费的货物也不能简单地认定为个人消费而不得抵扣进项税，应该根据实质重于形式的原则给予进项税抵扣。

55. 办公饮用水如何进行税务处理？

问：我公司在桶装水销售公司购买的桶装水，为职工工作时饮用，请问对方开具的增值税专用发票能否抵扣进项税额？职工办公时的饮用水是生产经营过程中所必需的，那么是否不属于福利费的范畴？

答：为职工办公提供饮用水而取得的进项税额不属于《增值税暂行条例》第十条规定的进项税额不得从销项税额中抵扣的项目。因此，取得符合规定的增值税专用发票上的进项税额可以按规定从销项税额中抵扣。

56. 收售二手车过户是否需要缴纳增值税？

答： 国家税务总局日前发布 2012 年第 23 号公告，明确从 2012 年 7 月 1 日起，经批准允许从事二手车经销业务的纳税人收购二手车时将其办理过户登记到自己名下，销售时再将该二手车过户登记到买家名下的行为，属于规定的销售货物的行为，应按照现行规定征收增值税。

除上述行为以外，若纳税人受托代理销售二手车，且同时具备受托方不向委托方预付货款、委托方将二手车销售统一发票直接开具给购买方、受托方按购买方实际支付的价款和增值税额与委托方结算货款并另外收取手续费等三个条件的，可不征收增值税。

57. 如何理解与计算不得抵扣的进项税额？

问： 税务检查人员在对安徽某粮油工业有限公司进行纳税评估时，发现该企业财务人员由于对不得抵扣的进项税额计算公式理解有误，从而导致企业少缴增值税。该企业系生产食用植物油的工业企业，2007 年认定为一般纳税人，业务范围为：收购菜籽与棉籽，加工销售植物油和免税的菜粕棉粕，同时购进成品植物油直接销售。2009 年企业实现全部销售收入 4 297 万元，其中，免税销售收入 192 万元，外购成品植物油直接对外销售收入 2 600 万元，外购成品植物油进项税额为 280 万元，累计进项税额为 510 万元。由于无法划分用于免税菜籽与棉籽的进项税额，企业在计算当期不予抵扣进项税时，按照《增值税暂行条例实施细则》第二十六条的计算公式计算：不得抵扣的进项税额＝当月无法划分的全部进项税额×当月免税项目销售额、非增值税应税劳务营业额合计÷当月全部销售额、营业额合计。计算出不得抵扣的进项税金＝(510－280)×192÷4 297＝10.35（万元），从而计算出企业当期应纳增值税 34 万元。这种算法对吗？

答： 这种算法不对。企业在运用"不得抵扣的进项税额"计算公式时，将能够准确划分进项税的外购成品植物油品直接对外销售收入 2 600 万元也纳入"当月全部销售额、营业额合计"进行计算，这实际上是对该计算公式的曲解。"当月全部销售额、营业额合计"应该指与"当月无法划分的全部进项税额"有关联的应税项目、免税项目及非应税项目的收入，即与"当月无法划分的全部进项税额"无关联的其他收入不应该计算在内。鉴于此，税务人员对企业进项税金转出额重新进行计算调整，调整后不得抵扣的进项税额＝(510－280)×192÷(4 297－2 600)＝25.99（万元），并要求企业补缴增值税 15.64 万元，还按规定加收了滞纳金。

上述案例仅对《增值税暂行条例实施细则》中计算公式分母部分进行了诠释，在实务操作中，纳税人还会碰到各种各样有关该计算公式的处理问题。利用上述计算公式，准确计算不得抵扣的进项税，笔者认为，还应该掌握以下三个关键点。

第一，准确筛选纳入计算范围的进项税额。

"当月无法划分的全部进项税额"是指企业在购入原材料时，没有明确用途，即没有明确是用于应税、免税还是非增值税应税劳务，并且在使用时既用于应税，又用于免税或非增值税应税劳务，同时又无法划分的混用的进项税部分。根据《增值税暂行条例实施细则》第二十六条计算公式要求，应该将当月移送使用的可以准确划分的进项税额剔除。

$$\text{当月无法划分的全部进项税额} = \text{全部进项税额}（\text{当月实际耗用原材料进项税}）- \text{当月可准确划分用于应税项目、免税项目及非应税项目的进项税额}$$

第二，免税项目或非增值税应税劳务销售收入不得进行不含税收入的换算。

在计算不得抵扣的进项税额时，不少企业将取得的免税收入或者非应税收入进行不含税收入的换算。比如某企业生产销售菜籽，当月销售菜籽收入为100万元，在计算时按照100÷1.13作为免税项目销售额，这种计算方式显然违背相关规定。根据《国家税务总局关于分摊不得抵扣进项税额时免税项目销售额如何确定问题的批复》（国税函〔1997〕529号）规定，纳税人在计算不得抵扣进项税额时，对其取得的销售免税货物的销售收入和经营非应税项目的营业收入额，不得进行不含税收入的换算。

第三，注意几种特殊情况的处理。

一是一般纳税人兼营即征即退项目或者按简易办法征税项目而无法划分即征即退项目、按简易办法征税项目应分摊的进项税额的，可以比照该公式进行划分：

$$\text{即征即退项目或者按简易办法征税项目应分摊的进项税额} = \text{当月无法划分的全部进项税额} \times \frac{\text{即征即退项目或者按简易办法征税项目销售额}}{\text{当月全部销售额、营业额合计}}$$

二是按照公式计算应转出的进项税额时，当月无法划分的全部进项税中不包括既用于应税项目又用于免税项目的机器设备等固定资产的进项税，根据《增值税暂行条例实施细则》规定，混用的机器设备进项税额可以全额抵扣，不需参与进项税划分。

三是出版物进项税额划分问题。

根据《国家税务总局关于出版物广告收入有关增值税问题的通知》（国税发〔2000〕188号）规定："确定文化出版单位用于广告业务的购进货物的进项税额，应以广告版面占整个出版物版面的比例为划分标准，凡文化出版单位能准确提供广告所占版面比例的，应按此项比例划分不得抵扣的进项税额"。因此，对于出版物无法划分的进项税应以广告版面占整个出版物版面的比例为划分标准，而不应按销售货物、提供非应税劳务的收入比例划分。

58. 营改增后，应税服务年销售额是否包含减免税销售额？

问：上海市是营业税改征增值税的试点，其应税服务年销售额是否包括免税、减税销售额？

答：根据《国家税务总局关于上海市营业税改征增值税试点增值税一般纳税人资格认定有关事项的公告》（国家税务总局公告 2011 年第 65 号）规定，应税服务年销售额，是试点纳税人在连续不超过 12 个月的经营期内，提供交通运输业和部分现代服务业服务的累计销售额，含免税、减税销售额。

59. 总分机构统一采购如何抵扣进项税？

问：我公司下设一家非独立核算的分公司，总、分公司在一个城市的两个区。我公司为增值税一般纳税人，分公司有独立的银行账号。核算时，如果采用主营业务独立核算、副营业务非独立核算方式，材料委托总公司统一采购，会存在付款账号和发票名称不一致的情况，这样取得的发票可否进行进项抵扣？

答：《国家税务总局关于加强增值税征收管理若干问题的通知》（国税发〔1995〕192 号）规定，纳税人购进货物或应税劳务、支付运输费用，支付款项的单位，必须与开具抵扣凭证的销货单位、提供劳务的单位一致，才能够申报抵扣进项税额，否则不予抵扣。

根据上述规定，采购材料时存在付款账号和发票名称不一致，将不允许抵扣。但是，国家税务总局等财税部门对特定企业下发过文件的除外，如《国家税务总局关于诺基亚公司实行统一结算方式增值税进项税额抵扣问题的批复》（国税函〔2006〕1211 号）规定，对诺基亚各分公司购买货物从供应商取得的增值税专用发票，由总公司统一支付货款，造成购进货物的实际付款单位与发票上注明的购货单位名称不一致的，不属于《国家税务总局关于加强增值税征收管理若干问题的通知》（国税发〔1995〕192 号）第一条第（三）款有关规定的情形，允许其抵扣增值税进项税额。

60. 境外公司开具的发票可否抵扣相应进项税额？

答：《增值税暂行条例》第八条规定，纳税人购进货物或者接受应税劳务（以下简称购进货物或者应税劳务）支付或者负担的增值税额，为进项税额。下列进项税额准予从销项税额中抵扣：（1）从销售方取得的增值税专用发票上注明的增值税额。（2）从海关取得的海关进口增值税专用缴款书上注明的增值税额。（3）购进农产品，除取得增值税专用发票或者海关进口增值税专用缴款书外，按照农产品收购发票或者销售发票上注明的农产品买价和13%的扣除率计算的进项税额。(4) 购进或者销售货物以及在生产经营过程中支付运输费用的,按照运输费用结算单据上注明的运输费用金额和7%的扣除率计算的进项税额。准予抵扣的项目和扣除率的调整,由国务院决定。

境外公司开具的发票不属于上述票据类型,不属于增值税抵扣凭证,因此,不能计算抵扣进项税额。

61. 购物卡销售如何申报纳税?

问:商业企业的销售形式比较多,促销手段更是五花八门,购物卡就是比较典型的一种销售方式。纳税人以销售购物卡方式销售货物的行为应如何征收增值税,成为目前税务机关和商业企业比较关注的问题。购物卡销售如何申报纳税?

答:以某大型购物中心为例对购物卡销售进行具体分析。该购物中心2009年9月实现销售收入9 000万元,其中货币资金8 000万元,购物卡1 000万元。以购物卡为收款凭证,购货方在该购物中心购物而预付货款2 000万元(假设本月发放的购物卡没有发生购物业务)。下面仅就购物卡的增值税纳税义务发生时间和销货发票何时开具进行分析。

《增值税暂行条例》第一条规定,在中华人民共和国境内销售货物或者提供加工、修理修配劳务以及进口货物的单位和个人,为增值税纳税人,应当依照本条例缴纳增值税。《增值税暂行条例实施细则》第三条规定,条例第一条所称销售货物,是指有偿转让货物的所有权。本细则所称有偿,是指从购买方取得货币、货物或者其他经济利益。从条例和细则对销售货物行为的具体规定可以看出,销售货物行为的确认有两个条件:(1) 有偿;(2) 转让货物的所有权。所谓货物所有权,是指货物所有人依法对自己的货物所享有的占有、使用、收益和处分的权利。货物所有权的转让,实际就是对货物的"占有、使用、收益、处分"权的转让。《企业会计准则第14号——收入》规定,确认销售商品收入的重要条件之一为"企业已将商品所有权上的主要风险和报酬转移给购货方",风险和报酬的转移是指将货物所有权上及其有关的主要风险和报酬同时转移给购货方。

虽然《增值税暂行条例》与会计准则对确认销售货物(销售收入)行为的表述不同,但均强调货物所有权转移这个条件。由此可见,"有偿"和"转让货物的所有权"是判断增值税销售货物行为是否成立的基本条件,这两个条件是并列的,只有同时符合方能确认。

《增值税暂行条例》第十九条规定,销售货物或者应税劳务,增值税纳税义务发生时间为收讫销售款项或者取得索取销售款项凭据的当天;先开具发票的,为开具发票的当天。《增值税暂行条例》对纳税义务发生时间的确认是建立在条例第一条销售货物行为成立的基础上,该购物中心2009年9月以销售购物卡方式销售货物行为，此时仅从付款方取得货币，并没有向付款方转让货物的所有权，所以不构成销售货物的条件，收取的货款 2 000 万元不属于收讫销售款项性质，不确认纳税义务。同样，条例中"先开具发票的，为开具发票的当天"的规定，也是以销售货物行为成立为基础。如销售货物行为成立并开具了发票，则不论采用细则中规定的何种销售结算方式，先开具发票的，为开具发票的当天确认纳税义务。如销售货物行为不成立而开具了发票，根据《发票管理办法实施细则》第三十三条的规定，填开发票的单位和个人必须在发生经营业务确认营业收入时开具发票。未发生经营业务一律不准开具发票。对此行为应根据发票管理办法以未按规定开具发票行为进行处罚，但不因此而改变增值税纳税义务时间。企业发放购物卡时还未发生税法规定的销售货物行为，不得开具发票，应该在持卡人向购物中心购物时开具发票。

《增值税暂行条例实施细则》第三十八条规定，条例第十九条第一款第一项规定的收讫销售款项或者取得索取销售款项凭据的当天，按销售结算方式的不同，具体为：采取直接收款方式销售货物，不论货物是否发出，均为收到销售款或者取得索取销售款凭据的当天；采取预收货款方式销售货物，为货物发出的当天。该购物中心收取的货款 2 000 万元，由于不构成销售货物的条件，没有确认纳税义务，收取的货款应为预收性质，所发放的购物卡只不过是收款的凭据，是一种附带条件的不可撤销的、只能在本购物中心购物的要约。因此，发放购物卡而收取货款的行为不是细则中规定的"以直接收款方式销售货物"。当持卡人向购物中心凭卡购物时，则完成了细则第三条规定的转让货物所有权的过程，确认销售货物行为成立的两个基本条件全部具备，这时应按"预收货款方式销售货物"确认增值税纳税义务的发生。

因此，该购物中心 2009 年 9 月应对销售货物收入 9 000 万元确认增值税纳税义务。对于本月预收的货款 2 000 万元，由于没有在 9 月发生购物业务，以致所购买的货物品种、数量等无法确定，没有向付款方转让货物的所有权，作为收款凭据给付款方的购物卡不符合税法规定的销售货物的条件，不确认增值税纳税义务。

62. 一般纳税人注销清算是否需要关注增值税相关问题？

答：《税收征管法实施细则》第五十条规定，纳税人有解散、撤销、破产情形的，在清算前应当向其主管税务机关报告；未结清税款的，由其主管税务机关参加清算。企业清算是指企业因为特定原因终止时，清理企业财产、收回债权、清偿债务并分配剩余财产的行为。注销清算虽不是所有注销业务的必经程序，但对于企业解散、破产、撤销等情形，清算是必经程序，是结清企业所得税的最后一个环节，但事实上也是管好增值税的最后一道屏障。

一般纳税人注销时存货如何处理，对此税务人员持有两种不同观点：一种观点认为，根据《财政部、国家税务局关于增值税若干政策的通知》（财税〔2005〕第

165号)第六条规定,一般纳税人注销或被取消辅导期一般纳税人资格,转为小规模纳税人时,其存货不作进项税额转出处理,其留抵税额也不予以退税。因此,对存货不用作处理,既不用征税也不用退税。另一种观点认为,企业有留抵税额不退,但企业有存货要作进项税额转出,这样做才不会让税款流失。这两种观点哪种正确?笔者认为都有不妥之处,第一种观点没有正确理解政策的规定,在注销一般纳税人资格时,按财税〔2005〕第165号文件的规定,存货不作进项税额转出处理,留抵税额也不予以退税是对的,但在企业注销的整个过程中,对存货不作任何处理是不对的。注销前不是还有注销清算程序吗?注销清算过程中不是要对存货进行处置吗?那么在存货的处置过程中就会产生增值税。也有的纳税人提出,存货不处置,把它存留在企业,就不用缴税了。但这个企业最终要被注销,存货的所有权主体最终是消亡了,那么这个存货总有一个所有权的归属,不可能成为无主的物权。企业的存货有可能处置变现了,应按销售存货来计算缴纳增值税;有可能抵债了,应按视同销售来计算缴纳增值税;有可能分配给投资者了,应按视同销售来计算缴纳增值税。第二种观点没有正确执行税收政策,企业有留抵税额不退,但企业有存货要作进项税额转出,这样处理的目的是不让税款流失,但有什么法律依据呢?没有依据,就会带来税收执法风险。

从上述分析可以看出,一般纳税人注销要在清算环节作存货处理。这里要特别提醒的是,作存货处理时,一定要对存货进行盘点。有的企业在被注销一般纳税人资格时,账面上的存货和实际库存相差悬殊,经检查发现,企业有的存货实际上已经销售,但由于对方不要发票,或者其他原因,这部分存货企业仍然虚挂在账上,其实存货早已销售却未计销售收入缴纳税款。对这种现象,税务人员一定要在清算时核实存货,因为正常销售价格与清算时的处置价格是有区别的。账面存货大于实际库存,还可能是企业的管理不善引起的非正常损失,这种情况应作进项税额转出处理。

一般纳税人资格应在清算前还是清算后注销,现在的税务登记注销程序,一般是先注销一般纳税人资格再进行清算,那么在清算前注销和在清算后注销对增值税的处理有什么影响呢?哪一种更有利于税收管理工作呢?

例如,某企业销售电子产品,增值税税率17%,现因企业解散申请注销,没有留抵税款,存货20万元,清算时变价处理25万元。

分析:在清算前注销一般纳税人资格,那么在清算期间,纳税人变价销售的存货应按小规模纳税人纳税,缴纳增值税0.73万元[25÷(1+3%)×3%],而企业20万元的存货已抵扣了3.4万元(20×17%)进项税额,显然,企业是抵得多、缴得少,就会形成一个明显的税收漏洞,很容易让不法分子假借注销逃避缴纳税款。

如果清算后再注销一般纳税人资格,在清算期间,纳税人销售存货仍按一般纳税人处理,除了价格上有差别,就不存在抵扣税率和征税税率之间的差别,这样就堵塞了税收漏洞,有利于提高税收征管的质效。还有,先在清算环节将存货处理完毕，应计税的已计税，有留抵的进行了抵扣，抵不完的再按财税〔2005〕第165号文件第6条的规定不予退税。

对不需要清算的一般纳税人注销存货应怎样处理？比如一般纳税人A企业，由于经营地址改变从甲地搬迁到乙地，在甲地需办理税务登记注销手续，但由于企业还要继续经营，经营活动也未发生改变，因此不必进行清算。对于这种情形，应按财税〔2005〕第165号文件第6条的规定对存货进行处理：有留抵税额不退，存货不作进项税额转出。同时根据《国家税务总局关于一般纳税人迁移有关增值税问题的公告》（国家税务总局公告2011年第71号）第一条规定，增值税一般纳税人（以下简称纳税人）因住所、经营地点变动，按照相关规定，在工商行政管理部门作变更登记处理，但因涉及改变税务登记机关，需要办理注销税务登记并重新办理税务登记的，在迁达地重新办理税务登记后，其增值税一般纳税人资格予以保留，办理注销税务登记前尚未抵扣的进项税额允许继续抵扣。由此可见，该公司因住所、经营地点变动，在工商行政管理部门作变更登记处理，并依法在迁达地办理税务登记后，其增值税一般纳税人资格可以保留，不必重新认定。同时，对公司的增值税进项留抵税额可以继续抵扣。

63. 企业的分支机构应在何地缴纳增值税？

问：某企业是增值税纳税人，总机构在北京市朝阳区，由于经营需要，在海淀区设立了独立核算的分支机构，并且以分支机构的名义对外经营业务，该企业的分支机构应在何地缴纳增值税？能否汇总到总机构一并缴纳？

答：根据《增值税暂行条例》第二十二条规定，固定业户应当向其机构所在地的主管税务机关申报纳税增值税。总机构和分支机构不在同一县（市）的，应当分别向各自所在地的主管税务机关申报纳税增值税。经国务院财政、税务主管部门或者其授权的财政、税务机关批准，可以由总机构汇总向总机构所在地的主管税务机关申报缴纳增值税。

根据《财政部、国家税务总局关于连锁经营企业增值税纳税地点问题的通知》（财税字〔1997〕97号）规定，对跨地区经营的直营连锁企业，即连锁店的门店均由总部全资或控股开设，在总部领导下统一经营的连锁企业，凡按照国内贸易部《连锁店经营管理规范意见》的要求，采取微机联网，实行统一采购配送商品、统一核算、统一规范化管理和经营，并符合以下条件的，可对总店和分店实行由总店向其所在地主管税务机关统一申报缴纳增值税：在直辖市范围内连锁经营的企业，报经直辖市国家税务局会同市财政局审批同意。

所以，企业的分支机构应当向分支机构所在地主管税务机关申报缴纳增值税，对于符合条件的总分支机构，需报经北京市国家税务局会同市财政局审批同意后，方可在总机构所在地汇总缴纳增值税。

64. 商场无偿赠送礼品是否应视同销售货物？

问：某家电商场为了吸引顾客购物消费，节日期间在商场门前举办电器品牌宣传活动，向现场人员赠送印有商场宣传标志的精美礼品。该商场财务人员向当地税务局 12366 纳税服务热线咨询：赠送礼品如何作税务处理？

答：笔者认为，在增值税方面应视同销售货物缴纳增值税。由于该商场的礼品赠送不是基于销售商品的附带赠送，与销售商品没有直接相关性，本质上是无偿赠送，根据《增值税暂行条例实施细则》的规定，单位或者个体工商户将自产、委托加工或者购进的货物无偿赠送其他单位或者个人，视同销售货物。

礼品的销售额应根据《增值税暂行条例实施细则》第十六条规定的顺序确定，即纳税人有视同销售货物行为而无销售额者，按下列顺序确定销售额：（1）按纳税人最近时期同类货物的平均销售价格确定。（2）按其他纳税人最近时期同类货物的平均销售价格确定。（3）按组成计税价格确定。组成计税价格的公式为：组成计税价格＝成本×（1＋成本利润率）。属于应征消费税的货物，其组成计税价格中应加计消费税额。公式中的成本是指：销售自产货物的为实际生产成本，销售外购货物的为实际采购成本。公式中的成本利润率由国家税务总局确定。

企业所得税方面，应按规定视同销售确定收入。该商场采用赠送礼品的方式以达到宣传商品的目的，实际是为了商品的市场推广，《国家税务总局关于企业处置资产所得税处理问题的通知》（国税函〔2008〕828号）规定，企业将资产移送他人，用于市场推广或销售，因资产所有权属已发生改变，应按规定视同销售确定收入。

商场办理年度企业所得税纳税申报时，对礼品视同销售收入和视同销售成本要同时确认。国税函〔2008〕828号文件规定，属于企业自制的资产，应按企业同类资产同期对外销售价格确定销售收入，属于外购的资产，可按购入时的价格确定销售收入。《国家税务总局关于企业所得税执行中若干税务处理问题的通知》（国税函〔2009〕202号）还明确，视同销售收入可以作为业务招待费、广告费和业务宣传费税前扣除限额的计算基数。

另外，由于赠送礼品的目的是为了业务宣传，其支出应归集到广告费和业务宣传费项目中，根据《企业所得税法实施条例》第四十四条规定进行扣除，即企业发生的符合条件的广告费和业务宣传费支出，除国务院财政、税务主管部门另有规定外，不超过当年销售（营业）收入15％的部分，准予扣除。超过部分，准予在以后纳税年度结转扣除。

需要注意的是，该商场应为受赠个人代扣代缴个人所得税。该商场把礼品作为业务宣传活动的载体，其赠送行为本质上是一种促销行为，而且赠送的发生具有随机性,《财政部、国家税务总局关于企业促销展业赠送礼品有关个人所得税问题的通知》(财税〔2011〕50号)规定,企业在业务宣传、广告等活动中,随机向本单位以外的个人赠送礼品,对个人取得的礼品所得,按照"其他所得"项目,全额适用20%的税率缴纳个人所得税。税款由赠送礼品的企业代扣代缴。

对于受赠个人应纳税所得额的确定问题,财税〔2011〕50号文件规定,企业赠送的礼品是自产产品的,按该产品的市场销售价格确定个人的应税所得;是外购商品的,按该商品的实际购置价格确定个人的应税所得。另外,该商场为个人承担的个人所得税支出,不得在企业所得税前扣除。

65. 租赁厂房安装电暖设施能不能抵扣增值税?

问:大友公司是一家生产企业,2011年12月,公司为扩大经营规模,租赁了当地一家企业的厂房。协议租期20年,年租金25万元。承租后公司对厂房改造安装了电暖设施,取得增值税专用发票金额40万元,进项税额6.8万元,支付货款46.8万元。财会人员咨询,租赁他人厂房安装的电暖设施能否抵扣税款?

答:《增值税暂行条例》第十条第一项规定,用于非增值税应税项目、免征增值税项目、集体福利或者个人消费的购进货物或者应税劳务的进项税额不得从销项税额中抵扣。《增值税暂行条例实施细则》第二十三条规定,条例第十条第一项所称非增值税应税项目,是指提供非增值税应税劳务、转让无形资产、销售不动产和不动产在建工程。所称不动产是指不能移动或者移动后会引起性质、形状改变的财产,包括建筑物、构筑物和其他土地附着物。纳税人新建、改建、扩建、修缮、装饰不动产,均属于不动产在建工程。

对照政策,该公司外购安装的电暖设施,应分清货物的具体用途与使用对象,区分是否用于增值税应税项目。由于电暖设施不是直接用于生产的设备,而是用于不动产厂房方面的改造、修缮,增加房产采暖使用功能,属于不动产的在建工程,是非增值税应税项目。用于非增值税应税项目的不动产在建工程所外购的设备是不能抵扣进项税额的。《财政部、国家税务总局关于固定资产进项税额抵扣问题的通知》(财税〔2009〕113号)对固定资产增值税进项税额抵扣范围进一步明确:以建筑物或者构筑物为载体的附属设备和配套设施,无论在会计处理上是否单独记账与核算,均应作为建筑物或者构筑物的组成部分,其进项税额不得在销项税额中抵扣。附属设备和配套设施是指:给排水、采暖、卫生、通风、照明、通信、煤气、消防、中央空调、电梯、电气、智能化楼宇设备和配套设施。尽管该房产的所有权不是该公司,但增值税未对不动产的产权归属进行划分,不区分是自己的还是承租的,凡是用于厂房等建筑物方面的附属设备和配套设施,都不能抵扣。该公司2011年12月外购进项税额138万元,其中承租厂房安装电暖设施进项税额6.8万元,当期销售产品发生销项税额158万元。公司12月可以抵扣的进项税额为138—

6.8＝131.2（万元），当期发生应缴增值税额为 158－131.2＝26.8（万元）。

因此，公司承租厂房安装电暖设施所负担的进项税额 6.8 万元不予抵扣，连同电暖设施的成本 40 万元合计 46.8 万元，应作为成本、费用在税前摊销或扣除。

66. 哪些货物运输费用准予抵扣进项税？

答：按照新修订的《增值税暂行条例》第八条第四项规定：购进或者销售货物以及在生产经营过程中支付运输费用的，按照运输费用结算单据上注明的运输费用金额和 7％的扣除率计算的进项税额准许抵扣。进项税额计算公式为：

$$进项税额＝运输费用金额×扣除率$$

这是关于准予运输费用计算进项税额抵扣销项税额的原则性规定。纳税人购进或者销售货物以及在生产经营过程中，经常会发生运输费用支出，而运输部门取得运输收入不缴纳增值税，而缴纳营业税，这就存在增值税抵扣链条的中断问题。对于增值税纳税人来说，运输费用支出也是生产成本的组成部分。为了避免重复征税，有必要对运输费用所负担的税额予以抵扣，所以 1994 年国务院规定对增值税一般纳税人外购货物（固定资产除外）所支付的运输费用，根据运费结算单据（普通发票）所列运费金额依 10％的扣除率计算进项税额予以抵扣。经国务院批准，从 1998 年 7 月 1 日起，将增值税一般纳税人购进或者销售应税货物的运输费用的扣除率由 10％降低至 7％。为保持政策的连续性，减轻纳税人的增值税负担，新修订的条例第八条对此项政策作了明确规定，并将允许抵扣进项税额的范围扩大至所有生产经营过程所支付的运输费用。理解此项允许抵扣的进项税额时，需要与条例第十条结合，即：对于不得抵扣进项税额的货物及劳务的运输费用，以及销售免税货物的运输费用，是不得计算进项税额予以抵扣的。所以不得抵扣的运输费用包括：用于非增值税应税项目、免征增值税项目、集体福利或者个人消费的购进货物所产生的运输费用，非正常损失的购进货物所产生的运输费用，非正常损失的在产品、产成品所耗用的购进货物所产生的运输费用，国务院、税务主管部门规定的纳税人自产消费品所产生的运输费用。新修改的《增值税暂行条例实施细则》第十八条规定，条例第八条第二款第（四）项所称运输费用金额，是指运输费用结算单据上注明的运输费用（包括铁路临管线及铁路专线运输费用）、建设基金，不包括装卸费、保险费等其他杂费。因此，

$$准予抵扣的进项税额＝（运费＋铁建基金＋临管铁路运费及新线运费）×7％$$

《国家税务总局关于铁路运费进项税额抵扣有关问题的补充通知》（国税函〔2003〕970 号）规定，中国铁路包裹快运公司（简称中铁快运）为客户提供运输劳务，属于铁路运输企业。因此，对增值税一般纳税人购进或销售货物取得的中国铁路小件货物快运运单列明的铁路快运包干费、超重费、到付运费和转运费，可按

7%的扣除率计算抵扣进项税额。

关于抵扣时限,《国家税务总局关于调整增值税扣税凭证抵扣期限有关问题的通知》(国税函〔2009〕617号)对增值税一般纳税人取得2010年1月1日以后开具的增值税专用发票、海关进口增值税专用缴款书、公路内河货物运输业统一发票和机动车销售统一发票的抵扣期限,由90天调整为180天。但此规定未包含铁路运输发票,铁路运输发票抵扣期限应执行《国家税务总局关于加强货物运输业税收管理及运输发票增值税抵扣管理的公告》(国税发〔2003〕120号)的规定,其抵扣期限仍为90天。

另外,企业取得的汇总运费发票,对同一运价、同一起止地的多批次货物运输汇总开具运费发票,如发货人、收货人、起运地、到达地、运输方式、货物名称、货物数量、运输单价、运费金额等项目与购货或销货发票上所列的有关项目相符,并附有运输清单且加盖运输企业发票专用章的,其汇总运费发票可以抵扣。

截至目前,对丢失公路内河货物运输统一发票暂未明确,所以企业如将尚未认证的公路内河货物运输统一发票抵扣联不慎丢失,应按主管税务机关规定处理。

67. 增值税起征点"按月"和"按次"如何划分?

问:增值税起征点有"按月"和"按次"的划分,这两者有何区别?

答:《增值税暂行条例实施细则》第三十七条规定,增值税起征点的适用范围限于个人。

增值税起征点的幅度规定如下:
(1) 销售货物的,为月销售额5 000～20 000元;
(2) 销售应税劳务的,为月销售额5 000～20 000元;
(3) 按次纳税的,为每次(日)销售额300～500元。

第九条第二款规定,条例第一条所称个人,是指个体工商户和其他个人。

根据上述规定,增值税个人纳税人对于固定业户适用"按月"起征点的规定;对于个人零散税收纳税人,适用"按次(日)"起征点的规定。

68. 跨省迁址后账面存货的增值税处理有何规定?

问:上海某公司现在准备迁址到天津,迁址后增值税留抵税额是否可以继续抵扣?账面上的存货是否需要评估缴纳增值税?

答:《国家税务总局关于一般纳税人迁移有关增值税问题的公告》(国家税务总局公告2011年第71号)规定,增值税一般纳税人(以下简称纳税人)因住所、经营地点变动,按照相关规定,在工商行政管理部门作变更登记处理,但因涉及改变税务登记机关,需要办理注销税务登记并重新办理税务登记的,在迁达地重新办理税务登记后，其增值税一般纳税人资格予以保留，办理注销税务登记前尚未抵扣的进项税额允许继续抵扣。迁出地主管税务机关应认真核实纳税人在办理注销税务登记前尚未抵扣的进项税额，填写《增值税一般纳税人迁移进项税额转移单》。迁达地主管税务机关应将迁出地主管税务机关传递来的《增值税一般纳税人迁移进项税额转移单》与纳税人报送资料进行认真核对，对其迁移前尚未抵扣的进项税额，在确认无误后，允许纳税人继续申报抵扣。

根据上述规定，增值税留抵税额可以继续抵扣，账面上的存货不需评估缴纳增值税。

69. 饭店自制桌椅用于经营是否视同销售

问：某饭店老板购买材料加工一批桌椅用于饭店经营，是否属于"将自产产品用于非增值税应税项目"视同销售缴纳增值税？

答：《增值税暂行条例》第一条规定，在中华人民共和国境内销售货物或者提供加工、修理修配劳务以及进口货物的单位和个人，为增值税的纳税人，应当依照本条例缴纳增值税。

《增值税暂行条例实施细则》第四条规定，单位或者个体工商户的下列行为，视同销售货物：将自产或者委托加工的货物用于非增值税应税项目。

依据上述规定，饭店老板个人将自产桌椅用于饭店经营，不视同销售货物，无须缴纳增值税；若饭店（单位或个体工商户）将自产桌椅用于饭店经营，应视同销售货物，缴纳增值税。

70. 不同用途的供气管道进项税额是否应分别核算？

问：某燃气公司的财务人员近日被税务管理员约谈，这让他们感觉有些纳闷。这到底是怎么回事呢？原来，该公司在2011年第四季度对包括公司办公楼的供气系统进行全面维修，不仅更新了市区所有已经老化的供气管道，还采购供气管道，增添了若干管道系统，提高燃气市场占有率。这次大范围的维修和新增供气系统所耗用的管道及材料进项税额，都已经通过认证并申报抵扣。税务机关认为该公司的季度税负率偏低，税务管理员因此而约谈了该公司的财务人员。那么，该燃气公司的相关税务处理是否合理呢？

答：自增值税转型之后，增值税一般纳税人固定资产进项税额被允许抵扣，但并不是所有购进的固定资产其进项税额都能从销项税额中抵扣。

根据《增值税暂行条例实施细则》第二十一条、第二十三条的规定，可以抵扣进项税的固定资产，是指使用期限超过12个月的机器、机械、运输工具以及其他与生产经营有关的设备、工具、器具等，不能抵扣的固定资产包括提供非增值税应税劳务、转让无形资产、销售不动产和不动产在建工程，其中，建筑物、构筑物和其他土地附着物，包括纳税人新建、改建、扩建、修缮、装饰不动产等。

根据《财政部、国家税务总局关于固定资产进项税额抵扣问题的通知》（财税〔2009〕113 号）规定，建筑物是指供人们在其内生产、生活和其他活动的房屋或者场所；以建筑物或者构筑物为载体的附属设备和配套设施，无论在会计处理上是否单独记账与核算，均应作为建筑物或者构筑物的组成部分；附属设备和配套设施是指：给排水、采暖、卫生、通风、照明、通信、煤气、消防、中央空调、电梯、电气、智能化楼宇设备和配套设施。

根据《增值税暂行条例实施细则》第二十三条第三款的规定，纳税人新建、改建、扩建、修缮、装饰不动产，均属于不动产在建工程，均应依照《增值税暂行条例实施细则》第二十三条第一款的规定，作为非增值税应税项目，按照《增值税暂行条例》第十条第一项的规定，对其使用的购进货物或者应税劳务的进项税额，不得抵扣销项税额。该公司办公楼的供气管道显然是属于不动产建筑物的范畴。

因此，该公司办公楼供气系统的增添、维修与修缮，就是对建筑物的增添、维修与修缮，应属于非增值税应税项目中的不动产在建工程，其使用的管道及材料等购进货物和应税劳务的进项税额不得抵扣销项税额，已经抵扣的进项税额应作进项税额转出处理。

企业用供气管道来输送燃气，办公楼供气系统的增添和维修所使用的管道及材料进项税额不得抵扣销项税额，是不是该公司这次增添和维修的所有供气管道及材料的进项税额全部不能抵扣呢？判断一项资产属于不动产还是设备，关键是看它在《固定资产分类与代码》中的位置。在《固定资产分类与代码》中，代码前两位数字为"01"的是土地，为"02"的房屋，为"03"的是构筑物，这 3 种代码的资产为不动产，不能抵扣进项税额。代码前两位为其他数字的为设备，可以抵扣进项税额。

水利管道和市政管道分类代码为"03"，输送管道分类代码为"09"，说明输送管道是一种运输设备，包括：输水管道、输气管道、输油管道、管道输送设施以及其他输送管道。

因此，该公司除办公楼供气系统的增添和维修所使用的管道及材料应并入建筑物核算外，在其他供气系统中所使用的输送管道不属于不动产范畴，增添和维修的供气管道及材料的进项税额可以抵扣。既然增添和维修供气系统耗用管道及材料的进项税额，有的可以抵扣，有的不能抵扣，企业需要重新分别进行核算，调整相关账务处理。如果企业无法划分不得抵扣的进项税额，应根据规定合理划分。

71. 用于研发新产品的原材料是否应做进项税额转出？

问：从仓库领用原材料用于研发新产品，该原材料的进项税额是否需要做进项税额转出？

答：《增值税暂行条例》第十条第一款规定，用于非增值税应税项目、免征增值税项目、集体福利或者个人消费的购进货物或者应税劳务的进项税额不得从销项税额中抵扣。

《增值税暂行条例实施细则》第五条规定，一项销售行为如果既涉及货物又涉及非增值税应税劳务，为混合销售行为。本条第一款所称非增值税应税劳务，是指属于应缴营业税的交通运输业、建筑业、金融保险业、邮电通信业、文化体育业、娱乐业、服务业税目征收范围的劳务。第二十三条规定，条例第十条第一项和本细则所称非增值税应税项目，是指提供非增值税应税劳务、转让无形资产、销售不动产和不动产在建工程。

《财政部、国家税务总局关于在上海市开展交通运输业和部分现代服务业营业税改征增值税试点的通知》（财税〔2011〕111号）第八条规定，应税服务，是指陆路运输服务、水路运输服务、航空运输服务、管道运输服务、研发和技术服务、信息技术服务、文化创意服务、物流辅助服务、有形动产租赁服务、鉴证咨询服务。研发和技术服务，包括研发服务、技术转让服务、技术咨询服务、合同能源管理服务、工程勘察勘探服务。研发服务，是指就新技术、新产品、新工艺或者新材料及其系统进行研究与试验开发的业务活动。

依据上述规定，企业领用原材料，若用于研发新产品（包括营改增试点地区有偿提供研发服务），其进项税额可以从销项税额中抵扣；若用于非试点地区有偿提供研发服务，其进项税额不得从销项税额中抵扣。

72. 销售使用过物品增值税应怎样计缴？

问：某公司为增值税一般纳税人，2008年12月31日以前未纳入扩大增值税抵扣范围试点。该公司2011年7月销售自己使用过的物品50万元。其中，销售自己使用过的2009年以前的固定资产20万元，销售自己使用过的2009年以前的低值易耗品10万元，销售自己使用过已抵扣进项税额的2009年3月购进的固定资产20万元。该公司计算应缴增值税=（200 000+100 000+200 000）÷（1+4%）×4%÷2＝9 615.38（元）。请问这种计算方法正确吗？

答：企业这种计算方法是不正确的。《财政部、国家税务总局关于部分货物适用增值税低税率和简易办法征收增值税政策的通知》（财税〔2009〕9号）规定，下列按简易办法征收增值税的优惠政策继续执行，不得抵扣进项税额，纳税人销售自己使用过的物品，按下列政策执行：一般纳税人销售自己使用过的属于条例第十条规定不得抵扣且未抵扣进项税额的固定资产，按简易办法依4%的征收率减半征收增值税。一般纳税人销售自己使用过的其他固定资产，按照《财政部、国家税务总局关于全国实施增值税转型改革若干问题的通知》（财税〔2008〕170号）第四条的规定执行。一般纳税人销售自己使用过的除固定资产以外的物品,应当按照适用税率征收增值税。

财税〔2008〕170号文件第四条规定,自2009年1月1日起,纳税人销售自己使用过的固定资产(以下简称已使用过的固定资产),应区分不同情形征收增值税:(1)销售自己使用过的2009年1月1日以后购进或者自制的固定资产,按照适用税率征收增值税。(2)2008年12月31日以前未纳入扩大增值税抵扣范围试点的纳税人,销售自己使用过的2008年12月31日以前购进或者自制的固定资产,按照4%征收率减半征收增值税。(3)2008年12月31日以前已纳入扩大增值税抵扣范围试点的纳税人,销售自己使用过的在本地区扩大增值税抵扣范围试点以前购进或者自制的固定资产,按照4%征收率减半征收增值税;销售自己使用过的在本地区扩大增值税抵扣范围试点以后购进或者自制的固定资产,按照适用税率征收增值税。

因此,该公司销售自己使用过的2009年以前的固定资产应缴增值税=200 000÷(1+4%)×4%÷2=3 846.15(元);销售自己使用过的2009年以前的低值易耗品应缴增值税=100 000÷(1+17%)×17%=14 529.91(元);销售自己使用过已抵扣进项税额的2009年3月购进的固定资产应缴增值税=200 000÷(1+17%)×17%=29 059.83(元)。合计应缴增值税47 435.89元。

73. 银行业赠送礼品给客户是否缴增值税?

问:由于业务发展的需要,银行在业务宣传或产品促销等活动中会购买一些物品赠送给客户。但是,银行是营业税纳税人,不是增值税纳税人。请问是否要对赠送礼品缴纳增值税?

答:《增值税暂行条例实施细则》第四条第八项规定,单位或者个体工商户的下列行为,视同销售货物:将自产、委托加工或者购进的货物无偿赠送其他单位或者个人。

《营业税暂行条例实施细则》第六条规定,一项销售行为如果既涉及应税劳务又涉及货物,为混合销售行为。除本细则第七条的规定外,从事货物的生产、批发或者零售的企业、企业性单位和个体工商户的混合销售行为,视为销售货物,不缴纳营业税;其他单位和个人的混合销售行为,视为提供应税劳务,缴纳营业税。第七条规定,纳税人的下列混合销售行为,应当分别核算应税劳务的营业额和货物的销售额,其应税劳务的营业额缴纳营业税,货物销售额不缴纳营业税;未分别核算的,由主管税务机关核定其应税劳务的营业额:(1)提供建筑业劳务的同时销售自产货物的行为;(2)财政部、国家税务总局规定的其他情形。

依据上述规定,银行作为营业税纳税人,只有发生混合销售情况下,混合销售业务才可以统一征收营业税,不征收增值税。银行在促销业务中发生的赠送礼品行为，不是混合销售业务。因此，将购进的货物无偿赠送其他单位或者个人视同销售征收增值税。

74. 代购进口货物垫付货款是否缴纳增值税？

问：《国家税务总局关于印发〈增值税问题解答（之一）〉的通知》（国税函发〔1995〕288号）第三条规定，代理进口货物的行为，属于增值税条例所称的代购货物行为，应按增值税代购货物的征税规定执行。但鉴于代理进口货物的海关完税凭证有的开具给委托方、有的开具给受托方的特殊性，对代理进口货物，以海关开具的完税凭证上的纳税人为增值税纳税人。即对报关进口货物，凡是海关的完税凭证开具给委托方的，对代理方不征增值税；凡是海关的完税凭证开具给代理方的，对代理方应按规定增收增值税。

国税函发〔1995〕288号文件是否已于2009年1月1日失效，是否代购货物垫付货款可以只缴营业税而不再缴纳增值税？海关开具的代理方代理进口货物的双抬头报关单及完税凭证的既有代理方又有委托方，在委托方将该海关开具的完税凭证认证和抵扣的前提下，代理方垫付货款而代理进口货物是否可以只缴营业税而不再缴纳增值税？

答：关于代购货物征税问题。《财政部、国家税务总局关于增值税、营业税若干政策法规的通知》（财税字〔1994〕26号）规定，代购货物行为，凡同时具备以下条件的，不征收增值税；不同时具备以下条件的，无论会计制度规定如何核算，均征收增值税。

（1）受托方不垫付资金；

（2）销货方将发票开具给委托方，并由受托方将该项发票转交给委托方；

（3）受托方按销售方实际收取的销售额和增值税额（如系代理进口货物则为海关代征的增值税额）与委托方结算货款，并另外收取手续费。

关于代理进口货物征税问题。《国家税务总局关于印发〈增值税问题解答（之一）〉的通知》（国税函发〔1995〕288号）规定，代理进口货物的行为，属于增值税条例所称的代购货物行为，应按增值税代购货物的征税规定执行。但鉴于代理进口货物的海关完税凭证有的开具给委托方，有的开具给受托方的特殊性，对代理进口货物，以海关开具的完税凭证上的纳税人为增值税纳税人。即对报关进口货物，凡是海关的完税凭证开具给委托方的，对代理方不征增值税；凡是海关的完税凭证开具给代理方的，对代理方应按规定增收增值税。

《国家税务总局关于加强进口环节增值税专用缴款书抵扣税款管理的通知》（国税发〔1996〕32号）规定，对海关代征进口环节增值税开据的增值税专用缴款书上标明有两个单位名称，即既有代理进口单位名称，又有委托进口单位名称的，只准予其中取得专用缴款书原件的一个单位抵扣税款。

依据上述规定，受托方代购货物垫付货款，不符合代购货物条件，无论会计制度规定如何核算，受托方都应缴纳增值税。代理进口货物，以海关开具的完税凭证上的纳税人为增值税纳税人。海关代征进口环节增值税开据的增值税专用缴款书上标明有两个单位名称，只准予其中取得专用缴款书原件的一个单位抵扣税款。

75. 研究开发活动相关的进项税能否抵扣？

问：企业内部研究开发活动购进的原料，相应的进项税额是否可以抵扣？

答：

研发活动相关的增值税进项税范围：

企业内部研发活动所涉及的增值税进项抵扣对应项目主要包括：

(1) 研发活动耗用的原材料、工具、低值易耗品等。

(2) 研发活动所耗用的水、电、燃料、动力等。

(3) 研发活动采购的机器设备。

(4) 因研发活动而购进的增值税应税劳务。

研发活动的定义：

增值税法规中没有对研发活动进行专门定义，但《国家税务总局关于印发〈企业研究开发费用税前扣除管理办法（试行）〉的通知》（国税发〔2008〕116号）和《高新技术企业认定管理工作指引》（国科发火〔2008〕362号）却有所涉及。这两份文件对研发活动的定义基本一致，根据国科发火〔2008〕362号的规定，研究开发活动，是指"为获得科学与技术（不包括人文、社会科学）新知识，创造性运用科学技术新知识，或实质性改进技术、产品（服务）而持续进行的具有明确目标的活动。创造性运用科学技术新知识，或实质性改进技术、产品（服务），是指企业在技术、产品（服务）方面的创新取得了有价值的进步，对本地区（省、自治区、直辖市或计划单列市）相关行业的技术进步具有推动作用，不包括企业从事的常规性升级或对某项科研成果直接应用等活动（如直接采用新的工艺、材料、装置、产品、服务或知识等）。"鉴于上述法规主要目的为限制性企业所得税优惠政策的享受范围，对研发活动规定标准比较高，特别强调了"对本地区（省、自治区、直辖市或计划单列市）相关行业的技术进步具有推动作用"，这显然排除了很多企业内部较小的研发活动。

会计上的规定也许更加具有普遍性。《企业会计准则第6号——无形资产》规定，企业内部研究开发项目的支出，应当区分研究阶段支出与开发阶段支出。研究是指为获取并理解新的科学或技术知识而进行的独创性的有计划调查。开发是指在进行商业性生产或使用前，将研究成果或其他知识应用于某项计划或设计，以生产出新的或具有实质性改进的材料、装置、产品等。对比之下，会计的规定"弹性"

更大，但无论是会计还是所得税法规，都强调了"新的或实质性改进"这一研发活动的基本特征。

进一步研究并结合一般实践，可以得出，从研发活动的涵盖范围来看：（1）虽然所得税相关法规排除了"人文和社会科学"，但会计上却没有限制，即研发活动不仅仅指自然科学，也可以包括人文和社会科学。（2）研发活动不仅发生于增值税征税领域，也可能发生在非增值税征税行业，如农业、建筑安装业、邮电通信业、其他服务业等等。

从研发活动的过程来看：（1）研发活动分为研究阶段与开发阶段。（2）研发活动有可能成功，产生科技成果，这些成果包括专利（发明专利、实用新型专利和外观设计专利）和非专利技术。（3）研发科技成果在符合一定的条件下应予以资本化。（4）实践中，研发活动成功可能同时产生产品，产品实现销售，极端的情况下，产品的销售收入甚至于可能大于整个研发的投入。（5）研发活动也可能失败，没有产生任何科技成果或产品。

针对研发活动的不同结果，研发活动相关的进项税的抵扣也不应该一成不变。

研究开发活动相关增值税进项税抵扣分析：

（1）如果公司主要所从事的行业为非增值税征税领域，则这些公司发生的研发活动相关进项税金，即使取得了增值税发票，也不可以抵扣进项税。

（2）如果公司主要所从事的行业为增值税征税领域，则这些公司发生的研发活动相应的进项税额是否可以抵扣呢？这需要具体分析：

第一，涉及增值税进项税抵扣的主要法规

①《增值税暂行条例》第十条规定，下列项目的进项税额不得从销项税额中抵扣：

● 用于非增值税应税项目、免征增值税项目、集体福利或者个人消费的购进货物或者应税劳务；

● 非正常损失的购进货物及相关的应税劳务；

● 非正常损失的在产品、产成品所耗用的购进货物或者应税劳务；

● 国务院财政、税务主管部门规定的纳税人自用消费品。

②《增值税暂行条例实施细则》第二十三条规定，条例第十条第一项和本细则所称非增值税应税项目，是指提供非增值税应税劳务、转让无形资产、销售不动产和不动产在建工程。

第二，研发活动相关进项税抵扣的主要观点

①一种观点认为，研发活动，如果研发成功并且符合《会计准则》规定的条件，应予以资本化，即某种研发成功的科技成果在会计上应记入"无形资产"。如果以后企业转让了该项无形资产，则根据税法的规定"转让无形资产"属于非增值税应税项目，应该在转让时将原先记入无形资产相应进项税金转出。如果该项无形资产未转让，而是一直由公司使用并摊销，因为未涉及"转让无形资产"的行为，

根据税法规定不属于"用于非应税项目",则无须做进项税额转出。

②另一种观点则认为,该研发支出在记入"无形资产"时,就应该做进项税转出,而不是在转让时。因为参考不动产相关的规定,税法同样规定"销售不动产和不动产在建工程"不允许抵扣进项税,但在实际操作中,只要企业购买的原材料用于不动产或者不动产在建工程,无论其是否销售,都应立即做进项税金转出。

③还有一种更加严格的观点,研发活动无论是否产生无形资产,均属于"非增值税应税劳务",都应该做进项税金转出。

第三,分析

研发活动相关进项税抵扣问题的核心在于一般工业企业的所从事的研发活动是否属于"非增值税应税劳务"。

根据《增值税暂行条例实施细则》第五条规定,非增值税应税劳务,是指属于应缴营业税的交通运输业、建筑业、金融保险业、邮电通信业、文化体育业、娱乐业、服务业税目征收范围的劳务。另根据财税字〔1999〕273号规定,对单位和个人从事技术转让、技术开发业务和与之相关的技术咨询、技术服务业务取得的收入,免征营业税。技术开发是指开发者接受他人委托,就新技术、新产品、新工艺或者新材料及其系统进行研究开发的行为。从一般的观点来看,研发活动基本等同于文件中提及的"技术开发",只不过一个"受托开发",另一个是"自行研发",其实质应该没有区别。从这个角度来看,研发活动所涉及的进项税额确不应该允许抵扣。

但正如前文提及的,如果一次成功的研发活动产生了新产品,新产品的销售收入甚至于大于研发投入,此时既要征新产品的销项增值税,还不允许抵扣相应的进项税,这不仅不符合正常逻辑,也不符合增值税的征税原理。

破解之道在于另外一个法规,即财税〔2005〕165号文件,虽然一般情况下技术转让、技术开发属于营业税的征税范围,但也有例外的情况,根据财税〔2005〕165号规定,纳税人受托开发软件产品,著作权属于受托方的征收增值税,著作权属于委托方或属于双方共同拥有的不征收增值税。可见在软件开发的税收政策中,区分征收增值税还是营业税的衡量标准是"著作权属"是否转移,如果著作权属没有转移,则该开发行为被视为"软件产品",其实质为提供了增值税劳务,征增值税,如果有转移,则视为非增值税劳务,征营业税。

第四,结论

对于工业企业来说,研发活动目的一般多为生产新产品或者改进工序,虽然也可能出现技术转让的情况,但毕竟是少数。根据税法"实质重于形式"的原理,笔者认为,参考软件开发企业的规定,企业的研发活动无论成功与否,所涉及的增值税进项税都应允许在购进当期予以抵扣。

①考虑增值税的征税原理,一般工业企业的研发活动多与其产品或劳务密不可分,从其本质上来看也应属于一种"对产品、劳务的生产(加工)流程的再加工程

序"，这种"再加工程序"的价值无论目的还是结果都最终体现到了产品中。

②如果研发活动形成了无形资产，而该无形资产一直没有转让，那么无论是按照税法或者会计的规定，这部分无形资产都应进行摊销，从整个无形资产的使用寿命周期来看，该无形资产的价值实际上已经通过分年度摊销进了产品的价值，而产品通过实现销售已经缴纳了相应的销项税额。从这个角度，这部分无形资产最终是承担了销项税额，所以根据增值税的一般原理，其对应的进项税额也应予以抵扣。

③如果该无形资产没有在企业一直使用，而是中途进行了转让，那么参考财税〔2005〕165号，因为其最终没有使用到"增值税应税项目"上，则应于转让当期，考虑已摊销年限的影响进行相应的进项税额转出。

第五，关于研发活动相关进项税额抵扣需要澄清的另一个问题

认为研发活动领用材料不可以抵扣进项税额的另外一个依据是认为研发失败所耗用的原材料、动力等损失属于《增值税暂行条例》第十条第二项"非正常损失的在产品、产成品所耗用的购进货物或者应税劳务"。对于这种观点，根据《增值税暂行条例实施细则》第二十四条规定，条例第十条第二项所称非正常损失，是指因管理不善造成被盗、丢失、霉烂变质的损失。我们可以清楚地得出结论，研发活动失败是一种常见的情况，与"管理不善"没有任何关系，更不属于"被盗、丢失、霉烂变质"，所以显然不属于上述文件规定的非正常损失的范围。

76. 受托处理污水能否申请增值税免税？

问：污水处理厂委托有环境污染治理设施运营资质证书的企业代为运营，污水处理厂收集污水，受托企业进行处理。由污水处理厂收取企业的污水费，受托企业再向污水处理厂收取污水处理费，日常运营费用由受托企业承担。请问受托企业向污水处理厂收取的污水费是否可以申请增值税免税？如果收取的污水处理费包含日常的运营费用，是否可以全额免增值税？

答：《财政部、国家税务总局关于资源综合利用及其他产品增值税政策的通知》（财税〔2008〕156号）第二条规定，对污水处理劳务免征增值税。污水处理是指将污水加工处理后符合GB18918—2002有关规定的水质标准的业务。第十条规定，本通知第一条、第二条规定的政策自2009年1月1日起执行。

《增值税暂行条例》第六条第一款规定，销售额为纳税人销售货物或者应税劳务向购买方收取的全部价款和价外费用，但是不包括收取的销项税额。

根据上述规定，受托企业从事的污水处理劳务，可按规定享受增值税优惠政策；与污水处理费同时收取的日常运营费用，属于价外费用，可以一并作为销售额申报免征增值税。

77. 购进方已认证抵扣的发票开票方误作废如何处理？

问： 我公司是一般纳税人，于 2011 年 7 月 10 日销售货物并开具增值税专用发票，购货方于 2011 年 7 月 25 日认证抵扣，但我公司财务人员在 2011 年 7 月 30 日误将这张发票在防伪税控系统中作废，并在 2011 年 8 月 1 日抄税但未到税务机关报税，现在应如何处理？

答：《国家税务总局关于修订增值税专用发票使用规定的通知》（国税发〔2006〕156 号）第十三条规定：一般纳税人在开具专用发票当月，发生销货退回、开票有误等情形，收到退回的发票联、抵扣联符合作废条件的，按作废处理；开具时发现有误的，可即时作废。作废专用发票须在防伪税控系统中将相应的数据电文按"作废"处理，在纸质专用发票（含未打印的专用发票）各联次上注明"作废"字样，全联次留存。

第二十条规定：同时具有下列情形的，为本规定所称作废条件：(1) 收到退回的发票联、抵扣联时间未超过销售方开票当月；(2) 销售方未抄税并且未记账；(3) 购买方未认证或者认证结果为"纳税人识别号认证不符"、"专用发票代码、号码认证不符"。本规定所称抄税，是报税前用 IC 卡或者 IC 卡和软盘抄取开票数据电文。

据上述，你公司作废发票的行为属不符合作废条件，违反《发票管理办法》的相关规定，应接受主管税务机关处罚。同时应在所属期内就实际情况写一份详细的书面说明，并将所开具的发票一同带到主管税务机关进行手工录入，将主管税务机关导出的发票数据带回企业导入电子申报系统，即可进行正常的申报纳税。在核销发票出现异常时，再将该情况向主管税务机关进行解释说明。

78. 一般纳税人批发、零售复混肥料是否缴纳增值税？

问： 我公司为一般纳税人，请问批发、零售有机、无机复混肥料是否免征增值税？

答： 根据《财政部、国家税务总局关于有机肥产品免征增值税的通知》（财税〔2008〕56 号）第一条、第二条规定，自 2008 年 6 月 1 日起，纳税人生产销售和批发、零售有机肥产品免征增值税。享受上述免税政策的有机肥产品是指有机肥料、有机、无机复混肥料和生物有机肥。

根据《国家税务总局关于有机肥产品免征增值税问题的批复》（国税函〔2008〕1020 号）规定，享受免税政策的有机肥产品是指有机肥料、有机—无机复混肥料和生物有机肥。其产品执行标准为：有机肥料 NY525—2002，有机—无机复混肥料 GB18877—2002，生物有机肥 NY884—2004。其他不符合上述标准的产品，不属于财税〔2008〕56 号文件规定的有机肥产品，应按照现行规定征收增值税。

因此，如果你公司批发、零售的有机—无机复混肥料，产品执行标准符合有机—无机复混肥料GB18877—2002，则可以申请享受免征增值税。

纳税人申请免征增值税，应向主管税务机关提供以下资料，凡不能提供的，一律不得免税：

（1）《纳税人减免税申请审批表》（该表可在珠海国税网站"下载中心"下载填报）。

（2）批发、零售有机肥产品的纳税人还需提供：①生产企业提供的在有效期内的肥料登记证复印件；②生产企业提供的产品质量技术检验合格报告原件；③在省、自治区、直辖市外销售有机肥产品的，还应提供在销售使用地省级农业行政主管部门办理备案的证明复印件。

（3）减免税政策的执行情况。

79. 直接收款销售方式下未实际收到货款时如何纳税？

问：我公司于8月30日销售一批货物，合同约定的销售结算方式为直接收款，货物已于8月30日交付给购买方，但由于购方资金出现问题，预计要9月初才能收到货款。请问该笔收入是否应计入8月份（所属期）申报纳税？收取购买方因延期付款支付的利息应如何处理？

答：根据《国家税务总局关于增值税纳税义务发生时间有关问题的公告》（国家税务总局公告2011年第40号）的规定，纳税人生产经营活动中采取直接收款方式销售货物，已将货物移送对方并暂估销售收入入账，但既未取得销售款或取得索取销售款凭据也未开具销售发票的，其增值税纳税义务发生时间为取得销售款或取得索取销售款凭据的当天；先开具发票的，为开具发票的当天。

同时，《增值税暂行条例》第六条及其实施细则第十二条规定，销售额为纳税人销售货物或者应税劳务向购买方收取的全部价款和价外费用，但是不包括收取的销项税额。其中，价外费用包括价外向购买方收取的手续费、补贴、基金、集资费、返还利润、奖励费、违约金、滞纳金、延期付款利息、赔偿金、代收款项、代垫款项、包装费、包装物租金、储备费、优质费、运输装卸费以及其他各种性质的价外收费。

因此，你公司应以取得销售款或取得索取销售款凭据当天作为增值税纳税义务发生时间；先开具发票的，为开具发票的当天。货物于8月30日交付给购买方，购买方验收入库，签收或开具送（收）货单的，应视为收到"取得索取销售款凭据"，相关应税收入应在8月份反映。若取得销售款或取得索取销售款凭据，以及开具发票，均发生在9月份，该笔业务应计入9月（所属期）的销售额并申报纳税。同时，收取购买方因延期付款支付的利息应作为价外费用，并计入销售额，与货款一同在销售发票中反映。

80. 国家税务总局公告 2011 年第 49 号是否意味着专用发票取消抵扣期限的限制？

问：本公司在网站上看到税务总局发布的《关于废止增值税抵税凭证一律不得抵扣规定的公告》（国家税务总局公告 2011 年第 49 号），请问这个 49 号公告的内容是不是可以理解为：从 10 月 1 日起增值税专用发票取消抵扣期限的限制？

答：《国家税务总局关于废止逾期增值税扣税凭证一律不得抵扣规定的公告》（国家税务总局公告 2011 年第 49 号）主要内容是：废止《国务院办公厅转发国家税务总局关于全面推广应用增值税防伪税控系统意见的通知》（国办发〔2000〕12 号）中的第三条"凡逾期未申报认证的，一律不得作为扣税凭证，已经抵扣税款的，由税务机关如数追缴，并按《中华人民共和国税收征收管理法》的有关规定进行处罚"的规定。对 2007 年 1 月 1 日以后开具的增值税扣税凭证逾期未认证或未稽核比对的问题如何处理，另行公告。

《国家税务总局关于逾期增值税扣税凭证抵扣问题的公告》（国家税务总局公告 2011 年第 50 号）规定：对增值税一般纳税人发生真实交易但由于客观原因造成增值税扣税凭证逾期的，经主管税务机关审核、逐级上报，由国家税务总局认证、稽核比对后，对比对相符的增值税扣税凭证，允许纳税人继续抵扣其进项税额。增值税一般纳税人由于除本公告第二条规定以外的其他原因造成增值税扣税凭证逾期的，仍应按照增值税扣税凭证抵扣期限有关规定执行。

《国家税务总局关于调整增值税扣税凭证抵扣期限有关问题的通知》（国税函〔2009〕617 号）中"增值税一般纳税人取得 2010 年 1 月 1 日以后开具的增值税专用发票、公路内河货物运输业统一发票和机动车销售统一发票，应在开具之日起 180 日内到税务机关办理认证，并在认证通过的次月申报期内，向主管税务机关申报抵扣进项税额"的规定，仍然有效。

所以，增值税一般纳税人在 2010 年 1 月 1 日后取得的增值税专用发票，除另有规定外，仍应在开具之日起 180 日内到税务机关办理认证，并在认证通过的次月申报期内，向主管税务机关申报抵扣进项税额。

81. 增值税一般纳税人取得机动车销售统一发票是否可以抵扣？

问：我公司为增值税一般纳税人，现在取得一张机动车销售统一发票，请问该发票可抵扣吗？

答：根据《增值税暂行条例实施细则》第二十五条规定，纳税人自用的应征消费税的摩托车、汽车、游艇，其进项税额不得从销项税额中抵扣。

《财政部、国家税务总局关于调整和完善消费税政策的通知》（财税〔2006〕33 号）规定，汽车是指由动力驱动，具有四个或四个以上车轮的非轨道承载的车辆。

应征消费税汽车范围注释的具体内容包括：（1）含驾驶员座位在内最多不超过9个座位（含）的，在设计和技术特性上用于载运乘客和货物的各类乘用车和含驾驶员座位在内的座位数在10～23座（含23座）的在设计和技术特性上用于载运乘客和货物的各类中轻型商用客车。（2）用排气量小于1.5升（含）的乘用车底盘（车架）改装、改制的车辆属于乘用车征收范围。（3）用排气量大于1.5升的乘用车底盘（车架）或用中轻型商用客车底盘（车架）改装、改制的车辆属于中轻型商用客车征收范围。含驾驶员人数（额定载客）为区间值的（如8～10人；17～26人）小汽车，按其区间值下限人数确定征收范围。（4）电动汽车不属于本税目征收范围。

因此，你公司购进自用的汽车，对照上述规定，若不属于应征消费税的汽车范围，同时不属于《增值税暂行条例》第十条规定不得从销项税额抵扣范围的，即可以凭取得的机动车销售统一发票，到税务机关申请认证抵扣。

82. 制衣厂因经营不善转让厂房及机器设备是否需要缴纳增值税？

问：我公司为一家制衣厂，因经营不善，现将厂房及厂房中的机器设备一并转让，请问是否需要缴纳增值税？

答：根据《国家税务总局关于纳税人转让土地使用权或者销售不动产同时一并销售附着于土地或者不动产上的固定资产有关税收问题的公告》（国家税务总局公告2011年第47号）规定，纳税人转让土地使用权或者销售不动产的同时一并销售的附着于土地或者不动产上的固定资产中，凡属于增值税应税货物的，应按照《财政部、国家税务总局关于部分货物适用增值税低税率和简易办法征收增值税政策的通知》（财税〔2009〕9号）第二条有关规定，计算缴纳增值税；凡属于不动产的，应按照《营业税暂行条例》"销售不动产"税目计算缴纳营业税。

根据《增值税暂行条例实施细则》第二条、第二十三条规定，增值税应税货物是指有形动产，包括电力、热力、气体在内。不动产是指不能移动或者移动后会引起性质、形状改变的财产，包括建筑物和其他土地附着物。

综上所述，你公司销售厂房属于销售不动产的范畴，不需要缴纳增值税，而销售的机器设备属于销售增值税应税货物的范畴，应按照财税〔2009〕9号第二条有关规定，计算缴纳增值税。同时根据国家税务总局公告2011年第47号规定，纳税人应分别核算增值税应税货物和不动产的销售额，未分别核算或核算不清的，由主管税务机关核定其增值税应税货物的销售额和不动产的销售额。

83. 增值税即征即退款能否享受"三免三减半"优惠？

问：我公司是一家风电企业，可以享受增值税即征即退50%的优惠政策。此外，我公司还处于企业所得税"三免三减半"的免税阶段，收到的50%增值税退回能否享受企业所得税优惠？

答： 你公司作为风电企业，享受了增值税即征即退50%的优惠。对于你公司经营风电业务，税务机关按照"公共基础设施"项目给予企业所得税"三免三减半"优惠。

需要提醒的是，企业所得税"三免三减半"优惠属于对该所得项目的减免，不是对整个企业的减免税。因此，你公司收到的50%增值税退回，不能享受企业所得税减免税政策，应予缴纳企业所得税。

84. 公司收取的一次性供水设施配套建设费等应如何缴税？

问： 我公司是一家供水有限公司，当地政府下发了《关于〈二次供水治理办法〉的通知》，要求对新建住宅的相关二次供水设施（是指从城市公共供水管道取水点闸门位置至住宅用户计量水表前的供水管道、贮水池、加压和水处理设备、电气和自控设备等）建设和管理，由建设单位或产权所有人委托供水企业组织建设和管理，并向供水企业一次性支付二次供水设施配套建设费和二次供水设施运行维护费。请问我公司收取的一次性供水设施配套建设费和设施运行维护费，应如何缴税，是缴纳增值税还是营业税？

答：《财政部、国家税务总局关于增值税若干政策的通知》（财税〔2005〕165号）第八条规定：对从事热力、电力、燃气、自来水等公用事业的增值税纳税人收取的一次性费用，凡与货物的销售数量有直接关系的，征收增值税；凡与货物的销售数量无直接关系的，不征收增值税。

根据来信所述，你公司收取的一次性供水设施配套建设费和设施运行维护费与自来水的销售数量并无直接关系，因此不需缴纳增值税。但你公司提供了营业税应税劳务，应缴纳营业税。根据《国家税务总局关于印发〈营业税税目注释（试行稿）〉的通知》（国税发〔1993〕149号）第二条规定，"建筑"，是指新建、改建、扩建各种建筑物、构筑物的工程作业，包括与建筑物相连的各种设备或支柱、操作平台的安装或装设工程作业，以及各种窑炉和金属结构工程作业在内。"安装"，是指生产设备、动力设备、起重设备、运输设备、传动设备、医疗实验设备及其他各种设备的装配、安置工程作业，包括与设备相连的工作台、梯子、栏杆的装设工程作业和被安装设备的绝缘、防腐、保温、油漆等工程作业在内。"修缮"，是指对建筑物、构筑物进行修补、加固、养护、改善，使之恢复原来的使用价值或延长其使用期限的工程作业。你公司应按照建筑业应税劳务，以3%税率缴纳营业税。

85. 销售边角废料按何税率缴纳增值税？

问： 我公司正常生产经营活动中会产生部分边角废料。《财政部、国家税务总局关于部分货物适用增值税低税率和简易办法征收增值税政策的通知》(财税〔2009〕9号)第二条第一项规定,下列按简易办法征收增值税的优惠政策继续执行,不得抵扣进项税额:纳税人销售自己使用过的物品;一般纳税人销售自己使用过的除固定资产以外的物品,应当按照适用税率征收增值税。

《国家税务总局关于增值税简易征收政策有关管理问题的通知》(国税函〔2009〕90号)第四条第一款规定,一般纳税人销售自己使用过的物品和旧货,适用按简易办法依4%征收率减半征收增值税政策的,按下列公式确定销售额和应纳税额:销售额=含税销售额÷(1+4%) 应纳税额=销售额×4%÷2。

根据上述规定,我公司销售边角废料应按4%简易征收办法缴纳增值税,还是应按17%税率缴纳增值税?

答:企业在生产产品过程中产生边角废料,仍属于增值税中的货物范围。该类货物不是《财政部、国家税务总局关于部分货物适用增值税低税率和简易办法征收增值税政策的通知》(财税〔2009〕9号)规定中的除固定资产以外的物品,也不是《国家税务总局关于增值税简易征收政策有关管理问题的通知》(国税函〔2009〕90号)中的使用过的物品和旧货。

因此,问题所述边角废料在销售时,应当按照适用税率缴纳增值税。

86. 购置新设备支付的开发费如何开具发票?

问:我公司在张家港市购置了一台特制设备,合同中规定除了设备款外还需支付对方一部分开发费用。对于开发费用,对方准备提供张家港市技术贸易专用发票,开具方为张家港市技术市场管理办公室。我公司认为开发费应该是属于价外费用,应开在增值税发票上。请问该部分开发费对方应该如何提供发票?

答:《发票管理办法》第十九条规定,销售商品、提供服务以及从事其他经营活动的单位和个人,对外发生经营业务收取款项,收款方应当向付款方开具发票;特殊情况下,由付款方向收款方开具发票。

第二十条规定,所有单位和从事生产、经营活动的个人在购买商品、接受服务以及从事其他经营活动支付款项,应当向收款方取得发票。取得发票时,不得要求变更品名和金额。

第二十一条规定,不符合规定的发票,不得作为财务报销凭证,任何单位和个人有权拒收。

第二十二条规定,开具发票应当按照规定的时限、顺序、栏目,全部联次一次性如实开具,并加盖发票专用章。任何单位和个人不得有下列虚开发票行为:(1)为他人、为自己开具与实际经营业务情况不符的发票;(2)让他人为自己开具与实际经营业务情况不符的发票;(3)介绍他人开具与实际经营业务情况不符的发票。

《国家税务总局关于加强增值税征收管理若干问题的通知》（国税发〔1995〕192号）第一条第三款规定，购进货物或应税劳务支付货款、劳务费用的对象。纳税人购进货物或应税劳务，支付运输费用，所支付款项的单位，必须与开具抵扣凭证的销货单位、提供劳务的单位一致，才能够申报抵扣进项税额，否则不予抵扣。

根据上述规定，开票单位应是销售商品、提供劳务的单位，让他人为自己开具与实际经营业务情况不符的发票，属于虚开发票，对于不符合规定的发票，不得作为财务报销凭证，任何单位和个人有权拒收。因此，若是开发费用由购货方支付，应当由销货方开具发票。若是合同约定的代收款项，则可由提供劳务方开具发票。

《增值税暂行条例实施细则》第十二条规定，条例第六条第一款所称价外费用，包括价外向购买方收取的手续费、补贴、基金、集资费、返还利润、奖励费、违约金、滞纳金、延期付款利息、赔偿金、代收款项、代垫款项、包装费、包装物租金、储备费、优质费、运输装卸费以及其他各种性质的价外收费。但下列项目不包括在内：

（1）受托加工应征消费税的消费品所代收代缴的消费税。

（2）同时符合以下条件的代垫运输费用：承运部门的运输费用发票开具给购买方的；纳税人将该项发票转交给购买方的。

（3）同时符合以下条件代为收取的政府性基金或者行政事业性收费：由国务院或者财政部批准设立的政府性基金，由国务院或者省级人民政府及其财政、价格主管部门批准设立的行政事业性收费；收取时开具省级以上财政部门印制的财政票据。所收款项全额上缴财政。

第五条第一项规定，销售行为如果既涉及货物又涉及非增值税应税劳务，为混合销售行为。除本细则第六条的规定外，从事货物的生产、批发或者零售的企业、企业性单位和个体工商户的混合销售行为，视为销售货物，应当缴纳增值税；其他单位和个人的混合销售行为，视为销售非增值税应税劳务，不缴纳增值税。本条第一款所称非增值税应税劳务，是指属于应缴营业税的交通运输业、建筑业、金融保险业、邮电通信业、文化体育业、娱乐业、服务业税目征收范围的劳务。

根据上述规定，如果是与购置设备相关的技术开发费，属于混合销售，从事货物的生产、批发或者零售的企业、企业性单位和个体工商户的混合销售行为，视为销售货物，应当缴纳增值税；其他单位和个人的混合销售行为，视为销售非增值税应税劳务，不缴纳增值税。

如所述问题中收取的技术开发费是代为收取的行政事业性收费并符合上述条件的，不作为增值税价外费用；如果不是，则不能由非提供劳务的单位开具发票，而应作为混合销售开具在同一张增值税专用发票上。

87. 施工现场生产混凝土如何缴税？

问：《增值税暂行条例实施细则》第四条规定，将自产或委托加工的货物用于非增值税应税项目属于视同销售，应缴纳增值税。

《国家税务总局关于〈印发增值税若干具体问题的规定〉的通知》（国税发〔1993〕154号）规定，基本建设单位和从事建筑安装业务的企业附设工厂、车间在建筑现场制造的预制构件，凡直接用于本单位或本企业建筑工程的，不征收增值税。

以上两个规定是否存在矛盾？对于施工企业，在施工现场建混凝土搅拌站，生产混凝土自产自用到所承包的工程上，是缴纳增值税还是随建筑业税目整体缴纳营业税？

答：《增值税暂行条例实施细则》第四条规定，将自产或者委托加工的货物用于非增值税应税项目，视同销售货物。

《国家税务总局关于〈印发增值税若干具体问题的规定〉的通知》（国税发〔1993〕154号）规定，基本建设单位和从事建筑安装业务的企业附设的工厂、车间生产的水泥预制构件、其他构件或建筑材料，用于本单位或本企业的建筑工程的，应在移送使用时征收增值税。但对其在建筑现场制造的预制构件，凡直接用于本单位或本企业建筑工程的，不征收增值税。

依据上述规定，基建单位和从事建筑安装企业附设的工厂、车间（包括搅拌站）生产自产货物（水泥预制构件、其他构件或建筑材料）用于本单位或本企业的建筑工程的，应视同销售货物，在移送使用时缴纳增值税。但对其在建筑现场制造的预制构件，凡直接用于本单位或本企业建筑工程的，不征收增值税。而从事货物生产单位和个人将自产或者委托加工的货物用于非增值税应税项目，视同销售货物，在移送使用时缴纳增值税。两个文件纳税主体不同（生产企业、基建单位和建筑安装企业）但税负基本一致。

88. 进料加工企业下脚料的进项税额可否抵扣？

问：我公司是进料加工企业，下角料已在海关补缴增值税，并且取得海关专用缴款书。这些下脚料我公司没有销售只是作为辅助材料用在进料加工出口产品上，这些下角料进项税额可否抵扣？

答：《增值税暂行条例》第十条规定，下列项目的进项税额不得从销项税额中抵扣：用于非增值税应税项目、免征增值税项目、集体福利或者个人消费的购进货物或者应税劳务。

《国家税务总局关于印发〈出口货物退（免）税管理办法〉的通知》（国税发

〔1994〕31号）规定，进料加工复出口货物按下列公式计算退税：

出口退税额＝出口货物的应退税额－销售进口料件的应缴税额

$$\frac{销售进口料件}{的应缴税额}=\frac{销售进口}{料件金额}\times 税率-\frac{海关已对进口料件}{的实征增值税税款}$$

外商投资企业以来料加工、进料加工贸易方式加工货物销售给非外商投资企业出口的，不实行上述办法，须按照增值税、消费税的征税规定征收增值税、消费税，出口后按出口退税的有关规定办理退税。

依据上述规定，进料加工企业对用于进料加工复出口货物下角料已在海关补缴增值税，其进项税额可以从销项税额中抵扣。

89. 矿产资源开采等劳务如何缴纳增值税？

问：《国家税务总局关于纳税人为其他单位和个人开采矿产资源提供劳务有关货物和劳务税问题的公告》（国家税务总局公告2011年第56号）规定，纳税人提供的矿产资源开采、挖掘、切割、破碎、分拣、洗选等劳务，属于增值税应税劳务，应当缴纳增值税。

请问上述劳务是否属于增值税征税范围中的加工劳务？提供劳务单位没有任何材料等可抵扣项目，应按什么税率计提销项税额？

答： 国家税务总局公告2011年第56号文件规定，纳税人提供的矿产资源开采、挖掘、切割、破碎、分拣、洗选等劳务，属于增值税应税劳务，应当缴纳增值税。

《增值税暂行条例实施细则》第二条规定，第一条所称加工，是指受托加工货物，即委托方提供原料及主要材料，受托方按照委托方的要求制造货物并收取加工费的业务。

依据上述规定，纳税人提供的矿产资源开采、挖掘、切割、破碎、分拣、洗选等劳务，属于增值税加工应税劳务，一般纳税人适用17%税率；小规模纳税人适用3%税率。

一般纳税人按照收取的全部价款和价外费用（不包括收取的销项税额）为计税依据计提销项税。对其购入水、电、汽、机器设备、工具货物或者应税劳务，从销售方取得的增值税专用发票上注明的增值税额，其进项税额准予从销项税额中抵扣。

90. 兼营不同税率的应税行为是否应单独核算？

问： 某试点企业既有税率为17%也有税率为6%的增值税销项税额，进项税额的税率有17%、11%、7%、6%等，是不分税率计算出一个总的进项税额后从总的销项税额中扣除，还是分税率单独计算分别进行抵扣？

答：《财政部、国家税务总局关于在上海市开展交通运输业和部分现代服务业营业税改征增值税试点的通知》（财税〔2011〕111号）附件2《交通运输业和部分现代服务业营业税改征增值税试点有关事项的规定》第一项关于混业经营规定，试点纳税人兼有不同税率或者征收率的销售货物、提供加工修理修配劳务或者应税服务的，应当分别核算适用不同税率或征收率的销售额，未分别核算销售额的，按照以下方法适用税率或征收率：

（1）兼有不同税率的销售货物、提供加工修理修配劳务或者应税服务的，从高适用税率。

（2）兼有不同征收率的销售货物、提供加工修理修配劳务或者应税服务的，从高适用征收率。

（3）兼有不同税率和征收率的销售货物、提供加工修理修配劳务或者应税服务的，从高适用税率。

根据以上规定，试点纳税人兼有不同税率或者征收率的销售货物、提供加工修理修配劳务或者应税服务的，应当分别核算适用不同税率或征收率的销售额。但进行增值税纳税申报时，可不分税率计算出一个总的进项税额后从总的销项税额中扣除。

91. 试点区企业提供服务是否均缴纳增值税？

问：我公司为一般纳税人，属于上海试点地区范围，为试点地区内的公司提供服务，服务内容包括：人员工资等人力费用、机器折旧费用、无形资产摊销费等，这些内容是否都改为开具增值税发票？增值税税率是多少？

答：《交通运输业和部分现代服务业营业税改征增值税试点实施办法》（财税〔2011〕111号）第一条规定，在中华人民共和国境内提供交通运输业和部分现代服务业服务的单位和个人，为增值税纳税人。纳税人提供应税服务，应当按照本办法缴纳增值税，不再缴纳营业税。

第八条规定，应税服务是指陆路运输服务、水路运输服务、航空运输服务、管道运输服务、研发和技术服务、信息技术服务、文化创意服务、物流辅助服务、有形动产租赁服务、鉴证咨询服务。应税服务的具体范围按照本办法所附的《应税服务范围注释》执行。

根据以上规定，试点地区内的一般纳税人只有提供、接受以上规定的应税劳务时，才可开具或取得增值税专用发票。而人员工资等人力费用、机器折旧费用、无形资产摊销费这些内容应属于成本范畴，并不属于应税服务的内容，不属于改为开具增值税发票的范围。

但试点地区内的一般纳税人购买机器、无形资产时可取得增值税专用发票，抵扣税款。

92. 非试点企业取得试点企业开具的专用发票能否抵扣？

问：我公司为一般纳税人，属于上海试点地区范围。我公司向非试点地区企业提供服务，开具增值税专用发票，非试点地区是否可以抵扣税金？

答：关于增值税抵扣政策的衔接。《财政部、国家税务总局关于印发〈营业税改征增值税试点方案〉的通知》（财税〔2011〕110号）规定，现有增值税纳税人向试点纳税人购买服务取得的增值税专用发票，可按现行规定抵扣进项税额。

《财政部、国家税务总局关于在上海市开展交通运输业和部分现代服务业营业税改征增值税试点的通知》（财税〔2011〕111号）第三条第一款规定，原增值税纳税人（指按照《增值税暂行条例》缴纳增值税的纳税人）进项税额的有关政策：

（1）原增值税一般纳税人接受试点纳税人提供的应税服务，取得的增值税专用发票上注明的增值税额为进项税额，准予从销项税额中抵扣。

（2）原增值税一般纳税人接受试点纳税人中的小规模纳税人提供的交通运输业服务，按照从提供方取得的增值税专用发票上注明的价税合计金额和7%的扣除率计算进项税额，从销项税额中抵扣。

（3）原增值税一般纳税人接受试点纳税人提供的应税服务，下列项目的进项税额不得从销项税额中抵扣：①用于简易计税方法计税项目、非增值税应税项目、免征增值税项目、集体福利或者个人消费，其中涉及的专利技术、非专利技术、商誉、商标、著作权、有形动产租赁，仅指专用于上述项目的专利技术、非专利技术、商誉、商标、著作权、有形动产租赁。②接受的旅客运输服务。③与非正常损失的购进货物相关的交通运输业服务。④与非正常损失的在产品、产成品所耗用购进货物相关的交通运输业服务。上述非增值税应税项目，对于试点地区的原增值税一般纳税人，是指《增值税暂行条例》第十条所称的非增值税应税项目，但不包括《应税服务范围注释》所列项目；对于非试点地区的原增值税一般纳税人，是指《增值税暂行条例》第十条所称的非增值税应税项目。

（4）原增值税一般纳税人从试点地区取得的2012年1月1日（含）以后开具的运输费用结算单据（铁路运输费用结算单据除外），一律不得作为增值税扣税凭证。

依据上述规定，原增值税一般纳税人接受试点纳税人提供的应税服务，取得的增值税专用发票上注明的增值税额为进项税额，符合相关规定的（不包括上述（3）列举的）准予从销项税额中抵扣。

93. 赠送纪念币的进项税额能否抵扣？

问：我公司成立时定制了一批纪念币赠送相关单位，并取得了增值税专用发票，请问进项税额能否抵扣？

答：《增值税暂行条例》第十条一项规定，用于非增值税应税项目、免征增值税项目、集体福利或者个人消费的购进货物或者应税劳务的进项税额不得从销项税额中抵扣。

根据《增值税暂行条例实施细则》第二十二条规定，条例第十条第一项所称个人消费包括纳税人的交际应酬消费。

因此，纳税人购进金币用于赠送相关单位，取得的增值税进项发票中注明的进项税额不得抵扣。

94. 供热公司收取一次性入网费如何进行财税处理？

问：供热公司向取暖单位收取的一次性初装费（或入网费），是缴纳增值税还是营业税？如果缴纳营业税，是否需到地税局代开发票？企业所得税如何进行处理？

答：《财政部、国家税务总局关于营业税若干政策问题的通知》（财税〔2003〕16号）规定，燃气公司和生产、销售货物或提供增值税应税劳务的单位，在销售货物或提供增值税应税劳务时，代有关部门向购买方收取的集资费（包括管道煤气集资款〈初装费〉）、手续费、代收款等，属于增值税价外收费，应征收增值税，不征收营业税。

《财政部、国家税务总局关于增值税若干政策的通知》（财税〔2005〕165号）第八条规定，对从事热力、电力、燃气、自来水等公用事业的增值税纳税人收取的一次性费用，凡与货物的销售数量有直接关系的，征收增值税；凡与货物的销售数量无直接关系的，不征收增值税。

根据上述规定，供热公司向用户一次性收取的初装费或入网费，并非提供增值税应税劳务时的价外费用，与销量没有直接关系，应缴纳营业税。

供热公司可以向主管税务机关申请代开发票。

会计上记入"主营业务收入"科目，或者"其他业务收入"科目。作为"提供劳务收入"并入收入总额计征企业所得税。

95. 由卖方分公司开具增值税发票入账是否可行？

问：我公司外购设备，签订购销合同的卖方不具有增值税一般纳税人资格，由其具有一般纳税人资格的分公司开具增值税专用发票,是否可行?

答:《发票管理办法》第十九条规定,销售商品、提供服务以及从事其他经营活动的单位和个人,对外发生经营业务收取款项,收款方应向付款方开具发票;特殊情况下由付款方向收款方开具发票。

第二十二条第二款规定,任何单位和个人不得有下列虚开发票行为:

(1) 为他人、为自己开具与实际经营业务情况不符的发票;

(2) 让他人为自己开具与实际经营业务情况不符的发票;

(3) 介绍他人开具与实际经营业务情况不符的发票。

第三十七条第一款规定,违反本办法第二十二条第二款的规定虚开发票的,由税务机关没收违法所得;虚开金额在1万元以下的,可以并处5万元以下的罚款;虚开金额超过1万元的,并处5万元以上50万元以下的罚款;构成犯罪的,依法追究刑事责任。

《国家税务总局关于加强增值税征收管理若干问题的通知》(国税发〔1995〕192号)规定,购进货物或应税劳务支付货款、劳务费用的对象。纳税人购进货物或应税劳务,支付运输费用,所支付款项的单位,必须与开具抵扣凭证的销货单位、提供劳务的单位一致,才能够申报抵扣进项税额,否则不予抵扣。

依据上述规定,分公司没有销售货物,属于为他人开具与实际经营业务情况不符的发票,属于虚开发票行为,总公司(销售方)让他人为自己开具与实际经营业务情况不符的发票,也属于虚开发票行为,都将会受到处罚。

另外,贵公司若取得所支付款项的单位与开具抵扣凭证的销货单位不一致的发票,不能申报抵扣进项税额。

因此,正确的做法是由销售方开具发票。如果需要开具专用发票的,可根据《国家税务总局关于印发〈税务机关代开增值税专用发票管理办法(试行)〉的通知》(国税发〔2004〕153号)开具专用发票。从2009年1月1日以后,小规模纳税人无论工业还是商业,税率均调整为3%,代开发票依然按小规模3%的征收率征税,但代开给增值税一般纳税人的发票可以按3%进行抵扣。只有具有一般纳税人资格的纳税人开具的发票才按17%的税率征税,取得方为一般纳税人的企业可按17%抵扣进项税,企业要根据自己的实际情况决定如何处理。

《国家税务总局关于印发〈税务机关代开增值税专用发票管理办法(试行)〉的通知》(国税发〔2004〕153号)第五条规定,本办法所称增值税纳税人是指已办理税务登记的小规模纳税人(包括个体经营者)以及国家税务总局确定的其他可予代开增值税专用发票的纳税人。第六条规定,增值税纳税人发生增值税应税行为、需要开具专用发票时,可向其主管税务机关申请代开。第七条规定,增值税纳税人申请代开专用发票时,应填写《代开增值税专用发票缴纳税款申报单》,连同税务登记证副本,到主管税务机关税款征收岗位按专用发票上注明的税额全额申报缴纳税款,同时缴纳专用发票工本费。

96. 取得的管理用汽油专用发票可否抵扣进项税额?

问: 我公司是一般纳税人,经常取得管理用车耗油所开具的增值税专用发票,可否抵扣进项税额?

答:《增值税暂行条例》第十条规定,下列项目的进项税额不得从销项税额中抵扣:用于非增值税应税项目、免征增值税项目、集体福利或者个人消费的购进货物或者应税劳务;

《增值税暂行条例》第二十三条规定,所称非增值税应税项目,是指提供非增值税应税劳务、转让无形资产、销售不动产和不动产在建工程。

《四川省国家税务局关于固定资产进项税额抵扣问题的公告》(四川省国家税务局公告2011年第1号)规定,在《财政部、国家税务总局关于固定资产进项税额抵扣问题的通知》(财税〔2009〕113号)中列举建筑物和构筑物的附属设备及配套设施耗用的水电气、维修费,缴纳消费税的汽车、摩托车、游艇耗用的油料及维修费,按《中华人民共和国增值税暂行条例》及其《实施细则》关于除固定资产以外的其他货物进项税额抵扣的有关规定办理。

《安徽省关于明确若干增值税政策和管理问题的通知》(皖国税函〔2009〕105号)第三条第(一)款规定,纳税人自用的应征消费税的摩托车、汽车和游艇发生的修理费用和油料费用,其进项税额准予抵扣。

依据上述规定,一般纳税人取得用于增值税应税项目的管理用车(包括应征消费税车)耗油所开具的增值税专用发票,其进项税额准予从销项税额中抵扣。

97. 非法人分支机构之间调拨固定资产是否缴纳增值税?

问: 因集团公司的特点,各非法人分支机构之间调拨资产很频繁且金额很大。集团内某非法人分支机构现将其已使用过的固定资产,调拨至同一集团所属另一非法人分支机构(不在同一县市)使用,是否缴纳增值税?

《增值税暂行条例实施细则》第四条第三款规定,单位或者个体工商户的下列行为,视同销售货物:设有两个以上机构并实行统一核算的纳税人,将货物从一个机构移送其他机构用于销售,但相关机构设在同一县(市)的除外。

针对以上政策理解,公司将使用过的固定资产移送其他机构是用于继续使用,而不是用于销售,不应视同销售缴纳增值税,请问理解是否正确?

答:《国家税务总局关于企业所属机构间移送货物征收增值税问题的通知》(国税发〔1998〕137号)规定,《增值税暂行条例实施细则》第四条视同销售货物行为的第三项所称的用于销售,是指受货机构发生以下情形之一的经营行为:(1)向购货方开具发票;(2)向购货方收取货款。集团内分支机构间移送固定资产的行为，也应参照以上货物移送行为的规定。即受货机构有上述两项情形之一的，应视同销售缴纳增值税；而未发生上述两项情形之一，即将固定资产从一个机构移送其他机构并不用于销售，则不属于增值税条例实施细则第四条第三款规定的视同销售行为，不应缴纳增值税。

98. 取得报废固定资产小额收入如何缴增值税？

问：银行将一批已提足折旧的固定资产（如电脑、机具等）报废处置。取得小额报废收入，是否需要缴纳增值税？如取得200元报废收入，需缴多少增值税？

答：《增值税暂行条例实施细则》第二十九条规定，年应税销售额超过小规模纳税人标准的其他个人按小规模纳税人纳税；非企业性单位、不经常发生应税行为的企业可选择按小规模纳税人纳税。

《财政部、国家税务总局关于部分货物适用增值税低税率和简易办法征收增值税政策的通知》（财税〔2009〕9号）规定，纳税人销售自己使用过的物品，按下列政策执行：小规模纳税人（除其他个人外，下同）销售自己使用过的固定资产，减按2%征收率征收增值税。小规模纳税人销售自己使用过的除固定资产以外的物品，应按3%的征收率征收增值税。

根据上述规定，提足折旧的固定资产残值处置收入属于"自己使用过的除固定资产以外的物品"销售收入，银行取得200元（含税）报废收入，需缴纳增值税：200÷(1+3%)×3%＝5.83（元）。

99. 增值税、营业税起征点是否适用于小微企业？

问：《增值税暂行条例实施细则》和《营业税暂行条例实施细则》规定起征点"适用范围限于个人"，而国务院常务会议表述为"加大对小型微型企业税收扶持力度。提高小型微型企业增值税和营业税起征点"，上述两种说法如何理解？增值税、营业税起征点是否适用于小型微型企业？

答：根据《国务院关于修改〈中华人民共和国增值税暂行条例实施细则〉和〈中华人民共和国营业税暂行条例实施细则〉的决定》（中华人民共和国财政部令第65号，2011年）的规定，增值税、营业税起征点的幅度规定如下：

(1) 销售货物的，为月销售额5 000~20 000元；
(2) 销售应税劳务的，为月销售额5 000~20 000元；
(3) 按次纳税的，为每次（日）销售额300~500元。

《增值税暂行条例实施细则》及《营业税暂行条例实施细则》第九条第二款规定，条例第一条所称个人，是指个体工商户和其他个人。

因此，上述起征点的规定仅适用于自然人和个体工商户，不包括个人独资、合伙企业以及其他企业。

但是需要注意的是，近日重庆市地方税务局颁布《关于调整营业税起征点的公告》（重庆市地方税务局公告2011年第5号），决定自2011年11月1日（税款所属期）起，将重庆市营业税起征点进行调整，按期纳税的，起征点定为月营业额20 000元；按次纳税的，起征点定为每次（日）营业额500元。而且，文件明确规定，营业税起征点的适用范围不仅包括个体工商户和其他个人，还包括微型企业。

因此，纳税人需要关注当地国、地税部门的相关文件规定。

100. 随同房屋销售的家电、家具应如何缴纳增值税？

问：随同房屋销售可随意移动的家电（如非中央空调）、家具如何缴纳增值税？比如销售一套50万元的住房，包含一台价值5 000元的可移动电器，电器缴纳的增值税是按3%还是按3%税率减半征收？

答：《国家税务总局关于纳税人转让土地使用权或者销售不动产同时一并销售附着于土地或者不动产上的固定资产有关税收问题的公告》（国家税务总局公告2011年第47号）规定，纳税人转让土地使用权或者销售不动产的同时一并销售的附着于土地或者不动产上的固定资产，凡属于增值税应税货物的，应按照《财政部、国家税务总局关于部分货物适用增值税低税率和简易办法征收增值税政策的通知》（财税〔2009〕9号）第二条有关规定，计算缴纳增值税。《增值税暂行条例实施细则》第二条规定，条例第一条所称货物，是指有形动产，包括电力、热力、气体在内。

依据上述规定，随同房屋销售可随意移动的家电（如非中央空调）、家具货物，对兼营销售货物应按17%（3%）缴纳增值税。若销售可随意移动的家电（如非中央空调）、家具货物属于自己使用过的物品，应按财税〔2009〕9号）第二条有关规定，按4%征收率减半（小规模纳税人2%）或17%（小规模纳税人3%）计算缴纳增值税。

销售一套50万元的住房（含一台价值5 000元的可移动电器），若为自己未使用过的电器应按17%（小规模纳税人3%）缴纳增值税；若为自己使用过的固定资产，2008年以前购入按照4%征收率减半（小规模纳税人2%）缴纳增值税；2009年以后购入应按17%（小规模纳税人3%）或4%征收率减半（小规模纳税人2%）缴纳增值税。

101. 母公司租赁给子公司的固定资产是否作进项税额转出？

问：母公司将资产租赁给100%控股的子公司，该固定资产母公司已抵扣进项税额，出租给子公司时是否需要进项税额转出？

答：《增值税暂行条例》第十条规定，下列项目的进项税额不得从销项税额中抵扣：用于非增值税应税项目、免征增值税项目、集体福利或者个人消费的购进货物或者应税劳务。

在此基础上，《增值税暂行条例实施细则》第二十三条规定，条例第十条第一项和本细则所称非增值税应税项目，是指提供非增值税应税劳务、转让无形资产、销售不动产和不动产在建工程。

母公司将固定资产租赁给子公司使用，该租赁行为属于营业税"服务业"税目的应税行为，也属于"非增值税应税项目"。该固定资产的进项税金应作转出处理。

102. 商品混凝土公司如何确定增值税税率？

答：《财政部、国家税务总局关于部分货物适用增值税低税率和简易办法征收增值税政策的通知》（财税〔2009〕9号）第二条第三项规定，下列按简易办法征收增值税的优惠政策继续执行，不得抵扣进项税额：一般纳税人销售自产的下列货物，可选择按照简易办法依照6%征收率计算缴纳增值税：商品混凝土（仅限于以水泥为原料生产的水泥混凝土）。一般纳税人选择简易办法计算缴纳增值税后，36个月内不得变更。

根据上述规定，企业制造商品混凝土（限于以水泥为原料生产的水泥混凝土），可以申请按照简易征收方式，适用6%计算增值税，不得抵扣进项税额；也可以申请按增值税一般纳税人计税方式征收增值税，适用17%的税率。

103. 礼品赠送如何进行增值税和所得税处理？

问：《增值税暂行条例实施细则》第四条第八项规定，将外购的货物无偿赠送其他单位或者个人应视同销售。请问上述条款中"外购的货物"如何理解？购买的物品、礼品是否为"货物"？

《增值税暂行条例实施细则》第二十二条规定，条例第十条第一项所称个人消费包括纳税人的交际应酬消费。请问细则第四条第八项规定中的"无偿赠送"和第二十二条规定中的"交际应酬消费"具体如何理解？为维护客户关系给客户的烟、酒、礼品等是交际应酬消费还是无偿赠送？

无偿赠送在增值税和所得税上作视同销售处理，但增值税视同销售销项税和所得税视同销售的售价分别如何确定？

我公司主营业务是销售服装，如果购买奖励给客户摄像机一台，取得增值税专用发票，购进时价税合计117 000元，视同销售销项税金是否为：117 000/（1＋0.17）×0.17＝17 000（元）？

《国家税务总局关于做好2009年度企业所得税汇算清缴工作的通知》（国税函

〔2010〕148号）对《国家税务总局关于企业处置资产所得税处理问题的通知》（国税函〔2008〕828号）第三条规定作了进一步明确，企业处置外购资产按购入时的价格确定销售收入，是指企业处置该项资产不是以销售为目的，而是具有替代职工福利等费用支出性质，且购买后一般在一个纳税年度内处置。请问上述条款中"具有替代职工福利等费用支出性质"如何理解？前项问题中的摄像机是否属于"具有替代职工福利等费用支出性质"？

答：《增值税暂行条例实施细则》第二条规定，条例第一条所称货物，是指有形动产，包括电力、热力、气体在内。根据上述规定，购买的物品、礼品属于有形动产，属于货物。对于货物的判断，并不区分其来源，也不区分用途，而是指其存在形态。

《增值税暂行条例实施细则》第四条第八项规定，将自产、委托加工或者购进的的货物无偿赠送其他单位或者个人应视同销售。《增值税暂行条例》第十条第一项规定，用于非增值税应税项目、免征增值税项目、集体福利或者个人消费的购进货物或者应税劳务的进项税额不得从销项税额中抵扣。《安徽省国家税务局关于明确若干增值税政策和管理问题的通知》（皖国税函〔2009〕105号）规定，一般纳税人在交际应酬中所赠送的自产、委托加工或外购的货物，其进项税额不得抵扣，但不需按视同销售中的无偿赠送征收增值税。根据上述规定，若外购烟酒用于纳税人的交际应酬消费，增值税不需要视同销售，发生的进项税额也不得抵扣。但外购烟酒用于无偿赠送，增值税应视同销售，但发生的进项税额也可抵扣。

《增值税暂行条例实施细则》第十六条规定，纳税人有条例第七条所称价格明显偏低并无正当理由或者有本细则第四条所列视同销售货物行为而无销售额者，按下列顺序确定销售额：（1）按纳税人最近时期同类货物的平均销售价格确定；（2）按其他纳税人最近时期同类货物的平均销售价格确定；（3）按组成计税价格确定。组成计税价格的公式为：组成计税价格＝成本×(1＋成本利润率)，属于应征消费税的货物，其组成计税价格中应加计消费税额。因此，你公司发生以上业务，增值税可根据以上规定的顺序确定销售额。如果你公司最近时期没有销售同类货物，可按其他纳税人最近时期销售同类货物的平均销售价格即市场价来确定。

该摄像机销项税额的计算方法正确。

《国家税务总局关于企业处置资产所得税处理问题的通知》（国税函〔2008〕828号）第二条规定，企业将资产移送他人的下列情形，因资产所有权属已发生改变而不属于内部处置资产，应按规定视同销售确定收入。（1）用于市场推广或销售；（2）用于交际应酬；（3）用于职工奖励或福利；（4）用于股息分配；（5）用于对外捐赠；（6）其他改变资产所有权属的用途。第三条规定，企业发生本通知第二条规定情形时，属于企业自制的资产，应按企业同类资产同期对外销售价格确定销售收入；属于外购的资产，可按购入时的价格确定销售收入。《国家税务总局关于做好2009年度企业所得税汇算清缴工作的通知》（国税函〔2010〕148号）明确，企业处置外购资产按购入时的价格确定销售收入，是指企业处置该项资产不是以销售为目的，而是具有替代职工福利等费用支出性质，且购买后一般在一个纳税年度内处置。根据上述规定，企业将资产用于职工奖励或福利，可按购入时的价格确定视同销售收入。对用于市场推广或销售，用于交际应酬的，应按照公允价值确定视同销售收入。由此可见，问题3中的摄像机的赠送对象并不是本企业职工，不属于"具有替代职工福利等费用支出性质"。

104. 支付款项与开具抵扣凭证单位不一致可否抵扣？

问：某企业外购一批货物，已收到增值税专用发票但款未付，请问此进项税是否可以抵扣？如果企业将款项支付给销货方的个人账户，是否还能抵扣？

答：《增值税暂行条例》第八条规定，纳税人购进货物或者接受应税劳务（以下简称购进货物或者应税劳务）支付或者负担的增值税额，为进项税额。下列进项税额准予从销项税额中抵扣：从销售方取得的增值税专用发票上注明的增值税额。

根据上述规定，企业购入一批货物，取得增值税专用发票，虽然未支付货款，如未发生下列规定情形的，可按规定抵扣增值税进项税额。《增值税暂行条例》第九条规定，纳税人购进货物或者应税劳务，取得的增值税扣税凭证不符合法律、行政法规或者国务院税务主管部门有关规定的，其进项税额不得从销项税额中抵扣。第十条规定，下列项目的进项税额不得从销项税额中抵扣：用于非增值税应税项目、免征增值税项目、集体福利或者个人消费的购进货物或者应税劳务；非正常损失的购进货物及相关的应税劳务；非正常损失的在产品、产成品所耗用的购进货物或者应税劳务；国务院财政、税务主管部门规定的纳税人自用消费品；本条第一项至第四项规定的货物的运输费用和销售免税货物的运输费用。

《国家税务总局关于加强增值税征收管理若干问题的通知》（国税发〔1995〕192号）规定，购进货物或应税劳务支付货款、劳务费用的对象。纳税人购进货物或应税劳务，支付运输费用，所支付款项的单位，必须与开具抵扣凭证的销货单位、提供劳务的单位一致，才能够申报抵扣进项税额，否则不予抵扣。

根据上述规定，纳税人将货款汇入与开具发票单位不同的个人账户中，不予抵扣进项税额。建议规范操作，减少纳税风险。

105. 购买税控系统专用和通用设备如何进行纳税处理？

问：《国家税务总局关于印发〈国家税务总局关于推行增值税防伪税控系统的通告〉的通知》（国税发〔2000〕191号）规定，自2000年1月1日起，企业购买税控系统专用设备和通用设备发生的费用,准予在当期计算缴纳所得税前一次性列支,同时可凭购货所取的专用发票注明的税额从增值税销项税额中抵扣。专用设备包括金税卡、税控IC卡和读卡器。通用设备包括税控系统开具专用发票的计算机和打印机。上述规定是否目前仍有效?

答:问题所述文件《国家税务总局关于印发〈国家税务总局关于推行增值税防伪税控系统的通告〉的通知》(国税发〔2000〕191号),为条款失效文件。根据《国家税务总局关于发布已失效或废止的税收规范性文件目录的通知》国税发〔2006〕62号)文件第二项部分条款已失效或废止涉及的税收部门规章和规范性文件第十七款公布:《国家税务总局关于印发〈国家税务总局关于推行增值税防伪税控系统的通告〉的通知》(国税发〔2000〕191号)第一条、第三条失效。

但是国税发〔2000〕191号第四条为有效条款,规定自2000年1月1日起,企业购置税控系统专用设备和通用设备发生的费用,准予在当期计算缴纳所得税前一次性列支;同时可凭购货所取得的专用发票所注明的税额从增值税销项税额中抵扣。税控系统专用设备包括税控金税卡、税控IC卡和读卡器;通用设备包括用于税控系统开具专用发票的计算机和打印机。

106. 井下、生产区安装监控设备可否抵扣进项税?

问:金矿企业井下、生产区安装监控设备是否可以抵扣进项税额?

答:监控设备在《固定资产分类与代码》(GB/T14885—1994)中的代码前两位为70,属于广播电视设备。《固定资产分类与代码》(GB/T14885—1994)电子版可在财政部或国家税务总局网站查询。

《财政部、国家税务总局关于固定资产进项税额抵扣问题的通知》(财税〔2009〕113号)规定,《增值税暂行条例实施细则》第二十三条第二款所称建筑物,是指供人们在其内生产、生活和其他活动的房屋或者场所,具体为《固定资产分类与代码》(GB/T14885—1994)中代码前两位为"02"的房屋;所称构筑物,是指人们不在其内生产、生活的人工建造物,具体为《固定资产分类与代码》(GB/T14885—1994)中代码前两位为"03"的构筑物;所称其他土地附着物,是指矿产资源及土地上生长的植物。

以建筑物或者构筑物为载体的附属设备和配套设施,无论在会计处理上是否单独记账与核算,均应作为建筑物或者构筑物的组成部分,其进项税额不得在销项税额中抵扣。附属设备和配套设施是指:给排水、采暖、卫生、通风、照明、通讯、煤气、消防、中央空调、电梯、电气、智能化楼宇设备和配套设施。

根据上述规定,企业购入用于井下、生产厂区独立于房屋或矿井之外不以其为载体的监控设备,如监控用机房服务器,不间断电源,电脑等其进项税额可以抵扣。

107. 非统一核算的总、分机构间的货物转移是否视同销售?

问:《增值税暂行条例实施细则》第四条第三款规定,单位或者个体工商户的下列行为,视同销售货物:设有两个以上机构并实行统一核算的纳税人,将货物从一个机构移送其他机构用于销售,但相关机构设在同一县(市)的除外。

我公司是北京的一家总公司,分别有两家在北京和上海的分公司,都是独立做账、开具发票并报当地税务机关,只是企业所得税是由总公司合并缴纳。请问:

(1) 上述规定中的"实行统一核算"应如何理解?我公司这种情况是否属于独立核算?

(2) 如不是实行统一核算,总分机构间的货物转移是否视同销售货物?转移的目的分为自用(用作固定资产)和销售两种情况,是否需要缴纳增值税和开具发票?

(3) 北京分公司与上海分公司之间货物转移用于销售或自用,是否视同销售货物,是否需要缴纳增值税和开具发票?

(4) 总公司与北京分公司是同城之间的货物转移用于销售或自用,是否视同销售货物,是否需要缴纳增值税和开具发票?

(5) 若双方转移的是固定资产用于自用,应如何作账?

答:(1) 统一核算就是由总公司统一核算,以总公司(包括各分支机构)作为一个会计主体,进行会计核算,分支机构不独立核算。

对于你公司所述情形,总机构和各分支机构均建账,不属于统一核算。各分支机构作为一个会计主体,属于独立核算。

(2)《增值税暂行条例实施细则》(简称《细则》)第九条规定,条例第一条所称单位,是指企业、行政单位、事业单位、军事单位、社会团体及其他单位。条例第一条所称个人,是指个体工商户和其他个人。

根据上述规定,总公司、分支机构属于不同的单位,不同的增值税纳税人。如总分机构不是统一核算,则不能适用《细则》第四条三款的规定。

总分机构间货物移送,若属于无偿的,根据《细则》第四条(八)规定,将自产、委托加工或者购进的货物无偿赠送其他单位或者个人应视同销售。送出方送出的货物不论是属于自用还是销售均应视同销售货物,计缴增值税。送出方可向送入方开具发票。

总分机构间货物移送,若属于有偿,则属于销售行为。销售方应缴纳增值税,并向购货方开具发票。由于总分机构间属于关联方,根据《税收征收管理法》第三十六条规定:"企业或者外国企业在中国境内设立的从事生产、经营的机构、场所与其关联企业之间的业务往来,应当按照独立企业之间的业务往来收取或者支付价款、费用;不按照独立企业之间的业务往来收取或者支付价款、费用,而减少其应纳税的收入或者所得额的,税务机关有权进行合理调整。"按独立交易原则确定价款。

(3) 北京分公司与上海分公司间的货物移送,若是属于无偿,不论是否用于销售或自用,均应视同销售。送出方可向送入方开具发票。

北京分公司与上海分公司间的货物移送,若是属于有偿,对送出方而言,属于销售行为,应缴纳增值税并向购入方开具发票。

(4) 总公司和北京分公司间的货物移送,若是属于无偿,不论是否用于销售或自用,均应视同销售。送出方可向送入方开具发票。

总公司与北京分公司间的货物移送,若是属于有偿,对送出方而言,属于销售行为,应缴纳增值税并向购入方开具发票。

(5) 双方移送有作价,作如下会计处理:

送出方:

①固定资产转入清理

借:固定资产清理
　　累计折旧
　　固定资产减值准备
贷:固定资产

②计提税金

借:固定资产清理
贷:应交税费——应交增值税

③结转

借:其他应收款
贷:固定资产清理
借或贷:营业外支出(营业外收入)

购入方:

借:固定资产
　　应交税费——应交增值税(进项税额)
贷:其他应付款

108. 通过空运货物取得的航空运输业发票是否可以抵扣进项税额?

问: 一般纳税人通过空运货物取得的航空运输业发票,是否可以抵扣进项税额?

答: 根据《国家税务总局关于加强增值税征收管理若干问题的通知》(国税发〔1995〕192号)规定,民用航空运输单位开具的货票,以及从事货物运输的非国有运输单位开具的套印全国统一发票监制章的货票,准予计算进项税额扣除。准予计算进项税额扣除的货运发票种类，不包括增值税一般纳税人取得的货运定额发票。

根据以上文件规定，一般纳税人取得的航空运输业发票如果符合文件的规定，可以抵扣进项税额。

109. 企业购买电缆及中央空调取得的增值税发票是否可抵扣进项税额？

问：企业装修厂房，购买了一批电缆和一台中央空调。同时取得购入电缆及空调的增值税专用发票。请问是否可以抵扣进项税额？

答：根据《关于固定资产进项税额抵扣问题的通知》（财税〔2009〕113号）的规定，以建筑物或者构筑物为载体的附属设备和配套设施，无论在会计处理上是否单独记账与核算，均应作为建筑物或者构筑物的组成部分，其进项税额不得在销项税额中抵扣。附属设备和配套设施是指：给排水、采暖、卫生、通风、照明、通讯、煤气、消防、中央空调、电梯、电气、智能化楼宇设备和配套设施。

因此，根据上述文件规定，电缆和中央空调属于以建筑物或者构筑物为载体的附属设备和配套设施，贵公司购进的电缆和中央空调取得的增值税专用发票不得抵扣进项税额。

110. 供热企业向居民个人供热而取得的采暖费收入是否征收增值税？

问：供热企业向居民个人供热而取得的采暖费收入是否征收增值税？

答：《财政部、国家税务总局关于继续执行供热企业增值税、房产税、城镇土地使用税优惠政策的通知》（财税〔2011〕118号）规定，为保障居民供热采暖，经国务院批准，现将"三北"地区供热企业（以下称供热企业）增值税、房产税、城镇土地使用税政策通知如下：

其中第一条内容为，自2011年供暖期至2015年12月31日，对供热企业向居民个人（以下称居民）供热而取得的采暖费收入继续免征增值税。向居民供热而取得的采暖费收入，包括供热企业直接向居民收取的、通过其他单位向居民收取的和由单位代居民缴纳的采暖费。免征增值税的采暖费收入，应当按照《增值税暂行条例》第十六条的规定单独核算。通过热力产品经营企业向居民供热的热力产品生产企业，应当根据热力产品经营企业实际从居民取得的采暖费收入占该经营企业采暖费总收入的比例确定免税收入比例。本条所述供暖期，是指当年下半年供暖开始至次年上半年供暖结束的期间。

第四条内容为，本通知所称"三北"地区，是指北京市、天津市、河北省、山西省、内蒙古自治区、辽宁省、大连市、吉林省、黑龙江省、山东省、青岛市、河南省、陕西省、甘肃省、青海省、宁夏回族自治区和新疆维吾尔自治区。

111. 环氧大豆油和氢化植物油适用的增值税税率是多少？

答：《国家税务总局关于环氧大豆油、氢化植物油增值税适用税率问题的公告》（国家税务总局公告 2011 年第 43 号）规定，环氧大豆油、氢化植物油不属于食用植物油的征税范围，应适用 17% 增值税税率。环氧大豆油是将大豆油滴加双氧水后经过环氧反应、水洗、减压脱水等工序后形成的产品。氢化植物油是将普通植物油在一定温度和压力下经过加氢、催化等工序后形成的产品。本公告自 2011 年 8 月 1 日起执行。

112. 企业设备和存货转移到新厂是否需要缴纳增值税和所得税？

问：我公司因经营地址变更准备从大连迁移到南京，相关的设备和存货也一并转运到南京新厂区投产，在大连所辖的税务局需要按照企业注销手续办理，是否要对我公司的设备和存货进行处理？我公司的设备和存货转移到新厂是否需要缴纳增值税和所得税？

答：税法没有规定企业在办理注销税务登记之前，必须要处理固定资产和存货。但如果企业在办理注销税务登记之前，发生下列行为之一，则需要计算缴纳增值税：（1）纳税人将期末存货和固定资产对外销售的，应按规定计算缴纳增值税。（2）纳税人将期末存货和固定资产用于抵偿债务的，属于有偿转让货物的所有权，应按规定计算缴纳增值税。（3）纳税人发生视同销售货物行为的，应按规定计算缴纳增值税。

另外，根据《财政部、国家税务总局关于企业清算业务企业所得税处理若干问题的通知》（财税〔2009〕60 号）第三条规定，企业清算的所得税处理包括以下内容：全部资产均应按可变现价值或交易价格，确认资产转让所得或损失；第四条规定，企业的全部资产可变现价值或交易价格，减除资产的计税基础、清算费用、相关税费，加上债务清偿损益等后的余额，为清算所得。

根据您所述的情况，贵公司在注销前将设备和存货迁移到南京新厂区投产，如果属于下列税法规定的"视同销售"的范围，则需要计算缴纳增值税和企业所得税。

根据《增值税暂行条例实施细则》第四条规定，单位或者个体工商户的下列行为，视同销售货物：第六款，将自产、委托加工或者购进的货物作为投资，提供给其他单位或者个体工商户；第七款，将自产、委托加工或者购进的货物分配给股东或者投资者；第八款，将自产、委托加工或者购进的货物无偿赠送其他单位或者个人。

另外，根据《国家税务总局关于企业处置资产所得税处理问题的通知》（国税函〔2008〕828号）第二条规定，企业将资产移送他人的下列情形，因资产所有权属已发生改变而不属于内部处置资产，应按规定视同销售确定收入：第四款，用于股息分配；第五款，用于对外捐赠；第六款，其他改变资产所有权属的用途。

113. 饭店设立窗口外卖如何缴税？

问：我开了一家饭店，在饭店单独设立了一个窗口卖外卖，这部分外卖是缴纳营业税还是增值税？

答：根据下列文件规定，如果纳税人销售非现场消费的食品应当缴纳增值税。根据《国家税务总局关于旅店业和饮食业纳税人销售食品有关税收问题的公告》（国家税务总局公告2011年第62号）文件规定，旅店业和饮食业纳税人销售非现场消费的食品应当缴纳增值税，不缴纳营业税。

旅店业和饮食业纳税人发生上述应税行为，符合《增值税暂行条例实施细则》（财政部、国家税务总局令第50号）第二十九条规定的，可选择按照小规模纳税人缴纳增值税。

114. 因转让技术所有权而发生的安装等费用是否征收增值税？

问：因转让技术所有权而发生的软件产品销售及随同软件产品销售一并收取的安装费等费用是否征收增值税？

答：《国家税务总局关于印发〈增值税若干具体问题的规定〉的通知》（国税发〔1993〕154号）第一条第六款规定，因转让著作所有权而发生的销售电影母片、录像带母带、录音磁带母带的业务，以及因转让专利技术和非专利技术的所有权而发生的销售计算机软件的业务，不征收增值税。

《财政部、国家税务总局关于增值税若干政策的通知》（财税〔2005〕165号）第十一条第二款关于计算机软件产品征收增值税有关问题规定，纳税人销售软件产品并随同销售一并收取的软件安装费、维护费、培训费等收入，应按照增值税混合销售的有关规定征收增值税，并可享受软件产品增值税即征即退政策。对软件产品交付使用后，按期或按次收取的维护、技术服务费、培训费等不征收增值税。

115. "营改增"试点企业向境外支付咨询费如何缴流转税？

问：我公司为营业税改征增值税试点企业。境外公司派员到我公司提供咨询服务，该境外公司未在境内设立经营机构，应由我公司代扣代缴税款。我公司向境外公司支付咨询费106万元，应如何计算应扣缴的流转税？

答：《财政部、国家税务总局关于在上海市开展交通运输业和部分现代服务业营业税改征增值税试点的通知》（财税〔2011〕111号）附件1《交通运输业和部分现代服务业营业税改征增值税试点实施办法》第一条规定，在中华人民共和国境内提供交通运输业和部分现代服务业服务（下称"应税服务"）的单位和个人，为增值税纳税人。纳税人提供应税服务，应当按照本办法缴纳增值税，不再缴纳营业税。第八条规定，应税服务，是指陆路运输服务、水路运输服务、航空运输服务、管道运输服务、研发和技术服务、信息技术服务、文化创意服务、物流辅助服务、有形动产租赁服务、鉴证咨询服务。

《应税服务范围注释》第二条规定，咨询服务是指提供和策划财务、税收、法律、内部管理、业务运作和流程管理等信息或者建议的业务活动。第十二条第三款规定，提供现代服务业服务（有形动产租赁服务除外），税率为6％。根据上述规定，境外公司派员到你公司提供咨询服务，属于在境内提供应税服务。境外公司应缴纳增值税，增值税税率为6％。

《交通运输业和部分现代服务业营业税改征增值税试点实施办法》第十七条规定，境外单位或者个人在境内提供应税服务，在境内未设有经营机构的，扣缴义务人按照下列公式计算应扣缴税额：

$$应扣缴税额＝接受方支付的价款÷(1＋税率)×税率$$

因此，你公司应扣缴的增值税如下：

$$应扣缴增值税＝106÷(1＋6％)×6％＝6(万元)$$

116. 软件产品的开发和销售有何增值税优惠政策？

答：《财政部、国家税务总局关于软件产品增值税政策的通知》（财税〔2011〕100号）规定：

（1）软件产品增值税政策

①增值税一般纳税人销售其自行开发生产的软件产品，按17％税率征收增值税后，对其增值税实际税负超过3％的部分实行即征即退政策。

②增值税一般纳税人将进口软件产品进行本地化改造后对外销售，其销售的软件产品可享受本条第一款规定的增值税即征即退政策。

本地化改造是指对进口软件产品进行重新设计、改进、转换等，单纯对进口软件产品进行汉字化处理不包括在内。

③纳税人受托开发软件产品，著作权属于受托方的征收增值税，著作权属于委托方或属于双方共同拥有的不征收增值税；对经过国家版权局注册登记，纳税人在销售时一并转让著作权、所有权的，不征收增值税。

（2）软件产品界定及分类

本通知所称软件产品，是指信息处理程序及相关文档和数据。软件产品包括计算机软件产品、信息系统和嵌入式软件产品。嵌入式软件产品是指嵌入在计算机硬件、机器设备中并随其一并销售,构成计算机硬件、机器设备组成部分的软件产品。

117. 企业自产设备转为自用后如何进行财税处理?

问: 我公司销售的产品中包括热量表检定装置,近日将其中两台转为自用,如何进行财税处理?

答:《增值税暂行条例》第十条规定,下列项目的进项税额不得从销项税额中抵扣:

第一款,用于非增值税应税项目、免征增值税项目、集体福利或者个人消费的购进货物或者应税劳务;

第五款,本条第一项至第四项规定的货物的运输费用和销售免税货物的运输费用。

因此,热量表检定装置转为自用设备,若该设备用于非增值税应税项目、免征增值税项目、集体福利或者个人消费的购进货物或者应税劳务;其进项税额及其相应的运输费用的进项税额也应转出。

《国家税务总局关于企业处置资产所得税处理问题的通知》(国税函〔2008〕828号)第一条规定,企业发生下列情形的处置资产,除将资产转移至境外以外,由于资产所有权属在形式和实质上均不发生改变,可作为内部处置资产,不视同销售确认收入,相关资产的计税基础延续计算:改变资产用途(如,自建商品房转为自用或经营)。

根据上述规定,热量表检定装置转为自用,所得税上不视同销售确认收入。

会计上,应将其转为固定资产或低值易耗品。

118. 购进货物不符合规定增值税专用发票如何处理?

问: 购进货物不符合规定,购货方要求退货并已运回销货方,已取得增值税专用发票如何处理?

答: 根据《国家税务总局关于修订〈增值税专用发票使用规定〉的通知》(国税发〔2006〕156号)第十四条规定,一般纳税人取得专用发票后,发生销货退回、开票有误等情形但不符合作废条件的,或者因销货部分退回及发生销售折让的,购买方应向主管税务机关填报《开具红字增值税专用发票申请单》(以下简称《申请单》)。《申请单》所对应的蓝字专用发票应经税务机关认证。经认证结果为"认证相符"并且已经抵扣增值税进项税额的,一般纳税人在填报《申请单》时不填写相对应的蓝字专用发票信息。经认证结果为"纳税人识别号认证不符"、"专用发票代码、号码认证不符"的，一般纳税人在填报《申请单》时应填写相对应的蓝字专用发票信息。

作废增值税专用发票必须同时符合下列条件：（1）收到退回的发票联、抵扣联时间未超过销售方开票当月；（2）销售方未抄税并且未记账；（3）购买方未认证或者认证结果为"纳税人识别号认证不符"、"专用发票代码、号码认证不符"。

119.《增值税暂行条例实施细则》中的"其他个人"怎么界定？

问：《增值税暂行条例实施细则》第二十九条规定，年应税销售额超过小规模纳税人标准的其他个人，按小规模纳税人纳税；非企业性单位、不经常发生应税行为的企业可选择按小规模纳税人纳税。这里的"其他个人"怎么界定？我单位现要建一处天然气加气站，专门开展针对出租汽车的天然气加气业务，预计年销售收入达500多万元，我们可否申请小规模纳税人，按3％纳税？

答："其他个人"是指自然人。

《增值税一般纳税人资格认定管理办法》（国家税务总局令第22号，以下简称总局22号令）第十二条规定，除国家税务总局另有规定外，纳税人一经认定为一般纳税人后，不得转为小规模纳税人。所以企业并不是可以按意愿自由选择成为小规模纳税人或者一般纳税人。税法鼓励经营规模较小但管理规范的企业申请成为一般纳税人，而不鼓励乃至倾向限制规模较大的企业仍然作为小规模纳税人。另按照《国家税务总局关于增值税一般纳税人认定有关问题的通知》（国税函〔2008〕1079号）规定，2009年应税销售额超过新标准的小规模纳税人，应当按照《增值税暂行条例》及其实施细则的有关规定向主管税务机关申请一般纳税人资格认定。未申请办理一般纳税人认定手续的，应按销售额依照增值税税率计算应纳税额，不得抵扣进项税额，也不得使用增值税专用发票。

按此规定以及总局22号令精神，你单位属于应当申办为增值税一般纳税人的情况，如果不申请认定为一般纳税人，恐也不能按3％的征收率纳税，而可能会被要求按17％的增值税税率计算应纳税额，且不得抵扣进项税。

补充说明：出于征管的需要，国家税务总局曾于2001年发布了《关于加油站一律按照增值税一般纳税人征税的通知》（国税函〔2001〕882号），规定从2002年1月1日起将所有从事成品油销售的加油站都认定为一般纳税人，而无论其规模是否达到标准和会计核算是否健全。这一规定也与现行增值税条例以及总局22号令等文件精神一致。

120. 跨地区经营的直营连锁企业可否统一申报缴纳增值税？

问：我公司是一家连锁经营企业，总店设在广州，是增值税一般纳税人，现计划在珠海开办连锁店，请问珠海连锁店可否申请在广州统一申报缴纳增值税？

答：根据《财政部、国家税务总局关于连锁经营企业增值税纳税地点问题的通知》（财税字〔1997〕97号）第一条的规定，对跨地区经营的直营连锁企业，即连锁店的门店均由总部全资或控股开设，在总部领导下统一经营的连锁企业，凡按照国内贸易部《连锁店经营管理规范意见》（内贸政体法字〔1997〕第24号）的要求，采取微机联网，实行统一采购配送商品，统一核算，统一规范化管理和经营，并符合以下条件的，可对总店和分店实行由总店向其所在地主管税务机关统一申报缴纳增值税：（1）在直辖市范围内连锁经营的企业，报经直辖市国家税务局会同市财政局审批同意；（2）在计划单列市范围内连锁经营的企业，报经计划单列市国家税务局会同市财政局审批同意；（3）在省（自治区）范围内连锁经营的企业，报经省（自治区）国家税务局会同省财政厅审批同意；（4）在同一县（市）范围内连锁经营的企业，报经县（市）国家税务局会同县（市）财政局审批同意。

因此，你公司应根据实际情况，按照上述规定向相关部门申请办理。

121. 无增值税专用发票是否可享受退（免）税优惠？

问：我公司是一般纳税人外贸企业，现出口一批从台湾进口的货物到越南，仅持有购进出口货物的海关专用缴款书，无增值税专用发票，可享受退（免）税吗？

答：根据《国家税务总局关于印发《出口货物退（免）税管理办法》的通知》（国税发〔1994〕31号）第十四条第一款规定：企业办理出口退税必须提供以下凭证：购进出口货物的增值税专用发票（税款抵扣联）或普通发票。你公司申报出口货物退（免）税时，若无法提供购进出口货物的增值税专用发票或普通发票，应按视同内销货物计提销项税额。

122. 将自产钢筋用于厂房维修是否视同销售？

问：我公司是钢铁生产企业，去年将一批自产钢筋用于厂房维修，请问根据税法规定，这批钢筋是否作视同销售处理？

答：自产钢筋视同销售涉及增值税和企业所得税两个税种。《增值税暂行条例实施细则》第四条规定，单位或者个体工商户将自产或者委托加工的货物用于非增值税应税项目的，应视同销售。上述所称非增值税应税项目，是指提供非增值税应税劳务、转让无形资产、销售不动产和不动产在建工程。纳税人新建、改建、扩建、修缮、装饰不动产，均属于不动产在建工程。

因此，你公司将自产钢筋用于厂房维修，属于将自产货物用于非增值税应税项目，在增值税方面应作视同销售处理，按照规定缴纳增值税。

另据《国家税务总局关于企业处置资产所得税处理问题的通知》（国税函

〔2008〕828号）第一条规定，企业发生下列情形的处置资产，除将资产转移至境外以外，由于资产所有权属在形式和实质上均不发生改变，可作为内部处置资产，不视同销售确认收入，相关资产的计税基础延续计算。将资产用于生产、制造、加工另一产品；改变资产形状、结构或性能；改变资产用途（如，自建商品房转为自用或经营）；将资产在总机构及其分支机构之间转移；上述两种或两种以上情形的混合；其他不改变资产所有权属的用途。

根据上述规定，你公司自产钢筋用于厂房维修，资产所有权属未发生改变，属于内部处置资产，在企业所得税方面可不视同销售处理。

123. 材料样品是否应按照组成计税价格确定销售额？

问：我公司进口一批材料样品（非消费税项目），部分样品赠送给国内客户，由于此样品没有销售价格参照，请问是否应按照组成计税价格确定销售额？组成计税价格公式中的成本利润率是否有相关规定？

答：根据《增值税暂行条例实施细则》第四条和第十六条规定，纳税人将购进的货物无偿赠送给其他单位或者个人的行为应视同销售。无销售额的按下列顺序确定销售额：按纳税人最近时期同类货物的平均销售价格确定；按其他纳税人最近时期同类货物的平均销售价格确定；按组成计税价格确定。组成计税价格的公式为：组成计税价格＝成本×(1＋成本利润率)。根据《增值税若干具体问题的规定》（国税发〔1993〕154号）第二条第四款规定，按规定需组成计税价格确定销售额的，其组价公式中的成本利润率为10％。

因此，你公司赠送给客户的样品，应视同销售，其销售额如果无法按纳税人最近时期同类货物的平均销售价格或其他纳税人最近时期同类货物的平均销售价格确定，则应按组成计税价格确定销售额：销售额＝组成计税价格＝成本×(1＋成本利润率)，其中成本利润率为10％。

124. 代养奶牛如何缴纳流转税？

问：A公司是一家畜牧业企业，有自己的奶牛、牧场。A公司现为B公司代养奶牛，养牛所发生的饲料成本、人工成本由B公司负责。B公司要求A公司开具发票，A公司应开具增值税发票还是营业税发票？

答：国家税务总局《关于受托种植植物饲养动物征收流转税问题的通知》（国税发〔2007〕17号）规定，单位和个人受托种植植物、饲养动物的行为，应按照营业税"服务业"税目征收营业税，不征收增值税。上述单位和个人受托种植植物、饲养动物的行为是指，委托方向受托方提供其拥有的植物或动物，受托方提供种植或饲养服务并最终将植物或动物归还给委托方的行为。

根据上述文件规定，A公司应向B公司出具"服务业"发票，缴纳营业税。

125. 增值税一般纳税人向小规模纳税人销售货物能否开具增值税专用发票？

答：根据《增值税暂行条例》第二十一条的规定，纳税人销售货物或者应税劳务，应当向索取增值税专用发票的购买方开具增值税专用发票，并在增值税专用发票上分别注明销售额和销项税额。属于下列情形之一的，不得开具增值税专用发票：向消费者个人销售货物或者应税劳务的；销售货物或者应税劳务适用免税规定的；小规模纳税人销售货物或者应税劳务的。此外，根据《增值税专用发票使用规定》第十条规定，商业企业一般纳税人零售的烟、酒、食品、服装、鞋帽（不包括劳保专用部分）、化妆品等消费品不得开具专用发票。

上述文件只是规定小规模纳税人销售货物或者提供应税劳务不得开具增值税专用发票，并没有明确规定一般纳税人不得向小规模纳税人开具增值税专用发票。因此，如果增值税一般纳税人向小规模纳税人销售货物不属于上述规定不得开具增值税专用发票情形的，在购买方索取的情况下，可以向小规模纳税人开具增值税专用发票。

126. 用于增值税应税项目又用于非增值税应税项目的固定资产是否可以抵扣进项税额？

问：企业既生产应税货物又兼营免税项目或者非增值税应税劳务，如果原材料和固定资产不能准确区分，其进项税额该如何抵扣？

答：原材料：根据《增值税暂行条例实施细则》第二十六条规定，一般纳税人兼营免税项目或者非增值税应税劳务而无法划分不得抵扣的进项税额，按下列公式计算：

$$\text{不得抵扣的进项税额} = \text{当月无法划分的全部进项税额} \times \frac{\text{当月免税项目销售额、非增值税应税劳务营业额合计}}{\text{当月全部销售额、营业额合计}}$$

固定资产：既用于增值税应税项目又用于非增值税应税项目、免征增值税项目的固定资产，其进项税额准予抵扣。

127. 取得的铁路运输发票名称与托运人（或收货人）不一致，是否可以作进项税额抵扣？

问：一般纳税人取得的铁路运输发票，如果托运人（或收货人）名称与其不一致，是否可以作进项税额抵扣？

答：根据《财政部、国家税务总局关于增值税若干政策的通知》（财税〔2005〕165号）第七条规定，一般纳税人购进或销售货物通过铁路运输，并取得铁路部门开具的运输发票，如果铁路部门开具的铁路运输发票托运人或收货人名称与其不一致，但铁路运输发票托运人栏或备注栏注有该纳税人名称的（手写无效），该运输发票可以作为进项税额抵扣凭证，允许计算抵扣进项税额。

128. 本月申报期发现上月开具的增值税专用发票有误，能否直接作废重开？

答：根据国家税务总局《关于修订〈增值税专用发票使用规定〉的通知》（国税发〔2006〕156号）的规定，同时具有下列情形的，为本规定所称作废条件：(1) 收到退回的发票联、抵扣联时间未超过销售方开票当月；(2) 销售方未抄税并且未记账；(3) 购买方未认证或者认证结果为"纳税人识别号认证不符"或"专用发票代码、号码认证不符"。

本月申报期发现上月开具的增值税专用发票有误，不符合以上要求，故不能直接作废，应申请开具《红字增值税专用发票通知单》后，开具红字发票冲销。

129. 外地库存产品是否缴增值税？

问：我公司在临近的外省设有一个仓库，以解决企业所在地仓库容量不足的问题。请问，月末或年末该仓库里的库存产品是否要计算缴纳增值税？

答：《增值税暂行条例实施细则》第四条规定，单位或者个体工商户的下列行为，视同销售货物：设有两个以上机构并实行统一核算的纳税人，将货物从一个机构移送其他机构用于销售，但相关机构设在同一县（市）的除外。

《国家税务总局关于企业所属机构间移送货物征收增值税问题的通知》（国税发〔1998〕137号）规定，《增值税暂行条例实施细则》第四条视同销售货物行为的第三项所称的用于销售，是指受货机构发生以下情形之一的经营行为：一是向购货方开具发票；二是向购货方收取货款。受货机构的货物移送行为有上述两项情形之一的，应当向所在地税务机关缴纳增值税；未发生上述两项情形的，则应由总机构统一缴纳增值税。如果受货机构只就部分货物向购买方开具发票或收取货款，则应当区别不同情况计算并分别向总机构所在地或分支机构所在地缴纳税款。

因此，你公司在外省设立的仓库，如果只是用于货物的堆放，不符合国税发〔1998〕137号文件规定的两个情形之一的，其库存的产品不需要计算缴纳增值税。

130. 辅导期取得的农产品收购发票是否需要稽核比对？

问：辅导期一般纳税人现在取得农产品收购发票后，还需要取得稽核比对结果才能抵扣进项税额吗？

答：根据《增值税一般纳税人纳税辅导期管理办法》（国税发〔2010〕40号）第七条规定，辅导期纳税人取得的增值税专用发票抵扣联、海关进口增值税专用缴款书以及运输费用结算单据应当在交叉稽核比对无误后，方可抵扣进项税额。

根据上述文件规定，对辅导期一般纳税人企业除以上所列应当在交叉稽核比对无误后，方可抵扣进项税额外，其他抵扣凭证如：农产品收购发票不需要待交叉稽核比对通过才能抵扣进项。

131. 农业生产者销售自养种鸡产的鸡蛋是否免税？

问：农业生产者销售自养种鸡产的鸡蛋免税吗？如果销售鸡雏（自产种蛋通过孵化器孵化）是否免税？

答：根据下列文件的规定，农业生产者销售自养种鸡产的鸡蛋以及自产种蛋通过孵化器孵化的鸡雏，可以免征增值税和企业所得税。

增值税：根据《增值税暂行条例》第十五条第一款规定，下列项目免征增值税：农业生产者销售的自产农产品。

另外，根据《财政部、国家税务总局关于印发〈农业产品征税范围注释〉的通知》（财税〔1995〕第52号）的第二项动物类的规定：动物类包括人工养殖和天然生长的各种动物的初级产品。第二款畜牧产品是指人工饲养、繁殖取得和捕获的各种畜禽。具体征税范围为：兽类、禽类和爬行类动物，如牛、马、猪、羊、鸡、鸭等；蛋类产品，是指各种禽类动物和爬行类动物的卵，包括鲜蛋、冷藏蛋。

企业所得税：根据《企业所得税法》第二十七条第一款规定，企业的下列所得，可以免征、减征企业所得税：从事农、林、牧、渔业项目的所得。

《企业所得税法实施条例》第八十六条规定，《企业所得税法》第二十七条第一项规定的企业从事农、林、牧、渔业项目的所得，可以免征、减征企业所得税，是指：牲畜、家禽的饲养；灌溉、农产品初加工、兽医、农技推广、农机作业和维修等农、林、牧、渔服务业项目；国家禁止和限制发展的项目，不得享受本条规定的税收优惠。

另外，根据《国家税务总局关于发布享受企业所得税优惠政策的农产品初加工范围（试行）的通知》（财税〔2008〕149号）的规定：第二类畜牧业类包含蛋类初加工，即通过对鲜蛋进行清洗、干燥、分级、包装、冷藏等简单加工处理，制成的各种分级、包装的鲜蛋、冷藏蛋。企业有从事农产品初加工项目的所得，应在年度终了后3个月内，向主管税务机关办税服务大厅综合窗口报送《税收优惠备案表》，并附送下列资料（一式一份，综合窗口一份）：（1）公司章程等证明企业经营项目等资料、文件；（2）企业生产经营过程描述，应具体说明加工项目、加工环节、产品种类、名称；（3）税务机关要求的其他资料。

132. 企业取得的失控增值税专用发票能否抵扣进项税？

问：我公司今年1月份购进一批机电产品，从销售方取得了增值税专用发票，并在期限内认证通过。但主管税务机关近日通知我们，经系统稽核比对，该发票属于失控增值税专用发票，不得抵扣进项税额。我公司经询问销货方，得知该企业当月没有正常纳税申报，后来已经补申报。请问失控增值税专用发票是指什么，我公司取得的该张发票能否抵扣进项税？

答：失控增值税专用发票是指防伪税控企业丢失被盗金税卡中未开具的专用发票以及被列为非正常户的防伪税控企业未向税务机关申报或未按规定缴纳税款的增值税专用发票。《国家税务总局关于失控增值税专用发票处理的批复》（国税函〔2008〕607号）规定，购买方主管税务机关对认证发现的失控发票，应按照规定移交稽查部门组织协查。属于销售方已申报并缴纳税款的，可由销售方主管税务机关出具书面证明，并通过协查系统回复购买方主管税务机关，该失控发票可作为购买方抵扣增值税进项税额的凭证。

根据上述规定，对你公司取得的该张失控专用发票，需由你公司主管税务机关通过协查，确认销售方已经申报纳税并取得销售方主管税务机关出具的书面证明及协查回复后，才可抵扣进项税额。

133. 纳税人从事垃圾处理、污泥处理处置劳务是否征收增值税？

答：《财政部、国家税务总局关于调整完善资源综合利用产品及劳务增值税政策的通知》（财税〔2011〕115号）第二条规定，对垃圾处理、污泥处理处置劳务免征增值税。垃圾处理是指运用填埋、焚烧、综合处理和回收利用等形式，对垃圾进行减量化、资源化和无害化处理处置的业务；污泥处理处置是指对污水处理后产生的污泥进行稳定化、减量化和无害化处理处置的业务。

第十三条规定，第一条、第二条、第三条和第五条其他款项规定的政策自2011年8月1日起执行。纳税人销售（提供）本通知规定的免税产品（劳务），如果已向购买方开具了增值税专用发票，应将专用发票追回后方可申请办理免税。凡专用发票无法追回的，一律按照规定征收增值税，不予免税。

134. 取得的粮食企业开具的增值税专用发票能否抵扣进项税？

问： 我公司是一家酿酒企业，属于增值税一般纳税人。最近向某国有粮油企业购入玉米500吨，另购入一批食用植物油，粮油公司给我公司开具了增值税专用发票。请问粮油公司销售玉米、食用植物油这些免税农产品能否开具增值税专用发票？我公司取得专用发票后能否根据发票上的金额按13%的税率抵扣进项税？

答：《国家税务总局关于国有粮食购销企业开具粮食销售发票有关问题的通知》（国税明电〔1999〕10号）规定，自1999年8月1日起，凡国有粮食购销企业销售粮食，暂一律开具增值税专用发票。国有粮食购销企业开具增值税专用发票时，应当比照非免税货物开具增值税专用发票，企业记账销售额为"价税合计"数。属于一般纳税人的生产、经营单位从国有粮食购销企业购进的免税粮食，可依照国有粮食购销企业开具的增值税专用发票注明的税额抵扣进项税额。

《国家税务总局关于政府储备食用植物油销售业务开具增值税专用发票问题的通知》（国税函〔2002〕531号）规定，自2002年6月1日起，对中国储备粮总公司及各分公司所属的政府储备食用植物油承储企业，按照国家指令计划销售的政府储备食用植物油，可比照国家税务总局《关于国有粮食购销企业开具粮食销售发票有关问题的通知》（国税明电〔1999〕10号）及国家税务总局《关于加强国有粮食购销企业增值税管理有关问题的通知》（国税函〔1999〕560号）的有关规定执行，允许其开具增值税专用发票并纳入增值税防伪税控系统管理。

根据上述规定，该国有粮油公司向你公司销售玉米及食用植物油可开具增值税专用发票。你公司取得专用发票后，可根据发票上注明的税额抵扣进项税。

135. 公司购入的同时用于生产经营和职工福利的固定资产可否抵扣进项税？

问： 我公司2009年底购入一台大型锅炉用于车间生产经营，我公司厂区与家属区相邻，锅炉同时用于部分家属区供暖。公司财务人员到税务机关申报抵扣进项税额时，税务人员告知由于锅炉用于家属区供暖，按照《增值税暂行条例》的规定，用于集体福利而购进货物的进项税额，不得从销项税额中抵扣。请问我公司混合使用的固定资产可否抵扣进项税？

答：《增值税暂行条例》第十条第一款规定，用于非增值税应税项目、免征增值税项目、集体福利或者个人消费的购进货物或者应税劳务的进项税额不得从销项税额中抵扣。增值税暂行条例实施细则第二十一条规定："条例第十条第一项所称购进货物，不包括既用于增值税应税项目（不含免征增值税项目）也用于非增值税应税项目，免征增值税（以下简称免税）项目、集体福利或者个人消费的固定资产。"

根据上述规定，企业购入的同时符合既用于增值税应税项目（不含免征增值税项目）也用于非增值税应税项目、免征增值税（以下简称免税）项目、集体福利或者个人消费的固定资产，可以抵扣进项税。根据来信所述，你公司购入的锅炉并非专门用于家属区供暖，同时用于车间生产经营，可按上述规定抵扣进项税。

136. 境外公司开具的发票可否抵扣相应进项税额？

问：我公司从国外购买电脑并取得了境外公司开具的发票，这种发票可否抵扣相应进项税额？

答：根据《增值税暂行条例》规定，准予从销项税额中抵扣的进项税额包括，从销售方取得的增值税专用发票上注明的增值税额；从海关取得的海关进口增值税专用发票缴款书上注明的增值税额；农产品收购发票或者销售发票上注明的农产品买价和13%的扣除率计算的进项税额；运输费用结算单据上注明的运输费用金额和7%的扣除率计算的进项税额。

境外公司开具的发票不属于上述票据类型，不是增值税抵扣凭证，因此，不能计算抵扣进项税额。

137. 尿素产品是否免缴增值税？

答：根据《财政部、国家税务总局关于暂免征收尿素产品增值税的通知》（财税〔2005〕87号）规定，自2005年7月1日起，对国内企业生产销售的尿素产品增值税由先征后返50%，调整为暂免征收增值税。

138. 印刷厂自购纸张，受出版单位委托印刷报纸，是否需要缴纳增值税？

答：根据《财政部、国家税务总局关于增值税若干政策的通知》（财税〔2005〕165号）第十二条规定，印刷企业接受出版单位委托，自行购买纸张，印刷有统一刊号（CN）以及采用国际标准书号编序的图书、报纸和杂志，按货物销售征收增值税。

139. 生产企业委托加工收回的产品，如何办理视同自产产品申请退税？

问：生产企业委托加工收回的产品，需满足哪些条件才可视同自产产品申请办理退税？

答：根据《国家税务总局关于出口产品视同自产产品退税有关问题的通知》（国税函〔2002〕1170号）第四条规定，生产企业委托加工收回的产品，同时符合下列条件的,可视同自产产品办理退税:(1)必须与本企业生产的产品名称、性能相同,或者是用本企业生产的产品再委托深加工收回的产品;(2)出口给进口本企业自产产品的外商;(3)委托方执行的是生产企业财务会计制度;(4)委托方与受托方必须签订委托加工协议。主要原材料必须由委托方提供,受托方不垫付资金,只收取加工费,开具加工费(含代垫的辅助材料)的增值税专用发票。

140. 由库存商品转入固定资产是否需要缴纳增值税?

问:企业购入一批沙箱,记入库存商品账,后因其在生产产品时可反复使用,又转入固定资产账,由库存商品转入固定资产,是否需要缴纳增值税?

答:根据《增值税暂行条例实施细则》第四条规定,单位或者个体工商户的下列行为,视同销售货物:(1)将货物交付其他单位或者个人代销;(2)销售代销货物;(3)设有两个以上机构并实行统一核算的纳税人,将货物从一个机构移送其他机构用于销售,但相关机构设在同一县(市)的除外;(4)将自产或者委托加工的货物用于非增值税应税项目;(5)将自产、委托加工的货物用于集体福利或者个人消费;(6)将自产、委托加工或者购进的货物作为投资,提供给其他单位或者个体工商户;(7)将自产、委托加工或者购进的货物分配给股东或者投资者;(8)将自产、委托加工或者购进的货物无偿赠送其他单位或者个人。

企业将外购的货物从库存商品转为固定资产,若没有作为投资提供给其他单位或者个体工商户、分配给股东或者投资者以及无偿赠送给其他单位或者个人,不属于视同销售行为,不缴纳增值税。

141. 农民专业合作社可否使用增值税专用发票?

问:从农民专业合作社购进的农产品可否抵扣进项税额?农民专业合作社可否使用增值税专用发票?

答:根据《财政部、国家税务总局关于农民专业合作社有关税收政策的通知》(财税〔2008〕81号)规定,增值税一般纳税人从农民专业合作社购进的免税农业产品,可按13%的扣除率计算抵扣增值税进项税额。农民专业合作社销售免税农产品不允许开具增值税专用发票。

142. 商业企业向供货方收取的返还收入如何处理?

问:商业企业向供货方收取的返还收入,是否可以冲减进项税额?

答:根据《国家税务总局关于商业企业向货物供应方收取的部分费用征收流转税问题的通知》(国税发〔2004〕136号)规定,商业企业向供货方收取的部分收入，按照以下原则征收增值税：

（1）对商业企业向供货方收取的与商品销售量、销售额无必然联系，且商业企业向供货方提供一定劳务的收入，如进场费、广告促销费、上架费、展示费、管理费等，不属于平销返利，不冲减当期增值税进项税额。

（2）对商业企业向供货方收取的与商品销售量、销售额挂钩（如以一定比例、金额、数量计算）的各种返还收入，均应按照平销返利行为的有关规定冲减当期增值税进项税额。商业企业向供货方收取的各种收入，一律不得开具增值税专用发票。应冲减进项税额的计算公式调整为：

$$当期应冲减进项税额 = \frac{当期取得的返还资金}{(1+所购货物适用增值税税率)} \times 所购货物适用增值税税率$$

本通知自2004年7月1日起执行。本通知发布前已征收入库税款不再进行调整，其他增值税一般纳税人向供货方收取的各种收入的纳税处理，比照本通知的规定执行。

143. 因对外承包工程而出口方便面和速冻饺子等食品是否免税？

答： 根据《国家税务总局关于生产企业开展对外承包工程业务出口货物退（免）税问题的批复》（国税函〔2009〕538号）规定，属于增值税一般纳税人的生产企业开展对外承包工程业务而出口的货物，凡属于现有税收政策规定的特准退税范围，且按规定在财务上作销售账务处理的，无论是自产货物还是非自产货物，均统一实行免、抵、退税办法；凡属于国家明确规定不予退（免）税的货物，按现行规定予以征税；不属于上述两类货物范围的，如生活用品等，实行免税办法。

上述公司若为生产企业，因对外承包工程而出口的方便面和速冻饺子，属于生活用品，可以免税。

144. 销售有机肥能否享受增值税优惠？

答： 根据《财政部、国家税务总局关于有机肥产品免征增值税的通知》（财税〔2008〕56号）规定，自2008年6月1日起，纳税人生产销售和批发、零售有机肥产品免征增值税。享受上述免税政策的有机肥产品是指有机肥料、有机—无机复混肥料和生物有机肥。有机肥料，指来源于植物和（或）动物，施于土壤以提供植物营养为主要功能的含碳物料。有机—无机复混肥料，指由有机和无机肥料混合和（或）化合制成的含有一定量有机肥料的复混肥料。生物有机肥，指特定功能微生物与主要以动植物残体（如禽畜粪便、农作物秸秆等）为来源并经无害化处理、腐熟的有机物料复合而成的一类兼具微生物肥料和有机肥效应的肥料。

145. 代销货物的企业没有利润是否需要申报缴纳增值税？

问：一般纳税人企业替他人代销一批商品，按合同规定的价格销售。请问，如果该企业没有利润是否需要申报缴纳增值税？

答：根据《增值税暂行条例实施细则》第四条第二项规定，单位或个体经营者销售代销货物，视同销售货物。所以企业代销他人的商品视同销售货物行为，应计提销项税额进行纳税申报，如果企业能够取得委托方开具的增值税专用发票，可以作为进项税额抵扣。

146. 转让土地使用权或不动产时一并销售固定资产，怎样处理？

问：纳税人转让土地使用权或者销售不动产的同时一并销售附着于土地或者不动产上的固定资产，相关税收政策是如何规定的？

答：根据《国家税务总局关于纳税人转让土地使用权或者销售不动产同时一并销售附着于土地或者不动产上的固定资产有关税收问题的公告》（国家税务总局公告2011年第47号）规定，自2011年9月1日起，纳税人转让土地使用权或者销售不动产的同时一并销售的附着于土地或者不动产上的固定资产中，凡属于增值税应税货物的，应按照《财政部、国家税务总局关于部分货物适用增值税低税率和简易办法征收增值税政策的通知》（财税〔2009〕9号）第二条有关规定，计算缴纳增值税。凡属于不动产的，应按照《营业税暂行条例》"销售不动产"税目计算缴纳营业税。

纳税人应分别核算增值税应税货物和不动产的销售额，未分别核算或核算不清的，由主管税务机关核定其增值税应税货物的销售额和不动产的销售额。

147. 药品批发企业是否使用增值税防伪税控系统？

问：药品批发行业的增值税一般纳税人，销售对象多为消费者或者使用单位，开具普通发票零散且发票用量大。请问，有没有特殊的解决方式？

答：根据《国家税务总局关于增值税防伪税控一机多票系统开具普通发票有关问题的公告》（国家税务总局公告2011年第15号）规定，自2011年3月1日起，报刊自办发行、食品连锁以及药品批发行业的部分增值税一般纳税人销售对象多为消费者或者使用单位，开具普通发票零散且发票用量大。为解决这些特殊行业开具普通发票的实际困难，上述3个行业中的企业可依据《国家税务总局关于推行增值税防伪税控一机多票系统的通知》（国税发〔2006〕78号）规定，比照商业零售企业自行决定是否使用增值税防伪税控一机多票系统开具增值税普通发票。

148. 补交采暖费发生的滞纳金,能否取得发票?

答:根据《增值税暂行条例》第六条及其实施细则第十二条规定,销售额为纳税人销售货物或者应税劳务向购买方收取的全部价款和价外费用,但是不包括收取的销项税额。其中价外费用包括价外向购买方收取的手续费、补贴、基金、集资费、返还利润、奖励费、违约金、滞纳金、延期付款利息、赔偿金、代收款项、代垫款项、包装费、包装物租金、储备费、优质费、运输装卸费以及其他各种性质的价外收费。另据《中华人民共和国发票管理办法》第二十条规定,销售商品、提供服务以及从事其他经营活动的单位和个人,对外发生经营业务收取款项,收款方应向付款方开具发票。

因此,向购买方收取的滞纳金应该按照价外费用缴纳增值税,并按照规定开具发票。

149. 已取得退税款的国产设备对外出售,是否需要缴回已退税款?

问:某外商投资企业(增值税一般纳税人)2007 年采购的国产设备,已向主管税务机关申请办理退税并取得退税款,2011 年将该设备对外出售。请问,该企业是否需要缴回已退税款?

答:根据《国家税务总局、国家发展和改革委员会关于〈外商投资项目采购国产设备退税管理试行办法〉的通知》(国税发〔2006〕111 号)第十八条规定,外商投资企业购进的国产设备,由主管退税的税务机关负责监管,监管期为 5 年。在监管期内发生转让、赠送等设备所有权转移行为,或者发生出租、再投资等行为的,外商投资企业须按以下计算公式,向主管退税机关补缴已退税款:

$$应补税款 = \frac{增值税专用发票上注明的金额}{} \times \frac{设备折余价值}{设备原值} \times 适用增值税税率$$

$$设备折余价值 = 设备原值 - 累计已提折旧$$

设备原值和已提折旧按企业会计核算数据计算。

150. 商贸企业以前年度少缴税款如何处理?

问:商贸企业连续 12 个月的销售额都没有达到 80 万元,但另有一笔经税务机关检查补缴的以前年度少缴税款,这笔税款的销售额是否需要计入当年应税销售额?企业是否需要办理一般纳税人资格认定?

答:根据《增值税一般纳税人资格认定管理办法》(国家税务总局令第 22 号)

第三条规定，增值税纳税人，年应税销售额超过财政部、国家税务总局规定的小规模纳税人标准的，除另有规定外，应当向主管税务机关申请一般纳税人资格认定。所称年应税销售额，是指纳税人在连续不超过 12 个月的经营期内累计应征增值税销售额，包括免税销售额。

另据《国家税务总局关于明确〈增值税一般纳税人资格认定管理办法〉若干条款处理意见的通知》（国税函〔2010〕139 号）规定，认定办法第三条所称年应税销售额，包括纳税申报销售额、稽查查补销售额、纳税评估调整销售额、税务机关代开发票销售额和免税销售额。稽查查补销售额和纳税评估调整销售额计入查补税款申报当月的销售额，不计入税款所属期销售额。所以，企业应将这部分查补销售额计入申报当月销售额，作为增值税一般纳税人年应税销售额的认定基数。

151. 农民专业合作社销售鱼苗，是否免缴增值税？

答：根据《财政部、国家税务总局关于农民专业合作社有关税收政策的通知》（财税〔2008〕81 号）第一条规定，对农民专业合作社销售本社成员生产的农业产品，视同农业生产者销售自产农业产品免征增值税。对农民专业合作社销售本社成员养殖的鱼苗免征增值税。对农民专业合作社销售的外购鱼苗，应按照规定征收增值税。

152. 加工好的鲜牛奶对外销售时增值税税率是多少？

问：某牛奶生产企业采用巴氏杀菌的方式生产、加工鲜牛奶。请问，加工好的鲜牛奶对外销售时增值税税率是多少？

答：根据《国家税务总局关于部分液体乳增值税适用税率的公告》（国家税务总局公告 2011 年第 38 号）规定，按照《食品安全国家标准—巴氏杀菌乳》（GB19645—2010）生产的巴氏杀菌乳和按照《食品安全国家标准—灭菌乳》（GB25190—2010）生产的灭菌乳，均属于初级农业产品，可依照《农业产品征收范围注释》中的鲜奶按 13％的税率征收增值税。按照《食品安全国家标准—调制乳》（GB25191—2010）生产的调制乳，不属于初级农业产品，应按照 17％税率征收增值税。

因此，上述公司生产的巴氏杀菌乳对外销售时的增值税税率为 13％。

153. 因购置防暑降温用品而取得的增值税专用发票，其进项税额可否抵扣？

问：某一般纳税人企业 6 月份购进一批防暑降温用的白糖、茶叶，取得了增值税专用发票，其进项税额可否抵扣？

答：根据《增值税暂行条例》第九条规定，纳税人购进货物或者应税劳务，取得的增值税扣税凭证不符合法律、行政法规或者国务院税务主管部门有关规定的，其进项税额不得从销项税额中抵扣。《增值税暂行条例》第十条规定，下列项目的进项税额不得从销项税额中抵扣：（1）用于非增值税应税项目、免征增值税项目、集体福利或者个人消费的购进货物或者应税劳务；（2）非正常损失的购进货物及相关的应税劳务；（3）非正常损失的在产品、产成品所耗用的购进货物或者应税劳务；（4）国务院财政、税务主管部门规定的纳税人自用消费品；（5）本条第一项至第四项规定货物的运输费用和销售免税货物的运输费用。

根据这些规定，上述公司所购进的白糖、茶叶属于集体福利支出，因此取得的增值税专用发票不允许抵扣进项税额。

154. 将旧的设备转让应如何纳税？

问：某公司为增值税一般纳税人，打算将旧的设备转让，请问应如何纳税？

答：根据《财政部、国家税务总局关于全国实施增值税转型改革若干问题的通知》（财税〔2008〕170号）、《财政部、国家税务总局关于部分货物适用增值税低税率和简易办法征收增值税政策的通知》（财税〔2009〕9号）规定，自2009年1月1日起，纳税人销售自己使用过的固定资产，应区分不同情形征收增值税：销售自己使用过的2009年1月1日以后购进或者自制的固定资产，按照适用税率征收增值税。2008年12月31日以前未纳入扩大增值税抵扣范围试点的纳税人，销售自己使用过的2008年12月31日以前购进或者自制的固定资产，按照4%征收率减半征收增值税。2008年12月31日以前已纳入扩大增值税抵扣范围试点的纳税人，销售自己使用过的在本地区扩大增值税抵扣范围试点以前购进或者自制的固定资产，按照4%征收率减半征收增值税。销售自己使用过的在本地区扩大增值税抵扣范围试点以后购进或者自制的固定资产，按照适用税率征收增值税。纳税人销售自己使用过的属于条例第十条规定不得抵扣且未抵扣进项税额的固定资产，按简易办法依照4%征收率减半征收增值税，应开具普通发票，不得开具增值税专用发票。

155. 企业购入监控设备的进项税是否允许抵扣？

问：企业购入生产车间监控设备取得的增值税专用发票，其进项税额是否可以抵扣？

答：根据《财政部、国家税务总局关于固定资产进项税额抵扣问题的通知》（财税〔2009〕113号）规定，以建筑物或者构筑物为载体的附属设备和配套设施，无论在会计处理上是否单独记账与核算，均应作为建筑物或者构筑物的组成部分，其进项税额不得在销项税额中抵扣。附属设备和配套设施是指：给排水、采暖、卫生、通风、照明、通讯、煤气、消防、中央空调、电梯、电气、智能化楼宇设备和配套设施。

企业购入的监控设备如果是以建筑物或者构筑物为载体，其进项税额不得抵扣。

156. 加油站销售加油卡只开具普通发票的行为是否正确？

答：根据《成品油零售加油站增值税征收管理办法》（国家税务总局令第2号）第十二条规定，发售加油卡、加油凭证销售成品油的纳税人（以下简称"预售单位"）在售卖加油卡、加油凭证时，应按预收账款方法作相关账务处理，不征收增值税。

预售单位在发售加油卡或加油凭证时开具普通发票，如果购油单位要求开具增值税专用发票，则预收单位应待用户凭卡或加油凭证加油后，根据加油卡或加油凭证回笼记录，向购油单位开具增值税专用发票。接受加油卡或加油凭证销售成品油的单位与预售单位结算油款时，接受加油卡或加油凭证销售成品油的单位根据实际结算的油款向预售单位开具增值税专用发票。

157. 销售免税进口的饲料用鱼粉能否享受免征增值税的优惠？

问：我公司销售免税进口的饲料用鱼粉，能否享受免征增值税的优惠政策？

答：根据《财政部、国家税务总局关于豆粕等粕类产品征免增值税政策的通知》（财税〔2001〕30号）规定，自2000年6月1日起，饲料产品分为征收增值税和免征增值税两类。进口和国内生产的饲料，一律执行同样的征税或免税政策。根据《财政部、国家税务总局关于饲料产品免征增值税问题的通知》（财税〔2001〕121号）第一条规定，免税饲料产品范围包括：单一大宗饲料，指以一种动物、植物、微生物或矿物质为来源的产品或其副产品。其范围仅限于糠麸、酒糟、鱼粉、草饲料、饲料级磷酸氢钙及除豆粕以外的菜子粕、棉子粕、向日葵粕、花生粕等粕类产品。

因此，贵公司销售免税进口的饲料用鱼粉如符合上述文件规定的免税饲料产品范围，可按现行规定申请享受免征增值税优惠政策。

158. 能否用留抵税额抵缴欠税？

问：企业有欠缴增值税，同时本月有留抵税额，能否用留抵税额抵缴欠税？如果能抵缴，应该如何进行纳税申报？

答：根据《国家税务总局关于增值税一般纳税人用进项留抵税额抵减增值税欠税问题的通知》（国税发〔2004〕112号）规定，对纳税人因销项税额小于进项税额而产生期末留抵税额的，应以期末留抵税额抵减增值税欠税。为了满足纳税人用留抵税额抵减增值税欠税的需要，国家税务总局将《增值税一般纳税人纳税申报办法》(国税发〔2003〕53号)、《增值税纳税申报表》(主表)相关栏次的填报口径作如下调整：

第13项"上期留抵税额"栏数据，为纳税人前一申报期的"期末留抵税额"减去抵减欠税额后的余额数，该数据应与"应交税费——应交增值税"明细科目借方月初余额一致。

第25项"期初未缴税额（多缴为负数）"栏数据，为纳税人前一申报期的"期末未缴税额（多缴为负数）"减去抵减欠税额后的余额数。

159. 商场向供货商收取的进场费等部分费用应如何纳税？

问：商场向供货商收取的进场费、上架费及销售返还费应缴纳增值税还是营业税？

答：根据《国家税务总局关于商业企业向货物供应方收取的部分费用征收流转税问题的通知》(国税发〔2004〕136号)规定，商业企业向供货方收取的部分收入，按以下原则缴纳增值税或营业税：(1)商业企业向供货方收取的与商品销售量、销售额无必然联系，且商业企业向供货方提供一定劳务的收入，例如进场费、广告促销费、上架费、展示费、管理费等，不属于平销返利，不冲减当期增值税进项税额，应按营业税的适用税目税率缴纳营业税。(2)商业企业向供货方收取的与商品销售量、销售额挂钩（如以一定比例、金额、数量计算）的各种返还收入，均应按照平销返利行为的有关规定冲减当期增值税进项税额，不缴纳营业税。

160. 电力公司过网费收入是否征收增值税？

答：根据《国家税务总局关于电力公司过网费收入征收增值税问题的批复》(国税函〔2004〕607号)规定，电力公司利用自身电网为发电企业输送电力过程中，需要利用输变电设备进行调压，属于提供加工劳务。根据《增值税暂行条例》的有关规定，电力公司向发电企业收取的过网费，应当征收增值税，不征收营业税。

161. 生产销售滴灌带产品能否享受增值税优惠政策？

问：我企业是增值税一般纳税人，生产销售滴灌带产品。请问我企业能否享受增值税优惠政策？

答：根据《财政部、国家税务总局关于免征滴灌带和滴灌管产品增值税的通知》(财税〔2007〕83号)规定，自2007年7月1日起，纳税人生产销售和批发、零售滴灌带和滴灌管产品免征增值税。其中滴灌带和滴灌管产品是指农业节水滴灌系统专用的、具有制造过程中加工的孔口或其他出流装置、能够以滴状或连续流状出水的水带和水管产品。滴灌带和滴灌管产品按照国家有关质量技术标准要求进行生产，并与PVC管（主管）、PE管（辅管）、承插管件、过滤器等部件组成为滴灌系统。

享受免税政策的纳税人应按照《增值税暂行条例》及其实施细则等规定，单独核算滴灌带和滴灌管产品的销售额。未单独核算销售额的，不得免税。

162. 销售自产中水是否可以免征增值税？

问：中水是否属于再生水？销售自产中水是否可以免征增值税？

答：中水属于再生水。根据《财政部、国家税务总局关于资源综合利用及其他产品增值税政策的通知》（财税〔2008〕156号）规定，自2009年1月1日起，销售自产的再生水免征增值税。再生水是指对污水处理厂出水、工业排水（矿井水）、生活污水、垃圾处理厂渗透（滤）液等水源进行回收，经适当处理后达到一定水质标准，并在一定范围内重复利用的水资源。再生水应当符合水利部《再生水水质标准》（SL368—2006）的有关规定。

163. 逾期未退还的保证金是否要申报缴纳增值税？

问：供电企业向购买方收取的保证金，逾期未退还。这笔逾期未退还的保证金是否要申报缴纳增值税？

答：国家税务总局发布的《电力产品增值税征收管理办法》（国家税务总局令第10号）第三条规定，电力产品增值税的计税销售额为纳税人销售电力产品向购买方收取的全部价款和价外费用，但不包括收取的销项税额。价外费用是指纳税人销售电力产品在目录电价或上网电价之外，向购买方收取的各种性质的费用。供电企业收取的电费保证金，凡逾期（超过合同约定时间）未退还的，一律并入价外费用缴纳增值税。

164. 被作为赠品的展品是否缴纳增值税？

问：我公司在展览会上展示公司所经销的工艺品，之后撤换下来的展品作为纪念品现场赠送给前来洽谈的客商，请问这些展品是否缴纳增值税？

答：根据《增值税暂行条例实施细则》第四条规定，单位或个体工商户将自产、委托加工或购买的货物无偿赠送其他单位或个人的行为，视同销售货物。如果上述公司仅仅将样品用于陈列展示，没有转让货物所有权，则不属于增值税应税行为，不需要缴纳增值税。如果撤换下来的展品用于无偿赠送给与会客商，则应按上述规定视同销售货物缴纳增值税。

165. 来料加工货物在国内采购辅料能否抵扣进项税额？

答：根据国家税务总局印发的《出口货物退（免）管理办法》（国税发〔1994〕31号）规定，来料加工复出口的货物免征增值税，不办理退税。按照上述规定及《增值税暂行条例》中有关免税货物的规定，来料加工复出口货物在国内采购的辅助材料，既不能办理退税也不能作为进项税额抵扣，只能作成本处理。

166. 融资性售后回租业务中，承租方购买的固定资产能否抵扣进项税额？

答：《国家税务总局关于融资性售后回租业务中承租方出售资产行为有关税收问题的公告》（2010年第13号）旨在明确融资性售后回租业务中融资性售后回租业务不属于增值税征税范围。根据现行增值税政策规定，纳税人购进或自制固定资产发生的进项税额，无论是否属于融资性售后回租业务涉及的固定资产，均应按照现行固定资产抵扣政策及抵扣范围进行进项抵扣。

167. 飞机维修业务能否享受增值税优惠？

问：飞机维修企业的飞机维修业务能否享受增值税优惠政策？
答：根据《国家税务总局关于飞机维修业务增值税处理方式的公告》（2011年第5号）规定，自2011年2月15日起，对承揽国内、国外航空公司飞机维修业务的企业（以下简称飞机维修企业）所从事的国外航空公司飞机维修业务，实行免征本环节增值税应纳税额、直接退还相应增值税进项税额的办法。飞机维修企业应分别核算国内、国外飞机维修业务的进项税额。未分别核算或者未准确核算进项税额的，由主管税务机关进行核定。造成多退税款的，予以追回。涉及违法犯罪的，按有关法律法规规定处理。因此，如果纳税人符合上述情况可申请享受增值税优惠政策。

168. 海关完税凭证丢失需要办理哪些手续才允许抵扣增值税进项税额？

问：企业不慎将海关完税凭证丢失，需要办理哪些手续才允许抵扣增值税进项税额？
答：《国家税务总局关于增值税一般纳税人取得海关进口增值税专用缴款书抵扣进项税额问题的通知》（国税发〔2004〕148号）第三条规定，纳税人丢失了海关完税凭证，纳税人应当凭海关出具的相关证明，在海关完税凭证开具之日起180天后的第一个纳税申报期结束以前，向主管税务机关提出抵扣申请。主管税务机关受理申请后,应当进行审核,并将纳税人提供的海关完税凭证电子数据纳入稽核系统比对,稽核比对无误后,可以抵扣进项税额。

169. 加油站自有生产经营用车辆所耗用的汽油如何进行税务处理?

问: 我公司是一家加油站,自有生产经营用车辆所耗用的汽油,应作进项税额转出处理,还是按视同销售处理?

答: 根据《增值税暂行条例》第十条规定,下列项目的进项税额不得从销项税额中抵扣:(1)用于非增值税应税项目、免征增值税项目、集体福利或者个人消费的购进货物或者应税劳务;(2)非正常损失的购进货物及相关的应税劳务;(3)非正常损失的在产品、产成品所耗用的购进货物或者应税劳务;(4)国务院财政、税务主管部门规定的纳税人自用消费品;(5)本条第一项至第四项规定货物的运输费用和销售免税货物的运输费用。

根据《增值税暂行条例实施细则》第四条规定,单位或者个体工商户的下列行为,视同销售货物:(1)将货物交付其他单位或者个人代销;(2)销售代销货物;(3)设有两个以上机构并实行统一核算的纳税人,将货物从一个机构移送其他机构用于销售,但相关机构设在同一县(市)的除外;(4)将自产或者委托加工的货物用于非增值税应税项目;(5)将自产、委托加工的货物用于集体福利或者个人消费;(6)将自产、委托加工或者购进的货物作为投资,提供给其他单位或者个体工商户;(7)将自产、委托加工或者购进的货物分配给股东或者投资者;(8)将自产、委托加工或者购进的货物无偿赠送其他单位或者个人。

根据上述条款,加油站的行为不属于不得抵扣进项税额的范围,不需作进项税额转出。

170. 现在铁路运输货运发票的抵扣期限是否为180天?

答:《国家税务总局关于调整增值税扣税凭证抵扣期限有关问题的通知》(国税函〔2009〕617号)仅规定了增值税专用发票、海关进口增值税专用缴款书、公路内河货物运输业统一发票和机动车销售统一发票的认证抵扣期限为180天,对于铁路运输发票没有规定抵扣期限。

171. 销售野生红柳枝做成的烤肉扦子是否免缴增值税?

问: 销售用砍伐的野生红柳枝做成的烤肉扦子,是否免缴增值税?

答: 依据《财政部、国家税务总局关于印发〈农业产品征税范围注释〉的通知》(财税字〔1995〕52号)规定,用砍伐的野生红柳枝做成的烤肉扦子不属于农产品，应按适用税率征税增值税。

172. 军需工厂取得增值税进项税额是否可以抵扣？

问：某军需工厂购进固定资产用于生产军工产品，取得增值税专用发票上注明的增值税进项税额是否可以抵扣？

答：根据《增值税暂行条例》第十条第一项规定，用于非增值税应税项目、免征增值税项目、集体福利或者个人消费的购进货物或者应税劳务的进项税额，不得从销项税额中抵扣。《增值税暂行条例实施细则》第二十一条规定，条例第十条第一项所称购进货物，不包括既用于增值税应税项目（不含免征增值税项目）也用于非增值税应税项目、免征增值税（以下简称免税）项目、集体福利或者个人消费的固定资产。

根据《财政部、国家税务总局关于军队、军工系统所属单位征收流转税、资源税问题的通知》（财税字〔1994〕011号）规定，军需工厂（指纳入总后勤部统一管理，由总后勤部授予代号经国家税务总局审查核实的企业化工厂）生产、销售、供应的应税货物应当按规定征收增值税。但为部队生产的武器及其零配件、弹药、军训器材、部队装备（指人被装、军械装备、马装具，下同），免征增值税。军需工厂、物资供销单位生产、销售、调拨给公安系统和国家安全系统的民警服装，免征增值税。对外销售的，按规定征收增值税。供军内使用的应与对外销售的分开核算，否则，按对外销售征税。军需工厂之间为生产军品而互相协作的产品免征增值税。军队系统各单位从事加工、修理修配武器及其零配件、弹药、军训器材、部队装备的业务收入，免征增值税。

根据规定，若用该固定资产生产的产品全部为免征增值税项目，则固定资产进项税额不允许抵扣。若产品中既有增值税应税项目又有非增值税应税项目、免征增值税项目，则固定资产进项税额可以抵扣。

173. 京原煤、丰沙大煤的运输费用是否可以抵扣？

答：有关运输费用增值税进项税额的抵扣，根据《增值税暂行条例》第八条第四项规定，购进或者销售货物以及在生产经营过程中支付运输费用的，按照运输费用结算单据上注明的运输费用金额7%的扣除率计算进项税额。进项税额计算公式为：进项税额＝运输费用金额×扣除率，准予抵扣的项目和扣除率的调整，由国务院决定。

因此，京原煤、丰沙大煤的运输费用可按照上述规定进行抵扣。另外提醒读者，《国家税务总局关于铁路运费进项税额抵扣有关问题的通知》（国税发〔2000〕14号）文件已经废止。

174. 抵扣联上没有发票专用章是否影响认证该发票？

问：我公司购入一辆货车，根据税法规定属于可以抵扣进项税额的范围，已经取得了机动车销售统一发票，现在发现发票抵扣联上没有销售企业的印章。请问，抵扣联上没有发票专用章是否影响我公司认证该发票？

答：根据《国家税务总局关于使用新版机动车销售统一发票有关问题的通知》（国税函〔2006〕479号）第一条规定，凡从事机动车零售业务的单位和个人，从2006年8月1日起，在销售机动车（不包括销售旧机动车）收取款项时，必须开具税务机关统一印制的新版机动车销售统一发票，并在发票联加盖财务专用章或发票专用章，抵扣联和报税联不得加盖印章。

175. 既有货物销售又有维修业务收入的小规模纳税人企业的标准是多少？

问：既有货物销售又有维修业务收入的企业，小规模纳税人的标准是年应税销售额低于50万元还是80万元？

答：根据《增值税暂行条例实施细则》第二十八条规定，小规模纳税人的标准为：从事货物生产或者提供应税劳务的纳税人，以及以从事货物生产或者提供应税劳务为主，并兼营货物批发或者零售的纳税人，年应征增值税销售额（以下简称应税销售额）在50万元以下（含本数，下同）的。除第一条第一项规定以外的纳税人，年应税销售额在80万元以下的。所称以从事货物生产或者提供应税劳务为主，是指纳税人的年货物生产或者提供应税劳务的销售额占年应税销售额的比重在50%以上。

因此，上述公司一般纳税人强制认定的销售额是50万元还是80万元，应根据销售货物、维修业务二者所占的比重进行判定。

176. 发生红字冲回的销项税额能否申请退税？

问：某企业9月份发生销项税额并申报纳税，10月份该笔业务发生红字冲回，并且10月份再没有任何销项税额。假如当月企业申请注销，请问该笔税款能否申请退税？

答：《财政部、国家税务总局关于增值税若干政策的通知》（财税〔2005〕165号）规定，增值税一般纳税人注销或被取消辅导期一般纳税人资格，转为小规模纳税人时，其存货不作进项税额转出处理，其留抵税额也不予以退税。由于企业10月份开具红字发票并在当月申报增值税后，在当期申报表中反映的是留抵税额，根据上述文件的规定，企业注销留抵税额不予退税。

177. 销售皮棉适用增值税税率是多少？

问： 一般纳税人企业销售皮棉，适用增值税税率是多少？

答： 根据《财政部、国家税务总局关于印发〈农业产品征税范围注释〉的通知》（财税〔1995〕52号）规定，农业产品是指种植业、养殖业、林业、牧业、水产业生产的各种植物、动物的初级产品。农业产品纳税范围包括：纤维植物，是指利用其纤维作纺织、造纸原料或者绳索的植物，如棉（包括籽棉、皮棉、絮棉）、大麻、黄麻、槿麻、苎麻、茼麻、亚麻、罗布麻、蕉麻、剑麻等。皮棉属于上述农业产品的范围，应按13％的税率征税。

178. 制造大型专业机械的企业的运输行为属于兼营还是混合销售行为？

问： 我公司是一家制造大型专业机械的企业，具备运输资质，在经营过程中，与客户就产品和运输分别签订两份合同，分别开具增值税专用发票和运输发票，在账务处理上也分别设置科目单独核算。这种运输行为属于兼营销售行为还是混合销售行为？应该缴纳增值税还是营业税？

答： 根据《增值税暂行条例实施细则》第五条规定，一项销售行为如果既涉及货物又涉及非增值税应税劳务，为混合销售行为。除本实施细则第六条规定外，从事货物的生产、批发或者零售的企业、企业性单位和个体工商户的混合销售行为，视为销售货物，应当缴纳增值税。其他单位和个人的混合销售行为，视为销售非增值税应税劳务，不缴纳增值税。所谓非增值税应税劳务，是指属于应缴营业税的交通运输业、建筑业、金融保险业、邮电通信业、文化体育业、娱乐业、服务业税目征收范围的劳务。所称从事货物的生产、批发或者零售的企业、企业性单位和个体工商户，包括以从事货物的生产、批发或者零售为主，并兼营非增值税应税劳务的单位和个体工商户在内。

上述公司和客户进行的业务属于同一项销售行为，属于混合销售行为而不是兼营行为，且上述公司系从事货物的生产、批发或者零售的企业，故对同一客户提供的此项混合销售行为应当申报缴纳增值税。

179. 内外贸兼营的商贸企业按多少税率计算进项税额？

问： 内外贸兼营的商贸企业，在国内采购机电设备用于出口，享受出口退税。在国内采购设备发生的内陆运费，取得了合法的公路内河运输发票。请问，是否可以按照7％的扣除率计算进项税额，并在内销产生的增值税销项税额中抵扣？

答： 根据《增值税暂行条例》第十条规定，下列项目的进项税额不得从销项税额中抵扣：（1）用于非增值税应税项目、免征增值税项目、集体福利或者个人消费的购进货物或者应税劳务；（2）非正常损失的购进货物及相关的应税劳务；（3）非正常损失的在产品、产成品所耗用的购进货物或者应税劳务；（4）国务院财政、税务主管部门规定的纳税人自用消费品；（5）本条第一项至第四项规定货物的运输费用和销售免税货物的运输费用。

由于外贸企业出口准予退（免）税商品，享受免、退税政策，因此，取得销售免税货物的运费发票不得从销项税额中抵扣。

180. 企业中央空调修理费可否作进项税额抵扣？

问：一般纳税人企业的中央空调修理费，可否作进项税额抵扣？

答：《财政部、国家税务总局关于固定资产进项税额抵扣问题的通知》（财税〔2009〕113号）规定，以建筑物或者构筑物为载体的附属设备和配套设施，无论在会计处理上是否单独记账与核算，均应作为建筑物或者构筑物的组成部分，其进项税额不得在销项税额中抵扣。附属设备和配套设施是指：给排水、采暖、卫生、通风、照明、通信、煤气、消防、中央空调、电梯、电气、智能化楼宇设备和配套设施。

因此，企业购进中央空调的进项税额不得抵扣，其发生的修理费也不可以抵扣进项税额。

181. 干姜是否属于农产品的范畴？

答：根据《国家税务总局关于干姜、姜黄增值税适用税率问题的公告》（国家税务总局公告2010年第9号）规定，干姜、姜黄属于《财政部、国家税务总局关于印发〈农业产品征收范围注释〉的通知》（财税字〔1995〕52号）中农业产品的范围，根据《财政部、国家税务总局关于部分货物适用增值税低税率和简易办法征收增值税政策的通知》（财税〔2009〕9号）规定，其增值税适用税率为13%。干姜是将生姜经清洗、刨皮、切片、烘烤、晾晒、熏硫等工序加工后制成的产品。姜黄包括生姜黄，以及将生姜黄经去泥、清洗、蒸煮、晾晒、烤干、打磨等工序加工后制成的产品。

182. 进口材料的增值税进项税额是否还能抵扣？

问：我所在的企业是制造业，自2009年下半年至今，一直从国外陆续购买设备及原材料，但在纳税申报时，只将进口缴纳的增值税录入了"四小票"系统，但未进行申报，这种情况近期才发现，有的已超过6个月。请问这样进口的材料，其增值税进项税额是否还能抵扣？

答：根据《国家税务总局关于调整增值税扣税凭证抵扣期限有关问题的通知》（国税函〔2009〕617号）规定，实行海关进口增值税专用缴款书（以下简称海关缴款书）"先比对后抵扣"管理办法的增值税一般纳税人，取得2010年1月1日以后开具的海关缴款书，应在开具之日起180日内向主管税务机关报送《海关完税凭证抵扣清单》（包括纸质资料和电子数据）申请稽核比对。未实行海关缴款书"先比对后抵扣"管理办法的增值税一般纳税人，取得2010年1月1日以后开具的海关缴款书，应在开具之日起180日后的第一个纳税申报期结束以前，向主管税务机关申报抵扣进项税额。如果超过上述文件规定的抵扣时限，则不允许抵扣。

183. 超过增值税纳税义务的发生时间是否还可开具专用发票？

问：去年8月份，我公司发生一笔销售业务，但没有给对方开具发票，此笔收入已按时申报。10月份，客户突然要求我公司对该笔业务开具增值税专用发票。请问，我公司可否开具该笔业务的增值税专用发票？

答：根据《增值税暂行条例实施细则》和《增值税专用发票使用规定》规定，增值税专用发票必须按照增值税纳税义务的发生时间开具，而不是根据客户要求来开具，具体时间按照《增值税暂行条例实施细则》第三十八条的规定执行。

184. 企业销售采用融资租赁形式租回设备的行为是否需要缴纳增值税？

问：B企业与A企业签订合同，向A企业出售一台机器设备，随后再采用融资租赁形式租回该设备，B企业销售机器设备的行为是否需要缴纳增值税？

答：根据《国家税务总局关于融资性售后回租业务中承租方出售资产行为有关税收问题的公告》（国家税务总局2010年第13号）规定，融资性售后回租业务中承租方出售资产的行为，不属于增值税和营业税的征收范围，不征收增值税和营业税。因此，B企业将已经出售的资产又融资租赁回来，不征收出售该资产的增值税，同时不能开具发票。

185. 货运发票的抵扣联没有加盖印章，是否符合规定？

答：根据《国家税务总局关于使用新版公路、内河货物运输业统一发票有关问题的通知》（国税发〔2006〕67号）规定，开具货运发票时应在发票联左下角加盖财务印章或发票专用章或代开发票专用章，抵扣联一律不加盖印章。

186. 制种企业销售种子是否免缴增值税？

答： 根据《国家税务总局关于制种行业增值税有关问题的公告》（国家税务总局公告2010年第17号）规定，制种企业在下列生产经营模式下生产销售种子，属于农业生产者销售自产农业产品，应根据《增值税暂行条例》有关规定免征增值税：（1）制种企业利用自有土地或承租土地，雇用农户或雇工进行种子繁育，再经烘干、脱粒、风筛等深加工后销售种子。（2）制种企业提供亲本种子委托农户繁育并从农户手中收回，再经烘干、脱粒、风筛等深加工后销售种子。本公告自2010年12月1日起施行。

187. 增值税实行先征后返的企业，附征的附加税费是否可以退还？

答： 根据《财政部、国家税务总局关于增值税营业税消费税实行先征后返等办法有关城建税和教育费附加政策的通知》（财税〔2005〕72号）规定，对增值税、营业税、消费税（以下简称"三税"）实行先征后返、先征后退、即征即退办法的，除另有规定外，对随"三税"附征的城市维护建设税和教育费附加，一律不予退（返）还。

188. 运输发票内容填写不全能否抵扣进项税额？

问： 某纳税人取得一张运输发票，但运输发票上没有填写运价和里程。请问，该张运输发票能否抵扣进项税额？

答： 根据《国家税务总局关于新版公路、内河货物运输业统一发票有关使用问题的通知》（国税发〔2007〕101号）规定，一项运输业务无法明确单位运价和运费里程时，可以按照《国家税务总局关于使用新版公路、内河货物运输业统一发票有关问题的通知》（国税发〔2006〕67号）第五条第五项规定，"运价"和"里程"两项内容可不填列。

另外，准予计算增值税进项税额扣除的货运发票，发货人、收货人、起运地、到达地、运输方式、货物名称、货物数量、运费金额等项目必须填写齐全，与货运发票上所列的有关项目必须相符。否则，不予抵扣进项税额。该规定自2007年9月1日起执行。

189. 从事不在经营范围内的业务，可否开具相关内容的增值税专用发票？

问： 我公司是生产型一般纳税人企业，最近准备加工一批手推车，原料由对方自备，公司只收取加工费，但公司营业执照经营范围中并没有受托加工这项内容。请问，公司如果从事该业务，可不可以开具有加工费内容的增值税专用发票？

答：根据《增值税暂行条例》第一条规定，在中华人民共和国境内销售货物或者提供加工、修理修配劳务以及进口货物的单位和个人，为增值税的纳税人，应当依照本条例缴纳增值税。另外，根据《发票管理办法实施细则》规定，单位和个人在开具发票时，必须做到按号码顺序填开，填写项目齐全，内容真实，字迹清楚，全部联次一次复写、打印，内容完全一致，并在发票联和抵扣联加盖单位财务印章或者发票专用章。因此，上述公司收取的加工费在填开增值税专用发票"货物或应税劳务名称"一项时，应与实际交易相符，可以开具为加工费，并依法缴纳增值税。

如果公司长期从事该项业务，且经营范围中没有这一项，属于超范围经营，建议公司的相关人员及时到工商局去办理增项业务（变更经营范围），然后办理税务登记证的变更手续。

190. 从国外进口货物，直接出口到另外一个国家，是否应缴纳增值税？

答：《增值税暂行条例实施细则》规定，在中华人民共和国境内（以下简称境内）销售货物或者提供加工、修理修配劳务，是指销售货物的起运地或者所在地在境内，提供的应税劳务发生在境内。因此，上述企业的业务不应缴纳增值税。

191. 如何确认自己单位适用于哪种抵扣管理办法？

问：《国家税务总局关于调整增值税扣税凭证抵扣期限有关问题的通知》（国税函〔2009〕617号）中，提到"海关进口增值税专用缴款书"两种抵扣的管理办法对应了不同的抵扣期限，应该如何确认自己单位适用于哪种抵扣管理办法？

答：《国家税务总局关于调整增值税扣税凭证抵扣期限有关问题的通知》（国税函〔2009〕617号）第二条规定，实行海关进口增值税专用缴款书（以下简称海关缴款书）"先比对后抵扣"管理办法的增值税一般纳税人，取得2010年1月1日以后开具的海关缴款书，应在开具之日起180日内向主管税务机关报送《海关完税凭证抵扣清单》（包括纸质资料和电子数据）申请稽核比对。未实行海关缴款书"先比对后抵扣"管理办法的增值税一般纳税人，取得2010年1月1日以后开具的海关缴款书，应在开具之日起180日后的第一个纳税申报期结束以前，向主管税务机关申报抵扣进项税额。

《国家税务总局关于部分地区试行海关进口增值税专用缴款书"先比对后抵扣"

管理办法的通知》（国税函〔2009〕83号）规定，为了进一步加强海关进口增值税专用缴款书（以下简称海关缴款书）的增值税抵扣管理，国家税务总局决定自2009年4月1日起在河北省、河南省、广东省和深圳市试行"先比对后抵扣"的管理办法。实行该办法的单位应该仅限于河北省、河南省、广东省和深圳地区的单位，其余地区的单位应属于未实行海关缴款书"先比对后抵扣"管理办法的单位。

192. 开票方逃逸且税款没有缴纳该如何处理？

问：我们是外贸企业，上个月收到用于出口退税的增值税专用发票，已认证通过。本月开票方逃逸，税款没有缴纳。主管税务机关认为该发票不能抵扣，且不能办理出口退税，我们该如何处理？

答：根据《国家税务总局关于建立增值税失控发票快速反应机制的通知》（国税发〔2004〕第123号）规定，认证时失控发票和认证后失控发票的处理办法：认证系统发现的"认证时失控发票"和"认证后失控发票"，经检查确属失控发票的，不得作为增值税扣税凭证。因此，企业该张增值税专用发票不能作进项税额抵扣。

根据《国家税务总局关于出口货物退（免）税若干问题的通知》（国税发〔2006〕102号）规定，出口企业出口的未在规定期限内申报退（免）税的货物、出口企业虽已申报退（免）税，但未在规定期限内向税务机关补齐有关凭证的货物，除另有规定者外，视同内销货物计提销项税额或征收增值税。因此，外贸企业可能面临视同内销处理的情况，目前只有根据《国家税务总局关于销货方已经申报并缴纳税款的失控增值税专用发票办理出口退税问题的批复》（国税函〔2008〕1009号）规定，外贸企业取得《国家税务总局关于失控增值税专用发票处理的批复》（国税函〔2008〕607号）规定的失控增值税专用发票，销售方已申报并缴纳税款的，可由销售方主管税务机关出具书面证明，并通过协查系统回复外贸企业主管税务机关。该失控发票可作为外贸企业申请办理出口退税的凭证，主管税务机关审核退税时可不比对该失控发票的电子信息。

193. 销售电影母带和拷贝取得的收入是否应缴纳增值税？

问：电影制片厂制作电影后，销售电影母带和拷贝取得的收入，是否应缴纳增值税？

答：根据《财政部、海关总署、国家税务总局关于支持文化企业发展若干税收政策问题的通知》（财税〔2009〕31号）规定，广播电影电视行政主管部门（包括中央、省、地市及县级）按照各自职能权限批准从事电影制片、发行、放映的电影集团公司（含成员企业）、电影制片厂及其他电影企业取得的销售电影拷贝收入、转让电影版权收入、电影发行收入以及在农村取得的电影放映收入免征增值税和营业税。

194. 用信托资金融资取得专用发票可否抵扣？

问：我公司利用信托资金融资进行项目建设，在项目开发过程中取得的增值税专用发票能否进行抵扣？

答：根据《国家税务总局关于项目运营方利用信托资金融资过程中增值税进项税额抵扣问题的公告》（国家税务总局公告2010年第8号）规定，项目运营方利用信托资金融资进行项目建设开发是指项目运营方与经批准成立的信托公司合作进行项目建设开发，信托公司负责筹集资金并设立信托计划，项目运营方负责项目建设与运营，项目建设完成后，项目资产归项目运营方所有。该经营模式下，项目运营方在项目建设期内取得的增值税专用发票和其他抵扣凭证，允许其按现行增值税有关规定予以抵扣。本公告自2010年10月1日起施行。此前未抵扣的进项税额允许其抵扣，已抵扣的不作进项税额转出。

195. 丢失增值税专用发票抵扣联能否办理出口退税？

问：外贸企业丢失增值税专用发票抵扣联，能否办理出口退税？

答：根据《国家税务总局关于外贸企业丢失增值税专用发票抵扣联出口退税有关问题的通知》（国税函〔2010〕162号）第二条规定，外贸企业丢失已开具增值税专用发票抵扣联的，在增值税专用发票认证相符后，可凭增值税专用发票发票联复印件向主管出口退税的税务机关申报出口退税。

196. 银粉是否取消了出口退税？

答：根据《财政税、国家税务总局关于取消部分商品出口退税的通知》（财税〔2010〕57号）规定，经国务院批准，自2010年7月15日起取消下列商品的出口退税：（1）部分钢材；（2）部分有色金属加工材；（3）银粉；（4）酒精、玉米淀粉；（5）部分农药、医药、化工产品；（6）部分塑料及制品、橡胶及制品、玻璃及制品。

197. 企业出口的样品能否退税？

答：根据《国家税务总局关于出口退税若干问题的通知》（国税发〔2000〕

165）规定，出口企业报关出口的样品、展品，如出口企业最终在境外将其销售并收汇的，准予凭出口样品、展品的出口货物报关单（出口退税联）、出口收汇核销单（出口退税联）及其他规定的退税凭证办理退税。因此，如果企业能取得相关单证并且信息齐全，则可以退税。

198. 非正常损失购进货物的进项税额需要转出吗？

问：单位买进一批货物，在运输途中发生交通意外，货物全部毁损。请问，这批货物的进项税额需要转出吗？

答：《增值税暂行条例》第十条第二项规定，非正常损失的购进货物及相关的应税劳务的进项税额不得从销项税额中抵扣，而依据《增值税暂行条例实施细则》第二十四条规定，非正常损失是指因管理不善造成被盗、丢失、霉烂变质的损失。因此，交通意外导致的损失不属于非正常损失，不需要进行进项税额转出。

199. 出口已过海关监管期的设备如何征税？

问：我公司有一套进口设备，是以投资的方式进口后免税使用的。现在过了5年海关监管期，想将该套设备出口。请问，出口该套设备应该免税还是按销售旧固定资产征税？

答：依据《国家税务总局关于印发〈旧设备出口退（免）税暂行办法〉的通知》（国税发〔2008〕16号）第三条规定，该设备只要作为固定资产使用过即可享受有关政策。依据第六条规定，凡购进时未取得增值税专用发票但其他单证齐全的，实行出口环节免税不退税。另依据该办法第十一条规定，外商投资项目已办理采购国产设备退税且已超过5年监管期的国产设备，不适用本办法。所以上述公司如果不属于这些情况，就可以享受出口环节免税不退税优惠。

200. 外贸企业部分货物的出口退税率为零，进项税额可否进行抵扣？

问：如果外贸企业部分货物的出口退税率为零，进项税额可否进行抵扣？

答：根据《国家税务总局关于出口货物退（免）税若干问题的通知》（国税发〔2006〕102号）第一条第一项规定，国家明确规定不予退（免）增值税的货物视同内销，可以进行抵扣。依据《国家税务总局关于外贸企业出口视同内销货物进项税额抵扣有关问题的通知》（国税函〔2008〕265号）第一条规定，外贸企业购进货物后，无论内销还是出口，须将所取得的增值税专用发票在规定的认证期限内到税务机关办理认证手续，并按有关规定办理抵扣。

201. 出口加工区内企业如何办理水、电费的增值税退税？

问：出口加工区内企业如何办理水、电费的增值税退税？取得的发票须经过认证吗？

答：根据《国家税务总局关于出口加工区耗用水、电、气准予退税的通知》（国税发〔2002〕116号）规定，出口加工区内生产企业生产出口货物耗用的水、电、气，准予退还所含的增值税。区内企业须按季填报《出口加工区内生产企业耗用水、电、气退税申报表》，并附送下列资料向主管出口退税的税务机关申报办理退税手续：(1)供水、供电、供气公司（或单位）开具的增值税专用发票（抵扣联）。(2)支付水、电、气费用的银行结算凭证（复印件加盖银行印章）。相关发票应当依法办理认证手续。

202. 购进礼品的进项税额能否抵扣？

问：我公司为了开拓市场，采购了一些礼品（如模型、小工具、雨具等）送给参加订货会的客户。请问，购进礼品的进项税额能否抵扣？

答：《增值税暂行条例实施细则》第四条规定，单位或者个体工商户将自产、委托加工或者购进的货物无偿赠送其他单位或者个人的行为，视同销售货物，其购进货物的进项税额可以抵扣。

203. 增值税专用发票的密文是108位吗？

答：根据《国家税务总局关于新认定增值税一般纳税人使用增值税防伪税控系统有关问题的通知》（国税函〔2010〕126号）规定，全国范围内新认定的增值税一般纳税人（包括单位和个体工商户）统一使用升级后的V6.15版本防伪税控开票系统和AI3型金税卡，新认定的增值税一般纳税人开具的增值税专用发票和增值税普通发票密文均为108位。

204. 增值税进项留抵税额能否抵减增值税欠税形成的滞纳金？

答：根据《国家税务总局关于增值税进项留抵税额抵减增值税欠税有关处理事项的通知》（国税函〔2004〕1197号）规定，抵减欠缴税款时，应按欠税发生时间逐笔抵扣，先发生的先抵。抵缴的欠税包含呆账税金及欠税的滞纳金。确定实际抵减金额时，按填开通知书的日期作为截止期，计算欠缴税款的应交未交滞纳金金额，应交未交滞纳金余额加欠税余额为欠缴总额。若欠缴总额大于期末留抵税额，实际抵减金额应等于期末留抵税额,并按配比方法计算抵减的欠税和滞纳金。若欠缴总额小于期末留抵税额,实际抵减金额应等于欠缴总额。

205. 旋窑法工艺生产的水泥享受优惠政策该如何计算和认定?

答:根据《财政部、国家税务总局关于资源综合利用及其他产品增值税政策的补充通知》(财税〔2009〕163号)第二条规定,将财税〔2008〕156号文件第三条第五项规定调整为:采用旋窑法工艺生产的水泥(包括水泥熟料,下同)或者外购水泥熟料采用研磨工艺生产的水泥,水泥生产原料中掺兑废渣比例不低于30%。

(1) 对采用旋窑法工艺经生料烧制和熟料研磨阶段生产的水泥,其掺兑废渣比例计算公式为:

$$掺兑废渣比例 = \left(\frac{生料烧制阶段掺兑废渣数量 + 熟料研磨阶段掺兑废渣数量}{除废渣以外的生料数量 + 生料烧制和熟料研磨阶段掺兑废渣数量 + 其他材料数量}\right) \times 100\%$$

(2) 对外购水泥熟料采用研磨工艺生产的水泥,其掺兑废渣比例计算公式为:

$$掺兑废渣比例 = \frac{熟料研磨阶段掺兑废渣数量}{熟料数量 + 熟料研磨阶段掺兑废渣数量 + 其他材料数量} \times 100\%$$

206. 汽车销售企业提供代办保险服务收取的费用是否征收增值税?

答:根据《增值税暂行条例实施细则》第十二条规定,销售货物的同时代办保险等而向购买方收取的保险费,以及向购买方收取的代购买方缴纳的车辆购置税、车辆牌照费不作为价外费用征收增值税。因此,汽车销售企业提供代办保险服务收取的费用,不征收增值税。

207. 增值税一般纳税人和小规模纳税人在税收征管上有何不同?

答:有四个方面的不同:

(1) 专用发票的使用权不同。增值税专用发票是增值税一般纳税人销售货物或者提供应税劳务开具的发票,一般纳税人应通过增值税防伪税控系统使用专用发票;增值税小规模纳税人需要开具专用发票的,可向主管税务机关申请代开。

(2) 税款抵扣的方式不同。一般纳税人可以凭专用发票等扣税凭证进行进项税额的抵扣；小规模纳税人由于其征收率已统一考虑了扣税的因素，因此，不再拥有凭专用发票扣税的权利。

（3）应纳税额的计算方法不同。一般纳税人采用由当期销项税额抵减当期进项税额的方法计算应缴税款，即"应纳税额＝当期销项税额－当期进项税额"；而小规模纳税人实行简易办法计算应纳税款，即按照销售额和规定的征收率计算应纳税额，计算公式为：应纳税额＝销售额×征收率。但符合一般纳税人条件如果不申请办理一般纳税人认定手续的和会计核算不健全，或者未能提供准确税务资料的一般纳税人，应按销售额依照增值税税率计算应纳税款，不得抵扣进项税额，也不得使用增值税专用发票，即"应纳税额＝销售额×增值税税率"。

（4）含税的销售额换算公式不同。一般纳税人的含税销售额换算成不含税销售额，其换算公式为：销售额＝含税销售额÷(1＋税率17％或13％)；小规模纳税人的含税销售额换算为不含税销售额，换算公式为：销售额＝含税销售额÷(1＋征收率3％)。

208. 销售额未达到标准是否会取消一般纳税人资格？

问：增值税辅导期一般纳税人期满后应税销售额达不到一般纳税人的标准，是否会取消一般纳税人资格？

答：根据《国家税务总局关于印发〈增值税一般纳税人纳税辅导期管理办法〉的通知》（国税发〔2010〕40号）第十五条规定，纳税辅导期内，主管税务机关未发现纳税人存在偷税、逃避追缴欠税、骗取出口退税、抗税或其他需要立案查处的税收违法行为的，从期满的次月起不再实行纳税辅导期管理，主管税务机关应制作、送达《税务事项通知书》，告知纳税人。主管税务机关发现辅导期纳税人存在偷税、逃避追缴欠税、骗取出口退税、抗税或其他需要立案查处的税收违法行为的，从期满的次月起按照本规定重新实行纳税辅导期管理，主管税务机关应制作、送达《税务事项通知书》，告知纳税人。

因此，增值税辅导期一般纳税人期满后应税销售额达不到一般纳税人标准不会被取消一般纳税人资格，但要根据第十五条规定视不同情况进行后续管理。

209. 一般纳税人企业在辅导期预缴的税款如何处理？

问：我企业是辅导期一般纳税人，本月增购发票时预缴了增值税税款。请问，辅导期结束，预缴的税款应怎样处理？是抵减还是退税？

答：根据《国家税务总局关于印发〈增值税一般纳税人纳税辅导期管理办法〉的通知》（国税发〔2010〕40号）第十条规定，辅导期纳税人按第九条规定预缴的增值税可在本期增值税应纳税额中抵减，抵减后预缴增值税仍有余额的，可抵减下期再次领购专用发票时应当预缴的增值税。纳税辅导期结束后，纳税人因增购专用发票发生的预缴增值税有余额的，主管税务机关应在纳税辅导期结束后的第一个月内，一次性退还纳税人。

210. 从事快餐制作、销售及配送，应缴纳营业税还是增值税？

问：纳税人从事快餐（盒饭）制作、销售（外卖）及配送，应缴纳营业税还是增值税？

答：根据《国家税务总局关于印发〈营业税税目注释（试行稿）〉的通知》（国税发〔1993〕149号）第七条第三项规定，饮食业是指通过同时提供饮食和饮食场所的方式为顾客提供饮食消费服务的业务。

《国家税务总局关于饮食业征收流转税问题的通知》（国税发〔1996〕202号）第一条规定，饮食店、餐馆（厅）、酒店（家）、宾馆、饭店等单位发生属于营业税"饮食业"应税行为，同时销售货物给顾客的，不论顾客是否在现场消费，其货物部分的收入均应并入营业税的应税收入征收营业税。第二条规定，饮食店、餐馆（厅）、酒店（家）、宾馆、饭店等单位附设门市部、外卖点等对外销售货物的，仍按《增值税暂行条例实施细则》第七条和《营业税暂行条例实施细则》第八条关于兼营行为的征税规定征收增值税。第三条规定，专门生产或销售货物（包括烧卤熟制食品在内）的个体经营者及其他个人应当征收增值税。《营业税暂行条例实施细则》第八条规定，纳税人兼营应税行为和货物或者非应税劳务的，应当分别核算应税行为的营业额和货物或者非应税劳务的销售额，其应税行为营业额缴纳营业税，货物或者非应税劳务销售额不缴纳营业税。未分别核算的，由主管税务机关核定其应税行为营业额。

因此，对提供饮食和饮食场所的纳税人，发生快餐（盒饭）制作、销售（外卖）及配送，不论顾客是否在现场消费，其取得的收入均应当并入营业税应税收入征收营业税。对不提供饮食场所，专门从事快餐（盒饭）制作、销售及配送的纳税人，应当按照规定缴纳增值税。

211. 因地震发生的原材料损失是否属于非正常损失？

问：因地震发生的原材料损失是否属于非正常损失？需要作进项税额转出处理吗？

答：《增值税暂行条例》第十条规定，非正常损失购进货物及相关应税劳务的进项税额不得从销项税额中抵扣。同时根据《增值税暂行条例实施细则》第二十四条规定，条例第十条第二项所称非正常损失，是指因管理不善造成被盗、丢失、霉烂变质的损失。因此，自然灾害造成的损失不属《增值税暂行条例》及其实施细则规定的非正常损失范围，不作进项税额转出处理。

212. 以农林剩余物为原料的综合利用产品，其增值税可否减免？

答：《财政部、国家税务总局关于以农林剩余物为原料的综合利用产品增值税政策的通知》（财税〔2009〕148号）规定，自2009年1月1日至2010年12月31日，对纳税人销售的以三剩物、次小薪材、农作物秸秆、蔗渣等4类农林剩余物为原料自产的综合利用产品，由税务机关实行增值税即征即退办法，具体退税比例为2009年是100％，2010年是80％。

213. 税务登记证正在办理中的企业可否申请税务机关代开发票？

问：税务登记证正在办理中的企业，因业务需要可否申请税务机关代开发票？
答：《国家税务总局关于加强和规范税务机关代开普通发票工作的通知》（国税函〔2004〕1024号）第二条第二项规定，正在申请办理税务登记的单位和个人，对其自领取营业执照之日起至取得税务登记证件期间发生的业务收入需要开具发票的，主管税务机关可以为其代开发票。

214. 汽车销售公司装修展厅所耗用材料取得的发票可否抵扣？

问：从事汽车销售的增值税一般纳税人企业，新装修汽车销售展厅所耗用的装饰材料均取得增值税专用发票。请问，这些装饰材料能否抵扣进项税额？
答：《增值税暂行条例》第十条规定下列项目的进项税额不得从销项税额中抵扣：（1）用于非增值税应税项目、免征增值税项目、集体福利或者个人消费的购进货物或者应税劳务。（2）非正常损失的购进货物及相关的应税劳务。（3）非正常损失的在产品、产成品所耗用的购进货物或者应税劳务。（4）国务院财政、税务主管部门规定的纳税人自用消费品。（5）本条第一项至第四项规定的货物运输费用和销售免税货物的运输费用。

《增值税暂行条例实施细则》第二十三条规定，《增值税暂行条例》第十条第一项和《增值税暂行条例实施细则》所称的非增值税应税项目，是指提供非增值税应税劳务、转让无形资产、销售不动产和不动产在建工程。前款所称不动产是指不能移动或者移动后会引起性质、形状改变的财产，包括建筑物、构筑物和其他土地附着物。纳税人新建、改建、扩建、修缮、装饰不动产，均属于不动产在建工程。

因此，上述公司装饰汽车展厅所耗用的原材料，属于用于非增值税应税项目中的不动产在建工程，不得抵扣进项税额。

215. 增值税一般纳税人支付的国际货物运输代理费用能否抵扣进项税额？

答：根据《国家税务总局关于增值税一般纳税人支付的货物运输代理费用不得抵扣进项税额的批复》（国税函〔2005〕54号）规定，国际货物运输代理业务是国际货运代理企业作为委托方和承运单位的中介人，受托办理国际货物运输和相关事宜并收取中介报酬的业务。因此，增值税一般纳税人支付的国际货物运输代理费用，不得作为运输费用抵扣进项税额。

另外，《财政部、国家税务总局关于增值税若干政策的通知》（财税〔2005〕165号）规定，一般纳税人取得的国际货物运输代理业发票和国际货物运输发票，不得计算抵扣进项税额。

216. 企业取得供货方开具的增值税专用发票，但供货方却委托另一公司收款，这样的发票能否抵扣？

问：某企业购买货物并取得供货方开具的增值税专用发票，但供货方却委托另一公司收款。请问，企业取得的增值税专用发票能否抵扣？

答：根据《国家税务总局关于加强增值税征收管理若干问题的通知》（国税发〔1995〕192号）规定，纳税人购进货物或应税劳务，支付运输费用，所支付款项的单位，必须与开具抵扣凭证的销货单位、提供劳务的单位一致，才能申报抵扣进项税额，否则不予抵扣。

217. 农民个人手工编制竹器销售是否免征增值税？

答：根据《国家税务总局关于农户手工编织的竹制和竹芒藤柳坯具征收增值税问题的批复》（国税函〔2005〕56号）规定，对于农民个人按照竹器企业提供样品规格，自产或购买竹、芒、藤、木条等，再通过手工简单编织成竹制或竹芒藤柳混合坯具的，属于自产农业初级品，应当免征销售环节增值税。

218. 稽核结果为相符的海关缴款书其进项税额可否在其他月份进行抵扣？

问：试行海关进口增值税专用缴款书"先比对后抵扣"地区的增值税一般纳税人，取得海关进口增值税专用缴款书稽核结果相符后，其进项税额可否在其他月份进行抵扣？

答：根据《国家税务总局关于部分地区试行海关进口增值税专用缴款书"先比对后抵扣"管理办法的通知》（国税函〔2009〕83号）规定，每月申报期内，税务机关向纳税人提供上月《海关进口增值税专用缴款书稽核结果通知书》。对稽核结果为相符的海关缴款书，纳税人应在税务机关提供稽核结果的当月申报期内申报抵扣，逾期不予抵扣。

219. 公司为提高知名度而印制宣传资料，是否要视同销售缴纳增值税？

问：公司为提高知名度而印制宣传资料（传单和广告手册）向公众发放，是否要视同销售缴纳增值税？如何确定销售额？

答：根据《增值税暂行条例实施细则》第四条规定，单位或者个体工商户将自产、委托加工或者购进的货物无偿赠送其他单位或者个人的行为，视同销售货物。因此，上述公司发放宣传资料属于增值税视同销售的行为。

根据《增值税暂行条例实施细则》第十六条规定，纳税人有条例第七条所称价格明显偏低并无正当理由或者有本细则第四条所列视同销售货物行为而无销售额者，按下列顺序确定销售额：（1）按纳税人最近时期同类货物的平均销售价格确定。（2）按其他纳税人最近时期同类货物的平均销售价格确定。（3）按组成计税价格确定。组成计税价格的公式为：

组成计税价格＝成本×(1＋成本利润率)

220. 以个人使用过的设备投资能否免增值税？

问：按照现行增值税规定对外投资应视同销售。请问，个人将自己使用过的设备向企业投资，个人在到税务机关代开发票时，能否免缴增值税？

答：根据《增值税暂行条例实施细则》第四条第六项规定，单位或者个体工商户将自产、委托加工或者购进的货物作为投资，提供给其他单位或者个体工商户行为，视同销售货物。同时根据《增值税暂行条例》和《增值税暂行条例实施细则》的规定，其他个人销售自己使用过的物品，免征增值税。因此，个人将自己使用过的设备向企业进行投资，到税务机关代开发票时，应免缴增值税。

221. 生产门窗的企业收取的用于保证安装质量的保证金是否缴纳增值税？

问：生产门窗的企业在销售门窗时收取经销商一定比例的保证金（押金），用于保证经销商在销售门窗时提供良好的安装服务，如果经销商遭到投诉，此保证金就不再退还，若在保修期内没有投诉信息则退还保证金给经销商。请问生产门窗的企业收取的这部分用于保证安装质量的保证金是否缴纳增值税？

答：《增值税暂行条例》第六条规定，销售额为纳税人销售货物或者应税劳务向购买方收取的全部价款和价外费用，但是不包括收取的销项税额。根据《增值税暂行条例实施细则》第十二条规定，条例第六条第一项所称价外费用，包括价外向购买方收取的手续费、补贴、基金、集资费、返还利润、奖励费、违约金、滞纳金、延期付款利息、赔偿金、代收款项、代垫款项、包装费、包装物租金、储备费、优质费、运输装卸费以及其他各种性质的价外收费。另外根据《国家税务总局关于对福建雪津啤酒有限公司收取经营保证金征收增值税问题的批复》（国税函〔2004〕416号）规定，对收取经销商未退还的经营保证金，属于经销商因违约而承担的违约金，应当征收增值税。对其已退还的经营保证金，不属于价外费用，不征收增值税。因此，企业收取的因经销商违约而承担的违约金应并入价外费用征增值税，若经销商未违约而退还的保证金则不征收增值税。

222. 拖欠纳税检查应补缴的增值税税款如何处理？

问：一般纳税人拖欠纳税检查应补缴的增值税税款，如果有进项留抵税额是否可以抵减查补税款？

答：《国家税务总局关于增值税一般纳税人将增值税进项留抵税额抵减查补税款欠税问题的批复》（国税函〔2005〕第169号）规定，增值税一般纳税人拖欠纳税检查应补缴的增值税税款，如果纳税人有进项留抵税额，可按照《国家税务总局关于增值税一般纳税人用进项留抵税额抵减增值税欠税问题的通知》（国税发〔2004〕112号）规定，用增值税留抵税额抵减查补税款。

223. 超市取得普通发票是否可以抵扣进项税额？

问：超市从农贸公司购买农产品，取得对方公司开具的货物销售发票，如果是普通发票是否可以抵扣进项税额？

答：根据《增值税暂行条例》第八条规定，购进农产品，除取得增值税专用发票或者海关进口增值税专用缴款书外，按照农产品收购发票或者销售发票上注明的农产品买价和13％的扣除率计算抵扣进项税额。

因此，超市从农贸公司购买农产品取得的普通发票，可以按上述规定计算进项税额进行抵扣。

224. 无偿赠送货物是否可以开具专用发票？

答：《国家税务总局关于增值税若干征收问题的通知》（国税发〔1994〕122号）第三条关于无偿赠送货物可否开具专用发票问题规定，一般纳税人将货物无偿赠送给他人，如果受赠者为一般纳税人，可以根据受赠者的要求开具专用发票。

113

225. 对公司已经注销但曾有业务往来的货款如何处理？

问：我公司与一家公司原有业务往来，有一批货物的货款到目前还没有支付，对方已开具增值税专用发票，我公司也已申报抵扣。但是，目前该公司已经注销，导致我公司无法支付该笔货款。请问，这种情形的增值税进项税额须作转出处理吗？

答：根据《增值税暂行条例》第十条规定，下列项目的进项税额不得从销项税额中抵扣：(1) 用于非增值税应税项目、免征增值税项目、集体福利或者个人消费的购进货物或者应税劳务。(2) 非正常损失的购进货物及相关的应税劳务。(3) 非正常损失的在产品、产成品所耗用的购进货物或者应税劳务。(4) 国务院财政、税务主管部门规定的纳税人自用消费品。(5) 本条第一项至第四项规定的货物的运输费用和销售免税货物的运输费用。另根据《增值税暂行条例实施细则》第二十四条规定，条例第十条第二项所称非正常损失，是指因管理不善造成被盗、丢失、霉烂变质的损失。

因此，如果仅仅是无法支付货款，而不属于上述规定的不得抵扣情形的，不需作进项税额转出处理。

226. 个体户对自产林木销售部分是否可以享受增值税减免？

问：个体户从事林木种植销售，对自产林木销售部分是否可以享受增值税减免？

答：根据《增值税暂行条例》第十五条第一项规定，农业生产者销售自产农产品可免征增值税。《增值税暂行条例实施细则》第三十五条规定，条例第十五条规定的部分免税项目的范围限定为：所称农业，是指种植业、养殖业、林业、牧业、水产业。农业生产者，包括从事农业生产的单位和个人。农产品，是指初级农产品，具体范围由财政部、国家税务总局确定。对自产林木销售部分，符合享受减免税的条件可以享受增值税减免。

227. 购买的办公设备既用于出口也用于内销业务是否可以抵扣进项税额？

问：我公司目前既有出口业务也有内销业务，公司于2009年新购买了电脑、复印机等办公设备，请问这些设备是否可以抵扣进项税额？

答：根据《增值税暂行条例》第十条第一项规定，用于非增值税应税项目、免征增值税项目、集体福利或者个人消费的购进货物或者应税劳务的进项税额不得从销项税额中抵扣；根据《增值税暂行条例实施细则》第二十一条规定，条例第十条第一项所称购进货物，不包括既用于增值税应税项目（不含免征增值税项目）也用于非增值税应税项目、免征增值税项目、集体福利或者个人消费的固定资产。因此，如果上述公司新购买的办公设备既用于出口也用于内销业务，其进项税额可以按规定申报抵扣。

228. 宾馆销售月饼的金额达到了一般纳税人标准，是否必须认定为一般纳税人？

问：宾馆销售月饼的销售额达到了一般纳税人标准，是否必须认定为一般纳税人？

答：根据《增值税暂行条例》第十一条和《增值税条例暂行实施细则》第二十八条规定，小规模纳税人的认定标准为：（1）从事货物生产或者提供应税劳务的纳税人，以及以从事货物生产或者提供应税劳务为主，并兼营货物批发或者零售的纳税人，年应征增值税销售额在50万元以下（含本数）的。（2）除上述规定以外的纳税人，年应征增值税销售额在80万元以下的。《增值税暂行条例实施细则》第二十九条规定，非企业性单位、不经常发生应税行为的企业可选择按小规模纳税人纳税。

宾馆销售月饼属于季节性不经常发生的应税行为，所以企业可以选择按小规模纳税人纳税，不认定为一般纳税人。

229. 可抵扣的航空货运票据有哪些？

问：可抵扣的航空货运票据有哪些？公司收到航空货运公司的"航空货运单"可否抵扣？

答：根据《增值税暂行条例》第八条第四项规定，购进或者销售货物以及在生产经营过程中支付运输费用的，按照运输费用结算单据上注明的运输费用金额和7%的扣除率计算进项税额。

根据《国家税务总局关于加强增值税征收管理若干问题的通知》（国税发〔1995〕192号）第一条规定：（1）增值税一般纳税人外购和销售货物所支付的运输费用，准予抵扣的运费结算单据（普通发票），是指国营铁路、民用航空、公路和水上运输单位开具的货票，以及从事货物运输的非国有运输单位开具的套印全国统一发票监制章的货票。准予计算进项税额扣除的货运发票种类，不包括增值税一般纳税人取得的货运定额发票。（2）准予计算进项税额扣除的货运发票，其发货人、收货人、起运地、到达地、运输方式、货物名称、货物数量、运输单价、运费金额等项目的填写必须齐全，与购货发票上所列的有关项目必须相符，否则不予抵扣。

因此，上述公司取得的"航空货运单"符合以上规定的，可以作为增值税的抵扣凭证，计算抵扣进项税额。

230. 有海关增值税专用缴款书是否可以办理进项税额抵扣？

问：我公司为一般纳税人，委托外贸企业进口，收到的海关增值税专用缴款书上有我公司及该外贸公司的名称，我公司可否办理进项税额抵扣？

答：根据《国家税务总局关于加强进口环节增值税专用缴款书抵扣税款管理的通知》（国税发〔1996〕32号）规定：（1）对海关代征进口环节增值税开具的增值税专用缴款书上标明有两个单位名称，即既有代理进口单位名称，又有委托进口单位名称的，只准予其中取得专用缴款书原件的一个单位抵扣税款。（2）申报抵扣税款的委托进口单位，必须提供相应的海关代征增值税专用缴款书原件，委托代理合同及付款凭证，否则，不予抵扣进项税款。纳税人可按上述规定执行。

231. 用于企业内部所购进的道路配套设施其进项税额能否抵扣？

问：企业在厂区内安装路灯，采购路灯钢杆、灯罩、灯泡及其他配件，并取得增值税专用发票，其进项税额能否抵扣？

答：根据《增值税暂行条例》第十条第一项规定，用于非增值税应税项目的购进货物或者应税劳务的进项税额不得从销项税额中抵扣。《增值税暂行条例实施细则》第二十三条规定，条例第十条第一项和本细则所称非增值税应税项目，是指提供非增值税应税劳务、转让无形资产、销售不动产和不动产在建工程。前款所称不动产是指不能移动或者移动后会引起性质、形状改变的财产，包括建筑物、构筑物和其他土地附着物。纳税人新建、改建、扩建、修缮、装饰不动产，均属于不动产在建工程。

根据《财政部、国家税务总局关于固定资产进行税额抵扣问题的通知》（财税〔2009〕113号）规定，以建筑物或者构筑物为载体的附属设备和配套设施，无论在会计处理上是否单独记账与核算，均应作为建筑物或者构筑物的组成部分，其进项税额不得在销项税额中抵扣。

因道路属于构筑物，而路灯是以道路为载体的配套设施，属于不动产的范畴。因此企业因安装路灯而采购的钢杆、灯罩、灯泡及其他配件，虽取得了增值税专用发票，但因用于不动产在建工程，其进项税额不能从销项税额中抵扣。

232. 利用垃圾发酵产生的资源能否享受增值税优惠政策？

问：利用垃圾发酵产生的沼气生产销售的电力或者热力，是否属于资源综合利用产品，能否享受增值税优惠政策？

答:《财政部、国家税务总局关于资源综合利用及其他产品增值税政策的补充的通知》(财税〔2009〕163号)第三条第二款规定,对销售下列自产货物实行增值税即征即退的政策:以垃圾为燃料生产的电力或者热力。垃圾用量占发电燃料的比重不低于80%,并且生产排放达到GB13223—2003第1时段标准或者GB18485—2001的有关规定。所称垃圾,是指城市生活垃圾、农作物秸秆、树皮废渣、污泥、医疗垃圾。《财政部、国家税务总局关于资源综合利用及其他产品增值税政策的通知》(财税〔2008〕156号)第三条第二款"以垃圾为燃料生产的电力或者热力"的规定,包括利用垃圾发酵产生的沼气生产销售的电力或者热力。

233. 曾经放弃增值税免税政策,以后还可以申请享受吗?

问:我公司因故放弃了增值税免税政策,请问,以后是否还可以申请享受免税?

答:《增值税暂行条例实施细则》第三十六条规定,纳税人销售货物或者应税劳务适用免税规定的,可以放弃免税,依照条例的规定缴纳增值税。放弃免税后,36个月内不得再申请免税。因此,贵公司如果决定放弃免税权,要以书面形式申请并到税务机关备案。同时,还应注意,纳税人在免税期内购进用于免税项目的货物或者应税劳务所取得的增值税扣税凭证,一律不得抵扣,且在36个月内不得再申请免税。

234. 企业将下脚料销售给客户应如何缴纳增值税?

问:一般纳税人企业将下脚料销售给客户,所收取的现金应按多少税率缴纳增值税?

答:根据《增值税暂行条例》第一条规定,在中华人民共和国境内销售货物或者提供加工、修理修配劳务,以及进口货物的单位和个人,为增值税的纳税义务人,应当依照本条例缴纳增值税。第二条规定纳税人销售或者进口货物,除本条第二项、第三项规定外,税率为17%。据此,一般纳税人企业销售下脚料收入,不论是卖给个人还是单位,都应按17%的税率计算缴纳增值税,并于收取对方现金时开具发票。

235. 丢失海关专用缴款书带来的损失应如何补救?

问:纳税人不慎丢失海关专用缴款书,应采取何种措施弥补由此带来的税款损失?

答:《国家税务总局关于调整增值税扣税凭证抵扣期限有关问题的通知》(国税

函〔2009〕617号）第四条第二项规定，增值税一般纳税人丢失海关缴款书，应在本通知第二条规定期限内，凭报关地海关出具的相关已完税证明，向主管税务机关提出抵扣申请。主管税务机关受理申请后，应当进行审核，并将纳税人提供的海关缴款书电子数据纳入稽核系统进行比对。稽核比对无误后，方可允许抵扣进项税额。

营 业 税

236. 销售集资房是否缴纳营业税和土地增值税？

问：我公司为四川省纳税人，有一块工业用地（属于出让地），后经政府批准用作职工集资建房。由于是解决遗留问题及纳入政府保障房计划，政府将工业用地无偿变更为住宅用地。销售集资房时，是否缴纳营业税和土地增值税？

答：《财政部、国家税务总局关于调整房地产市场若干税收政策的通知》（财税字〔1999〕210号）规定，为了支持住房制度的改革，对企业、行政事业单位按房改成本价、标准价出售住房的收入，暂免征收营业税。

各地根据上述文件规定，制定了相应的办法。

《四川省地方税务局关于营业税若干问题的通知》（川地税发〔1999〕31号）第五条关于"集资建房"的认定问题规定，目前四川省对单位售给职工的福利房、集资房的行为不征收销售不动产环节营业税，但对房地产开发企业销售商品房则按规定征收了销售不动产环节的营业税。

在具体的执行中，"集资建房"的行为难以界定，从而造成税收流失。关于"集资建房"应根据以下几点界定：

（1）《四川省深化城镇住房制度改革》（川府发〔1995〕180号）第三条规定，集资合作建房应经县以上建设行政主管部门和房改部门批准。

（2）房产证、产权证和土地使用证的归属必须与集资合同（协议）方案的签订人一致。

（3）本单位职工以职工花名册、工资表及同级人事或劳动部门的审核为准。

但上述规定被《四川省地方税务局关于修改〈四川省地方税务局关于营业税若干问题的通知〉的通知》（川地税发〔2010〕49号）废止。

参照《陕西省地方税务局关于职工集资建房有关营业税问题的批复》（陕地税函〔2008〕254号）规定，经请示国家税务总局并研究决定，现就职工集资建房营业税征免问题批复如下：对于企业、行政事业单位在已拥有土地使用权的土地或通过竞拍等方式所取得的土地上，以职工集资建房的方式建造住房或经济适用房，然后销售给本单位职工，属于销售不动产行为，应依照税法规定征收营业税。

《土地增值税暂行条例》第二条规定，转让国有土地使用权、地上的建筑物及其附着物（以下简称转让房地产）并取得收入的单位和个人，为土地增值税的纳税义务人，应当依照本条例缴纳土地增值税。第八条第一款规定，有下列情形的，免征土地增值税：纳税人建造普通标准住宅出售，增值额未超过扣除项目金额20％的。《土地增值税暂行条例实施细则》第十一条规定，条例第八条（一）项所称的普通标准住宅，是指按所在地一般民用住宅标准建造的居住用住宅。高级公寓、别墅、度假村等不属于普通标准住宅。普通标准住宅与其他住宅的具体划分界限由各省、自治区、直辖市人民政府规定。纳税人建造普通标准住宅出售，增值额未超过本细则第七条（一）、（二）、（三）、（五）、（六）项扣除项目金额之和20％的，免征土地增值税；增值额超过扣除项目金额之和20％的，应就其全部增值额按规定计税。符合上述规定的单位和个人，须向房地产所在地税务机关提出免税申请，经税务机关审核后，免予征收土地增值税。

依据上述规定，你公司以职工集资建房方式销售住房，属于销售不动产行为并取得收入，应缴纳土地增值税。若属建筑普通标准住宅出售，增值额未超过扣除项目金额20％的，可免征土地增值税。你公司须向房屋所在地主管税务关提出免税申请，经确认后，方可免征土地增值税。

237. 收取的违约金是否缴纳流转税？

问：我单位为资产管理公司，拥有银行划转的不良债权。在处置企业不良债权时，该债务人没有按合同约定的时间向我单位支付价款，须向我单位支付违约金。我单位收取的违约金应缴纳营业税还是增值税？

答：《营业税暂行条例》第一条规定，在中华人民共和国境内提供本条例规定的劳务、转让无形资产或者销售不动产的单位和个人，为营业税的纳税人，应当依照本条例缴纳营业税。第五条规定，纳税人的营业额为纳税人提供应税劳务、转让无形资产或者销售不动产收取的全部价款和价外费用。

根据上述规定，你单位未向债务人提供营业税应税劳务、转让无形资产或者销售不动产，你单位收取的违约金不属于提供应税劳务、转让无形资产或者销售不动产收取价款和价外费用。该违约金不须缴纳营业税。

《增值税暂行条例》第一条规定，在中华人民共和国境内销售货物或者提供加工、修理修配劳务以及进口货物的单位和个人，为增值税的纳税人，应当依照本条例缴纳增值税。第六条规定，销售额为纳税人销售货物或者应税劳务向购买方收取的全部价款和价外费用，但是不包括收取的销项税额。

根据上述规定，你单位未向债务人销售货物或者提供加工、修理修配劳务，你单位收取的违约金不属于销售货物或者提供加工、修理修配劳务收取价款和价外费用。该违约金不缴纳增值税。

238. 资产重组涉及的无形资产转让是否缴纳营业税？

问：《国家税务总局关于纳税人资产重组有关营业税问题的公告》（国家税务总局公告 2011 年第 51 号）明确了纳税人在资产重组过程中，通过合并、分立、出售、置换等方式，将全部或者部分实物资产以及与其相关联的债权、债务和劳动力一并转让给其他单位和个人的行为，不属于营业税征收范围，其中涉及的不动产、土地使用权转让，不缴纳营业税。

请问上述文件所述资产重组中涉及的无形资产转让（如转让商标权、转让专利权、转让非专利技术、转让著作权、转让商誉）是否也不缴纳营业税？

答：《国家税务总局关于纳税人资产重组有关营业税问题的公告》（国家税务总局公告 2011 年第 51 号）规定，纳税人在资产重组过程中，通过合并、分立、出售、置换等方式，将全部或者部分实物资产以及与其相关联的债权、债务和劳动力一并转让给其他单位和个人的行为，不属于营业税征收范围，其中涉及的不动产、土地使用权转让，不征收营业税。

上述规定明确说明，免征营业税范围仅限于企业重组之中的"全部或者部分实物资产"，即仅对其中涉及的不动产、土地使用权转让，不缴纳营业税。对于问题提出的无形资产转让（如转让商标权、转让专利权、转让非专利技术、转让著作权、转让商誉）应缴纳营业税。

239. 货运企业收挂靠车辆管理费是否缴营业税？

问：某货运企业由于自有车辆运力不足，将所承担的货运业务交与挂靠车辆承运。双方签订协议，货运企业按运费的 10% 收取承运管理费，不承担其他责任。货物运输费已全部按该货运企业的名义申报纳税。该货运企业对挂靠车辆收取的货运管理费是否缴纳营业税？

答：《营业税暂行条例实施细则》第十一条规定，单位以承包、承租、挂靠方式经营的，承包人、承租人、挂靠人（以下统称承包人）发生应税行为，承包人以发包人、出租人、被挂靠人（以下统称发包人）名义对外经营并由发包人承担相关法律责任的，以发包人为纳税人；否则以承包人为纳税人。

根据上述规定，由于货运企业不承担相关法律责任，则挂靠方是营业税的纳税人，应由挂靠方自行申报缴纳营业税，被挂靠方收取的管理费应按服务业税目申报缴纳营业税。

240. 财税〔2011〕12 号文件中"购买"住房如何界定？

问：《财政部、国家税务总局关于调整个人住房转让营业税政策的通知》（财税〔2011〕12 号）中提及的个人将购买不足 5 年的住房对外销售的，全额征收营业税；个人将购买超过 5 年（含 5 年）的非普通住房对外销售的，按照其销售收入减去购买房屋的价款后的差额征收营业税；个人将购买超过 5 年（含 5 年）的普通住房对外销售的，免征营业税。

上述条款中的"购买"行为是否仅指货币购买？是否包括个人通过受赠、继承、离婚财产分割等非购买形式取得的住房和合伙建房、集资建房、自建房等形式取得的住房？

答：《财政部、国家税务总局关于调整个人住房转让营业税政策的通知》（财税〔2011〕12 号）有关按购买年限决定是否征收营业税的规定，既包括购买方式取得的房屋，也包括非购买形式取得的房屋，如个人通过受赠、继承、离婚财产分割等非购买形式取得的住房和合伙建房、集资建房、自建房等形式取得的住房等。

主要依据：财税〔2011〕12 号文件第二条规定，上述普通住房和非普通住房的标准、办理免税的具体程序、购买房屋的时间、开具发票、差额征税扣除凭证、非购买形式取得住房行为及其他相关税收管理规定，按照《国务院办公厅转发建设部等部门关于做好稳定住房价格工作意见的通知》（国办发〔2005〕26 号）、《国家税务总局财政部建设部关于加强房地产税收管理的通知》（国税发〔2005〕89 号）和《国家税务总局关于房地产税收政策执行中几个具体问题的通知》（国税发〔2005〕172 号）的有关规定执行。其中明确了非购买方式取得住房问题。

241. 企业资金管理中心利息转贷如何缴纳营业税？

问： 某省煤炭企业成立资金管理中心，仅为该企业一个部门，但在企业集团内具有金融业的职能。资金中心统一贷款，向子公司提供资金，但分配资金时要先拨至地市级，再拨至县级，再到基层煤矿企业，层层加收利息赚利差。如省级付银行 800 元利息，收地市 1 000 元利息，地市收县级 1 200 元利息，县级收煤矿企业 1 500 元利息。请问这种情况如何缴纳营业税，能否差额缴纳？如何开具发票？

答：《国家税务总局关于印发〈金融保险业营业税申报管理办法〉的通知》（国税发〔2002〕9 号）第十一条规定，一般贷款业务的营业额为贷款利息收入（包括各种加息、罚息等）。

《营业税暂行条例》第五条规定，纳税人的营业额为纳税人提供应税劳务、转让无形资产或者销售不动产收取的全部价款和价外费用。但是，下列情形除外：

（1）纳税人将承揽的运输业务分给其他单位或者个人的，以其取得的全部价款和价外费用扣除其支付给其他单位或者个人的运输费用后的余额为营业额；

（2）纳税人从事旅游业务的，以其取得的全部价款和价外费用扣除替旅游者支付给其他单位或者个人的住宿费、餐费、交通费、旅游景点门票和支付给其他接团旅游企业的旅游费后的余额为营业额；

（3）纳税人将建筑工程分包给其他单位的，以其取得的全部价款和价外费用扣除其支付给其他单位的分包款后的余额为营业额；

（4）外汇、有价证券、期货等金融商品买卖业务，以卖出价减去买入价后的余额为营业额；

（5）国务院财政、税务主管部门规定的其他情形。

因此，转贷业务不属于差额缴纳营业税情形。各单位应按收取利息的全额（包括价外费用）缴纳营业税。

省级按1 000元、地市按1 200元、县级按1 500元缴纳营业税。各级应向下级开具当地主管地方税务局代开或发售的通用发票。

242. 分公司为总公司提供服务如何纳税？

问：我公司是东莞的外资企业，在天津设有分公司，所得税汇总纳税在东莞申报。分公司没有销售业务，仅有办事处功能，帮助东莞总公司进行业务咨询、沟通、售后服务、开拓市场等，如有销售时会直接从东莞出货并开具发票。请问此类分公司为总公司提供的服务是否需要开具服务业发票？

答：《营业税暂行条例》第一条规定，在中华人民共和国境内提供本条例规定的劳务、转让无形资产或者销售不动产的单位和个人，为营业税的纳税人，应当依照本条例缴纳营业税。

《营业税暂条条例实施细则》第二条规定，条例第一条所称条例规定的劳务是指属于交通运输业、建筑业、金融保险业、邮电通信业、文化体育业、娱乐业、服务业税目征收范围的劳务（以下称应税劳务）。第十条规定，除本细则第十一条和第十二条的规定外，负有营业税纳税义务的单位为发生应税行为并收取货币、货物或者其他经济利益的单位，但不包括单位依法不需要办理税务登记的内设机构。第十九条规定，条例第六条所称符合国务院税务主管部门有关规定的凭证（以下统称合法有效凭证），是指：支付给境内单位或者个人的款项，且该单位或者个人发生的行为属于营业税或者增值税征收范围的，以该单位或者个人开具的发票为合法有效凭证。

《国家税务总局关于印发〈营业税税目注释（试行稿）〉的通知》（国税发〔1993〕149号）规定，服务业，指利用设备、工具、场所、信息或技能为社会提供服务的业务。其他服务业，是指上述业务以外的服务业务，如沐浴、理发、洗染、照相、美术、裱画、誊写、打字、镌刻、计算、测试、试验、化验、录音、录像、复印、晒图、设计、制图、测绘、勘探、打包、咨询等。

《发票管理办法》第四章第十九条规定，销售商品、提供服务以及从事其他经营活动的单位和个人，对外发生经营业务收取款项，收款方应当向付款方开具发票；特殊情况下，由付款方向收款方开具发票。第二十条规定，所有单位和从事生产、经营活动的个人在购买商品、接受服务以及从事其他经营活动支付款项时，应当向收款方取得发票。取得发票时，不得要求变更品名和金额。第二十一条规定，不符合规定的发票，不得作为财务报销凭证，任何单位和个人有权拒收。

根据上述规定，分公司提供劳务应当向总公司开具发票并按相关税法规定缴纳营业税及附加等税费。

243. 分公司以总公司名义中标的工程如何缴纳营业税？

问：分公司以总公司的资质投标，中标劳务工程。工程款收到总公司，再分给分公司，发票由总公司开给甲方。分公司收到工程款，是否需要给总公司开具发票？营业税由分公司缴纳，还是总公司缴纳？

答：《国家税务总局关于印发〈营业税问题解答（之一）〉的通知》（国税函发〔1995〕156号）规定，工程承包公司承包建筑安装工程业务，即工程承包公司与建设单位签订承包合同的建筑安装工程业务，无论其是否参与施工，均应按"建筑业"税目征收营业税。

根据上述规定，分公司以总公司名义与建设单位签订工程承包合同，总公司无论其是否参与施工，应按"建筑业"缴纳营业税并向建设单位开具发票。

《营业税暂行条例实施细则》第十条规定，除本细则第十一条和第十二条的规定外，负有营业税纳税义务的单位为发生应税行为并收取货币、货物或者其他经济利益的单位，但不包括单位依法不需要办理税务登记的内设机构。

根据上述规定，依法办理税务登记的分公司有偿提供建筑业劳务，应按"建筑业"缴纳营业税。

244. 电梯维修按建筑业还是服务业缴税？

问：我公司是一家只做电梯维修保养的企业，没有电梯销售业务。《国家税务总局关于电梯保养、维修收入征税问题的批复》（国税函〔1998〕390号）只是确定何种情况电梯养护应缴纳营业税，但并未说明应按何税目缴纳营业税，请问按照"建筑业——修缮"的3%税率还是"服务业"的5%税率缴纳？

答：《国家税务总局关于印发〈营业税税目注释〉（试行稿）的通知》（国税发〔1993〕149号）规定，建筑业，是指建筑安装工程作业。本税目的征收范围包括：建筑、安装、修缮、装饰、其他工程作业。修缮，是指对建筑物、构筑物进行修补、加固、养护、改善，使之恢复原来的使用价值或延长其使用期限的工程作业。

《财政部、国家税务总局关于固定资产进项税额抵扣问题的通知》（财税〔2009〕113号）规定，以建筑物或者构筑物为载体的附属设备和配套设施，无论在会计处理上是否单独记账与核算，均应作为建筑物或者构筑物的组成部分，其进项税额不得在销项税额中抵扣。附属设备和配套设施是指：给排水、采暖、卫生、通风、照明、通讯、煤气、消防、中央空调、电梯、电气、智能化楼宇设备和配套设施。

《营业税暂行条例实施细则》第十六条规定，除本细则第七条规定外，纳税人提供建筑业劳务（不含装饰劳务）的，其营业额应当包括工程所用原材料、设备及其他物资和动力价款在内，但不包括建设方提供的设备的价款。

依据上述规定，电梯维修保养的公司对建筑物为载体的电梯附属设备修缮，应按"建筑业——修缮"3％税率缴纳营业税并开具建筑业发票，包括原材料、设备及其他物资和动力价款。

245．建筑劳务分包对营业税纳税地点是否有限定？

问：建筑业的营业税在工程所在地缴纳，如果是单纯建筑劳务分包，纳税地点是否有限制？

答：《国家税务总局关于劳务承包行为征收营业税问题的批复》（国税函〔2006〕493号）规定，建筑安装企业将其承包的某一工程项目的纯劳务部分分包给若干个施工企业，由该建筑安装企业提供施工技术、施工材料并负责工程质量监督，施工劳务由施工企业的职工提供，施工企业按照其提供的工程量与该建筑安装企业统一结算价款。按照现行营业税的有关规定，施工企业提供的施工劳务属于提供建筑业应税劳务，因此，对其取得的收入应按照"建筑业"税目征收营业税。

《营业税暂行条例》第十四条第一款规定，纳税人提供应税劳务应当向其机构所在地或者居住地的主管税务机关申报纳税。但是，纳税人提供的建筑业劳务以及国务院财政、税务主管部门规定的其他应税劳务，应当向应税劳务发生地的主管税务机关申报纳税。

根据上述规定，建筑企业将其承包的工程项目的纯劳务部分分包给施工企业，施工企业提供的施工劳务属于提供建筑业应税劳务，对其收入应按"建筑业"税目缴纳营业税。施工企业应向劳务发生地的主管税务机关申报纳税。

246．企业出租房产代收代付的电费是否缴纳营业税？

问：企业出租房产时无偿为客户代收代付电费，事后有少量电费余额（其他应付款），由于客户已离开，长期无法支付，企业转入"营业外收入"，此收入是否要缴纳营业税？

答：《营业税暂行条例》第五条规定，纳税人的营业额为纳税人提供应税劳务、转让无形资产或者销售不动产收取的全部价款和价外费用。

《营业税暂行条例实施细则》第十三条规定，条例第五条所称价外费用，包括收取的手续费、补贴、基金、集资费、返还利润、奖励费、违约金、滞纳金、延期付款利息、赔偿金、代收款项、代垫款项、罚息及其他各种性质的价外收费，但不包括同时符合以下条件代为收取的政府性基金或者行政事业性收费：

（1）由国务院或者财政部批准设立的政府性基金，由国务院或者省级人民政府及其财政、价格主管部门批准设立的行政事业性收费；

（2）收取时开具省级以上财政部门印制的财政票据；

（3）所收款项全额上缴财政。

根据上述规定，企业出租房产时代收代付的电费，应缴纳营业税。

247. 差额缴税的物业单位是否必须具备相应资质？

问：《财政部、国家税务总局关于营业税若干政策问题的通知》（财税〔2003〕16号）第三款第十九条规定，从事物业管理的单位，以与物业管理有关的全部收入减去代业主支付的水、电、燃气以及代承租者支付的水、电、燃气、房屋租金的价款后的余额为营业额。

上述规定所指的从事物业管理的单位是否必须要有相关物业管理资质证书？如果是房地产企业，经营范围有物业管理，但没有物业管理资质，发生与物业管理有关水电费代收代付业务，是否也能享受差额缴纳营业税的政策？

答：《辽宁省地方税务局关于贯彻〈财政部、国家税务总局营业税若干政策问题的通知〉》（辽地税发〔2005〕15号）第十条规定，《通知》第三条第十九款："从事物业管理的单位，以与物业管理有关的全部收入减去代业主支付的水、电、燃气以及代承租者支付的水、电、燃气、房屋租金的价款后的余额为营业额"问题，房屋开发公司在房屋销售后，如行使物业管理职能可以按上述政策执行，对确属代收转付的其他项目也可予以扣除。

《财政部、国家税务总局关于营业税若干政策问题的通知》（财税〔2003〕16号）的第三条第十九款规定并没有要求从事物业管理的单位一定要有资质，房地产企业的经营范围中有物业管理，发生的与物业管理有关的水电费代收代付业务，可以差额纳税。但是，企业应注意住房和城乡建设部关于物业服务的相关规定。

248. 内部单位间提供自产货物同时提供建筑业劳务如何纳税？

问：我单位所属建安公司（非法人单位）对外承揽工程并签订工程总承包合同（合同中未单独显示门窗），我公司所属二级单位（非法人单位）门窗厂将自产门窗提供给建安公司。请问门窗厂结算建安公司的门窗能否按《国家税务总局关于纳税人销售自产货物并同时提供建筑业劳务有关税收问题的公告》（国家税务总局公告2011年第23号）的规定，将产品、安装分别核算、分别开票结算？

答：《营业税暂行条例实施细则》第九条规定，条例第一条所称单位，是指企业、行政单位、事业单位、军事单位、社会团体及其他单位。条例第一条所称个人，是指个体工商户和其他个人。第十条规定，除本细则第十一条和第十二条的规定外，负有营业税纳税义务的单位为发生应税行为并收取货币、货物或者其他经济利益的单位，但不包括单位依法不需要办理税务登记的内设机构。

根据上述规定，建安公司与门窗厂不属于不需要办理税务登记的内设机构，为不同的单位，不同的营业税纳税人。门窗厂为建安公司提供自产门窗及安装劳务，属于销售自产货物并提供建筑业劳务。

门窗厂应按《国家税务总局关于纳税人销售自产货物并同时提供建筑业劳务有关税收问题的公告》（国家税务总局公告2011年第23号）规定，分别核算其货物的销售额和建筑业劳务的营业额，并根据其货物的销售额计算缴纳增值税，根据其建筑业劳务的营业额计算缴纳营业税。销售门窗开具增值税发票，安装劳务开具建筑业发票。

同时，门窗厂须向门窗安装劳务发生地主管地方税务机关提供其机构所在地主管国家税务机关出具的从事货物生产的单位证明。

249. 房地产开发企业为其他单位代建房屋如何征收营业税？

问：房地产开发企业为其他单位代建房屋，如何征收营业税？

答：根据《国家税务总局关于"代建"房屋行为应如何征收营业税问题的批复》（国税函〔1998〕554号）规定，房地产开发企业取得土地使用权并办理施工手续后根据其他单位的要求进行施工，并按施工进度预收房款，工程完工后，办理产权转移等手续，应按"销售不动产"税目征收营业税；如房地产公司自备施工力量修建该房屋，还应按"建筑业"税目征收房地产开发企业的营业税。

250. 非金融机构统借统还业务中的利息是否缴纳营业税？

问：在非金融机构统借统还业务中，统借方按支付给金融机构的借款利率水平向下属单位收取用于归还金融机构的利息是否缴纳营业税？

答：《财政部、国家税务总局关于非金融机构统借统还业务征收营业税问题的通知》（财税字〔2000〕7号）规定：

（1）为缓解中小企业融资难的问题，对企业主管部门或企业集团中的核心企业等单位（以下简称统借方）向金融机构借款后，将所借资金分拨给下属单位（包括独立核算单位和非独立核算单位），并按支付给金融机构的借款利率水平向下属单位收取用于归还金融机构的利息不征收营业税。

（2）统借方将资金分拨给下属单位，不得按高于支付给金融机构的借款利率水平向下属单位收取利息，否则，将视为具有从事贷款业务的性质，应对其向下属单位收取的利息全额征收营业税。

本通知从2000年1月1日起执行，对此前统借方按借款利率水平将借款利息支出分摊给下属单位的，已征税款不再退还，未征税款不再补征。

另《国家税务总局关于贷款业务征收营业税问题的通知》（国税发〔2002〕13号）第一条规定，企业集团或集团内的核心企业（以下简称企业集团）委托企业集团所属财务公司代理统借统还贷款业务，从财务公司取得的用于归还金融机构的利息不征收营业税；财务公司承担此项统借统还委托贷款业务，从贷款企业收取贷款利息不代扣代缴营业税。以上所称企业集团委托企业集团所属财务公司代理统借统还业务，是指企业集团从金融机构取得统借统还贷款后，由集团所属财务公司与企业集团或集团内下属企业签订统借统还贷款合同并分拨借款，按支付给金融机构的借款利率向企业集团或集团内下属企业收取用于归还金融机构借款的利息，再转付企业集团，由企业集团统一归还金融机构的业务。

251. 跨境设备租赁老合同取得的收入是否仍免缴营业税？

问：对境外单位或个人执行跨境设备租赁老合同取得的收入，还免营业税吗？

答：根据《财政部、国家税务总局关于跨境设备租赁合同继续实行过渡性营业税免税政策的通知》（财税〔2011〕48号）规定，自2010年1月1日起至合同到期日，对境外单位或个人执行跨境设备租赁老合同（包括融资租赁和经营性租赁老合同）取得的收入，继续实行免征营业税的过渡政策。跨境设备租赁老合同是指同时符合以下条件的合同：(1) 2008年12月31日前（含）以书面形式订立，且租赁期限超过365天。(2) 合同标的物为飞机、船舶、飞机发动机、大型发电设备、机械设备、大型环保设备、大型建筑施工机械、大型石油化工成套设备、集装箱及其他设备，且合同约定的年均租赁费不低于50万元人民币。(3) 合同标的物、租赁期限、租金条款不发生变更，合同标的物、租赁期限、租金条款未变更而出租人发生变更的，仍属于本通知所称跨境设备租赁老合同。(4) 2009年12月31日前（含）境内承租人（或通过其境外所属公司）按合同约定的金额已通过金融机构向境外出租人以外汇形式支付了租金（包括保证金或押金）。

252. 从事汽车清洗业务应如何缴税？

问：最近，有纳税人来电咨询，他的店铺主要从事汽车配件销售和修理修配业务，为增值税小规模纳税人。不久前他们店铺新增了汽车清洗业务。但是，地税局要求其就汽车清洗业务按营业额的5％申报缴纳营业税。该店铺一直按销售额的3％缴纳增值税。这位纳税人想知道从事汽车清洗业务，到底是缴增值税还是缴营业税？

答：判断纳税人在销售汽车配件、从事修理修配业务的同时从事汽车清洗业务，其清洗业务是缴纳增值税还是营业税，就要先弄清楚这些业务是混合销售行为还是兼营行为。《增值税暂行条例实施细则》和《营业税暂行条例实施细则》对混合销售行为的规定为：一项销售行为如果既涉及货物又涉及非增值税应税劳务，为混合销售行为。也就是说，混合销售必须是一项销售行为既包括增值税应税货物，又包括营业税应税劳务。除销售自产货物并同时提供建筑业劳务的行为和规定的其他情形外，从事货物的生产、批发或者零售的企业、企业性单位和个体工商户的混合销售行为，视为销售货物，应当缴纳增值税；其他单位和个人的混合销售行为，视为销售非增值税应税劳务，不缴纳增值税。如商家在销售家用电器过程中收取的运输费，就属于混合销售行为，运输费应并入销售额中缴纳增值税。

而纳税人从事汽车配件销售、修理修配业务的同时从事汽车清洗业务，不属于混合销售行为，应为兼营行为。《增值税暂行条例实施细则》第七条和《营业税暂行条例实施细则》第八条分别规定，纳税人兼营非增值税应税项目的，应分别核算货物或者应税劳务的销售额和非增值税应税项目的营业额；未分别核算的，由主管税务机关核定货物或者应税劳务的销售额。因此，增值税纳税人从事汽车清洗业务如果没有对这块业务单独核算，应由国税部门和地税部门分别核算汽车配件销售、修理修配业务的销售额和汽车清洗业务的营业额，并分别计算缴纳增值税和营业税。也就是说，增值税纳税人从事汽车清洗业务时，应按照营业额的5％缴纳营业税，而不是将其营业额并入销售额中一并按3％缴纳增值税。

253. 转贷业务收取的利息是否缴纳营业税？

问：B企业是A企业的子公司，B企业从银行贷款借给A企业，按照银行利率向A企业收取利息，是否缴纳营业税？

答：《国家税务总局关于贷款业务征收营业税问题的通知》（国税发〔2002〕13号）第一条规定，企业集团或集团内的核心企业（以下简称企业集团）委托企业集团所属财务公司代理统借统还贷款业务，从财务公司取得的用于归还金融机构的利息不征收营业税；财务公司承担此项统借统还委托贷款业务，从贷款企业收取贷款利息不代扣代缴营业税。

以上所称企业集团委托企业集团所属财务公司代理统借统还业务，是指企业集团从金融机构取得统借统还贷款后，由集团所属财务公司与企业集团或集团内下属企业签订统借统还贷款合同并分拨借款，按支付给金融机构的借款利率向企业集团或集团内下属企业收取用于归还金融机构借款的利息，再转付企业集团，由企业集团统一归还金融机构的业务。

《财政部、国家税务总局关于非金融机构统借统还业务征收营业税问题的通知》（财税字〔2000〕7号）第一条规定，为缓解中小企业融资难的问题，对企业主管部门或企业集团中的核心企业等单位（以下简称统借方）向金融机构借款后，将所借资金分拨给下属单位（包括独立核算单位和非独立核算单位），并按支付给金融机构的借款利率水平向下属单位收取用于归还金融机构的利息不征收营业税。

《山东省地方税务局转发〈国家税务总局关于贷款业务征收营业税问题的通知〉的通知》（鲁地税函〔2004〕184号）第一条规定，企业集团或集团内的核心企业（以下简称企业集团）向金融机构借款后，将所借资金分拨给下属单位，凡同时符合以下条件的，属于统借统还贷款业务，对企业集团向下属单位收取的利息不征收营业税：（1）企业集团的贷款必须是从金融机构借入的款项；（2）贷款使用单位必须是企业集团所属母公司、子公司、参股公司以及其他成员单位；（3）企业集团向下属单位收取利息的利率不高于支付给金融机构的借款利率。第二条规定，对企业集团为加强统借统还贷款业务管理，委托集团所属财务公司或金融机构代理统借统还贷款业务，凡符合上述条件的，其取得的利息不征收营业税，受托方承担该项业务不代扣代缴营业税。

依据上述规定，子公司若属于集团内的核心企业，向金融机构借款后，将所借资金分拨给企业集团所属母公司，凡同时符合以上条件的，属于统借统还贷款业务，对子公司收取的利息不缴纳营业税。否则，不属于统借统还贷款业务，应缴纳营业税。

254. 收到股票股息是否缴纳营业税？

问：我单位为金融信托公司，2010年度在二级市场买入某只股票，2011年5月收到该股票股息。该股息是否缴纳营业税？

答：《营业税暂行条例》第一条规定，在中华人民共和国境内提供本条例规定的劳务、转让无形资产或者销售不动产的单位和个人，为营业税的纳税人，应当依照本条例缴纳营业税。

根据上述规定，你单位取得的股息，不属于提供交通运输业、建筑业、金融保险业、邮电通信业、文化体育业、娱乐业劳务取得的收入，也不属于转让无形资产和销售不动产取得收入，该股息不属于营业税征税范围，不需要缴纳营业税。

255. 收取关联方的资金占用费是否缴纳营业税？

问：母公司按银行同期贷款利率收取子公司资金占用费50万元，子公司按银行同期贷款利率收取同一法人的下属单位资金占用费55万元。子公司收取的资金占用费是否缴纳营业税？如果缴纳营业税，可否按5万元差额纳税？

答：《营业税暂行条例实施细则》第九条规定，条例第一条所称单位，是指企业、行政单位、事业单位、军事单位、社会团体及其他单位。条例第一条所称个人，是指个体工商户和其他个人。第十条规定，除本细则第十一条和第十二条的规定外，负有营业税纳税义务的单位为发生应税行为并收取货币、货物或者其他经济利益的单位，但不包括单位依法不需要办理税务登记的内设机构。

根据上述规定，子公司与同一法人的下属单位属于不同的单位，不同的营业税纳税人。

《国家税务总局关于印发〈营业税问题解答（之一）〉的通知》（国税函发〔1995〕156号）规定，不论金融机构还是其他单位，只要是发生将资金贷与他人使用的行为，均应视为发生贷款行为，按"金融保险业"税目征收营业税。

根据上述规定，子公司将款项借给下属单位使用，均属于贷款行为，应按"金融保险业"缴纳营业税。

《营业税暂行条例》第五条规定，纳税人的营业额为纳税人提供应税劳务、转让无形资产或者销售不动产收取的全部价款和价外费用。但是，下列情形除外：

（1）纳税人将承揽的运输业务分给其他单位或者个人的，以其取得的全部价款和价外费用扣除其支付给其他单位或者个人的运输费用后的余额为营业额；

（2）纳税人从事旅游业务的，以其取得的全部价款和价外费用扣除替旅游者支付给其他单位或者个人的住宿费、餐费、交通费、旅游景点门票和支付给其他接团旅游企业的旅游费后的余额为营业额；

（3）纳税人将建筑工程分包给其他单位的，以其取得的全部价款和价外费用扣除其支付给其他单位的分包款后的余额为营业额；

（4）外汇、有价证券、期货等金融商品买卖业务，以卖出价减去买入价后的余额为营业额；

（5）国务院财政、税务主管部门规定的其他情形。

《国家税务总局关于印发〈金融保险业营业税申报管理办法〉的通知》（国税发〔2002〕9号）第十一条规定，一般贷款业务的营业额为贷款利息收入（包括各种加息、罚息等）。

根据上述规定，子公司收取同一法人下属单位的资金占用费不属于差额征收营业税的情形，应按全额55万元计缴营业税。

256. 设备租赁一次性开票应如何核算和计税？

问：2011年7月我单位和某公司签订设备租赁合同，期限5年，每年租赁费100万元。对方要求一次性开具发票，我单位应如何进行账务处理？如何缴税？

答：《营业税暂行条例》第一条规定，在中华人民共和国境内提供本条例规定的劳务、转让无形资产或者销售不动产的单位和个人，为营业税的纳税人，应当依照本条例缴纳营业税。第十二条规定，营业税纳税义务发生时间为纳税人提供应税劳务、转让无形资产或者销售不动产并收讫营业收入款项或者取得索取营业收入款项凭据的当天。国务院财政、税务主管部门另有规定的，从其规定。

《营业税暂行条例实施细则》第二十四条规定，条例第十二条所称收讫营业收入款项，是指纳税人应税行为发生过程中或者完成后收取的款项。条例第十二条所称取得索取营业收入款项凭据的当天，为书面合同确定的付款日期的当天；未签订书面合同或者书面合同未确定付款日期的，为应税行为完成的当天。第二十五条第二款规定，纳税人提供建筑业或者租赁业劳务，采取预收款方式的，其纳税义务发生时间为收到预收款的当天。

《发票管理办法实施细则》第二十六条规定，填开发票的单位和个人必须在发生经营业务确认营业收入时开具发票。未发生经营业务一律不准开具发票。

关于租金收入确认问题。

《企业会计准则第14号——收入》应用指南第五条第八款规定，下列提供劳务满足收入确认条件的，应按规定确认收入：长期为客户提供重复的劳务收取的劳务费，在相关劳务活动发生时确认收入。

《国家税务总局关于贯彻落实企业所得税法若干税收问题的通知》（国税函〔2010〕79号）规定，根据《企业所得税法实施条例》第十九条的规定，企业提供固定资产、包装物或者其他有形资产的使用权取得的租金收入，应按交易合同或协议规定的承租人应付租金的日期确认收入的实现。其中，如果交易合同或协议中规定租赁期限跨年度，且租金提前一次性支付的，根据《企业所得税法实施条例》第九条规定的收入与费用配比原则，出租人可对上述已确认的收入，在租赁期内，分期均匀计入相关年度收入。

依据上述规定，贵单位提供租赁业劳务，应缴纳营业税、印花税、企业所得税。应在租赁劳务活动发生时确认收入并开具发票。若采取预收款方式的，其营业税纳税义务时间为收到预收款的当天。否则，营业税纳税义务时间为书面合同确定的付款日期的当天；未签订书面合同或者书面合同未确定付款日期的，每个月末租赁行为完成当天即为营业税纳税义务发生时间。

账务处理：

（1）承租方会计处理：

①支付租金时：

借：长期待摊费用（5年）/待摊费用（1年）

贷：银行存款

②每月末：

借：销售费用

贷：长期待摊费用/待摊费用

(2) 出租方会计处理：

① 预收租金时：

借：银行存款
　　贷：预收账款
借：应交税费——应交营业税
　　贷：银行存款

② 月末确认租赁收入：

借：预收账款
　　贷：其他业务收入

③ 计提税费：

借：营业税金与附加
　　贷：应交税费——应交营业税费

257. 家政服务免税是否包括写字楼打扫卫生收入？

问：《财政部、国家税务总局关于员工制家政服务免征营业税的通知》中所指的家政服务是否包括给写字楼打扫卫生的收入？

答：《财政部、国家税务总局关于员工制家政服务免征营业税的通知》（财税〔2011〕51号）第四条规定，本通知所称家政服务，是指婴幼儿及小学生看护、老人和病人护理、孕妇和产妇护理、家庭保洁（不含产品售后服务）、家庭烹饪。

因此，给写字楼打扫卫生的业务不属于家政服务范畴，应申报缴纳营业税。

258. 转让产权是否缴营业税？

问：我企业2012年1月与A企业签订了一份转让协议，将全部产权作价3 200万元转让给A企业，但A企业对我企业相关的债权、债务和劳动力不予接收。请问，这种转让行为要不要纳税？

答：《国家税务总局关于纳税人资产重组有关营业税问题的公告》（国家税务总局公告2011年第51号）规定，自2011年10月1日起，纳税人在资产重组过程中，通过合并、分立、出售、置换等方式，将全部或者部分实物资产以及与其相关联的债权、债务和劳动力一并转让给其他单位和个人的行为，不属于营业税征收范围，其中涉及的不动产、土地使用权转让，不征收营业税。这里所说的不征收营业税，必须同时具备两个条件：一是企业将全部或者部分实物资产转让给其他单位和个人；二是与转让资产相关的债权、债务和劳动力也转移给接受全部或部分实物资产的其他单位和个人。如果企业只把全部或部分实物资产转让给其他企业和个人，但没有把与该实物资产相关的债权、债务和劳动力进行转移的，其涉及的不动产、土地使用权转让必须依法缴纳营业税。

为此，你们企业的转让行为中涉及的不动产、土地使用权转让，应该缴纳营业税。同时，根据《关于纳税人资产重组有关增值税问题的公告》（国家税务总局公告 2011 年第 13 号）相关规定，涉及固定资产、存货等资产转让行为，还应当征收增值税。

259. 处置车辆如何进行会计处理？

问：我公司处理一辆未提完折旧的车辆，又购入了一辆新车。在购车处办理了卖旧车的手续，签订了一份二手车委托代理协议，注有购车金额并取得一张支票。但是没有销售车辆的发票，是否可以入账？在账务上如何处理？

答：《营业税暂行条例实施细则》第十九条第一款规定，支付给境内单位或者个人的款项，且该单位或者个人发生的行为属于营业税或者增值税征收范围的，以该单位或者个人开具的发票为合法有效凭证。

依据上述规定，企业销售二手汽车应该缴纳增值税并开具二手车销售专用发票。购入新车未取得发票计提的折旧不允许税前扣除。

会计处理：
  借：固定资产清理
    累计折旧
   贷：固定资产
  借：银行存款
   贷：固定资产清理（固定资产清理余额转入营业外收支）
  借：固定资产
   贷：银行存款

260. 公用电话亭取得的收入如何征收营业税？

问：个人开的公用电话亭是否缴纳营业税？如何缴纳？

答：《国家税务总局关于经营公用电话征收营业税问题的通知》（国税发〔1997〕161 号）文件规定，目前经营公用电话业务的方式有三种：第一种是自办，即公用电话在邮电局营业厅，由邮电部门的工作人员值守，电话费作为邮电部门的收入。第二种是委托代办，俗称"公用电话亭"。各电话亭属邮电局的经营网点，在邮电局一个统一营业执照下分列，邮电部门将"电话亭"经营人称为代办人。代办人将向用户收取的话费全额上缴，作为邮电部门的营业收入，邮电部门付给代办人劳务费。第三种是兼办，即私人住宅、小卖店以及其他单位（即兼办人），利用其自用电话兼办公用电话业务。邮电部门按月向兼办人收取管理费，并按自用电话标准收取电话费。兼办人的经营收入为按公用电话向顾客收取话费,扣除上缴给邮电部门的话费和管理费的余额。

现就征收营业税问题明确如下:

(1) 公用电话无论采取哪种经营形式,对邮电部门取得的话费、管理费收入,均依全额按"邮电通信业"税目征收营业税。

(2) 对代办人取得的劳务费(或手续费等)应按"服务业"税目中的"代理服务"项目征收营业税。

(3) 对兼办人取得的收入按"服务业"税目中的"代理服务"项目征收营业税。其营业额为向用户收取的全部价款和价外费用减去付给邮电部门的管理费和电话费的余额。

吉地税流字〔1997〕181号文件规定:对电信部门按规定标准向公用电话亭收取的全部收入(含副食品价格调节基金),按邮电通信业税目收营业税;对公用电话亭经营者从电信部门取得的代办费收入(含副食品价格调节基金),按服务业税目征收营业税。

因此,您作为代办人,应对从电信部门取得的代办费收入,按服务业5%征收营业税。

261. 土地拍卖取得补偿可否不缴营业税?

问:近日,我公司土地使用权被政府收回并拍卖,政府与竞拍人约定,竞买人需要对我公司的原受让土地成本、地上建筑物及构筑物给予补偿。请问,我公司取得竞买人支付的征地补偿费是否缴纳营业税?

答:《国家税务总局关于土地使用者将土地使用权归还给土地所有者行为营业税问题的通知》(国税函〔2008〕277号)规定,纳税人将土地使用权归还给土地所有者时,只要出具县级(含)以上地方人民政府收回土地使用权的正式文件,无论支付征地补偿费的资金来源是否为政府财政资金,该行为均属于土地使用者将土地使用权归还给土地所有者的行为,按照《国家税务总局关于印发〈营业税税目注释(试行稿)〉的通知》(国税发〔1993〕149号)规定,不征收营业税。

上述县级(含)以上地方人民政府收回土地使用权的正式文件,包括县级(含)以上地方人民政府出具的收回土地使用权文件,以及土地管理部门报经县级(含)以上地方人民政府同意后由该土地管理部门出具的收回土地使用权文件。因此,贵公司只要能够出具相应的正式文件,可以不缴营业税。

262. 委托他人转让著作权,应按哪个税目缴纳营业税?

答:根据《国家税务总局关于转让著作权征收营业税问题的通知》(国税发

〔2001〕44号）规定：拥有无形资产所有权的单位或个人（以下简称"所有权人"）授权或许可他人（以下简称"受托方"）向第三者转让"所有权人"的无形资产时，如"受托方"以"所有权人"的名义向第三者转让无形资产，转让过程中产生的权利和义务由"所有权人"承担，对"所有权人"应按照"受托方"向第三者收取的全部转让费依"转让无形资产"税目征收营业税，对"受托方"取得的佣金或手续费等价款按照"服务业"税目中的"代理"项目征收营业税；如"受托方"以自己的名义向第三者转让无形资产，转让过程中产生的权利和义务均由"受托方"承担，对"所有权人"向"受托方"收取的全部转让费和"受托方"向第三者收取的全部转让费，均按照"转让无形资产"税目征收营业税。

263. 个人将房屋、土地无偿赠与他人是否征收营业税？

答：属于以下三种情形之一的，暂免征收营业税：（1）离婚财产分割；（2）无偿赠与配偶、父母、子女、祖父母、外祖父母、孙子女、外孙子女、兄弟姐妹或对其承担直接抚养或者赡养义务的抚养人或赡养人；（3）房屋产权所有人死亡，依法取得房屋产权的法定继承人、遗嘱继承人或者受遗赠人。

264. 对出租廉租房和公租房取得的租金收入需要缴纳营业税吗？

答：根据《财政部、国家税务总局关于廉租住房经济适用住房和住房租赁有关税收政策的通知》（财税〔2008〕24号）第一条第一款规定，对廉租住房经营管理单位按照政府规定价格向规定保障对象出租廉租住房的租金收入，免征营业税、房产税。根据《财政部、国家税务总局关于支持公共租赁住房建设和运营有关税收优惠政策的通知》（财税〔2010〕88号）第六条规定，对经营公租房所取得的租金收入，免征营业税、房产税。公租房租金收入与其他住房经营收入应单独核算，未单独核算的，不得享受免征营业税、房产税优惠政策。

因此，对廉租房和公租房经营管理单位按照国家的有关规定向保障对象出租廉租房和公租房所取得的租金收入，免征营业税。

265. 对金融机构农户小额贷款的利息收入征收营业税吗？

答：根据《财政部、国家税务总局关于农村金融有关税收政策的通知》（财税〔2010〕4号）第一条规定，自2009年1月1日至2013年12月31日，对金融机构农户小额贷款的利息收入，免征营业税。

农户，是指长期（一年以上）居住在乡镇（不包括城关镇）行政管理区域内的住户，还包括长期居住在城关镇所辖行政村范围内的住户和户口不在本地而在本地居住一年以上的住户、国有农场的职工和农村个体工商户。小额贷款，是指单笔且该户贷款余额总额在5万元以下（含5万元）的贷款。

金融机构应对符合条件的农户小额贷款利息收入进行单独核算，不能单独核算的不得享受税收优惠政策。

266. 保险公司开办的一年期以上返还性人身保险业务以及个人投资分红保险业务缴纳营业税吗？

问：保险公司开办的一年期以上返还性人身保险业务以及个人投资分红保险业务缴纳营业税吗？

答：《财政部、国家税务总局关于保险公司开办一年期以上返还性人身保险业务免征营业税的通知》（财税〔2004〕71号）规定，保险公司开办的一年期以上返还性人身保险业务，凡开办的险种列入财政部、国家税务总局免征营业税名单的，免征营业税。

保险公司开办的个人投资分红保险业务取得的保费收入，免征营业税。

267. 节能服务公司实施合同能源管理项目是否可以免缴营业税？

答：根据《财政部、国家税务总局关于促进节能服务产业发展增值税营业税和企业所得税政策问题的通知》（财税〔2010〕110号）规定，对符合条件的节能服务公司实施合同能源管理项目，取得的营业税应税收入，暂免征收营业税。本条所称"符合条件"是指同时满足以下条件：（1）节能服务公司实施合同能源管理项目相关技术，应符合国家质量监督检验检疫总局和国家标准化管理委员会发布的《合同能源管理技术通则》（GB/T24915—2010）规定的技术要求。（2）节能服务公司与用能企业签订节能效益分享型合同，其合同格式和内容，符合《合同法》和国家质量监督检验检疫总局和国家标准化管理委员会发布的《合同能源管理技术通则》（GB/T24915—2010）等规定。

268. 如何理解享受免税的党报党刊发行收入按邮政企业报刊发行收入的70%计算？

问：享受免税的党报党刊发行收入按邮政企业报刊发行收入的70%计算，如何理解这项规定？

答：根据《财政部、国家税务总局关于邮政普遍服务和特殊服务免征营业税的通知》（财税〔2006〕47号）规定，对国家邮政局及其所属邮政单位提供邮政普遍服务和特殊服务业务（具体为函件、包裹、汇票、机要通信、党报党刊发行）取得的收入免征营业税。享受免税的党报党刊发行收入按邮政企业报刊发行收入的70%计算。在计税依据的确定上，比如某邮政企业包裹收入为500万元，报刊发行收入为200万元，则享受免税的收入按640万元（500+200×70%）计算。

269. 单位和个人受托种植植物、饲养动物的行为如何缴纳营业税？

问：单位和个人受托种植植物、饲养动物的行为，按哪个税目缴纳营业税？

答：根据《国家税务总局关于受托种植植物饲养动物征收流转税问题的通知》（国税发〔2007〕17号）规定，单位和个人受托种植植物、饲养动物的行为，应按照营业税"服务业"税目征收营业税，不征收增值税。上述单位和个人受托种植植物、饲养动物的行为是指，委托方向受托方提供其拥有的植物或动物，受托方提供种植或饲养服务并最终将植物或动物归还给委托方的行为。

270. 如何确定个人销售通过无偿受赠取得的房产的购房时间？

问：个人销售通过无偿受赠取得的房产，缴纳营业税时，如何确定购房的时间？

答：根据《国家税务总局关于房地产税收政策执行中几个具体问题的通知》（国税发〔2005〕172号）和《国家税务总局关于加强房地产交易个人无偿赠与不动产税收管理有关问题的通知》（国税发〔2006〕144号）规定，个人将通过无偿受赠取得的房产对外销售征收营业税时，对通过继承、遗嘱、离婚、赡养关系、直系亲属赠与方式取得的住房，该住房的购房时间按发生受赠继承、遗嘱、离婚、财产分割行为前的购房时间确定。对通过其他无偿受赠方式取得的住房，该住房的购房时间按照发生受赠行为后新的房屋产权证或契税完税证明注明的时间确定。

271. 学校取得的赞助收入是否征税？应如何征税？

答：根据《国家税务总局关于印发〈营业税问题解答（之一）的通知〉》（国税函发〔1995〕156号）第十六问：根据营业税暂行条例及其实施细则法规，凡有偿提供应税劳务、有偿转让无形资产或者有偿转让不动产所有权的单位和个人，均应依照税法规定缴纳营业税，而所谓"有偿"是指取得货币、货物或其他经济利益。根据以上法规，对学校取得的各种名目的赞助收入是否征税，要看学校是否发生向赞助方提供应税劳务、转让无形资产或转让不动产所有权的行为。学校如果没有向赞助方提供应税劳务、转让无形资产或转让不动产所有权，此项赞助收入属无偿取得，不征收营业税；反之，学校如果向赞助方提供应税劳务、转让无形资产或转让不动产所有权，此项赞助收入属有偿取得，应征收营业税。这里需要附带说明的是，不仅对学校取得的赞助收入应按这一原则确定是否应征收营业税，对于其他单位和个人取得的赞助收入也应按这一原则确定是否征收营业税。

据此，单位和个人取得的各种名目的赞助收入是否缴纳营业税，主要看是否发生了向赞助方提供应税劳务、转让无形资产或者转让不动产所有权的行为。如果没向赞助方提供应税劳务、转让无形资产或转让不动产所有权，属于无偿取得，不缴营业税；反之，如果向赞助方提供应税劳务、转让无形资产或转让不动产权，此项赞助收入属于有偿取得，缴纳营业税。

272. 污水处理费是否应缴纳营业税？

答：根据《国家税务总局关于污水处理费不征收营业税的批复》（国税函〔2004〕1366号）规定，单位和个人提供的污水处理劳务不属于营业税应税劳务，其处理污水取得的污水处理费，不缴纳营业税。

273. 专利代理机构取得收入如何计算缴纳营业税？

答：根据《营业税税目注释（试行稿）》（国税发〔1993〕149号）中"代理业，是指代委托人办理受托事项业务"的规定，专利代理机构从事专业代理业务，并取得代理费收入的行为，应按"服务业"税目"代理业"项目征收营业税。

《国家税务总局关于营业税若干问题的通知》（国税发〔1995〕76号）第四条规定，代理业的营业额为纳税人从事代理业务向委托方实际收取的报酬，专利代理机构从事专利代理业务如符合上述规定，以其向委托方实际收取的报酬为营业额计征营业税。

274. 营业税纳税人发生退款后，已缴纳的营业税如何处理？

答：自结算缴纳税款之日起三年内，纳税人发现因发生退款应减除营业额的，可以退还已缴纳营业税税款或者从纳税人以后的应缴纳营业税税额中减除。具体依据是《营业税暂行条例实施细则》第十四条规定，纳税人计算缴纳营业税后因发生退款减除营业额的，应当退还已缴纳营业税税款或者从纳税人以后的应缴纳营业税税额中减除。《税收征收管理法》第五十一条规定，纳税人超过应纳税额缴纳的税款，税务机关发现后应当立即退还。纳税人自结算缴纳税款之日起三年内发现的，可以向税务机关要求退还多缴的税款并加算银行同期存款利息，税务机关及时查实后应当立即退还。涉及从国库中退库的，依照法律、行政法规有关国库管理的规定退还。

275. 包销房地产应如何缴纳营业税？

答： 根据《国家税务总局关于房产开发企业销售不动产征收营业税问题的通知》（国税函〔1996〕684号）规定，在合同期内房产企业将房产交给包销商承销，包销商是代理房产开发企业进行销售，所取得的手续费收入或者价差应按"服务业"税目中的"代理业"项目缴纳营业税。在合同期满后，房屋未售出，由包销商进行收购，其实质是房产开发企业将房屋销售给包销商，房产开发企业应按"销售不动产"税目缴纳营业税。

如果包销商将房产再次销售，则包销商也应按"销售不动产"税目缴纳营业税。

276. 劳务公司的营业收入应如何确定？

问： 某公司请劳务公司安排工程施工人员，并由劳务公司代为发放工资。该公司把人员工资连同给劳务公司的劳务报酬，一起打入劳务公司的账户。请问，劳务公司的营业收入应如何确定？

答： 根据《财政部、国家税务总局关于营业税若干政策问题的通知》（财税〔2003〕16号）第三条第十二项规定，劳务公司接受用工单位的委托，为其安排劳动力，凡用工单位将其应支付给劳动力的工资和为劳动力上缴的社会保险（包括养老保险金、医疗保险、失业保险、工伤保险等，下同），以及住房公积金统一交给劳务公司代为发放或办理的，以劳务公司从用工单位收取的全部价款减去代收转付给劳动力的工资和为劳动力办理社会保险及住房公积金后的余额为营业额。

277. 对地质矿产部门的勘探收入应如何征税？

答： 根据《国家税务总局关于地质矿产部所属地勘单位征税问题的通知》（国税函发〔1995〕453号）规定，对地矿部所属地勘单位的勘探收入，属于营业税的征收范围，应照章征收营业税。对地质矿产部门所属地质队进行地质普查、勘探所取得的收入，应按"服务业——其他服务业"税目计算征收5%的营业税。但对其从事的钻井（打井）勘探、爆破勘探业务，则应按建筑业3%的税率计算征收营业税。

278. 如何理解国税发〔2010〕75号文件的相关规定？

问： 中国与新加坡税收协定中关于"缔约国一方企业以船舶或飞机从事国际运输业务从缔约国另一方取得的收入，在另一方免予征税"，应如何理解？

答：《〈中华人民共和国政府和新加坡共和国政府关于对所得避免双重征税和防止偷漏税的协定〉及议定书条文解释》（国税发〔2010〕75号）规定，根据本条及协定议定书的规定，缔约国一方企业以船舶或飞机从事国际运输业务从缔约国另一方取得的收入，在另一方免予征税。具体是指：(1) 新加坡居民企业以船舶或飞机从事国际运输业务，从中国取得的收入，在中国豁免企业所得税和营业税。(2) 中国居民企业以船舶或飞机从事国际运输业务，从新加坡取得的收入，在新加坡除免征所得税外，其应税劳务在新加坡可以以零税率适用货物与劳务税，且服务接受方就该应税劳务支付的进项税额在新加坡可予全额抵扣。

279. 建筑业分包单位如何缴纳营业税并开具发票？

答：根据《营业税暂行条例》第一条规定，在中华人民共和国境内提供本条例规定的劳务、转让无形资产或者销售不动产的单位和个人，为营业税纳税人，应当依照本条例缴纳营业税。第五条第三款规定，纳税人将建筑工程分包给其他单位的，以其取得的全部价款和价外费用扣除其支付给其他单位分包款后的余额为营业额。《营业税暂行条例》第十一条取消了原"建筑安装业务实行分包或者转包的，以总承包人为扣缴义务人"的规定。在新营业税条例下，建筑安装业务总承包人对分包收入不再负有法定扣缴营业税的义务，而应该由分包单位以其取得的分包收入全额自行申报缴纳营业税，不管总包方与分包方间关于税金负担问题如何约定，均改变不了分包方营业税纳税义务人的性质，故分包单位应当就其取得的分包收入全额向总包单位开具建筑业发票。

280. 从事代理报关业务的纳税人如何确定计税营业额？

问：从事代理报关业务的纳税人如何确定计税营业额，开具发票时有何规定？
答：《国家税务总局关于加强代理报关业务营业税征收管理有关问题的通知》（国税函〔2006〕1310号）规定，代理报关业务是指接受进出口货物收、发货人的委托，代为办理报关相关手续的业务，应按照"服务业——代理业"税目征收营业税。纳税人从事代理报关业务，以其向委托人收取的全部价款和价外费用扣除以下项目金额后的余额，为计税营业额申报缴纳营业税：(1) 支付给海关的税金、签证费、滞报费、滞纳金、查验费、打单费、电子报关平台费、仓储费；(2) 支付给检验检疫单位的三检费、熏蒸费、消毒费、电子保险平台费；(3) 支付给预录入单位的预录费；(4) 国家税务总局规定的其他费用。

纳税人从事代理报关业务，应按其从事代理报关业务取得的全部价款和价外费用向委托人开具发票。纳税人从事代理报关业务，应凭其取得的开具给本纳税人的发票或其他合法有效凭证，作为差额征收营业税的扣除凭证。

281. 保安公司取得相关单位支付的保安服务费如何缴纳营业税？

问：保安公司派遣保安人员到相关单位负责保安工作，相关单位支付保安公司保安服务费用，保安公司取得该笔收入如何缴纳营业税？

答：根据《财政部、国家税务总局关于营业税若干政策问题的通知》（财税〔2003〕16号）规定，劳务公司接受用工单位的委托，为其安排劳动力，凡用工单位将其应支付给劳动力的工资和为劳动力上缴的社会保险（包括养老保险金、医疗保险、失业保险、工伤保险等，下同）以及住房公积金统一交给劳务公司代为发放或办理的，以劳务公司从用工单位收取的全部价款减去代收转付给劳动力的工资和为劳动力办理社会保险及住房公积金后的余额为营业额。

282. 货物运输代开票纳税人，能否按交通运输业差额计征营业税？

答：根据《国家税务总局关于货物运输业若干税收问题的通知》（国税发〔2004〕88号）第七条关于代开票纳税人从事联营业务的计税依据问题规定，代开票纳税人从事联运业务的，其计征营业税的营业额为代开的货物运输业发票注明的营业税应税收入，不得减除支付给其他联运合作方的各种费用。即在代开发票时，应全额按开票金额计征营业税。

283. 个人取得的年度客房利润分红是否缴纳营业税？

问：个人购买酒店客房，并将其委托酒店管理公司统一经营管理，个人取得的年度客房利润分红是否缴纳营业税？

答：根据《国家税务总局关于酒店产权式经营业主税收问题的批复》（国税函〔2006〕478号）规定，酒店产权式经营业主在约定的时间内提供房产使用权与酒店进行合作经营，如果房产产权并未归属新的经济实体，业主按照约定取得的固定收入和分红收入均应视为租金收入，根据有关税收法律、行政法规的规定，应按照"服务业——租赁业"税目缴纳营业税，按照财产租赁项目缴纳个人所得税。

284. 支付给外国单位的参展费是否计征营业税？

问：公司到德国参展，支付给外国单位的参展费用，是否需要计征营业税？

答：根据《财政部、国家税务总局关于个人金融商品买卖等营业税若干免税政策的通知》（财税〔2009〕111号）规定，境外单位或者个人在境外向境内单位或者个人提供的完全发生在境外的、属于《营业税暂行条例》规定的劳务,不属于条例第一条所称在境内提供条例规定的劳务,不征收营业税。上述劳务的具体范围,由财政部、国家税务总局规定。

根据上述原则,对境外单位或者个人在境外向境内单位或者个人提供的文化体育业(除播映)、娱乐业,服务业中的旅店业、饮食业、仓储业,以及其他服务业中的沐浴、理发、洗染、裱画、誊写、镌刻、复印、打包劳务,不征收营业税。因此,境外单位在境外向境内单位提供的文化体育业劳务,不征收营业税。

285. 房地产开发公司将开发产品转为自用,是否要视同销售计缴营业税?

问:房地产开发公司将开发产品转为自用(转为出租用或固定资产),是否要视同销售计缴营业税?

答:根据《营业税暂行条例实施细则》第三条规定,《营业税暂行条例》第一条所称提供条例规定的劳务、转让无形资产或者销售不动产,是指有偿提供条例规定的劳务、有偿转让无形资产或者有偿转让不动产所有权的行为。因此房地产企业将开发产品转为自用,没有发生所有权的转移,也没有取得经济利益收入,即没有发生销售不动产的行为,不征收营业税。

286. 装饰装潢公司为客户代购辅助材料应如何缴纳营业税?

问:某装饰装潢公司为客户代购辅助材料,主要原材料则由客户自购。请问,该装饰装潢公司应如何缴纳营业税?

答:根据《营业税暂行条例》第五条规定,纳税人的营业额为纳税人提供应税劳务、转让无形资产或者销售不动产向对方收取的全部价款和价外费用。据此,该装饰装潢公司应以向客户收取的全部价款和价外费用确认计税营业额,并计算缴纳营业税。

287. 公司转包的技术服务费用在计征营业税时,能否从营业额中扣除?

答:根据《营业税暂行条例》第五条规定,纳税人的营业额为纳税人提供应税劳务、转让无形资产或者销售不动产向对方收取的全部价款和价外费用。据此,公司从事技术服务支付给分包方的费用,在计征营业税时不得从营业额中扣除。

288. 电梯维护收取的维护费应如何缴税?

问:电梯维护收取的维护费,应缴纳增值税还是营业税?

答：《国家税务总局关于电梯保养、维修收入征税问题的批复》（国税函〔1998〕390号）规定，电梯属于增值税应税货物的范围，但安装运行之后，则与建筑物一道形成不动产。

因此，对企业销售电梯（自产或购进的）并负责安装及保养、维修取得的收入，一并征收增值税。对不从事电梯生产、销售，只从事电梯保养和维修的专业公司对安装运行后的电梯进行的保养、维修取得的收入，征收营业税。

289. 房地产企业新设立的酒店公司需要缴纳营业税吗？

问：我公司是房地产开发企业，拟分立新设一家酒店管理公司，并将公司旗下某一已开发完成的商业地产项目全部划入新设的酒店公司，请问此行为是否需要缴纳营业税？

答：《财政部、国家税务总局关于股权转让有关营业税问题的通知》（财税〔2002〕191号）以及《国家税务总局关于转让企业产权不征营业税问题的批复》（国税函〔2002〕165号）有关规定，对企业在分立过程中所产生的资产转移不征收营业税。

290. 买卖金融商品按差额缴纳营业税，正负差可否结转下一会计年度？

问：金融企业买卖金融商品按差额缴纳营业税，正负差可否结转下一会计年度？

答：根据《财政部、国家税务总局关于营业税若干政策问题的通知》（财税〔2003〕16号）第三条第八款、第九款规定，金融企业（包括银行和非银行金融机构，下同）从事股票、债券买卖业务以股票、债券的卖出价减去买入价后的余额为营业额。买入价依照财务会计制度规定，以股票、债券的购入价减去股票、债券持有期间取得的股票、债券红利收入的余额确定。金融企业买卖金融商品（包括股票、债券、外汇及其他金融商品，下同），可在同一会计年度末，将不同纳税期出现的正差和负差按同一会计年度汇总的方式计算并缴纳营业税，如果汇总计算应缴的营业税税额小于本年已缴纳的营业税税额，可以向税务机关申请办理退税，但不得将一个会计年度内汇总后仍为负差的部分结转下一会计年度。

291. 房地产公司代收业主的住房专项维修基金是否应并入营业额缴纳营业税？

答：《国家税务总局关于住房专项维修基金征免营业税问题的通知》（国税发〔2004〕69号）规定，住房专项维修基金是属全体业主共同所有的一项代管基金，专项用于物业保修期满后物业共用部位、共用设施设备的维修和更新、改造。鉴于住房专项维修基金所有权及使用的特殊性，对房地产主管部门或其指定机构、公积金管理中心、开发企业以及物业管理单位代收的住房专项维修基金，不计征营业税。

292. 转让在建工程应如何缴纳营业税？

问：转让在建工程应如何缴纳营业税？在计算缴纳营业税时，已实际发生并已对外支付的工程款是否可在转让收入中扣除？

答：根据《财政部、国家税务总局关于营业税若干政策问题的通知》（财税〔2003〕16号）第二条第七款规定，单位和个人转让在建项目时，不管是否办理立项人和土地使用人的更名手续，其实质是发生了转让不动产所有权或土地使用权的行为。对于转让在建项目行为应按以下办法征收营业税：（1）转让已完成土地前期开发或正在进行土地前期开发，但尚未进入施工阶段的在建项目，按"转让无形资产"税目中"转让土地使用权"项目征收营业税。（2）转让已进入建筑物施工阶段的在建项目，按"销售不动产"税目征收营业税。在建项目是指立项建设但尚未完工的房地产项目或其他建设项目。该文件第三条第二十项规定，单位和个人销售或转让其购置的不动产或受让的土地使用权，以全部收入减去不动产或土地使用权的购置或受让原价后的余额为营业额。

企业所得税

293. 以低于成本价销售库存商品发生损失如何税前扣除？

问：我公司属于服装批发企业，一批库存商品因年代久远，已全额计提存货跌价准备。2011年以较低价格一次性清理销售，销售价格低于成本价。请问这种情况，我公司是否需要作为财产损失在所得税汇算清缴时进行清单申报？

答：《国家税务总局关于发布企业资产损失所得税税前扣除管理办法的公告》（国家税务总局公告2011年第25号）第九条规定，下列资产损失，应以清单申报的方式向税务机关申报扣除：企业在正常经营管理活动中，按照公允价格销售、转让、变卖非货币资产的损失，企业各项存货发生的正常损耗。

根据上述规定，贵公司按照公允价格销售库存商品发生的实际资产损失，应以清单申报的方式向税务机关申报扣除。

294. 合资企业中方增资是否补缴以前减免税优惠？

问： A 外商投资企业成立于 2004 年，其中中方股东出资占比 70%，外商股东出资占比 30%，A 公司成立后按照《外商投资企业所得税法》享受了"两免三减半"税收优惠。2011 年，中方股东拟单方面增资，增资完成后，中方股东出资占比 85%，外商股东出资占比 15%。中方股东增资后的 A 公司是否需补缴已免征、减征的所得税税款？

答： 关于享受定期减免税优惠的外商投资企业在 2008 年后条件发生变化的处理。《国家税务总局关于外商投资企业和外国企业原有若干税收优惠政策取消后有关事项处理的通知》（国税发〔2008〕23 号）规定，外商投资企业按照《中华人民共和国外商投资企业和外国企业所得税法》规定享受定期减免税优惠，2008 年后，企业生产经营业务性质或经营期发生变化，导致其不符合《中华人民共和国外商投资企业和外国企业所得税法》规定条件的，仍应依据《中华人民共和国外商投资企业和外国企业所得税法》规定补缴其此前（包括在优惠过渡期内）已经享受的定期减免税税款。

根据上述规定，外商投资企业 2008 年以前按规定已享受定期减免税优惠，2008 年后，企业生产经营业务性质或经营期未发生变化，而股权结构发生变化为内资企业，无须补缴其此前（包括在优惠过渡期内）已经享受的定期减免税税款。

295. 因购买汽车而支付的车辆购置税、车船税等如何税务处理？

问： 我公司因购买汽车而支付的车辆购置税、车船税、牌照费、检测费、运输费、保险费、路桥费等税费，能否计入固定资产原值计提折旧？

答：《企业所得税法实施条例》第五十八条规定：外购的固定资产，以购买价款和支付的相关税费以及直接归属于使该资产达到预定用途发生的其他支出为计税基础。

国家税务总局发布的《企业所得税法实施条例释义》中进一步明确：外购的固定资产，其计税基础由两部分组成：首先是购买价款，这是固定资产计税基础的主体构成部分，是指企业通过货币形式，为购买固定资产所支付的直接对价物。其次是支付的相关税费，包括企业为购买固定资产而缴纳的税金、行政事业性收费等，如购买车辆而支付的车辆购置税、签订购买合同而缴纳的印花税等；相关费用，是指使固定资产达到预定可使用状态而发生的可归属于该项资产的运输费、装卸费、安装费和专业人员服务费等。

因此，贵公司购买车辆而支付的车辆购置税、牌照费、检测费、运输费等，应归属于汽车达到预定用途前发生的支出，符合上述规定，可以计入固定资产原值计提折旧。对当年发生的车船税、保险费、路桥费，可计入当期费用，按规定在税前扣除。

296. 企业自定差旅费标准的补助可否税前扣除？

问：公司常年有赴日出差的员工，公司给予一人一日 2 万日元的差旅补助。请问发放的差旅费补助可否税前扣除？

答：企业差旅费补助标准可以按照财政部门制定的标准执行或经企业董事会决议自定标准。自定标准的应将企业董事会决议和内部控制文书报主管税务机关备案。自定差旅费标准的企业，应在年度终了后 3 个月，向主管税务机关申请填写《企业自定差旅费标准备案表》，并附送下列资料（一式一份，综合窗口一份）：企业董事会决议自定标准；内部控制文书；税务机关要求的其他资料。

297. 以前年度资产损失可否追补至发生年度扣除？

问：企业 2010 年发生的资产损失未能在当年税前扣除，可否追补至 2011 年扣除？未在税前扣除而多缴的企业所得税税款如何处理？

答：《国家税务总局关于发布企业资产损失所得税税前扣除管理办法的公告》（国家税务总局公告 2011 年第 25 号）第六条规定，企业以前年度发生的资产损失未能在当年税前扣除的，可以按照本办法的规定，向税务机关说明并进行专项申报扣除。其中，属于实际资产损失，准予追补至该项损失发生年度扣除，其追补确认期限一般不得超过 5 年，但因计划经济体制转轨过程中遗留的资产损失、企业重组上市过程中因权属不清出现争议而未能及时扣除的资产损失、因承担国家政策性任务而形成的资产损失以及政策定性不明确而形成资产损失等特殊原因形成的资产损失，其追补确认期限经国家税务总局批准后可适当延长。属于法定资产损失，应在申报年度扣除。

根据上述规定，企业 2010 年发生的资产损失未能在当年税前扣除的，不能结转至以后年度扣除。属于实际资产损失，准予追补至该项损失发生年度 2010 年度税前扣除；属于法定资产损失，应在申报年度扣除。

同时，国家税务总局公告 2011 年第 25 号第六条第二款规定，企业因以前年度实际资产损失未在税前扣除而多缴的企业所得税税款，可在追补确认年度企业所得税应纳税款中予以抵扣，不足抵扣的，向以后年度递延抵扣。

298. 涉嫌诈骗的逾期贷款能否作为损失税前扣除？

问：我行某项贷款，由于借款人贷款诈骗，公安机关目前还在进一步侦查中，尚未结案。但是，借款人已被吊销营业执照，且该贷款已逾期三年以上。这种贷款可否作为损失在企业所得税税前扣除？

答：《国家税务总局关于发布企业资产损失所得税税前扣除管理办法的公告》（国家税务总局公告 2011 年第 25 号）第四条规定，企业实际资产损失，应当在其实际发生且会计上已作损失处理的年度申报扣除；法定资产损失，应当在企业向主管税务机关提供证据资料证明该项资产已符合法定资产损失确认条件，且会计上已作损失处理的年度申报扣除。

第五条规定，企业发生的资产损失，应按规定的程序和要求向主管税务机关申报后方能在税前扣除。未经申报的损失，不得在税前扣除。

第十条规定，前条以外的资产损失，应以专项申报的方式向税务机关申报扣除。企业无法准确判别是否属于清单申报扣除的资产损失，可以采取专项申报的形式申报扣除。

第二十二条规定，企业应收及预付款项坏账损失应依据以下相关证据材料确认：（1）相关事项合同、协议或说明；（2）属于债务人破产清算的，应有人民法院的破产、清算公告；（3）属于诉讼案件的，应出具人民法院的判决书或裁决书或仲裁机构的仲裁书，或者被法院裁定终（中）止执行的法律文书；（4）属于债务人停止营业的，应有工商部门注销、吊销营业执照证明；（5）属于债务人死亡、失踪的，应有公安机关等有关部门对债务人个人的死亡、失踪证明；（6）属于债务重组的，应有债务重组协议及其债务人重组收益纳税情况说明；（7）属于自然灾害、战争等不可抗力而无法收回的，应有债务人受灾情况说明以及放弃债权申明。

第二十三条规定，企业逾期三年以上的应收款项在会计上已作为损失处理的，可以作为坏账损失，但应说明情况，并出具专项报告。

根据上述规定，该行已在会计上做损失处理，企业能提供相关事项合同、协议或说明，债务人的营业执照吊销证明等资料，应以专项申报方式向主管税务机关申报，该项损失可以税前扣除。

299. 汇算清缴哪些调整项目需进行账务处理？

问：我公司会计本年度汇算清缴有如下调整：

调整增加：管理费用——业务招待费；营业外支出——罚款、滞纳金；应付职工薪酬结余；专项储备——安全生产费用。

调整减少：少缴房产税；少缴印花税。

请问哪些需要做账务处理，应如何处理？

答：《企业会计准则第 18 号——所得税》应用指南第三条规定，企业在计算确定当期所得税（即当期应交所得税）以及递延所得税费用（或收益）的基础上，应将两者之和确认为利润表中的所得税费用（或收益），但不包括直接计入所有者权益的交易或事项的所得税影响。即：

所得税费用（或收益）＝当期所得税＋递延所得税费用（－递延所得税收益）

因此，你公司汇算清缴时确定应缴纳的所得税额属于当期所得税。

一般情况下你公司在编制年度会计报表时已确定了当期所得税费用。汇算清缴时需要补缴税款的，借记"应交税费——应交所得税"科目，贷记"银行存款"科目。汇算清缴时多缴税款的，用于抵减次年税款的不做账务处理，税务局确认退回多缴税款的，收到款项时，借记"银行存款"科目，贷记"应交税费——应交所得税"科目。

300. 支付境外采购物料的佣金可否在税前扣除

问：我公司是外贸企业，2011年5月委托个人在境外采购物料，已支付一笔佣金，请问这笔佣金可否在税前扣除？

答：根据《关于企业手续费及佣金支出税前扣除政策的通知》（财税〔2009〕29号）第一条规定，企业发生与生产经营有关的手续费及佣金支出，不超过限额以内的部分，准予扣除，超过部分，不得扣除；除保险企业外，其他企业按与具有合法经营资格中介服务机构或个人（不含交易双方及其雇员、代理人和代表人等）所签订服务协议或合同确认的收入金额的5％计算限额。另外，该文件规定企业应与具有合法经营资格中介服务企业或个人签订代办协议或合同，并按国家有关规定支付手续费及佣金，如实向当地主管税务机关提供当年手续费及佣金计算分配表和其他相关资料，并依法取得合法真实凭证。

因此，如你司委托个人在境外采购物料支付的佣金符合上述规定，可按签订服务协议或合同确认的收入金额的5％计算限额，限额以内的佣金准予税前扣除。

301. 因管理不善报废的原材料如何办理企业所得税税前扣除手续？

问：本公司2011年购进的一批原材料因管理不善报废，请问如何办理企业所得税税前扣除手续？

答：根据《企业所得税法》第八条及《企业所得税法实施条例》第三十二条、第七十二条规定，企业在生产经营活动中发生的存货的盘亏、毁损、报废损失准予在计算应纳税所得额时扣除。存货，是指企业持有以备出售的产品或者商品、处在生产过程中的在产品、在生产或者提供劳务过程中耗用的材料和物料等。

同时，根据《企业资产损失所得税税前扣除管理办法》（国家税务总局公告2011年第25号）第二章申报管理规定，存货发生的非正常损耗应采取专项申报的方式进行申报，属于专项申报的资产损失，企业应逐项（或逐笔）报送申请报告，同时附送会计核算资料及其他相关的纳税资料。

该公告第二十七条规定：存货报废、毁损或变质损失，为其计税成本扣除残值及责任人赔偿后的余额，应依据以下证据材料确认：（1）存货计税成本的确定依据；（2）企业内部关于存货报废、毁损、变质、残值情况说明及核销资料；（3）涉及责任人赔偿的，应当有赔偿情况说明；（4）该项损失数额较大的（指占企业该类资产计税成本10％以上，或减少当年应纳税所得、增加亏损10％以上，下同），应有专业技术鉴定意见或法定资质中介机构出具的专项报告等。

302. 招用应届高校毕业生就业能否享受所得税优惠政策？

问：我公司是一家商贸企业，今年计划招收几个应届高校毕业生就业，请问招用应届高校毕业生就业，能否享受促进就业有关的企业所得税优惠政策？

答：根据《财政部、国家税务总局关于支持和促进就业有关税收政策的通知》（财税〔2010〕84号）第二条规定，对商贸企业、服务型企业（除广告业、房屋中介、典当、桑拿、按摩、氧吧外）、劳动就业服务企业中的加工型企业和街道社区具有加工性质的小型企业实体，在新增加的岗位中，当年新招用持《就业失业登记证》（注明"企业吸纳税收政策"）人员，与其签订1年以上期限劳动合同并依法缴纳社会保险费的，在3年内按实际招用人数予以定额依次扣减营业税、城市维护建设税、教育费附加和企业所得税优惠。定额标准为每人每年4 000元，可上下浮动20％，由各省、自治区、直辖市人民政府根据本地区实际情况在此幅度内确定具体定额标准，并报财政部和国家税务总局备案。（珠海市定额标准为每人每年4 800元）。以上所称持《就业失业登记证》（注明"企业吸纳税收政策"）人员是指：（1）国有企业下岗失业人员；（2）国有企业关闭破产需要安置的人员；（3）国有企业所办集体企业（即厂办大集体企业）下岗职工；（4）享受最低生活保障且失业1年以上的城镇其他登记失业人员。

对照上述规定，贵公司新招用的应届高校毕业生不属于享受企业吸纳就业税收政策规定的人员范围，暂没有相关的企业所得税减免优惠。

303. 高新资格复审期间如何预缴企业所得税？

问：我公司是高新技术企业，高新技术企业资格证书有效期至2011年2月，已向有关部门提出复审申请，在未有复审结果前，应如何申请预缴企业所得税？

答：根据《国家税务总局关于高新技术企业资格复审期间企业所得税预缴问题的公告》（国家税务总局公告2011年第4号）的规定，高新技术企业应在资格期满前三个月内提出复审申请，在通过复审之前，在其高新技术企业资格有效期内，其当年企业所得税暂按15％的税率预缴。

304. 收入小于成本的加工企业如何税前扣除？

问：A公司为一家加工企业，为不同客户提供不同的加工项目。有时会出现毛利高低不定的情况，甚至毛利为负数（即收入小于成本）。请问这种损失如果要税前扣除的话，还需要申报财产损失吗？

答：根据《国家税务总局关于发布〈企业资产损失所得税税前扣除管理办法〉的公告》（国家税务总局公告2011年第25号）第九条规定，下列资产损失，应以清单申报的方式向税务机关申报扣除：（1）企业在正常经营管理活动中，按照公允价格销售、转让、变卖非货币资产的损失；（2）企业各项存货发生的正常损耗；（3）企业固定资产达到或超过使用年限而正常报废清理的损失；（4）企业生产性生物资产达到或超过使用年限而正常死亡发生的资产损失；（5）企业按照市场公平交易原则，通过各种交易场所、市场等买卖债券、股票、期货、基金以及金融衍生产品等发生的损失。

根据上述规定可以税前扣除，无需专项申报，只需清单扣除。

305. 以现金支付的残疾人工资是否享受加计扣除？

问：我单位雇用一位残疾人，他的工资是以现金支付的，请问可以享受加计扣除吗？

答：根据《财政部 国家税务总局关于安置残疾人员就业有关企业所得税优惠政策问题的通知》（财税〔2009〕70号）的规定，企业享受安置残疾职工工资100％加计扣除应同时具备如下条件：

（1）依法与安置的每位残疾人签订了1年以上（含1年）的劳动合同或服务协议，并且安置的每位残疾人在企业实际上岗工作。

（2）为安置的每位残疾人按月足额缴纳了企业所在区县人民政府根据国家政策规定的基本养老保险、基本医疗保险、失业保险和工伤保险等社会保险。

（3）定期通过银行等金融机构向安置的每位残疾人实际支付了不低于企业所在区县适用的经省级人民政府批准的最低工资标准的工资。

（4）具备安置残疾人上岗工作的基本设施。

如果企业符合上述规定，可以在计算应纳税所得额时按照支付给残疾职工工资的100％加计扣除。

306. 租赁车辆发生的修理费以及油费是否可以税前扣除？

问：公司租用个人的中巴车接送员工上下班，到地税代开了租赁发票，有租赁合同，请问该租赁车辆发生的修理费以及油费是否可以税前扣除？

答：如果企业按公允价值同资产所有者签订租赁合同的，凭租金发票和其他合法凭证可以税前扣除租金及合同约定的其他相关费用；此外，所有权不在本企业的资产发生的一切费用不允许在企业所得税前扣除。注：合同约定其他相关费用一般包括油费、修理费等租赁期间发生的变动费用。

根据《企业所得税法》第八条规定，企业实际发生的与取得收入有关的、合理的支出，包括成本、费用、税金、损失和其他支出，准予在计算应纳税所得额时扣除。

307. 研究开发费加计扣除部分可否用以后年度所得弥补？

问：我公司2011年度财务会计报表为微利，在年度企业所得税申报时，由于研究开发费加计扣除，应纳税所得额为负数，请问研究开发费加计扣除部分可否用以后年度所得弥补？

答：根据《国家税务总局关于企业所得税若干税务事项衔接问题的通知》（国税函〔2009〕98号）第八条规定，企业技术开发费加计扣除部分已形成企业年度亏损，可以用以后年度所得弥补，但结转年限最长不得超过5年。

因此，你公司的研究开发费加计扣除部分所形成的亏损可以用以后5年的所得弥补。

308. 因报废清理发生的损失如何在所得税税前扣除？

问：我公司的固定资产达到使用期限，因报废清理发生的损失如何办理企业所得税税前扣除？

答：根据《企业资产损失所得税税前扣除管理办法》（国家税务总局公告2011年第25号）第九条第三款规定：企业固定资产达到或超过使用年限而正常报废清理的损失，应以清单申报的方式向税务机关申报扣。

另外，该办法第三十条规定，固定资产报废、毁损损失，为其账面净值扣除残值和责任人赔偿后的余额，应依据以下证据材料确认：（1）固定资产的计税基础相关资料；（2）企业内部有关责任认定和核销资料；（3）企业内部有关部门出具的鉴定材料；（4）涉及责任赔偿的，应当有赔偿情况的说明；（5）损失金额较大的或自然灾害等不可抗力原因造成固定资产毁损、报废的，应有专业技术鉴定意见或法定资质中介机构出具的专项报告等。

综上所述，你公司的固定资产报废损失应以清单申报的方式向税务机关申报扣除。属于清单申报的资产损失，企业可按会计核算科目进行归类、汇总，然后再将汇总清单报送税务机关，有关会计核算资料和纳税资料留存备查。

309. 无偿转让股权如何缴税？

问：B企业是A企业的子公司，C企业是B企业的子公司，B企业将C企业股权无偿转让A企业，是否有涉税问题？

答：《国家税务局关于印花税若干具体问题的解释和规定的通知》（国税发〔1991〕155号）规定，"财产所有权"转移书据的征税范围是：经政府管理机关登记注册的动产、不动产的所有权转移所立的书据，以及企业股权转让所立的书据。

因此，B企业与A企业签订的将其持有C公司的股权无偿转让给母公司A的协议，涉及企业股权转让。A、B企业均应对该协议按"产权转移书据"缴纳印花税。

《企业所得税法实施条例》第十六条规定，企业所得税法第六条第三项所称转让财产收入，是指企业转让固定资产、生物资产、无形资产、股权、债权等财产取得的收入。第二十五条规定，企业发生非货币性资产交换，以及将货物、财产、劳务用于捐赠、偿债、赞助、集资、广告、样品、职工福利或者利润分配等用途的，应当视同销售货物、转让财产或者提供劳务，但国务院财政、税务主管部门另有规定的除外。

根据上述规定，B企业将C企业股权无偿转让A企业，其股权用于捐赠应视同转让财产，按照公允价值确定收入额，缴纳企业所得税。

《企业所得税法》第六条规定，企业以货币形式和非货币形式从各种来源取得的收入，为收入总额。包括接受捐赠收入；《企业所得税法实施条例》第十三条规定，《企业所得税法》第六条所称企业以非货币形式取得的收入，应当按照公允价值确定收入额。前款所称公允价值，是指按照市场价格确定的价值。第二十一条规定，企业所得税法第六条第八项所称接受捐赠收入，是指企业接受的来自其他企业、组织或者个人无偿给予的货币性资产、非货币性资产。接受捐赠收入，按照实际收到捐赠资产的日期确认收入的实现。

因此，A企业取得B企业无偿转让的C企业股权，应按该股权的市场价值确认为捐赠收入，计入企业收入总额，计缴企业所得税。

310. 汇兑收益是否可以不计入应纳税所得额？

问：我公司2010年向境外金融公司借入外债，贷款合同约定15年后以美元结算。2011年由于汇率变化，该贷款折算成人民币产生汇兑收益，请问该汇兑收益是否可以不计入应纳税所得额？

答：根据《企业所得税法实施条例》第二十二条规定：企业所得税法第六条第九项所称其他收入，是指企业取得的除企业所得税法第六条第一项至第八项规定的收入外的其他收入,包括企业资产溢余收入、逾期未退包装物押金收入、确实无法偿付的应付款项、已作坏账损失处理后又收回的应收款项、债务重组收入、补贴收入、违约金收入、汇兑收益等。第三十九条规定:企业在货币交易中,以及纳税年度终了时将人民币以外的货币性资产、负债按照期末即期人民币汇率中间价折算为人民币时产生的汇兑损失,除已经计入有关资产成本以及与向所有者进行利润分配相关的部分外,准予扣除。

综上所述,如你公司贷款产生的汇兑收益符合上述规定,应作为收入计征所得税。

311. 弥补以前年度亏损是否要出具鉴证报告?

问: 我公司 2010 年度亏损,2011 年度盈利。请问 2011 年企业所得税弥补以前年度亏损是否要出具鉴证报告?

答: 根据珠海市国家税务局《关于开展 2011 年度企业所得税汇算清缴工作的通告》(2012 年 1 号)的规定,查账征收的纳税人发生下列事项,需报送有资质的中介机构出具的单项涉税鉴证报告:(1)资产损失税前扣除(累计损失 10 万元以上的);(2)房地产开发项目成本对象、完工项目的差异调整;(3)研究开发费用加计扣除(加计扣除额 10 万元以上的);(4)以前年度亏损弥补。

因此,你公司 2011 年度所得税汇算清缴弥补以前年度亏损,需报送有资质的税务师事务所出具的单项涉税鉴证报告。

312. 哪些项目属于会议费的列支范围?

问: 在会议费用的报销中,是否只有品目开具了"会议费"的发票才能计入会议费?其余的因这一会议发生的交通费、餐饮费、住宿费等发票是否也可以计入会议费?

答:《中央国家机关会议费管理办法》(国管财〔2006〕426 号)规定,会议费开支包括会议房租费(含会议室租金)、伙食补助费、交通费、办公用品费、文件印刷费、医药费等。

会议主办单位不得组织会议代表游览及与会议无关的参观,也不得宴请与会人员、发放纪念品及与会议无关的物品。

《辽宁省大连市国家税务局关于明确企业所得税若干业务问题的通知》(大国税函〔2009〕37 号)第五条规定,企业发生的与取得收入有关的合理的会议费支出,应按主管税务机关要求,能够提供证明其真实性的合法凭证及相关材料,否则,不得在税前扣除。会议费证明材料应包括:会议时间、地点、预算、出席人员、内容、目的、费用标准、支付凭证等。

根据上述规定，会议费包括的内容不只是开具为会议费的发票，对能够提供证明真实发生的相关会议支出可以作为会议费扣除，但要注意证明材料的完整性及合法性。

313. 贷款损失准备金是否可以税前扣除？

问：我们是一家金融租赁公司，请问贷款损失准备金是否可以税前扣除且应如何计算扣除？

答：根据《财政部、国家税务总局关于金融企业贷款损失准备金企业所得税税前扣除政策的通知》（财税〔2012〕5号）规定，自2011年1月1日起至2013年12月31日止，政策性银行、商业银行、财务公司、城乡信用社和金融租赁公司等金融企业提取的贷款（含抵押、质押、担保等贷款）损失准备金准予税前扣除。

该文件第二条规定，金融企业准予当年税前扣除的贷款损失准备金计算公式为：

$$\text{准予当年税前扣除的贷款损失准备金} = \text{本年末准予提取贷款损失准备金的贷款资产余额} \times 1\% - \text{截至上年末已在税前扣除的贷款损失准备金的余额}$$

金融企业按上述公式计算的数额如为负数，应当相应调增当年应纳税所得额。

第四条规定：金融企业发生的符合条件的贷款损失，应先冲减已在税前扣除的贷款损失准备金，不足冲减部分可据实在计算当年应纳税所得额时扣除。

值得注意的是，金融企业的委托贷款、代理贷款等不承担风险和损失的资产，不得提取贷款损失准备金在税前扣除。

因此，如你公司的贷款损失准备金符合上述规定的，可以作税前扣除。

314. 自建厂房进行扩建的费用是否并入固定资产的计税基础计提折旧？

问：我公司在2011年2月将已投入使用半年的自建厂房进行扩建，发生的扩建费用是否并入固定资产的计税基础计提折旧？

答：根据《国家税务总局关于企业所得税若干问题的公告》（国家税务总局公告2011年第34号）第四条规定，企业对房屋、建筑物固定资产在未足额提取折旧前进行改扩建的，如属于推倒重置的，该资产原值减除提取折旧后的净值，应并入重置后的固定资产计税成本，并在该固定资产投入使用后的次月起，按照税法规定的折旧年限，一并计提折旧。如属于提升功能、增加面积的，该固定资产的改扩建支出，并入该固定资产计税基础，并从改扩建完工投入使用后的次月起，重新按税法规定的该固定资产折旧年限计提折旧，如该改扩建后的固定资产尚可使用的年限低于税法规定最低年限的，可以按尚可使用的年限计提折旧。

315. 房地产企业支付给销售企业的佣金或手续费，税前扣除有何限制？

答：房地产企业委托销售企业售房，对其支付给销售企业的佣金或手续费的相关税务规定如下：

（1）根据《财政部、国家税务总局关于企业手续费及佣金支出税前扣除政策的通知》（财税〔2009〕29号）第一条规定：企业发生与生产经营有关的手续费及佣金支出，不超过以下规定计算限额以内的部分，准予扣除。超过部分，不得扣除。①保险企业：财产保险企业按当年全部保费收入扣除退保金等后余额的15%（含本数，下同）计算限额。人身保险企业按当年全部保费收入扣除退保金等后余额的10%计算限额。②其他企业：按与具有合法经营资格中介服务机构或个人（不含交易双方及其雇员、代理人和代表人等）所签订服务协议或合同确认的收入金额的5%计算限额。

（2）根据《房地产开发经营业务企业所得税处理办法》（国税发〔2009〕31号）第二十条规定：企业委托境外机构销售开发产品的，其支付境外机构的销售费用（含佣金或手续费）不超过委托销售收入10%的部分，准予据实扣除。

316. 如何确定受赠固定资产的价值？

问：企业在接受固定资产捐赠时，会计与税务上如何确认其价值？两者的确认方式是否存在差异？

答：企业接受捐赠资产的会计处理。

《企业会计准则应用指南——会计科目和主要账务处理》规定：

6301 营业外收入

本科目核算企业发生的各项营业外收入，主要包括非流动资产处置利得、非货币性资产交换利得、债务重组利得、政府补助、盘盈利得、捐赠利得等。

账务处理：

　借：固定资产
　　贷：营业外收入——捐赠利得

《财政部、国家税务总局关于印发关于执行〈企业会计制度〉和相关会计准则有关问题解答（三）〉的通知》（财会〔2003〕29号）规定，企业接受捐赠资产按税法规定确定的入账价值，应通过"待转资产价值"科目核算。

依据上述规定，新会计准则没有对企业接受捐赠资产价值如何核算作出明确和直接的规定，但新准则将接受捐赠资产的价值记入"营业外收入"科目。这样，会计处理与税法对此问题的处理保持了一致，所以一般情形下，企业无须再对接受捐赠资产进行纳税调整的会计处理。

《企业所得税法》第六条规定，企业以货币形式和非货币形式从各种来源取得的收入，为收入总额。包括接受捐赠收入。

《企业所得税实施条例》第十三条规定，《企业所得税法》第六条所称企业以非货币形式取得的收入，应当按照公允价值确定收入额。第二十一条规定，《企业所得税法》第六条第八项所称接受捐赠收入，是指企业接受的来自其他企业、组织或者个人无偿给予的货币性资产、非货币性资产。接受捐赠收入，按照实际收到捐赠资产的日期确认收入的实现。第五十八条规定，固定资产按照以下方法确定计税基础：通过捐赠、投资、非货币性资产交换、债务重组等方式取得的固定资产，以该资产的公允价值和支付的相关税费为计税基础。

《国家税务总局关于企业取得财产转让等所得企业所得税处理问题的公告》（国家税务总局公告 2010 年第 19 号）第一条规定，企业取得财产（包括各类资产、股权、债权等）转让收入、债务重组收入、接受捐赠收入、无法偿付的应付款收入等，不论是以货币形式、还是非货币形式体现，除另有规定外，均应一次性计入确认收入的年度计算缴纳企业所得税。第二条规定，本公告自发布之日起 30 日后施行。2008 年 1 月 1 日至本公告施行前，各地就上述收入计算的所得，已分 5 年平均计入各年度应纳税所得额计算纳税的，在本公告发布后，对尚未计算纳税的应纳税所得额，应一次性作为本年度应纳税所得额计算纳税。

根据上述规定，接受捐赠的固定资产，以公允价值确认收入。增加"固定资产"的同时记入"营业外收入"科目，涉及企业所得税的应一次性计入确认收入的年度计算缴纳企业所得税。

317. 以前年度税金能否税前扣除？

问：在当年成本中列支以前年度的房产税、土地增值税，能否在缴纳企业所得税时税前扣除？

答：《企业所得税法》第八条规定，企业实际发生的与取得收入有关的、合理的支出，包括成本、费用、税金、损失和其他支出，准予在计算应纳税所得额时扣除。

《企业所得税法实施条例》第九条规定，企业应纳税所得额的计算，以权责发生制为原则，属于当期的收入和费用，不论款项是否收付，均作为当期的收入和费用；不属于当期的收入和费用，即使款项已经在当期收付，均不作为当期的收入和费用。本条例和国务院财政、税务主管部门另有规定的除外。

对这个问题实务中很多地方明确了执行口径，以下政策仅供参考，建议向主管税务机关咨询所在地的执行口径。《辽宁省地方税务局关于纳税人补缴以前年度应在所得税前扣除的各项税金及附加如何税前扣除等问题的批复》(辽地税函〔2003〕181号)第一条,关于以前年度未缴纳的应在所得税前扣除的各项税金及附加,实际补缴后如何税前扣除问题规定,纳税人当年未提取缴纳,以后年度自行补缴或税务机关查补的以前年度应缴纳的消费税、营业税、资源税、关税和城市维护建设税、教育费附加、房产税、车船税、土地使用税、印花税等,应按该补缴税款的税款所属年度调整该年度的应纳税所得额,并通过"以前年度损益调整"等科目对补缴年度作所得税纳税调整,该部分补缴税款不得在补缴年度重复计算扣除。

318. 员工午餐支出能否税前扣除?

问:我公司没有职工食堂,在外给员工购买的午餐能否计入职工福利费?能否以餐费入账?能否税前扣除?

答:《财政部关于企业加强职工福利费财务管理的通知》(财企〔2009〕242号)第一条第一款规定,自办职工食堂经费补贴或未办职工食堂统一供应午餐支出,可以作为职工福利费核算。

《国家税务总局关于企业工资薪金及职工福利费扣除问题的通知》(国税函〔2009〕3号)第三条第(二)款规定,职工食堂经费补贴属于职工福利费范畴。

根据上述规定,职工午餐支出可以作为职工福利费核算并申报税前扣除。实务中,企业在处理职工午餐费发票时,应注意与业务招待费发票处理的区别,列支时应有用餐职工人数、用餐标准等佐证。

319. 收到政府奖励金计入哪个科目?

问:我公司因清洁生产,受到政府奖励,取得资金应记入哪个科目?是否需要缴税?

答:(1)税务处理:

《财政部、国家税务总局关于财政性资金、行政事业性收费、政府性基金有关企业所得税政策问题的通知》(财税〔2008〕151号)第一条规定,财政性资金:

①企业取得的各类财政性资金,除属于国家投资和资金使用后要求归还本金的以外,均应计入企业当年收入总额。

②对企业取得的由国务院财政、税务主管部门规定专项用途并经国务院批准的财政性资金,准予作为不征税收入,在计算应纳税所得额时从收入总额中减除。

本条所称财政性资金,是指企业取得的来源于政府及其有关部门的财政补助、补贴、贷款贴息,以及其他各类财政专项资金,包括直接减免的增值税和即征即退、先征后退、先征后返的各种税收,但不包括企业按规定取得的出口退税款;所称国家投资，是指国家以投资者身份投入企业并按有关规定相应增加企业实收资本（股本）的直接投资。

（2）会计处理：

政府的奖励款根据奖励资金的用途，可能会记入"递延收益"或"营业外收入"科目。

参考依据：《企业会计准则第16号——政府补助》应用指南第三条政府补助的确认规定，该准则第三条规定，政府补助分为与资产相关的政府补助和与收益相关的政府补助。

①与资产相关的政府补助。与资产相关的政府补助，是指企业取得的、用于购建或以其他方式形成长期资产的政府补助。企业取得与资产相关的政府补助，不能直接确认为当期损益，应当确认为递延收益，自相关资产达到预定可使用状态时起，在该资产使用寿命内平均分配，分次计入以后各期的损益（营业外收入）。

相关资产在使用寿命结束前被出售、转让、报废或发生毁损的，应将尚未分配的递延收益余额一次性转入资产处置当期的损益（营业外收入）。

②与收益相关的政府补助。与收益相关的政府补助，是指除与资产相关的政府补助之外的政府补助。与收益相关的政府补助，用于补偿企业以后期间的相关费用或损失的，取得时确认为递延收益，在确认相关费用的期间计入当期损益（营业外收入）；用于补偿企业已发生的相关费用或损失的，取得时直接计入当期损益（营业外收入）。

320. 检查调增的应纳税所得额如何弥补亏损？

问：某化工企业2010年在管理费用中列支了不符合规定的代开发票67.2万元，在销售费用中列支其他单位个人旅游费用25.6万元，以承租形式租入生产用货车4辆、轿车2辆，列支载有出租方名称的车辆保险等费用发票58.2万元，合计151万元。当地税务管理部门认定企业2010年发生亏损39万元，税法允许当年可以弥补2009年及以前年度亏损数额为71万元。2011年12月当地稽查局检查2010年度企业所得税时发现上述违法事实。对检查调增的所得额应如何计算弥补亏损？

答：《企业所得税法》第十八条规定：企业纳税年度发生的亏损，准予向以后年度结转，用以后年度的所得弥补，但结转年限最长不得超过五年。《国家税务总局关于查增应纳税所得额弥补以前年度亏损处理问题的公告》（国家税务总局2010年第20号公告）规定：根据《企业所得税法》第五条规定，税务机关对企业以前年度纳税情况进行检查时调增的应纳税所得额，凡企业以前年度发生亏损且该亏损属于《企业所得税法》规定允许弥补的，应允许调增的应纳税所得额弥补该亏损。

弥补该亏损后仍有余额的,按照《企业所得税法》规定计算缴纳企业所得税。对检查调增的应纳税所得额应根据其情节,依照《税收征收管理法》有关规定进行处理或处罚。本规定自 2010 年 12 月 1 日开始执行。以前(含 2008 年度之前)没有处理的事项,按本规定执行。根据上述规定,税务机关检查的部分不但可以冲抵当年的亏损还可以弥补以前年度的亏损。对 2010 年度查获的纳税调整增加的所得额部分,先冲抵当年的亏损 39 万元,即 151-39=112(万元),对抵减后的余额 112 万元,还可以弥补法定期限尚未到达 5 年的 2009 年及以前年度亏损额 71 万元。这样,查补纳税调增所得额可弥补的亏损数额为:39+71=110(万元),经抵减后 2010 年度应缴纳企业所得税为:[151-(39+71)]×25%=10.25(万元),该企业尚应补缴企业所得税 10.25 万元。这里需要提醒企业,对弥补亏损后所应缴纳的税款尚需按税法规定由税务机关进行处理、处罚和加收滞纳金。

321. 分支机构设备加速折旧是否由总机构向税务局申请?

问:我公司是分支机构,总机构设立在外省,适用总、分机构汇总纳税的管理办法。现公司购进一台生产设备,该设备预计使用时间较短,符合《企业所得税法》可加速折旧的规定。请问,公司应向分支机构还是总机构所在地税务机关申请加速折旧备案?

答:《国家税务总局关于企业固定资产加速折旧所得税处理有关问题的通知》(国税发〔2009〕81 号)第八条规定,适用总、分机构汇总纳税的企业,对其所属分支机构使用的符合《企业所得税法实施条例》第九十八条及本通知规定情形的固定资产采取缩短折旧年限或者采取加速折旧方法的,由其总机构向其所在地主管税务机关备案。分支机构所在地主管税务机关应负责配合总机构所在地主管税务机关实施跟踪管理。因此,上述公司设备如果符合固定资产加速折旧的优惠条件,应由总机构向其所在地主管税务机关申请备案享受该税收优惠。

322. 年度终了,无法准确计算完工进度的未完工施工项目如何结转收入成本?

问:年度终了,未完工的施工项目无法准确计算完工进度,并且有时工程资金未按进度到位,发生的工程成本亦未及时取得凭据,可否等工程完工决算后,再一次性结转收入和成本?

答:不可以。根据《企业所得税法实施条例》的规定,企业从事建筑、安装业务,持续时间超过 12 个月的,应采用完工进度(完工百分比)法确认收入的实现。因此,建筑企业在计算缴纳企业所得税时,应按照合同价款确定收入总额,根据纳税期末提供收入总额乘以完工进度扣除以前纳税年度累计已确认收入后的金额,确认为当期收入;同时,按照提供劳务估计总成本乘以完工进度扣除以前纳税期间累计已确认成本后的金额，结转为当期成本。

对于收入或成本确实无法准确核算的，应按照核定应税所得率方式计算缴纳企业所得税。

323. 核定征收企业所得税的企业能否享受小型微利企业的税收优惠政策？

答：《财政部、国家税务总局关于执行企业所得税优惠政策若干问题的通知》（财税〔2009〕69号）第八条规定：《企业所得税法》第二十八条规定的小型微利企业待遇，应适用于具备建账核算自身应纳税所得额条件的企业，按照《企业所得税核定征收办法》（国税发〔2008〕30号）缴纳企业所得税的企业，在不具备准确核算应纳税所得额条件前，暂不适用小型微利企业适用税率。

324. 超期未开发土地可否转入无形资产管理？

问：一房地产企业于2006年征购一宗土地，由于城市规划变动，该宗地至今未能进行开发，依相关规定已超出两年内土地开发停滞年限。本企业理解：依据企业所得税法有关条款规定，2008年度将该宗地由"开发成本"转入"无形资产"管理，并以直线法摊销。是否正确？

答：企业取得土地未进行开发的，应及时转入"无形资产"，并按规定进行摊销。待开发时，再将"无形资产"的余额部分转入"开发成本"。

325. 跨地区分支机构企业所得税由总公司汇总缴纳，分公司在当地预缴，是否由总公司提供分配表？

问：跨地区分支机构企业所得税由总公司汇总缴纳，分公司在当地预缴，是否由总公司提供分配表？申报时还需总公司提供什么资料？

答：是由总公司提供分配表。总机构及其分支机构除按纳税申报规定向主管税务机关报送相关资料外，还应报送《中华人民共和国企业所得税汇总纳税分支机构分配表》。

326. 企业租赁个人的车辆，发生的汽油费、修理费用可以税前扣除吗？

答：企业租用个人的车辆，企业与个人之间必须签订租赁协议，如租赁协议中明确规定该车发生的汽油费、修车费由企业负担的，则相关的汽油费、修车费支出可以在税前扣除。

327. 按定率征收所得税的企业，其取得的银行存款利息是否应缴纳所得税？

答：按照《企业所得税法》第六条、《企业所得税法实施条例》第十八条的规定，企业取得的银行存款利息应计入收入总额缴纳企业所得税。

328. 安置残疾人就业所得税优惠政策对残疾人的残疾级别是否有规定？

答：《财政部、国家税务总局关于促进残疾人就业税收优惠政策的通知》（财税〔2007〕92号）文件规定，残疾人是指持有《中华人民共和国残疾人证》上注明属于视力残疾、听力残疾、言语残疾、肢体残疾、智力残疾和精神残疾的人员和持有《中华人民共和国残疾军人证（1至8级)》的人员。

329. 在施工过程中，采用先进技术措施进行施工所发生的费用，能不能按科技支出加计抵扣？

答：《企业所得税法实施条例》第九十五条规定，研究开发费用的加计扣除，是指企业为开发新技术、新产品、新工艺发生的研究开发费用。研究开发活动是指企业为获得科学与技术（不包括人文、社会科学）新知识，创造性运用科学技术新知识，或实质性改进技术、工艺、产品（服务）而持续进行的具有明确目标的研究开发活动。

因此，你单位采用先进技术进行施工，不是从事研究开发项目，不符合加计扣除条件，不能享受该优惠政策。

330. 政府拆迁补偿款如何作账务处理，需要缴纳哪种税？

问：由于市政府城市规划需要，占用了我们单位一处办公用地，给予拆迁补偿款。请问如何作账务处理？需要缴纳哪种税？

答：需要缴纳企业所得税。《国家税务总局关于企业政策性搬迁或处置收入有关企业所得税处理问题的通知》（国税函〔2009〕118号）规定，对企业取得的政策性搬迁或处置收入，应按以下方式进行税务处理：

(1) 企业根据搬迁规划，异地重建后恢复原有或转换新的生产经营业务，用企业搬迁或处置收入购置或建造与搬迁前相同或类似性质、用途或者新的固定资产和土地使用权（以下简称重置固定资产），或对其他固定资产进行改良，或进行技术改造，或安置职工的，准予其搬迁或处置收入扣除固定资产重置或改良支出、技术改造支出和职工安置支出后的余额，计入企业应纳税所得额。

（2）企业没有重置或改良固定资产、技术改造或购置其他固定资产的计划或立项报告，应将搬迁收入加上各类拆迁固定资产的变卖收入、减除各类拆迁固定资产的折余价值和处置费用后的余额计入企业当年应纳税所得额，计算缴纳企业所得税。

（3）企业利用政策性搬迁或处置收入购置或改良的固定资产，可以按照现行税收规定计算折旧或摊销，并在企业所得税税前扣除。

（4）企业从规划搬迁次年起的五年内，其取得的搬迁收入或处置收入暂不计入企业当年应纳税所得额，在五年期内完成搬迁的，企业搬迁收入按上述规定处理。

331. 施工单位雇用临时工（不需要缴纳三险）的费用如何处理？

问：施工单位雇用临时工（不需要缴纳三险）的费用，企业如何入账？应取得哪种发票？如何取得？

答：企业所得税方面：施工单位雇用临时工（不需要缴纳三险）的费用，应作为劳务支出进行税务处理。相应发票应到主管地税机关代开，否则，不得在税前扣除。

332. 单位支付的外聘销售人员费用如何做税务处理？

问：我单位为了打开新产品的销售市场，雇用了专门负责销售的外单位人员，并签订合同，合同规定按销售收入的一定比例付给负责销售的人员作为报酬。我单位支付的这部分费用，在企业所得税前如何扣除？如何代扣个人所得税？

答：企业所得税方面：《财政部、国家税务总局关于企业手续费及佣金支出税前扣除政策的通知》（财税〔2009〕29号）规定：企业发生与生产经营有关的手续费及佣金支出，不超过以下规定计算限额以内的部分，准予扣除；超过部分，不得扣除。

（1）保险企业：财产保险企业按当年全部保费收入扣除退保金等后余额的15%（含本数，下同）计算限额；人身保险企业按当年全部保费收入扣除退保金等后余额的10%计算限额。

（2）其他企业：按与具有合法经营资格中介服务机构或个人（不含交易双方及其雇员、代理人和代表人等）所签订服务协议或合同确认的收入金额的5%计算限额。

注意事项：

（1）企业应与具有合法经营资格中介服务企业或个人签订代办协议或合同，并按国家有关规定支付手续费及佣金。除委托个人代理外，企业以现金等非转账方式支付的手续费及佣金不得在税前扣除。企业为发行权益性证券支付给有关证券承销机构的手续费及佣金不得在税前扣除。

（2）企业应当如实向当地主管税务机关提供当年手续费及佣金计算分配表和其他相关资料，并依法取得合法真实凭证。

个人所得税方面：支付手续费及佣金的单位，应按劳务报酬所得税目代扣代缴个人所得税。

333. 企业发生的借款利息支出如何扣除？

答：根据《企业所得税法》及其实施条例的规定，企业发生的下列利息支出，可以在企业所得税前扣除：

非金融企业向金融企业借款的利息支出、金融企业的各项存款利息支出和同业拆借利息支出、企业经批准发行债券的利息支出。

非金融企业向非金融企业借款的利息支出，不超过按照金融企业同期同类贷款利率计算的数额的部分。

334. 企业发生的公益性捐赠支出如何税前扣除？

答：《企业所得税法实施条例》第五十三条条规定：企业发生的公益性捐赠支出，不超过年度利润总额12%的部分，准予扣除。年度利润总额是指企业依照国家统一会计制度的规定计算的年度会计利润。

根据这一规定，企业在计算捐赠扣除金额时，应是在会计利润12%的范围内扣除，超过12%未能扣除的部分，也不能向以后年度结转。

335. 新企业所得税法中规定的"合理工资薪金"应如何掌握？

答：《企业所得税法实施条例》第三十四条所称的"合理工资薪金"，是指企业按照股东大会、董事会、薪酬委员会或相关管理机构制定的工资薪金制度规定实际发放给员工的工资薪金。税务机关在对工资薪金进行合理性确认时，可按以下原则掌握：（1）企业制定了较为规范的员工工资薪金制度；（2）企业所制定的工资薪金制度符合行业及地区水平；（3）企业在一定时期所发放的工资薪金是相对固定的，工资薪金的调整是有序进行的；（4）企业对实际发放的工资薪金，已依法履行了代扣代缴个人所得税义务；（5）有关工资薪金的安排，不以减少或逃避税款为目的。

《企业所得税法实施条例》第二十七条规定，所称合理的支出，是指符合生产经营活动常规，应当计入当期损益或者有关资产成本的必要和正常的支出。对工资支出合理性的判断，主要包括两个方面：一是雇员实际提供了服务；二是报酬总额在数量上是合理的。实际操作中应主要考虑雇员的职责、过去的报酬情况，以及雇员业务量和复杂程度等相关因素。同时，还要考虑当地同行业职工平均工资水平。

336. 新企业所得税法如何规定年度汇算清缴期限？

答：根据《企业所得税法》第五十四条规定，企业应当自年终了之日起5个月内，向税务机关报送年度所得税纳税申报表，并汇算清缴，结清应缴应退税款。

337. 企业固定资产的大修理支出如何扣除？

问：企业发生固定资产的大修理支出，不超过固定资产计税基础的50%，所发生的费用可否一次性扣除？

答：根据《企业所得税法》第十三条规定，在计算应纳税所得额时，固定资产的大修理支出，作为长期待摊费用，按照规定摊销的，准予扣除。

《企业所得税法实施条例》第六十九条规定，《企业所得税法》第十三条第三款所称固定资产的大修理支出，是指同时符合下列条件的支出：修理支出达到取得固定资产时的计税基础50%以上；修理后固定资产的使用年限延长2年以上。《企业所得税法》第十三条第三项规定的支出，按照固定资产尚可使用年限分期摊销。

因此，固定资产大修理支出作为长期待摊费用按其尚可使用年限分期摊销，必须同时具备《企业所得税法实施条例》第六十九条规定的价值标准和时间标准两个条件。如不同时具备，则应作为当期费用扣除。

338. 跨年度工程如果持续时间不超过12个月，如何确认收入？

问：《企业所得税法实施条例》第二十三条第二款规定，企业受托加工制造大型机械设备、船舶、飞机，以及从事建筑、安装、装配工程业务或者提供其他劳务等，持续时间超过12个月的，按照纳税年度内完工进度或者完成的工作量确认收入的实现。对跨年度工程，如果持续时间不超过12个月，如何确认收入？

答：《国家税务总局关于确认企业所得税收入若干问题的通知》（国税函〔2008〕875号）第二条规定：企业在各个纳税期末，提供劳务交易的结果能够可靠估计的，应采用完工进度（完工百分比）法确认提供劳务收入。

因此，对于跨年度工程，如果持续时间不超过12个月，可按照上述文件规定进行预缴，待工程全部完成后结清税款。

339. 企业在年度中间终止经营活动的应如何缴纳企业所得税？

答：根据《企业所得税法》第五十五条规定，企业在年度中间终止经营活动的，应当自实际经营终止之日起 60 日内，向税务机关办理当期企业所得税汇算清缴。

企业应当在办理注销登记前，就其清算所得向税务机关申报并依法缴纳企业所得税。具体可根据《财政部、国家税务总局关于企业清算业务企业所得税处理若干问题的通知》（财税〔2009〕60 号）的规定处理相关事项。

340. 居民企业取得向境内直接投资的已完税的投资收益是否应为免税收入？

答：《企业所得税法》第二十六第二款条关于企业的免税收入包括符合条件的居民企业之间的股息、红利等权益性投资收益。《企业所得税法实施条例》第八十三条规定：企业所得税法第二十六条第二款所称符合条件的居民企业之间的股息、红利等权益性投资收益，是指居民企业直接投资于其他居民企业取得的投资收益。企业所得税法第二十六条第二款和第三款所称股息红利等权益性投资收益，不包括连续持有居民企业公开发行并上市流通的股票不足 12 个月取得的投资收益。

341. 因企业员工非法挪用单位资金造成的损失（该员工被判刑）如何税前扣除？

答：《企业资产损失所得税税前扣除管理办法》（国家税务总局公告 2011 年第 25 号）第二十条规定，现金损失应依据以下证据材料确认：
（1）现金保管人确认的现金盘点表（包括倒推至基准日的记录）；
（2）现金保管人对于短缺的说明及相关核准文件；
（3）对责任人由于管理责任造成损失的责任认定及赔偿情况的说明；
（4）涉及刑事犯罪的，应有司法机关出具的相关材料；
（5）金融机构出具的假币收缴证明。

该企业发生的因内部职工挪用资金所造成的损失，符合以上政策规定，并能够提供上述证据资料的，按照国家税务总局公告 2011 年第 25 号规定的程序在企业所得税前扣除。

342. 集茶叶种植和初加工于一体的企业，其所得税应如何缴纳？

答：根据《企业所得税法实施条例》第一百零二条规定，企业同时从事适用不同企业所得税待遇的项目的，其优惠项目应当单独计算所得，并合理分摊企业的期间费用；没有单独计算的，不得享受企业所得税优惠。

根据《国家税务总局关于印发税收减免管理办法（试行）的通知》（国税发

〔2005〕129号）第六条规定，纳税人同时从事减免项目与非减免项目的，应分别核算，独立计算减免项目的计税依据以及减免税额度。不能分别核算的，不能享受减免税；核算不清的，由税务机关按合理方法核定。

根据上述规定，该公司应分别计算减半和免征两个项目收入、成本，并合理分摊企业的期间费用；独立计算减免项目的计税依据以及减免税额度。不能分别核算的，不能享受减免税。核算不清的，须向主管税务机关提供相关资料，由主管税务机关按下列方法核定计算其减免税的具体数额：

（1）按减免项目、非减免项目销售（营业）收入比例进行分摊计算。

（2）减免项目、非减免项目销售（营业）收入难以划分，但能准确核算其成本、费用或进项税金的，按照减免项目、非减免项目分摊的成本、费用或进项税金比例进行分摊计算。

（3）按照其他合理的方法进行核定。

343. 与伤亡家属达成的工伤死亡抚恤金可以在计算企业所得税时扣除吗？

答：根据《企业所得税法实施条例》第四十条条规定，企业发生的职工福利费支出，不超过工资、薪金总额14%的部分，准予扣除。《国家税务总局关于企业工资、薪金及职工福利费扣除问题的通知》（国税函〔2009〕3号）第三条规定，《企业所得税法实施条例》第四十条规定的企业职工福利费中按照其他规定发生的其他职工福利费，包括丧葬补助费、抚恤费、安家费、探亲假路费等。因此，上述公司与伤亡家属达成的工伤抚恤金支出，可以做为企业职工福利费，按照规定在计算企业应纳税所得额时扣除。

344. 单位职工食堂的开支可以在计提的福利费范围内税前列支吗？

问：单位职工食堂的开支可以在计提的福利费范围内税前列支吗？如果没有正规发票，白条是否可以入账？

答：《企业所得税法实施条例》第四十条规定，企业发生的职工福利费支出，不超过工资、薪金总额14%的部分，准予扣除。《国家税务总局关于企业工资、薪金及职工福利费扣除问题的通知》（国税函〔2009〕3号）第三条规定，《企业所得税法实施条例》第四十条规定的企业职工福利费包括以下内容：为职工卫生保健、生活、住房、交通等所发放的各项补贴和非货币性福利，包括企业向职工发放的因公外地就医费用、未实行医疗统筹企业职工医疗费用、职工供养直系亲属医疗补贴、供暖费补贴、职工防暑降温费、职工困难补贴、救济费、职工食堂经费补贴、职工交通补贴等。因此，职工食堂支出可以作为企业职工福利费，按照规定在计算企业应纳税所得额时扣除。

根据《国家税务总局关于进一步加强普通发票管理工作的通知》（国税发〔2008〕80号）规定，在日常检查中发现纳税人使用不符合规定的发票特别是没有填开付款方全称的发票，不得用于税前扣除、抵扣税款、出口退税和财务报销。所以单位的"白条"是不能入账在税前扣除的。

345. 两免三减半的优惠政策和西部大开发15%的企业所得税优惠税率的优惠政策是否可以同时享受？

问： 我公司为外商投资企业，享受两免三减半的优惠政策，已申请审批享受西部大开发15%的企业所得税优惠税率，请问这两个优惠政策是否可以同时享受？

答：《财政部、国家税务总局关于执行企业所得税优惠政策若干问题的通知》（财税〔2005〕69号）规定，《国务院关于实施企业所得税过渡优惠政策的通知》（国发〔2007〕39号）第三条所称不得叠加享受，且一经选择，不得改变的税收优惠情形，限于过渡优惠政策与《企业所得税法》及其实施条例中规定的定期减免税和减低税率类的税收优惠。《企业所得税法》及其实施条例中规定的各项税收优惠，凡企业符合规定条件的，允许企业同时享受有关优惠政策。

因此，贵公司可以同时享受这两个优惠政策。

346. 视同销售收入包含在计算业务招待费的销售收入中吗？

问： 业务招待费税前扣除限额的计算基数，是否包括"视同销售收入"？

答： 根据《国家税务总局关于〈中华人民共和国企业所得税年度纳税申报表〉的补充通知》（国税函〔2008〕1081号）附件《中华人民共和国企业所得税年度纳税申报表及附表填报说明》附表一《收入明细表》填报说明的规定，"销售（营业）收入合计"填报纳税人根据国家统一会计制度确认的主营业务收入、其他业务收入，以及根据税收规定确认的视同销售收入，该行数据作为计算业务招待费、广告费和业务宣传费支出扣除限额的计算基数。《国家税务总局关于企业所得税执行中若干税务处理问题的通知》（国税函〔2009〕202号）第一条关于销售（营业）收入基数的确定问题也明确规定，企业在计算业务招待费、广告费和业务宣传费等费用扣除限额时，其销售（营业）收入额应包括《实施条例》第二十五条规定的视同销售（营业）收入额。

因此，业务招待费税前扣除限额的计算基数，应以税法口径下的收入为准，包括主营业务收入、其他业务收入以及根据税收规定确认的视同销售收入，但不包括营业外收入。

347. 企业安置外地残疾人员就业是否可以享受加计扣除？

问：企业安置外地残疾人员就业，是否可以享受企业所得税加计扣除？

答：根据《财政部、国家税务总局关于安置残疾人员就业有关企业所得税优惠政策问题的通知》（财税〔2009〕70号）规定，企业享受安置残疾职工工资100％加计扣除应同时具备的条件包括：

（1）依法与安置的每位残疾人签订了1年以上（含1年）的劳动合同或服务协议，并且安置的每位残疾人在企业实际上岗工作。

（2）为安置的每位残疾人按月足额缴纳了企业所在区县人民政府根据国家政策规定的基本养老保险、基本医疗保险、失业保险和工伤保险等社会保险。

（3）定期通过银行等金融机构向安置的每位残疾人实际支付了不低于企业所在区县适用的经省级人民政府批准的最低工资标准的工资。

（4）具备安置残疾人上岗工作的基本设施。上述条件并没有对安置的残疾人是否为本地人员进行规定。

因此，企业安置残疾人员就业时，并无本地外地差异，只要符合财税〔2009〕70号文件规定条件的，均可以享受加计扣除的优惠政策。

348. 企业为扩大销售开展打折促销让利活动应如何确认收入？

问：某企业为扩大销售开展打折促销让利活动，应如何确认销售收入金额？

答：根据《国家税务总局关于确认企业所得税收入若干问题的通知》（国税函〔2008〕875号）第一条第五项规定，企业为促进商品销售而在商品价格上给予的价格扣除属于商业折扣，商品销售涉及商业折扣的，应当按照扣除商业折扣后的金额确定销售商品收入金额。

349. 企业对厂房改建，发生的改建支出是否可以在税前扣除？

问：企业对租入的厂房进行加层改建，发生的改建支出是否可以在税前扣除？

答：根据《企业所得税法》第十三条规定，在计算应纳税所得额时，企业发生的下列支出作为长期待摊费用，按照规定摊销的，准予扣除：已足额提取折旧的固定资产的改建支出；租入固定资产的改建支出。

《企业所得税法实施条例》第六十八条规定，《企业所得税法》第十三条第一项和第二项所称固定资产的改建支出，是指改变房屋或者建筑物结构、延长使用年限等发生的支出。

《企业所得税法》第十三条第一项规定的支出，按照固定资产预计尚可使用年限分期摊销；第二项规定的支出，按照合同约定的剩余租赁期限分期摊销。

改建的固定资产延长使用年限的，除《企业所得税法》第十三条第一项和第二项规定外，应当适当延长折旧年限。

因此，对租入的厂房发生的改建支出，应作为长期待摊费用，按照合同约定的剩余租赁期限分期摊销。

350. 进行存货损失的确认应提供哪些证明材料报送主管税务机关审批？

问：制药工厂年底进行存货盘点时发现部分药品变质。请问，进行存货损失的确认应提供哪些证明材料报送主管税务机关审批？

答：《企业资产损失所得税税前扣除管理办法》（国家税务总局公告〔2005〕第25号）第二十七条规定，存货报废、毁损或变质损失，为其计税成本扣除残值及责任人赔偿后的余额，应依据以下证据材料确认：（1）存货计税成本的确定依据；（2）企业内部关于存货报废、毁损、变质、残值情况说明及核销资料；（3）涉及责任人赔偿的，应当有赔偿情况说明；（4）该项损失数额较大的（指占企业该类资产计税成本10%以上，或减少当年应纳税所得、增加亏损10%以上，下同），应有专业技术鉴定意见或法定资质中介机构出具的专项报告等。

因此，贵公司可提供上述证明材料报送主管税务机关进行存货损失的确认审批。

351. 小型微利企业该如何认定？

问：新企业所得税法规定，小型微利企业减按20%的税率征收企业所得税，请问什么是小型微利企业，小型微利企业是否需要经过税务机关的认定？

答：根据《企业所得税法实施条例》第九十二条规定，可以享受企业所得税税收优惠的小型微利企业是指从事国家非限制和禁止行业，并符合下列条件的企业：

（1）工业企业，年度应纳税所得额不超过30万元，从业人不超过100人，资产总额不超过3 000万元；

（2）其他企业，年度应纳税所得额不超过30万元，从业人数不超过80人，资产总额不超过1 000万元。

根据《国家税务总局关于小型微利企业所得税预缴问题的通知》（国税函〔2008〕251号）规定，上面提到的"从业人数"按企业全年平均从业人数计算，即"企业上年平均从业人员人数=∑（各月从业人员人数）÷12"；"资产总额"按企业年初和年末的资产总额平均计算。

企业在当年首次预缴企业所得税时，须向主管税务机关提供企业上年度符合小型微利企业条件的相关证明材料。主管税务机关对企业提供的相关证明材料核实后，认定企业上年度不符合小型微利企业条件的，该企业当年不得按20%的税率填报纳税申报表。

纳税年度终了后，主管税务机关要根据企业当年有关指标，核实企业当年是否符合小型微利企业条件。企业当年有关指标不符合小型微利企业条件，但在预缴时已按规定计算减免所得税额的，在年度汇算清缴时要补缴已减免的所得税额。

352. 业务招待费如何税前扣除？

问：根据新的企业所得税法规定，企业发生的与生产经营活动有关的业务招待费支出，按照发生额的60%扣除，但最高不得超过当年销售（营业）收入的5‰。是否指企业发生的业务招待费不能全额在税前扣除？如不能全额在税前扣除，是否在预缴申报时就进行纳税调整？

答：根据《企业所得税法实施条例》规定，企业发生的与生产经营活动有关的业务招待费支出，应按照发生额的60%扣除，不能全额在税前扣除，且最高不得超过当年销售（营业）收入的5‰。企业在季度预缴申报时暂按《关于印发〈中华人民共和国企业所得税月（季）度预缴纳税申报表〉等报表的通知》（国税函〔2008〕44号）填报说明的有关规定进行填报，待年终汇算清缴时再予以纳税调整。

353. 外国投资者从外商投资企业取得利润是否征收企业所得税？

答：根据《财政部、国家税务总局关于企业所得税若干优惠政策的通知》（财税〔2008〕1号）第四条规定，2008年1月1日之前外商投资企业形成的累积未分配利润，在2008年以后分配给外国投资者的，免征企业所得税。2008年及以后年度外商投资企业新增利润分配给外国投资者的，依法缴纳企业所得税。

354. 企业计提了职工的工资，但是没有发放，可以在企业所得税前扣除吗？

答：根据《企业所得税法实施条例》第三十四条规定，企业的工资、薪金扣除时间为实际发放的纳税年度。所以，即使企业计提了职工的工资，但是没有发放，也不可以在企业所得税前扣除。

355. 企业发生哪些费用可以作为企业研究开发费用在税前加计扣除？

答：根据《企业研究开发费用税前扣除管理办法（试行）》（国税发〔2008〕116号）第四条规定，企业从事《国家重点支持的高新技术领域》和国家发展改革委员会等部门公布的《当前优先发展的高新技术产业化重点领域指南（2007年度）》规定项目的研究开发活动，其在一个纳税年度中实际发生的下列费用支出，允许在计算应纳税所得额时按照规定实行加计扣除：

（1）新产品设计费、新工艺规程制定费以及与研发活动直接相关的技术图书资料费、资料翻译费。

（2）从事研发活动直接消耗的材料、燃料和动力费用。

（3）在职直接从事研发活动人员的工资、薪金、奖金、津贴、补贴。

（4）专门用于研发活动的仪器、设备的折旧费或租赁费。

（5）专门用于研发活动的软件、专利权、非专利技术等无形资产的摊销费用。

（6）专门用于中间试验和产品试制的模具、工艺装备开发及制造费。

（7）勘探开发技术的现场试验费。

（8）研发成果的论证、评审、验收费用。

356. 固定资产残值如何确定？

问：新企业所得税法规定固定资产残值可由企业自主决定。我公司原来固定资产残值率为10%，如果现在要调低残值率或调零残值是否可以？

答：根据《国家税务总局关于企业所得税若干税务事项衔接问题的通知》（国税函〔2009〕98号）的规定，新税法实施前已投入使用的固定资产，企业已按原税法规定预计净残值并计提的折旧，不做调整。新税法实施后，对此类继续使用的固定资产，可以重新确定其残值，并就其尚未计提折旧的余额，按照新税法规定的折旧年限减去已经计提折旧的年限后的剩余年限，按照新税法规定的折旧方法计算折旧。

357. 集团公司收取下属公司的管理费，能否税前列支？

答：《企业所得税法实施条例》第四十九条规定，企业之间支付的管理费、企业内营业机构之间支付的租金和特许权使用费，以及非银行企业内营业机构之间支付的利息，不得扣除。

因此，集团公司向下属公司提取管理费，下属公司税前扣除的做法在新税法下已停止执行。在新税法下，集团公司与下属公司之间的业务往来收付费用，按照《国家税务总局关于母子公司间提供服务支付费用有关企业所得税处理问题的通知》（国税发〔2008〕86号）执行。

358. 跨省、市分支机构的企业所得税如何汇算清缴？

答：根据《国家税务总局关于印发〈跨地区经营汇总纳税企业所得税征收管理

暂行办法〉的通知》（国税发〔2008〕28 号）第二十二条规定，总机构在年度终了后 5 个月内，应依照法律、法规和其他有关规定进行汇总纳税企业的所得税年度汇算清缴。各分支机构不进行企业所得税汇算清缴。当年应补缴的所得税款，由总机构缴入中央国库。当年多缴的所得税款，由总机构所在地主管税务机关开具"税收收入退还书"等凭证，按规定程序从中央国库办理退库。

359. 企业向会员收取的会员费应如何确认销售收入？

答：根据《国家税务总局关于确认企业所得税收入若干问题的通知》（国税函〔2008〕875 号）规定，对会员费确认收入区分两种情况：对于申请入会或加入会员，只允许取得会籍，所有其他服务或商品都要另行收费，在取得该会员费时确认收入。申请入会或加入会员后，会员在会员期内不再付费就可得到各种服务或商品，或者以低于非会员的价格销售商品或提供服务的，该会员费应在整个受益期内分期确认收入。

360. 从财政局取得的设备技术更新改造拨款需要缴所得税吗？

答：根据《财政部、国家税务总局关于财政性资金、行政事业性收费、政府性基金有关企业所得税政策问题的通知》（财税〔2008〕151 号）第一条第一项规定，企业取得的各类财政性资金，除属于国家投资和资金使用后要求归还本金的以外，均应并入企业当年收入总额。

因此，贵公司取得财政局设备技术更新改造拨款应并入当年收入总额计缴所得税。

361. 取得增值税返还是否缴纳所得税？

答：根据《财政部、国家税务总局关于财政性资金、行政事业性收费、政府性基金有关企业所得税政策问题的通知》（财税〔2008〕151 号）规定：

（1）企业取得的各类财政性资金，除属于国家投资和资金使用后要求归还本金的以外，均应计入企业当年收入总额；

（2）对企业取得的由国务院财政、税务主管部门规定专项用途并经国务院批准的财政性资金，准予作为不征税收入，在计算应纳税所得额时从收入总额中减除。本条所称财政性资金，是指企业取得的来源于政府及其有关部门的财政补助、补贴、贷款贴息，以及其他各类财政专项资金，包括直接减免的增值税和即征即退、先征后退、先征后返的各种税收，但不包括企业按规定取得的出口退税款。

从以上规定可以看出，先征后返的增值税是否应征收企业所得税主要看是否有专项用途，且是否为经国务院批准的财政性资金，如果不是，则应并入收入计征企业所得税。

362. 企业从政府取得的奖励、扶持资金是否应当缴纳企业所得税？

答：新企业所得税法及其实施条例对于不征税收入有明确规定，企业从政府取得的各类奖金、扶持资金，除了由国务院财政、税务主管部门规定专项用途并经国务院批准的财政性资金外，应并入取得当期应纳税所得额计算缴纳企业所得税。根据《财政部、国家税务总局关于财政性资金、行政事业性收费、政府性基金有关企业所得税政策问题的通知》（财税〔2008〕151号）规定，企业取得的各类财政性资金，除属于国家投资和资金使用后要求归还本金的以外，均应计入企业当年收入总额。

所称财政性资金，是指企业取得的来源于政府及其有关部门的财政补助、补贴、贷款贴息，以及其他各类财政专项资金，包括直接减免的增值税和即征即退、先征后退、先征后返的各种税收，但不包括企业按规定取得的出口退税款；所称国家投资，是指国家以投资者身份投入企业，并按有关规定相应增加企业实收资本（股本）的直接投资。

363. 新办企业发生的开办费如何处理？

答：根据《国家税务总局关于企业所得税若干税务事项衔接问题的通知》（国税函〔2009〕98号）第九条规定，新税法中开（筹）办费未明确列作长期待摊费用，企业可以在开始经营之日的当年一次性扣除，也可以按照新税法有关长期待摊费用的处理规定处理，但一经选定，不得改变。企业在新税法实施以前年度的未摊销完的开办费，也可根据上述规定处理。

364. 用于研发活动的固定资产提取的折旧费是否属于研究开发费？

问：某高新技术企业在开发新产品时，有部分专门用于研发活动的仪器和设备，其计提的折旧费用是否属于研究开发费可以在所得税前加计扣除？

答：根据《国家税务总局关于印发〈企业研究开发费用税前扣除管理办法（试行）〉的通知》（国税发〔2008〕116号）（简称《办法》）第四条第四项规定，企业发生专门用于研发活动的仪器、设备的折旧费或租赁费如属于企业从事《国家重点支持的高新技术领域》和国家发展改革委员会等部门公布的《当前优先发展的高技术产业化重点领域指南（2007年度）》规定项目的研究开发活动，其在一个纳税年度中实际发生的费用支出，允许在计算应纳税所得额时按照规定实行加计扣除。

《办法》第二条规定，本办法适用于财务核算健全并能准确归集研究开发费用的居民企业。《办法》第七条规定了企业加计扣除的方式，即根据财务会计核算和研发项目的实际情况，对发生的研发费用进行收益化或资本化处理的，可按下述规定计算加计扣除：（1）研发费用计入当期损益未形成无形资产的，允许再按其当年研发费用实际发生额的50%，直接抵扣当年的应纳税所得额；（2）研发费用形成无形资产的，按照该无形资产成本的150%在税前摊销。除法律另有规定外，摊销年限不得低于10年。

365. 办理企业所得税季度预缴时，能否弥补以前年度未弥补的亏损？

答：根据《企业所得税法》规定，可以弥补的亏损是指企业按企业所得税法的规定将年度收入总额减不征税收入、免税收入和各项扣除后小于零的数额，即年度应纳税所得额为负数。对已完成年度所得税汇算清缴的企业，其汇算年度应纳税所得额是负数的，则可在以后不超过5年的连续时间内进行弥补，包括季度预缴时进行弥补。如果2008年度尚未完成汇算清缴的，其2008年度的亏损还不能在2009年预缴时申报弥补。在季度预缴时，按其当季的会计利润减除以前年度待弥补亏损以及不征税收入、免税收入后的余额作为该季的预缴企业所得税计税依据。

366. 企业外币货币性项目因汇率变动导致的汇兑损失是否要在实际处置或结算时才能税前列支？

答：《企业所得税法实施条例》第三十九条规定，企业在货币交易中，以及纳税年度终了时将人民币以外的货币性资产、负债按照期末即期人民币汇率中间价折算为人民币时产生的汇兑损失，除已经计入有关资产成本以及与向所有者进行利润分配相关的部分外，准予扣除。

367. 音像制品销售不出去，超过3年能否作为损失在税前扣除？

答：根据《财政部、海关总署、国家税务总局关于支持文化企业发展若干税收政策问题的通知》（财税〔2009〕31号）规定，出版、发行企业库存呆滞出版物，纸质图书超过5年（包括出版当年，下同），音像制品、电子出版物和投影片（含缩微制品）超过2年，纸质期刊和挂历年画等超过1年的，可以作为财产损失、在税前据实扣除。已作为财产损失税前扣除的呆滞出版物，以后年度处置的，其处置收入应纳入处置当年的应税收入。

368. 《企业所得税法》规定的多项优惠政策，能否同时享受？

答：根据《财政部、国家税务总局关于执行企业所得税优惠政策若干问题的通知》（财税〔2009〕69号）第二条规定，《国务院关于实施企业所得税过渡优惠政策的通知》（国发〔2007〕39号）第三条所称不得叠加享受，且一经选择，不得改变的税收优惠情形，限于企业所得税过渡优惠政策与企业所得税法及其实施条例中规定的定期减免税和减低税率类的税收优惠。

企业所得税法及其实施条例中规定的各项税收优惠，凡企业符合规定条件的，可以同时享受。

369. 政府性基金是否可以在企业所得税前扣除？

答：《财政部、国家税务总局关于财政性资金、行政事业性收费、政府性基金有关企业所得税政策问题的通知》（财税〔2008〕151号）第二条"关于政府性基金和行政事业性收费"规定：

（1）企业按照规定缴纳的、由国务院或财政部批准设立的政府性基金以及由国务院和省、自治区、直辖市人民政府及其财政、价格主管部门批准设立的行政事业性收费，准予在计算应纳税所得额时扣除。企业缴纳的不符合上述审批管理权限设立的基金、收费，不得在计算应纳税所得额时扣除。

（2）企业收取的各种基金、收费，应计入企业当年收入总额。

（3）对企业按照法律、法规及国务院有关规定收取并上缴财政的政府性基金和行政事业性收费，准予作为不征税收入，于上缴财政的当年在计算应纳税所得额时从收入总额中减除；未上缴财政的部分，不得从收入总额中减除。

370. 企业为职工缴纳的保险费是否可以税前扣除？

答：《企业所得税法实施条例》规定，企业依照国务院有关主管部门或者省级人民政府规定的范围和标准为职工缴纳的基本养老保险费、基本医疗保险费、失业保险费、工伤保险费、生育保险费等基本社会保险费和住房公积金，准予扣除。企业为投资者或者职工支付的补充养老保险费、补充医疗保险费，在国务院财政、税务主管部门规定的范围和标准内，准予扣除。除企业依照国家有关规定为特殊工种职工支付的人身安全保险费和国务院财政、税务主管部门规定可以扣除的其他商业保险费外，企业为投资者或者职工支付的商业保险费，不得扣除。

371. 买一赠一销售的商品是否需要确认收入？

问： 我公司最近搞促销活动，就是以买一赠一等方式组合销售本公司商品，在缴纳企业所得税时对赠送的商品要不要确认收入？

答： 根据《国家税务总局关于确认企业所得税收入若干问题的通知》（国税函〔2008〕875号）规定，企业以买一赠一等方式组合销售本企业商品的，不属于捐赠，应将总的销售金额按各项商品的公允价值的比例来分摊确认各项的销售收入。

372. 采用外币结算的业务如何确定汇率？

问： 我公司业务采用外币结算，请问在缴纳企业所得税时如何确认汇率。对汇算清缴有什么影响吗？

答：《企业所得税法实施条例》第一百三十条规定，企业所得以人民币以外的货币计算的，预缴企业所得税时，应当按照月度或者季度最后一日的人民币汇率中间价，折合成人民币计算应纳税所得额。年度终了汇算清缴时，对已经按照月度或者季度预缴税款的，不再重新折合计算，只就该纳税年度内未缴纳企业所得税的部分，按照纳税年度最后一日的人民币汇率中间价，折合成人民币计算应纳税所得额。经税务机关检查确认，企业少计或者多计前款规定的所得的，应当按照检查确认补税或者退税时的上一个月最后一日的人民币汇率中间价，将少计或者多计的所得折合成人民币计算应纳税所得额，再计算应补缴或者应退的税款。

373. 企业为员工报销的个人医药费能否税前列支？

答：《国家税务总局关于企业工资、薪金及职工福利费扣除问题的通知》（国税函〔2009〕3号）第三条"关于职工福利费扣除问题"规定，《实施条例》第四十条规定的企业职工福利费，包括以下内容：

（1）尚未实行分离办社会职能的企业，其内设福利部门所发生的设备、设施和人员费用，包括职工食堂、职工浴室、理发室、医务所、托儿所、疗养院等集体福利部门的设备、设施及维修保养费用和福利部门工作人员的工资、薪金、社会保险费、住房公积金、劳务费等。

（2）为职工卫生保健、生活、住房、交通等所发放的各项补贴和非货币性福利，包括企业向职工发放的因公外地就医费用、未实行医疗统筹企业职工医疗费用、职工供养直系亲属医疗补贴、供暖费补贴、职工防暑降温费、职工困难补贴、救济费、职工食堂经费补贴、职工交通补贴等。

（3）按照其他规定发生的其他职工福利费，包括丧葬补助费、抚恤费、安家费、探亲假路费等。

因此，员工报销的个人医药费可以列入职工福利费，同时根据《企业所得税法实施条例》第四十条规定，企业发生的职工福利费支出，不超过工资、薪金总额14％的部分，准予扣除。

374. 公司人员出国考察期间取得的国外票据能否税前扣除？

问：我公司总经理出国考察期间取得国外的票据，请问在企业所得税汇算时能税前扣除吗？

答：根据《企业所得税法》第八条规定，企业实际发生的与取得收入有关的、合理的支出，包括成本、费用、税金、损失和其他支出，准予在计算应纳税所得额时扣除。另根据《中华人民共和国发票管理办法》第三十四条规定，单位和个人从境外取得的与纳税有关的发票或者凭证，税务机关在纳税审查时有疑义的，可以要求其提供境外公证机构或者注册会计师的确认证明，经税务机关审核认可后，方可作为记账核算的凭证。

375. 所得税多缴税款可否抵减以后年度的税款？

答：根据《国家税务总局关于印发〈企业所得税汇算清缴管理办法〉的通知》（国税发〔2009〕79号）第十一条规定，纳税人在纳税年度内预缴企业所得税税款超过应纳税款的，主管税务机关应及时按有关规定办理退税，或者经纳税人同意后抵减其下一年度应缴企业所得税税款。所以，可以抵减以后年度税款。

376. 《企业所得税法》中规定的小型微利企业的条件关于从业人数是如何计算的？

答：《财政部、国家税务总局关于执行企业所得税优惠政策若干问题的通知》（财税〔2009〕69号）第7条规定，实施条例第九十二条第一项和第二项所称从业人数，是指与企业建立劳动关系的职工人数和企业接受的劳务派遣用工人数之和；从业人数和资产总额指标，按企业全年月平均值确定，具体计算公式如下：

月平均值＝（月初值＋月末值）÷2

全年月平均值＝全年各月平均值之和÷12

年度中间开业或者终止经营活动的，以其实际经营期作为一个纳税年度确定上述相关指标。

377. 软件企业销售自行开发的软件产品，应缴纳增值税还是营业税？如果办理软件企业认定，可以享受什么税收优惠政策？

答：《增值税暂行条例》第一条规定，在中华人民共和国境内销售货物或者提供加工、修理修配劳务以及进口货物的单位和个人，为增值税的纳税人，应当依照本条例缴纳增值税。因此，企业销售自行开发的软件产品应缴纳增值税。

符合条件的软件企业可享受下列税收优惠：

（1）根据《财政部、国家税务总局、海关总署关于鼓励软件产业和集成电路产业发展有关税收政策问题的通知》（财税〔2000〕25号）规定，自2000年6月24日至2010年底以前，对增值税一般纳税人销售其自行开发生产的软件产品，按17％的法定税率征收增值税后，对其增值税实际税负超过3％的部分实行即征即退政策。

（2）《财政部、国家税务总局关于企业所得税若干优惠政策的通知》（财税〔2008〕1号）规定：①软件生产企业实行增值税即征即退政策所退还的税款，由企业用于研究开发软件产品和扩大再生产，不作为企业所得税应税收入，不予征收企业所得税；②我国境内新办软件生产企业经认定后，自获利年度起，第一年和第二年免征企业所得税，第三年至第五年减半征收企业所得税；③国家规划布局内的重点软件生产企业，如当年未享受免税优惠的，减按10％的税率征收企业所得税；④软件生产企业的职工培训费用可按实际发生额在计算应纳税所得额时扣除。

378. 子公司向母公司支付的服务费用是否可以税前扣除？

问：国外母公司给中国境内子公司定期提供一些行业状况、发展动态等商业信息，对这部分服务子公司向母公司支付的服务费用是否可以税前扣除？

答：根据《国家税务总局关于母子公司间提供服务支付费用有关企业所得税处理问题的通知》（国税发〔2008〕86号）规定，母公司向其子公司提供各项服务，双方应签订服务合同或协议，明确规定提供服务的内容、收费标准及金额等，按照独立企业之间公平交易原则确定服务的价格的，子公司应按企业正常的劳务费用进行税务处理，作为成本费用在税前扣除。

379. 公司将自行开发的商品房转为出租需要视同销售吗？

答：根据国家税务总局印发的《房地产开发经营业务企业所得税处理办法》（国税发〔2009〕31号）第七条规定，企业将开发产品用于捐赠、赞助、职工福利、奖励、对外投资、分配给股东或投资人、抵偿债务、换取其他企事业单位和个人的非货币性资产等行为，应视同销售，于开发产品所有权或使用权转移，或于实际取得利益权利时确认收入（或利润）的实现。

《国家税务总局关于企业处置资产所得税处理问题的通知》（国税函〔2008〕828号）文件第一条规定，企业将自己开发的商品房转为出租不需要视同销售处理。

380. 关联企业之间借款利息的扣除怎样处理？

答：根据《企业所得税法》及其实施条例规定，企业从其关联方接受的债权性投资与权益性投资的比例超过规定标准而发生的利息支出，不得在计算应纳税所得额时扣除，其接受关联方债权性投资与其权益性投资的比例为，金融企业为5∶1，其他企业为2∶1。但是如果企业能够按照规定提供相关资料，并证明相关交易活动符合独立交易原则的，或者该企业的实际税负不高于境内关联方的，其实际支付给境内关联方的利息支出，在计算应纳税所得额时准予扣除。

381. 实行核定征收的纳税人能否适用20％的优惠税率？

答：《财政部、国家税务总局（关于执行企业所得税优惠政策若干问题）的通知》（财税〔2009〕69号）第八条规定，企业所得税法第二十八条规定的小型微利企业待遇，应适用于具备建账核算自身应纳税所得额条件的企业，按照《企业所得税核定征收办法》（国税发〔2008〕30号）缴纳企业所得税的企业，在不具备准确核算应纳税所得额条件前，暂不适用小型微利企业适用税率。因此，核定征收企业自2008年度起，一律执行25％的法定税率。

382. 单位发放职工防暑降温费是否能税前列支？

答：《国家税务总局关于企业工资、薪金及职工福利费扣除问题的通知》（国税函〔2009〕3号）第三条规定，《企业所得税法实施条例》第四十条规定的企业职工福利费，包括以下内容：

（1）尚未实行分离办社会职能的企业，其内设福利部门所发生的设备、设施和人员费用，包括职工食堂、职工浴室、理发室、医务所、托儿所、疗养院等集体福利部门的设备、设施及维修保养费用和福利部门工作人员的工资、薪金、社会保险费、住房公积金、劳务费等。

（2）为职工卫生保健、生活、住房、交通等所发放的各项补贴和非货币性福利，包括企业向职工发放的因公外地就医费用、未实行医疗统筹企业职工医疗费用、职工供养直系亲属医疗补贴、供暖费补贴、职工防暑降温费、职工困难补贴、救济费、职工食堂经费补贴、职工交通补贴等。

上述单位发放的职工防暑降温费，应在职工福利费列支。根据《企业所得税法实施条例》第四十条规定，企业发生的职工福利费支出，不超过工资、薪金总额14％的部分，准予扣除。

383. 什么是符合条件的技术转让所得？

问：新的企业所得税法第二十七条规定，符合条件的技术转让所得可以免征、减征企业所得税。请问，此处所讲的"符合条件"指的是什么？

答：根据《国家税务总局关于技术转让所得减免企业所得税有关问题的通知》（国税函〔2009〕212号）的规定，享受减免企业所得税优惠的技术转让应符合以下条件：（1）享受优惠的技术转让主体是企业所得税法规定的居民企业；（2）技术转让属于财政部、国家税务总局规定的范围；（3）境内技术转让经省级以上科技部门认定；（4）向境外转让技术经省级以上商务部门认定；（5）国务院税务主管部门规定的其他条件。这里强调的是居民企业在一个纳税年度内技术转让所得的总和，而不管享受减免税优惠的转让所得是通过几次技术转让行为所获取的，只要居民企业技术转让所得总和在一个纳税年度内不到500万元，这部分所得全部免税，超过500万元的部分，减半征收企业所得税。

384. 研发部门的差旅费可否加计扣除？

答：根据《国家税务总局关于印发〈企业研究开发费用税前扣除管理办法（试行）〉的通知》（国税发〔2008〕116号）规定，企业从事《国家重点支持的高新技术领域》和国家发展改革委员会等部门公布的《当前优先发展的高技术产业化重点领域指南（2007年度）》规定项目的研究开发活动，其在一个纳税年度内实际发生的下列费用支出，允许在计算应纳税所得额时按照规定实行加计扣除：

（1）新产品设计费、新工艺规程制定费以及与研发活动直接相关的技术图书资料费、资料翻译费。
（2）从事研发活动直接消耗的材料、燃料和动力费用。
（3）在职直接从事研发活动人员的工资、薪金、奖金、津贴、补贴。
（4）专门用于研发活动的仪器、设备的折旧费或租赁费。
（5）专门用于研发活动的软件、专利权、非专利技术等无形资产的摊销费用。
（6）专门用于中间试验和产品试制的模具、工艺装备开发及制造费。

（7）勘探开发技术的现场试验费。

（8）研发成果的论证、评审、验收费用。

由于上述列举可加计扣除的项目不包括差旅费，故对研发部门发生的差旅费支出不可加计扣除。

385. 手续费及佣金支出如何税前扣除？

答：根据《财政部、国家税务总局关于企业手续费及佣金支出税前扣除政策的通知》（财税〔2009〕29号）规定，自2008年1月1日起，企业发生的手续费和佣金支出税前扣除，按以下规定进行处理：

（1）企业发生与生产经营有关的手续费及佣金支出，不超过下列规定计算限额以内的部分，准予扣除。超过部分，不得扣除。保险企业，财产保险企业按当年全部保费收入扣除退保金等后余额的15%（含本数，下同）计算限额；人身保险企业按当年全部保费收入扣除退保金等后余额的10%计算限额。其他企业，按与具有合法经营资格中介服务机构或个人（不含交易双方及其雇员、代理人和代表人等）所签订服务协议或合同确认的收入金额的5%计算限额。

（2）企业应与具有合法经营资格的中介服务企业或个人签订代办协议或合同，并按国家有关规定支付手续费及佣金。除委托个人代理外，企业以现金等非转账方式支付的手续费及佣金不得在税前扣除。企业为发行权益性证券支付给有关证券承销机构的手续费及佣金不得在税前扣除。

（3）企业不得将手续费及佣金支出计入回扣、业务提成、返利、进场费等费用。

（4）企业已计入固定资产、无形资产等相关资产的手续费及佣金支出，应当通过折旧、摊销等方式分期扣除，不得在发生当期直接扣除。

（5）企业支付的手续费及佣金不得直接冲减服务协议或合同金额，并如实入账。

（6）企业应当如实向当地主管税务机关提供当年手续费及佣金计算分配表和其他相关资料，并依法取得合法真实凭证。

386. 企业发生清算向股东分配的剩余资产，需要缴纳企业所得税吗？

答：根据《财政部、国家税务总局关于企业清算业务企业所得税处理若干问题的通知》（国财税〔2009〕60号）规定，被清算企业的股东分得的剩余资产的金额，其中相当于被清算企业累计未分配利润和累计盈余公积中按该股东所占股份比例计算的部分，应确认为股息所得；剩余资产减除股息所得后的余额，超过或低于股东投资成本的部分，应确认为股东的投资转让所得或损失。被清算企业的股东从被清算企业分得的资产应按可变现价值或实际交易价格确定计税基础。

387. 企业给职工支付的补充养老保险费、补充医疗保险费可否在税前扣除？

答：《财政部、国家税务总局关于补充养老保险费、补充医疗保险费有关企业所得税政策问题的通知》（财税〔2009〕27号）规定，自2008年1月1日起，企业根据国家有关政策规定，为在本企业任职或者受雇的全体员工支付的补充养老保险费、补充医疗保险费，分别在不超过职工工资总额5%标准内的部分，在计算应纳税所得额时准予扣除；超过的部分，不予扣除。

388. 企业固定资产加速折旧如何办理相关手续？

答：根据《国家税务总局关于企业固定资产加速折旧所得税处理有关问题的通知》（国税发〔2009〕81号）第五条规定，企业确需对固定资产采取缩短折旧年限或者加速折旧方法的，应在取得该固定资产后一个月内，向其企业所得税主管税务机关（以下简称主管税务机关）备案，并报送以下资料：（1）固定资产的功能、预计使用年限短于《企业所得税法实施条例》规定计算折旧的最低年限的理由、证明资料及有关情况的说明；（2）被替代的旧固定资产的功能、使用及处置等情况的说明；（3）固定资产加速折旧拟采用的方法和折旧额的说明；（4）主管税务机关要求报送的其他资料。

389. 企业所得税季报时弥补亏损，"实际利润额"栏怎样填写？

答：《国家税务总局关于填报企业所得税月（季）度预缴纳税申报表有关问题的通知》（国税函〔2008〕635号）规定，第4行"实际利润额"，填报按会计制度核算的利润总额减除以前年度弥补亏损以及不征税收入、免税收入后的余额。事业单位、社会团体、民办非企业单位比照填报。房地产开发企业本期取得预售收入按规定计算出的预计利润额计入本行。

《中华人民共和国企业所得税月（季）度预缴纳税申报表（A类）填报说明》规定，填报"本期金额"列，数据为所属月（季）度第1日至最后1日；填报"累计金额"列，数据为纳税人所属年度1月1日至所属季度（或月份）最后1日的累计数。

综上，企业在季度申报时，"实际利润额"对应的本期金额列填写本季度的利润额，"累计金额"列填写本年1月1日至本季度最后1日的累计数。

390. 企业投资者投资未到位而发生的利息支出是否可以税前扣除？

问：企业投资者投资未到位而发生的利息支出，在计算企业所得税时是否可以税前扣除？

答：根据《国家税务总局关于企业投资者投资未到位而发生的利息支出企业所得税前扣除问题的批复》（国税函〔2009〕312号）规定，关于企业由于投资者投资未到位而发生的利息支出扣除问题，根据《企业所得税法实施条例》第二十七条规定，凡企业投资者在规定期限内未缴足其应缴资本额的，该企业对外借款所发生的利息，相当于投资者实缴资本额与在规定期限内应缴资本额的差额应计付的利息，其不属于企业合理的支出，应由企业投资者负担，不得在计算企业应纳税所得额时扣除。

具体计算不得扣除的利息，应以企业一个年度内每一账面实收资本与借款余额保持不变的期间作为一个计算期，每一计算期内不得扣除的借款利息按该期间借款利息发生额乘以该期间企业未缴足的注册资本占借款总额的比例计算，公式为：

$$\text{企业每一计算期不得扣除的借款利息} = \text{该期间借款利息额} \times \text{该期间未缴足注册资本额} \div \text{该期间借款额}$$

企业一个年度内不得扣除的借款利息总额为该年度内每一计算期不得扣除的借款利息额之和。

391. 软件企业的即征即退款用于扩大生产购进的设备能否计提折旧？

答：《财政部、国家税务总局关于企业所得税若干优惠政策的通知》（财税〔2008〕1号）规定，软件生产企业实行增值税即征即退政策所退还的税款，由企业用于研究开发软件产品和扩大再生产，不作为企业所得税应税收入，不予征收企业所得税。

《企业所得税法实施条例》第二十八条规定，企业的不征税收入用于支出所形成的费用或者财产，不得扣除或者计算对应的折旧、摊销扣除。

综上所述，软件企业即征即退款用于扩大生产购进的设备不能计提折旧。

392. 从财政局取得的专项开发资金是否免税？

答：根据《财政部、国家税务总局关于专项用途财政性资金有关企业所得税处理问题的通知》（财税〔2009〕87号）规定，对企业在2008年1月1日至2010年12月31日期间从县级以上各级人民政府财政部门及其他部门取得的应计入收入总额的财政性资金，凡同时符合以下条件的，可以作为不征税收入，在计算应纳税所得额时从收入总额中减除：

（1）企业能够提供资金拨付文件，且文件中规定该资金的项用途；

（2）财政部门或其他拨付资金的政府部门对该资金有专门的资金管理办法或具体管理要求；

（3）企业对该资金以及以该资金发生的支出单独进行核算。

393. 2009年收到以前年度分配的股利是否适用2009年新的企业所得税法税率？

问：我公司系外商投资企业，于2009年6月收到境内被投资企业分配的2008年的股利。请问，该分配的股利应纳企业所得税的税率是应该适用2009年的企业所得税税率，还是2008年的税率？

答：根据《企业所得税法实施条例》第十七条的规定，股息、红利等权益性投资收益，除国务院财政、税务主管部门另有规定外，按照被投资方作出利润分配决定的日期确认收入的实现。根据《企业所得税法》第二十六条和《企业所得税法实施条例》第八十三条的规定，居民企业直接投资于其他居民企业取得的投资收益（不包括连续持有居民企业公开发行并上市流通的股票不是12个月取得的投资收益）为免税收入。

根据《国家税务总局关于填报企业所得税月（季）度预缴纳税申报表有关问题的通知》（国税函〔2008〕635号）的规定，《中华人民共和国企业所得税月（季）度预缴纳税申报表（A类）》第4行"利润总额"修改为"实际利润额"。填报说明第5条第3项相应修改为，第4行实际利润额：填报按会计制度核算的利润总额减除以前年度待弥补亏损以及不征税收入、免税收入后的余额。

因此，贵公司收到境内被投资企业分配的2008年度的股利，应以投资方作出利润分配决定的日期确认收入实现的时间，如果股利属于符合上述规定的免税收入，可以在季度企业所得税申报时从利润总额中扣减。

394. 新企业所得税法中电子设备折旧年限是多少？

问：新企业所得税法中电子设备折旧年限是多少？如果已经按旧税法计提了一年折旧，那现在怎样做？

答：根据《企业所得税法实施条例》第六十条规定，电子设备计算折旧的最低年限为3年。《国家税务总局关于企业所得税若干税务事项衔接问题的通知》（国税函〔2009〕98号）第一条规定，新税法实施前已投入使用的固定资产，企业已按原税法规定预计净残值并计提的折旧，不做调整。新税法实施后，对此类继续使用的固定资产，可以重新确定其残值，并就其尚未计提折旧的余额，以新税法规定的折旧年限减去已经计提折旧的年限后的剩余年限，按照新税法规定的折旧方法计算折旧。新税法实施后，固定资产原确定的折旧年限不违背新税法规定原则的，也可以继续执行。

395. 因被担保人不能按期偿还债务而承担连带还款责任的损失可以在企业所得税前扣除吗？与本企业应纳税收入有关的担保具体规定是什么？

答：根据《国家税务总局关于印发〈企业资产损失税前扣除管理办法〉的通知》（国税发〔2009〕88号）第四十一条的规定，企业对外提供与本企业应纳税收入有关的担保，因被担保人不能按期偿还债务而承担连带还款责任，经清查和追索，被担保人无偿还能力，对无法追回的，比照应收账款损失进行处理。根据上述规定，企业为其他独立纳税人提供的与本企业应纳税收入无关的贷款担保等，因被担保方还不清贷款而由该担保人承担的本息等，不得申报扣除。

与本企业应纳税收入有关的担保是指，企业对外提供的与本企业投资、融资、材料采购、产品销售等主要生产经营活动密切相关的担保。

396. 2009年以后新办的从事建筑安装的企业，企业所得税属于国税征管还是地税征管？

答：《国家税务总局关于调整新增企业所得税征管范围问题的通知》（国税发〔2008〕120号）规定，2009年起新增企业所得税纳税人中，应缴纳增值税的企业，其企业所得税由国家税务局管理。应缴纳营业税的企业，其企业所得税由地方税务局管理。既缴纳增值税又缴纳营业税的企业，原则上按照其税务登记时自行申报的主营业务应缴纳的流转税税种确定征管归属；企业税务登记时无法确定主营业务的，一般以工商登记注明的第一项业务为准；一经确定原则上不再调整。

397. 将自产产品发给员工作为福利，请问企业所得税是否要作视同销售处理？

答：根据《国家税务总局关于企业处置资产所得税处理问题的通知》（国税函〔2008〕828号）规定，企业将资产用于职工奖励或福利，因资产所有权属已发生改变而不属于内部处置资产，应按规定视同销售确定收入。

398. 化肥生产企业的主要生产设备常年处于高腐蚀状态，是否可以加速折旧？如何办理？

答：根据《中华人民共和国企业所得税法》第三十二条及其实施条例第九十八

条规定，企业拥有并用于生产经营的主要或关键的固定资产，由于以下原因确需加速折旧的，可以缩短折旧年限或者采取加速折旧的方法：

(1) 由于技术进步，产品更新换代较快的；

(2) 常年处于强震动、高腐蚀状态的。

贵公司属于文件规定的第二种情形，可以采用加速折旧法。但如果采用缩短折旧年限方法，最低折旧年限不得低于本条例第六十条规定折旧年限的60%，最低折旧年限一经确定，一般不得变更；采取加速折旧方法的，可以采取双倍余额递减法或者年数总和法。

根据《国家税务总局关于企业固定资产加速折旧所得税处理有关问题的通知》（国税发〔2009〕81号）第五条规定，企业确需对固定资产采取缩短折旧年限或者加速折旧方法的，应在取得该固定资产后一个月内，向其企业所得税主管税务机关（以下简称主管税务机关）备案，并报送以下资料：

(1) 固定资产的功能、预计使用年限短于《企业所得税法实施条例》规定计算折旧的最低年限的理由、证明资料及有关情况的说明；

(2) 被替代的旧固定资产的功能、使用及处置等情况的说明；

(3) 固定资产加速折旧拟采用的方法和折旧额的说明；

(4) 主管税务机关要求报送的其他资料。

399. 经营马鹿鹿茸加工、切片，按规定是否可以享受企业所得税税收减免？

答：根据《财政部、国家税务总局关于发布享受企业所得税优惠政策的农产品初加工范围（试行）的通知》（财税〔2008〕149号）规定的享受所得税减免的畜牧业类产品初加工的范围，贵单位从事的鹿茸加工、切片不符合该规定，所以不能享受企业所得税减免。

400. 公司因经营管理需求能否将产品的成本核算方法由先进先出法改为标准成本法？

问：我公司因经营和集团管理需求，想把产品的成本核算方法由原来的先进先出法改为标准成本法。不知是否可以？

答：根据《企业所得税法实施条例》第七十三条规定，企业使用或者销售的存货的成本计算方法，可以在先进先出法、加权平均法、个别计价法中选用一种。计价方法一经选用，不得随意变更。

因此，贵公司不能选用标准成本法，但可以在先进先出法、加权平均法、个别计价法中选用一种，且计价方法一经选用，不得随意变更。

401. 公司返聘已退休人员继续工作，这部分支出能否作为工资、薪金支出在税前列支？

答：根据《企业所得税法实施条例》第三十四条规定，企业发生的合理的工资、薪金支出，准予扣除。前款所称工资、薪金，是指企业每一纳税年度支付给在本企业任职或者受雇的员工的所有现金形式或者非现金形式的劳动报酬，包括基本工资、奖金、津贴、补贴、年终加薪、加班工资，以及与员工任职或者受雇有关的其他支出。而根据劳动合同法的相关规定，离退休人员再次被聘用的不与用人单位订立劳动合同。

因此，返聘已退休人员费用不能作为工资、薪金支出在税前列支，而应作为劳务报酬凭合法有效的票据才能在税前列支。

402. 企业员工特殊岗位的津贴应列入"工资、薪金"还是"职工福利费"？

答：根据《企业所得税法实施条例》第三十四条规定，企业发生的合理的工资、薪金支出，准予扣除。前款所称工资、薪金，是指企业每一纳税年度支付给在本企业任职或者受雇的员工的所有现金形式或者非现金形式的劳动报酬，包括基本工资、奖金、津贴、补贴、年终加薪、加班工资，以及与员工任职或者受雇有关的其他支出。

《国家税务总局关于企业工资、薪金及职工福利费扣除问题的通知》（国税函〔2009〕3号）规定，《企业所得税法实施条例》第四十条第二项、第三项规定的企业职工福利费，是指为职工卫生保健、生活、住房、交通等所发放的各项补贴和非货币性福利，包括企业向职工发放的因公外地就医费用、未实行医疗统筹企业职工医疗费用、职工供养直系亲属医疗补贴、供暖费补贴、职工防暑降温费、职工困难补贴、救济费、职工食堂经费补贴、职工交通补贴等，以及按照其他规定发生的其他职工福利费，包括丧葬补助费、抚恤费、安家费、探亲假路费等。

因此，企业员工特殊岗位的津贴应计入工资、薪金支出按规定税前列支。

403. 企业通过妇联的捐赠可否税前扣除？

答：不可以。

《企业所得税法实施条例》第五十一条规定，《企业所得税法》第九条所称公益性捐赠，是指企业通过公益性社会团体或者县级以上人民政府及其部门，用于我国《公益事业捐赠法》规定的公益事业的捐赠。各级妇女联合会是群团组织，其性质既不是公益性社会团体，也不是县级以上人民政府及其部门，而且未列入《关于公布2008年度2009年度第一批获得公益性捐赠税前扣除资格的公益性社会团体名单的通知》(财税〔2009〕85号)公布的69户公益性社会团体名单,因此纳税人通过妇联的捐赠不可以税前扣除。

404. 申请核定征收有何具体规定?

问:我公司系新成立的资产评估公司,拟申请核定征收企业所得税,但当地税务机关以我公司系特殊行业为由未批准我公司的申请。请问"特殊行业"和"核定征收"有何具体规定?

答:《企业所得税核定征收办法(试行)》(国税发〔2008〕30号)第三条规定,特殊行业、特殊类型的纳税人和一定规模以上的纳税人不适用该办法,上述特定纳税人由国家税务总局另行明确。《国家税务总局关于企业所得税核定征收若干问题的通知》(国税函〔2009〕377号)第一条规定,特定纳税人包括以下几种类型的企业:(1)享受《企业所得税法》及其实施条例和国务院规定的一项或几项企业所得税优惠政策的企业(不包括仅享受《企业所得税法》第二十六条规定"免税收入"优惠政策的企业);(2)汇总纳税企业;(3)上市公司;(4)银行、信用社、小额贷款公司、保险公司、证券公司、期货公司、信托投资公司、金融资产管理公司、融资租赁公司、担保公司、财务公司、典当公司等金融企业;(5)从事会计、审计、资产评估、税务、房地产估价、土地估价、工程造价、律师、价格鉴证、公证机构、基层法律服务机构、专利代理、商标代理以及其他经济鉴证类的社会中介机构;(6)国家税务总局规定的其他企业。因此,当地税务机关未批准你公司的核定征收申请是有依据的。

405. 向境外股东分配利润何时履行代扣代缴义务?

问:我公司刚刚做出向境外股东分配2008年利润的决定,还没有实际支付。我公司是现在还是等实际支付时再履行代扣代缴企业所得税义务?

答:根据《企业所得税法实施条例》第十七条规定,《企业所得税法》第六条第四项所称股息、红利等权益性投资收益,是指企业因权益性投资从被投资方取得的收入。股息、红利等权益性投资收益,除国务院财政、税务主管部门另有规定外,按照被投资方作出利润分配决定的日期确认收入的实现。

根据《国家税务总局关于印发〈非居民企业所得税源泉扣缴管理暂行办法〉的通知》(国税发〔2009〕3号)第七条规定,扣缴义务人在每次向非居民企业支付或者到期应支付本办法第三条规定的所得时,应从支付或者到期应支付的款项中扣缴企业所得税。本条所称到期应支付的款项,是指支付人按照权责发生制原则应当计入相关成本、费用的应付款项。扣缴义务人每次代扣代缴税款时,应当向其主管税务机关报送《中华人民共和国扣缴企业所得税报告表》及相关资料，并自代扣之日起 7 日内缴入国库。

因此，你公司在做出利润分配决定时就应履行代扣代缴义务，并自代扣之日起 7 日内缴入国库。

406. 未摊销完的维修费该作何处理？

问：企业 2008 年租入一处厂房从事生产经营，今年 7 月份因停产退租，但已发生了一笔维修费。这笔未摊销完的维修费是作为财产损失处理还是一次性摊入费用？

答：根据《企业所得税法》第十三条规定，在计算应纳税所得额时，企业发生的租入固定资产的改建支出作为长期待摊费用，按照规定摊销的，准予扣除。《企业所得税法实施条例》第六十八条规定，固定资产的改建支出，是指改变房屋或者建筑结构、延长使用年限等发生的支出；租入固定资产的改建支出按照合同约定的剩余租赁期限分期摊销。

因此你公司发生的维修工程属于改建支出，应按照《企业所得税法》的规定，在结束生产时一次性扣除。

407. 公司从事农产品初加工，享受企业所得税免税优惠，同时还享受过渡期两免三减半的税收优惠，可以叠加享受吗？

答：根据《财政部、国家税务总局关于执行企业所得税优惠政策若干问题的通知》（财税〔2009〕69 号）第二条规定，《国务院关于实施企业所得税过渡优惠政策的通知》（国发〔2007〕39 号）第三条所称不得叠加享受，且一经选择，不得改变的税收优惠情形，限于企业所得税过渡优惠政策与《企业所得税法》及其实施条例中规定的定期减免税和减低税率类的税收优惠。《企业所得税法》及其实施条例中规定的各项税收优惠，凡企业符合规定条件的，可以同时享受。

因此，根据上述文件的规定，你公司的情况不得叠加享受过渡优惠政策和《企业所得税法》及其条例中规定的定期减免税和低税率类的税收优惠政策。

408. 已被认定为高新技术企业，享受 15% 的税率时需要经税务机关审批吗？

答：不需要。

根据《国家税务总局关于企业所得税税收优惠管理问题的补充通知》（国税函〔2009〕255 号）规定，除国务院明确的企业所得税过渡类优惠政策、执行新税法后继续保留执行的原企业所得税优惠政策、新企业所得税法第二十九条规定的民族自治地方企业减免税优惠政策，以及国务院另行规定实行审批管理的企业所得税优惠政策外，其他各类企业所得税优惠政策，均实行备案管理。

409. 补缴的土地出让金是否应列为无形资产？如何进行摊销？

问：我公司购入一幢厂房，由于属于工业用地转为商业用地，需要补缴土地出让金。土地出让金是否应列为无形资产？如何进行摊销？

答：《企业所得税法实施条例》第六十五条和第六十七条规定，《企业所得税法》第十二条所称无形资产，是指企业为生产产品、提供劳务、出租或者经营管理而持有的、没有实物形态的非货币性长期资产，包括专利权、商标权、著作权、土地使用权、非专利技术、商誉等。无形资产按照直线法计算的摊销费用，准予扣除。作为投资或者受让的无形资产，有关法律规定或者合同约定了使用年限的，可以按照规定或者约定的使用年限分期摊销。因此，贵公司所缴纳的土地出让金应作为无形资产，按照合同约定的使用年限分期摊销并在税前列支。

410. 从事运输的企业，运输发票由地方税务局代开。地税局在代开发票时，已经按运输费用金额代征企业所得税，但公司企业所得税由国税局征管，两个局都征收我公司的企业所得税，会不会双重征税？

答：根据《国家税务总局关于加强货物运输业税收征收管理的通知》（国税发〔2003〕121号）、《国家税务总局关于货物运输业若干税收问题的通知》（国税发〔2004〕88号）及《国家税务总局关于货物运输业新办企业所得税退税问题的通知》（国税函〔2006〕249号）等规定，地税局代开发票时代征的企业所得税超过年度汇算清缴应缴纳的企业所得税的，由国税局负责退回，但退回金额不超过纳税年度国税局对其已征的企业所得税税额；超出部分，由代开货物运输发票的地税局办理退税事项，不会造成双重征税问题。

411. 银行罚息可以在税前扣除吗？

答：根据《企业所得税法》第十条第四项规定，"罚金、罚款和被没收财物的损失"属于行政处罚范畴，不得在税前扣除。《国家税务总局关于印发〈中华人民共和国企业所得税年度纳税申报表〉的通知》（国税发〔2008〕101号）附件二《中华人民共和国企业所得税年度纳税申报表（A类）》填报说明中规定，附表三《纳税调整项目明细表》第31行"11. 罚金、罚款和被没收财物的损失"：第1列"账载金额"填报本纳税年度实际发生的罚金、罚款和被罚没财物的损失，不包括纳税人按照经济合同规定支付的违约金（包括银行罚息）、罚款和诉讼费。

根据此规定，银行罚息属于纳税人按照经济合同规定支付的违约金，不属于行政罚款，可以在税前扣除。

412. 商业企业能否计提存货跌价准备金并在企业所得税前扣除？

答：《国家税务总局关于企业所得税执行中若干税务处理问题的通知》（国税函〔2009〕202号）规定，除财政部和国家税务总局核准计提的准备金可以税前扣除外，其他行业、企业计提的各项资产减值准备、风险准备等准备金均不得税前扣除。2008年1月1日前按照原企业所得税法规定计提的各类准备金，2008年1月1日以后，未经财政部和国家税务总局核准的，企业以后年度实际发生的相应损失，应先冲减各项准备金余额。因此，纳税人不能计提存货跌价准备金，也不能在企业所得税前扣除。

413. 企业接受政府科技部门资助，进行技术开发。如技术成果为政府所有，能进行技术开发费加计扣除吗？

答：根据《国家税务总局关于印发〈企业研究开发费用税前扣除管理办法（试行）〉的通知》（国税发〔2008〕116号）规定，"研发项目可加计扣除研究开发费用情况归集表"中第36行"从有关部门和母公司取得的研究开发费用专项拨款，不能实行加计扣除"。因此你企业不得将这部分技术开发费实行加计扣除。

414. 外资企业支付给外国企业的装修设计费（劳务发生在境内），无法按实征收时如何计算缴纳企业所得税？

问：外资企业准备邀请外国企业为本公司进行装修设计，支付一笔设计费50 000元（劳务发生在境内），无法按实征收时如何计算缴纳企业所得税？

答：根据《非居民承包工程作业和提供劳务税收管理暂行办法》（国家税务总局令2009年第19号）规定，外国企业（即非居民企业）在中国境内取得设计收入，在无法按实征收的情况下，应根据该外国企业与境内公司签订的合同中约定价款是含税价款还是不含税价款两种情况处理。

第一种情况：合同价款是含税价款，则应缴纳企业所得税为合同价款乘以核定利润率再乘以25%的企业所得税税率。例如，合同约定含税价款为50 000元，核定利润率定为15%，则应缴纳企业所得税为：50 000×15%×25%＝1 875（元）。

第二种情况：合同价款是不含税价款，则应缴纳企业所得税分两步计算。第一步，先将不含税价款换算为含税价款。即"不含税价款÷(1－核定利润率×25%－营业税税率－其他税费征收率)＝含税价款"；第二步，计算"应纳企业所得税＝含税价款×核定利润率×25%"。如上例，假定营业税税率为5%且不需缴纳其他税费，则应缴纳企业所得税为：50 000÷(1－15%×25%－5%)×15%×25%＝2 054.79（元）。

415. 房地产开发企业预售收入如何处理？

问：根据国税发〔2009〕31号文件的规定，房地产企业在签订《房地产销售合同》或《房地产预售合同》时应确认收入实现，在填列纳税申报表时，将预售收入作为"其他视同销售收入"填入"收入明细表"。并将其与企业利润表中的"营业收入"合并作为计算"业务招待费、广告费和业务宣传费"的基数。如果对于该部分视同销售收入在以后正式办理产权证明，实现会计上的收入时，其在利润表中的"营业收入"中会再次体现，仍作为广告费和业务宣传费的计算基数。这样会不会造成同样一笔收入通过税法中的"视同销售收入"和会计上的"营业收入"重复作为计算上述费用扣除的基数？

答：（1）根据《国家税务总局关于印发〈房地产开发经营业务企业所得税处理办法〉的通知》（国税发〔2009〕31号）第六条规定，企业通过正式签订《房地产销售合同》或《房地产预售合同》所取得的收入，应确认为销售收入的实现。因此，企业在预售期间可按预售收入计算广告费和业务招待费，而企业取得销售收入前所发生的招待费、广告费应该累计，可在企业取得销售收入年度起，按照税法规定计算招待费、广告费扣除比例。

（2）企业在预售阶段取得预售收入，如果年度终了开发产品未完工，在填报年度企业所得税纳税申报表时，其预售收入不填入年度申报表附表一的收入明细项目，而是将预计毛利额计入年度申报表附表三（纳税调整项目明细表）第52行（五、房地产企业预售收入计算的预计利润：调增金额栏），预计毛利额＝预售收入×计税毛利率。如果年度终了前有部分项目已完工并结转销售，其结转的销售收入应计入申报表附表一的收入明细项目，同时应计算结转的实际毛利额。对结转销售收入的预售收入原已作过纳税调整增加的预计毛利额应计入年度申报表附表三（纳税调整项目明细表）第52行（五、房地产企业预售收入计算的预计利润：调减金额栏）。

（3）无论会计上如何处理，企业在计算上述两项费用扣除时均以企业取得的实际收入计算，因此不会发生重复计算的情况。

416. 外资生产型企业从2008年开始享受两免三减半的过渡期优惠，如果该企业经营期不足10年，需要补缴已减免的企业所得税吗？

答：根据《国家税务总局关于外商投资企业和外国企业原有若干税收优惠政策

取消后有关事项处理的通知》(国税发〔2008〕23 号)第三条规定，外商投资企业按照《中华人民共和国外商投资企业和外国企业所得税法》规定享受定期减免税优惠，2008 年后，企业生产经营业务性质或经营期发生变化，导致其不符合《中华人民共和国外商投资企业和外国企业所得税法》规定条件的，应依据《中华人民共和国外商投资企业和外国企业所得税法》规定补缴其此前（包括在优惠过渡期内）已经享受的定期减免税税款。

417. 企业员工私人汽车无偿给企业使用，汽油费和保险费是否可以在企业所得税前列支？

答：《企业所得税法》第八条规定，企业实际发生的与取得收入有关的、合理的支出，包括成本、费用、税金、损失和其他支出，准予在计算应纳税所得额时扣除。企业使用私人汽车，应签订租赁合同，所发生费用为租赁费支出，否则应为职工福利费支出。

418. 总、分公司的税率不一样，季度如何预缴企业所得税？

问：总公司在海南、上海、广州各有一家分公司，总、分公司的税率不一样，季度如何预缴企业所得税？

答：《国家税务总局关于跨地区经营汇总纳税企业所得税征收管理若干问题的通知》(国税函〔2009〕221 号)第二条规定，预缴时，总机构和分支机构处于不同税率地区的，先由总机构统一计算全部应纳税所得额，然后按照国税发〔2008〕28 号文件第十九条规定的比例和第二十三条规定的三因素及其权重，计算划分不同税率地区机构的应纳税所得额，再分别按各自的适用税率计算应纳税额后加总计算出企业的应纳所得税总额。再按照国税发〔2008〕28 号文件第十九条规定的比例和第二十三条规定的三因素及其权重，向总机构和分支机构分摊就地预缴的企业所得税款。

根据《国家税务总局关于印发〈跨地区经营汇总纳税企业所得税征收管理暂行办法〉的通知》(国税发〔2008〕28 号)第十九条规定：总机构和分支机构应分期预缴的企业所得税，50%在各分支机构间分摊预缴，50%由总机构预缴。第二十三条规定：

$$\text{某分支机构分摊比例} = 0.35 \times \left(\frac{\text{该分支机构营业收入}}{\text{各分支机构营业收入之和}}\right) + 0.35 \times \left(\frac{\text{该分支机构工资总额}}{\text{各分支机构工资总额之和}}\right) + 0.30 \times \left(\frac{\text{该分支机构资产总额}}{\text{各分支机构资产总额之和}}\right)$$

据此，你公司应按照以上规定的方法计算总、分支机构的预缴税额。

419. 企业以工资方式付分红款可否税前扣除？

答：根据《企业所得税法实施条例》第三十四条规定，企业发生的合理的工资、薪金支出，准予扣除。其中工资、薪金，是指企业每一纳税年度支付给在本企业任职或者受雇的员工的所有现金形式或者非现金形式的劳动报酬，包括基本工资、奖金、津贴、补贴、年终加薪、加班工资，以及与员工任职或者受雇有关的其他支出。

《国家税务总局关于企业工资、薪金及职工福利费扣除问题的通知》（国税函〔2009〕3号）规定，《企业所得税法实施条例》第三十四条所称的"合理工资、薪金"，是指企业按照股东大会、董事会、薪酬委员会或相关管理机构制定的工资、薪金制度规定实际发放给员工的工资、薪金。税务机关在对工资、薪金进行合理性确认时，可按以下原则掌握：

（1）企业制定了较为规范的员工工资、薪金制度；

（2）企业所制定的工资、薪金制度符合行业及地区水平；

（3）企业在一定时期所发放的工资、薪金是相对固定的，工资、薪金的调整是有序进行的；

（4）企业对实际发放的工资、薪金，已依法履行了代扣代缴个人所得税义务；

（5）有关工资、薪金的安排，不以减少或逃避税款为目的。

而分红款是指股东凭企业投资者身份享受的投资回报，应在企业的税后利润中进行处理，不得在企业所得税前扣除。

420. 软件生产企业的职工培训费用在企业所得税前扣除是否有限制？

问：软件生产企业每年外聘专业单位对员工进行技术培训，培训期间发生的职工培训费用在企业所得税前扣除是否有限制？

答：根据《国家税务总局关于企业所得税执行中若干税务处理问题的通知》（国税函〔2009〕202号）规定，软件生产企业发生的职工教育经费中的职工培训费用，根据《财政部、国家税务总局关于企业所得税若干优惠政策的通知》（财税〔2008〕1号）规定，可以全额在企业所得税前扣除。软件生产企业应准确划分职工教育经费中的职工培训费支出，对于不能准确划分的，以及准确划分后职工教育经费中扣除职工培训费用的余额，一律按照《企业所得税法实施条例》第四十二条规定的比例扣除。

421. 房地产企业代有关单位收取的管理费等是否需要确认收入？

答：《国家税务总局关于印发〈房地产开发经营业务企业所得税处理办法〉的通知》（国税发〔2009〕31号）第五条规定，企业代有关部门、单位和企业收取的各种基金、费用和附加等，凡纳入开发产品价内或由企业开具发票的，应按规定全部确认为销售收入；未纳入开发产品价内并由企业之外的其他收取部门、单位开具发票的，可作为代收代缴款项进行管理。

422. 创业投资企业申请享受投资抵扣应纳税所得额时，应向税务机关报送哪些资料？

答：根据《国家税务总局关于实施创业投资企业所得税优惠问题的通知》（国税发〔2009〕87号）第四条规定，创业投资企业申请享受投资抵扣应纳税所得额，应在其报送申请投资抵扣应纳税所得额年度纳税申报表以前，向主管税务机关报送以下资料备案：
（1）经备案管理部门核实后出具的年检合格通知书（副本）；
（2）关于创业投资企业投资运作情况的说明；
（3）中小高新技术企业投资合同或章程的复印件、实际所投资金验资报告等相关材料；
（4）中小高新技术企业基本情况（包括企业职工人数、年销售（营业）额、资产总额等）说明；
（5）由省、自治区、直辖市和计划单列市高新技术企业认定管理机构出具的中小高新技术企业有效的高新技术企业证书（复印件）。

423. 合伙企业的合伙人如何缴纳所得税？

答：《财政部、国家税务总局关于合伙企业合伙人所得税问题的通知》（财税〔2008〕159号）规定，合伙企业以每一个合伙人为纳税义务人。合伙企业合伙人是自然人的，缴纳个人所得税。合伙人是法人和其他组织的，缴纳企业所得税。

上述通知规定，合伙企业生产经营所得和其他所得采取"先分后税"的原则，应纳税所得额的计算按照《关于个人独资企业和合伙企业投资者征收个人所得税的规定》（财税〔2000〕91号）及《财政部、国家税务总局关于调整个体工商户、个人独资企业和合伙企业个人所得税税前扣除标准有关问题的通知》（财税〔2008〕65号）的有关规定执行。

合伙企业的合伙人按照下列原则确定应纳税所得额：

（1）合伙企业的合伙人以合伙企业的生产经营所得和其他所得，按照合伙协议约定的分配比例确定应纳税所得额。

（2）合伙协议未约定或者约定不明确的，以全部生产经营所得和其他所得，按照合伙人协商决定的分配比例确定应纳税所得额。

（3）协商不成的，以全部生产经营所得和其他所得，按照合伙人实缴出资比例确定应纳税所得额。

（4）无法确定出资比例的，以全部生产经营所得和所得，按照合伙人数量平均计算每个合伙人的应纳税所得额。合伙企业的合伙人是法人和其他组织的，合伙人在计算其缴纳企业所得税时，不得用合伙企业的亏损抵减其盈利。

424. 如何确定企业享受"三免三减半"的优惠政策的时间？

问：企业从事符合《公共基础设施项目企业所得税优惠目录》规定的公共基础设施项目投资经营，但该项目是2006年批准的，2010年才取得第一笔生产经营收入。请问该企业能否按规定享受"三免三减半"的优惠政策？

答：该情况可以按照《财政部、国家税务总局关于公共基础设施项目和环境保护节能节水项目企业所得税优惠政策问题的通知》（财税〔2012〕10号）规定执行，即从2010年取得第一笔生产经营收入起，享受"三免三减半"的优惠政策。

425. 公司从农户手中收购茶叶后进行分类、包装再销售，取得的收入是否属于免税的农产品初加工收入？

答：根据《国家税务总局关于实施农、林、牧、渔业项目企业所得税优惠问题的公告》（国税函〔2011〕48号）第五条第四项规定，企业对外购茶叶进行筛选、分装、包装后进行销售的所得，不享受农产品初加工的优惠政策。

426. 内资企业的进出口业务如何处理？

问：我企业是内资企业，但有进出口业务，去年进出口额是3.2亿美元。请问，我企业是否需要准备同期资料？

答：根据《国家税务总局关于印发〈特别纳税调整实施办法（试行）〉的通知》（国税发〔2009〕2号）第十五条规定，属于下列情形之一的企业，可免予准备同期资料：

（1）年度发生的关联购销金额（来料加工业务按年度进出口报关价格计算）在

2亿元人民币以下且其他关联交易金额（关联融通资金按利息收付金额计算）在4 000万元人民币以下，上述金额不包括企业在年度内执行成本分摊协议或预约定价安排所涉及的关联交易金额；

（2）关联交易属于执行预约定价安排所涉及的范围；

（3）外资股份低于50%且仅与境内关联方发生关联交易。

由于上述公司提供的信息过于简单，无法准确答复，建议该公司参照以上三条规定办理。

427. 企业内部的技术改造费用是否适用研发费用加计扣除政策？

答：根据《国家税务总局关于印发〈企业研究开发费用税前扣除管理办法（试行）〉的通知》（国税发〔2008〕116号）规定，研究开发活动是指企业为获得科学与技术（不包括人文、社会科学）新知识，创造性运用科学技术新知识，或实质性改进技术、工艺、产品（服务）而持续进行的具有明确目标的研究开发活动。创造性运用科学技术新知识，或实质性改进技术、工艺、产品（服务），是指企业通过研究开发活动在技术、工艺、产品（服务）方面的创新取得了有价值的成果，对本地区（省、自治区、直辖市或计划单列市）相关行业的技术、工艺领先具有推动作用，不包括企业产品（服务）的常规性升级或对公开的科研成果直接应用等活动（如直接采用公开的新工艺、材料、装置、产品、服务或知识等）。同时，企业从事的研究开发活动的有关支出，应符合《国家重点支持的高新技术领域》和国家发展改革委员会等部门公布的《当前优先发展的高技术产业化重点领域指南（2007年度）》的规定项目。凡符合规定项目定义和范围的，可享受研发费用加计扣除；不符合定义和范围的，则不能享受研发费用加计扣除。

428. 企业从财政部门取得的财政性资金是否免征企业所得税？

问：企业从县级以上各级人民政府财政部门取得的财政性资金是否免征企业所得税？

答：根据《财政部、国家税务总局关于专项用途财政性资金企业所得税处理问题的通知》（财税〔2011〕70号）规定，企业从县级以上各级人民政府财政部门及其他部门取得的应计入收入总额的财政性资金，凡同时符合以下条件的，可以作为不征税收入，在计算应纳税所得额时从收入总额中减除：

（1）企业能够提供规定资金专项用途的资金拨付文件；

（2）财政部门或其他拨付资金的政府部门对该资金有专门的资金管理办法或具体管理要求；

（3）企业对该资金以及以该资金发生的支出单独进行核算。该文件第三条规定，企业将符合本通知第一条规定条件的财政性资金作不征税收入处理后，在5年（60个月）内未发生支出且未缴回财政部门或其他拨付资金的政府部门的部分，应计入取得该资金第6年的应税收入总额；计入应税收入总额的财政性资金发生的支出，允许在计算应纳税所得额时扣除。

429. 以前年度未扣除的资产损失可否在以后年度扣除？

问：企业以前年度发生的资产损失，未能在当年申报扣除的，可否在以后年度申报扣除？

答：根据《国家税务总局关于发布〈企业资产损失所得税税前扣除管理办法〉的公告》（国税函〔2011〕25号）第五条、第六条规定，企业发生的资产损失，应按规定的程序和要求向主管税务机关申报后，方能在税前扣除。未经申报的损失，不得在税前扣除。

企业以前年度发生的资产损失未能在当年税前扣除的，可以按照本办法的规定，向税务机关说明并进行专项申报扣除。其中，属于实际资产损失，准予追补至该项损失发生年度扣除，其追补确认期限一般不得超过5年，但因计划经济体制转轨过程中遗留的资产损失、企业重组上市过程中因权属不清出现争议而未能及时扣除的资产损失、因承担国家政策性任务而形成的资产损失以及政策定性不明确而形成资产损失等特殊原因形成的资产损失，其追补确认期限经国家税务总局批准后可适当延长。属于法定资产损失，应在申报年度扣除。

企业因以前年度实际资产损失未在税前扣除而多缴的企业所得税税款，可在追补确认年度企业所得税应纳税款中予以抵扣，不足抵扣的，向以后年度递延抵扣。企业实际资产损失发生年度扣除追补确认的损失后出现亏损的，应先调整资产损失发生年度的亏损额，再按弥补亏损的原则计算以后年度多缴的企业所得税税款，并按前款办法进行税务处理。

430. 高新技术企业可否都享受国发〔2007〕40号中规定的两免三减半优惠政策？

问：甲公司是2010年在厦门注册成立的内资企业，依据《国务院关于经济特区和上海浦东新区新设立高新技术企业实行过渡性税收优惠的通知》（国发〔2007〕40号）要求，甲公司申请为高新技术企业。请问，甲公司可否享受该通知中规定的两免三减半优惠政策？

答：根据国发〔2007〕40号文件第二条规定，对经济特区和上海浦东新区内在2008年1月1日（含）之后完成登记注册的国家需要重点扶持的高新技术企业，在经济特区和上海浦东新区内取得的所得，自取得第一笔生产经营收入所属纳税年度起，第一年至第二年免征企业所得税，第三年至第五年按照25%的法定税率减半征收企业所得税。国家需要重点扶持的高新技术企业，是指拥有核心自主知识产权，同时符合《企业所得税法实施条例》第九十三条规定的条件，并按照《高新技术企业认定管理办法》认定的高新技术企业。

431. 民办非营利性质的事业单位可否申请享受小型微利企业的税收优惠？

问：有经营收入的民办非营利性质的事业单位，可否申请享受小型微利企业的税收优惠？

答：根据《企业所得税法》第二十八条第一项及《企业所得税法实施条例》第九十二条规定，符合条件的小型微利企业，减按20%的税率征收企业所得税。其中符合条件的小型微利企业，是指从事国家非限制和禁止行业，并符合下列条件的企业：（1）工业企业，年度应纳税所得额不超过30万元，从业人数不超过100人，资产总额不超过3 000万元；（2）其他企业，年度应纳税所得额不超过30万元，从业人数不超过80人，资产总额不超过1 000万元。因此，民办非营利性质的事业单位符合小型微利企业条件的，其经营收入可以申请享受小型微利企业所得税优惠。

432 因意外没有计提完折旧就已报废的固定资产如何处理？

问：企业固定资产因意外事故在没有计提完折旧的情况下就已报废，这部分损失可否在年终企业所得税汇算清缴时扣除？

答：根据《国家税务总局关于发布〈企业资产损失所得税税前扣除管理办法〉的公告》（国税发〔2011〕25号）第八条、第九条规定，企业资产损失按其申报内容和要求的不同，分为清单申报和专项申报两种申报形式。其中，属于清单申报的资产损失，企业可按会计核算科目进行归类、汇总，然后再将汇总清单报送税务机关，有关会计核算资料和纳税资料留存备查。属于专项申报的资产损失，企业应逐项（或逐笔）报送申请报告，同时附送会计核算资料及其他相关的纳税资料。企业在申报资产损失税前扣除过程中不符合上述要求的，税务机关应当要求其改正，企业拒绝改正的，税务机关有权不予受理。

下列资产损失，应以清单申报的方式向税务机关申报扣除：（1）企业在正常经营管理活动中，按照公允价格销售、转让、变卖非货币资产的损失；（2）企业各项存货发生的正常损耗；（3）企业固定资产达到或超过使用年限而正常报废清理的损失；（4）企业生产性生物资产达到或超过使用年限而正常死亡发生的资产损失；（5）企业按照市场公平交易原则，通过各种交易场所、市场等买卖债券、股票、期货、基金以及金融衍生产品等发生的损失。前条以外的资产损失，应以专项申报的方式向税务机关申报扣除。企业无法准确判别是否属于清单申报扣除的资产损失，可以采取专项申报的形式申报扣除。

固定资产报废、毁损损失，为其账面净值扣除残值和责任人赔偿后的余额，应依据以下证据材料确认：（1）固定资产的计税基础相关资料；（2）企业内部有关责任认定和核销资料；（3）企业内部有关部门出具的鉴定材料；（4）涉及责任赔偿的，应当有赔偿情况的说明；（5）损失金额较大的或自然灾害等不可抗力原因造成固定资产毁损、报废的，应有专业技术鉴定意见或法定资质中介机构出具的专项报告等。

433. 购入农产品再种植销售可否享税收优惠？

问：购入农产品再种植、养殖并销售，可否享受税收优惠？

答：根据《国家税务总局关于实施农、林、牧、渔业项目企业所得税优惠问题的公告》（国税函〔2011〕48号）第七条规定，企业将购入的农、林、牧、渔产品，在自有或租用的场地进行育肥、育秧等再种植、养殖，经过一定的生长周期，使其生物形态发生变化，且并非由于本环节对农产品进行加工而明显增加了产品的使用价值的，可视为农产品的种植、养殖项目享受相应的税收优惠。主管税务机关对企业进行农产品的再种植、养殖是否符合上述条件难以确定的，可要求企业提供县级以上农、林、牧、渔业政府主管部门的确认意见。

434. 企业持有中国铁路建设债券取得的利息收入是否缴纳企业所得税？

问：企业持有中国铁路建设债券取得的利息收入是否缴纳企业所得税？

答：根据《财政部、国家税务总局关于铁路建设债券利息收入企业所得税政策的通知》（财税〔2011〕99号）规定，对企业持有2011—2013年发行的中国铁路建设债券取得的利息收入，减半征收企业所得税。中国铁路建设债券是指经国家发展改革委核准，以铁道部为发行和偿还主体的债券。企业持有中国铁路建设债券取得的利息收入不属于《企业所得税法》规定的免税收入，应按规定缴纳企业所得税。

435. 农产品初加工，其加工费能否列入免税范围？

答：根据《国家税务总局发布〈关于实施农、林、牧、渔业项目企业所得税优惠问题的公告〉》（国家税务总局公告2011年第48号）第五条第一项规定，自2011年1月1日起，企业根据委托合同，受托对符合《财政部、国家税务总局关于发布享受企业所得税优惠政策的农产品初加工范围（试行）的通知》（财税〔2008〕149

号）和《财政部、国家税务总局关于享受企业所得税优惠的农产品初加工有关范围的补充通知》（财税〔2011〕26号）规定的农产品进行初加工服务，其所收取的加工费，可以按照农产品初加工的免税项目处理。

436. 公共基础设施项目投资企业可以享受哪些企业所得税优惠？

答：根据《企业所得税法实施条例》第八十七条规定，《企业所得税法》第二十七条第二项所称国家重点扶持的公共基础设施项目，是指《公共基础设施项目企业所得税优惠目录》规定的港口码头、机场、铁路、公路、城市公共交通、电力、水利等项目。企业从事前款规定的国家重点扶持的公共基础设施项目的投资经营的所得，自项目取得第一笔生产经营收入所属纳税年度起，第一年至第三年免征企业所得税，第四年至第六年减半征收企业所得税。企业承包经营、承包建设和内部自建自用本条规定的项目，不得享受本条规定的企业所得税优惠。

根据上述规定，企业从事国家重点扶持的公共基础设施项目投资经营的所得，可自项目取得第一笔生产经营收入所属纳税年度起，享受三免三减半的企业所得税优惠。

437. 委托外国企业进行的技术检测支出是否代扣代缴企业所得税？

答：根据《企业所得税法》第三条第二项规定，非居民企业在中国境内设立机构、场所的，应当就其所设机构、场所取得的来源于中国境内的所得，以及发生在中国境外但与其所设机构、场所有实际联系的所得，缴纳企业所得税。因此，该公司委托的外国企业如在中国境内进行技术检测，则视同设立机构场所，由外国企业自行申报缴纳企业所得税。同时，根据《企业所得税法》第三十八条规定，对非居民企业在中国境内取得工程作业和劳务所得应缴纳的所得税，税务机关可以指定工程价款或者劳务费的支付人为扣缴义务人。《企业所得税法实施条例》第一百零六条列明了可以指定扣缴义务人的情形。因此，如符合一定条件，也可由税务机关指定该公司代扣代缴企业所得税。如全部技术检测服务均发生在境外，则无须缴纳企业所得税。

438. 房地产企业因国家无偿收回土地使用权形成损失，如何在税前扣除？

答：根据《国家税务总局关于印发〈房地产开发经营业务企业所得税处理办法〉的通知》（国税发〔2009〕31号）第二十二条规定，企业因国家无偿收回土地使用权而形成的损失，可作为财产损失按照有关规定税前扣除。

439. 以前年度取得的返还土地出让金收入是否需要纳税？

问：企业2007年取得的返还土地出让金收入，是否需要缴纳企业所得税？

答：根据《财政部、国家税务总局关于企业补贴收入征税等问题的通知》（财税〔1995〕81号）规定，企业取得国家财政性补贴和其他补贴收入，除国务院、财政部和国家税务总局规定不计入损益者外，应一律并入实际收到该补贴收入年度的应纳税所得额。企业2007年取得的返还土地出让金，属于财政性补贴收入，但国务院、财政部和国家税务总局对于返还土地出让金应该计入损益未明确，没有不征收企业所得税的相关文件规定，因而应该按照财税字〔1995〕81号文件规定执行，征收企业所得税。

440. 企业购买设备提取的预计净残值比例可否自行确定？

答：根据《企业所得税法实施条例》第五十九条规定，企业应当根据固定资产的性质和使用情况，合理确定固定资产的预计净残值。固定资产的预计净残值一经确定，不得变更。

441. 企业扩建费用是否并入固定资产计税基础计提折旧？

问：企业自建厂房投入使用半年后进行扩建，发生扩建费用是否并入固定资产的计税基础计提折旧？

答：根据《国家税务总局关于企业所得税若干问题的公告》（国家税务总局公告2011年第34号）第四条规定，企业对房屋、建筑物固定资产在未足额提取折旧前进行改扩建的，如属于推倒重置的，该资产原值减除提取折旧后的净值，应并入重置后的固定资产计税成本，并在该固定资产投入使用后的次月起，按照税法规定的折旧年限，一并计提折旧。如属于提升功能、增加面积的，该固定资产的改扩建支出，并入该固定资产计税基础，并从改扩建完工投入使用后的次月起，重新按税法规定的该固定资产折旧年限计提折旧，如该改扩建后的固定资产尚可使用的年限低于税法规定最低年限的，可以按尚可使用的年限计提折旧。

442. 企业从政府取得的奖励、扶持资金是否应当缴纳企业所得税？

答：根据《财政部、国家税务总局关于财政性资金、行政事业性收费、政府性基金有关企业所得税政策问题的通知》（财税〔2008〕151号）规定，企业取得的各类财政性资金，除属于国家投资和资金使用后要求归还本金的以外，均应计入企业当年收入总额。财政性资金，是指企业取得的来源于政府及其有关部门的财政补助、补贴、贷款贴息,以及其他各类财政专项资金,包括直接减免的增值税和即征即退、先征后退、先征后返的各种税收,但不包括企业按规定取得的出口退税款。所称国家投资,是指国家以投资者身份投入企业并按有关规定相应增加企业实收资本(股本)的直接投资。

443. 航空企业发生的空勤训练费用能否税前扣除?

问:航空企业实际发生的飞行员养成费、飞行训练费、乘务训练费、空中保卫员训练费等空勤训练费用,能否在企业所得税前扣除?

答:根据《国家税务总局关于企业所得税若干问题的公告》(国家税务总局公告2011年第34号)第三条规定,航空企业实际发生的飞行员养成费、飞行训练费、乘务训练费、空中保卫员训练费等空勤训练费用,根据《企业所得税法实施条例》第二十七条规定,可以作为航空企业运输成本在税前扣除。

444. 创业投资企业在企业所得税方面有什么优惠政策?

答:《企业所得税法》第三十一条规定,创业投资企业从事国家需要重点扶持和鼓励的创业投资,可以按投资额的一定比例抵扣应纳税所得额。《企业所得税法实施条例》第九十七条规定,创业投资企业采取股权投资方式投资于未上市的中小高新技术企业2年以上的,可以按照其投资额的70%在股权持有满2年的当年,抵扣该创业投资企业的应纳税所得额。当年不足抵扣的,可以在以后纳税年度结转抵扣。创业投资企业所得税优惠的管理办法按《国家税务总局关于实施创业投资企业所得税优惠问题的通知》(国税发〔2009〕87号)要求执行。

445. 企业员工服饰费用支出如何在企业所得税前扣除?

答:根据《国家税务总局关于企业所得税若干问题的公告》(国家税务总局公告2011年第34号)第二条规定,企业根据其工作性质和特点,由企业统一制作并要求员工工作时统一着装所发生的工作服饰费用,根据《企业所得税法实施条例》第二十七条规定,可以作为企业合理的支出在税前扣除。

446. 取得的社会保险补贴和岗位用工补贴等,是否缴纳企业所得税?

问:2010年度,某公司从劳动和社会保障部门取得社会保险补贴、职业培训补贴和岗位用工补贴,是否缴纳企业所得税?

答:根据《财政部、国家税务总局关于专项用途财政性资金有关企业所得税处理问题的通知》(财税〔2009〕87号)规定,对企业在2008年1月1日至2010年12月31日,从县级以上各级人民政府财政部门及其他部门取得的应计入收入总额的财政性资金,凡同时符合以下条件的,可以作为不征税收入,在计算应纳税所得额时从收入总额中减除:(1)企业能够提供资金拨付文件,且文件中规定该资金的专项用途;(2)财政部门或其他拨付资金的政府部门对该资金有专门的资金管理办法或具体管理要求;(3)企业对该资金以及以该资金发生的支出单独进行核算。财政性资金作不征税收入处理后,在5年(60个月)内未发生支出且未缴回财政或其他拨付资金的政府部门的部分,应重新计入取得该资金第6年的收入总额。重新计入收入总额的财政性资金发生的支出,允许在计算应纳税所得额时扣除。

综合上述规定,如果某公司是从县级(含本级)以上劳动和社会保障部门取得上述财政性资金,且同时符合上述文件规定的不征税收入三个条件的,可以作为不征税收入处理。但是不征税收入用于支出形成的费用以及资产的折旧、摊销不得税前扣除。

447. 分支机构可否享受总公司高新技术企业的优惠?

问: 可以独立承担民事责任的分支机构(如分公司),其所得税是否与总公司一样可以享受高新技术企业的优惠?

答: 分支机构在法律意义上不可能独立承担民事责任。《关于印发〈高新技术企业认定管理办法〉的通知》(国科发火〔2008〕172号)、《关于印发〈高新技术企业认定管理工作指引〉的通知》(国科发火〔2008〕362号)规定,符合高新技术企业认定条件的企业,按规定享受高新技术企业优惠,包括总机构和非法人分支机构。

448. 分支结构的福利费、教育经费、对外公益捐赠和业务招待费等费用扣除额如何计算?

问: 我公司在同一市不同县区分别成立了几家分公司,按要求企业所得税在总公司汇总缴纳。对于福利费、教育经费、对外公益捐赠和业务招待费等费用扣除额是以总分机构合并后的收入总额乘以相应比例计算,还是只以分支机构的收入乘以相应比例计算?

答:《中华人民共和国企业所得税法》第五十条规定,居民企业在中国境内设立不具有法人资格营业机构的,应当汇总计算并缴纳企业所得税。因此,上述公司应该按照总分机构实现的收入总额,乘以相应比例计算扣除限额。

449. 福利企业即征即退增值税免征企业所得税的规定是否继续执行？

答：根据现行税法及《财政部、国家税务总局关于财政性资金、行政事业性收费、政府性基金有关企业所得税政策问题的通知》（财税〔2008〕151号）和《财政部、国家税务总局关于专项用途财政性资金企业所得税处理问题的通知》（财税〔2011〕70号）规定，上述收入应当征收企业所得税。

450. 取得土地使用权期限是40年如何摊销？

问：公司取得土地使用权的期限是40年，公司将其作为无形资产核算，请问该土地使用权可否按10年期限摊销？

答：《企业所得税法实施条例》第六十七条规定，作为投资或者受让的无形资产，有关法律规定或者合同约定了使用年限的，可以按照规定或者约定的使用年限分期摊销。因此，该土地使用权应当按40年期限摊销。

451. 汇率变动，未实现的汇兑损益是否作纳税调整？

问：由于汇率变动，期末根据实际汇率调整形成的未实现汇兑损益，是否作纳税调整？

答：《企业所得税法实施条例》第三十九条规定，期末根据实际汇率调整形成的汇兑损益，除已经计入有关资产成本以及向所有者进行利润分配相关的部分以外的部分，无论是否实现，均应计入当期应纳税所得额作纳税调整。

452. 房地产开发企业在小区内建造地下停车场所的成本如何处理？

问：房地产开发企业在小区内建造地下停车场所的成本，能否作为公共配套设施进行公摊成本处理？

答：根据《国家税务总局关于印发〈房地产开发经营业务企业所得税处理办法〉的通知》（国税发〔2009〕31号）第十七条的规定，地下停车场产权归属于业主的，可以作为公共配套设施进行公摊成本处理。产权归企业所有的，或者没有明确产权关系的，应按照开发产品或者固定资产进行税务处理。

453. 国有学校学历教育、非学历教育，民办学历教育、非学历教育，是否免征企业所得税？

问：国有学校学历教育、非学历教育，民办学历教育、非学历教育，是否免征企业所得税？

答：根据《企业所得税法》的相关规定，对于从事教育事业的企业能否适用税收优惠，不再按照教育性质或方式划分，而应按照有关对非营利组织的所得税政策规定执行。具体请参阅《财政部、国家税务总局关于非营利组织企业所得税免税收入问题的通知》（财税〔2009〕122号）和《财政部、国家税务总局关于非营利组织免税资格认定管理有关问题的通知》（财税〔2009〕123号）的规定。

454. 研发项目中职责为全面主持（或协调）项目的人员算不算直接从事研发活动人员？

问：在企业研发费加计扣除的审核过程中，一般一个研发项目中会有一名或若干名项目负责人，职责为全面主持（或协调）项目的进行。请问，此类人员算不算直接从事研发活动人员？

答：此问题需依据实际情况具体分析和判定。原则上，如果上述人员属于为研发活动提供直接服务的管理人员，则属于"直接从事研发活动人员"的范围。

455. 农作物的新品种选育如何才能享受税收优惠？

问：针对《企业所得税法实施条例》第八十六条规定的免税项目"农作物的新品种选育"，各地政策执行不一，关键问题是"生产、初加工、销售"三位一体，还是"选育、生产、初加工、销售"四位一体，才能享受税收优惠？

答：《国家税务总局关于实施农、林、牧、渔业项目企业所得税优惠问题的公告》（国家税务总局公告2011年第48号）第二条明确规定，生产、初加工和销售一体化是在选育形成的成果的基础上完成的。

456. 2010年被认定为高新技术企业，2011年可否继续享受15%的优惠税率？

问：我公司2010年被认定为高新技术企业，2011年可否继续享受15%的企业所得税优惠税率？

答：2010年被认定为高新技术企业的企业，自认定批准有效期当年开始，3年内可申请享受企业所得税优惠。因此，企业在2011年及2012年是否可享受15%优惠税率，需要依照《国家税务总局关于实施高新技术企业所得税优惠有关问题的通知》（国税函〔2009〕203号）规定的条件逐年判定。

457. 小额贷款公司的相关税务处理？

问：小额贷款公司可否适用财税〔2011〕104号和财税〔2012〕5号文件内容？另外，国家税务总局公告2010年第23号文件中有关"逾期贷款利息以实际收到利息确认收入。逾期90天仍未收回，准予抵扣当期应纳税额"的规定，请问小额贷款公司是否适用？

答：鉴于《财政部、国家税务总局关于金融企业贷款损失资金准备金企业所得税税前扣除政策有关问题的通知》（财税〔2012〕5号）、《国家税务总局关于金融企业贷款利息收入确认问题的公告》（国家税务总局公告〔2010〕第23号）和《国家税务总局关于延长金融企业涉农贷款和中小企业贷款损失准备金税前扣除政策执行期限的通知》（财税〔2011〕104号）三个文件均适用于金融企业，而小额贷款公司没有金融许可证，虽然从事贷款业务，但国家有关部门未按金融企业对其进行管理，因此，在没有新政策规定之前，不得执行上述三个文件。即小额贷款公司不得按财税〔2012〕5号文件和财税〔2011〕104号文件的规定，在税前扣除贷款损失准备金。也不得按国家税务总局公告〔2010〕第23号公告的规定，将逾期90天的利息收入冲抵当期利息收入（应纳税所得额）。

458. 收到未加盖发票专用章的发票能否在企业所得税前扣除？

问：收到加油站、超市开具的卷筒发票未加盖发票专用章，能否在企业所得税前据实扣除？

答：《中华人民共和国发票管理办法》第二十二条规定，开具发票应该加盖发票专用章。另外，所谓加油站、超市开具的卷筒发票很可能只是销售水单，不是发票，请到加油站、超市换取发票后，按规定在税前扣除。

459. 子公司合并孙公司且外资股份不撤出，已享受的定期税收优惠应如何处理？

问：我公司（集团）下属的一家子公司是高科技企业，所得税执行15%的优惠税率，该子公司5年前与外商合资成立了一家中外合资企业，外资出资比例为25%（以下简称孙公司），子公司与孙公司生产同类产品，孙公司生产的产品全部销售给子公司，由子公司集中对外销售。现集团拟准备整体上市，为规避内部交易、减少同业竞争，子公司准备吸收合并孙公司，外资股份不撤出。请问，目前操作合并，已享受的定期税收优惠应如何处理？

答：自2008年1月1日起开始实施新的企业所得税法，由于尚存在按原税法规定享受过渡期税收优惠政策的情形，因此，在具体执行中，原则上应按原税法中相关规定的法理原则来处理。按照原《国家税务总局印发〈关于外商投资企业合并、分立、股权重组、资产转让等重组业务所得税处理的暂行规定〉的通知》(国税发〔1997〕71号) 规定的原则加以判断，外国投资者持有的股权在企业重组业务中没有退出，也符合存续经营条件的，不属于经营期不足10年的情形，不适用原外商投资企业和外国企业所得税法第八条关于补缴已免征、减征税款的规定。

460. 研究开发费人工支出中受雇的其他支出，是否包括社保、住房公积金、福利费？

问：研究开发费人工支出中受雇的其他支出，是否包括社保、住房公积金、福利费？有何文件规定？

答：《国家税务总局关于印发〈企业研究开发费用税前扣除管理办法（试行）〉的通知》(国税发〔2008〕116号) 规定，可加计扣除的研究开发费用不包括社保、住房公积金、福利费等项费用。

461. 申请加计扣除的研发费是否必须在"管理费用"科目核算？

答：可申请加计扣除的研发费用必须按照《国家税务总局关于印发〈企业研究开发费用税前扣除管理办法（试行）〉的通知》(国税发〔2008〕116号) 规定的研究开发费用项目范围进行归集。至于是否在"管理费用"科目核算，税法对此没有具体要求。

462. 企业增资扩股、稀释股权，是否缴纳企业所得税？

答：《企业所得税法》第六条及其实施条例相关条款规定了企业所得税收入的不同类型，企业增资扩股（稀释股权），是企业股东投资行为，可直接增加企业的实收资本（股本），没有取得企业所得税应税收入，不作为企业应税收入征收企业所得税，也不存在其他征税问题。

463. 企业为部分高管支付的保险费可否税前扣除？

问：企业只为部分高管支付的保险费，能否按照工资、薪金总额的5％在企业所得税前扣除？

答：《财政部、国家税务总局关于补充养老保险费补充医疗保险费有关企业所得税政策问题的通知》（财税〔2009〕27号）规定，企业根据国家有关政策规定，为在本企业任职或者受雇的全体员工支付的补充养老保险费、补充医疗保险费，分别在不超过职工工资总额5%以内的部分，在计算应纳税所得额时准予扣除。超过的部分，不予扣除。因此，如果企业仅为部分人员支付上述保险费，则不得在企业所得税前扣除。

464. 企业购进的软件可否采用缩短年限法摊销折旧？

问：我们是一家建筑设计公司，现购买一套设计软件，使用期限20年。该套软件每2~3年要更新一次，费用比较多。请问，该套软件可否采用缩短年限法摊销折旧？

答：根据《财政部、国家税务总局关于企业所得税若干优惠政策的通知》（财税〔2008〕1号）第一条第五项的规定，企事业单位购进软件，凡符合固定资产或无形资产确认条件的，可以按照固定资产或无形资产进行核算，经主管税务机关核准，其折旧或摊销年限可以适当缩短，最短可为2年。因此，建筑设计公司购买的工程软件，可提供相关资料到主管税务机关，经税务机关核准后，可以按上述规定年限摊销。

465. 企业在注销前，对未付清的货款是否需要确认收入？

问：某企业自2009年12月开业以来，一直未有销售收入，现在准备办理注销，但还有一笔购进的货物未付货款。请问，企业在注销前，对这笔未付清的货款是否需要确认收入？

答：根据《企业所得税法》第六条规定，企业以货币形式和非货币形式从各种来源取得的收入，为收入总额。其中包括其他收入。《企业所得税法实施条例》第二十二条规定，企业所得税法第六条所称的其他收入，是指企业取得的除企业所得税法第六条第一项至第八项规定收入外的其他收入，包括企业资产溢余收入、逾期未退包装物押金收入、确实无法偿付的应付款项、已作坏账损失处理后又收回的应收款项、债务重组收入、补贴收入、违约金收入、汇兑收益等。

另外，根据《税收征管法实施细则》第十六条规定，纳税人在办理注销税务登记前，应当向税务机关结清应纳税款、滞纳金、罚款、缴销发票、税务登记证件和其他税务证件。根据上述规定，企业在办理注销之前，如果有应付货款未付清，应将其并入收入总额计算缴纳企业所得税，并在办理注销税务登记前，向税务机关结清应纳税款。

466. 房地产开发企业将开发产品用于职工福利，是否应缴纳企业所得税？

答：根据《国家税务总局关于印发〈房地产开发经营业务企业所得税处理办法〉的通知》（国税发〔2009〕31号）规定，房地产开发企业将开发产品用于捐赠、赞助、职工福利、奖励、对外投资、分配给股东或投资人、抵偿债务、换取其他企事业单位和个人的非货币性资产行为，应视同销售，与开发产品所有权或使用权转移，或于实际取得利益权利时确认收入（或）利润的实现。根据上述规定，房地产开发企业将开发产品用于职工福利应该缴纳企业所得税。

467. 清算所得与剩余财产有何区别？

答：《财政部、国家税务总局关于企业清算业务企业所得税处理若干问题的通知》（财税〔2009〕60号）第四条规定，企业的全部可变现价值或交易价格，减除资产的计税基础、清算费用、相关税费，加上债务清偿损益等后的余额为清算所得。第五条规定，企业全部资产的可变现价值或交易价格减除清算费用，职工的工资、社会保险费用和法定补偿金，结清清算所得税、以前年度欠税等税款，清偿企业债务，按规定计算可向所得者分配的剩余资产。区别主要是：清算所得要减除资产的计税基础，而剩余资产则不需要减除计税基础，但应减除清算所得税。

468. 如果汇总纳税企业的分支机构使用的固定资产符合加速折旧规定，请问应到何地备案？

答：《国家税务总局关于企业固定资产加速折旧所得税处理有关问题的通知》（国税发〔2009〕81号）规定，适用总、分机构汇总纳税的企业，对其所属分支机构使用的符合《企业所得税实施条例》第九十八条及本通知规定情形的固定资产采取缩短折旧年限或者采取加速折旧方法的，由其总机构向其所在地主管税务机关备案。分支机构所在地主管税务机关应负责配合总机构所在地主管税务机关实施跟踪管理。

469. 房地产开发企业在开发项目中建造的物业管理场所，应如何进行企业所得税处理？

答：根据《国家税务总局关于印发〈房地产开发经营业务企业所得税处理办法〉的通知》（国税发〔2009〕31号）第十七条规定，企业在开发区内建造的会所、物业管理场所、电站、热力站、水厂、文体场馆、幼儿园等配套设施，按以下规定进行处理：(1) 属于非营利性且产权属于全体业主的，或无偿赠与地方政府、公用事业单位的，可将其视为公共配套设施，其建造费用按公共配套设施费的有关规定进行处理；(2) 属于营利性的，或产权归企业所有的，或未明确产权归属的，或无偿赠与地方政府、公用事业单位以外其他单位的，应当单独核算其成本。除企业自用应按建造固定资产进行处理外，其他一律按建造开发产品进行处理。

470. 合伙企业对当年所得不进行任何分配，那么是否需要缴纳企业所得税？

问：某合伙企业2010年度取得各项所得100万元，经合伙人商议决定当年度对所得不进行任何分配，A公司是该合伙企业的法人合伙人。请问，这种情况下A公司2010年度是否需要缴纳企业所得税？

答：根据《财政部、国家税务总局关于合伙企业合伙人所得税问题的通知》(财税〔2008〕159号) 第二条规定，合伙企业以每一个合伙人为纳税义务人。合伙企业合伙人是自然人的，缴纳个人所得税。合伙人是法人和其他组织的，缴纳企业所得税。同时该文件第三条规定，合伙企业生产经营所得和其他所得采取"先分后税"的原则。也就是说，前款所称生产经营所得和其他所得，包括合伙企业分配给所有合伙人的所得和企业当年留存的所得（利润）。因此，即使合伙企业不分配所得，A公司也应根据财税〔2008〕159号文件中的相关规定计算缴纳企业所得税。

471. 会所俱乐部办理客户会员卡后提供的免费项目，是否要确认收入？

问：我公司旗下会所俱乐部办理客户会员卡，客户购卡后取得会所所有项目的折扣或免费消费资格，如果客户在购卡时已经支付会员卡费，该费用为取得资格费，不冲抵以后消费，也不可退，那么在凭卡免费参与会所一些项目时，这些免费的项目是否要确认收入？

答：根据《国家税务总局关于确认企业所得税收入若干问题的通知》(国税函〔2008〕875号) 有关会员费收入问题的规定，申请入会或加入会员，只允许取得会籍，所有其他服务或商品都要另行收费的，在取得该会员费时确认收入。申请入会或加入会员后，会员在会员期内不再付费就可得到各种服务或商品，或者以低于非会员的价格销售商品或提供服务的，该会员费应在整个受益期内分期确认收入。

472. 捐赠的物品可否在企业所得税前扣除？

问：我公司于2010年9月将外购的一批衣物，通过当地市人民政府捐赠给舟曲灾区。请问在企业所得税汇算清缴时，这部分捐赠的物品可否在企业所得税前扣除？

答：《财政部、海关总署、国家税务总局关于支持舟曲灾后恢复重建有关税收政策问题的通知》（财税〔2010〕107号）规定，自2010年8月8日起，对企业、个人通过公益性社会团体、县级以上人民政府及其部门向灾区的捐赠，允许在当年企业所得税前和当年个人所得税前全额扣除。以上税收优惠政策，凡未注明具体期限的，一律执行至2012年12月31日。因此，上述公司对灾区的捐赠可以在2010年企业所得税汇算清缴时全额扣除。

473. 筹建期间发生的业务招待费性质的支出，如何在企业所得税前扣除？

答：根据《国家税务总局关于企业所得税若干税务事项衔接问题的通知》（国税函〔2009〕98号）关于开（筹）办费规定，新税法中开（筹）办费未明确列作长期待摊费用，企业可以在开始经营之日的当年一次性扣除，也可以按照新税法有关长期待摊费用的处理规定处理，但一经选定，不得改变。企业在新税法实施以前年度未摊销完的开办费，也可根据上述规定处理。

开办费不包括业务招待费、广告和业务宣传费，在筹建期间发生的广告费和业务宣传费支出，按《企业所得税法》及其实施条例关于广告费和业务宣传费支出的相关规定税前扣除。根据《国家税务总局关于贯彻落实企业所得税法若干税收问题的通知》（国税函79号）规定，企业自开始生产经营的年度，为开始计算企业损益的年度。税法规定业务招待费的税前扣除应为开始生产经营并取得销售（营业）收入年度，据此，企业筹建期间发生的业务招待费性质的支出不允许税前扣除。

474. 公司经济类型变更是否要进行企业所得税清算？

问：我公司原经济类型是"有限责任公司"，现由于某些原因，拟将"有限责任公司"转变为"个人独资或个人合伙企业"。请问，是否要进行企业所得税清算？

答：根据《财政部、国家税务总局关于企业重组业务企业所得税处理若干问题的通知》（财税〔2009〕59号）第四条第一项规定，企业重组除符合本通知适用特殊性税务处理规定的外，按以下规定进行税务处理：企业由法人转变为个人独资企业、合伙企业等非法人组织，或将登记注册地转移至中华人民共和国境外（包括港澳台地区），应视同企业进行清算、分配，股东重新投资成立新企业。因此，上述公司由原来的"有限责任公司"法人组织转变为"个人独资或个人合伙企业"非法人组织，应该进行企业所得税清算。

475. 担保费用能否在企业所得税前列支？

问：我公司向银行贷款，由信用担保公司提供担保收取费用 60 000 元（有正规发票）。请问，这部分费用能否在企业所得税前列支？

答：根据《企业所得税法实施条例》第二十七条规定，《企业所得税法》第八条所称有关的支出，是指与取得收入直接相关的支出。《企业所得税法》第八条所称合理的支出，是指符合生产经营活动常规，应当计入当期损益或者有关资产成本的必要和正常的支出。

《企业所得税法实施条例》第三十三条规定，企业所得税法第八条所称其他支出，是指除成本、费用、税金、损失外，企业在生产经营活动中发生的与生产经营活动有关的、合理的支出。因此，上述公司由信用担保公司提供担保而收取 60 000 元费用，属于符合生产经营活动常规，与生产经营活动有关的、合理的支出，可以在企业所得税前扣除。

476. 企业注销前，厂房、设备等固定资产没有提完折旧，应如何处理？

答：根据《财政部、国家税务总局关于企业清算业务企业所得税处理若干问题的通知》（财税〔2009〕60 号）第三条有关清算企业所得税处理的规定，全部资产均应按可变现价值或交易价格，确认资产转让所得或损失。企业注销进行清算时，要对厂房、设备按照可变现价值计价，并就可变现价值同计税基础的差额，确定为清算所得额。

477. 两个独立法人的母子公司之间发生的费用如何处理？

问：两个独立法人的母子公司之间提供管理、服务所发生的费用，在计缴企业所得税时如何处理？

答：根据《国家税务总局关于母子公司间提供服务支付费用有关企业所得税处理问题的通知》（国税发〔2008〕86 号）规定，母公司为其子公司（以下简称子公司）提供各种服务而发生的费用，应按照独立企业之间公平交易原则确定服务的价格，作为企业正常的劳务费用进行税务处理。母子公司未按照独立企业之间的业务往来收取价款的，税务机关有权予以调整。

母公司向其子公司提供各项服务，双方应签订服务合同或协议，明确规定提供服务的内容、收费标准及金额等，凡按上述合同或协议规定所发生的服务费，母公司应作为营业收入申报纳税，子公司作为成本费用在税前扣除。

子公司申报税前扣除向母公司支付的服务费用，应向主管税务机关提供与母公司签订的服务合同或者协议等与税前扣除该项费用相关的材料。不能提供相关材料的，支付的服务费用不得税前扣除。

478. 涉及销售折扣、折让及销售退回的业务如何分别处理？

问：企业在经营活动中涉及销售折扣、折让及销售退回的，在计算缴纳企业所得税时，应如何分别处理？

答：根据《国家税务总局关于确认企业所得税收入若干问题的通知》（国税函〔2008〕875号）第一条第五项规定，企业为促进商品销售而在商品价格上给予的价格扣除属于商业折扣，商品销售涉及商业折扣的，应当按照扣除商业折扣后的金额确定销售商品收入金额。

债权人为鼓励债务人在规定的期限内付款而向债务人提供的债务扣除属于现金折扣，销售商品涉及现金折扣的，应当按扣除现金折扣前的金额确定销售商品收入金额，现金折扣在实际发生时作为财务费用扣除。

企业因售出商品的质量不合格等原因而在售价上的减让属于销售折让，企业因售出商品质量、品种不符合要求等原因而发生的退货属于销售退回。企业已经确认销售收入的售出商品发生销售折让和销售退回，应当在发生当期冲减当期商品销售收入。

479. 非居民企业担保费收入是否代扣代缴所得税？

问：非居民企业取得来源于中国境内的担保费收入，是否需要由境内企业代扣代缴企业所得税？

答：根据《国家税务总局关于非居民企业所得税管理若干问题的公告》（国家税务总局公告2011年第24号）规定，非居民企业取得来源于中国境内的担保费，应按照《企业所得税法》对利息所得规定的税率计算缴纳企业所得税。上述来源于中国境内的担保费，是指中国境内企业、机构或个人在借贷、买卖、货物运输、加工承揽、租赁、工程承包等经济活动中，接受非居民企业提供的担保所支付或负担的担保费或相同性质的费用。因此，非居民企业取得来源于中国境内的担保费收入，需要由境内企业代扣代缴企业所得税。

480. 总分支机构的企业所得税适用不同税率，应如何计算申报？

问：某企业总分支机构的企业所得税存在适用不同税率的情形，此时企业所得税应如何计算申报？

答：根据《国家税务总局关于跨地区经营汇总纳税企业所得税征收管理若干问

题的通知》（国税函〔2009〕221号）第二条"关于总分支机构适用不同税率时企业所得税款计算和缴纳问题"的相关规定，预缴时，总机构和分支机构处于不同税率地区的，先由总机构统一计算全部应纳税所得额，然后按照国税发〔2008〕28号文件第十九条规定的比例和第二十三条规定的三个因素及其权重，计算划分不同税率地区机构的应纳税所得额，再分别按各自的适用税率计算应纳税额后加总计算出企业的应纳所得税总额。再按照国税发〔2008〕28号文件第十九条规定的比例和第二十三条规定的三因素及其权重，向总机构和分支机构分摊就地预缴的企业所得税款。汇缴时，企业年度应纳所得税额应按上述方法并采用各分支机构汇算清缴所属年度的三个因素计算确定。

除《国务院关于实施企业所得税过渡优惠政策的通知》（国发〔2007〕39号）、《财政部、国家税务总局关于企业所得税若干优惠政策的通知》（财税〔2008〕1号）和《财政部、国家税务总局关于贯彻落实国务院关于实施企业所得税过渡优惠政策有关问题的通知》（财税〔2008〕21号）有关规定外，跨地区经营汇总纳税企业不得按照上述总分支机构处于不同税率地区的计算方法计算并缴纳企业所得税，应按照企业适用统一的税率计算并缴纳企业所得税。

481. 金融企业的贷款利息收入应如何确认并缴纳企业所得税？

答：根据《国家税务总局关于金融企业贷款利息收入确认问题的公告》（国家税务总局公告2010年第23号）规定，自2010年12月5日起：（1）金融企业按规定发放的贷款，属于未逾期贷款（含展期，下同），应根据先收利息后收本金的原则，按贷款合同确认的利率和结算利息的期限计算利息，并于债务人应付利息的日期确认收入的实现。属于逾期贷款，其逾期后发生的应收利息，应于实际收到的日期，或者虽未实际收到，但会计上确认为利息收入的日期，确认收入的实现。（2）金融企业已确认为利息收入的应收利息，逾期90天仍未收回，且会计上已冲减了当期利息收入的，准予抵扣当期应纳税所得额。（3）金融企业已冲减了利息收入的应收未收利息，以后年度收回时，应计入当期应纳税所得额计算纳税。

482. 本年的收入能否抵减上年度亏损数额后再缴纳企业所得税？

问：某企业于2009年筹办期间因无收入只有支出，账面利润为负数。2010年正式投入生产，并产生利润。请问，2010年的收入能否抵减2009年度亏损数额后再缴纳企业所得税？

答：根据《国家税务总局关于贯彻落实企业所得税法若干税收问题的通知》（国税函〔2010〕79号）第七条规定，企业自开始生产经营的年度为开始计算企损益的年度。企业从事生产经营之前进行筹办活动期间发生筹办费用支出，不得计算为当期的亏损，应按照《国家税务总局关于企业所得税若干税务事项衔接问题的通知》（国税函〔2009〕98号）第九条规定执行，即新税法中开（筹）办费未明确列作长期待摊费用，企业可以在开始经营之日的当年一次性扣除，也可以按照新税法有关长期待摊费用的处理规定处理，但一经选定，不得改变。企业在新税法实施以前年度未摊销完的开办费，也可根据上述规定处理。

483. 技术转让所得可否申请税收优惠？

问：技术转让所得的范围有何规定，可否申请税收优惠？

答：根据《财政部、国家税务总局关于居民企业技术转让有关企业所得税政策问题的通知》（财税〔2010〕111号）规定，技术转让的范围，包括居民企业转让专利技术、计算机软件著作权、集成电路布图设计权、植物新品种、生物医药新品种，以及财政部和国家税务总局确定的其他技术。其中，专利技术是指法律授予独占权的发明、实用新型和非简单改变产品图案的外观设计。纳税人可以提出申请享受该项税收优惠。

484. 若不能提供外出经营活动税收管理证明，应如何缴纳企业所得税？

问：跨地区经营建筑企业项目部若不能提供外出经营活动税收管理证明，应如何缴纳企业所得税？

答：根据《国家税务总局关于跨地区经营建筑企业所得税征收管理问题的通知》（国税函〔2010〕156号）规定，自2010年1月1日起，跨地区经营的项目部（包括二级以下分支机构管理的项目部）应向项目所在地主管税务机关出具总机构所在地主管税务机关开具的外出经营活动税收管理证明，未提供上述证明的，项目部所在地主管税务机关应督促其限期补办。不能提供上述证明的，应作为独立纳税人就地缴纳企业所得税。同时，项目部应向所在地主管税务机关提供总机构出具的证明该项目部属于总机构或二级分支机构管理的证明文件。

485. 房地产企业支付给销售企业的佣金或手续费，税前扣除有何限制？

答：根据《财政部、国家税务总局关于企业手续费及佣金支出税前扣除政策的通知》（财税〔2009〕29号），企业发生与生产经营有关的手续费及佣金支出，不超过以下规定计算限额以内的部分，准予扣除；超过部分，不得扣除。财产保险企业按当年全部保费收入扣除退保金等后余额的15％（含本数，下同）计算限额。人身保险企业按当年全部保费收入扣除退保金等后余额的10％计算限额。其他企业，按与具有合法经营资格中介服务机构或个人（不含交易双方及其雇员、代理人和代表人等）所签订服务协议或合同确认的收入金额的5%计算限额。

根据《国家税务总局关于印发〈房地产开发经营业务企业所得税处理办法〉的通知》（国税发〔2009〕31号）第二十条规定，企业委托境外机构销售开发产品的，其支付境外机构的销售费用（含佣金或手续费）不超过委托销售收入10%的部分，准予据实扣除。

486. 税务机关检查调增的企业应纳税所得额能否弥补以前年度亏损？

答：根据《国家税务总局关于查增应纳税所得额弥补以前年度亏损处理问题的公告》（国家税务总局公告2010年第20号）规定，根据《企业所得税法》第五条的规定，税务机关对企业以前年度纳税情况进行检查时调增的应纳税所得额，凡企业以前年度发生亏损，且该亏损属于企业所得税法规定允许弥补的，应允许调增的应纳税所得额弥补该亏损。弥补该亏损后仍有余额的，按照《企业所得税法》规定计算缴纳企业所得税。对检查调增的应纳税所得额应根据其情节，依照《税收征收管理法》有关规定进行处理或处罚。

487. 企业为员工缴纳本应由员工本人承担的社会保险费用，可否税前扣除？

问：企业为员工缴纳本应由员工本人承担的社会保险费用，可否在企业所得税税前扣除？

答：根据《企业所得税法》第八条规定，企业实际发生的与取得收入有关的、合理的支出，包括成本、费用、税金、损失和其他支出，准予在计算应纳税所得额时扣除。因此，应该由员工个人承担的社会保险费用属于个人支出行为，不得在税前扣除。

488. 技术先进型服务企业职工教育经费税前扣除有何规定？

问：经认定的技术先进型服务企业发生的职工教育经费扣除有何规定？

答：根据《企业所得税法实施条例》第四十二条规定，除国务院财政、税务主管部门另有规定外，企业发生的职工教育经费支出，不超过工资、薪金总额2.5%的部分，准予扣除；超过部分，准予在以后纳税年度结转扣除。但根据《财政部、国家税务总局、商务部、科技部、国家发展改革委关于技术先进型服务企业有关企业所得税政策问题的通知》（财税〔2010〕65号）规定，经认定的技术先进型服务企业发生的职工教育经费支出，不超过工资、薪金总额8%的部分，准予在计算应纳税所得额时扣除。超过部分，准予在以后纳税年度结转扣除。所以，若企业为经认定的技术先进型服务企业则可按此比例在企业所得税前据实扣除。

489. 建筑企业从承包方收取的管理费如何纳税？

问：建筑企业将项目全部承包给个人，收取的管理费如何缴纳企业所得税？

答：根据《企业所得税法》和《企业所得税法实施条例》的规定，建筑公司应将从工程发包方取得的承包收入按规定确认为企业所得税的应税收入，将支付给分包单位的支出在企业所得税税前作为成本扣除。企业需要注意的是，根据《建筑法》第二十八条规定，禁止承包单位将其承包的全部建筑工程转包给他人，禁止承包单位将其承包的全部建筑工程肢解以后以分包的名义分别转包给他人。

490. 房地产企业利用地下设施修建地下车库并取得的收入如何列支？

问：房地产企业利用地下设施修建了地下车库，并将该车库转让取得收入。根据财税〔2009〕31号文件第三十三条规定，利用地下基础设施形成的停车场所，作为公共配套设施进行处理。请问，文件中所称"作为公共配套设施进行处理"是否指该车库无论是否对外销售，均一次性计入开发成本，待停车场出售时，一次性确认收入而不能结转成本？

答：根据《国家税务总局关于印发〈房地产开发经营业务企业所得税处理办法〉的通知》（国税发〔2009〕31号）第三十三条规定，利用地下基础设施形成的停车场所，作为公共配套设施进行处理。同时，该文件第二十七条规定，公共配套设施费包括在开发产品计税成本支出中。因此，利用地下基础设施形成的停车场所应计入开发成本，待停车场所出售时，一次性确认收入，同时不能再结转成本。

491. 采取融资性售后回租方式租赁固定资产，企业所得税方面如何处理？

答：根据《国家税务总局关于融资性售后回租业务中承租方出售资产行为有关税收问题的公告》（国家税务总局公告2010年第13号），融资性售后回租业务是指承租方以融资为目的将资产出售给经批准从事融资租赁业务的企业后，又将该项资产从该融资租赁企业租回的行为。融资性售后回租业务中承租方出售资产时，资产所有权以及与资产所有权有关的全部报酬和风险并未完全转移。融资性售后回租业务中，承租人出售资产的行为，不确认为销售收入，对融资性租赁的资产，仍按承租人出售前原账面价值作为计税基础计提折旧。租赁期间，承租人支付的属于融资利息的部分，作为企业财务费用在税前扣除。

492. 用税后利润增加注册资本是否需要缴税？

问：我公司是一家外资企业，2001 年设立，2002 年投产。2002—2008 年税后利润合计有千万元以上，一直没有分配。由于要新增一条生产线，2009 年董事会决议用这笔税后利润增加注册资本。请问，我公司是否需要缴纳企业所得税？

答：《企业所得税法实施条例》第八十三条规定，《企业所得税法》第二十六条第二项所称符合条件的居民企业之间的股息、红利等权益性投资收益，是指居民企业直接投资于其他居民企业取得的投资收益。《企业所得税法》第二十六条第二项和第三项所称股息、红利等权益性投资收益，不包括连续持有居民企业公开发行并上市流通的股票不足 12 个月取得的投资收益。

《财政部、国家税务总局关于企业所得税若干优惠政策的通知》（财税〔2008〕1 号）规定，关于外国投资者从外商投资企业取得利润的优惠政策，2008 年 1 月 1 日之前外商投资企业形成的累积未分配利润，在 2008 年以后分配给外国投资者的，免征企业所得税。2008 年及以后年度外商投资企业新增利润分配给外国投资者的，依法缴纳企业所得税。

《国家税务总局关于贯彻落实企业所得税法若干税收问题的通知》（国税函〔2010〕79 号）规定，关于股息、红利等权益性投资收益收入确认问题，企业权益性投资取得股息、红利等收入，应以被投资企业股东会或股东大会作出利润分配或转股决定的日期，确定收入的实现。被投资企业将股权（票）溢价所形成的资本公积转为股本的，不作为投资方企业的股息、红利收入，投资方企业也不得增加该项长期投资的计税基础。根据上述规定，外资企业将 2002—2007 年度税后利润增加注册资本部分，外国投资者分取的股息、红利，不需缴纳企业所得税。而用 2008 年的税后利润增加注册资本部分，则需要缴纳企业所得税。

493. 金融企业贷款逾期后发生的利息何时确认收入？

问：金融企业贷款逾期后发生的利息何时确认收入？已确认收入的利息未收回如何处理？

答：根据《国家税务总局关于金融企业贷款利息收入确认问题的公告》（2010 年第 23 号）规定，金融企业按规定发放的贷款，属于逾期贷款，其逾期后发生的应收利息，应于实际收到的日期，或者虽未实际收到，但会计上确认为利息收入的日期，确认收入的实现。金融企业已确认为利息收入的应收利息，逾期 90 天仍未收回，且会计上已冲减了当期利息收入的，准予抵扣当期应纳税所得额。

494. 企业取得财产转让等所得应如何确认收入？

答：《国家税务总局关于企业取得财产转让等所得企业所得税处理问题的公告》（国家税务总局公告 2010 年第 19 号）规定，企业取得财产（包括各类资产、股权、债权等）转让收入、债务重组收入、接受捐赠收入、无法偿付的应付款收入等，不论是以货币形式、还是非货币形式体现，除另有规定外，均应一次性计入确认收入的年度计算缴纳企业所得税。2008 年 1 月 1 日至本公告施行前，各地就上述收入计算的所得，已分 5 年平均计入各年度应纳税所得额计算纳税的，在本公告发布后，对尚未计算纳税的应纳税所得额，应一次性作为本年度应纳税所得额计算纳税。

495. 企业购进某种财务软件应如何列支？

问：企业购进某种财务软件，应该作固定资产处理，还是作无形资产处理？其折旧或者摊销年限如何确认？

答：《财政部、国家税务总局关于企业所得税若干优惠政策的通知》（财税〔2008〕1 号）第一条第五项规定，企事业单位购进软件，凡符合固定资产或无形资产确认条件的，可以按照固定资产或无形资产进行核算，经主管税务机关核准，其折旧或摊销年限可以适当缩短，最短可为 2 年。因此，企业可根据单位实际情况进行相应确认，如需缩短折旧或摊销年限的，则按照规定进行申请核准。

496. 以手写形式填写的发票能否在税前扣除？

问：我公司取得快递公司的发票，但没有填写开具公司名称，财务人员直接以手写的形式填进去。这种情况下发生的真实合理的费用，能否在企业所得税税前扣除？

答：《企业所得税法》第八条规定，企业实际发生的与取得收入有关的、合理的支出，包括成本、费用、税金、损失和其他支出，准予在计算应纳税所得额时扣除。《国家税务总局关于印发〈进一步加强税收征管若干具体措施〉的通知》（国税发〔2009〕114 号）第六条规定，加强企业所得税税前扣除项目管理。未按规定取得的合法有效凭据不得在税前扣除。《发票管理办法》第二十二条规定，不符合法规的发票，不得作为财务报销凭证，任何单位和个人有权拒收。第二十三条规定，开具发票应当按照法规的时限、顺序、逐栏、全部联次一次性如实开具，并加盖单位财务印章或者发票专用章。因此，企业索取发票时应根据以上规定，在取得发票时，一定要注意其合法性，不得索取填写项目不齐全，内容不真实，没有加盖财务印章或者发票专用章等不符合规定的发票，对不符合规定的发票，任何单位有权拒收，也不得在企业所得税税前扣除。

497．软件退税收入如何进行税务处理？

问：享受增值税 14% 即征即退政策的软件企业，在预缴季度所得税时，软件退税收入可否在企业所得税税前扣除？

答：根据《财政部、国家税务总局关于企业所得税若干优惠政策的通知》（财税〔2008〕1号）规定，软件生产企业实行增值税即征即退政策所退还的税款，由企业用于研究开发软件产品和扩大再生产，不作为企业所得税应税收入，不征收企业所得税。

在《国家税务总局关于填报企业所得税月（季度）度预缴纳税申报表有关问题的通知》（国税函〔2008〕635号）中，对A类预缴申报表的有关项目和填报说明进行了修订，其中，申报表第4行"利润总额"修改为"实际利润额"。填报说明第五条第三项相应修改为，第4行"实际利润额"：填报按会计制度核算的利润总额减除以前年度待弥补亏损以及不征税收入、免税收入后的余额。

498．哪种工会经费收入凭据可税前扣除？

问：企业拨缴工会经费应取得何种凭据方可在企业所得税前扣除？

答：《国家税务总局关于工会经费企业所得税税前扣除凭据问题的公告》规定，根据《工会法》、《中国工会章程》和财政部颁布的《工会会计制度》，以及财政票据管理的有关规定，全国总工会决定从2010年7月1日起，启用财政部统一印制并套印财政部票据监制章的工会经费收入专用收据，同时废止工会经费拨缴款专用收据。自2010年7月1日起，企业拨缴的职工工会经费，不超过工资、薪金总额2%的部分，凭工会组织开具的工会经费收入专用收据在企业所得税税前扣除。

499．香港公司取得境内投资公司税后利润分配时，是否有税收优惠政策？

问：香港公司在境内投资设立一家公司，这家公司现将2008年度税后利润分配给香港公司。请问代扣代缴企业所得税时，是否有税收优惠政策？

答：根据《企业所得税法》和《企业所得税法实施条例》的相关规定，在中国境内未设立机构、场所的，或者虽设立机构、场所，但取得的所得与其所设机构、场所没有实际联系的非居民企业，适用税率为20%，减按10%征收企业所得税。同时，在我国发生纳税义务的非居民，如果是来自与我国缔结税收协定的国家，可以申请享受税收协定待遇。如与我国缔结税收协定国家的非居民企业来源于中国境内的股息、红利、利息等所得，按照相关税收协定中规定的限制税率低于10%的，经企业申请,主管税务机关审核,可享受协定税率。如果税收协定规定的税率高于中国国内税收法律规定的税率,则纳税人仍可按中国国内税收法律规定纳税。

上述香港公司所诉情形可能还适用的优惠政策包括《内地和香港特别行政区关于对所得避免双重征税和防止偷漏税的安排》第十条第二项有关股息的规定:(1)一方居民公司支付给另一方居民的股息,可以在另一方征税;(2)这些股息也可以在支付股息的公司是其居民的一方,按照该一方法律征税。但是,如果股息受益所有人是另一方的居民,则所征税款不应超过如下要求:即如果受益所有人是直接拥有支付股息公司至少25%股份的,为股息总额的5%。在其他情况下,为股息总额的10%。但前提是要符合《国家税务总局关于执行税收协定股息条款有关问题的通知》(国税函〔2009〕81号)规定的条件,条件包括:(1)香港的公司是香港的居民公司;(2)该公司派发股息的受益所有人是香港公司;(3)香港公司取得股息之前的连续12个月内任何时候均占有该公司25%以上全部股东权益和有表决权股份。并按照该文件相关条款的规定提出减免申请。企业申请享受税收协定(安排)待遇,应按照《国家税务总局关于印发〈非居民享受税收协定待遇管理办法(试行)〉的通知》(国税发〔2009〕124号)的有关规定执行。

500. 境内总机构支付给境外分支机构利息,如何缴税?

问:境内的银行,在境外有分支机构,总分支机构之间有资金的拆借,因此总机构应该支付给境外分支机构利息,应该依据什么税率缴税?另外,《国家税务总局关于境外分行取得来源于境内利息所得扣缴企业所得税问题的通知》(国税函〔2010〕266号)规定,属于中国居民企业的银行在境外设立的非法人分支机构同样是中国的居民,该分支机构取得的来源于中国的利息,不论是由中国居民还是外国居民设在中国的常设机构支付,均不适用我国与该分支机构所在国签订的税收协定,应适用我国国内法的相关规定,即按照《国家税务总局关于加强非居民企业来源于我国利息所得扣缴企业所得税工作的通知》(国税函〔2008〕955号)文件办理。这个文件的意思是应该依据居民企业25%的税率缴税还是按照10%的税率缴税?

答:应该依据10%的税率缴纳企业所得税。根据《国家税务总局关于加强非居民企业来源于我国利息所得扣缴企业所得税工作的通知》(国税函〔2008〕955号)第二条,我国境内机构向我国银行的境外分行支付的贷款利息,应按照《企业所得税法》及其实施条例规定代扣代缴企业所得税。根据《企业所得税法实施条例》第九十一条规定的优惠税率10%缴纳企业所得税。

501. 房地产开发公司支付的土地闲置费可否在税前扣除?

问:房地产开发公司支付的土地闲置费是否可以在企业所得税前扣除?

答：根据《国家税务总局关于印发〈房地产开发经营业务企业所得税处理办法〉的通知》（国税发〔2009〕31号）第二十七条第一项规定，土地征用费及拆迁补偿费是指为取得土地开发使用权（或开发权）而发生的各项费用，主要包括土地买价或出让金、大市政配套费、契税、耕地占用税、土地使用费、土地闲置费、土地变更用途和超面积补交的地价及相关税费、拆迁补偿支出、安置及动迁支出、回迁房建造支出、农作物补偿费、危房补偿费等。土地闲置费属于其中的一项，因此可以在企业所得税前扣除。

502. 核定征收企业进行固定资产清理时，所得税应纳所得额如何确定？

问：核定征收企业进行固定资产清理时，企业所得税应纳税所得额如何确定？是按固定资产销售的金额，还是经清理后按会计科目"营业外收入"的金额确定？

答：根据《企业所得税法》第十六条，企业转让资产，该项资产的净值，准予在计算应纳税所得额时扣除。会计上针对通过"固定资产清理"科目最终计算得出"营业外收入"科目的金额，在某种程度上等同于此处应纳税所得额，而不是纯粹的收入概念，况且企业应是在能够准确核算相关成本费用的前提下，才能得出会计上"营业外收入"科目的金额。而对采取核定征收方式的企业来说，依据《国家税务总局关于印发〈企业所得税核定征收办法〉（试行）的通知》（国税发〔2008〕30号）、《国家税务总局关于企业所得税核定征收若干问题的通知》（国税函〔2009〕377号），企业采用应税所得率方式核定征收企业所得税的，应纳所得税额计算公式如下：

应纳税所得额＝应税收入额×应税所得率

或　　应纳税所得额＝成本（费用）支出额÷(1－应税所得率)×应税所得率

需要注意的是，从2009年1月1日起，上述"应税收入额"等于收入总额减去不征税收入和免税收入后的余额。其中，收入总额为企业以货币形式和非货币形式从各种来源取得的收入。

因此，对问题中提及的按收入乘以核定利润率方式核定征收企业所得税的企业来说，本身就是在无法准确核算企业成本费用的前提下才会采取核定征收，一般不可能准确得出"营业外收入"科目的金额。参照上述规定，应按照资产的销售金额，即"应纳税所得额＝应税收入额×应税所得率"的公式来计算企业所得税。

503. 房地产企业因资金直接拆借而发生的损失能否税前扣除？

答：根据《国家税务总局关于印发〈企业资产损失税前扣除管理办法〉的通知》（国税发〔2009〕88号）第四十二条规定，国家规定可以从事贷款业务以外的企业因资金直接拆借而发生的损失不得确认为在企业所得税前扣除的损失。

504. 加计扣除和小型微利企业优惠能否同时享受？

问：企业同时符合研发费用加计扣除和小型微利企业两个优惠政策的条件，享受了加计扣除后，是否还可以享受小型微利企业优惠政策？

答：根据《财政部、国家税务总局关于执行企业所得税优惠政策若干问题的通知》（财税〔2009〕69号），《企业所得税法》及其实施条例中规定的各项税收优惠，凡企业符合规定条件的，可以同时享受。因此，企业可根据具体情况提交相应的备案资料享受上述两项优惠政策。

505. 借款期间提前竣工，剩下月份的借款支付利息如何处理？

问：某企业4月1日向银行借款500万元用于AB两个项目建设（A项目200万，B项目300万），借款期限1年。当年向银行支付了3个季度的借款利息22.5万元。A项目于10月31日竣工结算并投入使用。11月和12月A项目借款支付利息如何处理？是计入成本还是作为财务费用？

答：根据《企业所得税法实施条例》第三十七条规定，企业在生产经营活动中发生的合理的不需要资本化的借款费用，准予扣除。企业为购置、建造固定资产、无形资产和经过12个月以上的建造才能达到预定可销售状态的存货发生借款的，在有关资产购置、建造期间发生的合理的借款费用，应当作为资本性支出计入有关资产的成本，并依照本条例的规定扣除。根据上述规定，在建造期间发生的合理的借款费用，应予以资本化，作为资本性支出计入有关资产的成本。有关资产交付使用后发生的借款利息，可在发生当期扣除。

506. 销售使用过的固定资产形成的损失能否在企业所得税前扣除？

问：销售使用过的固定资产形成的损失能否在企业所得税前扣除？是否需要提供备案？

答：根据《国家税务总局关于印发〈企业资产损失税前扣除管理办法〉的通知》（国税发〔2009〕88号）第五条规定，下列资产损失。企业在正常经营管理活动中因销售、转让、变卖固定资产、生产性生物资产、存货发生的资产损失，属于由企业自行计算扣除的资产损失。第十条规定，企业发生属于由企业自行计算扣除的资产损失，应按照企业内部管理控制的要求，做好资产损失的确认工作，并保留好有关资产会计核算资料和原始凭证及内部审批证明等证据，以备税务机关日常检查。

507. 职工贪污挪用公款造成单位资产损失可否在税前扣除？

问：单位所属职工贪污挪用公款造成单位资产损失，犯罪嫌疑人在逃3年以上，目前仍未归案，所造成的损失可否在企业所得税前扣除？

答：《国家税务总局关于印发〈企业资产损失税前扣除管理办法〉的通知》（国税发〔2009〕88号）第十一条规定，具有法律效力的外部证据，是指司法机关、行政机关、专业技术鉴定部门等依法出具的与本企业资产损失相关的具有法律效力的书面文件，主要包括：（1）司法机关的判决或者裁定；（2）公安机关的立案结案证明、回复。因此，企业如能提交上述规定的判决、结案证明等资料，可以提交相关资料到主管税务机关进行审批，经审批通过后，可以在税前扣除。

508. 支付给劳务派遣人员的薪酬能否在税前扣除？

问：公司根据与劳务派遣公司签订的派遣协议，支付劳务派遣人员的工资、福利。这些支付给劳务派遣人员的工资，能否作为工资费用在企业所得税前扣除？能否作为计算三项经费税前扣除数的基数？

答：《企业所得税法实施条例》第三十四条规定，企业发生的合理的工资、薪金支出，准予在税前扣除。前款所称工资、薪金，指企业每一纳税年度支付给在本企业任职或者受雇的员工的所有现金或者非现金形式的劳动报酬，包括基本工资、奖金、津贴、补贴、年终加薪、加班工资，以及与员工任职或者受雇有关的其他支出。

《国家税务总局关于企业工资、薪金及职工福利费扣除问题的通知》（国税函〔2009〕3号）规定，税务机关在对工资、薪金进行合理性确认时，要看企业对实际发放的工资、薪金，是否已依法履行了代扣代缴个人所得税义务。因此，企业对受雇的工作人员应依法履行代扣代缴个人所得税义务，相应产生的工资费用可以作为工资、薪金在税前扣除。劳务派遣接收企业支付劳务派遣人员薪酬给劳务派遣公司，对劳务派遣人员没有个人所得税的代扣代缴义务，相应产生的工资费用不能作为工资、薪金在税前扣除，也不能作为计算三项经费税前扣除数的基数。

509. 企业集团取消合并纳税后，以前年度尚未弥补的亏损应如何处理？

问：企业集团取消合并纳税后，以前年度尚未弥补的亏损应如何计算企业所得税？

答：根据《国家税务总局关于取消合并纳税后以前年度尚未弥补亏损有关企业所得税问题的公告》（国家税务总局公告2010年第7号）规定，自2009年1月1日起，取消合并申报缴纳企业所得税后，对汇总在企业集团总部、尚未弥补的累计亏损处理如下：

（1）企业集团取消了合并申报缴纳企业所得税后，截至2008年底，企业集团合并计算的累计亏损，属于符合《企业所得税法》第十八条规定5年结转期限内的，可分配给其合并成员企业（包括企业集团总部）在剩余结转期限内结转弥补。

（2）企业集团应根据各成员企业截至2008年底年度所得税申报表中的盈亏情况，凡单独计算是亏损的各成员企业，参与分配第一条所指的可继续弥补的亏损，盈利企业不参与分配。具体分配公式如下：

$$\text{成员企业分配的亏损额} = \frac{\text{某成员企业单独计算盈亏尚未弥补的亏损额}}{\text{各成员企业单独计算盈亏尚未弥补的亏损额之和}} \times \text{集团公司合并计算累计可继续弥补的亏损额}$$

（3）企业集团在按照第二条所规定的方法分配亏损时，应根据集团每年汇总计算中这些亏损发生的实际所属年度，确定各成员企业所分配的亏损额中具体所属年度及剩余结转期限。

（4）企业集团按照上述方法分配各成员企业亏损额后，应填写《企业集团公司累计亏损分配表》并下发给各成员企业，同时抄送企业集团主管税务机关。

510. 亏损企业是否可享受残疾人工资加计扣除？

问：亏损企业是否可以享受残疾人工资加计扣除的优惠政策？

答：《关于安置残疾人员就业有关企业所得税优惠政策问题的通知》（财税〔2009〕70号）规定，根据《企业所得税法》和《企业所得税法实施条例》的有关规定，现就企业安置残疾人员就业有关企业所得税优惠政策问题，通知如下：企业安置残疾人员的，在按照支付给残疾职工工资据实扣除的基础上，可以在计算应纳税所得额时按照支付给残疾职工工资的100%加计扣除。企业就支付给残疾职工的工资，在进行企业所得税预缴申报时，允许据实计算扣除。在年度终了进行企业所得税年度申报和汇算清缴时，再依照本条的规定计算加计扣除。亏损企业可以享受残疾人工资加计扣除。

511. 转让股权时如何确定股权转让所得？

问：外商投资企业的境外股东将其持有的企业股权全部转让，该股东最初是以港币投资，中间用分得的税后利润增加了投资，现在转让股权时如何确定其股权转让所得？

答：《国家税务总局关于加强非居民企业股权转让所得企业所得税管理的通知》（国税函〔2009〕698号）规定，股权转让所得是指股权转让价减除股权成本价后的差额。

股权转让价是指股权转让人就转让的股权所收取的包括现金、非货币资产或者权益等形式的金额。如被持股企业有未分配利润或税后提存的各项基金等，股权转让人随股权一并转让该股东留存收益权的金额，不得从股权转让价中扣除。股权成本价是指股权转让人投资入股时向中国居民企业实际交付的出资金额，或购买该项股权时向该股权的原转让人实际支付的股权转让金额。

在计算股权转让所得时，以非居民企业向被转让股权的中国居民企业投资时或向原投资方购买该股权时的币种计算股权转让价和股权成本价。如果同一非居民企业存在多次投资的，以首次投入资本时的币种计算股权转让价和股权成本价，以加权平均法计算股权成本价。多次投资时币种不一致的，则应按照每次投入资本当日的汇率换算成首次投资时的币种。

512. 变更主管税务机关后，原未弥补完的亏损可否继续弥补？

问：我公司因为厂房搬迁，变更了主管的税务机关，原未弥补完的亏损可否继续弥补？

答：根据《企业所得税法》第十八条规定，企业纳税年度发生的亏损，准予向以后年度结转，用以后年度的所得弥补，但结转年限最长不得超过5年。该法规定发生的年度亏损予以结转，主要是基于纳税主体的持续经营。因为厂房搬迁，变更了主管的税务机关，属于法律形式的简单改变，纳税人办理变更税务登记证后，有关企业所得税纳税事项由变更后的纳税人承继，包括之前未弥补完的亏损，可在规定的限期内继续弥补。

513. 利息和投资收益是否可以弥补今年和去年的亏损额？

问：企业去年亏损，今年体现为盈利，但扣除企业取得的国债利息和免税的投资收益后，仍为亏损。请问，在进行所得税汇算清缴时，该国债利息和投资收益是否需弥补今年和去年的亏损额？

答：根据《企业所得税法》第五条规定，企业每一纳税年度的收入总额减除不征税收入、免税收入、各项扣除以及以前年度亏损后，为应纳税所得额。因此，对企业取得的免税收入、减计收入以及减征、免征所得额项目，不用弥补当期及以前年度应税项目亏损。企业发生的亏损额，可以按照规定往后转移。

因此，对国债利息和符合条件的免税投资收益，不可弥补今年和去年的亏损额。

514. 公司在筹建期间发生的费用如何进行税前扣除？

问：公司在开办（筹建）期间没有取得任何销售（营业）收入，发生的业务应酬费、广告宣传费在企业所得税汇算清缴时，如何进行税前扣除？

答：根据《企业所得税法实施条例》第四十三条规定，企业发生的与生产经营活动有关的业务招待费支出，按照发生额的60％扣除，但最高不得超过当年销售（营业）收入的5‰。第四十四条规定，企业发生的符合条件的广告费和业务宣传费支出，除国务院财政、税务主管部门另有规定外，不超过当年销售（营业）收入15％的部分，准予扣除。超过部分，准予在以后纳税年度结转扣除。

因此，企业在筹建期未取得收入的，所发生的广告和业务宣传费应归集，待企业生产经营后，按规定扣除。业务招待费则不能在企业所得税税前扣除。

515. 内部处置小汽车的差价可否税前扣除？

问：我公司将一辆小汽车处置给公司职工个人，处置价格低于财务账面价值。这部分差价损失能否在企业所得税税前扣除？

答：根据《关于印发〈企业资产损失税前扣除管理办法〉的通知》（国税发〔2009〕88号）第五条规定，企业实际发生的资产损失可分为自行计算扣除的资产损失和须经税务机关审批后才能扣除的资产损失。企业在正常经营管理活动中因销售、转让、变卖固定资产、生产性生物资产、存货发生的资产损失，属于由企业自行计算扣除的资产损失。企业发生的资产损失，凡无法准确辨别是否属于自行计算扣除的资产损失，可向税务机关提出审批申请。因此，上述公司处置车辆的损失可以税前扣除。

516. 下属单位之间的业务往来是否需缴纳企业所得税？

问：下属单位之间经常有用来确定绩效的内部结算业务往来，请问各下属单位是否需缴纳企业所得税？

答：《企业所得税法》强调以法人企业或组织为企业所得税的纳税人，《企业所得税法实施条例》第二十五条规定，企业发生非货币性资产交换，以及将货物、财产、劳务用于捐赠、偿债、赞助、集资、广告、样品、职工福利或者利润分配等用途的，应当视同销售货物、转让财产或者提供劳务，但国务院财政、税务部门另有规定的除外。

现行《企业所得税法》缩小了视同销售的范围，对货物在同一法人实体内部之间的转移不再作销售处理。同样，企业内部各部门之间相互提供劳务的情况对于企业整体来说，所发生的劳务只体现为企业的成本或费用，而不构成实际的收入，没有形成法人所得，因此不需要缴纳企业所得税。但是，如果下属各单位是独立法人单位，那么相互之间的业务往来就要按照独立企业之间的业务往来进行税务处理。

517. 部分应付利息转出可以在次年列支吗？

问：我公司为完成上级的利润指标，将部分应付利息转出，打算在次年列支，请问是否允许？

答：根据《企业所得税法实施条例》规定，纳税人应纳税所得额的计算，以权责发生制为原则。权责发生制是指凡是属于本期的收入或费用，不管是否发生了款项的收付，都应当作为本期的收入或费用处理。

518. 经认定合格的高新技术企业，何时可享受企业所得税优惠？

问：经认定（复审）合格的高新技术企业，何时可享受税率为15%的企业所得税优惠？

答：根据《国家税务总局关于实施高新技术企业所得税优惠有关问题的通知》（国税函〔2009〕203号）第四条规定，认定（复审）合格的高新技术企业，自认定（复审）批准的有效期当年开始，可申请享受企业所得税优惠。企业取得省、自治区、直辖市、计划单列市高新技术企业认定管理机构颁发的高新技术企业证书后，可持高新技术企业证书及其复印件和有关资料，向主管税务机关申请办理减免税手续。手续办理完毕后，高新技术企业可按15%的税率进行所得税预缴申报或享受过渡性税收优惠。

因此，高新技术企业自认定（复审）批准的有效期当年开始，就可以享受企业所得税15%的税收优惠。例如，颁发证书的时间为2009年12月22日，批准有效期3年。2009—2011年度，企业可享受税率为15%的企业所得税优惠。

519. 企业支付的佣金能否在企业所得税前全额列支？

问：企业委托个人代销货物，企业支付给个人的相应佣金能否在企业所得税前全额列支？

答：《财政税、国家税务总局关于企业手续费及佣金支出税前扣除政策的通知》（财税〔2009〕29号）规定，企业应与具有合法经营资格中介服务企业或个人签订代办协议或合同，并按国家有关规定支付手续费及佣金。除委托个人代理外，企业以现金等非转账方式支付的手续费及佣金不得在税前扣除。企业为发行权益性证券支付给有关证券承销机构的手续费及佣金不得在税前扣除。手续费及佣金支出的税前扣除，应按财税〔2009〕29号文件的规定执行。

520. 未办理竣工结算的厂房可否计提折旧？

问：某公司厂房建造后未办理竣工结算，其中的部分工程款没有支付，发票也没有到账，但已投入使用。请问，这幢厂房可否计提折旧？

答：根据《企业所得税法实施条例》第五十九条规定，企业应当自固定资产投入使用月份的次月起计算折旧。另根据《国家税务总局关于贯彻落实企业所得税法若干税收问题的通知》（国税函〔2010〕79号）第五条规定，企业固定资产投入使用后，由于工程款项尚未结清未取得全额发票的，可暂按合同规定的金额计入固定资产计税基础计提折旧，待发票取得后进行调整。但该项调整应在固定资产投入使用后12个月内进行。

521. 车辆购置税和牌照费能否计入固定资产原值计提折旧？

问：购买汽车缴纳的车辆购置税和牌照费能否计入固定资产原值计提折旧？

答：《企业所得税法实施条例》第五十八条规定，固定资产按照以下方法确定计税基础：外购的固定资产，以购买价款和支付的相关税费以及直接归属于使该资产达到预定用途发生的其他支出为计税基础。由于车辆购置税和牌照费是汽车达到预定用途前发生的支出，符合上述规定，可以计入固定资产原值计提折旧。

522. 仪器销售收入是否能并入技术转让收入征收企业所得税？

问：对符合条件的技术转让来说，仪器销售收入是否能并入技术转让收入征收企业所得税？

答：《国家税务总局关于技术转让所得减免企业所得税有关问题的通知》（国税函〔2009〕212号）规定，技术转让收入是指当事人改造技术转让合同后获得的价款，不包括销售或转让设备、仪器、零部件、原材料等非技术性收入。

523. 债务人公司以资抵债所得税如何处理？

问：我公司有一笔借款无法收回，债务人公司想通过以资产抵债或者债转股的方式抵消债务，请问这两种抵债方式的企业所得税处理有何不同？

答：《财政部、国家税务总局关于企业重组业务企业所得税处理若干问题的通知》（财税〔2009〕59号）规定，企业债务重组的一般性税务处理为：

（1）以非货币性资产清偿债务，应当分解为转让相关非货币性资产、按非货币性资产公允价值清偿债务两项业务，确认相关资产的所得或损失。

（2）发生债权转股权的，应当分解为债务清偿和股权投资两项业务，确认有关债务清偿所得或损失。

（3）债务人应当按照支付的债务清偿额低于债务计税基础的差额，确认债务重组所得。债权人应当按照收到的债权清偿额低于债权计税基础的差额，确认债务重组损失。

（4）债务人的相关所得税纳税事项原则上保持不变。

企业债务重组的特殊性税务处理规定为：企业债务重组确认的应纳税所得额占该企业当年应纳税所得额50%以上，可以在5个纳税年度的期间内，均匀计入各年度的应纳税所得额。

企业发生债权转股权业务，对债务清偿和股权投资两项业务暂不确认有关债务清偿所得或损失，股权投资的计税基础以原债权的计税基础确定，企业的其他相关所得税事项保持不变。

同时，《国家税务总局关于贯彻落实企业所得税法若干税收问题的通知》（国税函〔2010〕79号）规定，企业发生债务重组，应在债务重组合同或协议生效时确认收入的实现。

524. 既从事种植业又从事养殖业该如何纳税？

问：我公司既从事种植业，又从事养殖业，按照《企业所得税法》规定，从事种植业免税，从事养殖业减半征收企业所得税，企业应申请享受免税还是减半征收企业所得税？或是需分开核算，分别就不同收入分开享受免税或减税？

答：《企业所得税法实施条例》第一百零二条规定，企业同时从事适用不同企业所得税待遇的项目的，其优惠项目应当单独计算所得，并合理分摊企业的期间费用；没有单独计算的，不得享受企业所得税优惠。因此，企业应就不同优惠所得单独进行计算，并合理分摊企业的期间费用。

525. 从政府获得的拆迁补偿款如何申报缴纳企业所得税？

问：因市政开发，我公司需搬迁，我公司从政府获得的拆迁补偿款如何申报缴纳企业所得税？

答：《国家税务总局关于企业政策性搬迁或处置收入有关企业所得税处理问题的通知》（国税函〔2009〕118号）规定，对企业取得的政策性搬迁或处置收入，应按以下方式进行企业所得税处理：

（1）企业搬迁规划，异地重建后恢复原有或转换新的生产经营业务，用企业搬迁或处置收入购置或建造与搬迁前相同或类似性质、用途或者新的固定资产和土地使用权（以下简称重置固定资产），或对其他固定资产进行改良，或进行技术改造，或安置职工的，准予其搬迁或处置收入扣除固定资产重置或改良支出、技术改造支出和职工安置支出后的余额，计入企业应纳税所得额。

（2）企业没有重置或改良固定资产、技术改造或购置其他固定资产的计划或立项报告，应将搬迁收入加上各类拆迁固定资产的变卖收入、减除各类拆迁固定资产的折余价值和处置费用后的余额计入企业当年应纳税所得额，计算缴纳企业所得税。

（3）企业利用政策性搬迁或处置收入购置或改良的固定资产，可以按照现行税收规定计算折旧或摊销，并在企业所得税税前扣除。

（4）企业从规划搬迁次年起的5年内，其取得的搬迁收入或处置收入暂不计入企业当年应纳税所得额，在5年期内完成搬迁的，企业搬迁收入按上述规定处理。

526. 律师事务所企业所得税是否可以核定征收？

答：根据《关于企业所得税核定征收若干问题的通知》（国税函〔2009〕377号）与《进一步加强税收征管若干具体措施的通知》（国税发〔2009〕114号）规定，对会计、审计、资产评估、税务、房地产估价、土地估价、工程造价、律师、价格鉴证、公证机构、基层法律服务机构、专利代理、商标代理以及其他经济鉴证类社会中介机构的税收不得实行核定征收，全部实行查账征收。因此，律师事务所不能采用核定征收方式征收企业所得税。

对于构成非居民企业的外国律师事务所，《国家税务总局关于印发〈非居民企业所得税核定征收管理办法〉的通知》（国税发〔2010〕19号）第二条、第四条规定，外国律师事务所在中国境内构成企业所得税法第二条第三项的非居民企业，因会计账簿不健全，资料残缺难以查账，或者其他原因不能准确计算并据实申报其应纳税所得额的，税务机关有权核定其应纳税所得额。根据《国家税务总局关于印发〈外国企业常驻代表机构税收管理暂行办法〉的通知》（国税发〔2010〕18号）规定，外国律师事务所在中国设立常驻代表机构，对账簿不健全，不能准确核算收入或成本费用，以及无法据实申报的代表机构，税务机关有权核定其应纳税所得额。

527. 无法取得发票的赔偿金可否在企业所得税前扣除？

问：法院判决企业支付赔偿金，但无法取得发票，此项支出可否在企业所得税前扣除？

答：《企业所得税法》规定，企业实际发生的与取得收入有关的、合理的支出，包括成本、费用、税金损失和其他支出，准予在计算应纳税所得额时扣除。该赔偿金的支出如果是与企业生产经营有关的,可以在企业所得税税前扣除。法院判决企业支付赔偿金,因为没有发生应税行为,所以无法开具发票,企业可凭法院的判决文书与收款方开具的收据作为扣除凭据。

528. 发生福利费事项时,是否必须凭合法发票列支?

问:《企业所得税法》要求职工福利费按实际发生额记账,请问在发生福利费事项时,是否必须凭合法发票列支?

答:根据《企业所得税法》规定的合理性原则,按《企业所得税法实施条例》对"合理性"的解释,合理的支出是指符合生产经营活动常规,应当计入当期损益或者有关资产成本的必要和正常的支出。职工福利费属于企业必要和正常的支出,在实际工作中企业要对具体事项具体对待。如职工困难补助费,合理的福利费列支范围的人员工资、补贴无法取得发票的,有关收据、凭证就可以作为合法凭据,对购买属于职工福利费列支范围的实物资产和发生对外的相关费用应取得合法发票。

529. 雇主责任险可否在税前扣除?

问:我公司向保险公司投保雇主责任险,该险种属于财产险,为减轻因员工的意外情况而给雇主(公司)带来的潜在损失,其保险理赔款直接支付给公司而非员工。我们认为此险种不属于《企业所得税法实施条例》第三十六条规定中的"企业为投资者或者职工支付的商业保险费,不得扣除"的范围,因而可以在税前扣除,不知我们的理解对否?请予以明确。

答:根据《企业所得税法实施条例》第三十六条规定,除企业依照国家有关规定为特殊工种职工支付的人身安全保险费和国务院财政、税务主管部门规定可以扣除的其他商业保险费外,企业为投资者或者职工支付的商业保险费,不得扣除。雇主责任险虽非直接支付给员工,但是属于为被保险人雇用的员工在受雇的过程中,从事与被保险人经营业务有关的工作而受意外,或与业务有关的国家规定的职业性疾病所致伤、致残或死亡负责赔偿的一种保险,因此该险种应属于商业保险,不能在税前扣除。

530. 有合法票据的利息支出可否税前扣除?

问:企业向与企业无关的自然人借款的利息支出,在进行企业所得税税前扣除时是否需要合法票据?

答:根据《国家税务总局关于企业向自然人借款的利息支出企业所得税税前扣

除问题的通知》(国税函〔2009〕777号)第二条规定,企业向除第一条规定以外的内部职工或其他人员借款的利息支出,其借款情况同时符合以下条件的,其利息支出在不超过按照金融企业同期同类贷款利率计算的数额的部分,根据《企业所得税法》第八条和《企业所得税法实施条例》第二十七条规定,准予扣除:(1)企业与个人之间的借贷是真实、合法、有效的,并且不具有非法集资目的或其他违反法律、法规的行为;(2)企业与个人之间签订了借款合同。

企业向无关联的自然人借款支出应真实、合法、有效,借出方个人应按规定缴纳相关税费,并开具相应的发票,支出利息方应取得该发票才可以在税前扣除。

531. 企业购买的古董、字画能否在税前列支?

问:我公司购买了一批字画、古董,用来提升本企业形象。请问,是否可以计入固定资产并计提折旧,是否可以在企业所得税前扣除?

答:《企业所得税法》第八条规定,企业实际发生的与取得收入有关的、合理的支出,准予在计算应纳税所得额时扣除。《企业所得税法实施条例》第五十七条规定,《企业所得税法》第十一条所称固定资产,是指企业为生产产品、提供劳务、出租或者经营管理而持有的、使用时间超过12个月的非货币性资产,包括房屋、建筑物、机器、机械、运输工具以及其他与生产经营活动有关的设备、器具、工具等。

相关性原则是判定支出项目能否在税前扣除的基本原则。除一些特殊的文化企业外,一般生产性企业、商贸企业购买的非经营性的字画、古董等,与取得收入没有直接相关,不符合相关性原则,也不具有固定资产确认的特征,所发生的折旧费用不能在税前扣除。

532. 计提未实际支付的借款利息是否可以税前扣除?

问:企业因资金原因计提未实际支付的借款利息,是否可以税前扣除?

答:根据《企业所得税法》及《企业所得税法实施条例》规定,企业实际发生的与取得收入有关的、合理的支出,包括成本、费用、税金、损失和其他支出,准予在计算应纳税所得额时扣除。

企业在生产经营活动中发生的合理的不需要资本化的借款费用,符合下列条件的准予扣除:(1)企业向金融企业借款的利息支出;(2)企业向非金融企业借款的利息支出,不超过按照金融企业同期同类贷款利率计算的数额的部分。《企业所得税法》及《企业所得税法实施条例》规定发生的借款利息准予扣除,这里的利息支出要求实际发生,即实际支付。

533. 管理性质的业务招待费如何列支？

问：部分集团管理机构没有经营收入来源，其管理性质的业务招待费如何列支？可否按照其投资收益的一定比例进行列支？

答：根据《企业所得税实施条例》第四十三条规定，企业发生的与生产经营活动有关的业务招待费支出，按照发生额的60%扣除，但最高不得超过当年销售（营业）收入的5‰。业务招待费的计算基数包括主营业务收入、其他业务收入和视同销售收入，投资性收益不能作为计算业务招待费的基数。但如果该集团管理机构属于专门从事投资业务的公司，其投资收益可作为主营业收入处理。

534. 职工福利费范围如何界定及处理？

问：财企〔2009〕242号文件和国税函〔2009〕3号文件中，有关职工福利费范围不一致，应如何处理？

答：《财政部关于企业加强职工福利费财务管理的通知》（财企〔2009〕242号）属于财务管理规范，而不属于税收规范。所以，在企业所得税方面，必须按照《企业所得税法》、《企业所得税法实施条例》及《国家税务总局关于企业工资、薪金及职工福利费扣除问题的通知》（国税函〔2009〕3号）的规定进行处理，即税法允许税前扣除的职工福利费才可以按规定在税前扣除，否则不能在税前扣除。

535. 核定征税企业的免税收入可否税前扣除？

问：实行核定应税所得率征收企业所得税的企业有免税收入并能单独核算的，是否可以扣除免税收入部分？

答：根据《国家税务总局关于企业所得税核定征收若干问题的通知》（国税函〔2009〕377号）第二条规定，《国家税务总局关于印发〈企业所得税核定征收办法〉（试行）的通知》（国税发〔2008〕30号）第六条中的"应税收入额"，等于收入总额减去不征税收入和免税收入后的余额。用公式表示为：

应税收入额＝收入总额－不征税收入－免税收入

因此，对实行核定应税所得率征收企业所得税的企业发生的免税收入并能单独核算的，在计算企业所得税时可以扣除免税收入部分。

536. 非居民转让境内股权，企业所得税在何处缴纳？

答：《企业所得税法》第三条第三款规定，非居民企业在中国境内未设立机构、场所的，或者虽设立机构、场所但取得的所得与其所设机构、场所没有实际联系的，应当就其来源于中国境内的所得缴纳企业所得税。

《企业所得税法》第五十一条第二项规定，非居民企业在中国境内未设立机构、场所的，或者虽设立机构、场所但取得的所得与其所设机构、场所没有实际联系的，应当就其来源于中国境内的所得缴纳企业所得税，以扣缴义务人所在地为纳税地点。《国家税务总局关于印发〈非居民企业所得税源泉扣缴管理暂行办法〉的通知》第三条进一步明确，对非居民企业取得来源于中国境内的股息、红利等权益性投资收益和利息、租金、特许权使用费所得、转让财产所得以及其他所得应当缴纳的企业所得税，实行源泉扣缴，以依照有关法律规定或者合同约定，对非居民企业直接负有支付相关款项义务的单位或者个人为扣缴义务人。

《国家税务总局关于加强非居民企业股权转让所得企业所得税管理的通知》（国税函〔2009〕698号）第二条规定，扣缴义务人未依法扣缴或者无法履行扣缴义务的，非居民企业应自合同、协议约定的股权转让之日（如果转让方提前取得股权转让收入的，应自实际取得股权转让收入之日）起7日内，到被转让股权的中国居民企业所在地主管税务机关（负责该居民企业所得税征管的税务机关）申报缴纳企业所得税。

《国家税务总局关于印发〈非居民企业所得税源泉扣缴管理暂行办法〉的通知》（国税发〔2009〕3号）规定，股权转让交易双方为非居民企业且在境外交易的，由取得所得的非居民企业自行或委托代理人向被转让股权的境内企业所在地主管税务机关申报纳税。被转让股权的境内企业应协助税务机关向非居民企业征缴税款。

综上所述，非居民企业将其所持有境内公司的股权转让给居民企业，应在支付股权转让价款公司所在地主管税务机关履行扣缴义务。如未履行扣缴义务，则由非居民企业在被转让股权的公司所在地主管税务机关申报缴纳企业所得税。只有股权转让交易双方为非居民企业且在境外交易的，由取得所得的非居民企业自行或委托代理人向被转让股权的境内企业所在地主管税务机关申报纳税。

537. 法人成立的合伙企业如何缴纳所得税？

问：甲公司和某自然人于2010年成立一家合伙企业，双方约定各按50%的比例分配合伙企业所得。2011年，合伙企业实现会计利润100万元，纳税调整后的所得额为120万元，其中包括对某居民企业的投资收益30万元。2011年，合伙企业向合伙人分配50万元。甲公司应如何缴纳企业所得税？

答：（1）甲公司应纳税所得额的确定。2006年修订的《合伙企业法》突破了合伙企业合伙人只能是自然人的限制，明确法人和其他组织可以成为合伙人。合伙企业作为"透明纳税体"的一个重要特点，就是其自身并不缴纳所得税。《财政部、国家税务总局关于合伙企业合伙人所得税问题的通知》（财税〔2008〕159号）规定，合伙企业所得采取"先分后税"的原则，由合伙人根据分配所得缴纳所得税。合伙人可以按照合伙协议约定的比例、协商决定的比例或出资比例等方式，分配生产经营所得和其他所得。这里的所得，包括合伙企业分配给所有合伙人的所得和当年留存所得。因此，2011年所有合伙人应纳税所得额为合伙企业纳税调整后的所得120万元，而不仅仅是向合伙人分配的所得50万元，也不是实现的会计利润100万元，甲公司确定的应纳税所得额为60万元（120×50%）。

(2) 甲公司所得额性质的确定。根据《企业所得税法》第二十六条规定，符合条件的居民企业之间股息、红利等权益性投资收益为免税收入。那么甲公司从合伙企业分配的所得能否作为免税的投资收益呢？《企业所得税法》第一条就明确，合伙企业不适用本法。因此，甲公司从合伙企业分配的所得不能作为投资收益。实际上，合伙企业的另一个重要特点，就是所得性质的"上传"，即合伙人取得合伙企业分配的所得，其性质与合伙企业取得该项所得的性质应一致。如《财政部、国家税务总局关于个人独资企业和合伙企业投资者征收个人所得税的规定》（财税〔2000〕91号）明确，合伙企业分配给合伙人的所得，均比照"个体工商户生产经营所得"应税项目缴纳个人所得税。因此，甲公司取得合伙企业分配的生产经营所得，也应作为生产经营所得。

那么，甲公司取得合伙企业分配的对外投资收益，能否作为甲公司的投资收益呢？《企业所得税法实施条例》第八十三条规定，居民企业权益性投资收益是指居民企业直接投资于其他居民企业取得的投资收益，而这里对某居民企业的直接投资者是合伙企业，因此，合伙企业分配给甲公司的对外投资收益并不能作为甲公司的权益性投资收益，即甲公司应就其从合伙企业取得的全部所得缴纳所得税。当然这种处理对法人合伙人显然是不公平的，不利于鼓励法人积极参与到合伙企业。税法将符合条件的居民企业权益性投资收益作为免税收入，目的就是为了消除重复征税。企业应注意关注后续政策的调整。

(3) 甲公司纳税地点的确定。财税〔2000〕91号文件规定，投资者从合伙企业取得的生产经营所得，由合伙企业向企业实际经营管理所在地主管税务机关申报缴纳投资者应纳的个人所得税。该文出台时合伙人还只能是自然人。而新税法下的法人所得税制，要求法人应就其取得的所得汇总纳税，因此法人合伙人从合伙企业取得的所得是不应该在合伙企业实际经营管理地单独纳税的。那么是否应将法人合伙人分配的所得汇总纳税呢？这样处理则是将合伙企业视为甲公司的分支机构，而《国家税务总局关于跨地区经营汇总纳税企业所得税征收管理若干问题的通知》（国税函〔2009〕221号）规定，二级分支机构是指总机构对其财务、业务、人员等直接进行统一核算和管理的领取非法人营业执照的分支机构。作为合伙人并不能直接对合伙企业的财务、业务、人员等直接进行统一核算和管理，当然也不应将其从合伙企业取得的所得进行汇总纳税，所以目前这方面的政策尚待明确。笔者认为，对此应按照国税函〔2009〕221号文件的规定，将法人合伙人从合伙企业取得的所得，作为以总机构名义进行生产经营的非法人分支机构取得的所得，视同独立纳税人就地缴纳企业所得税。这样既照顾到了合伙企业所在地的税收利益，也与自然人合伙人纳税地点的选择一致。

538. 集团内子公司合并的特殊税务处理？

问：一家集团公司下辖有十几家子公司，都是集团全资控股。出于规模发展的需要，集团要将下属的 A、B 两家公司合并为一家公司，合并方式为由 A 公司吸收合并 B 公司，合并中涉及资产所有权的转移，那么，该如何进行相关税务处理呢？

答：（1）子公司合并所得税可选择特殊性税务处理

《企业会计准则第 20 号——企业合并》将企业合并分为同一控制下的企业合并与非同一控制下的企业合并。同一控制下的合并，是指参与合并的企业在合并前后均受同一方或相同的多方最终控制且该控制并非暂时性的。很明显，该集团全资控股的 A 公司吸收合并全资控股的 B 公司，合并后仍受集团公司控制，该企业咨询的属于同一控制下的企业合并税收问题。

《财政部、国家税务总局关于企业重组业务企业所得税处理若干问题的通知》（财税〔2009〕59 号）规定，企业合并为企业重组的一种形式，是指一家或多家企业（以下称为被合并企业）将其全部资产和负债转让给另一家现存或新设企业（以下称为合并企业），被合并企业股东换取合并企业的股权或非股权支付，实现两个或两个以上企业的依法合并。一般情况下的企业合并，合并企业当事各方应按下列规定处理：①合并企业应按公允价值确定接受被合并企业各项资产和负债的计税基础；②被合并企业及其股东都应按清算进行所得税处理；③被合并企业的亏损不得在合并企业结转弥补。

关于企业合并，财税〔2009〕59 号文件规定，企业股东在该企业合并发生时取得的股权支付金额不低于其交易支付总额的 85%，以及同一控制下且不需要支付对价的企业合并，可以选择按以下规定处理：①合并企业接受被合并企业资产和负债的计税基础，以被合并企业的原有计税基础确定；②被合并企业合并前的相关所得税事项由合并企业承继；③可由合并企业弥补的被合并企业亏损的限额＝被合并企业净资产公允价值×截至合并业务发生当年年末国家发行的最长期限的国债利率；④被合并企业股东取得合并企业股权的计税基础，以其原持有的被合并企业股权的计税基础确定。《企业重组业务企业所得税管理办法》（国家税务总局公告 2010 年第 4 号）规定的同一控制，是指参与合并的企业在合并前后均受同一方或相同的多方最终控制，且该控制并非暂时性的。能够对参与合并的企业在合并前后均实施最终控制权的相同多方，是指根据合同或协议的约定，对参与合并企业的财务和经营政策拥有决定控制权的投资者群体。在企业合并前，参与合并各方受最终控制方的控制在 12 个月以上，企业合并后所形成的主体在最终控制方的控制时间也应达到连续12个月。

很明显，该企业集团下属两家子公司的合并，为同一控制下的合并，不用支付对价，可以适用特殊性税务处理。所以，合并后存在的A公司接受被合并的B公司资产和负债的计税基础，以被合并企业的原有计税基础确定，不按清算处理，不用计算清算收益，B公司合并前的相关所得税事项由A公司承继。

(2) 符合条件的合并不用缴纳流转税

集团内部子公司合并，涉及独立的法人主体间的所有权转移，如机器设备、土地使用权等，流转税可能涉及增值税和营业税。同一集团内部子公司之间的合并由于是同一控制方，合并前后股东是同一主体，不用支付对价，但两子公司为独立的法人主体，单纯的土地或设备划转，根据《增值税暂行条例实施细则》第四条规定，将自产、委托加工或者购进的货物无偿赠送其他单位或者个人视同销售，以及《营业税暂行条例实施细则》第五条规定，单位或者个人将不动产或者土地使用权无偿赠送其他单位或者个人视同发生应税行为。因此，如果两家公司之间没有支付对价，应当视为无偿赠送，计算缴纳增值税或营业税。

但是，如果机器设备或土地等资产转移符合一定条件，则可以免缴流转税。《国家税务总局关于纳税人资产重组有关增值税问题的公告》(国家税务总局公告2011年第13号)规定，纳税人在资产重组过程中，通过合并、分立、出售、置换等方式，将全部或者部分实物资产以及与其相关联的债权、负债和劳动力一并转让给其他单位和个人，不属于增值税的征税范围，其中涉及的货物转让，不征收增值税。该公告自2011年3月1日起执行。《国家税务总局关于纳税人资产重组有关营业税问题的公告》(国家税务总局公告2011年第51号)规定，纳税人在资产重组过程中，通过合并、分立、出售、置换等方式，将全部或者部分实物资产以及与其相关联的债权、债务和劳动力一并转让给其他单位和个人的行为，不属于营业税征收范围，其中涉及的不动产、土地使用权转让，不征收营业税。该公告自2011年10月1日起执行。

所以，该集团公司内部两家子公司合并，为避免资产转移过程中缴纳增值税或营业税，应重点关注将B公司全部实物资产以及与其相关联的债权、负债和劳动力一并转让A公司，而不能在合并过程中对与资产相关联的债权、负债和劳动力进行部分或全部剥离，否则将不能享受免征流转税的优惠。

539. 投资者设立不同类型公司的税负如何比较？

问：不同类型的公司有着不同的税负，那么，投资者设立不同类型公司的税负状况各是怎样的？

答：对于投资者而言，如果有投资行为的发生，就要缴纳相应的税金。我们认为，了解国家的税务知识，在投资设立企业时，进行合理税务筹划以及合理避税，就能减少不必要的投资损失,相应地增加投资收益。

中国的税种按大的分类,主要有流转税、所得税、财产税、资源税、行为税和其他税:

(1) 流转税:增值税、消费税、营业税、关税、车辆购置税等;

(2) 所得税:企业所得税、外商投资企业和外国企业所得税、个人所得税等;

(3) 资源税:资源税、城镇土地使用税、土地增值税等;

(4) 财产税:房产税、城市房地产税等;

(5) 行为税:印花税、车船税、城市维护建设税等;

(6) 其他税:农林特产税、耕地占用税、契税等。

作为个人投资者,在进行投资前必然会对不同的投资方式进行比较,选择最佳方式进行投资。目前,个人可以选择的投资方式主要有两种:证券投资和实业投资。证券投资涉及的税收知识并不多,如股票投资现在只缴纳印花税,其他税收暂时免征,所以我们在这里不做详细的讲述。我们主要讲述实业投资的税务知识。一般而言,个人可选择的实业投资方式有:作为个体工商户从事生产经营、从事承包承租业务、成立个人独资企业、组建合伙企业、设立私营企业。在对这些投资方式进行比较时,如果其他因素相同,投资者应承担的税收,尤其是所得税便成为决定投资与否的关键。下面就各种投资方式应缴纳的所得税进行分析。

(1) 个体工商户的税负

个体工商户的生产经营所得和个人对企事业单位的承包经营、承租经营所得,适用5%~35%的五级超额累进税率。例如,个体工商户王女士年营业收入54万元,营业成本42万元,其他可扣除费用、流转税金2万元,其年应纳税额为:(540 000−420 000−20 000)×35%−6 750(个人所得税速算扣除数)=28 250(元),税后收入为100 000−28 250=71 750(元)。

(2) 个人独资企业的税负

税收政策规定,从2000年1月1日起,对个人独资企业停止征收企业所得税,个人独资企业投资者的投资所得,比照个体工商户的生产、经营所得征收个人所得税。这样个人独资企业投资者所承担的税负依年应纳税所得额及适用税率的不同而有所不同。

例如,年应纳税所得额为6万元,适用税率为35%,应纳个人所得税60 000×35%−6 750(个人所得税速算扣除数)=14 250(元),实际税负为14 250/60 000×100%=23.75%。

(3) 私营企业的税负

目前设立私营企业的主要方式是成立有限责任公司,即由两个以上股东共同出资,每个股东以其认缴的出资额对公司承担有限责任,公司以其全部资产对其债务承担责任。

作为投资者的个人股东以其出资额占企业实收资本的比例获取相应的股权收

入。作为企业法人，企业的利润应缴纳企业所得税。当投资者从企业分得股利时，按股息、红利所得缴纳20%的个人所得税。这样，投资者取得的股利所得就承担了双重税负。由于单个投资者享有的权益只占企业全部权益的一部分，其承担的责任也只占企业全部责任的一部分。但是，因其取得的收益是部分收益，企业缴纳的所得税税负个人投资者也按出资比例承担。

例如，个人投资者占私营企业出资额的50%，企业税前所得为12万元，所得税税率为25%，应纳企业所得税120 000×25%＝30 000（元），税后所得为120 000－30 000＝90 000（元），个人投资者从企业分得股利为90 000×50%＝45 000（元）。股息、红利所得按20%的税率缴纳个人所得税，这样投资者缴纳的个人所得税为45 000×20%＝9 000（元），税后收入为45 000－9 000＝36 000（元）；实际税负为(30 000×50%＋9 000)/(120 000×50%)×100%＝40%。

（4）合伙企业的税负

合伙企业是指依照合伙企业法在中国境内设立的，由各合伙人订立合伙协议，共同出资、合伙经营、共享收益、共担风险，并对合伙企业债务承担无限连带责任的营利性组织。在合伙企业中合伙损益由合伙人依照合伙协议约定的比例分配和分担。合伙企业成立后，各投资人获取收益和承担责任的比例就已确定。和个人独资企业一样，从2000年1月1日起，对合伙企业停止征收企业所得税，各合伙人的投资所得，比照个体工商户的生产、经营所得征收个人所得税。但是由于合伙企业都有两个及两个以上的合伙人，而每个合伙人仅就其获得的收益缴纳个人所得税。

例如，某合伙企业有5个合伙人，各合伙人的出资比例均为20%。本年度的生产经营所得为30万元，由各合伙人按出资比例均分。这样每个合伙人应纳的个人所得税为300 000×20%×35%－6 750（个人所得税速算扣除数）＝14 250（元），税后收入为60 000－14 250＝45 750（元）。合伙企业每个合伙人的实际税负为23.75%（14 250/60 000×100%）。

在上述几种投资方式中，通常而言，在收入相同的情况下，个体工商户、个人独资企业、合伙企业的税负是一样的，私营企业的税负最重。但个人独资企业、合伙企业、私营企业等三种形式的企业，是法人单位，在发票的申购、纳税人的认定等方面占有优势，比较容易开展业务，经营的范围比较广，并且可以享受国家的一些税收优惠政策。

在三种企业形式中，私营企业以有限责任公司的形式出现，只承担有限责任，风险相对较小；个人独资企业和合伙企业由于要承担无限责任，风险较大。特别是个人独资企业还存在增值税一般纳税人认定等相关法规不健全不易操作的现象，加剧了这类企业的风险。而合伙企业由于由多方共同兴办企业，在资金的筹集等方面存在优势，承担的风险也相对较少。相对于有限责任公司而言，较低的税负有利于个人独资企业、合伙企业的发展。个人投资者在制定投资计划时，应充分考虑各方面的因素，选择最优投资方案。

540. 债券投资所得如何纳税？

问：债券是发债人为筹措资金而向投资者出具的，承诺按票面标的面额、利率、偿还期等给付利息和到期偿还本金的债务凭证。债券作为一种投资工具，因其安全性好、收益高、流动性强的特点，受到投资者普遍青睐。不少企业在资金充裕的情况下，会选择将资金投向债券市场。那么，对于企业的债券投资收益，在企业所得税方面该怎样处理呢？

答：（1）哪些债券利息收入免税或减税

国债利息收入免税。根据《企业所得税法》第二十六条第一项规定，国债利息收入为免税收入。同时，《企业所得税法实施条例》第八十二条明确，国债利息收入是指企业持有国务院财政部门发行的国债取得的利息收入。

《国家税务总局关于企业国债投资业务企业所得税处理问题的公告》（国家税务总局公告 2011 年第 36 号，以下简称 36 号公告）又进一步明确，企业投资国债，从国务院财政部门（以下简称发行者）取得的国债利息收入，应以国债发行时约定应付利息的日期，确认利息收入的实现。对企业从发行者直接投资购买的国债持有至到期，其从发行者取得的国债利息收入，全额免征企业所得税。对企业到期前转让国债或从非发行者投资购买的国债，其持有期间尚未兑付的国债利息收入，按以下公式计算国债利息收入，免征企业所得税：

国债利息收入＝国债金额×（适用年利率÷365）×持有天数（下称公式一）

其中的"国债金额"，按国债发行面值或发行价格确定；"适用年利率"按国债票面年利率或折合年收益率确定；如企业不同时间多次购买同一品种国债，"持有天数"可按平均持有天数计算确定。

地方政府债券利息收入定期免税。地方政府债券是指经国务院批准，以省、自治区、直辖市和计划单列市政府为发行和偿还主体的债券。

根据《财政部、国家税务总局关于地方政府债券利息所得免征所得税问题的通知》（财税〔2011〕76 号）规定，对企业和个人取得的 2009 年、2010 年和 2011 年发行的地方政府债券利息所得，免征企业所得税和个人所得税。

铁路建设债券利息收入定期减税。中国铁路建设债券是指经国家发展改革委核准，以铁道部为发行和偿还主体的债券。

根据《财政部、国家税务总局关于铁路建设债券利息收入企业所得税政策的通知》（财税〔2011〕99 号）规定，对企业持有 2011—2013 年发行的中国铁路建设债券取得的利息收入，减半征收企业所得税。

（2）转让债券所得并计应纳税所得额

国债转让收入根据 36 号公告规定，企业转让国债应作为转让财产，其取得的收益（损失）应作为企业应纳税所得额计算纳税。

至于转让国债收入实现日期的确定，企业转让国债应在转让国债合同、协议生效的日期，或国债移交时确认转让收入的实现；企业投资购买国债，到期兑付的，应在国债发行时约定的应付利息的日期，确认国债转让收入的实现。企业转让或到期兑付国债取得的价款，减除其购买国债成本，并扣除其持有期间按照前述公式计算的国债利息收入及交易过程中相关税费后的余额，为转让国债收益（损失）。通过支付现金方式取得的国债成本，以买入价和支付的相关税费确定；通过支付现金以外的方式取得的国债成本，以该资产的公允价值和支付的相关税费确定。

其他债券转让所得根据《企业所得税法》第十六条规定，企业转让资产，该项资产的净值准予在计算应纳税所得额时扣除。因此，企业转让公司债券、地方政府债券及铁路建设债券，对其取得的收入应全额并计应税收入。同时，对购入债券的成本应全额扣除。而企业持有地方政府债券、铁路建设债券，对其未到期转让的应收利息处理，财税〔2011〕76号文件和财税〔2011〕99号文件均未予明确，因此，在转让这两种债券时，应将企业持有债券期间的利息并入债券转让所得额申报纳税。

（3）实例说明

自2009年以来，某纸业有限公司为提高闲置资金的收益率，投资购买了几种债券：

①2009年4月13日，在银行间债券市场认购某地方政府发行的2009年债券，票面金额合计50万元，票面注明年利率为1.7%，付息日期为每年4月13日；2011年4月13日，公司收到利息收入0.85万元，并于同年10月22日将该债券转让，转让价合计51.1万元。

税务处理：根据财税〔2011〕76号文件规定，公司在2011年4月13日收到的地方政府债券利息所得0.85万元，免征企业所得税。

转让地方政府债券业务，应确认的债券投资成本为50万元，转让收入51.1万元，且公司在2011年4月14日至10月22日间的应收利息，也应一并计入应纳税所得额，故转让地方政府债券所得为1.1万元，应申报纳税。

②2010年5月23日，公司以100.3万元在沪市购买1万手某记账式国债（每手面值为100元，共计100万元），起息日为2010年4月22日，每年4月22日兑付利息，票面利率为3.01%。2011年3月17日，公司将购买的国债转让，取得转让价款105.6万元。

税务处理：在不考虑其他相关税费的情况下，该公司购买国债的成本为100.3万元，对公司国债利息收入的认定，根据36号公告，在兑付期前转让国债的，应在国债转让收入确认时确认利息收入的实现。公司在国债转让时实际持有天数为300天（2010年5月23日至2011年3月16日止），根据公式一计算国债利息收入为：100万元×3.01%÷365×300＝2.47（万元），该项利息收入免税。公司国债转让所得为：105.6－2.47－100.3＝2.83（万元），应并计应纳税所得额申报纳税。

③2011年10月14日，该公司向承销商认购20年期铁路建设债券150万元，票面注明年利率6%，付息日期为每年10月13日。

税务处理：根据财税〔2011〕99号文件规定，对公司在以后年度按规定从发行主体收取的债利息，减半征收企业所得税。如发生将持有债券转让的，应将转让收入扣除债券投资成本（150万元）后的余额，作为铁路建设债券投资收益或损失，并计应纳税所得额申报缴纳企业所得税。

④2011年8月18日，通过网上认购方式，公司认购某企业2011年第一期债券200万元，期限为两年，票面年利率5.48%，付息日期为每年8月18日。

税务处理：公司每年收到发行者的债券利息时，应按规定并计应纳税所得额。如发生转让的，应将转让收入扣除投资成本（200万元）后的余额，作为债券投资的收益或损失，并计应纳税所得额申报缴纳企业所得税。

541. 如何理解持有股票12个月以上股息、红利免税？

答：税法明确对来自于所有非上市企业，以及连续持有上市公司股票12个月以上取得的股息、红利收入，给予免税，不再实行补税率差的做法。考虑到税收政策应鼓励企业对生产经营的直接投资，而以股票方式取得且连续持有时间较短（短于12个月）的间接投资，并不以股息、红利收入为主要目的，其主要目的是从二级市场获得股票运营收益，不应成为税收优惠鼓励的目标。

542. 企业税前扣除职工工资支出应注意哪些问题？

问：工资支出是每个企业必须发生的一项重要成本，是企业所得税税前扣除的一个主要项目，工资支出同时还是职工福利费、工会经费、职工教育经费以及补充养老保险、补充医疗保险等税前扣除项目的计算基数，工资支出是否正确直接影响到应纳税所得额及应纳所得税额的正确性。那么，企业税前扣除工资支出需注意哪些要点呢？

答：(1) 工资支出的扣除前提是"实际支付"

《企业所得税法实施条例》第三十四条规定，企业发生的合理的工资、薪金支出，准予扣除。由此可见，税前扣除工资支出的前提是必须实际支付，即企业税前扣除的工资支出必须是企业已经实际支付给职工的那部分工资支出，对于账面已经计提但未实际支付给职工的工资不得在纳税年度内税前扣除，只有等到实际发放后，才准予税前扣除。在确定实际发生的工资支出时，应根据"应付职工薪酬——

工资"的借方发生额审核扣除，还应注意工资发放表中必须有领取工资职工的真实签名。

（2）工资支出不包括"三费、五险、一金"

《企业所得税法实施条例》第三十四条规定，工资、薪金是指企业每一纳税年度支付给在本企业任职或者受雇的员工的所有现金形式或者非现金形式的劳动报酬，包括基本工资、奖金、津贴、补贴、年终加薪、加班工资，以及与员工任职或者受雇有关的其他支出。

《国家税务总局关于企业工资、薪金及职工福利费扣除问题的通知》（国税函〔2009〕3号）又明确规定，企业实际发放的工资、薪金总和不包括企业的职工福利费，职工教育经费，工会经费，以及养老保险费、医疗保险费、失业保险费、工伤保险费、生育保险费等社会保险费和住房公积金。

（3）工资支出扣除标准必须合理

《企业所得税法》规定，只有合理的工资才可税前扣除。国税函〔2009〕3号文件规定，"合理工资、薪金"，是指企业按照股东大会、董事会、薪酬委员会或相关管理机构制定的工资、薪金制度规定实际发放给员工的工资、薪金。

税务机关在对工资、薪金进行合理性确认时，可按以下原则掌握：

①企业制定了较为规范的员工工资、薪金制度。

②企业所制定的工资、薪金制度符合行业及地区水平。

③企业在一定时期所发放的工资、薪金是相对固定的，工资、薪金的调整是有序进行的。

④企业对实际发放的工资、薪金，已依法履行了代扣代缴个人所得税义务。

⑤有关工资、薪金的安排，不以减少或逃避税款为目的。在确认合理的工资支出时，特别要分清工资支出与支付给投资者的股息、红利，还要注意不得将非法支出以及与取得收入无关的支出列入工资支出。

另外，国税函〔2009〕3号文件同时规定，属于国有性质的企业，其工资、薪金，不得超过政府有关部门给予的限定数额；超过部分，不得计入企业工资、薪金总额，也不得在计算企业应纳税所得额时扣除。

（4）安置残疾人员的工资可加计扣除

《企业所得税法》第三十条第二款规定，企业安置残疾人员及国家鼓励安置的其他就业人员所支付的工资可以在计算应纳税所得额时加计扣除。《企业所得税法实施条例》第九十五条规定，企业安置残疾人员的，在按照支付给残疾职工工资据实扣除的基础上，按照支付给残疾职工工资的100%加计扣除。

残疾人员的范围适用《中华人民共和国残疾人保障法》的有关规定残疾人是指心理、生理、人体结构上，某种组织、功能丧失或者不正常，全部或者部分丧失以正常方式从事某种活动能力的人。残疾人包括视力残疾、听力残疾、言语残疾、肢体残疾、智力残疾、精神残疾、多重残疾和其他残疾的人。

543. 如何对公益性捐赠进行税前扣除？

问：税法规定，企业发生的公益性捐赠支出，在年度利润总额12%以内的部分，准予在计算应纳税所得额时扣除。在实际中，该怎么对公益性捐赠支出进行处理呢？

答：（1）公益性捐赠界定和管理

新税法所指公益性捐赠支出应同时具备以下条件：①指企业通过国家机关和经认定的公益性社会团体的捐赠。②公益性捐赠支出必须用于下列公益事业的捐赠：救助灾害、救济贫困、扶助残废人等困难的社会群体和个人的活动；教育、科学、文化、卫生、体育事业；环境保护、社会公共设施建设。

界定公益性捐赠支出的关键是明确国家机关和公益性社会团体。国家机关是按照政府组织法成立的具有行政管理职能的行政机关，比较明确。公益性社会团体一般是从事非营利活动的经民政部门批准成立的非营利性的机构或组织，符合税法优惠条件的公益性社会团体主要由财政、税务和民政部门负责认定。

（2）公益性捐赠支出可以扣除的原因

公益性捐赠支出可以在税前扣除，主要原因有：①弥补政府职能的缺位。市场经济条件下，政府的主要职能是为市场和社会提供满足社会成员需要的公共产品或公共服务。由于我国正处于经济转轨时期，国家财力有限，许多本应由政府承担的公共事务，如教育、卫生、社会保障等，并没有到位，需要全社会共同参与。②有利于调动企业积极参与社会公共事业的发展的积极性。由于公益性捐赠是与企业经营无关的支出，不符合所得税税前扣除的基本原则，之所以允许公益性捐赠支出按一定比例在税前扣除，主要是基于激发企业支持社会公益事业的积极性，促进我国公益性事业的发展。

（3）公益性捐赠的扣除比例规定

过去，内资企业发生的公益性捐赠，对教育事业、老年服务机构、青少年活动场所以及经国务院批准的中国红十字会等基金会的捐赠允许全额在税前扣除，其他按照应纳税所额3%在税前扣除；外资企业的公益性捐赠允许全额在税前扣除。新的税法规定，企业发生的公益性捐赠支出，在年度利润总额12%以内的部分，准予扣除。主要原因如下：①参照了国际上通行的做法。目前，其他国家对公益性捐赠都规定一个扣除比例，多数规定在10%左右。因此，借鉴世界各国税制改革惯例，有利于体现税法的科学性、完备性和前瞻性。②解决内资企业的公益性捐赠税负过重的问题。目前，内资企业总体上公益性捐赠支出税前扣除比例较低，适当提高公益性捐赠支出税前扣除比例有利于调动内资企业公益性捐赠的积极性，解决内资企业公益性捐赠税负过重问题。③有利于兼顾财政承受能力和纳税人负担水平，有效地组织财政收入。之前，对外资企业的公益性捐赠允许全额在税前扣除。由于公益性捐赠支出是企业的自愿行为，公益性捐赠支出税收负担应在国家和企业之间合理分配，如果允许公益性支出全额在税前扣除，其税收负担完全由国家负担，加大财政承受能力，不尽合理。适当提高外资企业公益性捐赠支出的税收负担有利于合理规范国家和企业的分配关系，有利于兼顾财政承受能力和纳税人负担水平。

（4）公益性捐赠扣除比例的基数

过去，无论内资企业还是外资企业，计算公益性捐赠税前扣除的基数都是应纳税所得额。新税法将公益性捐赠扣除比例的基数由应纳税所得额改为利润总额，主要原因是便于公益性捐赠扣除的计算，方便纳税人的申报。公益性捐赠支出按照应纳税所得额一定比例在税前扣除，在计算公益性捐赠支出税前扣除额时，由于公益性捐赠支出是计算应纳税所得额的组成部分，需要进行倒算，非常麻烦，也容易出错，不利于企业所得税纳税申报管理。

544. 非居民企业在中国境内有多处所得应如何纳税？

答：根据《企业所得税法》第五十一条规定，非居民企业取得本法第三条第二项规定的所得，以机构、场所所在地为纳税地点。非居民企业在中国境内设立两个或者两个以上机构、场所的，经税务机关审核批准，可以选择由其主要机构、场所汇总缴纳企业所得税。非居民企业在中国境内承包工程作业或提供劳务项目的，根据《非居民承包工程作业和提供劳务税收管理暂行办法》（国家税务总局2009年第19号令）的要求，向项目所在地主管税务机关办理税务登记手续，按照承包工程作业或提供劳务项目进行管理，在工程项目完工或劳务合同履行完毕后结清税款。

对于源泉扣缴类所得，根据《企业所得税法》第三十七条和第五十一条，以支付人为扣缴义务人，在每次支付或者到期应支付时扣缴税款，扣缴义务人所在地为纳税地点。根据《国家税务总局关于印发非居民企业所得税源泉扣缴管理暂行办法的通知》（国税发〔2009〕3号）第十五条和第十六条规定，扣缴义务人未依法扣缴或者无法履行扣缴义务的，非居民企业在所得发生地缴纳企业所得税。如果在中国境内存在多处所得发生地，并选定其中之一申报缴纳企业所得税的，应向申报纳税所在地主管税务机关如实报告有关情况。申报纳税所在地主管税务机关在受理申报纳税后，应将非居民企业申报缴纳所得税情况书面通知扣缴义务人所在地和其他所得发生地主管税务机关。

545. 上年度认定为小型微利企业的其分支机构是否需就地预缴企业所得税？

问：跨地区经营的总分机构，如果总公司上一年度符合小型微利企业条件，那么分支机构今年是否需要就地预缴企业所得税？

答：不需要。根据《国家税务总局关于印发〈跨地区经营汇总纳税企业所得税征收管理暂行办法〉的通知》（国税发〔2008〕28号）第十二条的规定，上年度认定为小型微利企业的,其分支机构不就地预缴企业所得税。

546. 企业合并、分立中税收优惠金额如何界定?

问:A公司为外商投资企业,两免三减半税收优惠已经享受完毕,M公司从2008年开始享受过渡期税收优惠政策,2010年12月31日,A公司对M公司吸收合并,该项合并适用特殊性税务处理。合并日A公司净资产账面价值为1亿元,公允价值为1.5亿元,M公司净资产账面价值为4 000万元,公允价值为5 000万元。2011年存续企业A公司实现应纳税所得额3 000万元。国家税务总局公告2010年第4号规定,在适用特殊性税务处理情况下,合并前各企业剩余的税收优惠年限不一致的,合并后企业每年度的应纳税所得额,应统一按合并日各合并前企业资产占合并后企业总资产的比例进行划分,再分别按相应的剩余优惠计算应纳税额。请问,这里的资产比例是指按照公允价值比例,还是按账面价值比例呢?第一种观点认为,应该按照净资产账面价值比例来享受税收优惠。税收优惠金额=3 000×(4 000÷14 000)=857.14(万元),应缴企业所得税=857.14×25%÷2+(3 000-857.14)×25%=642.86(万元)。第二种观点认为,应该按照公允价值比例来享受税收优惠。税收优惠金额=3 000×(5 000÷15 000)=1 000(万元),应缴企业所得税=1 000×25%÷2+(3 000-1 000)×25%=625(万元)。到底哪种观点是正确的呢?

答:在特殊性税务处理条件下,被合并企业税收优惠之所以按照资产比例来享受,是将资产的盈利能力与税收优惠挂钩,而资产的盈利能力与资产的公允价值相关,与账面价值无关。因此,从理论上来看,这里的资产比例按照公允价值更为恰当。但是基于特殊性税务处理,尤其是同一控制下的合并,一般企业不进行资产评估,难以取得公允价值,且公允价值容易操纵,从征管的角度出发,也可以规定按照账面资产比例确定。

目前,财税〔2009〕59号文件对此的界定并不清晰,鉴于过渡期优惠政策在2012年仍有可能适用,建议国家税务总局进一步明确政策。

547. 滞纳金是否允许在企业所得税前扣除?

问:企业因未按规定期限纳税所产生的滞纳金是否允许在企业所得前扣除?
答:《企业所得税法》第十条规定,在计算应纳税所得额时,下列支出不得扣除:
(1) 向投资者支付的股息、红利等权益性投资收益款项;
(2) 企业所得税税款;
(3) 税收滞纳金;
(4) 罚金、罚款和被没收财物的损失;

(5) 本法第九条规定以外的捐赠支出;

(6) 赞助支出;

(7) 未经核定的准备金支出;

(8) 与取得收入无关的其他支出。

因此,符合上述条件的企业支出不得在企业所得税前扣除。

548. 非福利企业安置残疾人如何加计扣除?

问:《企业所得税法实施条例》第九十六条规定,《企业所得税法》第三十条第(二)项所称企业安置残疾人员所支付的工资的加计扣除,是指企业安置残疾人员的,在按照支付给残疾职工工资据实扣除的基础上,按照支付给残疾职工工资的100%加计扣除。

请问在"据实扣除"的基础上,是按照支付给残疾职工工资的100%加计扣除(当月计算),还是按照《国家税务总局、民政部、中国残疾人联合会关于促进残疾人就业税收优惠政策征管办法的通知》(国税发〔2007〕67号)的规定,纳税人新安置残疾人员从签订劳动合同并缴纳基本养老保险、基本医疗保险、失业保险和工伤保险等社会保险的"次月起计算"?上述条款规定是否针对计算增值税等税收减免时人数才有效?

答:《企业所得税法实施条例》有关安置残疾人员的企业享受"支付给残疾职工工资的100%加计扣除"政策,未限定必须是福利企业。

《财政部、国家税务总局关于安置残疾人员就业有关企业所得税优惠政策问题的通知》(财税〔2009〕70号)第一条规定,企业安置残疾人员的,在按照支付给残疾职工工资据实扣除的基础上,可以在计算应纳税所得额时按照支付给残疾职工工资的100%加计扣除。

企业就支付给残疾职工的工资,在进行企业所得税预缴申报时,允许据实计算扣除;在年度终了进行企业所得税年度申报和汇算清缴时,再依照本条第一款的规定计算加计扣除。

《国家税务总局、民政部、中国残疾人联合会关于促进残疾人就业税收优惠政策征管办法的通知》(国税发〔2007〕67号)第三条第(一)款规定,纳税人新安置残疾人员从签订劳动合同并缴纳基本养老保险、基本医疗保险、失业保险和工伤保险等社会保险的次月起计算,其他职工从录用的次月起计算;安置的残疾人员和其他职工减少的,从次月起计算。

第(二)款第1项规定,对符合《财政部、国家税务总局关于促进残疾人就业税收优惠政策的通知》(财税〔2007〕92号)第二条、第三条、第四条规定条件的纳税人,主管税务机关应当按照有关规定落实税收优惠政策。

目前以上文件仍有效。依据上述规定,企业安置符合条件的残疾人员,在按照支付给残疾职工工资,在进行企业所得税预缴申报时,允许据实计算扣除;在年度终了进行企业所得税年度申报和汇算清缴时,按照当年支付给残疾职工工资的100%加计扣除。新安置残疾人员次月起计算,仅适用增值税和营业税。

549. 事故赔偿款是否允许税前列支?

问:我公司从事煤炭买卖业务,有自己的车队。2011年车队发生事故,经法院判决支付赔偿款(扣除保险赔款),记入"营业外支出"科目,2011年企业所得税汇算清缴时这笔赔偿款是否纳税调增?

答:《企业所得税法》第八条规定,企业实际发生的与取得收入有关的、合理的支出,包括成本、费用、税金、损失和其他支出,准予在计算应纳税所得额时扣除。

《企业所得税法实施条例》第三十二条第(二)款规定,企业发生的损失,减除责任人赔偿和保险赔款后的余额,依照国务院财政、税务主管部门的规定扣除。

参照《大连市地方税务局关于明确企业所得税若干业务问题政策规定的通知》(大地税函〔2010〕39号)规定,企业的违约金、赔偿金收支,原则上在收取款项时确认收入的实现,在支付款项的年度税前扣除。

根据上述规定,赔偿支出可以凭法院判决书及支付凭证税前扣除。

550. 持执业许可证及事业单位法人证书的单位是否缴纳所得税?

问:我公司作为分支机构管理的医院和学校,分别持有医疗机构执业许可证和事业单位法人证书,证书上标明为法人,是否可以参与企业所得税汇算清缴?如果不可以,如何进行变更并取得合法资质?

答:《企业所得税法》第一条规定,在中华人民共和国境内,企业和其他取得收入的组织(以下统称企业)为企业所得税的纳税人,依照本法的规定缴纳企业所得税。个人独资企业、合伙企业不适用本法。

《企业所得税法实施条例》第三条规定,《企业所得税法》第二条所称依法在中国境内成立的企业,包括依照中国法律、行政法规在中国境内成立的企业、事业单位、社会团体以及其他取得收入的组织。

依据上述规定,事业单位分支机构的应税所得,应按规定缴纳企业所得税。

551. 非居民企业在境外交易如何缴纳企业所得税?

问:我公司是外商独资企业,由一非居民企业投资设立,现投资方将我公司

100%的股权转让给某香港公司，境外企业如何缴纳企业所得税？

答：根据《非居民所得税源泉扣缴管理暂行办法》（国税发〔2009〕3号）对非居民企业之间转让中国居民企业股权有关企业所得税规定如下：

第三条规定，对非居民企业取得来源于中国境内的股息、红利等权益性投资收益和利息、租金、特许权使用费所得、转让财产所得以及其他所得应当缴纳的企业所得税，实行源泉扣缴，以依照有关法律规定或者合同约定对非居民企业直接负有支付相关款项义务的单位或者个人为扣缴义务人。

第四条规定，扣缴义务人与非居民企业首次签订与本办法第三条规定的所得有关的业务合同或协议（以下简称合同）的，扣缴义务人应当自合同签订之日起30日内，向其主管税务机关申报办理扣缴税款登记。

第五条规定，扣缴义务人每次与非居民企业签订与本办法第三条规定的所得有关的业务合同时，应当自签订合同（包括修改、补充、延期合同）之日起30日内，向其主管税务机关报送《扣缴企业所得税合同备案登记表》、合同复印件及相关资料。文本为外文的应同时附送中文译本。

股权转让交易双方均为非居民企业且在境外交易的，被转让股权的境内企业在依法变更税务登记时，应将股权转让合同复印件报送主管税务机关。

第七条规定，扣缴义务人在每次向非居民企业支付或者到期应支付本办法第三条规定的所得时，应从支付或者到期应支付的款项中扣缴企业所得税。

第十四条规定，因非居民企业拒绝代扣税款的，扣缴义务人应当暂停支付相当于非居民企业应纳税款的款项，并在1日之内向其主管税务机关报告，并报送书面情况说明。

第十五条规定，扣缴义务人未依法扣缴或者无法履行扣缴义务的，非居民企业应于扣缴义务人支付或者到期应支付之日起7日内，到所得发生地主管税务机关申报缴纳企业所得税。

股权转让交易双方为非居民企业且在境外交易的，由取得所得的非居民企业自行或委托代理人向被转让股权的境内企业所在地主管税务机关申报纳税。被转让股权的境内企业应协助税务机关向非居民企业征缴税款。

《国家税务总局关于贯彻落实企业所得税法若干税收问题的通知》（国税函〔2010〕79号）规定，企业转让股权收入，应于转让协议生效且完成股权变更手续时，确认收入的实现。转让股权收入扣除为取得该股权所发生的成本后，为股权转让所得。企业在计算股权转让所得时，不得扣除被投资企业未分配利润等股东留存收益中按该项股权所可能分配的金额。

因此，对非居民企业取得来源于中国境内的财产转让所得应当缴纳的企业所得税，实行源泉扣缴，依照有关法律规定或者合同约定对非居民企业直接负有支付相关款项义务的单位或者个人为扣缴义务人。被转让股权的境内企业应协助税务机关向非居民企业征缴税款。

552. 按揭贷款未到位是否应确认收入？

问：理论上开发产品已经交付，可以说明企业取得了向客户索取款项的凭据（权利），应按房屋价款确认收入的实现。但是《国家税务总局关于印发〈房地产开发经营业务企业所得税处理办法〉的通知》（国税发〔2009〕31号）第六条第三项规定，"采取银行按揭方式销售开发产品的，应按销售合同或协议约定的价款确定收入额，其首付款应于实际收到日确认收入的实现，余款在银行按揭贷款办理转账之日确认收入的实现"，请问上述条款如何理解？

答：《国家税务总局关于印发〈房地产开发经营业务企业所得税处理办法〉的通知》（国税发〔2009〕31号）第六条规定，企业通过正式签订《房地产销售合同》或《房地产预售合同》所取得的收入，应确认为销售收入的实现，具体按以下规定确认：采取银行按揭方式销售开发产品的，应按销售合同或协议约定的价款确定收入额，其首付款应于实际收到日确认收入的实现，余款在银行按揭贷款办理转账之日确认收入的实现。

例如，A房地产开发企业采取银行按揭方式现房销售，5月出售10套住房并办理入住手续，销售合同或协议约定的价款1 200万元，收取首付款800万元，银行按揭400万元尚未收到。会计应确认销售收入1 200万元，应收账款400万元。税务应确认销售收入800万元，400万元余款在银行按揭贷款办理转账之日确认收入的实现。

553. 如何确定股权投资损失金额？

问：A公司投资100万元成立B公司，由于B公司经营不善，2011年底决定关闭。B公司完成税务、工商注销后，共计亏损150万元。A公司可以税前扣除的投资损失为100万元还是150万元？

答：《财政部、国家税务总局关于企业清算业务企业所得税处理若干问题的通知》（财税〔2009〕60号）第五条规定，企业全部资产的可变现价值或交易价格减除清算费用，职工的工资、社会保险费用和法定补偿金，结清清算所得税、以前年度欠税等税款，清偿企业债务，按规定计算可以向所有者分配的剩余资产。

被清算企业的股东分得的剩余资产的金额，其中相当于被清算企业累计未分配利润和累计盈余公积中按该股东所占股份比例计算的部分，应确认为股息所得；剩余资产减除股息所得后的余额，超过或低于股东投资成本的部分，应确认为股东的投资转让所得或损失。

被清算企业的股东从被清算企业分得的资产应按可变现价值或实际交易价格确定计税基础。

《财政部、国家税务总局关于企业资产损失税前扣除政策的通知》（财税

〔2009〕57号）第六条规定，企业的股权投资符合下列条件之一的，减除可收回金额后确认的无法收回的股权投资，可以作为股权投资损失在计算应纳税所得额时扣除：

（1）被投资方依法宣告破产、关闭、解散、被撤销，或者被依法注销、吊销营业执照的；

（2）被投资方财务状况严重恶化，累计发生巨额亏损，已连续停止经营3年以上，且无重新恢复经营改组计划的；

（3）对被投资方不具有控制权，投资期限届满或者投资期限已超过10年，且被投资单位因连续3年经营亏损导致资不抵债的；

（4）被投资方财务状况严重恶化，累计发生巨额亏损，已完成清算或清算期超过3年以上的；

（5）国务院财政、税务主管部门规定的其他条件。

根据上述规定，A公司分得的剩余资产的金额，其中相当于B公司累计未分配利润和累计盈余公积中按A公司所占股份比例计算的部分，应确认为A公司的股息所得；剩余资产减除股息所得后的余额，超过或低于A公司投资成本的部分，应确认为A公司的投资转让所得或损失。A公司股权投资符合上述条件之一的，减除可收回金额后确认的无法收回的股权投资，可以作为股权投资损失在计算应纳税所得额时扣除。

554. 按权益法核算的长期股权投资收益如何纳税调整？

问：我公司按权益法核算长期股权投资收益，2011年度发生以下事项：（1）取得权益法核算的企业分红100万元，会计核算冲减"长期股权投资"科目；（2）按权益法确认收益500万元，会计核算记入"投资收益"科目。企业所得税汇算清缴时应如何进行调整？

答：《国家税务总局关于贯彻落实企业所得税法若干税收问题的通知》（国税函〔2010〕79号）第四条规定，企业权益性投资取得股息、红利等收入，应以被投资企业股东会或股东大会作出利润分配或转股决定的日期，确定收入的实现。

被投资企业将股权（票）溢价所形成的资本公积转为股本的，不作为投资方企业的股息、红利收入，投资方企业也不得增加该项长期投资的计税基础。

《企业会计准则第2号——长期股权投资》第八条规定，投资企业对被投资单位具有共同控制或重大影响的长期股权投资，应当按照本准则第九条至第十三条规定，采用权益法核算；第十条规定，投资企业取得长期股权投资后，应当按照应享有或应分担的被投资单位实现的净损益的份额，确认投资损益并调整长期股权投资的账面价值。投资企业按照被投资单位宣告分派的利润或现金股利计算应分得的部分，相应减少长期股权投资的账面价值。

根据上述规定，《企业所得税法》中关于股息、利息收入确认时间为被投资企业股东会或股东大会作出利润分配或转股决定的日期；与会计上按权益法确认投资损益的规定是不同的。

被投资企业按照被投资单位宣告分派的利润或现金股利时，所得税上应确认收入，会计上冲减长期股权投资。

被投资企业实现净损益时，贵公司在会计上应按分担的份额确认投资收益，但企业所得税上不确认股息收入。

因此，贵公司应作纳税调减500万元，填列在《企业所得税年度申报表》附表三《纳税调整项目明细表》第7行"6.按权益法核算的长期股权投资持有期间的投资损益"第4列"纳税调减额"500万元；第19行"18.其他"第1列账载金额0万元，第2列税收金额100万元，第3列纳税调增金额100万元。

《企业所得税法》第二十六条规定，企业的下列收入为免税收入：……符合条件的居民企业之间的股息、红利等权益性投资收益。

《企业所得税法实施条例》第八十三条规定，企业所得税法第二十六条第（二）项所称符合条件的居民企业之间的股息、红利等权益性投资收益，是指居民企业直接投资于其他居民企业取得的投资收益。企业所得税法第二十六条第（二）项和第（三）项所称股息、红利等权益性投资收益，不包括连续持有居民企业公开发行并上市流通的股票不足12个月取得的投资收益。

根据上述规定，取得被投资企业分红100万元，若符合上述条件的，属于免税收入，否则应缴纳企业所得税。

符合免税条件的，应在附表五《税收优惠明细表》第3行"2.符合条件的居民企业之间的股息、红利等权益性投资收益"填列100万元。

555. 哪些资产损失可申报所得税税前扣除？

问：可以以清单申报的方式向税务机关申报扣除所得税的资产损失有哪些？

答：根据《企业资产损失所得税税前扣除管理办法》，企业在以下情况下，可以申请扣除所得税：企业在正常经营管理活动中，按照公允价格销售、转让、变卖非货币资产的损失；企业各项存货发生的正常损耗；企业固定资产达到或超过使用年限而正常报废清理的损失；企业生产性生物资产达到或超过使用年限而正常死亡发生的资产损失；企业按照市场公平交易原则，通过各种交易场所、市场等买卖债券、股票、期货、基金以及金融衍生产品等发生的损失。

556. 土地对外投资增值是否缴纳企业所得税？

问：某外商投资企业2005年成立，享受"两免三减半"的企业所得税优惠政策，2011年为减半年度（原企业所得税率为24%，生产性外商投资企业）。2010年该公司以土地作价600万元对外投资，土地账面价值400万元，公允价值600万元。2010年该公司主营业务收入为190万元。请问土地增值部分是否缴纳企业所得税？如果缴纳企业所得税，如何确定适用税率？

答： 根据现行《企业所得税法》及其实施条例有关规定，贵公司以土地使用权对外投资，发生了资产评估增值，土地账面价值400万元，公允价值600万元，应对其增值部分200万元缴纳企业所得税。

根据《国务院关于实施企业所得税过渡优惠政策的通知》（国发〔2007〕39号）和《财政部、国家税务总局关于贯彻落实国务院关于实施企业所得税过渡优惠政策有关问题的通知》（财税〔2008〕21号）规定，对原适用24%或33%企业所得税率并享受国发〔2007〕39号文件规定企业所得税定期减半优惠过渡的企业，2008年及以后年度一律按25%税率计算的应纳税额实行减半征税。

因此，贵公司2010年如果仍在减半征税的过渡期内，应按12.5%税率缴税。

557. 未支付的质量保证金如何扣除？

问： 实务中，房地产开发企业在项目完工时，不管是否最终办理结算，均会扣留建筑施工企业一定比例的工程款，作为开发项目的质量保证金。由于建筑施工企业未能取得这部分工程款，一般也不会开具这部分工程款的票据。在会计核算时，必须遵循权责发生制的原则计提应付未付的质量保证金，借记"开发成本"科目，贷记"应付账款"科目。那么，开发企业提取的质量保证金能否在税前扣除呢？

答： 国家税务总局《关于印发房地产开发经营业务企业所得税处理办法的通知》（国税发〔2009〕31号）第三十二条针对有关预提（应付）费用在企业所得税税前扣除的问题作出了相应规定，其中两项内容是：

第一，出包工程未最终办理结算而未取得全额发票的，在证明资料充分的前提下，其发票不足金额可以预提，但最高不得超过合同总金额的10%。

第二，公共配套设施尚未建造或尚未完工的，可按预算造价合理预提建造费用。此类公共配套设施必须符合已在售房合同、协议或广告、模型中明确承诺建造且不可撤销，或按照法律法规规定必须配套建造的条件。

由此可见，开发企业对尚未支付的质量保证金在进行企业所得税方面的纳税筹划时，首先要保证提取质量保证金的及时性和合理性。所谓及时性，是指开发企业应将质量保证金归集到所属年度的开发成本中；所谓合理性，是指开发企业提取的质量保证金的金额，应有对应的经济事实、项目资料作为支撑，如施工合同、工程预算及进度资料等。其次，开发企业在年度企业所得税汇算清缴时，应注意主管税务机关对上述预提（应付）款项备案方面的管理要求。最后，开发企业应对预提（应付）款项（包括应付未付的质量保证金）与提取当年税前扣除金额、已税前扣除金额及最终开票结算价款不一致的金额作正确的纳税调整,并建立系统的纳税调整台账。

在土地增值税方面,国家税务总局《关于土地增值税清算有关问题的通知》(国税函〔2010〕220号)规定,房地产开发企业在工程竣工验收后,根据合同约定,扣留建筑安装施工企业一定比例的工程款,作为开发项目的质量保证金,在计算土地增值税时,建筑安装施工企业就质量保证金对房地产开发企业开具发票的,按发票所载金额予以扣除;未开具发票的,扣留的质保金不得计算扣除。该项规定的意思是,未开具发票的,扣留的质保金所对应的开发成本在土地增值税清算时不得计算扣除。如果房地产开发企业在土地增值税清算时,因未能取得票据而不得计算扣除这部分开发成本,在土地增值税分项目或分期清算、房地产开发项目滚动开发的情况下,开发企业在某项目或某期开发产品土地增值税清算后偿付质保金并取得的票据如何处理呢?是计入下一期的开发成本还是"过期作废"?如果计入下一期开发项目的开发成本,可能影响各期开发成本的真实性,同时为人为调节各期的土地增值额和土地增值率留下了空间,与土地增值税分项、分期清算的目标相违背。如果"过期作废",则对房地产开发企业有失公平。

针对上述问题,建议开发企业结合开发项目特点进行合理筹划。由于同一地块分期、滚动开发的特点,决定了开发成本结算也会分期、滚动发生,只要前后几期项目中的某一分部工程(如土建、安装、装饰等)是由同一施工企业完成的,那么,开发企业可以将应扣留的已完工的前期工程项目质保金在后一期应结算的工程进度款中扣留,同时与施工企业签订补充合同明确约定,一旦已完工项目存在质量问题,在后一期项目进度款中扣留的质保金将不予支付,进而要求对方将前期已完工工程按结算价款全额开票。至于最后一期开发项目,开发企业在进行施工质量管理和工程价款结算时,应充分考虑税法的要求,尽可能在土地增值税清算期内取得与全部开发成本相应的合法凭证。

558. 建筑施工企业跨地区经营如何缴纳企业所得税?

问: 我公司是一家建筑施工企业,跨地区经营该如何缴纳企业所得税?

答: 异地施工属于贵公司的一大特点,对于这种跨地区经营,应当按照《国家税务总局关于印发〈跨地区经营汇总纳税企业所得税征收管理暂行办法〉的通知》(国税发〔2008〕28号)的规定,按照"统一计算,分级管理,就地预缴,汇总清算,财政调库"的办法计算缴纳企业所得税。《国家税务总局关于建筑企业所得税征管有关问题的通知》(国税函〔2010〕39号)强调,建筑企业跨地区设立的不符合二级分支机构条件的项目经理部(包括与项目经理部性质相同的工程指挥部、合同段等),应汇总到总机构或二级分支机构统一计算,按照国税发〔2008〕28号文件规定的办法计算缴纳企业所得税。

2010年4月19号国家税务总局在综合了国税发〔2008〕28号、《国家税务总局关于跨地区经营汇总纳税企业所得税征收管理若干问题的通知》（国税函〔2009〕221号）以及国税函〔2010〕39号文件的基础上，充分考虑各地对于建筑行业的实际征管状况，发布了《国家税务总局关于跨地区经营建筑企业所得税征收管理问题的通知》（国税函〔2010〕156号）。

国税函〔2010〕156号文件在延续前述文件政策的基础上又做了如下新的规定：

（1）建筑企业总机构直接管理的跨地区设立的项目部，应按项目实际经营收入的0.2%按月或按季由总机构向项目所在地预分企业所得税，并由项目部向所在地主管税务机关预缴。

以上跨地区设立的项目部，仅指建筑企业跨省、自治区、直辖市和计划单列市设立的不具有二级分支机构条件的项目部，且也不属于二级或二级以下分支机构直接管理的项目经理部（包括与项目经理部性质相同的工程指挥部、合同段等）。

建筑企业跨区施工不构成分支机构，尽管由总机构统一汇算清缴，但要在项目所在地应预缴企业所得税，缴纳方式可以按照项目实际经营收入的0.2%按月或按季由总机构向项目所在地预分企业所得税，并由项目部向所在地主管税务机关预缴。这一条很重要，项目所在地税务机关按照项目实际经营收入的比率预征企业所得税，这一部分税款将会减少总机构所在地实际的预缴税款。例如，贵公司2010年5月累计收入总额1 000万元，其中设在A省项目部收入累计700万元，1—5月累计利润总额100万元，则A省项目部所在地主管税务机关需要预缴企业所得税700×0.2%＝1.4（万元）。在贵公司总机构所在地预缴企业所得税100×25%－1.4＝23.6（万元）。

（2）建筑企业总机构在年度内汇总计算预缴企业应纳所得税，按照如下方式计算：

①总机构只设跨地区项目部的，扣除已由项目部预缴的企业所得税后，按照其余额就地缴纳；此种情况如前例所示。

②总机构只设二级分支机构的，按照国税发〔2008〕28号文件第十九条"总机构和分支机构应分期预缴的企业所得税，50%在各分支机构间分摊预缴，50%由总机构预缴。总机构预缴的部分，其中25%就地入库，25%预缴入中央国库，按照财预〔2008〕10号文件的有关规定进行分配。规定计算总、分支机构应缴纳的税款。

需注意的是二级分支机构包括二级或二级以下分支机构直接管理的项目经理部（包括与项目经理部性质相同的工程指挥部、合同段等）。例如，贵公司在甲省设立有分公司A，分公司A在甲省乙市设立有项目部B，则项目部B经营业务收入当先汇总至二级分支机构分公司A收入中，再按照国税发〔2008〕28号文件规定办法计算。

③总机构既有直接管理的跨地区项目部，又有跨地区二级分支机构的，先扣除

已由项目部预缴的企业所得税后,再按照国税发〔2008〕28号文件规定计算总、分支机构应缴纳的税款。

该条计算办法汇总了前述两种情况,例如,贵公司在甲省设立有分公司A,在乙省设立项目部B,贵公司2010年5月累计收入总额1000万元,其中乙省项目部B收入累计700万元,1—5月累计利润总额100万元,则在乙省项目部所在地主管税务机关需要预缴企业所得税700×0.2%=1.4(万元)。累计尚需预缴企业所得税100×25%-1.4=23.6万元,这23.6万元就需要按照"统一计算,分级管理,就地预缴,汇总清算,财政调库"的原则进行预缴分配计算,在甲省分公司A所在地预缴23.6×50%=11.80(万元),在总公司所在地预缴11.80万元。

(3)建筑企业总机构应按照有关规定办理企业所得税年度汇算清缴,各分支机构和项目部不进行汇算清缴。总机构年终汇算清缴后应纳所得税额小于已预缴的税款时,由总机构主管税务机关办理退税或抵扣以后年度的应缴企业所得税。

延用上例,2010年度汇算清缴在总机构进行,当年度亏损100万元,在总机构所在地预缴税款20万元,在分公司所在地预缴税款10万元,乙省项目部预缴税款5万元,应当退税35万元,这35万元只能向总机构主管税务机关办理退税或办理抵扣手续。

(4)跨地区经营的项目部(包括二级以下分支机构管理的项目部)应向项目所在地主管税务机关出具总机构所在地主管税务机关开具的外出经营活动税收管理证明,未提供上述证明的,项目部所在地主管税务机关应督促其限期补办;不能提供上述证明的,应作为独立纳税人就地缴纳企业所得税。同时,项目部应向所在地主管税务机关提供总机构出具的证明该项目部属于总机构或二级分支机构管理的证明文件。

建筑领域普遍存在挂靠施工,一般都是以有资质单位总公司或分公司名义进行施工。根据《营业税暂行条例实施细则》第十一条"单位以承包、承租、挂靠方式经营的,承包人、承租人、挂靠人(以下统称承包人)发生应税行为,承包人以发包人、出租人、被挂靠人(以下统称发包人)名义对外经营并由发包人承担相关法律责任的,以发包人为纳税人;否则以承包人为纳税人"。挂靠单位以有资质单位名义签订施工合同,一样要以被挂靠单位名义向总机构所在地主管税务机关申请开具外出经营活动税收管理证明,接受工程所在地税务机关管理。另外该条所要求的"项目部应向所在地主管税务机关提供总机构出具的证明该项目部属于总机构或二级分支机构管理的证明文件"对于挂靠单位要引起重视,其中可能存在法律风险。

(5)建筑企业总机构在办理企业所得税预缴和汇算清缴时,应附送其所直接管理的跨地区经营项目部就地预缴税款的完税证明。

直接管理的跨地区经营项目部账务核算应当与总机构一致,既可以汇总核算,也可以按照项目核算,对于会计处理无影响,但要保存好跨地区经营项目部就地预缴税款的完税证明,以备税务机关核查。

(6) 建筑企业在同一省、自治区、直辖市和计划单列市设立的跨地（市、县）项目部，其企业所得税的征收管理办法，由各省、自治区、直辖市和计划单列市国家税务局、地方税务局共同制定，并报国家税务总局备案。

建筑施工企业所得税的征管难题不仅存在于跨省施工，在本省跨市施工同样存在税源征收管理的问题，贵公司也要注意当地的政策规定。

(7) 本通知自 2010 年 1 月 1 日起施行。

也就是项目部所在地主管税务机关可以就 2010 年 1 月 1 日后的项目实际经营收入追征企业所得税；对于 2009 年 12 月 31 日前的项目所在地预缴税款不适用该政策，仍应在总机构汇算清缴。

559. 设备常规改造费用可否加计扣除？

问：最近，企业对产品进行了常规性升级，对技术设备进行了相关改造。企业内部的技术改造费用是否适用研发费用加计扣除政策？

答：根据《国家税务总局关于印发〈企业研究开发费用税前扣除管理办法（试行）〉的通知》（国税发〔2008〕116 号）规定，研究开发活动是指企业为获得科学与技术（不包括人文、社会科学）新知识，创造性运用科学技术新知识，或实质性改进技术、工艺、产品（服务）而持续进行的具有明确目标的研究开发活动。创造性运用科学技术新知识，或实质性改进技术、工艺、产品（服务），是指企业通过研究开发活动在技术、工艺、产品（服务）方面的创新取得了有价值的成果，对本地区（省、自治区、直辖市或计划单列市）相关行业的技术、工艺具有推动作用，不包括企业产品（服务）的常规性升级或对公开的科研成果直接应用等活动（如直接采用公开的新工艺、材料、装置、产品、服务或知识等）。同时，企业从事的研究开发活动的有关支出，应是符合《国家重点支持的高新技术领域》和国家发展改革委员会等部门公布的《当前优先发展的高技术产业化重点领域指南（2007 年度）》的规定项目。凡符合规定项目定义和范围的，方可享受研发费用加计扣除；不符合定义和范围的，则不能享受研发费用加计扣除。所以，该企业应该对照这些政策来确定其技术改造费用是否适用相关优惠政策。

560. 存货所含的工资成本能不能扣除？

问：甲公司是一家生产销售汽车配件的有限责任公司，2011 年实现不含税销售收入 8 000 万元，结转销售成本 5 000 万元。同时，2011 年年末，该公司期末存货 3 000 万元，其中库存商品 2 000 万元，原材料和周转材料 600 万元，半成品 400 万元。另外，2011 年甲公司共计提并发放职工工资 1 000 万元，其中，计入生产成本和制造费用的工资为 800 万元，计入管理费用的工资为 200 万元。假设不考虑其他因素，2011年实现利润总额900万元，那么在2011年所得税汇算清缴时，针对工资而言，甲公司该如何进行纳税处理？

答：依据现行《企业所得税法》的规定，企业每一纳税年度支付给在本企业任职或者受雇的员工的所有现金形式或者非现金形式的劳动报酬，包括基本工资、奖金、津贴、补贴、年终加薪、加班工资，以及与员工任职或者受雇有关的其他支出，称为工资、薪金支出。而企业发生的合理的工资、薪金支出，准予在计算企业所得税时扣除。

在上述案例中，甲公司当年计提并发放的职工工资1 000万元，计入生产成本和制造费用的工资为800万元，但因为货物没有全部销售，还没有全部结转为销售成本，那么是否能全额扣除呢？

针对以上具体情况，在税务机关和纳税人中间，产生了两种不同的观点。第一种观点认为，公司发放合理的工资计入主营业务成本的部分允许扣除，在汇算清缴时不作纳税调整处理。第二种观点认为，公司发放合理的工资准予扣除，在汇算清缴时理应作纳税调减处理。

按照第一种观点，甲公司发放的工资不作纳税调整。其理由是：一方面，多年来，关于工资的扣除，都是按企业计入销售成本的部分核算，既不作纳税调增，也不作纳税调减，这是不争的事实，并已形成惯例。另一方面，根据《企业所得税法》及其实施条例的规定，企业实际发生的与取得收入有关的成本，即企业在生产经营活动中发生的销售成本、销货成本、业务支出以及其他耗费，准予在计算应纳税所得额时扣除。因此，关于工资的扣除，只局限在计入销售成本和期间费用的部分。另外，新、旧企业所得税法对此也没有明确规定要作纳税调整。因此，甲公司2011年经过汇算清缴，应纳税所得额仍为900万元。

按照第二种观点，甲公司发放的工资应该作纳税调整。其理由是：一方面，《企业所得税法》规定，企业发生的合理的工资、薪金支出，准予扣除，甲公司2011年发放的工资自然都要扣除。另一方面，甲公司2011年期末有存货，表明公司发放全年的工资分布在期间费用、生产成本、库存商品和主营业务成本之中。而公司根据企业会计准则配比原则，只对货物销售成本中包含的工资以及管理费用中核算的工资进行扣除，仅扣除了分布在期间费用和主营业务成本之中的职工工资，分布在生产成本和库存商品中的职工工资，因公司货物未销售，因此未结转、扣除。对此，该观点认为，2011年甲公司应调减应纳税所得额300万元[（2 000＋600＋400）÷（5 000＋2 000＋600＋400）×800]，经过纳税调整后应纳税所得额为600万元。

561. 期货公司支付居间人佣金可否税前扣除？

问：期货公司支付给期货居间人的佣金是否执行《财政部、国家税务总局关于企业手续费及佣金支出税前扣除政策的通知》（财税〔2009〕29号）税前扣除限额为5%的规定？如果期货公司与居间人签订的期货居间协议规定，佣金支付比例为居间人介绍的客户净手续费的50%，这笔费用能否在企业所得税前全额扣除？

答：《财政部、国家税务总局关于企业手续费及佣金支出税前扣除政策的通知》（财税〔2009〕29号）第一条第二款规定，其他企业（非保险企业）按与具有合法经营资格中介服务机构或个人（不含交易双方及其雇员、代理人和代表人等）所签订服务协议或合同确认的收入金额的5%计算限额。因此，期货公司只能扣除居间人促成的服务协议或合同确认的收入金额的5%，超过部分需要作企业所得税纳税调整。

562. 银行存款利息是否核定缴纳企业所得税？

问：核定征收企业取得的银行存款利息，是否应当缴纳企业所得税？

答：《国家税务总局关于企业所得税核定征收若干问题的通知》（国税函〔2009〕377号）第二条规定，国税发〔2008〕30号文件第六条中的"应税收入额"等于收入总额减去不征税收入和免税收入后的余额。用公式表示为：

应税收入额＝收入总额－不征税收入－免税收入

其中，收入总额为企业以货币形式和非货币形式从各种来源取得的收入。

《企业所得税法实施条例》第十八条第一款规定，《企业所得税法》第六条第（五）项所称利息收入，是指企业将资金提供他人使用但不构成权益性投资，或者因他人占用本企业资金取得的收入，包括存款利息、贷款利息、债券利息、欠款利息等收入。

《青岛市地方税务局关于印发〈2010年所得税问题解答的通知〉》（青地税函〔2011〕4号）规定，根据《企业所得税法》第五条及其实施条例第十八条规定，银行存款利息属于《企业所得税法》规定的收入总额的组成部分。因此，根据《国家税务总局关于企业所得税核定征收若干问题的通知》（国税函〔2009〕377号）规定，银行存款利息应计入应税收入额，按照规定的应税所得率计算缴纳企业所得税。

根据上述规定，利息收入属于企业所得税法规定的收入总额的组成部分。因此，银行存款利息应计入应税收入额，按照规定的应税所得率计算缴纳企业所得税。

563. 软件企业即征即退的增值税是否要征收企业所得税？

问：2011年10月13日，财政部、国家税务总局联合下发《关于软件产品增值税政策的通知》（财税〔2011〕100号）后，许多软件询问：企业按照规定取得的增值税即征即退税款是否要缴纳企业所得税？

答：（1）这是一项什么性质的收入

《财政部、国家税务总局关于企业所得税若干优惠政策的通知》（财税〔2008〕1号）规定，为鼓励软件产业和集成电路产业发展，软件生产企业实行增值税即征即退政策，所退还的税款，由企业用于研究开发软件产品和扩大再生产，不作为企业所得税应税收入，不予征收企业所得税。

"不征税收入"是我国企业所得税法中新创设的一个概念，是指从企业所得税原理上讲应永久不列入征税范围的收入范畴。

根据《企业所得税法》第七条规定，不征税收入包括：财政拨款；依法收取并纳入财政管理的行政事业性收费、政府性基金；国务院规定的其他不征税收入"。

《财政部、国家税务总局关于财政性资金、行政事业性收费、政府性基金有关企业所得税政策问题的通知》（财税〔2008〕151号）文件进一步明确了不征税收入的具体范围。其中，对企业取得的由国务院财政、税务主管部门规定专项用途并经国务院批准的财政性资金，准予作为不征税收入，在计算应纳税所得额时从收入总额中减除。

因此软件企业取得的增值税即征即退税款，用于研究开发软件产品和扩大再生产，是一项有专项用途的财政性资金，把它定义为不征税收入符合税法和财税〔2008〕151号文件的规定，企业的上述收入应在取得当年从收入总额中扣除。

（2）把握这项政策的关键点有哪些

《企业所得税法实施条例》第二十八条规定，不征税收入用于支出所形成的费用，不得在计算应纳税所得额时扣除；用于支出所形成的资产，其计算的折旧、摊销不得在计算应纳税所得额时扣除。因此，应该提醒软件企业的是，企业在将即征即退的税款用于研究开发软件产品和扩大再生产的过程中，发生的相关支出或者因购进设备所计提的折旧不能在税前扣除，也不能享受研发投入加计扣除的优惠政策。

因此，在实务操作中，企业对不征税收入和资金的支出应单独核算，要设置单独的会计核算科目或者设置单独的银行核算账户，合理区分不征税收入与征税收入。

（3）企业应如何进行纳税申报

根据《财政部关于减免和返还流转税的会计处理规定的通知》（财会字〔1995〕006号）规定，企业实际收到即征即退、先征后退、先征税后返还的增值税，借记"银行存款"科目，贷记"补贴收入"科目。对于直接减免的增值税，借记"应交税费——应交增值税"科目，贷记"补贴收入"科目。

因此，当软件企业取得增值税即征即退税款时，应做如下会计分录：

借：银行存款
　　贷：营业外收入

而税收上，这是一项不征税收入，应从当年收入总额中扣除。根据《国家税务总局关于做好 2009 年度企业所得税汇算清缴工作的通知》（国税函〔2010〕148 号）规定，企业取得的不征税收入，填报企业所得税年度纳税申报表附表三"纳税调整明细表""一、收入类调整项目"第 14 行"13、不征税收入"对应列次。上述不征税收入用于支出形成的费用和资产，不得税前扣除或折旧、摊销，作相应纳税调整。其中，用于支出形成的费用，填报该表第 38 行"不征税收入用于支出所形成的费用"；其用于支出形成的资产，填报该表第 41 行项目下对应行次。

564. 单位出国参展得到财政局补助的展位费是否缴纳企业所得税？

答：根据《财政部、国家税务总局关于专项用途财政性资金企业所得税处理问题的通知》（财税〔2011〕70 号）的规定：

（1）企业从县级以上各级人民政府财政部门及其他部门取得的应计入收入总额的财政性资金，凡同时符合以下条件的，可以作为不征税收入，在计算应纳税所得额时从收入总额中减除：

①企业能够提供规定资金专项用途的资金拨付文件；

②财政部门或其他拨付资金的政府部门对该资金有专门的资金管理办法或具体管理要求；

③企业对该资金以及以该资金发生的支出单独进行核算。

（2）根据实施条例第二十八条的规定，上述不征税收入用于支出所形成的费用，不得在计算应纳税所得额时扣除；用于支出所形成的资产，其计算的折旧、摊销不得在计算应纳税所得额时扣除。

（3）本通知自 2011 年 1 月 1 日起执行。

根据上述规定，贵公司出国参展得到的财政局补助如果符合上述文件第一条规定的三项条件，就可以作为不征税收入，在计算应纳税所得额时从收入总额中减除；否则，需要并入收入总额，计算缴纳企业所得税。

565. 企业收到分红款是否需缴纳所得税？

答：《企业所得税法》第二十六条规定，企业的符合条件的居民企业之间的股息、红利等权益性投资收益为免税收入。

《企业所得税法实施条例》第十七条规定，《企业所得税法》第六条第四项所称股息、红利等权益性投资收益，是指企业因权益性投资从被投资方取得的收入。

股息、红利等权益性投资收益，除国务院财政、税务主管部门另有规定外，按照被投资方作出利润分配决定的日期确认收入的实现。

第八十三条规定，《企业所得税法》第二十六条第二项所称符合条件的居民企业之间的股息、红利等权益性投资收益,是指居民企业直接投资于其他居民企业取得的投资收益。《企业所得税法》第二十六条第二项和第三项所称股息、红利等权益性投资收益,不包括连续持有居民企业公开发行并上市流通的股票不足12个月取得的投资收益。

根据上述规定,企业因权益性投资从被投资方取得的分红收入,本身性质上属于企业所得税的应税收入,但如果是《企业所得税法实施条例》第八十三条所称的符合条件的居民企业之间的股息、红利等权益性投资收益,可以享受免税。

566. 金融企业哪些准备金准予在企业所得税前扣除?

答:企业所得税税前允许扣除的项目,原则上必须遵循真实发生的据实扣除原则,企业只有实际发生的损失,才允许在税前扣除。但是由于人身保险、财产保险、风险投资和其他具有特殊风险的金融工具风险大,所以,《企业所得税法》规定,未经核定的准备金支出,不得税前扣除,而经国务院财政、税务主管部门核定的准备金,则准予税前扣除。金融企业经国务院财政、税务主管部门核定后准予税前扣除的准备金有以下几项:

(1) 金融企业贷款损失准备金

根据《财政部、国家税务总局关于金融企业贷款损失准备金企业所得税税前扣除政策的通知》(财税〔2012〕5号)规定,金融企业的贷款准备金可以税前扣除。

准予税前提取贷款损失准备金的贷款资产范围包括:

①贷款(含抵押、质押、担保等贷款);

②银行卡透支、贴现、信用垫款(含银行承兑汇票垫款、信用证垫款、担保垫款等)、进出口押汇、同业拆出、应收融资租赁款等各项具有贷款特征的风险资产;

③由金融企业转贷并承担对外还款责任的国外贷款,包括国际金融组织贷款、外国买方信贷、外国政府贷款、日本国际协力银行不附条件贷款和外国政府混合贷款等资产。

金融企业准予税前扣除的贷款损失准备金为贷款资产余额的1%。金融企业准予当年税前扣除的贷款损失准备金计算公式如下:

$$\text{准予当年税前扣除的贷款损失准备金} = \text{本年末准予提取贷款损失准备金的贷款资产余额} \times 1\% - \text{截至上年末已在税前扣除的贷款损失准备金的余额}$$

金融企业按上述公式计算的数额如为负数,应当相应调增当年应纳税所得额。

这里需要注意四点:第一,金融企业的委托贷款、代理贷款、国债投资、应收股利、上交央行准备金以及金融企业剥离的债权和股权、应收财政贴息、央行款项等不承担风险和损失的资产,不得提取贷款损失准备金在税前扣除;第二,金融企业发生的符合条件的贷款损失,应先冲减已在税前扣除的贷款损失准备金,不足冲减部分可据实在计算当年应纳税所得额时扣除;第三,金融企业涉农贷款和中小企业贷款损失准备金的税前扣除政策不适用本规定;第四,本规定自 2011 年 1 月 1 日至 2013 年 12 月 31 日执行。

(2) 证券行业准备金支出

《财政部、国家税务总局关于证券行业准备金支出企业所得税税前扣除有关政策问题的通知》(财税〔2012〕11 号)明确证券行业准备金支出可以在企业所得税税前扣除。

证券行业准备金支出包括证券类准备金和期货类准备金两类。

证券类准备金税前扣除的具体范围及扣除标准如下:

①证券交易所风险基金。

上海、深圳证券交易所依据《证券交易所风险基金管理暂行办法》(证监发〔2000〕22 号)的有关规定,按证券交易所交易收取经手费的 20%、会员年费的 10%提取的证券交易所风险基金,在各基金净资产不超过 10 亿元的额度内,准予在企业所得税税前扣除。

②证券结算风险基金。

● 中国证券登记结算公司所属上海分公司、深圳分公司依据《证券结算风险基金管理办法》(证监发〔2006〕65 号)的有关规定,按证券登记结算公司业务收入的 20%提取的证券结算风险基金,在各基金净资产不超过 30 亿元的额度内,准予在企业所得税税前扣除。

● 证券公司依据《证券结算风险基金管理办法》(证监发〔2006〕65 号)的有关规定,作为结算会员按人民币普通股和基金成交金额的十万分之三、国债现货成交金额的十万分之一、1 天期国债回购成交额的千万分之五、2 天期国债回购成交额的千万分之十、3 天期国债回购成交额的千万分之十五、4 天期国债回购成交额的千万分之二十、7 天期国债回购成交额的千万分之五十、14 天期国债回购成交额的十万分之一、28 天期国债回购成交额的十万分之二、91 天期国债回购成交额的十万分之六、182 天期国债回购成交额的十万分之十二逐日缴纳的证券结算风险基金,准予在企业所得税税前扣除。

③证券投资者保护基金。

● 上海、深圳证券交易所依据《证券投资者保护基金管理办法》(证监会令第 27 号)的有关规定,在风险基金分别达到规定的上限后,按交易经手费的 20%缴纳的证券投资者保护基金,准予在企业所得税税前扣除。

● 证券公司依据《证券投资者保护基金管理办法》(证监会令第 27 号)的有关规定,按其营业收入 0.5%~5%缴纳的证券投资者保护基金,准予在企业所得税税前扣除。

期货类准备金税前扣除的具体范围及扣除标准如下:

①期货交易所风险准备金。

大连商品交易所、郑州商品交易所和中国金融期货交易所依据《期货交易管理条例》（国务院令第489号）、《期货交易所管理办法》（证监会令第42号）和《商品期货交易财务管理暂行规定》（财商字〔1997〕44号）的有关规定，上海期货交易所依据《期货交易管理条例》（国务院令第489号）、《期货交易所管理办法》（证监会令第42号）和《关于调整上海期货交易所风险准备金规模的批复》（证监函〔2009〕407号）的有关规定，分别按向会员收取手续费收入的20%计提的风险准备金，在风险准备金余额达到有关规定的额度内，准予在企业所得税税前扣除。

②期货公司风险准备金。

期货公司依据《期货公司管理办法》（证监会令第43号）和《商品期货交易财务管理暂行规定》（财商字〔1997〕44号）的有关规定，从其收取的交易手续费收入减去应付期货交易所手续费后的净收入的5%提取的期货公司风险准备金，准予在企业所得税税前扣除。

③期货投资者保障基金。

● 上海期货交易所、大连商品交易所、郑州商品交易所和中国金融期货交易所依据《期货投资者保障基金管理暂行办法》（证监会令第38号）的有关规定，按其向期货公司会员收取的交易手续费的3%缴纳的期货投资者保障基金，在基金总额达到有关规定的额度内，准予在企业所得税税前扣除。

● 期货公司依据《期货投资者保障基金管理暂行办法》（证监会令第38号）的有关规定，从其收取的交易手续费中按照代理交易额的千万分之五至千万分之十的比例缴纳的期货投资者保障基金，在基金总额达到有关规定的额度内，准予在企业所得税税前扣除。

需要注意的是，已经在企业所得税前扣除的准备金如发生清算、退还，应按规定补征企业所得税。另外，证券行业准备金支出税前扣除的政策自2011年1月1日—2015年12月31日执行。

（3）金融企业涉农贷款和中小企业贷款损失准备金

在日常业务中，金融企业往往根据《贷款风险分类指导原则》（银发〔2001〕416号）的要求，评估银行贷款质量，采用以风险为基础的分类方法（简称贷款风险分类法），即把贷款分为正常、关注、次级、可疑和损失五类，后三类合称为不良贷款。因此，《财政部、国家税务总局关于金融企业涉农贷款和中小企业贷款损失准备金税前扣除政策的通知》（财税〔2009〕99号）规定，金融企业可根据《贷款风险分类指导原则》的要求，对金融企业涉农贷款和中小企业贷款进行风险分类后，对正常贷款以外的四类贷款按照一定的比例计提的贷款损失专项准备金，准予在计算应纳税所得额时扣除：①关注类贷款，指尽管借款人目前有能力偿还贷款本息，但存在一些可能对偿还产生不利影响因素的贷款，其计提比例为2%；②次级类贷款，指借款人的还款能力出现明显问题，完全依靠其正常经营收入无法足额偿还贷款本息，即使执行担保，也可能会造成一定损失的贷款，其计提比例为25%；

③可疑类贷款，指借款人无法足额偿还贷款本息，即使执行担保，也肯定要造成较大损失的贷款，其计提比例为50%；④损失类贷款，指在采取所有可能的措施或一切必要的法律程序之后，本息仍然无法收回，或只能收回极少部分的贷款，其计提比例为100%。2011年10月，财政部、国家税务总局下发了《关于延长金融企业涉农贷款和中小企业贷款损失准备金税前扣除政策执行期限的通知》（财税〔2011〕104号），将按财税〔2009〕99号文件规定到期的金融企业涉农贷款和中小企业贷款损失准备金税前扣除的政策，继续执行至2013年12月31日。

567. 自建商品房转为自用或经营是否要缴纳企业所得税？

问：我公司为房地产开发企业，计划将自己开发的15套商品房转为公司的固定资产用于对外出租。请问：我公司转作固定资产的商品房是否要视同销售收入缴纳企业所得税？

答：根据《国家税务总局关于企业处置资产所得税处理问题的通知》（国税函〔2008〕828号）规定，企业发生下列情形的处置资产，除将资产转移至境外以外，由于资产所有权属在形式和实质上均不发生改变，可作为内部处置资产，不视同销售确认收入，相关资产的计税基础延续计算：（1）将资产用于生产、制造、加工另一产品；（2）改变资产形状、结构或性能；（3）改变资产用途（如自建商品房转为自用或经营）；（4）将资产在总机构及其分支机构之间转移；（5）上述两种或两种以上情形的混合；（6）其他不改变资产所有权属的用途。

因此，该公司转为固定资产的15套自建商品房不用视同销售确认收入，不需缴纳企业所得税。

568. 企业所得税汇算清缴关注哪些纳税调整事项？

答：税法规定，纳税人应在年度终了后5个月内，进行企业所得税汇算清缴。在汇缴过程中，要特别关注收入、成本、费用、资产损失等项目的归集与核算，规范税前扣除，调整有关项目，尽量减少税收风险。

（1）收入确认调整

企业在汇算清缴时，依据权责发生制和实质重于形式原则确认收入，对税法与会计的差异应进行纳税调整。同时，企业还应该掌握哪些是不征税收入，哪些是免税收入，哪些是会计不确认收入而税收要视同销售收入行为。不征税收入本身不构成应税收入，而免税收入本身已构成应税收入，是一种税收优惠。例如，某企业2011年度取得一笔市财政局拨付的科研经费100万元，用于研究专项课题，2010年度发生专项课题研究费35万元。该企业严格执行财政部门拨付文件中对此项资金的具体管理要求，并对该项资金的使用单独核算。则该企业取得的100万元财政

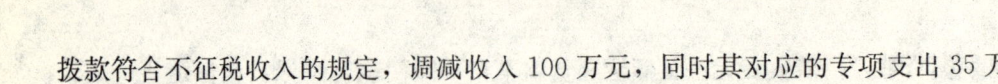

拨款符合不征税收入的规定,调减收入 100 万元,同时其对应的专项支出 35 万元不得税前扣除,调增金额 35 万元。

(2) 成本费用税金扣除调整

按照权责发生制原则进行扣除,即属于当期的成本费用,不论款项是否支付,均作为当期的成本费用;不属于当期的费用,即使款项已经在当期支付,均不作为当期成本费用。管理费用中,重点关注开办费、业务招待费、职工工资、职工福利费、工会经费、职工教育经费等税法有专门的税前列支标准和范围的费用。例如,某企业 2011 年度实现销售收入 5 000 万元,将自产货物用于市场推广 80 万元,当年发生的与企业生产经营活动有关的业务招待费 50 万元。业务招待费计算基数=5 000+80=5 080(万元),按销售收入 5‰ 计算,业务招待费税前扣除额=5 080×5‰=25.4(万元);按业务招待费 60% 扣除限额计算,扣除额=50×60%=30(万元),应纳税所得调增额=50-25.4=24.6(万元)。销售费用中主要注意广告费、业务宣传费和佣金手续费。对于税金,企业实际发生的除增值税和企业所得税以外的税金,可以在税款所属期年度内税前扣除。需要注意的是,查补的税金也可以在所属年度税前扣除,但企业代开发票代缴的税金不得由企业承担。

(3) 资产损失扣除调整

企业发生的资产损失,应按规定的程序和要求向主管税务机关申报扣除。未经申报的损失,不得在税前扣除。资产损失税前扣除分为实际资产损失与法定资产损失两类,企业实际资产损失,应当在其实际发生且会计上已作损失处理的年度申报扣除;法定资产损失,应当在企业向主管税务机关提供证据资料证明该项资产已符合法定资产损失确认条件,且会计上已作损失处理的年度申报扣除。还要注意,企业资产损失申报分为清单申报和专项申报两种形式,清单申报的资产损失,企业可按会计核算科目进行归类、汇总,然后再将汇总清单报送税务机关;专项申报的资产损失,企业应逐项(或逐笔)报送申请报告,同时附送会计核算资料及其他相关的纳税资料。例如,某企业 2011 年发生 70 万元的资产损失(属于实际资产损失),企业自行计算在税前扣除,由于操作人员失误,未向税务机关申报。2012 年度所得税汇缴结束时仍未申报损失扣除,故该笔资产损失在 2012 年汇缴时不能扣除,要作纳税调增处理。

(4) 营业外支出调整

营业外支出主要包括非流动资产处置损失、非货币性资产交换损失、债务重组损失、公益性捐赠支出、非常损失、盘亏损失、罚款支出等。企业违反法律法规的行政性罚款支出不得税前扣除,一般公益性捐赠支出在企业年度会计利润总额的 12% 之内限额扣除。例如,2011 年 11 月,某公司将 50 台电脑通过当地教委捐赠给学校用于农村义务教育,电脑售价 3 400 元/台,该公司 2011 年实现会计利润 100 万元(假设无其他纳税调整事项)。公司实际捐赠额=50×0.34=17(万元),当年捐赠准予扣除的限额=100×12%=12(万元),应调增应税所得额=17-12=5

(万元)。

(5) 各项准备金调整

税法规定，除国务院财政、税务主管部门另有规定外，企业提取的各项资产减值准备（包括坏账准备）、风险准备等准备金支出，不得扣除。现行税法只对金融业、保险业、证券行业的企业以及中小信用担保机构等允许按税法规定税前扣除计提的准备金，其他企业计提的各项准备，均不得在计提时税前扣除，否则要进行调整。例如，某金融企业2011年提取各项准备金125亿元，其中涉农贷款损失专项准备金100亿元，其他准备金25亿元，且全部在税前扣除。2011年度发生涉农贷款关注类金额为500亿元，次级类200亿元，可疑类60亿元，损失类10亿元。《财政部、国家税务总局关于延长金融企业涉农贷款和中小企业贷款损失准备金税前扣除政策执行期限的通知》（财税〔2011〕104号）明确，2013年12月31日前，金融企业对其涉农贷款和中小企业贷款进行风险分类后，按照以下比例计提的贷款损失专项准备金，准予在计算应纳税所得额时扣除：关注类贷款，计提比例为2%；次级类贷款，计提比例为25%；可疑类贷款，计提比例为50%；损失类贷款，计提比例为100%。那么，该企业涉农贷款计提贷款损失专项准备金为：关注类500×2%＝10（亿元），次级类200×25%＝50（亿元），可疑类60×50%＝30（亿元），损失类10×100%＝10（亿元），合计＝10＋50＋30＋10＝100（亿元）可在税前扣除，该企业应调增应纳税所得额25亿元。

(6) 资产调整

企业的各项资产，包括固定资产、生物资产、无形资产、长期待摊费用、投资资产、存货等，以历史成本为计税基础。企业持有各项资产期间资产增值或者减值，除国务院财政、税务主管部门规定可以确认损益外，不得调整该资产的计税基础。资产计税基础与会计账面价值核算差异明显，企业需要予以关注。其中，还涉及固定资产加速折旧政策和研发费用加计扣除税收优惠问题。

(7) 境外所得税收抵免调整

居民企业来源于境外的所得，允许限额抵免境外征收的所得税。超过抵免限额的部分，可以在以后5个年度内，用每年度抵免限额抵免当年应抵税额后的余额进行抵补，具体采取分国不分项的抵免方式。此外，居民企业从其直接或者间接控制20%股份的外国企业（三层）分得的投资收益，外国企业在境外实际缴纳的所得税税额中属于该项所得负担的部分，可以作为该居民企业的可抵免境外所得税税额，在规定的抵免限额内实行间接抵免。对于企业从境外取得所得，因客观原因无法真实、准确地确认应当缴纳并已经实际缴纳的境外所得税税额的，除该所得来源国的实际有效税率低于我国企业所得税法规定税率50%以上的，可按境外应纳税所得额的12.5%作为抵免限额。

(8) 企业重组的调整

企业重组包括企业法律形式改变、债务重组、股权收购、资产收购、合并、分立等。企业年度中发生上述重组行为的，有两种不同的税务处理方式，即一般性税务处理和特殊性税务处理。一般性税务处理方式，税法要求在重组当期确认资产转让的所得或损失；而特殊性税务处理方式，不需要将资产隐含的增值或损失在资产转移时实现，暂不确认所得或损失。但特殊性税务处理需要符合一定的条件，且应按规定向主管税务机关办理备案手续。

569. "企业所得税非优惠事项"有哪些需要备案？

答： 根据行政法的定义，备案是指行政机关为了加强行政监督管理，依法要求公民、法人和其他组织报送其从事特定活动的有关材料，并将报送材料存档备查的行为。

笔者浏览了各地的企业所得税汇算清缴辅导资料和培训课件，发现普遍存在一个问题，就是将"企业享受所得税优惠政策应及时备案"作为重点提示事项，而对非优惠事项的备案提示却鲜见提及。笔者归纳整理出部分企业所得税非优惠事项备案规定，供纳税人参考。

(1) 财务会计制度及财务会计处理方法需及时备案

《国家税务总局关于加强企业所得税管理的意见》（国税发〔2008〕88号）将"实行会计核算制度和方法备案管理"作为税源基础管理的重要内容。财务会计制度报备是纳税人必须履行的法定义务，《税收征收管理法》第二十条规定，从事生产、经营的纳税人的财务、会计制度或者财务、会计处理办法和会计核算软件，应当报送税务机关备案。《税收征收管理法实施细则》第二十四条对备案时间等亦有明确要求：从事生产、经营的纳税人应当自领取税务登记证件之日起15日内，将其财务、会计制度或者财务、会计处理办法报送主管税务机关备案。纳税人使用计算机记账的，应当在使用前将会计电算化系统的会计核算软件、使用说明书及有关资料报送主管税务机关备案。

《国家税务总局关于印发全国统一税收执法文书式样的通知》（国税发〔2005〕179号）规定，《财务会计制度及核算软件备案报告表》需要填报的内容包括：适用何种财务会计制度，低值易耗品摊销方法、折旧方法、成本核算方法，会计核算软件的名称及版本号，会计报表的类型，会计年度，记账本位币等。

(2) 总分机构相关信息应分别向主管税务机关备案

《国家税务总局关于印发〈跨地区经营汇总纳税企业所得税征收管理暂行办法〉的通知》（国税发〔2008〕28号）第三十三条、第三十四条、第三十五条均为相关信息备案的要求，包括：总机构应当将其所有二级分支机构（包括不参与就地预缴分支机构）的信息及二级分支机构主管税务机关的邮编、地址报主管税务机关备案；分支机构应将总机构信息、上级机构、下属分支机构信息报主管税务机关备案；分支机构注销后15日内，总机构应将分支机构注销情况报主管税务机关备案。

根据国家税务总局跨地区经营汇总纳税企业信息交换平台采集信息的要求，总机构、分支机构备案的相关信息主要是指税务登记信息、纳税申报信息、税款征收信息等。

(3) 房地产开发企业确定的计税成本对象须备案

《房地产开发经营业务企业所得税处理办法》(国税发〔2009〕31号)第二十六条规定，成本对象由企业在开工之前合理确定，并报主管税务机关备案。成本对象一经确定，不能随意更改或相互混淆，如确需改变成本对象的，应征得主管税务机关同意。其中，成本对象是指为归集和分配开发产品开发、建造过程中的各项耗费而确定的费用承担项目。具体可以按照可否销售、分类归集、功能区分、定价差异、成本差异、权益区分等六项原则来确定。

(4) 重组符合特殊性条件并选择特殊性税务处理的应备案

《财政部、国家税务总局关于企业重组业务企业所得税处理若干问题的通知》(财税〔2009〕59号)对企业重组所涉及的企业所得税具体处理问题进行了明确。其中，企业重组同时符合下列条件的，适用特殊性税务处理规定：①具有合理的商业目的，且不以减少、免除或者推迟缴纳税款为主要目的；②被收购、合并或分立部分的资产或股权比例符合本通知规定的比例；③企业重组后的连续12个月内不改变重组资产原来的实质性经营活动；④重组交易对价中涉及股权支付金额符合本通知规定比例；⑤企业重组中取得股权支付的原主要股东，在重组后连续12个月内，不得转让所取得的股权。

财税〔2009〕59号文件第十一条规定：企业发生符合特殊性重组条件并选择特殊性税务处理的，当事各方应在该重组业务完成当年企业所得税年度申报时，向主管税务机关提交书面备案资料，证明其符合各类特殊性重组规定的条件。企业未按规定书面备案的，一律不得按特殊重组业务进行税务处理。

(5) 进入清算期企业的有关清算事项应备案

《财政部、国家税务总局关于企业清算业务企业所得税处理若干问题的通知》(财税〔2009〕60号)对清算企业的范围、清算所得的计算方法、剩余资产分配等所得税处理事项进行了明确。同时，为防止企业清算所得税漏征漏管，《国家税务总局关于企业清算所得税有关问题的通知》(国税函〔2009〕684号)第二条规定，进入清算期的企业应对清算事项，报主管税务机关备案。

(6) 其他需要备案的企业所得税非优惠事项

《国家税务总局关于印发〈特别纳税调整实施办法(试行)〉的通知》(国税发〔2009〕2号)要求，税务机关与企业正式签订的单边预约定价安排正式文本、双边或多边预约定价安排执行协议书以及安排变动情况的说明应层报国家税务总局备案；企业与其关联方签署的成本分摊协议应层报国家税务总局备案。此外，非居民企业享受常设机构等税收协定待遇、境内机构向非居民发包工程作业或劳务项目、扣缴义务人与非居民企业签订的业务合同等均需向主管税务机关备案。

570. 汇总和合并纳税企业的亏损如何弥补？

答：（1）关于汇总纳税亏损弥补问题

《企业所得税法》第十八条规定，企业纳税年度发生的亏损，准予向以后年度结转，用以后年度的所得弥补，但结转年限最长不得超过 5 年；第五十条第二款规定，居民企业在中国境内设立不具有法人资格的营业机构的，应当汇总计算并缴纳企业所得税。

《国家税务总局关于印发〈跨地区经营汇总纳税企业所得税征收管理暂行办法〉的通知》（国税发〔2008〕28 号）第三条规定，企业实行"统一计算、分级管理、就地预缴、汇总清算、财政调库"的企业所得税征收管理办法；第四条规定，统一计算，是指企业总机构统一计算包括企业所属各个不具有法人资格的营业机构、场所在内的全部应纳税所得额、应纳税额；第七条规定，汇总清算，是指在年度终了后，总机构负责进行企业所得税的年度汇算清缴，统一计算企业的年度应纳所得税额，抵减总机构、分支机构当年已就地分期预缴的企业所得税款后，多退少补税款；第二十二条规定，总机构在年度终了后 5 个月内，应依照法律、法规和其他有关规定进行汇总纳税企业的所得税年度汇算清缴。各分支机构不进行企业所得税汇算清缴。

依据上述规定，居民企业在中国境内设立不具有法人资格的营业机构，应当由总机构统一计算企业的年度应纳所得税额，纳税年度发生的亏损，准予向以后年度结转，用以后年度的所得弥补，但结转年限最长不得超过 5 年。

（2）关于合并纳税企业亏损弥补

《财政部、国家税务总局关于试点企业集团缴纳企业所得税有关问题的通知》（财税〔2008〕119 号）规定，为确保《企业所得税法》的平稳实施，根据新税法第五十二条规定，经国务院批准，对 2007 年 12 月 31 日前经国务院批准或按国务院规定条件批准实行合并缴纳企业所得税的企业集团，在 2008 年度继续按原规定执行。从 2009 年 1 月 1 日起，上述企业集团一律停止执行合并缴纳企业所得税政策。

《国家税务总局关于取消合并纳税后以前年度尚未弥补亏损有关企业所得税问题的公告》（国家税务总局公告 2010 年第 7 号）第一条规定，企业集团取消了合并申报缴纳企业所得税后，截至 2008 年年底，企业集团合并计算的累计亏损，属于符合《企业所得税法》第十八条规定 5 年结转期限内的，可分配给其合并成员企业（包括企业集团总部）在剩余结转期限内，结转弥补。

第二条规定，企业集团应根据各成员企业截至 2008 年底的年度所得税申报表中的盈亏情况，凡单独计算是亏损的各成员企业，参与分配第一条所指的可继续弥补的亏损；盈利企业不参与分配。具体分配公式如下：

$$\text{成员企业分配的亏损额} = \frac{\text{某成员企业单独计算盈亏尚未弥补的亏损额}}{\text{各成员企业单独计算盈亏尚未弥补的亏损额之和}} \times \text{集团公司合并计算累计可继续弥补的亏损额}$$

第三条规定,企业集团在按照第二条所规定的方法分配亏损时,应根据集团每年汇总计算中这些亏损发生的实际所属年度,确定各成员企业所分配的亏损额中具体所属年度及剩余结转期限。

第四条规定,企业集团按照上述方法分配各成员企业亏损额后,应填写《企业集团公司累计亏损分配表》并下发给各成员企业,同时抄送企业集团主管税务机关。

第五条规定,本公告自 2009 年 1 月 1 日起执行。

根据上述规定,企业集团取消合并申报缴纳企业所得税后,截至 2008 年年底,实行合并纳税企业计算的累计亏损,属于符合《企业所得税法》第十八条规定 5 年结转期限内的,可分配给其合并成员企业(包括企业集团总部)在剩余结转期限内,结转弥补。

2009 年 1 月 1 日起,居民企业在中国境内设立不具有法人资格的营业机构的,应当汇总计算并缴纳企业所得税。实行汇总纳税企业计算的亏损,由总机构依照法律、法规和其他有关规定进行所得税年度汇算清缴时弥补。各分支机构不进行企业所得税汇算清缴。

571. 筹建期无偿捐赠可否在以后年度税前扣除?

问:某中外合资房地产企业筹建期无偿向当地学校捐资助学 100 万元。学校收款后,从当地财政局领购并向该企业开具辽宁省捐资助学专用收款收据 100 万元。根据《企业所得税法实施条例》第五十一条和五十二条规定,房地产企业通过公益基金会转付此款,即使符合规定,筹建期也无法抵扣,可否在以后年度取得预计所得税税前利润中扣除此捐资款?

答:《企业所得税法》第九条规定,企业发生的公益性捐赠支出,在年度利润总额 12% 以内的部分,准予在计算应纳税所得额时扣除。

因此,房地产企业在筹建期间,没有会计利润,发生的公益性捐赠支出的扣除限额为 0,所发生的捐赠不得扣除,也不能结转到以后纳税年度补扣。

572. 税控系统两项费用能否抵减企业所得税?

问:按照《财政部、国家税务总局关于增值税税控系统专用设备和技术维护费用抵减增值税税额有关政策的通知》(财税〔2012〕15 号)规定,自 2011 年 12 月

1日起，增值税纳税人购买增值税税控系统专用设备支付的费用以及缴纳的技术维护费（以下称两项费用）可在增值税应纳税额中全额抵减。企业对这两项费用的账务怎样处理？能否抵减企业所得税？

答：《财政部、国家税务总局关于增值税税控系统专用设备和技术维护费用抵减增值税税额有关政策的通知》（财税〔2012〕15号）第三条规定，增值税一般纳税人支付的两项费用在增值税应纳税额中全额抵减的，其增值税专用发票不作为增值税抵扣凭证，其进项税额不得从销项税额中抵扣。

《企业财务通则（2006）》第二十条规定，企业取得的各类财政资金，区分以下情况处理：属于弥补亏损、救助损失或者其他用途的，作为企业收益处理。

《财政部、国家税务总局关于财政性资金、行政事业性收费、政府性基金有关企业所得税政策问题的通知》（财税〔2008〕151号）规定，企业取得的各类财政性资金，除属于国家投资和资金使用后要求归还本金的以外，均应计入企业当年收入总额。

本条所称财政性资金，是指企业取得的来源于政府及其有关部门的财政补助、补贴、贷款贴息，以及其他各类财政专项资金，包括直接减免的增值税和即征即退、先征后退、先征后返的各种税收，但不包括企业按规定取得的出口退税款；所称国家投资，是指国家以投资者身份投入企业并按有关规定相应增加企业实收资本（股本）的直接投资。

从财务处理角度看，企业出于会计核算和资产管理角度考虑，可以将增值税税控系统专用设备作为固定资产管理，同时作为企业收益处理。税法上作为应税收入，企业的应税收入用于支出所形成的资产，计算的折旧可以在计算应纳税所得额时扣除。

573. 筹建期企业是否需要所得税汇算清缴？

问： 某公司在筹建期间没有取得收入，都是费用支出，是否要进行企业所得税年度汇算清缴申报？取得的不合规票据是否应做纳税调整？

答：《企业所得税法》规定，企业所得税分月或者分季度预缴。企业应当自月份或者季度终了之日起15日内，向税务机关报送预缴企业所得税纳税申报表，预缴税款。企业应当自年度终了之日起5个月内，向税务机关报送年度企业所得税纳税申报表，并汇算清缴，结清应缴应退税款。企业在报送企业所得税纳税申报表时，应当按照规定附送财务会计报告和其他有关资料。《企业所得税法实施条例》规定，企业在纳税年度内无论盈利或者亏损，都应当依照《企业所得税法》第五十四条规定的期限，向税务机关报送预缴企业所得税纳税申报表、年度企业所得税纳税申报表、财务会计报告和税务机关规定应当报送的其他有关资料。

根据上述规定，该公司应进行企业所得税年度汇算清缴申报。

发票管理办法指出，发票，是指在购销商品、提供或者接受服务以及从事其他经营活动中，开具、收取的收付款凭证。以其他凭证代替发票使用的，由税务机关责令改正，可以处 1 万元以下的罚款，有违法所得的予以没收。

《国家税务总局关于印发〈进一步加强税收征管若干具体措施〉的通知》（国税发〔2009〕114 号）规定，未按规定取得的合法有效凭据不得在税前扣除。

《国家税务总局关于进一步加强普通发票管理工作的通知》（国税发〔2008〕80 号）规定，在日常检查中发现纳税人使用不符合规定发票，特别是没有填开付款方全称的发票，不得允许纳税人用于税前扣除、抵扣税款、出口退税和财务报销。

因此，该公司在筹建期间列支的不合法凭证支出，不能税前扣除，应做纳税调整。

574. 小型微利企业如何填报所得税申报表？

问：我公司去年被认定为查账征收的小型微利企业，今年开始可以享受 20% 的企业所得税优惠税率。今年一季度的实际利润额为 48 502 元，但是在网上申报填写企业所得税纳税申报表的时候找不到 20% 的税率。请问，小型微利企业应如何填写企业所得税纳税申报表？

答：根据《国家税务总局关于小型微利企业所得税预缴问题的通知》（国税函〔2008〕251 号）第一条的规定，企业按当年实际利润预缴所得税的，如上年度符合《企业所得税法实施条例》第九十二条规定的小型微利企业条件，在本年度填写《中华人民共和国企业所得税月（季）度纳税申报表（A 类）》（国税函〔2008〕44 号文件附件 1）时，第 4 行"利润总额"与 5% 的乘积，暂填入第 7 行"减免所得税额"内。

因此，在填写企业所得税月（季）度纳税申报表（A 类）时，第 4 行填入实际利润额 48 502 元，按照 25% 的税率计算出第 6 行应纳所得税额 12 125.5 元（即 48 502×25%），然后在第 7 行减免所得税额中填入 2 425.1 元（即 48 502×5%）。这样第 9 行应补（退）的所得税额 9 700.4 元（即 12 125.5－2 425.1）就是本期实际应当缴纳的企业所得税额。

575. 境外企业在境内取得房租如何缴税？

问：内资企业甲成立于 2009 年 7 月，主营餐饮业，因连锁经营需要新租赁了一处商品房，产权人乙是境外企业，并且乙在境内没有代理人。那么，乙在取得租金所得时，应向国税局还是地税局申报缴纳企业所得税？

答：2008 年年底，国家税务总局下发《关于调整新增企业所得税征管范围问题的通知》（国税发〔2008〕120 号）规定，地税局被赋予了非居民企业所得税的

部分征管权限。地税局的征管范围,应从以下几个方面分析:

(1) 实行源泉扣缴的非居民企业,以支付方所得税主管税务机关来确定征管范围。

《企业所得税法》第三十七条规定,对非居民企业取得本法第三条第三项规定的所得应缴纳的所得税,实行源泉扣缴,以支付人为扣缴义务人。税款由扣缴义务人在每次支付或者到期应支付时,从支付或者到期应支付的款项中扣缴。另据《国家税务总局关于调整新增企业所得税征管范围问题的通知》(国税发〔2008〕120号)第二条规定,境内单位和个人向非居民企业支付《企业所得税法》第三条第三项规定的所得的,该项所得应扣缴的企业所得税,分别由支付该项所得的境内单位和个人的所得税主管国税局或地税局负责。

(2) 属于源泉扣缴的非居民企业所得范围。

《企业所得税法》第三十七条规定,对非居民企业取得本法第三条第三项规定的所得应缴纳的所得税实行源泉扣缴,因此只有正确理解《企业所得税法》第三条第三项内容,才能掌握源泉扣缴的范围。《企业所得税法》第三条第三项规定,非居民企业在中国境内未设立机构、场所的,或者虽设立机构、场所但取得的所得与其所设机构、场所没有实际联系的,应当就其来源于中国境内的所得缴纳企业所得税。这项内容应结合《企业所得税法实施条例》相关规定重点掌握"机构场所"、"实际联系"、"境内所得"三个要素。符合源泉扣缴条件的非居民企业必须是"有境内所得却没有机构场所"或者"有境内所得却与机构场所没有实际联系"。

条例第五条规定,《企业所得税法》第二条第三项所称机构、场所,是指在中国境内从事生产经营活动的机构、场所,包括:①管理机构、营业机构、办事机构;②工厂、农场、开采自然资源的场所;③提供劳务的场所;④从事建筑、安装、装配、修理、勘探等工程作业的场所;⑤其他从事生产经营活动的机构、场所。非居民企业委托营业代理人在中国境内从事生产经营活动的,包括委托单位或者个人经常代其签订合同,或者储存、交付货物等,该营业代理人视为非居民企业在中国境内设立的机构、场所。判断是否构成机构场所主要取决于非居民企业是否派人入境或委托别人在境内从事上述活动。

条例第八条规定,《企业所得税法》第三条所称实际联系,是指非居民企业在中国境内设立的机构、场所拥有据以取得所得的股权、债权,以及拥有、管理、控制据以取得所得的财产等。判断是否实际联系,主要看非居民企业在境内从事活动的人员与非居民企业赖以取得收入的股权、债权、财产是否有关联关系。

条例第七条规定,《企业所得税法》第三条所称来源于中国境内、境外的所得,按照以下原则确定:①销售货物所得,按照交易活动发生地确定;②提供劳务所得,按照劳务发生地确定;③转让财产所得,不动产转让所得按照不动产所在地确定,动产转让所得按照转让动产的企业或者机构、场所所在地确定,权益性投资资产转让所得按照被投资企业所在地确定；④股息、红利等权益性投资所得，按照分配所得的企业所在地确定；⑤利息所得、租金所得、特许权使用费所得，按照负担、支付所得的企业或者机构、场所所在地确定，或者按照负担、支付所得的个人的住所地确定；⑥其他所得，由国务院财政、税务主管部门确定。由于销售货物或提供劳务取得境内所得一般发生在中国境内，会构成机构场所，所以不属于源泉扣缴范围。财产转让所得、权益性资产所得、债权性资产所得、无形资产让渡所得等，按资产地或支付地是否在中国，即可判定为是否属于境内所得。

"机构场所"、"实际联系"、"境内所得"三要素相互关联，非居民企业无论在中国境内是否派驻人员，只要取得"在中国的不动产转让的所得"、"在中国的权益性投资资产转让所得"、"在中国的企业分配的股息、红利等权益性投资所得"、"中国的企业支付的利息所得"、"中国的企业支付的租金所得"、"中国的企业支付的特许权使用费所得"，就要缴纳企业所得税。按照源泉扣缴原则，如果支付方所得税是由地税局负责征管，则代扣代缴的税款就由地税局负责。

本案例中，乙企业的租金所得应依法缴纳企业所得税，按照租金支付方甲企业所在地来判定乙的租金所得属于源泉扣缴的境内所得，又因为甲是2009年起新增应缴纳营业税的企业，其企业所得税由地税局征管，因此乙应申报缴纳的非居民企业所得税应该由甲在支付租金义务发生时作为扣缴义务人向其企业所得税主管的地税局申报缴纳。

576. 盘盈的固定资产是否应缴纳企业所得税？

问：某企业于2011年12月份对企业全部固定资产进行盘查，盘盈两台八成新的机器设备，该设备同类产品市场价格为20万元，请问，盘盈的固定资产是否需要缴纳企业所得税？

答：根据《企业所得税法》第五条规定，企业每一纳税年度的收入总额，减除不征税收入、免税收入、各项扣除以及允许弥补的以前年度亏损后的余额，为应纳税所得额。《企业所得税法实施条例》第二十二条规定，《企业所得税法》第六条第九项所称其他收入，是指企业取得的除《企业所得税法》第六条第一项至第八项规定的收入外的其他收入，包括企业资产溢余收入、逾期未退包装物押金收入、确实无法偿付的应付款项、已作坏账损失处理后又收回的应收款项、债务重组收入、补贴收入、违约金收入、汇兑收益等。第五十八条规定，盘盈的固定资产，以同类固定资产的重置完全价值为计税基础。

因此，上述企业盘盈固定资产20万元在税法上应作为资产溢余收入，缴纳企业所得税，按同类或类似固定资产的市场价格，减去按该资产的新旧程度估计的价值损耗后的余额，作为入账价值，即盘盈的固定资产应当缴纳企业所得税 $200\,000\times 80\%\times 25\%=40\,000$（元）。

577. 到期应支付而未支付的所得如何扣缴企业所得税？

答：《国家税务总局关于非居民企业所得税管理若干问题的公告》（国家税务总局公告 2011 年第 24 号）第一条规定，中国境内企业（以下称为企业）和非居民企业签订与利息、租金、特许权使用费等所得有关的合同或协议，如果未按照合同或协议约定的日期支付上述所得款项，或者变更或修改合同或协议延期支付，但已计入企业当期成本、费用，并在企业所得税年度纳税申报中作税前扣除的，应在企业所得税年度纳税申报时按照《企业所得税法》有关规定代扣代缴企业所得税。

如果企业上述到期未支付的所得款项，不是一次性计入当期成本、费用，而是计入相应资产原价或企业筹办费，在该类资产投入使用或开始生产经营后分期摊入成本、费用，分年度在企业所得税前扣除的，应在企业计入相关资产的年度纳税申报时就上述所得全额代扣代缴企业所得税。

如果企业在合同或协议约定的支付日期之前支付上述所得款项的，应在实际支付时按照《企业所得税法》有关规定代扣代缴企业所得税。自 2011 年 4 月 1 日起企业到期应支付而未支付的所得应按上述文件的规定来缴纳企业所得税。

578. 企业迁址注销是否作所得税清算？

问：江苏省一家公司准备迁址到外省，这种情况是否需要做企业所得税清算？

答：《企业所得税法》第四十九条规定，企业所得税的征收管理除本法规定外，依照《税收征收管理法》的规定执行。《税收征收管理法》第十五条第二款规定，纳税人因住所、经营地点变动，涉及改变税务登记机关的，应当在向工商行政管理机关或者其他机关申请办理变更或者注销登记前或者住所、经营地点变动前，向原税务登记机关申报办理注销税务登记，并在 30 日内向迁达地税务机关申报办理税务登记。第十六条规定，纳税人在办理注销税务登记前，应当向税务机关结清应纳税款、滞纳金、罚款，缴销发票、税务登记证件和其他税务证件。财政部、国家税务总局《关于企业清算业务企业所得税处理若干问题的通知》（财税〔2009〕60 号）第二条规定，下列企业应进行所得税清算的处理：按《公司法》、《企业破产法》等规定需要进行清算的企业。企业重组中需要按清算处理的企业。根据《公司法》、《企业破产法》等规定，需要进行清算的主要包括以下几种类型：(1) 企业解散。合资、合作、联营企业在经营期满后，不再继续经营而解散；合作企业的一方或多方违反合同、章程而提前终止合作关系解散的。(2) 企业破产。企业资不抵债，按《破产法》进行清算的。(3) 其他原因清算。企业因自然灾害、战争等不可抗力遭受损失，无法经营下去，应进行清算；企业因违法经营，造成环境污染或危害社会公众利益,被停业、撤销,应当进行清算的。

综合以上规定,对于企业因住所、经营地点变动,涉及改变税务登记机关的,纳税人应向原税务登记机关申报办理注销税务登记,但不属于应进行清算所得税处理的情形,故该公司无须作清算所得税处理。

579. 被合并企业的亏损可否由合并企业弥补?

问:我公司 2008 年扩大经营,合并了另一家企业。合并后仍以我公司名称对外营业,被合并企业已在工商税务部门予以注销。合并前被合并公司经过所得税清算,留有约 80 万元亏损。请问我公司能否对这部分亏损进行弥补?

答:根据《财政部、国家税务总局关于企业重组业务企业所得税处理若干问题的通知》(财税〔2009〕59 号,以下简称《通知》)第四条第四项的规定,企业在一般性重组中,被合并企业的亏损不得在合并企业结转弥补。但通知第五条规定,企业重组同时符合下列条件的,适用特殊性税务处理规定:(1)具有合理的商业目的,且不以减少、免除或者推迟缴纳税款为主要目的;(2)被收购、合并或分立部分的资产或股权比例符合本通知规定的比例;(3)企业重组后的连续 12 个月内不改变重组资产原来的实质性经营活动;(4)重组交易对价中涉及股权支付金额符合本通知规定比例;(5)企业重组中取得股权支付的原主要股东,在重组后连续 12 个月内,不得转让所取得的股权。

同时,《通知》第六条第四项规定企业合并的特殊性税务处理为:企业合并,企业股东在该企业合并发生时取得的股权支付金额不低于其交易支付总额的 85%,以及同一控制下且不需要支付对价的企业合并,可以选择按以下规定处理:(1)合并企业接受被合并企业资产和负债的计税基础,以被合并企业的原有计税基础确定;(2)被合并企业合并前的相关所得税事项由合并企业承继;(3)可由合并企业弥补的被合并企业亏损的限额=被合并企业净资产公允价值×截至合并业务发生当年年末国家发行的最长期限的国债利率;(4)被合并企业股东取得合并企业股权的计税基础,以其原持有的被合并企业股权的计税基础确定。

如果你公司合并另一企业符合上述条件,并在合并另一企业时取得的股权支付金额不低于交易支付总额的 85%的,可适用特殊性重组税务处理,被合并企业的亏损可由你公司弥补,可弥补的被合并企业亏损的限额为:

$$\text{可弥补的被合并企业亏损的限额} = \text{被合并企业净资产公允价值} \times \text{截至合并业务发生当年年末国家发行的最长期限的国债利率}$$

580. 企业注销时固定资产应如何处理?

问:因经营状况不佳,我们拟将公司注销。请问,企业注销时电脑、打印机、汽车等固定资产应如何进行税务处理？

答：按照相关法律法规的规定，公司在注销前需要进行清算，对公司资产及负债进行处置。清算过程涉及企业所得税和增值税的税务处理问题，你公司应对电脑、打印机、汽车等固定资产进行销售或视同销售处理，如该几项资产都属于使用过的固定资产，那么按"可变现价值或交易价格÷(1＋3％)×2％"计算申报缴纳增值税。在处置清算过程中如有清算所得，应在申报缴纳清算所得税后再对股东进行分配。

581. 年度内预缴企业所得税款超过应纳税款如何处理？

问：我公司在填制企业所得税报表时，发现所得税多预缴了，应该怎么办？

答：《国家税务总局关于印发〈企业所得税汇算清缴管理办法〉的通知》（国税发〔2009〕79号）第十一条规定，纳税人在纳税年度内预缴企业所得税税款少于应缴企业所得税税款的，应在汇算清缴期内结清应补缴的企业所得税税款；预缴税款超过应纳税款的，主管税务机关应及时按有关规定办理退税，或者经纳税人同意后抵缴其下一年度应缴企业所得税税款。按照上述规定，你公司可以到主管局申请办理退税或者抵顶第一季度企业所得税预缴的税款。

582. 并购发生的贷款利息能否税前列支？

问：我公司收购一家公司，与银行签订一份并购贷款合同，合同注明资金用于并购A公司。现在，税务局根据《国家税务总局大企业税收管理司关于2009年度税收自查有关政策问题的函》（企便函〔2009〕33号）、《国家税务总局关于印发〈企业所得税税前扣除办法〉的通知》（国税发〔2000〕84号）第三十七条及《企业所得税法实施条例》第二十八条规定，"纳税人为对外投资而借入的资金发生的借款费用，应计入有关投资的成本，不得作为纳税人的经营性费用在税前扣除"，要求我公司补缴企业所得税。请问税务局的要求是否合理？这部分利息我公司补税可否计入投资成本？这部分利息以后怎么处理，假设我公司以后年度吸收合并A公司，能否税前列支？

答：《国家税务总局大企业税收管理司关于2009年度税收自查有关政策问题的函》（企便函〔2009〕33号）是对2009年度税务总局部分定点联系企业税收自查工作过程中，税务机关和企业反映相关税收政策适用问题的答复。文件适用范围具有限制性，并不普遍适用于纳税人，也不适用于自查年度之后的事项处理。

即便在原法下，关于因投资而发生的借款利息也应根据《国家税务总局关于执行〈企业会计制度〉需要明确的有关所得税问题的通知》（国税发〔2003〕45号）第一条的规定，纳税人为对外投资而发生的借款费用，符合《企业所得税法暂行条例》第六条和《企业所得税税前扣除办法》(国税发〔2000〕84号)第三十六条规定的,可以直接扣除,不需要资本化计入有关投资的成本。

在新法下,根据《企业所得税法实施条例》第三十七条规定,企业在生产经营活动中发生的合理的不需要资本化的借款费用,准予扣除。

企业为购置、建造固定资产、无形资产和经过12个月以上的建造才能达到预定可销售状态的存货发生借款的,在有关资产购置、建造期间发生的合理的借款费用,应当作为资本性支出计入有关资产的成本,并依照本条例的规定扣除。

第三十八条规定,企业在生产经营活动中发生的下列利息支出,准予扣除:

(1) 非金融企业向金融企业借款的利息支出、金融企业的各项存款利息支出和同业拆借利息支出、企业经批准发行债券的利息支出;

(2) 非金融企业向非金融企业借款的利息支出,不超过按照金融企业同期同类贷款利率计算的数额的部分。

第七十一条规定,《企业所得税法》第十四条所称投资资产,是指企业对外进行权益性投资和债权性投资形成的资产。

企业在转让或者处置投资资产时,投资资产的成本,准予扣除。投资资产按照以下方法确定成本:

(1) 通过支付现金方式取得的投资资产,以购买价款为成本;

(2) 通过支付现金以外的方式取得的投资资产,以该资产的公允价值和支付的相关税费为成本。

根据上述规定,因投资而发生的借款利息支出已不再要求资本化处理,《企业会计准则第17号——借款费用》对此也无相关资本化处理的规定,在生产经营活动中发生的合理的不需要资本化的借款费用,准予直接扣除。企业以后再行转让投资时,可以扣除相关投资资产的成本。

583. 已计提未实际支付的利息费用能否列支?

问:2011年初某外资企业A向境外公司B借款,双方合同规定,借款利息按当期境内银行利率计算,在两年后还本时一次性支付利息。A公司按月计提利息,但尚未实际支付给B公司。请问:

(1) A公司在未实际支付利息的情况下是否需要代扣代缴企业所得税?

(2) A公司计提的利息未实际支付,也未代扣代缴外国企业预提所得税,A公司预提的利息是否可以税前扣除?

(3) A公司计提的利息未实际支付,但是已代扣代缴企业所得税,A公司预提的利息是否可以税前扣除?

答:(1)《国家税务总局关于印发〈非居民企业所得税源泉扣缴管理暂行办法〉的通知》(国税发〔2009〕3号)第七条规定,扣缴义务人在每次向非居民企业支付或者到期应支付本办法第三条规定的所得时，应从支付或者到期应支付的款项中扣缴企业所得税。

本条所称到期应支付的款项，是指支付人按照权责发生制原则应当计入相关成本、费用的应付款项。

扣缴义务人每次代扣代缴税款时，应当向其主管税务机关报送《中华人民共和国扣缴企业所得税报告表》（以下简称扣缴表）及相关资料，并自代扣之日起 7 日内缴入国库。

根据上述规定，该借款到期一次还本付息。A 公司按权责发生制原则计提利息，计入其成本、费用。A 公司计提的利息虽未支付给 B 公司，却属于到期应支付的款项，A 公司应代扣代缴 B 公司预提所得税。

（2）《企业所得税法实施条例》第九条规定，企业应纳税所得额的计算，以权责发生制为原则，属于当期的收入和费用，不论款项是否收付，均作为当期的收入和费用；不属于当期的收入和费用，即使款项已经在当期收付，均不作为当期的收入和费用。本条例和国务院财政、税务主管部门另有规定的除外。

第三十八条规定，企业在生产经营活动中发生的下列利息支出，准予扣除：

①非金融企业向金融企业借款的利息支出、金融企业的各项存款利息支出和同业拆借利息支出、企业经批准发行债券的利息支出；

②非金融企业向非金融企业借款的利息支出，不超过按照金融企业同期同类贷款利率计算的数额的部分。

《国家税务总局关于企业所得税若干问题的公告》（国家税务总局公告 2011 年第 34 号）第六条规定，企业当年度实际发生的相关成本、费用，由于各种原因未能及时取得该成本、费用的有效凭证，企业在预缴季度所得税时，可暂按账面发生金额进行核算；但在汇算清缴时，应补充提供该成本、费用的有效凭证。

《国务院关于修改〈中华人民共和国发票管理办法〉的决定》（国务院令 2010 年第 587 号）第三十三条规定，单位和个人从中国境外取得的与纳税有关的发票或者凭证，税务机关在纳税审查时有疑义的，可以要求其提供境外公证机构或者注册会计师的确认证明，经税务机关审核认可后，方可作为记账核算的凭证。

根据上述规定，A 公司按合同约定，按权责发生制原则计提利息。A 公司在计提利息期间或者在汇算清缴时能提供境外 B 公司开具的利息凭证的，该项利息支出可按《企业所得税法实施条例》第三十八条的规定，在 A 公司税前扣除；否则，该项支出不能税前扣除。

（3）因到期一次还本付息，A 公司在借款期间计提利息的税前扣除，已按到期应支付的款项中扣缴企业所得税，因此，到期一次还本付息无须再代扣代缴预提所得税。

A 公司代扣代缴预提所得税后，若不能取得 B 公司开具的凭证，该项支出也不能税前扣除。

需要提醒的是，B 公司取得利息收入还需缴纳营业税及附加，A 公司按合同约定向 B 公司支付利息时仍需代扣代缴营业税及附加。

584. 没有计提完折旧的就因意外报废的固定资产如何处理？

问：企业固定资产因意外事故在没有计提完折旧的情况下就已报废，这部分损失可否在年终企业所得税汇算清缴时扣除？

答：根据《国家税务总局关于发布〈企业资产损失所得税税前扣除管理办法〉的公告》（国家税务总局公告 2011 年第 25 号）第八条、第九条规定，企业资产损失按其申报内容和要求的不同，分为清单申报和专项申报两种申报形式。其中，属于清单申报的资产损失，企业可按会计核算科目进行归类、汇总，然后再将汇总清单报送税务机关，有关会计核算资料和纳税资料留存备查。属于专项申报的资产损失，企业应逐项（或逐笔）报送申请报告，同时附送会计核算资料及其他相关的纳税资料。企业在申报资产损失税前扣除过程中不符合上述要求的，税务机关应当要求其改正，企业拒绝改正的，税务机关有权不予受理。

下列资产损失，应以清单申报的方式向税务机关申报扣除：
（1）企业在正常经营管理活动中，按照公允价格销售、转让、变卖非货币资产的损失；
（2）企业各项存货发生的正常损耗；
（3）企业固定资产达到或超过使用年限而正常报废清理的损失；
（4）企业生产性生物资产达到或超过使用年限而正常死亡发生的资产损失；
（5）企业按照市场公平交易原则，通过各种交易场所、市场等买卖债券、股票、期货、基金以及金融衍生产品等发生的损失。

前条以外的资产损失，应以专项申报的方式向税务机关申报扣除。企业无法准确判别是否属于清单申报扣除的资产损失，可以采取专项申报的形式申报扣除。

585. 如何理解财税〔2008〕160 号文件的扣除额？

问：《财政部、国家税务总局关于公益性捐赠税前扣除有关问题的通知》（财税〔2008〕160 号）第八条规定，新设立的基金会在申请获得捐赠税前扣除资格后，原始基金的捐赠人可凭捐赠票据依法享受税前扣除，扣除金额是按利润总额的 12% 计算还是全额扣除？

答：《企业所得税法》第九条规定，企业发生的公益性捐赠支出，在年度利润总额 12% 以内的部分，准予在计算应纳税所得额时扣除。

因此，对于财税〔2008〕160 号第八条规定"新设立的基金会在申请获得捐赠税前扣除资格后，原始基金的捐赠人可凭捐赠票据依法享受税前扣除"也是按照年度会计利润总额 12% 为扣除限额。

消费税

586. 啤酒桶的押金是否算进出厂价格来划分消费税单位税额档次？

问：我公司为啤酒生产企业，啤酒桶的押金是否算进出厂价格（含包装物及包装物押金）来划分消费税单位税额档次，税务上是如何规定的？

答：根据《财政部、国家税务总局关于明确啤酒包装物押金消费税政策的通知》（财税〔2006〕20号）规定：财政部、国家税务总局《关于调整酒类产品消费税政策的通知》（财税〔2001〕84号）规定啤酒消费税单位税额按照出厂价格（含包装物及包装物押金）划分档次，上述包装物押金不包括供重复使用的塑料周转箱的押金。《国家税务总局关于啤酒计征消费税有关问题的批复》（国税函〔2002〕166号）规定：按照《税收征收管理法》中"企业或者外国企业在中国境内设立的从事生产、经营的机构、场所与其关联企业之间的业务往来，应当按照独立企业之间的业务往来收取或者支付价款、费用，而减少其应纳税的收入或者所得额的，税务机关有权进行合理调整"，和《财政部、国家税务总局关于调整酒类产品消费税政策的通知》（财税〔2001〕84号）的有关规定，对啤酒生产企业销售的啤酒，不得以向其关联企业的啤酒销售公司销售的价格作为确定消费税税额的标准，而应当以其关联企业的啤酒销售公司对外的销售价格（含包装物及包装物押金）作为确定消费税税额的标准，并依此确定该啤酒消费税单位税额。

综上所述，啤酒消费税单位税额按照出厂价格（含包装物及包装物押金）划分档次，上述包装物押金不包括供重复使用的塑料周转箱的押金。对于啤酒桶的押金，应作为包装物押金计算入出厂价格。

587. 农用拖拉机轮胎是否属于现行消费税"汽车轮胎"税目征税范围？

问：企业生产农用拖拉机轮胎，该轮胎属于现行消费税"汽车轮胎"税目征税范围吗？

答：根据《关于农用拖拉机收割机和手扶拖拉机专用轮胎不征收消费税问题的公告》（国家税务总局公告2010年第16号）的规定，农用拖拉机、收割机和手扶拖拉机专用轮胎不属于《消费税暂行条例》规定的应征消费税的'汽车轮胎'范围，不征收消费税。

本公告自2010年12月1日起施行。

588. 生产企业出口货物是否缴纳消费税？

问：我公司是一家国内的生产企业，经营自产游艇出口，出口增值税执行免抵退政策，那么出口货物要征收消费税吗？

答：《消费税暂行条例》第十一条规定：对纳税人出口应税消费品，免征消费税；国务院另有规定的除外。出口应税消费品的免税办法，由国务院财政、税务主管部门规定。《出口货物退（免）税管理办法（试行）》（国税发〔2005〕51号）第一章第二条规定，出口商自营或委托出口的货物，除另有规定者外，可在货物报关出口并在财务上做销售核算后，凭有关凭证报送所在地国家税务局（以下简称税务机关）批准退还或免征其增值税、消费税。另外，《消费税暂行条例实施细则》第二十二条第二款规定，纳税人直接出口的应税消费品办理免税后，发生退关或者国外退货，进口时已予以免税的，经机构所在地或者居住地主管税务机关批准，可暂不办理补税，待其转为国内销售时，再申报补缴消费税。

综上所述，贵公司出口游艇，是免征消费税的，具体可按照以上文件规定申请办理消费税免税手续。游艇出口免税销售收入应在《其他应税消费品消费税纳税申报表》附表4《生产经营情况表》"出口免税销售额"栏反映。

589. 卷烟批量销售是否需要缴纳消费税？

问：我公司是一家具有烟草专卖零售许可证的商户，销售的卷烟从许可证标明的当地卷烟批发商进货，近期发生卷烟批量销售，请问我公司的卷烟批量销售是否需要缴纳消费税？

答：根据《国家税务总局关于下发卷烟批发单位名单的通知》（国税函〔2009〕459号）规定，你公司不属于卷烟批发商，所产生的销售业务应属于卷烟的零售业务，在卷烟的进货环节已对卷烟批发商加征了5%的消费税，因此不需再缴纳消费税。

590. 征收消费税的汽车如何界定？

问：《财政部、国家税务总局关于调整和完善消费税政策的通知》（财税〔2006〕33号）规定，应征消费税的汽车包括乘用车、中轻型商用客车即含驾驶员座位在内最多不超过9个座位（含）的，在设计和技术特性上用于载运乘客和货物的各类乘用车，和含驾驶员座位在内的座位数在10~23座（含23座）的在设计和技术特性上用于载运乘客和货物的各类中轻型商用客车。

请问，含驾驶员座位在内最多不超过9个座位（含）的面包车2006年3月31

目前按小客车缴纳消费税,2006年4月1日后是否按乘用车缴纳消费税?

答:《财政部、国家税务总局关于调整和完善消费税政策的通知》(财税〔2006〕33号)规定,汽车是指由动力驱动,具有四个或四个以上车轮的非轨道承载的车辆。

本税目征收范围包括含驾驶员座位在内最多不超过9个座位(含)的,在设计和技术特性上用于载运乘客和货物的各类乘用车和含驾驶员座位在内的座位数在10~23座(含23座)的在设计和技术特性上用于载运乘客和货物的各类中轻型商用客车。

根据上述规定,自2006年4月1日起,缴纳消费税的汽车指乘用车包括含驾驶员座位在内最多不超过9个座位(含)的按气缸容量大小其税率为1%~40%;中轻型商用客车含驾驶员座位在内的座位数在10~23座(含23座)的税率为5%。

591. 可抵扣的连续生产应税消费品应具备哪些条件?

问:《国家税务总局关于进一步加强消费税纳税申报及税款抵扣管理的通知》(国税函〔2006〕769号)第二条第一款规定,从商业企业购进应税消费品连续生产应税消费品,符合抵扣条件的,准予扣除外购应税消费品已纳消费税税款。

上述条款中"符合抵扣条件的"具体是指什么条件?

答:《国家税务总局关于印发〈调整和完善消费税政策征收管理规定〉的通知》(国税发〔2006〕49号)第二条第三款规定,纳税人在办理纳税申报时,如需办理消费税税款抵扣手续,除应按有关规定提供纳税申报所需资料外,还应当提供以下资料:

外购应税消费品连续生产应税消费品的,提供外购应税消费品增值税专用发票(抵扣联)原件和复印件。

如果外购应税消费品的增值税专用发票属于汇总填开的,除提供增值税专用发票(抵扣联)原件和复印件外,还应提供随同增值税专用发票取得的由销售方开具并加盖财务专用章或发票专用章的销货清单原件和复印件。

通知第七条规定准予从消费税应纳税额中扣除原料已纳消费税税款的凭证按照不同行为分别规定如下:

(1)外购应税消费品连续生产应税消费品的。

(2)纳税人从增值税小规模纳税人购进应税消费品,外购应税消费品的抵扣凭证为主管税务机关代开的增值税专用发票。主管税务机关在为纳税人代开增值税专用发票时,应同时征收消费税。

根据上述规定,从商业企业购进应税消费品连续生产应税消费品,符合以上抵扣条件的,准予扣除外购应税消费品已纳消费税税款。

592. 已缴消费税的乘用车改装专用车是否需再缴纳消费税？

问：我公司外购已缴消费税的乘用车（越野车），按照客户要求改装成带固定装置的专用车（如通讯应急指挥车），并改变车型目录，依据新车型目录上牌时免征车辆购置税，请问在销售环节是否还需要再缴纳消费税？

答：《财政部、国家税务总局关于调整和完善消费税政策的通知》（财税〔2006〕33号）附件"消费税新增和调整税目征收范围注释"第七条小汽车规定，汽车是指由动力驱动，具有四个或四个以上车轮的非轨道承载的车辆。本税目征收范围包括含驾驶员座位在内最多不超过9个座位（含）的，在设计和技术特性上用于载运乘客和货物的各类乘用车和含驾驶员座位在内的座位数在10～23座（含23座）的在设计和技术特性上用于载运乘客和货物的各类中轻型商用客车。

用排气量小于1.5升（含）的乘用车底盘（车架）改装、改制的车辆属于乘用车征收范围。用排气量大于1.5升的乘用车底盘（车架）或用中轻型商用客车底盘（车架）改装、改制的车辆属于中轻型商用客车征收范围。

含驾驶员人数（额定载客）为区间值的（如8～10人；17～26人）小汽车，按其区间值下限人数确定征收范围。

《国家税务总局关于购进整车改装汽车征收消费税问题的批复》（国税函〔2006〕772号）规定，……对于购进乘用车和中轻型商用客车整车改装生产的汽车，应按规定征收消费税。

依据上述规定，贵公司外购已缴消费税的乘用车（越野车），改装成带固定装置的专用车，若属于消费税征收范围的小汽车，应按小汽车税率征收消费税。

593. 饮料酒以何种税率缴纳消费税？

问：我公司是一家制酒厂，近期以蒸馏酒原料为酒基配制成一种新品种饮料酒，请问该饮料酒以何种税率缴纳消费税？

答：根据《国家税务总局关于配制酒消费税适用税率问题的公告》（国家税务总局公告2011年第53号）第二点第（一）项规定，以蒸馏酒或食用酒精为酒基，同时符合以下条件的配制酒，按消费税税目税率表"其他酒"10%适用税率征收消费税：(1)具有国家相关部门批准的国食健字或卫食健字文号；(2)酒精度低于38度（含）。上述公告第二点第（三）项规定，其他配制酒，按消费税税目税率表"白酒"适用税率征收消费税。

上述蒸馏酒或食用酒精为酒基是指酒基中蒸馏酒或食用酒精的比重超过80%（含）。

因此，你公司配制的饮料酒对照上述规定，如符合第二点规定则按消费税税目税率表中"其他酒"10％适用税率征收消费税。如不符合，则属其他配制酒，按消费税税目税率表中"白酒"适用税率征收消费税，消费税税目税率表规定的"白酒"税率为：白酒20％加0.5元/500克（或者500毫升）。

594. 将自产的白酒与外购的礼品搭配成套对外销售如何计算消费税？

问：生产企业将自产的白酒与外购的礼品搭配成套对外销售，这部分收入如何计算消费税？

答：根据《财政部、国家税务总局关于调整和完善消费税政策的通知》（财税〔2006〕33号）第五条有关"组成套装销售的计税依据"规定，纳税人将自产的应税消费品与外购或自产的非应税消费品组成套装销售的，以套装产品的销售额（不含增值税）为计税依据，应按照不含增值税的全部收入额缴纳消费税。

595. 免税乙醇汽油是否缴纳城建税及教育费附加？

问：《财政部、国家税务总局关于提高成品油消费税税率后相关成品油消费税政策的通知》（财税〔2008〕168号）第四条规定，对用外购或委托加工收回的已税汽油生产的乙醇汽油免税。用自产汽油生产的乙醇汽油，按照生产乙醇汽油所耗用的汽油数量申报纳税。请问免税的乙醇汽油还需要按照规定缴纳城建税、教育费附加和地方教育附加吗？

答：根据《城市维护建设税暂行条例》、《国务院关于修改〈征收教育费附加的暂行规定〉的决定》（国务院令第60号）的规定，城市维护建设税及教育费附加是以实际缴纳的增值税、消费税和营业税的税额为计征依据，按适用税率计算缴纳。城市维护建设税、教育费附加的征收管理比照增值税、消费税和营业税的规定办理。对企业已按规定免征消费税的，也不用缴纳相应的附加税费。

地方教育附加通常与教育费附加的征管规定一致，具体还要看当地制定的方案及财政部的审批结果。

596. 应税消费品的包装物是否计征消费税？

答：根据《消费税暂行条例实施细则》第十三条规定，应税消费品连同包装物销售的，无论包装物是否单独计价以及在会计上如何核算，均应并入应税消费品的销售额中缴纳消费税。如果包装物不作价随同产品销售，而是收取押金，此项押金则不应并入应税消费品的销售额中征税。但对因逾期未收回的包装物不再退还的或者已收取的时间超过12个月的押金，应并入应税消费品的销售额，按照应税消费品的适用税率缴纳消费税。对既作价随同应税消费品销售，又另外收取押金的包装物，凡纳税人在规定的期限内没有退还的，均应并入应税消费品的销售额，按照应税消费品的适用税率缴纳消费税。

597. 利用废油生产纯生物柴油是否需缴消费税？

问：我公司是炼油企业，主要的生产经营项目是回收餐饮业废弃的动物油和植物油，用以生产销售纯生物柴油。请问，利用废油生产纯生物柴油是否需要缴纳消费税？

答：根据《财政部、国家税务总局关于对利用废弃的动植物油生产纯生物柴油免征消费税的通知》（财税〔2010〕118号）规定，从2009年1月1日起，对同时符合下列条件的纯生物柴油免征消费税：（1）生产原料中废弃的动物油和植物油用量所占比重不低于70%。（2）生产的纯生物柴油符合国家《柴油机燃料调合生物柴油（BD100）》标准。对不符合上述规定的生物柴油，或者以柴油、柴油组分调合生产的生物柴油照章征收消费税。从2009年1月1日至该通知下发前，生物柴油生产企业已经缴纳的消费税，符合上述免税规定的予以退还。

598. 外购润滑油生产变压器油缴纳的消费税能否抵扣？

问：外购润滑油生产变压器油缴纳的消费税，能否抵扣税款？

答：《财政部、国家税务总局关于调整部分成品油消费税政策的通知》（财税〔2008〕19号）规定，以外购或委托加工收回的已税石脑油、润滑油、燃料油为原料生产的应税消费品，准予从消费税应纳税额中扣除原料已纳的消费税税款。抵扣税款的计算公式为：

$$\frac{当期准予扣除的外购}{应税消费品已纳税款} = \frac{当期准予扣除外购}{应税消费品数量} \times \frac{外购应税消费品}{单位税额}$$

《国家税务总局关于对绝缘油类产品征收消费税问题的批复》（国税函〔2010〕76号）规定：根据润滑油国家标准《润滑剂和有关产品（L类）的分类第15部分：N组（绝缘液体）》（GB/T7631.15—1998）规定的润滑剂范围，变压器油、导热类油等绝缘油类产品，均属于润滑油的范围。根据上述规定，对你区润滑油生产企业生产的变压器油、导热类油等绝缘类油品，应按"润滑油"的税率征收消费税。

根据上述规定，变压器油属于润滑油的范围，可以按照上述规定计算并抵扣税款。

599. 购入烟丝生产卷烟如何换算不含税销售额？

问：我企业购入烟丝用于连续生产卷烟，取得的是对方开具的普通发票，怎样换算不含税销样额？

答：根据《国家税务总局关于消费税若干征税问题的通知》（国税发〔1997〕84号）文件的规定，对纳税人用外购已税烟丝等8种应税消费品连续生产应税消费品扣除已纳税款的计算方法统一后，如果企业购进的已税消费品开具的是普通发票，在换算为不含增值税的销售额时，应一律采取6%的征收率换算。具体计算公式为：

$$\text{不含增值税的外购已税消费品的销售额} = \text{外购已税消费品的含税销售额} \div (1+6\%)$$

600. 无完税证的外贸企业外购轮胎出口可否申请退还消费税？

问：外贸企业外购轮胎出口，申报时要求提供消费税的完税证号，消费税是由生产企业缴纳的，外贸企业没有完税证怎么办？

答：《国家税务总局关于使用出口货物消费税专用缴款书管理办法的通知》（国税明电〔1993〕071号）规定：出口企业直接从生产企业收购消费税应税货物用于出口的，由生产企业所在地税务机关在征税时开具《出口货物消费税专用缴款书》。专用税票经税务、国库（经收处）收款盖章后，由生产企业转交出口企业，在货物出口后据以申请退还消费税。

601. 以前年度库存成品油的已税原料如何计算扣除消费税？

问：对2008年12月31日以前库存的外购或委托加工收回的石脑油、润滑油、燃料油的已纳消费税如何计算扣除？

答：根据《关于加强成品油消费税征收管理有关问题的通知》（国税函〔2008〕1072号）的规定，2008年12月31日以前生产企业库存的外购或委托加工收回的用于连续生产应税消费品的已税原料（石脑油、润滑油、燃料油），在2008年12月税款所属期内按照生产原料一次性领用处理。一次性计算的税款扣除金额大于当期应纳税额部分，可结转到下期扣除。

602. 各种标号汽油与乙醇混掺制成乙醇汽油后对外销售是否应缴纳消费税？

问：成品油批发企业，将购进的各种标号汽油与乙醇混掺制成乙醇汽油后对外销售，请问是否应缴纳消费税？

答：根据《关于提高成品油消费税税率的通知》（财税〔2008〕167号）规定，汽油是指用原油或其他原料加工生产的辛烷值不小于66的可用作汽油发动机燃料的各种轻质油。含铅汽油是指铅含量每升超过0.013克的汽油。汽油分为车用汽油和航空汽油。

以汽油、汽油组分调和生产的甲醇汽油、乙醇汽油也属于本税目征收范围。

根据《关于提高成品油消费税税率后相关成品油消费税政策的通知》(财税〔2008〕168号)的规定,对用外购或委托加工收回的已税汽油生产的乙醇汽油免税。用自产汽油生产的乙醇汽油,按照生产乙醇汽油所耗用的汽油数量申报纳税。

603. 消费税纳税人有哪些?

答:根据《消费税暂行条例》的规定,在中华人民共和国境内生产、委托加工和进口本条例规定的消费品的单位和个人,以及国务院确定的销售本条例规定的消费品的其他单位和个人,为消费税的纳税人,应当依照本条例缴纳消费税。

根据《消费税暂行条例实施细则》规定:单位,是指企业、行政单位、事业单位、军事单位、社会团体及其他单位;个人,是指个体工商户及其他个人;中华人民共和国境内,是指生产、委托加工和进口属于应当缴纳消费税的消费品的起运地或者所在地在境内。

604. 委托加工应税消费品如何缴纳消费税?

问:我企业生产应征消费税产品,现在需要委托别的企业帮我们生产一部分半成品,我们提供材料,对方只负责加工生产,消费税如何缴纳?

答:根据《消费税暂行条例》的规定,委托加工的应税消费品,除受托方为个人外,由受托方在向委托方交货时代收代缴税款。

605. 用外汇结算货物如何折算为人民币计算缴纳消费税?

问:企业销售货物用外汇结算的,如何折算为人民币计算缴纳消费税?

答:根据《消费税暂行条例》和《消费税暂行条例实施细则》的规定,纳税人销售的应税消费品,以人民币以外的货币结算销售额的,其销售额的人民币折合率可以选择销售额发生的当天或者当月1日的人民币汇率中间价。纳税人应在事先确定采用何种折合率,确定后1年内不得变更。

606. 香皂是否征收消费税?

答:根据《财政部、国家税务总局关于香皂和汽车轮胎消费税政策的通知》(财税〔2000〕145号)的规定,自2001年1月1日起,对"护肤护发品"税目中的香皂停止征收消费税。

607. 消费税应如何确定纳税义务发生时间？

答：《消费税暂行条例实施细则》规定：
（1）纳税人销售应税消费品的，按不同的销售结算方式分别为：
①采取赊销和分期收款结算方式的，为书面合同约定的收款日期的当天，书面合同没有约定收款日期或者无书面合同的，为发出应税消费品的当天；
②采取预收货款结算方式的，为发出应税消费品的当天；
③采取托收承付和委托银行收款方式的，为发出应税消费品并办妥托收手续的当天；
④采取其他结算方式的，为收讫销售款或者取得索取销售款凭据的当天。
（2）纳税人自产自用应税消费品的，为移送使用的当天。
（3）纳税人委托加工应税消费品的，为纳税人提货的当天。
（4）纳税人进口应税消费品的，为报关进口的当天。

608. 钻石及钻石饰品消费税在哪个环节缴纳？

答：根据《关于钻石及上海钻石交易所有关税收政策的通知》（财税〔2001〕176号）规定，对钻石及钻石饰品消费税的纳税环节由现在的生产环节、进口环节后移至零售环节。

609. 成品油是否征收消费税？

问：我们是成品油生产企业，请问对成品油是否征收消费税？
答：根据《财政部、国家税务总局关于对成品油生产企业生产自用油免征消费税的通知》（财税〔2010〕98号）第一条规定，从2009年1月1日起，对成品油生产企业在生产成品油过程中，作为燃料、动力及原料消耗掉的自产成品油，免征消费税。对用于其他用途或直接对外销售的成品油照章征收消费税。

第二条规定，从2009年1月1日到本通知下发前，成品油生产企业生产自用油已经缴纳的消费税，符合上述免税规定的，予以退还。

610. 生产变压器绝缘油是否缴消费税？

问：某公司研制开发出一种专供变压器散热用的绝缘油产品，请问，生产销售这种变压器绝缘油是否需要缴纳消费税？

答：《国家税务总局关于对绝缘油类产品征收消费税问题的批复》（国税函〔2010〕76号）规定，根据润滑油国家标准《润滑剂和有关产品（L类）的分类第15部分：N组（绝缘液体）》规定的润滑剂范围，变压器油、导热类油等绝缘油类产品，均属于润滑油的范围。所以，润滑油生产企业生产的变压器油、导热类油等绝缘类油品，应按"润滑油"的税率缴纳消费税。

《消费税目税率表》中注明了润滑油的定额税率为0.20元/升，因此，该公司生产销售的变压器绝缘油应按0.20元/升的定额税率计算缴纳消费税。

611. 首饰盒并入首饰销售应如何计算消费税？

问：我公司是销售金银首饰的纳税人，在销售首饰的同时一并销售首饰盒，有一些首饰盒进货价比较高，但我公司按进货价并入首饰销售，请问该部分应如何计算消费税？

答：根据《消费税暂行条例实施细则》第十二、十三条规定，应税消费品连同包装物销售的，无论包装物是否单独计价以及在会计上如何核算，均应并入应税消费品的销售额中缴纳消费税。

金银首饰在零售环节消费税实行从价定率办法计算应纳税额。应纳税额计算公式为：

$$应纳税额 = 销售额 \times 比例税率（5\%）$$

销售额为纳税人销售应税消费品向购买方收取的全部价款和价外费用。但不包括应向购货方收取的增值税税款。如果纳税人应税消费品的销售额中未扣除增值税税款或者因不得开具增值税专用发票而发生价款和增值税税款合并收取的，在计算消费税时，应当换算为不含增值税税款的销售额。其换算公式为：

$$应税消费品的销售额 = 含增值税的销售额 \div (1 + 增值税税率或者征收率)$$

612. 消费税计算时的"销售额"是否是增值税含税销售额？

答：根据《消费税暂行条例实施细则》规定，销售额，不包括应向购货方收取的增值税税款。如果纳税人应税消费品的销售额中未扣除增值税税款或者因不得开具增值税专用发票而发生价款和增值税税款合并收取的，在计算消费税时，应当换算为不含增值税税款的销售额。其换算公式为：

$$应税消费品的销售额 = 含增值税的销售额 \div (1 + 增值税税率或者征收率)$$

613. 将外购的柴油用于连续生产生物柴油如何计算抵扣税款?

问：企业将外购的柴油用于连续生产生物柴油，抵扣税款如何计算?

答：根据《国家税务总局关于加强成品油消费税征收管理有关问题的通知》（国税函〔2008〕1072号）规定：外购或委托加工收回的汽油、柴油用于连续生产甲醇汽油、生物柴油的，税款抵扣凭证依照《国家税务总局关于印发调整和完善消费税政策征收管理规定的通知》（国税发〔2006〕49号）第四条第（一）款执行。2009年1月1日前的增值税专用发票，不得作为抵扣凭证。抵扣税款的计算方法，依照国税发〔2006〕49号文件第四条第（二）款执行。

《国家税务总局关于印发调整和完善消费税政策征收管理规定的通知》（国税发〔2006〕49号）第四条第（二）款规定：

(1) 外购应税消费品连续生产应税消费品

① 实行从价定率办法计算应纳税额的：

$$\text{当期准予扣除外购应税消费品已纳税款} = \text{当期准予扣除外购应税消费品买价} \times \text{外购应税消费品适用税率}$$

$$\text{当期准予扣除外购应税消费品买价} = \text{期初库存外购应税消费品买价} + \text{当期购进的外购应税消费品买价} - \text{期末库存的外购应税消费品买价}$$

外购应税消费品买价为纳税人取得的本规定第二条第（三）款规定的发票（含销货清单）注明的应税消费品的销售额（增值税专用发票必须是2006年4月1日以后开具的，下同）。

② 实行从量定额办法计算应纳税额的：

$$\text{当期准予扣除的外购应税消费品已纳税款} = \text{当期准予扣除外购应税消费品数量} \times \text{外购应税消费品单位税额}$$

$$\text{当期准予扣除外购应税消费品数量} = \text{期初库存外购应税消费品数量} + \text{当期购进外购应税消费品数量} - \text{期末库存外购应税消费品数量}$$

外购应税消费品数量为本规定第二条第（三）款规定的发票（含销货清单）注明的应税消费品的销售数量。

(2) 委托加工收回应税消费品连续生产应税消费品

$$\text{当期准予扣除的委托加工应税消费品已纳税款} = \text{期初库存的委托加工应税消费品已纳税款} + \text{当期收回的委托加工应税消费品已纳税款} - \text{期末库存的委托加工应税消费品已纳税款}$$

委托加工应税消费品已纳税款为代扣代收税款凭证注明的受托方代收代缴的消费税。

(3) 进口应税消费品

$$\text{当期准予扣除的进口应税消费品已纳税款} = \text{期初库存的进口应税消费品已纳税款} + \text{当期进口应税消费品已纳税款} - \text{期末库存的进口应税消费品已纳税款}$$

进口应税消费品已纳税款为海关进口消费税专用缴款书注明的进口环节消费税。

614. 对既生产销售汽油又生产销售乙醇汽油的企业，消费税的征收管理规定是什么？

答： 国家税务总局《关于加强成品油消费税征收管理有关问题的通知》（国税函〔2008〕1072号）规定，纳税人既生产销售汽油又生产销售乙醇汽油的，应分别核算。未分别核算的，生产销售的乙醇汽油不得按照生产乙醇汽油所耗用的汽油数量申报纳税，一律按照乙醇汽油的销售数量征收消费税。

615. 如何确定白酒消费税计税价格？

问： 由于白酒生产企业涉及自产、委托加工和进口等多种生产经营方式，如何确定白酒消费税计税价格？

答： 白酒消费税计税价格的确定，主要是在自产自用、委托加工等生产经营方式中，以及在进口和核定计税价格等环节中体现，不同的方式和环节，计税价格的计算方法也不同。

(1) 自产自用的方式。《消费税暂行条例》规定，纳税人自产自用的应税消费品，按照纳税人生产同类消费品的销售价格计算纳税。没有同类消费品销售价格的，按照组成计税价格计算纳税。实行复合计税办法的，其组成计税价格计算公式为：

$$\text{组成计税价格} = \frac{\text{成本} + \text{利润} + \text{自产自用数量} \times \text{定额税率}}{1 - \text{比例税率}}$$

例如，某酒厂将自产的2吨白酒作为福利发放给员工，没有同类白酒销售价格，成本为10万元。则计税价格=(10+10×10%+2×0.2×0.5)÷(1-20%)=14（万元），应纳消费税=14×20%+2×0.2×0.5=3（万元）。

(2) 委托加工的方式。委托加工的应税消费品，按照受托方同类消费品的销售价格计算纳税。没有同类消费品销售价格的，按照组成计税价格计算纳税。实行复合计税办法的，其组成计税价格的计算公式为：

$$\text{组成计税价格} = \frac{\text{材料成本} + \text{加工费} + \text{委托加工数量} \times \text{定额税率}}{1 - \text{比例税率}}$$

例如，某酒厂用250吨粮食（成本20万元），委托其他酒厂加工成粮食白酒50吨，对方收取加工费5万元，受托方垫付辅助材料费2万元，均收到了专用发票，受托方无同类产品售价。则委托计税价格＝(20＋5＋2＋50×0.2×0.5)÷(1－20％)＝40（万元），代收代缴消费税＝40×20％＋50×0.2×0.5＝13（万元）。

（3）进口环节。进口白酒等应税消费品，按照组成计税价格计算纳税。实行复合计税办法的，其组成计税价格的计算公式为：

$$组成计税价格=\frac{(关税完税价格＋关税＋进口数量×消费税定额税率)}{1－消费税比例税率}$$

例如，某企业进口某外国品牌白酒400吨，每吨到岸价格为8 000元，共计320万元，白酒的关税税率为20％。组成计税价格＝400×(8 000＋8 000×20％＋2 000×0.5)÷(1－20％)＝5 300 000（元），应纳消费税＝5 300 000×20％＋400×2 000×0.5＝1 460 000（元）。

（4）在核定计税价格环节，纳税人应税消费品的计税价格明显偏低并无正当理由的，由主管税务机关核定其计税价格。国家税务总局《关于加强白酒消费税征收管理的通知》（国税函〔2009〕380号）规定，自2009年8月1日起，白酒生产企业销售给销售单位（销售公司、购销公司以及委托境内其他单位或个人包销本企业生产白酒的商业机构）的白酒，生产企业消费税计税价格低于销售单位对外销售价格（不含增值税，下同）70％以下的，税务机关应核定消费税最低计税价格。最低计税价格核定标准如下：

①白酒生产企业销售给销售单位的白酒，生产企业消费税计税价格高于销售单位对外销售价格70％（含）以上的，税务机关暂不核定消费税最低计税价格。

②白酒生产企业销售给销售单位的白酒，生产企业消费税计税价格低于销售单位对外销售价格70％以下的，消费税最低计税价格由税务机关根据生产规模、白酒品牌、利润水平等情况，在销售单位对外销售价格50％～70％范围内自行核定。其中生产规模较大，利润水平较高的企业生产的需要核定消费税最低计税价格的白酒，税务机关核价幅度原则上应选择在销售单位对外销售价格60％～70％范围内。已核定最低计税价格的白酒，生产企业实际销售价格高于消费税最低计税价格的，按实际销售价格申报纳税。实际销售价格低于消费税最低计税价格的，按最低计税价格申报纳税。

例如，某酒厂年销售白酒1 500吨，年销售额预计800万元。假设2009年8月份销售白酒100吨，对外销售不含税单价每吨为6 000元，款项存入银行。如果该酒厂设立一个销售部，酒厂销售给销售部的白酒价格每吨为4 000元。税务机关核定的最低计税价格每吨为5 500元，酒厂应纳消费税＝100×5 500×20％＋100×2 000×0.5＝210 000（元），而不能按照每吨4 000元的销售额缴纳消费税。

616. 收取啤酒包装物押金是否缴纳消费税？

问： 企业销售啤酒，对啤酒包装物押金缴纳消费税吗？

答： 根据《消费税暂行条例实施细则》第十三条的规定，应税消费品连同包装物销售的，无论包装物是否单独计价以及在会计上如何核算，均应并入应税消费品的销售额中缴纳消费税。如果包装物不作价随同产品销售，而是收取押金，此项押金则不应并入应税消费品的销售额中征税。但对因逾期未收回的包装物不再退还的或者已收取的时间超过12个月的押金，应并入应税消费品的销售额，按照应税消费品的适用税率缴纳消费税。

对既作价随同应税消费品销售，又另外收取押金的包装物的押金，凡纳税人在规定的期限内没有退还的，均应并入应税消费品的销售额，按照应税消费品的适用税率缴纳消费税。

根据上述规定，由于啤酒采用从量定额办法征收消费税，应税消费品的计税依据是销售数量而非销售金额，征税的多少与销售数量成正比，而与销售金额无直接关系。因此企业销售啤酒时，如果发生了包装物销售行为，或收取了押金，均不存在缴纳消费税的问题。

617. 烟草批发公司批发卷烟如何确定纳税时间？

问： 烟草批发公司在批发卷烟时如何确定纳税义务发生时间？是否可以扣除生产环节已缴纳的消费税税款？

答： 根据《财政部、国家税务总局关于调整烟产品消费税政策的通知》（财税〔2009〕84号）的规定，在卷烟批发环节加征一道从价税。具体规定内容为：

（1）纳税义务人：在中华人民共和国境内从事卷烟批发业务的单位和个人。

（2）征收范围：纳税人批发销售的所有牌号规格的卷烟。

（3）计税依据：纳税人批发卷烟的销售额（不含增值税）。

（4）纳税人应将卷烟销售额与其他商品销售额分开核算，未分开核算的，一并征收消费税。

（5）适用税率：5%。

（6）纳税人销售给纳税人以外的单位和个人的卷烟于销售时纳税。纳税人之间销售的卷烟不缴纳消费税。

（7）纳税义务发生时间：纳税人收讫销售款或者取得索取销售款凭据的当天。

（8）纳税地点：卷烟批发企业的机构所在地，总机构与分支机构不在同一地区的，由总机构申报纳税。

（9）卷烟消费税在生产和批发两个环节征收后，批发企业在计算纳税时不得扣除已含的生产环节的消费税税款。

依据上述规定,烟草批发公司在批发卷烟时应在收讫销售款或者取得索取销售款凭据的当天缴纳消费税,同时在计算纳税时不得扣除已含的生产环节的消费税税款。

618. 未取得专票的应税消费品可否抵扣消费税?

问:我单位外购一批应税消费品用于连续生产应税消费品,但目前还未取得购进增值税专用发票,产品已经入库并在生产中领用了,请问这部分产品可以抵扣消费税吗?

答:根据《国家税务总局关于印发〈调整和完善消费税政策征收管理规定〉的通知》(国税发〔2006〕49号)中第二条第三款规定,纳税人在办理纳税申报时,如需办理消费税税款抵扣手续,除应按有关规定提供纳税申报所需资料外,还应当提供以下资料:

外购应税消费品连续生产应税消费品的,提供外购应税消费品增值税专用发票(抵扣联)原件和复印件。如果外购应税消费品的增值税专用发票属于汇总填开的,除提供增值税专用发票(抵扣联)原件和复印件外,还应提供随同增值税专用发票取得的由销售方开具并加盖财务专用章或发票专用章的销货清单原件和复印件。

同时,该文件第四条第一款规定,纳税人从生产型增值税一般纳税人购进应税消费品,外购应税消费品的抵扣凭证为本规定第二条第(三)款规定的发票(含销货清单)。纳税人未提供本规定第二条第(三)款规定的发票和销货清单的不予扣除外购应税消费品已纳消费税。纳税人从增值税小规模纳税人购进应税消费品,外购应税消费品的抵扣凭证为主管税务机关代开的增值税专用发票。主管税务机关在为纳税人代开增值税专用发票时,应同时征收消费税。

根据上述规定,企业若从生产型增值税一般纳税人购进应税消费品,应提供外购应税消费品增值税专用发票(抵扣联)原件和复印件后,方可抵扣外购应税消费品已纳消费税。

619. 卷烟政策修订后的消费税税率为多少?

问:财政部、国家税务总局下发了《关于调整烟产品消费税政策的通知》(财税〔2009〕84号),伴随该通知下发的还有《关于卷烟消费税计税依据有关问题的通知》(国税函〔2009〕271号)。请问,财税〔2004〕22号《财政部、国家税务总局关于调整进口卷烟消费税税率的通知》一文中的"自2004年3月1日起,进口卷烟消费税适用比例税率按以下办法确定:每标准条进口卷烟(200支)确定消费税适用比例税率的价格=(关税完税价格+关税+消费税定额税率)/(1-消费税率）。其中，关税完税价格和关税为每标准条的关税完税价格及关税税额；消费税定额税率为每标准条（200支）0.6元（依据现行消费税定额税率折算而成）；消费税税率固定为30%"。消费税税率应该为30%还是36%？

答：《财政部、国家税务总局关于调整烟产品消费税政策的通知》（财税〔2009〕84号）规定：

一、调整烟产品生产环节消费税政策

……

（二）调整卷烟生产环节（含进口）消费税的从价税税率。

1. 甲类卷烟，即每标准条（200支，下同）调拨价格在70元（不含增值税）以上（含70元）的卷烟，税率调整为56%。

2. 乙类卷烟，即每标准条调拨价格在70元（不含增值税）以下的卷烟，税率调整为36%。

卷烟的从量定额税率不变，即0.003/支。

（三）调整雪茄烟生产环节（含进口）消费税的从价税税率。

将雪茄烟生产环节的税率调整为36%。

二、在卷烟批发环节加征一道从价税

……

（五）适用税率：5%。

本通知自2009年5月1日起执行。此前有关文件规定与本通知相抵触的，以本通知为准。

根据上述规定，自2009年5月1日起执行财税〔2009〕84号文件，此前有关文件规定与本通知相抵触的，以本通知为准。因此消费税税率按上述规定执行。

620. 镀金首饰是否缴纳消费税？

问：镀金首饰是否征消费税，现在有说不征的，因为不属于金银首饰，有说征的，在生产环节征，到底如何？

答：《财政部 国家税务总局关于调整金银首饰消费税纳税环节有关问题的通知》（财税字〔1994〕95号）规定：

经国务院批准，金银首饰消费税由生产销售环节征收改为零售环节征收。

这次改为零售环节征收消费税的金银首饰范围仅限于：金、银和金基、银基合金首饰，以及金、银和金基、银基合金的镶嵌首饰（以下简称金银首饰）。

不属于上述范围的应征消费税的首饰（以下简称非金银首饰），仍在生产销售环节征收消费税。

《国家税务总局关于印发〈金银首饰消费税征收管理办法〉的通知》（国税发

〔1994〕267号）规定，根据财税字〔1994〕95号文件的有关法规，"金银首饰的范围"不包括镀金（银）、包金（银）首饰，以及镀金（银）、包金（银）的镶嵌首饰。

根据上述规定，镀金首饰应在生产环节缴纳消费税。

621. 零售18K铂金饰品的销售商是否缴消费税？

问：我们是根据订单委托加工，再进行零售18K铂金饰品的销售商。根据2009年1月1日执行的新的消费税政策，商业零售环节是否不缴消费税？

答：《消费税暂行条例》第二条规定，消费税的税目、税率，依照本条例所附的《消费税税目税率表》执行。

消费税税目、税率的调整，由国务院决定。

《消费税税目税率表》规定：

四、贵重首饰及珠宝玉石
1. 金银首饰、铂金首饰和钻石及钻石饰品。
2. 其他贵重首饰和珠宝玉石。

《关于铂金及其制品税收政策的通知》（财税〔2003〕86号）规定，铂金首饰消费税的征收环节由现行的在生产环节和进口环节征收改为在零售环节征收，消费税税率调整为5%。

根据上述规定，零售18K铂金饰品的销售商应按规定缴纳消费税。

622. 批发给商场的金银首饰缴纳消费税吗？

答：《财政部、国家税务总局关于调整金银首饰消费税纳税环节有关问题的通知》（财税字〔1994〕95号）规定，经国务院批准，金银首饰消费税由生产销售环节征收改为零售环节征收。这次改为零售环节征收消费税的金银首饰范围仅限于：金、银和金基、银基合金首饰，以及金、银和金基、银基合金的镶嵌首饰（以下简称金银首饰）。

不属于上述范围的应征消费税的首饰（以下简称非金银首饰），仍在生产销售环节征收消费税。

《国家税务总局关于印发金银首饰消费税征收管理办法》的通知（国税发〔1994〕267号）规定，根据《财政部、国家税务总局关于调整金银首饰消费税纳税环节有关问题的通知》（以下简称《通知》）（财税字〔94〕95号）的有关法规，特制定本办法。

《通知》第一条所称"金银道饰的范围"不包括镀金（银）、包金（银）首饰，以及镀金（银）、包金（银）的镶嵌首饰。

根据上述规定，金、银和金基、银基合金首饰，以及金、银和金基、银基合金的镶嵌首饰（以下简称金银首饰），改为零售环节征收消费税。不属于上述范围的应征消费税的首饰（以下简称非金银首饰），仍在生产销售环节征收消费税。

623. 药酒如何缴纳消费税？

问：我公司是一家制药企业，公司生产的药酒批文是属于国药准字号药品，并且有些还属于处方药，可国税局还是要求我们缴纳消费税，请问这是否正确？

答：《国家税务总局关于印发〈消费税征收范围注释〉的通知》《国税发〔1993〕153号》规定，其他酒是指除粮食白酒、薯类白酒、黄酒、啤酒以外，酒度在1度以上的各种酒。其征收范围包括糠麸白酒、其他原料白酒、土甜酒、复制酒、果木酒、汽酒、药酒等等。

药酒是指按照医药卫生部门的标准，以白酒、黄酒为酒基加入各种药材泡制或配制的酒。

药酒属于《消费税暂行条例》消费税税目税率表中规定的"4. 其他酒"。因此，贵公司生产的药酒如果有相关部门的批文则应按"其他酒"缴纳消费税。

624. 外购燃料油、渣油、重油能否抵扣消费税？

问：我公司催化车间用外购的燃料油、渣油、重油作原料，生产出汽油、柴油等产品，请问外购的燃料油、渣油、重油对方已缴纳消费税，我公司可以抵扣吗？

答：《财政部、国家税务总局关于提高成品油消费税税率的通知》（财税〔2008〕167号）文件中的附件2《成品油消费税征收范围注释》规定，燃料油也称重油、渣油，是用原油或其他原料加工生产，主要用作电厂发电、锅炉用燃料、加热炉燃料、冶金和其他工业炉燃料。腊油、船用重油、常压重油、减压重油、180CTS燃料油、7号燃料油、糠醛油、工业燃料、4～6号燃料油等油品的主要用途是作为燃料燃烧，属于燃料油征收范围。

据此，重油、渣油也称燃料油，为应征消费税油品。以外购该类货物为原料生产汽油、柴油，如何抵扣已纳的消费税，可根据《财政部国家税务总局关于调整部分成品油消费税政策的通知》（财税〔2008〕19号）文件第三条规定处理：以外购或委托加工收回的已税石脑油、润滑油、燃料油为原料生产的应税消费品，准予从消费税应纳税额中扣除原料已纳的消费税税款。抵扣税款的计算公式为：

$$\frac{\text{当期准予扣除的外购}}{\text{应税消费品已纳税款}} = \frac{\text{当期准予扣除外购}}{\text{应税消费品数量}} \times \frac{\text{外购应税消费品}}{\text{单位税额}}$$

625. 金店销售金条、黄金摆件是否征收消费税？

问： 金店（零售企业）销售的金条、生肖金条（用纯黄金制作的生肖摆件）是否征收消费税？

答：《消费税暂行条例》（国务院令2008年第539号）第一条规定，在中华人民共和国境内生产、委托加工和进口本条例规定的消费品的单位和个人，以及国务院确定的销售本条例规定的消费品的其他单位和个人，为消费税的纳税人，应当依照本条例缴纳消费税。

《国家税务总局关于印发〈消费税征收范围注释〉的通知》（国税发〔1993〕153号）第五条规定，贵重首饰及珠宝玉石税目征收范围包括：各种金银珠宝首饰和经采掘、打磨、加工的各种珠宝玉石。

金银珠宝首饰包括：凡以金、银、白金、宝石、珍珠、钻石、翡翠、珊瑚、玛瑙等高贵稀有物质以及其他金属、人造宝石等制作的各种纯金银首饰及镶嵌首饰（含人造金银、合成金银首饰等）。

《财政部、国家税务总局关于调整金银首饰消费税纳税环节有关问题的通知》（财税字〔1994〕95号）规定，经国务院批准，金银首饰消费税由生产销售环节征收改为零售环节征收。改为零售环节征收消费税的金银首饰范围仅限于：金、银和金基、银基合金首饰，以及金、银和金基、银基合金的镶嵌首饰（以下简称金银首饰）。

不属于上述范围的应征消费税的首饰，仍在生产销售环节征收消费税。

《国家税务总局关于锻压金首饰在零售环节征收消费税问题的批复》（国税函发〔1996〕727号）规定，在零售环节征收消费税的金银首饰的范围不包括镀金（银）、包金（银）首饰，以及镀金（银）、包金（银）的镶嵌首饰，凡采用包金、镀金工艺以外的其他工艺的含金、银首饰及镶嵌首饰，如锻压金、铸金、复合金首饰等，都应在零售环节征收消费税。

根据上述文件规定，上述金条、生肖金条等用纯黄金制作的生肖摆件，不属于"金银珠宝首饰"范畴，因此，不用缴纳消费税。

626. 用溶剂油勾兑出甲醇汽油可否扣除已纳消费税？

问： 用溶剂油、石脑油、汽油、塔顶油和甲醇等原料勾兑出甲醇汽油，购进的原料是含消费税的，那么这些原料所含的消费税是否可以作为进项抵扣生产的甲醇汽油的消费税？

答：《国务院关于实施成品油价格和税费改革的通知》（国发〔2008〕37号）第二条规定，对外购或委托加工收回的汽油、柴油用于连续生产甲醇汽油、生物柴油的，准予从消费税应纳税额中扣除原料已纳消费税税款。

《财政部、国家税务总局关于提高成品油消费税税率后相关成品油消费税政策的通知》（财税〔2008〕168号）第五条规定，对外购或委托加工收回的汽油、柴油用于连续生产甲醇汽油、生物柴油，准予从消费税应纳税额中扣除原料已纳的消费税税款。第六条规定，2008年12月31日以前生产企业库存的用于生产应税消费品的外购或委托加工收回的石脑油、润滑油、燃料油原料，其已缴纳的消费税，准予在2008年12月税款所属期按照石脑油、润滑油每升0.2元和燃料油每升0.1元一次性计算扣除。第七条规定，本通知自2009年1月1日起执行。

贵公司用溶剂油、石脑油、汽油、塔顶油和甲醇等原料勾兑出甲醇汽油，其购进原料的消费税，按上述规定处理。

627. 委托加工收回的白酒重新贴标销售如何缴纳消费税？

问：将委托加工收回的白酒重新贴标对外销售是否缴纳消费税？

答：《消费税暂行条例》第四条规定，纳税人生产的应税消费品，于纳税人销售时纳税。纳税人自产自用的应税消费品，用于连续生产应税消费品的，不纳税；用于其他方面的，于移送使用时纳税。

委托加工的应税消费品，除受托方为个人外，由受托方在向委托方交货时代收代缴税款。委托加工的应税消费品，委托方用于连续生产应税消费品的，所纳税款准予按规定抵扣。

《消费税暂行条例实施细则》第七条规定，条例第四条第二款所称委托加工的应税消费品，是指由委托方提供原料和主要材料，受托方只收取加工费和代垫部分辅助材料加工的应税消费品。对于由受托方提供原材料生产的应税消费品，或者受托方先将原材料卖给委托方，然后再接受加工的应税消费品，以及由受托方以委托方名义购进原材料生产的应税消费品，不论在财务上是否作销售处理，都不得作为委托加工应税消费品，而应当按照销售自制应税消费品缴纳消费税。

委托加工的应税消费品直接出售的，不再缴纳消费税。

根据上述规定，贵公司如符合上述委托加工应税消费品的情形，除受托方为个人外，由受托方在向委托方交货时代收代缴税款。委托加工收回后重新贴标属连续生产应税消费品，销售时应纳消费税，但委托加工时所纳税款准予按规定抵扣。委托加工的应税消费品直接出售的，不用再缴纳消费税。

628. 销售环节不用缴纳消费税吗？

问：消费税的征收环节是生产环节，是否意味着商业销售不用缴纳消费税吗？例如厂家在商场直接销售的需要缴纳消费税，但如果是厂家的代理商（厂家开票给代理商，代理商再与商场合作）与商场合作的不需要缴纳消费税，这样理解对吗？

答：《消费税暂行条例》第一条规定，在中华人民共和国境内生产、委托加工和进口本条例规定的消费品的单位和个人，以及国务院确定的销售本条例规定的消费品的其他单位和个人，为消费税的纳税人，应当依照本条例缴纳消费税。

因此，消费税纳税环节通常情况下都在生产销售、委托加工和进口时。自1995年1月1日起，金银首饰消费税由生产销售环节征收改为零售环节征收。改在零售环节征收消费税的金银首饰仅限于金基、银基合金首饰以及金、银和金基、银基合金的镶嵌首饰。《财政部、国家税务总局关于铂金及其制品税收政策的通知》（财税〔2003〕86号）第七条规定，铂金首饰消费税的征收环节由现行在生产环节和进口环节征收改为在零售环节征收，消费税税率调整为5%。另根据《关于调整金银首饰消费税纳税环节有关问题的通知》（财税〔1994〕095号）规定：改为零售环节征收消费税的金银首饰范围仅限于：金、银和金基、银基合金首饰，以及金、银和金基、银基合金的镶嵌首饰（以下简称金银首饰）。金银首饰消费税税率为5%。

贵公司所述的问题，如果商场销售的货物不是金银首饰，无论怎样的销售方式，都无须计算缴纳消费税；如果是销售金银首饰，应参照上述规定办理。

629. 生产清洁汽油可扣除外购消费税吗？

问：企业以外购90号汽油，通过添加乙醇、乙醚等原料加工成清洁汽油，在计算消费税时，是否可以扣除外购90号汽油已纳的消费税税款？

答：《国家税务总局关于印发〈消费税若干具体问题的规定〉的通知》（国税发〔1993〕156号）规定，下列应税消费品可以销售额扣除外购已税消费品买价后的余额作为计税价格计征消费税：

（1）外购已税烟丝生产的卷烟；

（2）外购已税酒和酒精生产的酒（包括以外购已税白酒加浆降度，用外购已税的不同品种的白酒勾兑的白酒，用曲香、香精对外购已税白酒进行调香、调味以及外购散装白酒装瓶出售等等）；

（3）外购已税化妆品生产的化妆品；

（4）外购已税护肤护发品生产的护肤护发品；

（5）外购已税珠宝玉石生产的贵重首饰及珠宝玉石；

（6）外购已税鞭炮、焰火生产的鞭炮、焰火。

外购已税消费品的买价是指购货发票上注明的销售额（不包括增值税税款）。

《财政部、国家税务总局关于调整和完善消费税政策的通知》（财税〔2006〕33号）规定，下列应税消费品准予从消费税应纳税额中扣除原料已纳的消费税税款：

（1）以外购或委托加工收回的已税杆头、杆身和握把为原料生产的高尔夫球杆；

（2）以外购或委托加工收回的已税木制一次性筷子为原料生产的木制一次性筷子；

（3）以外购或委托加工收回的已税实木地板为原料生产的实木地板；

（4）以外购或委托加工收回的已税石脑油为原料生产的应税消费品；

（5）以外购或委托加工收回的已税润滑油为原料生产的润滑油。

贵公司外购汽油生产清洁汽油不在上述规定范围内。因此，不能扣除外购90号汽油已纳的消费税。

630. 销售黄金（非黄金饰品）是否需缴纳消费税？

答：根据《消费税暂行条例》的规定，销售黄金（非黄金饰品）不属于条例及国务院确定的应缴消费税的范围，因此不缴消费税。

631. 外购轮胎销售摩托车能否扣除消费税？

问：外购摩托车轮胎组装成摩托车销售，其外购轮胎已纳消费税能否在缴纳摩托车消费税时，依据现行税法规定"外购应税消费品继续生产应税消费品销售的，可以将外购应税消费品已缴纳的消费税给予扣除"的办法进行扣除？

答：根据《国家税务总局关于印发《消费税若干具体问题的规定》的通知》（国税发〔1993〕156号）文件的规定，下列应税消费品可以销售额扣除外购已税消费品买价后的余额作为计税价格计征消费税：

（1）外购已税烟丝生产的卷烟；

（2）外购已税酒和酒精生产的酒（包括以外购已税白酒加浆降度，用外购已税的不同品种的白酒勾兑的白酒，用曲香、香精对外购已税白酒进行调香、调味以及外购散装白酒装瓶出售等等）；

（3）外购已税化妆品生产的化妆品；

（4）外购已税护肤护发品生产的护肤护发品；

（5）外购已税珠宝玉石生产的贵重首饰及珠宝玉石；

（6）外购已税鞭炮、焰火生产的鞭炮、焰火。

外购已税消费品的买价是指购货发票上注明的销售额（不包括增值税税款）。

《财政部、国家税务总局关于调整和完善消费税政策的通知》（财税〔2006〕33号）规定，下列应税消费品准予从消费税应纳税额中扣除原料已纳的消费税税款：

（1）以外购或委托加工收回的已税杆头、杆身和握把为原料生产的高尔夫球杆；

（2）以外购或委托加工收回的已税木制一次性筷子为原料生产的木制一次性筷子；

(3) 以外购或委托加工收回的已税实木地板为原料生产的实木地板；
(4) 以外购或委托加工收回的已税石脑油为原料生产的应税消费品；
(5) 以外购或委托加工收回的已税润滑油为原料生产的润滑油。

用外购已税轮胎生产的摩托车不包括在上述文件中。因此摩托车的消费税应纳税额中不能扣除原料已纳的消费税税款。

632. 生产企业购销应税消费品要交消费税吗？

问：我公司是一家酒精生产企业，因今年生产原料价格上涨等原因企业较长时间未进行生产，为了维持企业生存，我公司在今年4月份外购了一批酒精直接卖给客户（未进行生产、加工），在企业进行纳税申报时就没有申报消费税只做了增值税的纳税申报，但当地税务机关要求我公司对销售外购酒精的行为再次申报缴纳消费税，我公司外购酒精既没有用于生产，也没有进行再加工，只是外购外销，再次缴纳消费税是不是有悖于消费税的精神实质？

答：《国家税务总局关于消费税若干征税问题的通知》（国税发〔1997〕084号）文件的规定，关于工业企业从事应税消费品购销的征税问题：

对既有自产应税消费品，同时又购进与自产应税消费品同样的应税消费品进行销售的工业企业，对其销售的外购应税消费品应当征收消费税，同时可以扣除外购应税消费品的已纳税款。

上述允许扣除已纳税款的外购应税消费品仅限于烟丝、酒、酒精、化妆品、护肤护发品、珠宝玉石、鞭炮焰火、汽车轮胎和摩托车。（注：酒、酒精、护肤护发已经无效或被废止。）

本规定中允许扣除已纳税款的应税消费品只限于从工业企业购进的应税消费品，对从商业企业购进应税消费品的已纳税款一律不得扣除。

因此，贵企业可根据上述文件结合本企业的具体情况执行。

633. 公司购进的润滑油能否抵扣已纳消费税税款？

问：我公司2007年6月从某商业企业购进一批润滑油，以此为原材料加工成高级润滑油对外销售。在购进的润滑油能否抵扣已纳消费税税款的问题上，我公司主管税务机关认为，由于商业企业销售的润滑油不缴纳消费税，从该商业企业购进的润滑油不能进行消费税抵扣；我公司财务人员则认为可以抵扣已纳消费税税款。请问税务机关的意见是否合理？

答：《财政部、国家税务总局关于调整和完善消费税政策的通知》（财税〔2006〕33号）将润滑油纳入征税范围，并规定"以外购或委托加工收回的已税润滑油为原料生产的润滑油，已纳的消费税税款准予从消费税应纳税额中扣除"。

《国家税务总局关于进一步加强消费税纳税申报及税款抵扣管理的通知》(国税函〔2006〕769号)第二条对消费税税款的抵扣予以明确,从商业企业购进应税消费品连续生产应税消费品,符合抵扣条件的,准予扣除外购应税消费品已纳消费税税款。主管税务机关对纳税人提供的消费税申报抵扣凭证上注明的货物,无法辨别销货方是否申报缴纳消费税的,可向销货方主管税务机关发函调查该笔销售业务缴纳消费税的情况,销货方主管税务机关应认真核实并回函。经销货方主管税务机关回函确认已缴纳消费税的,可以受理纳税人的消费税抵扣申请,按规定抵扣外购项目的已纳消费税。

根据上述规定,如果你公司外购的润滑油符合抵扣条件,则可以抵扣外购润滑油已缴纳的消费税税款。

634. 制作LED发光管是否属于消费税的征收范围?

问:某科技有限责任公司生产的三氧化二铝单晶材料,是粉状三氧化二铝经过高温、高真空状态下结晶形成的a-AL2O3单晶。该公司引进切片抛光、清洗、封装形成LED用基片的初级材料,然后供给另外的生产厂家在基片上面再生长一层氮化镓晶体,再对生长过氮化镓的基片进行切割,切割成灯芯进行封装,最后形成LED发光管。此种情况是否属于征收消费税的范围?

答:根据《消费税暂行条例》、《国家税务总局关于印发〈消费税征收范围注释〉的通知》(国税发〔1993〕153号)、《财政部、国家税务总局关于调整和完善消费税政策的通知》(财税〔2006〕33号)及其相关法规的规定,贵公司的生产的产品不属于消费税征收范围,因此不缴消费税。

635. 生产卡丁车轮胎是否缴纳消费税?

问:轮胎生产企业的产品有一种专门适用于卡丁车的轮胎,该种产品是否为应税消费品,是否缴纳消费税?

答:此类产品不用缴纳消费税。国家税务总局近日下发的《关于小全地形车轮胎征收消费税问题的批复》(国税函〔2007〕723号)规定,根据《消费税征收范围注释》(国税发〔1993〕153号),汽车轮胎是指用于"各种汽车、挂车、专用车和其他机动车上的内、外胎",包括"汽车与农用拖拉机、收割机、手扶拖拉机通用轮胎"。滑板车、沙滩车、卡丁车等小全地形车时速较低,不准上牌照,不允许上道路行驶,与一般意义上的汽车或其他机动车有所不同,且其轮胎按照小轮径农用轮胎的标准和工艺开发生产,对于这类车辆的轮胎,如果与汽车或其他机动车通用,应按规定征收消费税;如果不能与汽车或其他机动车通用,则不属于消费税征税范围,不征收消费税。

另外,《国家税务总局关于沙滩车等车辆征收消费税问题的批复》(国税函〔2007〕1071号)明确,沙滩车、雪地车、卡丁车、高尔夫车不属于消费税征收范围,不缴纳消费税。

636. 委托加工出口产品能否退消费税?

问:我公司是一家生产化妆品的企业。近期,公司委托其他企业加工了一批应税化妆品,产品收回后出口。请问:我们公司是否可以申报办理消费税退税?

答:国家税务总局下发的《关于委托加工出口货物消费税退税问题的批复》(国税函〔2008〕5号)规定,委托其他企业加工再收回后出口的应税消费品,可比照《财政部、国家税务总局关于列名生产企业外购产品试行免抵退税办法的通知》(财税〔2004〕125号)的有关规定,办理消费税退税手续。生产企业在申报消费税退税时,除附送现行规定需要提供的凭证外,还应附送征税部门出具的出口货物已纳消费税未抵扣证明。对已在内销应税消费品应纳消费税中抵扣的,不能办理消费税退税。因此,根据上述规定,你公司委托其他企业加工再收回后出口的应税消费品,凭上述规定需要提供的凭证,在规定的申报期内,可以向主管税务机关申报办理消费税退税手续。

637. 酒类生产企业收取的品牌使用费是否缴纳消费税?

问:酒类生产企业向销售单位收取的品牌使用费是否缴纳消费税?

答:《国家税务总局关于酒类产品消费税政策问题的通知》(国税发〔2002〕109号)关于品牌使用费征税问题规定如下:白酒生产企业向商业销售单位收取的"品牌使用"费是随着应税白酒的销售而向购货方收取的,属于应税白酒销售价款的组成部分,因此,不论企业采取何种方式或以何种名义收取价款,均应并入白酒的销售额中缴纳消费税。

638. 炼油厂将自产的成品油用于本单位的客运汽车,是否可以免缴消费税?

问:一家生产成品油的炼油厂,将自产的成品油用于本单位的客运汽车(接送员工上下班),是否可以免缴消费税?

答:《财政部、国家税务总局〈关于对成品油生产企业生产自用油免征消费税的通知〉》(财税〔2010〕98号)规定,从2009年1月1日起,对成品油生产企业在生产成品油过程中,作为燃料、动力及原料消耗掉的自产成品油,免征消费税。对用于其他用途或直接对外销售的成品油照章征收消费税。从2009年1月1日到本通知下发前,成品油生产企业生产自用油已经缴纳的消费税,符合上述免税规定的，予以退还。因此，该单位将自产成品油用于汽车（接送员工上下班）不符合上述规定，应按规定缴纳消费税。

639. 混合掺制的乙醇汽油对外销售是否缴纳消费税？

问：成品油批发企业，将购进的各种标号汽油与乙醇混掺制成乙醇汽油后对外销售，是否应缴纳消费税？

答：根据《财政部、国家税务总局关于提高成品油消费税税率的通知》（财税〔2008〕167号）规定，汽油是指用原油或其他原料加工生产的辛烷值不小于66的可用作汽油发动机燃料的各种轻质油。含铅汽油是指铅含量每升超过0.013克的汽油。汽油分为车用汽油和航空汽油，以汽油、汽油组分调和生产的甲醇汽油、乙醇汽油也属于本税目征收范围。

另外，根据《国家税务总局关于加强成品油消费税征收管理有关问题的通知》（国税函〔2008〕1072号）规定，下列纳税人应于2009年1月24日前到所在地主管税务机关办理消费税税种管理事项：(1) 以原油以外的其他原料加工汽油、柴油、石脑油、溶剂油、航空煤油、润滑油和燃料油的；(2) 用外购汽油和乙醇调和乙醇汽油的。因此，成品油批发企业，将购进的各种标号汽油与乙醇混掺制成乙醇汽油后对外销售，需要缴纳消费税。

640. 用燃料油生产乙烯、芳烃等化工产品在缴纳消费税时是否有税收优惠？

问：我公司用燃料油生产乙烯、芳烃等化工产品，产品产量占我公司燃料油生产产品总量的50%以上。请问，在缴纳消费税时是否有税收优惠？

答：根据《财政部、国家税务总局关于调整部分燃料油消费税政策的通知》（财税〔2010〕66号）规定，自2010年1月1日起到2010年12月31日止，对用作生产乙烯、芳烃等化工产品原料的国产燃料油免征消费税，对用作生产乙烯、芳烃等化工产品原料的进口燃料油返还消费税。燃料油生产企业对外销售的不用作生产乙烯、芳烃等化工产品原料的燃料油应按规定征收消费税。生产乙烯、芳烃等化工产品的化工企业购进免税燃料油对外销售且未用作生产乙烯、芳烃化工产品原料的，应补缴消费税。对企业自2010年1月1日起至文到之日前购买的用作生产乙烯、芳烃等化工产品原料的燃料油所含的消费税予以退还。因此，上述公司可以享受消费税优惠政策，但要特别注意优惠政策的截止日期。

641. 委托加工金银首饰是否缴纳消费税？

问：我公司委托其他单位加工金银首饰，是否要缴纳消费税？

答：根据《财政部、国家税务总局关于调整金银首饰消费纳税环节有关问题的通知》（财税字〔1994〕95号）规定，委托加工金银首饰的，受托方（个体工商户除外）是纳税人。据此，上述公司委托的"其他单位"如果不属于个体工商户，则上述公司不必缴纳消费税。

642. 外购大包装润滑油经简单加工改成小包装，或者外购润滑油不经加工只贴商标的行为，是否缴纳消费税？

问：单位和个人外购大包装润滑油经简单加工改成小包装，或者外购润滑油不经加工只贴商标的行为，是否缴纳消费税？

答：根据《财政部、国家税务总局关于消费税若干具体政策的通知》（财税〔2006〕125号）第四条"关于对外购润滑油大包装改小包装、贴标等简单加工的征税问题"规定，单位和个人外购润滑油大包装经简单加工改成小包装或者外购润滑油不经加工只贴商标的行为，视同应税消费税品的生产行为。单位和个人发生的以上行为应当申报缴纳消费税，准予扣除外购润滑油已纳的消费税税款。

643. 对外销售批发购入的红酒是否需要缴纳消费税？

问：某个体工商户从外地批发购入一批红酒，在对外销售红酒时，是否需要缴纳消费税？

答：根据《消费税暂行条例》第一条规定，在中华人民共和国境内生产、委托加工和进口本条例规定的消费品的单位和个人，以及国务院确定的销售本条例规定的消费品的其他单位和个人，为消费税的纳税人，应当依照本条例缴纳消费税。红酒的消费税征税环节为生产环节，因此在红酒零售环节，不需要缴纳消费税。

644. 珠宝加工怎样缴纳消费税？

答：进行珠宝加工要缴消费税。相关消费税率是：

（1）金银首饰税率5%。仅限于金、银和金基、银基合金首饰，以及金银和金基、银基合金的镶嵌首饰。在零售环节征收消费税。

（2）非金银首饰税率10%。包括各种珠宝首饰和经采掘、打磨、加工的各种珠宝玉石。在生产环节、销售环节征收消费税。

根据《消费税税目税率（税额）表》和《消费税征收范围注释》，对生产加工珠宝玉石的企业，应按10%的税率在生产加工环节计算缴纳增税。

《财政部、国家税务总局关于钻石及上海钻石交易所有关税收政策的通知》规定，对钻石及钻石饰品消费税的纳税环节，由现在的生产环节、进口环节后移至零售环节；对未镶嵌的成品钻石和钻石饰品的消费税减按5%的税率征收。

645. 委托加工收回白酒贴标外售是否缴纳消费税？

问：将委托加工收回的白酒重新贴标对外销售是否缴纳消费税？

答：据《消费税暂行条例》（国务院令2008年第539号）第四条规定：纳税人生产的应税消费品，于纳税人销售时纳税。纳税人自产自用的应税消费品，用于连续生产应税消费品的，不纳税；用于其他方面的，于移送使用时纳税。委托加工的应税消费品，除受托方为个人外，由受托方在向委托方交货时代收代缴税款。委托加工的应税消费品，委托方用于连续生产应税消费品的，所纳税款准予按规定抵扣。

《消费税暂行条例实施细则》第七条规定，条例第四条第二款所称委托加工的应税消费品，是指由委托方提供原料和主要材料，受托方只收取加工费和代垫部分辅助材料加工的应税消费品。对于由受托方提供原材料生产的应税消费品，或者受托方先将原材料卖给委托方，然后再接受加工的应税消费品，以及由受托方以委托方名义购进原材料生产的应税消费品，不论在财务上是否作销售处理，都不得作为委托加工应税消费品，而应当按照销售自制应税消费品缴纳消费税。委托加工的应税消费品直接出售的，不再缴纳消费税。

根据上述规定，如符合上述委托加工的应税消费品，除受托方为个人外，由受托方在向委托方交货时代收代缴税款。委托加工收回后再重新贴标属连续生产应税消费品，销售时应纳消费税，但委托加工时所纳税款准予按规定抵扣。委托加工的应税消费品直接出售的，不用再缴纳消费税。

646. 由小汽车改装的专用车是否缴纳消费税？

问：我公司购进一台已经缴纳消费税的小汽车，按照客户要求改装成设有固定装置的专用车，改装后的专用车主要功能是用作救护车，请问销售时是否需要缴纳消费税？

答：《财政部、国家税务总局关于调整和完善消费税政策的通知》（财税〔2006〕33号）就小汽车税目征收范围注释规定：

汽车是指由动力驱动，具有四个或四个以上车轮的非轨道承载的车辆。

本税目征收范围包括含驾驶员座位在内最多不超过9个座位（含）的，在设计和技术特性上用于载运乘客和货物的各类乘用车和含驾驶员座位在内的座位数在10～23座（含23座）的在设计和技术特性上用于载运乘客和货物的各类中轻型商用客车。

用排气量小于1.5升（含）的乘用车底盘（车架）改装、改制的车辆属于乘用车征收范围。用排气量大于1.5升的乘用车底盘（车架）或用中轻型商用客车底盘（车架）改装、改制的车辆属于中轻型商用客车征收范围。

《国家税务总局关于购进整车改装汽车征收消费税问题的批复》（国税函

〔2006〕772号）规定，《财政部、国家税务总局关于调整和完善消费税政策的通知》（财税〔2006〕33号）中有关用车辆底盘（车架）改装、改制的车辆征收消费税的规定是为了解决用不同种类车辆的底盘（车架）改装、改制的车辆应按照何种子目（乘用车或中轻型商用客车）征收消费税的问题，并非限定只对这类改装车辆征收消费税。对于购进乘用车和中轻型商用客车整车改装生产的汽车，应按规定征收消费税。

根据上述规定，对于购进乘用车和中轻型商用客车改装生产的汽车，应按规定缴纳消费税。

647. 购进用于生产的已税白酒能否抵扣缴纳的消费税？

问：我公司是一家白酒生产企业。近期，我公司从外地白酒生产企业采购白酒（已缴纳了消费税），以此为原料生产高档优质白酒。但税务部门认为购进用于生产的已税白酒不能抵扣缴纳的消费税，是这样吗？哪些外购应税消费品可以抵扣消费税？

答：《财政部、国家税务总局关于调整酒类产品消费税政策的通知》（财税〔2001〕84号）第五条规定，外购或委托加工已税酒和酒精生产的酒（包括以外购已税白酒加浆降度，用外购已税的不同品种的白酒勾兑的白酒，用曲香、香精对外购已税白酒进行调香、调味以及外购散装白酒装瓶出售等）外购酒及酒精已纳税款或受托方代收代缴税款不予抵扣消费税。因此，外购已税白酒生产优质白酒不能抵扣已纳的消费税。

外购和委托加工收回的消费品缴纳的消费税准予扣除也是有一定条件的，必须用来生产应税消费品，才能准予扣除，主要有以下几项：外购已税烟丝生产的卷烟；外购已税化妆品生产的化妆品；外购已税珠宝玉石生产的贵重首饰及珠宝玉石；外购已税鞭炮、焰火生产的鞭炮、焰火；外购已税杆头、杆身和握把为原料生产的高尔球杆；外购已税木制一次性筷子为原料生产的一次性筷子等。

648. 利用外购原料生产成品油已纳消费税如何抵扣？

问：某企业是由中法股东共同投资兴建的一家大型中外合资的石化企业，公司现原油加工能力已达到1000万吨/年。企业进口蜡油与原油的混合体后，先储存在原油罐中，通过常减压装置将蜡油分离出来。分离出的蜡油15%进入柴油加氢装置，直接生产柴油；其余85%的蜡油进入加氢裂化装置用于生产液化气、石脑油、柴油、煤油等。

从2010年12月1日起，企业开始缴纳城建税和教育费附加，利润空间减小；另外，企业加氢裂化装置一直处于低负荷运转状态，缺少原料（蜡油）成为制约该装置加工量的瓶颈。针对这种情况，企业考虑增加蜡油进口量，提高加氢裂化装置的加工量。经测算，企业加工1万吨蜡油共产出半成品应税消费品9 177吨，其中柴油4 749吨，石脑油1 146吨，煤油2 669吨，未转化油613吨。

以上是企业的柴油加氢和加氢裂化两套中间装置生产的半成品，并不能够作为最终征税或者免税的依据。企业的半成品还要与其他业务生产的半成品进行调和，这样企业最终产出的应税、暂不征税和免税成品油的数量将难以划分，进而导致进口蜡油所缴纳的消费税如何抵扣成为问题。由于税额抵扣的计算方法存在争议，企业对是否增加进口蜡油量一时难以决断。

答：《调整和完善消费税政策征收管理规定》（国税发〔2006〕49号）等文件规定，对于外购实行从量定额办法计算应纳税额的：

$$\text{当期准予扣除的外购应税消费品已纳税款} = \text{当期准予扣除外购应税消费品数量} \times \text{外购应税消费品单位税额}$$

$$\text{当期准予扣除外购应税消费品数量} = \text{期初库存外购应税消费品数量} + \text{当期购进外购应税消费品数量} - \text{期末库存外购应税消费品数量}$$

对于进口应税消费品：

$$\text{当期准予扣除的进口应税消费品已纳税款} = \text{期初库存的进口应税消费品已纳税款} + \text{当期进口应税消费品已纳税款} - \text{期末库存的进口应税消费品已纳税款}$$

进口应税消费品已纳税款为《海关进口消费税专用缴款书》注明的进口环节消费税。

《关于调整部分成品油消费税政策的通知》（财税〔2008〕19号）对应税消费品抵扣税款的计算又做了补充：以外购或委托加工收回的已税石脑油、润滑油、燃料油为原料生产的应税消费品，准予从消费税应纳税额中扣除原料已纳的消费税税款。抵扣税款的计算公式为：

$$\text{当期准予扣除的外购应税消费品已纳税款} = \text{当期准予扣除外购应税消费品数量} \times \text{外购应税消费品单位税额}$$

根据以上文件规定，企业购进的产品已缴纳的消费税可以依照领用数量按规定全额抵扣。

存在的问题：

国税发〔2006〕49号和财税〔2008〕19号明确规定了允许企业扣除进口应税消费品已纳税款，并且对计算方法也给予了明确。但是结合企业的实际情况，企业连续生产的消费税产品既有暂缓征收消费税的航空煤油，又有按照销售用途、对象区分征收消费税或免征消费税的石脑油、加氢裂化尾油和征收消费税的柴油、燃料油，在税收政策的执行中遇到以下问题：

（1）企业连续生产产品既有缴税的应税消费品，如柴油，又有免税的应税消费品，如石脑油，还有不征税的航空煤油，那么企业购入的应税消费品已纳税款是否可以全额抵扣？

（2）如果不允许企业全额抵扣，必然要将企业生产的应税消费品和免税消费品进行划分，应税的部分允许抵扣。但是根据企业实际情况，划分不清应税和免税消费品的比例，那么该如何确定抵扣比例？

（3）如果企业购进的产品全部为消费税已税产品，其生产销售的应税消费品缴纳的消费税小于购进已税消费品应抵扣的消费税，产生的差额是否可以退税？

解决办法：

对于上述问题，各地现行具体解决办法不尽相同，有的地区按照企业领用量全额抵扣，有的地区按照应税和非应税产品的比例抵扣。笔者认为，各地炼厂加工流程和工艺不同，生产出的纳税的应税消费品占总应税消费品的比例也不同，应结合当地炼厂的实际情况，选择合适的抵扣率。

（1）全额抵扣法：以加工1万吨蜡油计算，企业进口蜡油在海关比照柴油或燃料油（根据油品质不同缴纳的消费税不同）缴纳消费税。根据《消费税暂行条例实施细则》的有关规定，如果比照柴油缴纳消费税，可抵扣税额为 $1 \times 1176 \times 0.8 = 940.8$（万元）；如果比照燃料油缴纳消费税，可抵扣税额为 $1 \times 1015 \times 0.8 = 812$（万元）。

这种办法对企业进口的蜡油按照在海关已缴的消费税单位税额乘以领用量抵扣税额，执行起来政策依据充分。优点是便于管理，税款计算简便，后续监管难度较小。缺点是有可能抵扣出负数，减少企业其他应税产品的消费税，甚至出现应退税情况。

（2）按照应税和非应税产品比例抵扣法：在执行国税发〔2006〕49号和财税〔2008〕19号文件抵扣计算办法的基础上，以企业实际销售的缴税的应税消费品的消费税为抵扣上限，也可以用实际缴纳的消费税除以在海关缴纳的消费税得出抵扣率。这种办法的优点是避免了第一种办法的缺点，税款抵扣不会出现负数，不影响其他业务应缴消费税数额。缺点有两个：第一，抵扣率难以确定。如何准确划分征税、暂缓征收和免税产品的比例，以确定一个税务机关和企业双方都认可的抵扣率是此种方案执行的最大障碍。第二，这种办法后续监管难度相当大。虽然国税发〔2006〕49号文件中对抵扣税款的后续监管作出了规定，但是笔者认为并能满足税务机关对此项业务的监管需要。

通过比较上述两种抵扣办法的优缺点，笔者认为按照领用量全额抵扣的办法更加合理，执行起来难度较小，后续监管简便易行。具体该采取哪种办法，有关部门应予以进一步明确。

649. 兼营不同应税消费品如何计税？

问：如果复合计税的粮食白酒与药酒包装在一起按礼品套酒销售，应纳消费税怎样计算？是复合计税吗？

答：纳税人兼营不同应税消费品，应当分别核算不同税率应税消费品的销售额、销售数量。未分别核算销售额、销售数量，或者将不同税率的应税消费品组成成套消费品销售的，从高适用税率。药酒不仅要按 20% 的税率从价计税，而且还要按 0.5 元/斤的定额税率从量计税。

650. 预收货款如何确认纳税义务发生时间？

问：2010 年 7 月，某公司与客户签订合同，按客户要求制造一艘机动游艇，工期 18 个月，次月收到预收款 500 万元。请问，收到的该笔预收款是否需要缴纳消费税？

答：根据《消费税暂行条例实施细则》第八条第一项对消费税纳税义务发生时间的规定，采取预收货款结算方式的，为发出应税消费品的当天。

因此，上述公司采取的是预收货款方式，应于完成机动游艇的建造、发出应税消费品时确认消费税纳税义务。

651. 乳化柴油要缴纳消费税吗？

答：根据《财政部、国家税务总局关于提高成品油消费税税率的通知》（财税〔2008〕167 号）规定，凡以原油或其他原料加工生产的倾点或凝点在－50～30 的可用作柴油发动机燃料的各种轻质油和以柴油组分为主，经调合精制可用作柴油发动机燃料的非标油，都应征收消费税。乳化柴油如符合上述条件，则应征收消费税。

652. 生产销售润滑脂产品是否应缴纳消费税？

答：根据《国家税务总局关于润滑脂产品征收消费税问题的批复》（国税函〔2009〕709 号），依据润滑油消费税征收范围注释，用原油或其他原料加工生产的用于内燃机、机械加工过程的润滑产品均属于润滑油征税范围。润滑脂是润滑产品，属润滑油消费税征收范围，生产、加工润滑脂应当征收消费税。

653. 进口汽车零部件是否需要缴纳消费税？

问：纳税人进口汽车零部件，是否需要缴纳消费税？若使用进口的零件组装成小汽车，是否需要缴纳消费税？

答：根据《消费税暂行条例》第一条规定，在中华人民共和国境内生产、委托加工和进口本条例规定的消费品的单位和个人，以及国务院确定的销售本条例规定的消费品的其他单位和个人，为消费税的纳税人，应当依照本条例缴纳消费税。因汽车零部件不属于消费税的税目，所以纳税人进口汽车零部件不需要缴纳消费税。小汽车属于消费税的税目，若组装的小汽车属于消费税的应税范围，需要在生产环节缴纳消费税。

个人所得税

654. 为什么在全国适用统一的工资、薪金所得减除费用标准？

答：在全国适用统一的工薪所得减除费用标准的主要考虑：一是我国是法制统一的国家，税收法制是国家法制的重要组成部分，应该实行全国统一的税收政策。二是个人所得税法设定的减除费用标准，是参照全社会平均消费支出情况确定的，总体上反映了全国各地区经济发展状况和居民收入水平。在大城市生活，经济成本高，生活开支多，但居民收入水平也较高，负担能力相对较强，而且机会多，享受到的各种社会公共服务也多。三是市场经济条件下人口流动性非常大，户籍地和工作地很可能不在一个地方，如果不实行统一的标准，可能会出现税源不正常转移，将加大征收管理难度，同时也不利于人才流动。此外，从国际经验看，一般都采用全国统一的基本减除费用标准，而不实行差别政策。

655. 新个人所得税法对涉外人员附加减除费用如何规定？

答：现行《个人所得税法》规定，对在中国境内无住所而在中国境内取得工资、薪金所得的纳税义务人和在中国境内有住所而在中国境外取得工资、薪金所得的纳税义务人（以下简称"涉外人员"），在按税法规定减除费用标准基础上，可以根据其平均收入水平、生活水平以及汇率变化情况确定附加减除费用，附加减除费用适用的范围和标准由国务院规定。现行《个人所得税法实施条例》规定的附加减除费用标准是每月2 800元，即涉外人员每月在减除2 000元费用的基础上，再减除2 800元的费用，减除费用的总额为4 800元。考虑到现行涉外人员工资、薪金所得总的减除费用标准高于境内中国公民，从税收公平的原则出发，应逐步统一内、外人员工薪所得减除费用标准。因此，此次修改《个人所得税法实施条例》时采取与2008年修改个人所得税法实施条例相同的做法，在涉外人员的工资、薪金所得减除费用标准由2 000元/月提高到3 500元/月的同时，将其附加减除费用标准由2 800元/月调整为1 300元/月，这样，涉外人员总的减除费用标准保持现行

4 800元/月不变。

656. 修改工资、薪金所得税率表的主要原则是什么？

问：修改工资、薪金所得税率表的主要原则是什么？为什么将工资、薪金所得项目适用税率级次由9级简并为7级？

答：工资、薪金所得项目税率表设计的主要原则：一是减少纳税级次，逐步简化税制；二是适当降低最低档税率，拉大低档次税率级距，避免中低收入者税负累进过快；三是维持最高档税率不变，适当加大对高收入者的调节力度；四是税负变化公平，避免出现较高收入者减税幅度高于较低收入者的减税幅度，防止税负增减幅度倒挂现象；五是税负变化平滑，避免出现税负陡升陡降的凸点现象；六是税负升降临界点适当。

工资、薪金所得项目税率表由9级简并为7级的主要考虑：工资薪金所得9级超额累进税率存在级次过多、低档税率级距累进过快等问题。有必要对税率级次级距进行适当调整，减少税率级次，调整级距。按照7级税率设计的方案，既减少了税率级次，又使不同收入纳税人的税负增减变化较为平滑，体现了中央关于加强税收对收入分配调节作用的要求，减轻中低收入者的税收负担，避免了税率级次减少过多，纳税人税负波动过大，纳税人增减的税负不均衡，甚至税负增幅倒挂等问题。

657. 为什么要同步调整生产经营所得税率表？

答：工薪所得项目税率级次级距调整后，个体工商户生产经营所得纳税人和承包承租经营所得纳税人与工薪所得纳税人的税负相比出现较大差距。因此，此次修改个人所得税法综合考虑个体工商户与工薪所得纳税人、小型微利企业所得税税负水平的平衡问题，在维持现行5级税率级次不变的前提下，对个体工商户的生产经营所得和承包承租经营所得税率表的各档级距做了相应调整，如将生产经营所得税率表第一级级距由年应纳税所得额5 000元以内调整为15 000元以内，第五级级距由年应纳税所得额50 000元以上调整为100 000元以上。经过上述调整，减轻了个体工商户和承包承租经营者的税收负担，年应纳税所得额6万以下的纳税人平均降幅约40%，最大降幅是57%，有利于支持个体工商户和承包承租经营者的发展。

658. 企业为员工个人缴纳的年金是否可以在个人所得税税前扣除？

答：企业为员工个人缴纳的年金不可以在个人所得税前扣除。《国家税务总局关于企业年金个人所得税征收管理有关问题的通知》（国税函〔2009〕694号）文件规定：企业年金的个人缴费部分，不得在个人当月工资、薪金计算个人所得税时扣除。企业年金的企业缴费计入个人账户的部分是个人因任职或受雇而取得的所得，属于个人所得税应税收入，在计入个人账户时，应视为个人一个月的工资、薪金（不与正常工资、薪金合并），不扣除任何费用，按照"工资、薪金所得"项目计算当期应纳个人所得税款，并由企业在缴费时代扣代缴。

对企业按季度、半年或年度缴费的，在计税时不得还原至所属月份，均作为一个月的工资、薪金，不扣除任何费用，按照适用税率计算扣缴个人所得税。

659. 个人租赁房屋再转租，租金收入是否全部作为个税的计税依据？

问：个人以租赁方式取得的房屋再转租出去，取得的租金收入是否全部作为个人所得税的计税依据？

答：根据《国家税务总局关于个人转租房屋取得收入征收个人所得税问题的通知》（国税函〔2009〕639号）规定，取得转租收入的个人向房屋出租方支付的租金，凭房屋租赁合同和合法支付凭据允许在计算个人所得税时，从该项转租收入中扣除。计算财产租赁所得个人所得税税前扣除税费的扣除次序为：

（1）财产租赁过程中缴纳的税费；
（2）向出租方支付的租金；
（3）由纳税人负担的租赁财产实际开支的修缮费用；
（4）税法规定的费用扣除标准。

660. 年所得超过12万元的个人是否需要纳税申报？

问：年所得超过12万元的个人，平常取得收入时已经足额缴纳了税款，年终后是否还需要再纳税申报？

答：《国家税务总局关于印发〈个人所得税自行纳税申报办法试行〉的通知》（国税发〔2006〕162号）（以下简称《通知》）第二条规定：凡依据个人所得税法负有纳税义务的纳税人，有下列情形之一的，应当按照本办法的规定办理纳税申报：

（1）年所得12万元以上的；
（2）从中国境内两处或者两处以上取得工资、薪金所得的；
（3）从中国境外取得所得的；
（4）取得应税所得，没有扣缴义务人的；
（5）国务院规定的其他情形。

《通知》第3条规定，本办法第二条第一项年所得12万元以上的纳税人，无论取得的各项所得是否已足额缴纳了个人所得税，均应当按照本办法的规定，于纳税年度终了后向主管税务机关办理纳税申报。

因此，年所得12万元以上的纳税人，无论取得的各项所得是否已足额缴纳了个人所得税，均应当按照规定，于纳税年度终了后向主管税务机关办理纳税申报。

661. 自然人股东平价转让股权是否需要缴纳个人所得税？

答：根据《个人所得税法》及其实施条例规定，个人股权转让需按"财产转让所得"税目计算缴纳个人所得税。

另据《国家税务总局关于加强股权转让所得征收个人所得税管理的通知》（国税函〔2009〕285号）规定，对扣缴义务人或纳税人申报股权转让的计税依据明显偏低（如平价和低价转让等）且无正当理由的，主管税务机关可参照每股净资产或个人股东享有的股权比例对应的净资产份额核定征收个人所得税。

662. 发票中奖获得的奖金是否缴纳个人所得税？

问：购物索取发票后得知发票中奖，获得的奖金是否缴纳个人所得税？

答：根据《财政部、国家税务总局关于个人取得有奖发票奖金征免个人所得税问题的通知》（财税〔2007〕34号）规定，个人取得单张有奖发票奖金不超过800元（含800元）的，暂免征收个人所得税；个人取得单张有奖发票奖金所得超过800元的，应全额按照《个人所得税法》规定"偶然所得"项目征收个人所得税。

663. 工资中因绩效考核而扣除的部分是否缴纳个人所得税？

问：单位实行绩效考核办法发放工资，因绩效考核而扣除的部分是否缴纳个人所得税？

答：根据《个人所得税法》规定，居民纳税人应就境内、境外取得的全部所得申报缴纳个人所得税。而单位实行绩效考核办法发放工资时，因绩效考核而扣除的部分，在个人当期实际上没有取得该部分收入时不缴纳个人所得税。

664. 单位代扣代缴个人所得税是否可到地税局申请开具完税证明？

问：我是单位的职工，单位每月都对我们的工资代扣代缴个人所得税，我是否可以到地税局申请开具个人所得税完税证明？

答：根据《税收征收管理法》第34条规定，扣缴义务人代扣、代收税款时，纳税人要求扣缴义务人开具代扣、代收税款凭证的，扣缴义务人应当开具。因此，代扣、代收税款凭证是法定的凭证。税务机关直接向纳税人开具个人所得税完税证明,是税务机关优化纳税服务,保护纳税人权益的具体措施。凡扣缴义务人实行了代扣代缴明细申报的,纳税人可以到地税局申请开具个人所得税完税证明。

根据《国家税务总局关于试行税务机关向扣缴义务人实行明细申报后的纳税人开具个人所得税完税证明的通知》(国税发〔2005〕8号)规定,纳税人向税务机关提出开具个人所得税完税证明的,要求提供合法的身份证明和有关扣缴税款的凭证,经税务机关核实后,开具其相应期间实际缴纳的个人所得税款完税证明。

665. 对离退休人员发放离退休工资以外的奖金、补贴如何征收个税?

问:单位对离退休人员发放离退休工资以外的奖金、补贴如何征收个人所得税?

答:根据《国家税务总局关于离退休人员取得单位发放离退休工资以外奖金补贴征收个人所得税的批复》(国税函〔2008〕723号)规定:离退休人员除按规定领取离退休工资或养老金外,另从原任职单位取得的各类补贴、奖金、实物,不属于《个人所得税法》第四条规定可以免税的离退休工资、离休生活补助费。根据《个人所得税法》及其实施条例的有关规定,离退休人员从原任职单位取得的各类补贴、奖金、实物,应在减除费用扣除标准后,按"工资、薪金所得"应税项目缴纳个人所得税。

666. 代开货物运输业发票个人所得税预征率是多少?

答:根据《国家税务总局关于代开货物运输业发票个人所得税预征率问题的公告》(国家税务总局公告〔2011〕44号)规定,代开货物运输业发票的个体工商户、个人独资企业和合伙企业,属于《国家税务总局关于货物运输业若干税收问题的通知》(国税发〔2004〕88号)第四条规定代开货运发票的个人所得税纳税人,统一按开票金额的1.5%预征个人所得税。年度终了后,查账征税的代开货运发票个人所得税纳税人,按规定被预征的个人所得税可以在汇算清缴时扣除;实行核定征收个人所得税的,按规定被预征的个人所得税,不得从已核定税额中扣除。

667. 个人储蓄存款利息所得是否免征个人所得税?

答:根据《财政部、国家税务总局关于储蓄存款利息所得有关个人所得税政策的通知》(财税〔2008〕132号)和《国家税务总局关于做好对储蓄存款利息所得暂免征收个人所得税工作的通知》(国税函〔2008〕826号)规定,自2008年10月9日起暂免征收储蓄存款利息所得个人所得税。即利息税自2008年10月9日起暂免征收,利息税实行分段计算征免,居民储蓄存款在1999年10月31日前孳生的利息，不征收个人所得税；1999年11月1日至2007年8月14日孳生的利息，按照20%的税率征税；2007年8月15日至2008年10月8日孳生的利息，按照5%的税率征税；2008年10月9日起孳生的利息，实行暂免征收个人所得税的规定。

668. 个人收入年所得12万元以上自行申报的口径是如何规定的？

答：根据《国家税务总局关于印发〈个人所得税自行纳税申报办法（试行）〉的通知》（国税发〔2006〕162号）及《国家税务总局关于明确年所得12万元以上自行纳税申报口径的通知》（国税函〔2006〕1200号）规定，进一步明确年所得12万元以上的所得计算口径如下：

（1）工资、薪金所得，按照未减除费用及附加减除费用的收入额计算。

（2）个体工商户的生产、经营所得，按照应纳税所得额计算。实行查账征收的，按照每一纳税年度的收入总额减除成本、费用以及损失后的余额计算；实行定期定额征收的，按照纳税人自行申报的年度应纳税所得额计算，或者按照其自行申报的年度应纳税经营额乘以应税所得率计算。对个体工商户、个人独资企业投资者，按照征收率核定个人所得税的，将征收率换算为应税所得率，据此计算应纳税所得额。合伙企业投资者按照上述方法确定应纳税所得额后，合伙人应根据合伙协议规定的分配比例确定其应纳税所得额，合伙协议未规定分配比例的，按合伙人数平均分配确定其应纳税所得额。对于同时参与两个以上企业投资的，合伙人应将其投资所有企业的应纳税所得额相加后的总额作为年所得。

（3）对企事业单位的承包经营、承租经营所得，按照每一纳税年度的收入总额计算，即按照承包经营、承租经营者实际取得的经营利润，加上从承包、承租的企事业单位中取得的工资、薪金性质的所得计算。

（4）劳务报酬所得、稿酬所得、特许权使用费所得，按照未减除费用（每次800元或者每次收入的20%）的收入额计算。劳务报酬所得、特许权使用费所得，不得减除纳税人在提供劳务或让渡特许权使用权过程中缴纳的有关税费。

（5）财产租赁所得，按照未减除费用（每次800元或者每次收入的20%）和修缮费用的收入额计算。财产租赁所得，不得减除纳税人在出租财产过程中缴纳的有关税费；对于纳税人一次取得跨年度财产租赁所得的，全部视为实际取得所得年度的所得。

（6）财产转让所得，按照应纳税所得额计算，即按照以转让财产的收入额减除财产原值和转让财产过程中缴纳的税金及有关合理费用后的余额计算。个人转让房屋所得，采取核定征收个人所得税的，按照实际征收率（1%，2%，3%）分别换算为应税所得率（5%，10%，15%），据此计算年所得。

（7）利息、股息、红利所得，偶然所得和其他所得，按照收入额全额计算。个人储蓄存款利息所得、企业债券利息所得，全部视为纳税人实际取得所得年度的所得。

669. 户口所在地与工作所在地不一致时在何处纳税申报？

问： 某纳税人（自然人）年收入超过12万元，户口所在地为A，工作所在地为B。该纳税人应该在哪里纳税申报？

答： 根据《国家税务总局关于印发〈个人所得税自行纳税申报办法（试行）〉的通知》（国税发〔2006〕162号）第10条规定，年所得12万元以上的纳税人，纳税申报地点分别为：

(1) 在中国境内有任职、受雇单位的，向任职、受雇单位所在地主管税务机关申报。

(2) 在中国境内有两处或者两处以上任职、受雇单位的，选择并固定向其中一处单位所在地主管税务机关申报。

(3) 在中国境内无任职、受雇单位，年所得项目中有个体工商户的生产、经营所得或者对企事业单位的承包经营、承租经营所得（以下统称生产、经营所得）的，向其中一处实际经营所在地主管税务机关申报。

(4) 在中国境内无任职、受雇单位，年所得项目中无生产、经营所得的，向户籍所在地主管税务机关申报。在中国境内有户籍，但户籍所在地与中国境内经常居住地不一致的，选择并固定向其中一地主管税务机关申报。在中国境内没有户籍的，向中国境内经常居住地主管税务机关申报。

因此，年所得12万元以上的纳税义务人，在中国境内有任职、受雇单位的，向任职、受雇单位所在地B地主管税务机关办理纳税申报。

670. 年终奖金如何缴纳个人所得税？

答： 根据《国家税务总局关于调整个人取得全年一次性奖金等计算征收个人所得税方法问题的通知》（国税发〔2005〕9号）规定，纳税人取得全年一次性奖金，单独作为一个月工资、薪金所得计算纳税，并按以下计税办法，由扣缴义务人发放时代扣代缴：

(1) 先将雇员当月内取得的全年一次性奖金，除以12个月，按其商数确定适用税率和速算扣除数。

如果在发放年终一次性奖金的当月，雇员当月工资薪金所得低于税法规定的费用扣除额，应将全年一次性奖金减除"雇员当月工资薪金所得与费用扣除额的差额"后的余额，按上述办法确定全年一次性奖金的适用税率和速算扣除数。

(2) 将雇员个人当月内取得的全年一次性奖金，按本条第(1)项确定的适用税率和速算扣除数计算征税，计算公式如下：

①如果雇员当月工资薪金所得高于（或等于）税法规定的费用扣除额的，适用公式为：

应纳税额＝雇员当月取得全年一次性奖金×适用税率－速算扣除数

②如果雇员当月工资薪金所得低于税法规定的费用扣除额的，适用公式为：

应纳税额＝（雇员当月取得全年一次性奖金－雇员当月工资薪金所得与费用扣除额的差额）×适用税率－速算扣除数

（3）在一个纳税年度内，对每一个纳税人，该计税办法只允许采用一次。

671. 上市公司股权分置改革的个人所得税如何缴纳？

问：上市公司股权分置改革完成后股票复牌日之前股东所持原非流通股股份，以及股票复牌日至解禁日期间由上述股份孳生的送、转股是否缴纳个人所得税？

答：根据《财政部、国家税务总局、证监会关于个人转让上市公司限售股所得征收个人所得税有关问题的通知》（财税〔2009〕167号）规定，自2010年1月1日起，对个人转让限售股取得的所得，按照"财产转让所得"，适用20%的比例税率征收个人所得税。所称限售股包括：

（1）上市公司股权分置改革完成后股票复牌日之前股东所持原非流通股股份，以及股票复牌日至解禁日期间由上述股份孳生的送、转股。

（2）2006年股权分置改革新老划断后，首次公开发行股票并上市的公司形成的限售股，以及上市首日至解禁日期间由上述股份孳生的送、转股。

（3）财政部、税务总局、法制办和证监会共同确定的其他限售股。

因此，对于符合上述规定的限售股及由上述股份孳生的送、转股应该缴纳个人所得税。

672. 以优惠价格购得的店面如何计征个人所得税？

问：个人以优惠价格从房地产开发公司购得的店面如何计征个人所得税？

答：根据《国家税务总局关于个人与房地产开发企业签订有条件优惠价格协议购买商店征收个人所得税问题的批复》（国税函〔2008〕576号）规定：房地产开发企业与商店购买者个人签订协议规定，房地产开发企业按优惠价格出售其开发的商店给购买者个人，但购买者个人在一定期限内必须将购买的商店无偿提供给房地产开发企业对外出租使用，其实质是购买者个人以所购商店交由房地产开发企业出租而取得的房屋租赁收入支付了部分购房价款。

因此，购买者个人少支出的购房价款，应视同个人财产租赁所得，按照《个人所得税法》第三条第五款的"财产租赁所得"项目及20%的税率征收个人所得税。

673. 个人年所得 12 万元申报需补税的是否要征滞纳金？

答：根据《税收征收管理法》和《国家税务总局关于进一步做好年所得 12 万元以上个人所得税自行纳税申报工作的通知》（国税发〔2007〕25 号）规定，年所得达到 12 万元的纳税人，平时有应扣未扣税款的，在办理年度自行纳税申报时只要如实申报收入情况，税务机关只补征其应扣未扣的税款，不加收滞纳金，也不罚款，更不会作为偷税处理。

674. 年终企业给客户赠送礼品是否需要扣缴个人所得税？

答：根据《财政部、国家税务总局关于企业促销展业赠送礼品有关个人所得税问题的通知》（财税〔2011〕50 号）规定，企业在年会、座谈会、庆典以及其他活动中向本单位以外的个人赠送礼品，对个人取得的礼品按"其他所得"项目，全额适用 20％的税率缴纳个人所得税。

企业在业务宣传、广告等活动中，随机向本单位以外的个人赠送礼品，对个人取得的礼品所得，按照"其他所得"项目，全额适用 20％的税率缴纳个人所得税。

675. 个人从上市公司取得的股息、红利如何计算缴纳个人所得税？

问：个人从上市公司取得的股息、红利如何计算缴纳个人所得税？

答：根据《财政部、国家税务总局关于股息红利个人所得税有关政策的通知》（财税〔2005〕102 号）规定，个人从上市公司取得的股息、红利，按"股息、利息、红利所得"项目 20％的税率计算缴纳个人所得税。但个人从上海证券交易所、深圳证券交易所挂牌交易的上市公司取得的股息、红利所得暂减按 50％计入个人纳税所得额，按 20％税率计税。

676. 退休人员再任职，应如何计算个人所得税？

答：根据《国家税务总局关于个人兼职和退休人员再任职取得收入如何计算征收个人所得税问题的批复》（国税函〔2005〕382 号）规定，退休人员再任职取得的收入，在减除个人所得税法规定的费用扣除标准后，按"工资、薪金所得"应税项目缴纳个人所得税。

根据《国家税务总局关于离退休人员再任职界定问题的批复》（国税函〔2006〕526 号）以及《国家税务总局关于个人所得税有关问题的公告》（国家税务总局公告 2011 年第 27 号）规定，退休人员再任职应同时符合下列条件：

（1）受雇人员与用人单位签订1年以上（含1年）劳动合同（协议），存在长期或连续的雇佣与被雇佣关系；

（2）受雇人员因事假、病假、休假等原因不能正常出勤时，仍享受固定或基本工资收入；

（3）受雇人员与单位其他正式职工享受同等福利、培训及其他待遇；

（4）受雇人员的职务晋升、职称评定等工作由用人单位负责组织。

677. 解除劳动关系而取得的一次性补偿金如何计算个人所得税？

问：个人与用人单位解除劳动关系而取得的一次性补偿金如何计算个人所得税？

答：根据《关于个人与用人单位解除劳动关系取得的一次性补偿收入征免个人所得税问题的通知》（财税〔2011〕157号）规定，个人因与用人单位解除劳动关系而取得的一次性补偿收入、退职费、安置费等所得要按照以下方法计算缴纳个人所得税：

（1）个人因与用人单位解除劳动关系而取得的一次性补偿收入（包括用人单位发放的经济补偿金、生活补助费和其他补助费用），其收入在当地上年职工平均工资3倍数额以内的部分，免征个人所得税；超过的部分按照《国家税务总局关于个人因解除劳动合同取得经济补偿金征收个人所得税问题的通知》（国税发〔1999〕178号）的有关规定，计算征收个人所得税。即可视为一次取得数月的工资、薪金收入，允许在一定期限内进行平均。具体平均办法为：以个人取得的一次性经济补偿收入除以个人在本企业的工作年限数，以其商数作为个人的月工资、薪金收入，按照税法规定计算缴纳个人所得税。个人在本企业的工作年限数按实际工作年限数计算，超过12年的按12年计算。

（2）个人领取一次性补偿收入时按照国家和地方政府规定的比例实际缴纳的住房公积金、医疗保险费、基本养老保险费、失业保险费，可以在计征其一次性补偿收入的个人所得税时予以扣除。

（3）企业依照国家有关法律规定宣告破产，企业职工从该破产企业取得的一次性安置费收入，免征个人所得税。

（4）个人在解除劳动合同后又再次任职、受雇的，对个人已缴纳个人所得税的一次性经济补偿收入，不再与再次任职、受雇的工资、薪金所得合并计算补缴个人所得税。

678. 无住所且未满183天的外籍个人的个人所得税如何缴纳？

问：某外籍个人在2008年度在中国无住所且未满183天，是否需要申报年所得12万元以上的个人所得税？

答：根据《国家税务总局关于印发〈个人所得税自行纳税申报办法（试行）〉的通知》（国税发〔2006〕162号）第二条规定：凡依据《个人所得税法》负有纳税义务的纳税人，有下列情形之一的，应当按照本办法的规定办理纳税申报：（1）年所得12万元以上的；（2）从中国境内两处或者两处以上取得工资、薪金所得的；（3）中国境外取得所得的；（4）取得应税所得，没有扣缴义务人的；（5）国务院规定的其他情形。第4条规定：本办法第二条第一项所称年所得12万元以上的纳税人，不包括在中国境内无住所，且在一个纳税年度中在中国境内居住不满1年的个人。

按上述规定，问题中的外籍个人不需要申报12万元以上的个人所得税。

679. 同一作品连载如何缴纳个人所得税？

答：根据《国家税务总局关于印发〈征收个人所得税若干问题的规定〉的通知》（国税发〔1994〕89号）第四条规定：个人的同一作品在报刊上连载，应合并其因连载而取得的所有稿酬所得为一次，按税法规定计征个人所得税。在其连载之后又出书取得稿酬所得，或先出书后连载取得稿酬所得，应视同再版稿酬分次计征个人所得税。

680. 兼职人员按工资薪金还是按劳务报酬计算缴纳个人所得税？

问：我单位高新雇用了几位兼职人员。对于这部分人是按工资薪金还是按劳务报酬计算缴纳个人所得税？

答：工资薪金所得属于非独立劳动所得，而劳动报酬所得属于个人从事自由职业取得的所得或属于独立个人劳动所得。

是否存在雇佣与被雇佣的关系，是判断一项收入是属于劳务报酬所得，还是属于工资薪金所得的重要标准。根据《个人所得税法》规定，如果上述兼职人员与你单位存在工资、人事方面的管理关系，那么为你单位工作所取得的报酬，属于工资薪金所得应税范畴；如果仅因某一特定事项临时为你单位工作，那么所得报酬属于劳务报酬所得应税范畴。

681. 独资和合伙性质的律师事务所年度经营所得缴纳企业所得税还是个人所得税？

问：律师个人出资兴办的独资和合伙性质的律师事务所年度经营所得，缴纳企业所得税还是个人所得税？

答：根据《国务院关于个人独资企业和合伙企业征收所得税问题的通知》（国

发〔2000〕16号）和《财政部、国家税务总局关于印发〈关于个人独资企业和合伙企业投资者征收个人所得税的规定〉的通知》（财税字〔2000〕91号）规定，个人兴办的独资、合伙律师事务所按规定征收个人所得税，不再征收企业所得税。

682. 员工获得两处工资的个人所得税如何处理？

问：公司有个别员工同时在其他企业工作，两处均发放工资。请问，我公司在扣缴其个人所得税时，是按我公司支付的工资算，还是两边加总计算，还是其个人将剩余部分自己申报？

答：纳税人在两个单位任职受雇，分别取得工资、薪金收入，扣缴义务人按《个人所得税法》的规定分别计算扣缴个人所得税，纳税人需要选择一个任职单位所在地的主管税务机关进行自行申报，即将两处取得工资、薪金收入加在一起扣除3 500元费用，计算应缴纳个人所得税额，再减掉分别由扣缴义务人扣缴的税额，余额申报缴纳。

贵公司对由贵公司支付的工资、薪金存在代扣代缴义务，对其他公司支付的收入不存在法定的代扣代缴义务。

683. 加班工资是否属于"按照国家统一规定发给的补贴、津贴"？

问：个人在国家法定节假日加班取得的200%或300%的加班工资，是否属于"按照国家统一规定发给的补贴、津贴"？

答：根据《个人所得税法》及其实施条例规定，按照国家统一规定发给的补贴、津贴，目前是指按照国务院规定发给的政府特殊津贴、院士津贴（现指中国科学院院士津贴和中国工程院院士津贴、资深院士津贴），以及国务院规定免纳个人所得税的其他补贴、津贴。根据以上规定，个人在国家法定节假日取得的加班工资不属于"国家统一规定发给的补贴津贴"，应并入工薪收入依法征税。

684. 外籍人员有哪些所得可免征个人所得税？

答：外籍人员除取得《个人所得税法》第四条所列免征个人所得税所得外，根据《财政部、国家税务总局关于个人所得税若干政策问题的通知》（财税字〔1994〕20号）规定，以下所得暂免征收个人所得税：

（1）外籍个人以非现金形式或实报实销形式取得的住房补贴、伙食补贴、搬迁费、洗衣费。

（2）外籍个人按合理标准取得的境内、外出差补贴。

（3）外籍个人取得的探亲费、语言训练费、子女教育费等，经当地税务机关审核批准为合理的部分。

（4）外籍个人从外商投资企业取得的股息、红利所得。

（5）凡符合下列条件之一的外籍专家取得的工资、薪金所得可免征个人所得税：

①根据世界银行专项贷款协议由世界银行直接派往我国工作的外国专家；

②联合国组织直接派往我国工作的专家；

③为联合国援助项目来华工作的专家；

④援助国派往我国专为该国无偿援助项目工作的专家；

⑤根据两国政府签订文化交流项目来华工作两年以内的文教专家，其工资、薪金所得由该国负担的；

⑥根据我国大专院校国际交流项目来华工作两年以内的文教专家，其工资、薪金所得由该国负担的；

⑦通过民间科研协定来华工作的专家，其工资、薪金所得由该国政府机构负担的。

685. 个人对公益事业的捐赠如何在个人所得税前计算扣除？

答： 根据《个人所得税法》第六条第二款规定，个人将其所得对教育事业和其他公益事业捐赠的部分，按照国务院有关规定从应纳税所得中扣除。

根据《个人所得税法实施条例》第二十四条规定，个人所得税法第六条第二款所说的个人将其所得对教育事业和其他公益事业的捐赠，是指个人将其所得通过中国境内的社会团体、国家机关向教育和其他社会公益事业以及遭受严重自然灾害地区、贫困地区的捐赠。捐赠额未超过纳税义务人申报的应纳税额所得额30%的部分，可以从其应纳所得额中扣除。

另外，根据《财政部、国家税务总局、民政部关于公益性捐赠税前扣除有关问题的通知》（财税〔2008〕160号）第八条规定：公益性社会团体和县级以上人民政府及其组成部门和直属机构在接受捐赠时，应按行政管理级次分别使用由财政部或省、自治区、直辖市财政部门印制的公益性捐赠票据，并加盖本单位的印章；对个人索取捐赠票据的，应予以开具。新设立的基金会在申请获得捐赠税前扣除资格后，原始基金的捐赠人可凭捐赠票据依法享受税前扣除。部分经过批准的基金会，如农村义务教育基金会、宋庆龄基金会、中国福利会、中国红十字会等，个人向其捐赠的所得，按照规定可以在计算个人应纳税所得时全额扣除。

686. 个人领取的住房公积金是否要缴纳个人所得税？

答： 根据《财政部、国家税务总局关于基本养老保险、基本医疗保险费、失业保险费、住房公积金有关个人所得税政策的通知》（财税〔2006〕10号）第三条规定：个人实际领（支）取原提存的基本养老保险金、基本医疗保险费金、失业保险金、住房公积金时，免征个人所得税。

687. 改制时分得的债权是否需征收其个人所得税？

问：我公司在年终汇算时改制，一部分股东撤资，单位按规定分给该批股东红利，不足部分用公司的债权分配给他们，以抵其投资。请问分得的债权是否需征收其个人所得税？

答：根据《国家税务总局关于个人股东取得公司债权债务形式的股份分红计征个人所得税问题的批复》（国税函〔2008〕267号）规定：根据《个人所得税法》和有关规定，个人取得的股份分红所得包括债权、债务形式的应收账款、应付账款相抵后的所得。个人股东取得公司债权、债务形式的股份分红，应以其债权形式应收账款的账面价值减去债务形式应付账款的账面价值的余额，加上实际分红所得为应纳税所得，按照规定缴纳个人所得税。

因此，股东取得的债权分红应与其他所得合并，高于初始投资额就应征收其"利息、股息、红利"个人所得税。股东从投资企业分得的高于股本的收益或只取得收益（无论是现金、实物、有价证券，还是股权、债权）都要缴纳个人所得税。

688. 超标准缴纳的住房公积金是否要征收个人所得税？

答：超标准缴纳的住房公积金要征收个人所得税。

根据《财政部、国家税务总局关于基本养老保险费、基本医疗保险费、失业保险费、住房公积金有关个人所得税政策的通知》（财税〔2006〕10号）、《住房公积金管理条例》和《建设部、财政部、中国人民银行关于住房公积金管理若干具体问题的指导意见》（建金管〔2005〕5号）等规定，单位和个人分别在不超过职工本人上一年度月平均工资12%的幅度内，其实际缴存的住房公积金，允许在个人应纳税所得额中扣除。单位和职工个人缴存住房公积金的月平均工资不得超过职工工作地所在设区城市上一年度职工月平均工资的3倍，具体标准按照各地有关规定执行。单位和个人超过上述规定比例和标准缴付的住房公积金，应将超过部分并入个人当期的工资、薪金收入，计征个人所得税。

689. 计征个人所得税时的费用如何扣除？

问：单位和个人实际缴付的基本养老保险费、基本医疗保险费、失业保险费和住房公积金在计征个人所得税时能否扣除？

答：根据《财政部、国家税务总局关于基本养老保险费、基本医疗保险费、失业保险费、住房公积金有关个人所得税政策的通知》（财税〔2006〕10号）规定，企事业单位按照国家或省（自治区、直辖市）人民政府规定的缴费比例或办法实际缴付的基本养老保险费、基本医疗保险费和失业保险费，免征个人所得税；个人按照国家或省（自治区、直辖市）人民政府规定的缴费比例或办法实际缴付的基本养老保险费、基本医疗保险费和失业保险费，允许在个人应纳税所得额中扣除。企事业单位和个人超过规定的比例和标准缴付的基本养老保险费、基本医疗保险费和失业保险费，应将超过部分并入个人当期的工资、薪金收入，计征个人所得税。另外，根据《住房公积金管理条例》、《建设部、财政部、中国人民银行关于住房公积金管理若干具体问题的指导意见》（建金管〔2005〕5号）等规定，单位和个人分别在不超过职工本人上一年度月平均工资12%的幅度内，其实际缴存的住房公积金，允许在个人应纳税所得额中扣除。单位和职工个人缴存住房公积金的月平均工资不得超过职工工作地所在设区城市上一年度职工月平均工资的3倍，具体标准按照各地有关规定执行。单位和个人超过上述规定比例和标准缴付的住房公积金，应将超过部分并入个人当期的工资、薪金收入，计征个人所得税。

690. 个人取得的生育津贴和生育医疗费是否需缴纳个人所得税？

答：根据《财政部、国家税务总局关于生育津贴和生育医疗费有关个人所得税政策的通知》（财税〔2008〕8号）规定：生育妇女按照县级以上人民政府根据国家有关规定制定的生育保险办法，取得的生育津贴、生育医疗费或其他属于生育保险性质的津贴、补贴，免征个人所得税。

691. 企业为个人购买房屋，如何计征个人所得税？

答：根据《财政部、国家税务总局关于企业为个人购买房屋或其他财产征收个人所得税问题的批复》（财税〔2008〕83号）规定，符合以下情形的房屋或其他财产，不论所有权人是否将财产无偿或有偿交付企业使用，其实质均为企业对个人进行了实物性质的分配，应依法计征个人所得税：（1）企业出资购买房屋及其他财产，将所有权登记为投资者个人、投资者家庭成员或企业其他人员的；（2）企业投资者个人、投资者家庭成员或企业其他人员向企业借款用于购买房屋或其他财产，将所有权登记为投资者、投资者家庭成员或企业其他人员，且借款年度终了后未归还借款的。对个人投资企业、合伙企业的个人投资者或其家庭成员取得的上述所得，视为企业对个人投资者的利润分配，按照"个体工商户的生产、经营所得"项目计征个人所得税；对除个人独资企业、合伙企业以外其他企业的个人投资者或其家庭成员取得的上述所得，视为企业对个人投资者的红利分配，按照"利息、股息、红利所得"项目计征个人所得税;对企业其他人员取得的上述所得,按照"工资、薪金所得"项目计征个人所得税。

692. 因请病假而被扣掉的工资在计算个人所得税时是否并入工资中?

问:职工因请病假而被单位扣掉的部分工资在计算个人所得税时是否并入工资中?

答:工资薪金所得应当是实际发放到职工手中的工资,所以在计算个人所得税时,不并入请假扣掉的部分工资。

根据《个人所得税法实施条例》第八条规定,工资、薪金所得是指个人因任职或者受雇而取得的工资、薪金、奖金、年终加薪、劳动分红、津贴、补贴以及与任职或者受雇有关的其他所得。

根据《国家税务总局关于企业工资薪金及职工福利费扣除问题的通知》(国税函〔2009〕3号)第一条规定:"合理工资薪金",是指企业按照股东大会、董事会、薪酬委员会或相关管理机构制定的工资薪金制度规定实际发放给员工的工资薪金。

693. 行政事业单位的残疾职工工资薪金所得是否享受减免政策?

答:根据《河北省个人所得税减征办法》(省政府令〔2002〕第16号)规定,残疾人本人独立从事个体生产经营取得的所得,工资薪金取得,对应事业单位的承包经营、承租经营所得,劳务报酬所得,稿酬所得,特许权使用费所得,减征80%的个人所得税。

按照《个人所得税法》及实施条例和有关政策规定,行政事业单位的残疾职工工资、薪金所得可以享受减免税政策,但减征的幅度和期限由省、自治区、直辖市人民政府规定。因此,具体如何享受减免应按所在省的规定执行。

694. 个人取得高温补助是否并入工资薪金所得计算缴纳个人所得税?

答:根据《河北省地方税务局关于个人所得税若干业务问题的通知》(冀地税发〔2009〕46号)规定,各单位按照当地政府(县以上)规定的劳动保护标准发放给个人的劳动保护用品暂免征收个人所得税,超过规定部分并入当月工资薪金所得计算征收个人所得税;当地政府未规定标准的,发放实物的暂免个人所得税,发放现金的并入当月工资薪金所得计算征收个人所得税。

《个人所得税法实施条例》规定,工资薪金所得,是指个人因任职或者受雇而取得的工资、薪金、奖金、年终加薪、劳动分红、津贴、补贴以及与任职或者受雇有关的其他所得。故个人取得的高温补助需并入工资薪金所得计算缴纳个人所得税。

695. 单位给员工报销的旅游费是否计入工资薪金缴纳个人所得税？

答：《财政部、国家税务总局关于企业以免费旅游方式提供对营销人员个人奖励有关个人所得税政策的通知》（财税〔2004〕11号）规定，企业和单位对营销业绩突出人员以培训班、研讨会、工作考察等名义组织旅游活动，通过免收差旅费、旅游费对个人实行的营销业绩奖励（包括实物、有价证券等），应根据所发生费用全额计入营销人员应税所得，依法征收个人所得税，并由提供上述费用的企业和单位代扣代缴。

696. 赠与房产过户时的个人所得税如何缴纳？

问：近日，我到地税窗口办理房屋赠与过户手续时，窗口人员说受赠方要缴20%的个人所得税。但我朋友年初办理和我一样的赠与房产过户时，并没有缴这个税。这是为什么？

答：根据《财政部、国家税务总局关于个人无偿受赠房屋有关个人所得税问题的通知（财税〔2009〕78号）规定，房屋产权所有人将房屋产权无偿赠与他人的，受赠人因无偿受赠房屋取得的受赠所得，需按照"经国务院财政部门确定征税的其他所得"项目，缴纳20%的个人所得税。但下列三种情形的房屋无偿赠与情况除外：（1）房屋产权所有人将房屋产权无偿赠与配偶、父母、子女、祖父母、外祖父母、孙子女、外孙子女、兄弟姐妹；（2）房屋产权所有人将房屋产权无偿赠与对其承担直接抚养或者赡养义务的抚养人或者赡养人；（3）房屋产权所有人死亡，依法取得房屋产权的法定继承人、遗嘱继承人或者受遗赠人。

因此，如果您现在发生房屋产权无偿赠与行为，且不符合上述三种情形的，需按规定缴纳个人所得税。

697. 个人通过网络买卖虚拟货币是否要缴纳个人所得税，如何计征？

答：根据《国家税务总局关于个人通过网络买卖虚拟货币取得收入征收个人所得税问题的批复》（国税函〔2008〕818号）规定，个人通过网络买卖虚拟货币应缴纳个人所得税。个人通过网络收购玩家的虚拟货币，加价后向他人出售取得的收入，属于个人所得税应税所得，应按照"财产转让所得"项目计算缴纳个人所得税。个人销售虚拟货币的财产原值为其收购网络虚拟货币所支付的价款和相关税费。对于个人不能提供有关财产原值凭证的，由主管税务机关核定其财产原值。

698. 中国籍员工从境外取得收入如何缴纳个人所得税？

问：国内公司一中国籍员工从境外取得收入已经在支付地缴纳了个人所得税，是否还需要在国内缴纳个人所得税呢？如果需要缴纳该如何计算？

答：根据《个人所得税法》规定，居民纳税人从境外取得的已在所得支付地国家缴纳了个人所得税的所得，仍需要按规定计算缴纳个人所得税，但准予其在应纳税额中扣除已在境外缴纳的个人所得税税额。扣除额不得超过该居民纳税人境外所得依照规定计算的应纳税额。这里所说的应纳税额，是指居民纳税人从中国境外取得的所得，区别不同国家或者地区和不同的应税项目，依照税法规定的费用扣除标准和适用税率计算的应纳税额。同一国家或者地区内不同应税项目的应纳税额之和，为该国家或者地区的扣除限额。

居民纳税人在中国境外一个国家或者地区实际已经缴纳的个人所得税税额，低于依照规定计算出的该国家或者地区扣除限额的，应当在中国缴纳差额部分的税款；超过该国家或者地区扣除限额的，其超过部分不得在本纳税年度的应纳税额中扣除，但是可以在以后纳税年度的该国家或者地区扣除限额的余额中补扣，补扣年限最长不得超过5年。

699. 自建住房以低于造价出售给职工个人是否缴纳个人所得税？

问：单位将自建住房以低于造价出售给职工个人，职工个人需要缴纳个人所得税吗？

答：《财政部、国家税务总局关于单位低价向职工售房有关个人所得税问题的通知》（财税〔2007〕13号）规定：根据住房制度改革政策的有关规定，国家机关、企事业单位及其他组织在住房制度改革期间，按照所在地县级以上人民政府规定的房改成本价格向职工出售公有住房，职工因支付的房改成本价格低于房屋建造成本价格或市场价格而取得的差价收益，免征个人所得税。除上述规定情形外，根据《个人所得税法》及其实施条例的有关规定，单位按低于购置或建造成本价格出售住房给职工，职工因此而少支出的差价部分（职工实际支付的购房价款低于该房屋的购置或建造成本价格的差额），属于个人所得税应税所得，应按照"工资、薪金所得"项目缴纳个人所得税。

对职工取得的上述应税所得，比照《国家税务总局关于调整个人取得全年一次性奖金等计算征收个人所得税方法问题的通知》（国税发〔2005〕9号）规定的全年一次性奖金的征税办法，计算征收个人所得税，即先将全部所得数额除以12，按其商数并根据《个人所得税法》规定的税率表确定适用的税率和速算扣除数，再根据全部所得数额、适用的税率和速算扣除数，按照税法规定计算征税。

700. 退休人员取得原单位发放的过节费是否需缴纳个人所得税?

答:根据《国家税务总局关于离退休人员取得单位发放离退休工资以外奖金补贴征收个人所得税的批复》(国税函〔2008〕723号)规定,离退休人员除按规定领取离退休工资或养老金外,另从原任职单位取得的各类补贴、奖金、实物,不属于《个人所得税法》第四条规定可以免税的退休工资、离休工资、离休生活补助费。根据《个人所得税法》及其实施条例的有关规定,离退休人员从原任职单位取得的各类补贴、奖金、实物,应在减除费用扣除标准后,按"工资、薪金所得"应税项目缴纳个人所得税。

因此,单位在给退休人员发放过节费时应按上述规定代扣代缴个人所得税。

701. 在大型超市购物时参与抽奖活动得奖如何纳税?

答:《个人所得税法实施条例》第八条规定,偶然所得,是指个人得奖、中奖、中彩以及其他偶然性质的所得。《个人所得税法》第三条规定,偶然所得和其他所得,适用比例税率,税率为20%。

因此,在大型超市购物时参与抽奖活动得奖应按"偶然所得"应税项目缴纳个人所得税,适用税率为20%。

702. 医院支付专家所得时应如何扣缴个人所得税?

问:某专科门诊医院,近期聘请一位外地专家来坐诊。请问,医院支付专家所得时应如何扣缴个人所得税?

答:根据《国家税务总局关于个人从事医疗服务活动征收个人所得税问题的通知》(国税发〔1997〕178号)第三条规定,受医疗机构临时聘请坐堂门诊及售药,由该医疗机构支付报酬,或收入与该医疗机构按比例分成的人员,其取得的所得,按照"劳务报酬所得"应税项目缴纳个人所得税,以一个月内取得的所得为一次,税款由该医疗机构代扣代缴。

703. 企业向香港个人支付债券利息,如何缴纳个税?

问:企业向香港个人支付债券利息,是否按照《内地与香港避免双重征税安排》按7%的比例缴纳个人所得税?

答:根据《个人所得税法》第三条第五项规定,特许权使用费所得,利息、股息、红利所得,财产租赁所得,财产转让所得,偶然所得和其他所得,适用比例税率，税率为20%。因此，企业向香港个人支付债券利息，应先按20%的比例扣缴个人所得税。

纳税人享受《内地和香港特别行政区关于对所得避免双重征税和防止偷漏税的安排》第十一条规定的优惠待遇，应当根据《国家税务总局关于印发〈非居民享受税收协定待遇管理办法（试行）〉的通知》（国税发〔2009〕124号）规定，向主管税务机关提出享受税收协定待遇审批申请。

704. 与外籍人员解除劳动关系并给予一次性补偿金，如何缴纳个人所得税？

问：单位与外籍个人解除劳动关系，给予外籍人员的一次性补偿金，如何缴纳个人所得税？

答：根据《财政部、国家税务总局关于个人与用人单位解除劳动关系取得的一次性补偿收入征免个人所得税问题的通知》（财税〔2001〕157号）第一条规定，个人因与用人单位解除劳动关系而取得的一次性补偿收入（包括用人单位发放的经济补偿金、生活补助费和其他补助费用），其收入在当地上年职工平均工资3倍数额以内的部分，免征个人所得税。超过的部分按照《国家税务总局关于个人因解除劳动合同取得经济补偿金征收个人所得税问题的通知》（国税发〔1999〕178号）有关规定，计算征收个人所得税。

据此，外籍个人离职取得的一次性补偿收入，在当地上年职工平均工资3倍数额以内的部分，免征个人所得税。超过的部分按照《国家税务总局关于个人因解除劳动合同取得经济补偿金征收个人所得税问题的通知》（国税发〔1999〕178号）有关规定，计算征收个人所得税。

705. 取得绿卡但从未长期居住过的中国公民，如何计算个人所得税？

问：中国公民王某，取得了新加坡绿卡，但本人从未在新加坡长期居住过。王某在计算工资、薪金个人所得税时，可否适用附加扣除费用的政策？

答：根据《国家税务总局关于明确个人所得税若干政策执行问题的通知》（国税发〔2009〕121号）第三条规定，华侨身份的界定，根据《国务院侨务办公室关于印发〈关于界定华侨外籍华人归侨侨眷身份的规定〉的通知》（国侨发〔2009〕5号）规定，华侨是指定居在国外的中国公民。具体界定如下：（1）定居是指中国公民已取得住在国长期或者永久居留权，并已在住在国连续居留两年，两年内累计居留不少于18个月。（2）中国公民虽未取得住在国长期或者永久居留权，但已取得住在国连续5年以上（含5年）合法居留资格，5年内在住在国累计居留不少于30个月，视为华侨。（3）中国公民出国留学（包括公派和自费）在外学习期间，或因公务出国（包括外派劳务人员）在外工作期间，均不视为华侨。

对符合国侨发〔2009〕5号文件规定为华侨身份的人员,其在中国工作期间取得的工资、薪金所得,税务机关可根据纳税人提供的证明其华侨身份的有关证明材料,按照《个人所得税法实施条例》第三十条规定在计算征收个人所得税时,适用附加扣除费用。因此,虽然王某取得了新加坡永久居留权,但如果不符合连续居留两年,两年内累计居留不少于18个月的规定,仍不适用附加扣除费用的政策。

706. 通过淘宝网"秒杀"活动购买商品,是否缴纳个人所得税?

问:通过淘宝网"秒杀"活动购买商品,如果仅花9元钱就购买到标价50元的商品,请问是否缴纳个人所得税?

答:根据《财政部、国家税务总局关于企业促销展业赠送礼品有关个人所得税问题的通知》(财税〔2011〕50号)第一条规定,企业在销售商品(产品)和提供服务过程中向个人赠送礼品,属于下列情形之一的,不征收个人所得税:(1)企业通过价格折扣、折让方式向个人销售商品(产品)和提供服务。(2)企业在向个人销售商品(产品)和提供服务的同时给予赠品,如通信企业对个人购买手机赠话费、入网费,或者购话费赠手机等。(3)企业对累积消费达到一定额度的个人按消费积分反馈礼品。企业通过价格折扣、折让方式向个人销售商品(产品)和提供服务不征收个人所得税。

707. 房产赠给亲属是否缴纳个人所得税?

答:根据《财政部、国家税务总局关于个人无偿受赠房屋有关个人所得税问题的通知》(财税〔2009〕78号)第一条规定,以下情形的房屋产权无偿赠与对当事双方不征收个人所得税:(1)房屋产权所有人将房屋产权无偿赠与配偶、父母、子女、祖父母、外祖父母、孙子女、外孙子女、兄弟姐妹。(2)房屋产权所有人将房屋产权无偿赠与对其承担直接抚养或者赡养义务的抚养人或者赡养人。(3)房屋产权所有人死亡,依法取得房屋产权的法定继承人、遗嘱继承人或者受遗赠人。

708. 个人通过公益性组织向舟曲灾区的捐款是否可以税前扣除?

答:根据《财政部、海关总署、国家税务总局关于支持舟曲灾后恢复重建有关税收政策问题的通知》(财税〔2010〕107号)规定,自2010年8月8日至2012年12月31日,对企业、个人通过公益性社会团体、县级以上人民政府及其部门向灾区的捐赠,允许在当年企业所得税前和当年个人所得税前全额扣除。

709. 个体工商户业主、个人独资企业和合伙企业自然人投资者，个人所得税费用的扣除标准是多少？

问：个体工商户业主、个人独资企业和合伙企业自然人投资者，个人所得税费用的扣除标准是多少？

答：根据《财政部、国家税务总局关于调整个体工商户业主、个人独资企业和合伙企业自然人投资者个人所得税费用扣除标准的通知》（财税〔2011〕62号）规定，对个体工商户业主、个人独资企业和合伙企业自然人投资者的生产经营所得依法计征个人所得税时，个体工商户业主、个人独资企业和合伙企业自然人投资者本人的费用扣除标准统一确定为42 000元/年（3 500元/月）。投资者的工资不得在税前扣除。个体户向其从业人员实际支付的合理的工资、薪金支出，允许在税前据实扣除。

710. 年末发放全年一次性奖金如何计算个人所得税？

问：某公司打算在今年末发放全年一次性奖金。请问，按照新《个人所得税法》，企业该如何计算个人所得税？

答：举个例子来说，假设我国公民韩先生在某公司工作，2011年12月3日取得工资收入3 400元，当月又一次取得年终奖金24 100元，韩先生应缴纳的个人所得税是多少呢？因为韩先生当月工资不足3 500元，可以用其取得的奖金收入24 100元补足其差额部分100元，剩余24 000元除以12个月，得出月均收入2 000元，其对应的税率和速算扣除数分别为10%和105元。即，韩先生应缴纳的个人所得税=（24 100+3 400-3 500）×10%-105=2 295（元）。

711. 中国公民在境外博彩所得，是否缴纳个人所得税？

答：根据《个人所得税法》第一条规定，在中国境内有住所，或者无住所而在境内居住满1年的个人，从中国境内和境外取得的所得，依照本法规定缴纳个人所得税。《个人所得税法实施条例》第九条规定，偶然所得是指个人得奖、中奖、中彩以及其他偶然性质的所得。因此，中国公民在境外博彩所得，应按偶然所得项目计征个人所得税，适用比例税率为20%。

712. 股东需要就增资的部分缴纳个人所得税吗？

问：我公司是有限责任公司，原有A、B两个自然人股东，公司注册资本100万元，A出资60万元，B出资40万元。2011年12月自然人股东C对本公司增资

300万元，其中20万元为实收资本，280万元计入资本公积。2012年3月，我公司准备将280万资本公积转增资本，转增后公司注册资本为400万元，其中自然人A占200万元，即增资140万元，自然人B占133.33万元，即增资93.33万元，自然人C占66.67万元，即增资46.67万元。请问，自然人股东A、B、C需要就增资的部分缴纳个人所得税吗？

答：《国家税务总局关于股份制企业转增股本和派发红股征免个人所得税的通知》（国税发〔1997〕198号）和《国家税务总局关于原城市信用社在转制为城市合作银行过程中个人股增值所得应纳个人所得税的批复》（国税函〔1998〕289号）规定，对股份制企业用股票溢价发行收入形成的资本公积转增资本不征收个人所得税，除此之外，其他资本公积转增资本应征收个人所得税。

713. 向引进人才发放一次性安家费是否需要代扣个人所得税？

问：我单位现向引进的研究生人才发放一次性安家费3万元，请问是否需要代扣个人所得税？

答：《个人所得税法》第四条第七项规定，按照国家统一规定发给干部、职工的安家费、退职费、退休工资、离休工资、离休生活补助费，暂免征收个人所得税。上述单位向引进的研究生人才发放一次性安家费，如符合上述规定，可以免纳个人所得税。如不符合上述规定或以"安家费"名义向员工发放收入，应作为"工资、薪金所得"项目由发放单位负责代扣代缴个人所得税。

714. 发放独生子女津贴需要代扣代缴个人所得税吗？

问：公司每月给符合条件的职工发放20元的独生子女津贴（三优费），请问需要代扣代缴个人所得税吗？

答：《国家税务总局关于印发〈征收个人所得税若干问题的规定〉的通知》（国税发〔1994〕089号）第二条第二项规定，独生子女补贴不属于工资、薪金性质的补贴、津贴，不征税。但这里所述的"独生子女补贴"，是指各地出台的《人口与计划生育条例》规定数额发放的标准之内的补贴。

715. 发放的交通、通信补贴需要全额并入员工工资、薪金收入，代扣代缴个人所得税吗？

问：公司发放的交通、通信补贴，需要全额并入员工工资、薪金收入，代扣代缴个人所得税吗？

答：《国家税务总局关于个人所得税有关政策问题的通知》（国税发〔1999〕58

号)规定,只有经省级地方税务局根据纳税人公务交通、通信费的实际发放情况调查测算后,报经省级人民政府批准、国家税务总局备案的一定标准之内的公务交通、通信费用才可以扣除。除此之外,或者超出这一标准的公务费用,一律并入当月工资、薪金所得计征个人所得税。

716. 如何处理自然人将技术评估后投资设立公司的征税?

问:自然人将技术评估后投资设立公司,请问此时个人并未取得现金,是否应视同个人转让技术征收个人所得税?还是等将来股权转让获取现金后,视同股权成本为零,对其股权转让所得征收个人所得税?

答:现行个人所得税政策规定,自然人将技术评估后投资设立公司,应视同个人转让技术且需要缴纳个人所得税。

717. 公司员工取得的原境外母公司股东支付收购价与行权价的差额如何缴税?

问:境内孙公司授予员工境外母公司的股票期权,但员工还未行权前,母公司就被其他境外公司收购。现原境外母公司股东支付收购价与行权价的差额给境内孙公司员工,请问,孙公司员工取得的所得应按工资薪酬所得缴纳个人所得税,还是按股权转让所得缴纳个人所得税?

答:现行个人所得税政策规定,该种情形应按"工资、薪金所得"项目缴纳个人所得税。

718. 发放给职工的误餐补助是否并入工资并计征个人所得税?

问:单位每月发放给职工的误餐补助是否并入工资、薪金,计征个人所得税?

答:《财政部、国家税务总局关于误餐补助范围确定问题的通知》(财税字〔1995〕82号)规定,对个人因公在城区、郊区工作,不能在工作单位或返回就餐,确实需要在外就餐,根据实际误餐顿数,按合理的标准领取的误餐费不征税。对一些单位以误餐补助名义发给职工的补贴、津贴,应当并入当月工资、薪金所得计征个人所得税。

719. 资本公积转增股本是否需要缴纳个人所得税?

答:《国家税务总局关于股份制企业转增股本和派发红股征免个人所得税的通知》(国税发〔1997〕198号)和《国家税务总局关于原城市信用社在转制为城市合作银行过程中个人股增值所得应纳个人所得税的批复》(国税函〔1998〕289号)

规定，对股份制企业股票溢价发行收入所形成的资本公积金转增股本不属于股息、红利性质的分配，对个人取得的转增股本数额，不作为个人所得，不征收个人所得税。其他均应依法纳税。

720. 如何确定合伙企业投资者缴纳个人所得税的所在地？

问：多名个人成立的合伙企业持有的非上市公司股权，出让时缴纳个人所得税的所在地是在合伙企业注册地，还是个人身份证所在地？

答：应按照《财政部、国家税务总局关于印发〈关于个人独资企业和合伙企业投资者征收个人所得税的规定〉的通知》（财税〔2000〕91号）规定确定纳税地点。其中第二十条规定，投资者应向企业实际经营管理所在地主管税务机关申报缴纳个人所得税。投资者从合伙企业取得的生产经营所得，由合伙企业向企业实际经营管理所在地主管税务机关申报缴纳投资者应纳的个人所得税，并将个人所得税申报表抄送投资者。

投资者兴办两个或两个以上企业的，应分别向企业实际经营管理所在地主管税务机关预缴税款。年度终了后办理汇算清缴时，区别不同情况分别处理：

（1）投资者兴办的企业全部是个人独资性质的，分别向各企业的实际经营管理所在地主管税务机关办理年度纳税申报，并依所有企业的经营所得总额确定适用税率，以本企业的经营所得为基础，计算应缴税款，办理汇算清缴。

（2）投资者兴办的企业中含有合伙性质的，投资者应向经常居住地主管税务机关申报纳税，办理汇算清缴，但经常居住地与其兴办企业的经营管理所在地不一致的，应选定其参与兴办的某一合伙企业的经营管理所在地为办理年度汇算清缴所在地，并在5年内不得变更。5年后需要变更的，须经原主管税务机关批准。

721. 在中国境内两处或者两处以上取得工资、薪金如何缴纳个人所得税？

问：在中国境内两处或者两处以上取得工资、薪金，如A员工在总公司任职，总公司发工资，后总公司派A员工到分公司工作，跟分公司没有签订合同，此时，总公司和分公司都各自发工资给A员工，那么A员工是否属于两处取得工资、薪金？如果总公司派A员工到不相关的甲公司工作，A员工从甲公司取得的所得，是按"工资、薪金所得"项目征收个人所得税还是按"劳务报酬"项目征收个人所得税？

答：根据现行《个人所得税法》的规定，第一种情况属于两处以上取得工资、薪金。第二种情况要区别情况处理，如果该员工以个人名义到甲公司工作，并且未签订劳动合同，则按劳务报酬所得征税。如果该员工以总公司的名义到甲公司工作，原则上应认定为总公司与甲公司之间的交易，甲公司支付的款项应属于公司间的服务性支出；如果甲公司对该个人属于雇佣关系而发放报酬，则属于在两处以上取得工资、薪金所得。

722. 合伙企业实行增值税"免、抵、退"的退税方法取得的退税款需要缴纳个人所得税吗？

问：我们是一家普通合伙的生产出口企业，实行增值税"免、抵、退"，请问我们收到的退税款需要缴纳个人所得税吗？

答：现行《个人所得税法》规定，合伙企业实行增值税"免、抵、退"的退税方法取得的退税款，不属于合伙企业生产经营所得，不需要缴纳个人所得税。

723. 个人所得税各税目之中如果有亏损项目，是否可以抵免有收入的税款？

问：请问个人所得税各税目之中如果有亏损项目，是否可以抵免有收入的税款？或者一个税目内是否可以抵免？比如财产转让所得科目里，如果有股权投资损失，同时又有房产转让收益，财产转让收益能否抵免股权投资损失？

答：我国现行个人所得税制采用的是分类所得税制，分11个应税项目，适用不同的减除费用和税率，分别计征个人所得税。由于在分类所得税制下，每一类所得都要单独征税，因此，不同的所得项目之间不得互相抵免，同一所得项目下不同所得也不可互相抵扣。

724. 股票分红如何缴纳个人所得税？

问：四个自然人共同设立甲合伙企业，甲合伙企业在2011年度以260万元投资购买上交所上市的A公司股票1万股，截至2011年12月31日获得分红100万元人民币，然后甲合伙企业在取得前述100万元人民币分红后，将所有的股票在交易所卖掉，获得300万元人民币的转让所得。

请问：

（1）针对100万元人民币的分红，四个自然人合伙人是否要缴纳个人所得税，按多少税率缴纳？

（2）对四个自然人就前述100万元分红的纳税义务，甲合伙企业是否有代扣代缴义务，还是A上市公司有代扣代缴义务？

（3）对于前述300万元的股票转让所得，四个自然人合伙人是否有纳税义务，谁是扣缴义务人？

答：《国家税务总局关于〈个人独资企业和合伙企业投资者征收个人所得税的规定〉执行口径的通知》（国税函〔2001〕84号）规定，个人独资企业和合伙企业对外投资分回的利息或者股息、红利，不并入企业的收入，而应单独作为投资者个人取得的利息、股息、红利所得，按"利息、股息、红利所得"应税项目计算缴纳个人所得税。以合伙企业名义对外投资分回利息或者股息、红利的，应按《财政部、国家税务总局关于印发〈关于个人独资企业和合伙企业投资者征收个人所得税的规定〉的通知》（财税〔2000〕91号）第五条规定确定各个投资者的利息、股息、红利所得，分别按"利息、股息、红利所得"应税项目计算缴纳个人所得税。因此，对以合伙企业名义取得的股票转让所得，应按照个体工商户的生产经营所得项目征收个人所得税，由四人自行纳税申报。

725. 只要是发给员工的福利都要纳入当月的薪酬计算缴纳个人所得税吗？

问：是否只要是发给员工的福利，都要纳入当月的薪酬计算缴纳个人所得税？

答：根据《个人所得税法》的规定，对于发给个人的福利，不论是现金还是实物，均应缴纳个人所得税。但目前对于集体享受的、不可分割的、非现金方式的福利，原则上不征收个人所得税。

726. 单位给出差人员发放的交通费、餐费补贴和每月通讯费补贴，是否计征个人所得税？

问：单位给出差人员发放的交通费、餐费补贴和每月通讯费补贴，是否并入当月工资、薪金计征个人所得税？

答：现行《个人所得税法》和有关政策规定，单位以现金方式给出差人员发放交通费、餐费补贴应征收个人所得税，但如果单位是根据国家有关标准，凭出差人员实际发生的交通费、餐费发票作为公司费用予以报销，可以不作为个人所得征收个人所得税。

关于通讯费补贴，如果所在省市地方税务局报经省级人民政府批准后，规定了通讯费免税标准的，可以不征收个人所得税。如果所在省市未规定通讯费免税标准，单位发放此项津贴，应予以征收个人所得税。

727. 个人独资企业和合伙企业取得"四业"所得是否征收个人所得税？

问：个人独资企业和合伙企业取得种植业、养殖业、饲养业、捕捞业所得是否征收个人所得税？

答：《财政部、国家税务总局关于个人独资企业和合伙企业投资者取得种植业、养殖业、饲养业、捕捞业所得有关个人所得税问题的批复》（财税〔2010〕96号）规定，对个人独资企业和合伙企业从事种植业、养殖业、饲养业、捕捞业（以下简称"四业"),其投资者取得的"四业"所得暂不征收个人所得税。

728. 单位发给职工的过节实物福利是否计征个人所得税?

问:单位在过节期间发放给职工的实物福利,是否计征个人所得税?
答:根据现行《个人所得税法实施条例》第十条的相关规定,个人所得的形式,包括现金、实物、有价证券和其他形式的经济利益。所得为实物的,应当按照取得的凭证上所注明的价格计算应纳税所得额。无凭证的实物或者凭证上所注明的价格明显偏低的,参照市场价格核定应纳税所得额。因此,单位在过节期间发放给职工的实物福利应并入其工资、薪金所得计征个人所得税。

729. 业务招待费中的礼品费是否缴纳个人所得税?

答:根据《国家税务总局关于个人所得税有关问题的批复》(国税函〔2000〕57号)规定,单位和部门在年终总结、各种庆典、业务往来及其他活动中,为其他单位和部门的有关人员发放现金、实物或有价证券。对个人取得该项所得,应按照《个人所得税法》中规定的"其他所得"项目计算缴纳个人所得税,税款由支付所得的单位代扣代缴。但如果是向本公司的员工发放庆典礼金、礼品,则应当与发放当月的工资一起合并计算缴纳个人所得税,按照"工资、薪金所得"计算缴纳个人所得税。

730. 个人投资者从其投资的企业借款,是否征收个人所得税?

问:个人投资者从其投资的企业借款,并长期不还,请问是否征收个人所得税?
答:根据《财政部、国家税务总局关于规范个人投资者个人所得税征收管理的通知》(财税〔2003〕158号)第二条规定,纳税年度内个人投资者从其投资企业(除个人独资企业、合伙企业)借款,在该纳税年度终了后既不归还,又未用于企业生产经营的,其未归还的借款可视为企业对个人投资者的红利分配,依照"利息、股息、红利所得"项目计征个人所得税。

731. 个人股权转让过程中取得违约金收入是否缴纳个人所得税?

问:个人股权转让过程中取得违约金收入是否缴纳个人所得税?
答:根据《个人所得税法》的有关规定,股权成功转让后,转让方个人因受让方个人未按规定期限支付价款而取得的违约金收入,属于因财产转让而产生的收入。转让方个人取得的该违约金应并入财产转让收入，按照"财产转让所得"项目计算缴纳个人所得税。

732. 军队干部取得的伙食补贴是否缴纳个人所得税？

问：军队干部取得的伙食补贴是否缴纳个人所得税？

答：根据《财政部、国家税务总局关于军队干部工资、薪金收入征收个人所得税的通知》（财税字〔1996〕14号）第二条第二项规定，从1994年1月1日起，对以下五项补贴、津贴，暂不征税：(1)军人职业津贴；(2)军队设立的艰苦地区补助；(3)专业性补助；(4)基层军官岗位津贴（营连排长岗位津贴）；(5)伙食补贴。

733. 量化给职工的资产是否需要缴纳个人所得税？

问：集体企业改制成为股份合作制企业，将剩余的净资产分给职工，量化给职工的资产是否需要缴纳个人所得税？

答：集体企业如果改制成为股份合作制企业，根据《国家税务总局关于企业改组改制过程中个人取得的量化资产征收个人所得税问题的通知》（国税发〔2000〕60号）规定：(1)对职工个人以股份形式取得的仅作为分红依据，不拥有所有权的企业量化资产，不征收个人所得税。(2)对职工个人以股份形式取得的拥有所有权的企业量化资产，暂缓征收个人所得税。待个人将股份转让时，就其转让收入额，减除个人取得该股份时实际支付的费用支出和合理转让费用后的余额，按"财产转让所得"项目计征个人所得税。(3)对职工个人以股份形式取得的企业量化资产参与企业分配而获得的股息、红利，应按"利息、股息、红利"项目征收个人所得税。

734. 残疾人取得房屋租赁收入能否免征个人所得税？

答：根据《国家税务总局关于明确残疾人所得征免个人所得税范围的批复》（国税函〔1999〕329号）规定，根据《个人所得税法》第五条第一项和《个人所得税法实施条例》第十六条规定，经省级人民政府批准可减征个人所得税的残疾、孤老人员和烈属的所得仅限于劳动所得，具体所得项目为：工资、薪金所得，个体工商户的生产经营所得，个体工商户的生产经营所得，对企事业单位的承包经营、承租经营所得，劳务报酬所得，稿酬所得，特许权使用费所得。《个人所得税法》第二条所列的其他各项所得，不属于减征照顾的范围。因此，残疾人取得的房屋租赁收入不能享受免征个人所得税的政策。

735. 个人取得保期内的利息收入，是否需要缴纳个人所得税？

问：个人取得保期内因未出险而由人寿保险公司支付的利息收入，是否需要缴纳个人所得税？

答：根据《国家税务总局关于未分配的投资者收益和个人人寿保险收入征收个人所得税问题的批复》（国税函〔1998〕546号）规定，对保险公司按投保金额，以银行同期储蓄存款利率支付给在保期内未出险的人寿保险保户的利息（或以其他名义支付的类似收入），按"其他所得"项目征收个人所得税，税款由支付利息的保险公司代扣代缴。因此，个人取得因保期内未出险人寿保险公司支付的利息收入需按规定缴纳个人所得税。

736. 因公用私人身份证购买的汽车，是否代扣代缴个人所得税？

答：根据《财政部、国家税务总局关于企业为个人购买房屋或其他财产征收个人所得税问题的批复》（财税〔2008〕83号）规定，符合以下情形的房屋或其他财产，不论所有权人是否将财产无偿或有偿交付企业使用，其实质均为企业对个人进行了实物性质的分配，应依法计征个人所得税：（1）企业出资购买房屋及其他财产，将所有权登记为投资者个人、投资者家庭成员或企业其他人员的。（2）企业投资者个人、投资者家庭成员或企业其他人员向企业借款，用于购买房屋及其他财产，将所有权登记为投资者、投资者家庭成员或企业其他人员，且借款年度终了后未归还借款的。

对个人独资企业、合伙企业的个人投资者或其家庭成员取得的上述所得，视为企业对个人投资者的利润分配，按照"个体工商户的生产、经营所得"项目计征个人所得税。对除个人独资企业、合伙企业以外其他企业的个人投资者或其家庭成员取得的上述所得，视为企业对个人投资者的红利分配，按照"利息、股息、红利所得"项目计征个人所得税。对企业其他人员取得的上述所得，按照"工资、薪金所得"项目计征个人所得税。

737. 个人转让股权的纳税地点如何确定？

问：个人股权转让取得的所得，个人所得税的纳税地点是如何规定的？

答：根据《国家税务总局关于加强股权转让所得征收个人所得税管理的通知》（国税函〔2009〕285号）规定，个人股东股权转让所得个人所得税以发生股权变更企业所在地地税机关为主管税务机关。纳税人或扣缴义务人应到主管税务机关办理纳税申报和税款入库手续。

土地增值税

738. 土地投资后出售如何缴税？

问：2011年A公司以其名下的土地投资成立一家房地产B公司，土地原价500万元，投资时评估增值100万元，获取B公司股权600万元。3个月后，A公司将B公司600万元股权卖出，卖价为540万元。请问A公司缴纳土地增值税时收入是按600万元还是按540万元？

答：(1)《财政部、国家税务总局关于土地增值税一些具体问题规定的通知》(财税字〔1995〕48号)第一条规定，对于以房地产进行投资、联营的，投资、联营的一方以土地(房地产)作价入股进行投资或作为联营条件，将房地产转让到所投资、联营的企业中时，暂免征收土地增值税。对投资、联营企业将上述房地产再转让的，应征收土地增值税。

《财政部、国家税务总局关于土地增值税若干问题的通知》(财税〔2006〕21号)第五条规定，对于以土地(房地产)作价入股进行投资或联营的，凡所投资、联营的企业从事房地产开发的，或者房地产开发企业以其建造的商品房进行投资和联营的，均不适用《财政部、国家税务总局关于土地增值税一些具体问题规定的通知》(财税字〔1995〕48号)第一条暂免征收土地增值税的规定。

根据上述规定，A公司以土地使用权投资一家房地产公司，不适用免税规定，应缴纳土地增值税，土地增值税的计税收入应为评估做价600万元。

(2)《国家税务总局关于以转让股权名义转让房地产行为征收土地增值税问题的批复》(国税函〔2000〕687号)规定，鉴于深圳市能源集团有限公司和深圳能源投资股份有限公司一次性共同转让深圳能源(钦州)实业有限公司100%的股权，且这些以股权形式表现的资产主要是土地使用权、地上建筑物及附着物，经研究，对此应按土地增值税的规定征税。

《税收征收管理法》第三十六条规定，企业或者外国企业在中国境内设立的从事生产、经营的机构、场所与其关联企业之间的业务往来，应当按照独立企业之间的业务往来收取或者支付价款、费用；不按照独立企业之间的业务往来收取或者支付价款、费用，而减少其应纳税的收入或者所得额的，税务机关有权进行合理调整。

《企业所得税法》第四十一条第一款规定，企业与其关联方之间的业务往来，不符合独立交易原则而减少企业或者其关联方应纳税收入或者所得额的，税务机关有权按照合理方法调整。

根据上述规定，A 公司在转让该主要以土地使用权为表现形式的 100% 股权时，还应缴纳土地增值税。在土地增值税计税收入的确认上，若 A 公司与股权受让方有关联关系，A 公司在计算土地增值税及企业所得税时，交易价 540 万元明显低于评估作价 600 万元或当时的市场价值，税务机关有权进行合理调整。

739. 转让旧房应如何计算有关土地增值税加计扣除项目？

问：我公司 2005 年 10 月以 580 万元的价格购置了一处房产，按规定缴纳了契税，房屋购买发票及契税完税发票均保持完好。2010 年 12 月我公司拟以 960 万元价格出售该处房产，请问我公司在转让时应如何计算土地增值税加计扣除项目？

答：根据《财政部、国家税务总局关于土地增值税若干问题的通知》（财税〔2006〕21 号）第二条规定，纳税人转让旧房及建筑物，凡不能取得评估价格，但能提供购房发票的，经当地税务部门确认，《土地增值税暂行条例》第六条第（一）、（三）项规定的扣除项目的金额（即取得土地使用权所支付的金额，新建房及配套设施的成本、费用，或者旧房及建筑物的评估价格），可按发票所载金额并从购买年度起至转让年度止每年加计 5% 计算。对纳税人购房时缴纳的契税，凡能提供契税完税凭证的，准予作为"与转让房地产有关的税金"予以扣除，但不作为加计 5% 的基数。《国家税务总局关于土地增值税清算有关问题的通知》（国税函〔2010〕220 号）第七条对转让旧房准予扣除项目的加计问题进一步明确规定，纳税人按财税〔2006〕21 号通知计算扣除项目时，"每年"按购房发票所载日期起至售房发票开具之日止，每满 12 个月计 1 年。超过 1 年，未满 12 个月但超过 6 个月，可以视同为 1 年计算。

根据上述规定，你公司在转让旧房时，如果没有评估价格但能提供购房发票，经当地税务部门确认后，可按购房发票所载金额并从购买年度起至转让年度止每年加计 5% 计算扣除项目金额，购房时缴纳的契税不能作为加计扣除的基数。你公司 2010 年 12 月转让房产，应按 5 年计算加计扣除，即 580×5%×5=145（万元）。

740. 取得销售预售许可证满三年仍未销售完毕的项目如何进行土地增值税清算？

问：我房地产公司目前销售的房产项目分为三期，其中一期、二期已销售完毕，三期销售周期较长，有部分房产自取得销售预售许可证已超过三年仍未销售完毕。请问这部分房产项目是否要进行土地增值税清算？如果需进行清算，应以什么为单位进行清算？对已销售房产与未销售房产的成本、费用如何分配？

答：根据《国家税务总局关于印发〈土地增值税清算管理规程〉的通知》（国

税发〔2009〕91号）第十条规定，纳税人取得销售（预售）许可证满三年仍未销售完毕的房地产开发项目，主管税务机关可要求纳税人进行土地增值税清算。主管税务机关如果要求进行清算，应下达清算通知，纳税人应当在收到清算通知之日起90日内办理清算手续。同时根据上述通知第十七条规定，土地增值税清算应以国家有关部门审批、备案的项目为单位进行清算；对于分期开发的项目，应以分期项目为单位进行清算；对不同类型房地产应分别计算增值额、增值率，缴纳土地增值税。

根据上述规定，对纳税人取得销售（预售）许可证满三年仍未销售完毕的房地产开发项目，主管税务机关可要求进行清算。对分期开发的项目，应以分期项目为单位进行清算。已销售房产与未销售房产的成本、费用扣除应根据可转让土地使用权面积占总面积的比例计算分摊，或按建筑面积分摊，也可按税务机关确认的其他方式分摊。清算后再销售的房地产，应根据《国家税务总局关于房地产开发企业土地增值税清算管理有关问题的通知》（国税发〔2006〕187号）第八条规定执行，即在土地增值税清算时未转让的房地产，清算后销售或有偿转让的，纳税人应按规定进行土地增值税的纳税申报，扣除项目金额按清算时的单位建筑面积成本费用乘以销售或转让面积计算。其中，单位建筑面积成本费用＝清算时的扣除项目总金额÷清算的总建筑面积。

741. 土地增值税清算中职工福利费如何扣除？

问： 房地产开发项目土地增值税清算时，其计入成本、费用中的职工福利费是否受工资总额14％的比例限制？

答：《土地增值税暂行条例实施细则》第七条规定，《土地增值税暂行条例》第六条所列的计算增值额的扣除项目，具体为：

财务费用中的利息支出，凡能够按转让房地产项目计算分摊并提供金融机构证明的，允许据实扣除，但最高不能超过按商业银行同类同期贷款利率计算的金额，其他房地产开发费用，按本条（一）、（二）项法规计算的金额之和的5％以内计算扣除。

凡不能按转让房地产项目计算分摊利息支出或不能提供金融机构证明的，房地产开发费用按本条（一）、（二）项法规计算的金额之和的10％以内计算扣除。

根据上述规定，土地增值税清算时销售费用、管理费用、财务费用按照以上规定比例扣除。因此，相关的费用未规定计税限额扣除，如职工福利费不受工资总额14％的比例限制。

开发土地和新建房及配套设施的费用（以下简称房地产开发费用），是指与房地产开发项目有关的销售费用、管理费用、财务费用。

742. 将开发产品转成自用或出租是否缴纳土地增值税？

问：《国家税务总局关于房地产开发企业土地增值税清算管理有关问题的通知》（国税发〔2006〕187号）文件第三条（二）项规定："房地产开发企业将开发的部分房地产转为企业自用或用于出租等商业用途时，如果产权未发生转移，不征收土地增值税，在税款清算时不列收入，不扣除相应的成本和费用"。请问，在房地产开发企业将开发的部分房地产转为企业自用或用于出租等商业用途时，是否存在发生产权转移而需要缴纳土地增值税的情况？

房地产开发企业，将企业开发的房产在房管部门进行了房屋初始登记，然后作为固定资产自用，这类房产是否算作产权发生了转移？是否需要缴纳土地增值税？

答：《国家税务总局关于房地产开发企业土地增值税清算管理有关问题的通知》（国税发〔2006〕187号）文件第三条（二）项规定，房地产开发企业将开发的部分房地产转为企业自用或用于出租等商业用途时，如果产权未发生转移，不征收土地增值税，在税款清算时不列收入，不扣除相应的成本和费用。

房地产开发企业将开发的房地产转为企业自用或出租，其产权不可能发生转移，只不过由开发产品转为固定资产，而《土地增值税暂行条例》（国务院令第138号）第二条规定，"转让国有土地使用权、地上的建筑物及其附着物并取得收入的单位和个人，为土地增值税的纳税义务人，应当依照本条例缴纳增值税"。

因此，房产产权未发生转移不需要申报缴纳土地增值税。

743. 普通住宅和非普通住宅能否合并计缴土地增值税？

问：《国家税务总局关于房地产开发企业土地增值税清算管理有关问题的通知》（国税发〔2006〕187号）规定，普通住宅与非普通住宅应分开核算，否则不能适用普通住宅之免税规定。但是在实务中，经常会碰到普通住宅增值为负数，非普通住宅为正数的情况。法理上讲，纳税人可以放弃免税之优惠合并按非普通住宅计算缴纳土地增值税，但地方税务机关都强制要求分开，不予合并抵减负数，是否合理？

答：普通住宅与非普通住宅分开核算是土地增值税清算的一项基本要求。

《土地增值税暂行条例》第八条规定，有下列情形之一的，免征土地增值税：纳税人建造普通标准住宅出售，增值额未超过扣除项目金额20%的……

在此基础上，《财政部、国家税务总局关于土地增值税一些具体问题规定的通知》（财税字〔1995〕48号）第十三条规定，对纳税人既建普通标准住宅又搞其他房地产开发，应分别核算增值额。不分别核算增值额或不能准确核算增值额的，其建造的普通标准住宅不能适用条例第八条（一）项的免税规定。

此后，《财政部、国家税务总局关于土地增值税若干问题的通知》（财税

〔2006〕21号）提出，纳税人既建造普通住宅，又建造其他商品房的，应分别核算土地增值额。

《国家税务总局关于房地产开发企业土地增值税清算管理有关问题的通知》（国税发〔2006〕187号）规定，开发项目中同时包含普通住宅和非普通住宅的，应分别计算增值额。

根据上述规定，普通住宅与非普通住宅分开核算是有其政策目的的，一是可以对普通住宅给予适当优惠，鼓励普通住宅建设；二是对非普通住宅更好地发挥税收调节作用，以免不分开核算影响土地增值税的调节力度。此外，纳税人在向规划、建设、税务部门报送"报建"项目时，并不能预计普通住宅的增值率为负数，如果允许混算，将加大纳税人税收筹划空间。

744. 企业分立涉及土地过户是否缴纳土地增值税？

问：企业进行分立涉及土地过户，是否需缴纳土地增值税？

答：《土地增值税暂行条例》第二条规定，转让国有土地使用权、地上的建筑物及其附着物并取得收入的单位和个人，为土地增值税的纳税义务人，应当依照本条例缴纳增值税。

企业分立，分立企业并没有向被分立企业支付对价，而是被分立企业股东换取分立企业的股权或非股权支付，实现企业的依法分立，因此在企业分立过程中，尽管房产与土地所有权发生了转移，但是被分立企业并没有获取相应的对价，不属于有偿转让不动产行为，因此不需要申报缴纳土地增值税。

745. 计征土地增值税时利息支出如何扣除？

问：《土地增值税暂行条例》规定的利息支出据实扣除要提供金融机构哪些凭证？如果一家房地产企业因为资金周转困难，委托银行贷款或通过财务公司、投资公司、拍卖行等机构贷款，应如何处理？

答：（1）《国家税务总局关于土地增值税清算有关问题的通知》（国税函〔2010〕220号）第三条第（一）款规定，财务费用中的利息支出，凡能够按转让房地产项目计算分摊并提供金融机构证明的，允许据实扣除，但最高不能超过按商业银行同类同期贷款利率计算的金额。其他房地产开发费用，在按照"取得土地使用权所支付的金额"与"房地产开发成本"金额之和的5%以内计算扣除。

第（二）款规定，凡不能按转让房地产项目计算分摊利息支出或不能提供金融机构证明的，房地产开发费用在按"取得土地使用权所支付的金额"与"房地产开发成本"金额之和的10%以内计算扣除。

全部使用自有资金，没有利息支出的，按照以上方法扣除。

上述具体适用的比例按省级人民政府此前规定的比例执行。

第（三）款规定，房地产开发企业既向金融机构借款，又有其他借款的，其房地产开发费用计算扣除时不能同时适用本条（一）、（二）项所述两种办法。

《青岛市地方税务局关于印发〈房地产开发项目土地增值税清算有关业务问题问答〉的通知》（青地税函〔2009〕47号）明确规定，房地产开发企业向银行贷款使用的借据（借款合同）、利息结算单据等，都可以作为金融机构证明对待。

（2）中国人民银行发布《贷款通则》第二条规定，本通则所称贷款人，系指在中国境内依法设立的经营贷款业务的中资金融机构。本通则所称借款人，系指从经营贷款业务的中资金融机构取得贷款的法人、其他经济组织、个体工商户和自然人。本通则中所称贷款系指贷款人对借款人提供的并按约定的利率和期限还本付息的货币资金。

第七条规定，委托贷款，系指由政府部门、企事业单位及个人等委托人提供资金，由贷款人（即受托人）根据委托人确定的贷款对象、用途、金额、期限、利率等代为发放、监督使用并协助收回的贷款。贷款人（受托人）只收取手续费，不承担贷款风险。

因此，委托银行贷款也属于银行贷款。企业能够按转让房地产项目计算分摊并提供金融机构证明的，允许据实扣除，但最高不能超过按商业银行同类同期贷款利率计算的金额。此时金融机构证明为：委托贷款合同，银行的代收利息单据。

《金融机构管理规定》第三条规定，本规定所称金融机构是指下列在境内依法定程序设立、经营金融业务的机构：

①政策性银行、商业银行及其分支机构、合作银行、城市或农村信用合作社、城市或农村信用合作社联合社及邮政储蓄网点；

②保险公司及其分支机构、保险经纪人公司、保险代理人公司；

③证券公司及其分支机构、证券交易中心、投资基金管理公司、证券登记公司；

④信托投资公司、财务公司和金融租赁公司及其分支机构、融资公司、融资中心、金融期货公司、信用担保公司、典当行、信用卡公司；

⑤中国人民银行认定的其他从事金融业务的机构。

因此，财务公司、信托投资公司属于金融机构，拍卖行不属于金融机构。

对金融机构的贷款，能够按转让房地产项目计算分摊并提供金融机构证明的，允许据实扣除，但最高不能超过按商业银行同类同期贷款利率计算的金额。对非金融机构的贷款不适用该规定。

746. 房地产项目营销设施可否享受土地增值税加计扣除？

问：按《国家税务总局关于印发房地产开发经营业务企业所得税处理办法》

（国税发〔2009〕31号）规定，开发间接费包含项目营销设施建造费等；而《土地增值税暂行条例实施细则》规定，开发间接费用不含项目营销设施建造费，请问，项目营销设施建造费在土地增值税清算时可否享受20%的加计扣除？

答：《土地增值税暂行条例实施细则》第七条规定，条例第六条所列的计算增值额的扣除项目，具体为：

（1）取得土地使用权所支付的金额，是指纳税人为取得土地使用权所支付的地价款和按国家统一法规缴纳的有关费用。

（2）开发土地和新建房及配套设施（以下简称房地产开发）的成本，是指纳税人房地产开发项目实际发生的成本（以下简称房地产开发成本），包括土地征用及拆迁补偿费、前期工程费、建筑安装工程费、基础设施费、公共配套设施费、开发间接费用。公共配套设施费，包括不能有偿转让开发小区内公共配套设施发生的支出。开发间接费用，是指直接组织、管理开发项目发生的费用，包括工资、职工福利费、折旧费、修理费、办公费、水电费、劳动保护费、周转房摊销等。

根据上述规定，如果营销设施系利用开发产品、公共配套设施（如会所），则相应的建造成本应视同开发产品、公共配套设施按规定在计算土地增值税前予以扣除，且可以加计20%；但如果该营销设施系专门建造用于项目营销且最终未出售留作自用或自行拆除，则不得在土地增值税前扣除。

747. 转让地上附着物是否缴纳土地增值税？

问：生产性企业（非房地产企业）转让已经使用过的固定资产，包括厂房、草坪、围墙、道路、自来水工程、天然气工程及管道、配电工程等，是否需要缴纳土地增值税？

答：《财政部、国家税务总局关于固定资产进项税额抵扣问题的通知》（财税〔2009〕113号）规定，所称房屋，具体为《固定资产分类与代码》（GB/T14885—1994）中代码前两位为"02"的房屋；所称构筑物，是指人们不在其内生产、生活的人工建造物，具体为《固定资产分类与代码》（GB/T14885—1994）中代码前两位为"03"的构筑物；所称其他土地附着物，是指矿产资源及土地上生长的植物。《固定资产分类与代码》（GB/T14885—1994）电子版可在财政部或国家税务总局网站查阅。

以建筑物或者构筑物为载体的附属设备和配套设施，无论在会计处理上是否单独记账与核算，均应作为建筑物或者构筑物的组成部分，其进项税额不得在销项税额中抵扣。附属设备和配套设施是指：给排水、采暖、卫生、通风、照明、通讯、煤气、消防、中央空调、电梯、电气、智能化楼宇设备和配套设施。

根据《财政部、税务总局关于房产税和车船使用税几个业务问题的解释与规定》（财税地〔1997〕3号）规定，独立于房屋之外的建筑物，如围墙、烟囱、水塔、变电塔、油池油柜、酒窖菜窖、酒精池、糖蜜池、室外游泳池、玻璃暖房、砖瓦石灰窑以及各种油气罐等，不属于房产。

根据关于房屋附属设备的解释规定，房产原值应包括与房屋不可分割的各种附属设备或一般不单独计算价值的配套设施。主要有：暖气、卫生、通风、照明、煤气等设备；各种管线，如蒸气、压缩空气、石油、给水排水等管道及电力、电讯、电缆导线；电梯、升降机、过道、晒台等。

根据上述规定，厂房属于建筑物，围墙属于建筑物；草坪为土地附着物；道路在《固定资产分类与代码》（GB/T14885—1994）中代码前两位为"03"，为构筑物，为地上附着物；自来水工程、天然气工程及管道、配电工程属于与房屋不可分隔的各种附属设施。

另外，根据《土地增值税暂行条例》第二条规定，转让国有土地使用权、地上的建筑物及其附着物（以下简称转让房地产）并取得收入的单位和个人，为土地增值税的纳税义务人（以下简称纳税人），应当依照本条例缴纳土地增值税。第四条规定，条例第二条所称的地上的建筑物，是指建于土地上的一切建筑物，包括地上地下的各种附属设施。条例第二条所称的附着物，是指附着于土地上的不能移动，一经移动即遭损坏的物品。

根据上述规定，企业转让厂房、草坪、围墙、道路、自来水工程、天然气工程及管道、配电工程，属于转让地上建筑物（厂房、围墙、自来水工程、天然气工程及管道、配电工程）及其附着物（草坪，道路），应缴纳土地增值税。

748. 物业前期介入费可否在土地增值税清算中扣除？

问：在进行土地增值税清算过程中，税务机关提出，我公司在开发间接费中列支的"物业前期介入费"（物业公司前期在工地派人工程人员监督工程发生的费用）和"印花税、土地使用税"（印花税为销售和工程合同所需贴花）不得列入开发间接费，请问这是否有依据？

答：《土地增值税暂行条例实施细则》第七条规定，条例第六条所列的计算增值额的扣除项目，具体为：

（1）开发土地和新建房及配套设施（以下简称房增开发）的成本，是指纳税人房地产开发项目实际发生的成本（以下简称房增开发成本），包括土地征用及拆迁补偿费、前期工程费、建筑安装工程费、基础设施费、公共配套设施费、开发间接费用……

开发间接费用，是指直接组织、管理开发项目发生的费用，包括工资、职工福利费、折旧费、修理费、办公费、水电费、劳动保护费、周转房摊销等。

根据上述规定，开发间接费用是你公司直接组织、管理开发项目发生的费用。物业公司前期在工地派工程人员监督工程发生的费用不属于你公司发生的费用，不属于开发间接费用，不能作为计算增值额的扣除项目。

你公司缴纳的印花税、土地使用税不属于直接组织、管理开发项目发生的费用，不属于开发间接费用。

《企业会计准则应用指南》附录会计科目和主要账务处理规定：

6602 管理费用

本科目核算企业为组织和管理企业生产经营所发生的管理费用，包括企业在筹建期间内发生的开办费、董事会和行政管理部门在企业的经营管理中发生的或者应由企业统一负担的公司经费（包括行政管理部门职工工资及福利费、物料消耗、低值易耗品摊销、办公费和差旅费等）、工会经费、董事会费（包括董事会成员津贴、会议费和差旅费等）、聘请中介机构费、咨询费（含顾问费）、诉讼费、业务招待费、房产税、车船税、土地使用税、印花税、技术转让费、矿产资源补偿费、研究费用、排污费等。

根据上述规定，你公司缴纳的印花税和土地使用税应在"管理费用"科目中列支。

(2) 开发土地和新建房及配套设施的费用（以下简称房地产开发费用），是指与房地产开发项目有关的销售费用、管理费用、财务费用。

(3) 与转让房地产有关的税金，是指在转让房地产时缴纳的营业税、城市维护建设税、印花税。因转让房地产缴纳的教育费附加，也可视同税金予以扣除。

依据上述规定，房地产开发企业按照财务制度的规定，将其缴纳的印花税、土地使用税已列入管理费用中的，在计算土地增值额时不再扣除。其他土地增值税纳税人在计算土地增值额时，允许扣除在转让房地产时已缴纳的印花税。

749. 如何确定国税函〔2000〕687号文件的适用范围？

问：《国家税务总局关于以转让股权名义转让房地产行为征收土地增值税问题的批复》（国税函〔2000〕687号）是否适用其他企业？

答：《国家税务总局关于以转让股权名义转让房地产行为征收土地增值税问题的批复》（国税函〔2000〕687号）规定，鉴于深圳市能源集团有限公司和深圳能源投资股份有限公司一次性共同转让深圳能源（钦州）实业有限公司100%的股权，且这些以股权形式表现的资产主要是土地使用权、地上建筑物及附着物，经研究，对此应按土地增值税的规定征税。此文件虽答复广西壮族自治区地方税务局，但所有企业在转让100%的股权，且以股权形式表现的资产主要是土地使用权、地上建筑物及附着物，均应对照执行。

750. "装饰款"是否计缴土地增值税？

问：某市一家房地产开发公司开发沿街三层商铺24500平方米，每平方米销售价格12 000元。现为进一步提高沿街商铺的商用价值，该公司与购房客户达成协议，由公司代为沿街商铺统一进行外墙装饰，购房客户共计向该公司支付装饰款5 000万元。请问，公司所收取购房客户的5 000万元装饰款，是否需要计算缴纳土地增值税？

答：我国《土地增值税暂行条例》第二条规定，转让国有土地使用权、地上的建筑物及其附着物（以下简称转让房地产）并取得收入的单位和个人，为土地增值税的纳税义务人，应当依照本条例缴纳土地增值税。第五条规定，纳税人转让房地产所取得的收入，包括货币收入、实物收入和其他收入。《土地增值税暂行条例实施细则》第五条规定，条例第二条所称的收入，包括转让房地产的全部价款及有关的经济收益。从以上规定可以看出，转让房地产所取得的收入包括转让房地产的全部价款，该公司因对沿街商铺进行装饰对购房客户所收取的费用，也应该包括在对外转让收入当中。因此，该公司作为土地增值税纳税人，应该就所收取的装饰款计算缴纳土地增值税。

751. 自行开发商场整体对外销售如何缴纳土地增值税？

问：某房地产公司自行开发的商场未对外销售，并已办好房地产公司自己的产权证。现计划整体对外销售，如何缴纳土地增值税？

答：《财政部、国家税务总局关于土地增值税一些具体问题规定的通知》（财税字〔1995〕48号）第七条规定，新建房是指建成后未使用的房产。凡是已使用一定时间或达到一定磨损程度的房产均属旧房。使用时间和磨损程度标准可由各省、自治区、直辖市财政厅（局）和地方税务局具体规定。

第十条规定，转让旧房的，应按房屋及建筑物的评估价格。取得土地使用权所支付的地价款和按国家统一规定缴纳的有关费用以及在转让环节缴纳的税金作为扣除项目金额计征土地增值税。对取得土地使用权时未支付地价款或不能提供已支付的地价款凭据的，不允许扣除取得土地使用权所支付的金额。

《财政部、国家税务总局关于土地增值税若干问题的通知》（财税〔2006〕21号）第二条规定，纳税人转让旧房及建筑物，凡不能取得评估价格，但能提供购房发票的，经当地税务部门确认，《土地增值税暂行条例》第六条第（一）、（三）项规定的扣除项目的金额，可按发票所载金额并从购买年度起至转让年度止，每年加计5%计算。对纳税人购房时缴纳的契税，凡能提供契税完税凭证的，准予作为"与转让房地产有关的税金"予以扣除，但不作为加计5%的基数。

对于转让旧房及建筑物，既没有评估价格，又不能提供购房发票的，地方税务机关可以根据《税收征收管理法》第三十五条的规定，实行核定征收。

关于旧房的确认问题。《海南省地方税务局关于土地增值税有关问题的通知》（琼地税发〔2009〕104号）规定，二手房、房地产开发企业所开发的商品房已转为自用，作为固定资产核算的房产、非房地产开发企业自建自用超过一年的房产，均适用转让旧房的土地增值税政策。

根据上述规定，该房地产公司开发的商场不对外销售，并已将产权证办到公司名下，若建成后未使用的房产或未作为固定资产核算的房产，应按新建房计缴土地增值税。若已使用一定时间或达到一定磨损程度的房产以及已作为固定资产核算的房产均属旧房。房地产公司应按销售旧房计缴土地增值税。房地产公司不能取得购房发票，需要提交商铺评估价格并经税务机关确认后，可按房屋及建筑物的评估价格。取得土地使用权所支付的地价款和按国家统一规定缴纳的有关费用以及在转让环节缴纳的税金作为扣除项目金额计征土地增值税，否则税务机关可核定征收土地增值税。

752. 无产权的储藏室销售收入是否计入土地增值税清算收入？

问：我公司为房地产开发公司，建造的储藏室没有产权。我公司将储藏室销售给住户，并开具发票。请问这部分收入在土地增值税清算时，是否需要计入房产收入？另外，储藏室成本可否列支并加计扣除？

答：《国家税务总局关于房地产开发企业土地增值税清算管理有关问题的通知》（国税发〔2006〕187号）第四条关于土地增值税的扣除项目中第（三）项规定，房地产开发企业开发建造的与清算项目配套的居委会和派出所用房、会所、停车场（库）、物业管理场所、变电站、热力站、水厂、文体场馆、学校、幼儿园、托儿所、医院、邮电通讯等公共设施，按以下原则处理：

（1）建成后产权属于全体业主所有的，其成本、费用可以扣除；

（2）建成后无偿移交给政府、公用事业单位用于非营利性社会公共事业的，其成本、费用可以扣除；

（3）建成后有偿转让的，应计算收入，并准予扣除成本、费用。

因此，储藏室建成后有偿转让的，应计算收入，并准予扣除成本费用。

753. 土地增值税清算时如何理解开发费用的"计算扣除"？

问：根据《土地增值税暂行条例实施细则》第七条第（三）款规定，财务费用中利息支出的扣除问题，按照是否能按转让房地产项目计算分摊利息支出或能否提供金融机构证明，而采用两种不同的计算方法。但是上述两种情况均是按第七条第（一）、（二）款规定计算的金额之和的5%和10%以内计算扣除。对此应怎样理解？

例如，某房地产企业，按细则第七条第（一）、（二）款计算的合计数为1 000万元，财务费用不能按转让房地产项目计算分摊利息支出，金额为10万元，管理费用10万元，销售费用10万元，请问此时是按1 000万元的10%（即100万元）

扣除，还是按三项费用的实际发生数的 30 万元扣除？

答：《土地增值税暂行条例实施细则》第七条第（三）款规定，开发土地和新建房及配套设施的费用（以下简称房地产开发费用），是指与房地产开发项目有关的销售费用、管理费用、财务费用。

财务费用中的利息支出，凡能够按转让房地产项目计算分摊并提供金融机构证明的，允许据实扣除，但最高不能超过按商业银行同类同期贷款利率计算的金额，其他房地产开发费用，按本条（一）、（二）项法规计算的金额之和的 5% 以内计算扣除。

凡不能按转让房地产项目计算分摊利息支出或不能提供金融机构证明的，房地产开发费用按本条（一）、（二）项法规计算的金额之和的 10% 以内计算扣除。

上述计算扣除的具体比例，由各省、自治区、直辖市人民政府法规。

根据上述规定，房地产开发费用为计算扣除，与实际发生额无关。

754. 同一项目分次开发，土地增值税是否分别清算？

问： 我公司现有一块土地，分三期进行房地产开发。现在主管税务机关要求按三次进行清算，但是此次开发区发改委的批文是按一个项目立项，只是人为分为三部分开发（分三次办理规划等相关手续）。请问分三次清算是否合理？假设按税务机关要求清算后，能否到最后合并起来后再缴纳土地增值税？

答：《国家税务总局关于房地产开发企业土地增值税清算管理有关问题的通知》（国税发〔2006〕187 号）第一条规定，土地增值税以国家有关部门审批的房地产开发项目为单位进行清算，对于分期开发的项目，以分期项目为单位清算。

开发项目中同时包含普通住宅和非普通住宅的，应分别计算增值额。

根据上述规定，对分期开发的项目，应以分期项目为单位清算。企业分三期开发房地产，土地增值税清算时，应分三期进行清算，不能合并一次进行清算。

《财政部、国家税务总局关于土地增值税若干问题的通知》（财税〔2006〕21 号）第三条规定，各地要进一步完善土地增值税预征办法，根据本地区房地产业增值水平和市场发展情况，区别普通住房、非普通住房和商用房等不同类型，科学合理地确定预征率，并适时调整。工程项目竣工结算后，应及时进行清算，多退少补。

对未按预征规定期限预缴税款的，应根据《税收征收管理法》及其实施细则的有关规定，从限定的缴纳税款期限届满的次日起，加收滞纳金。

对已竣工验收的房地产项目，凡转让的房地产的建筑面积占整个项目可售建筑面积的比例在 85% 以上的，税务机关可以要求纳税人按照转让房地产的收入与扣除项目金额配比的原则，对已转让的房地产进行土地增值税的清算。具体清算办法由各省、自治区、直辖市和计划单列市地方税务局规定。

根据上述规定，企业按三期项目进行土地增值税清算。各分期项目竣工结算后，应及时进行清算，多退少补。而不能各分期项目清算后，将三期合并确定多退少补税款。

755. 一个项目涉及不同性质的开发产品如何确定增值额？

问：我企业是重庆纳税人，在缴纳土地增值税时，税务部门要求企业分普通住宅、非普通住宅（住宅）、其他用房（商业用房及车库等）三类分别计算增值额缴纳土地增值税。在同一个开发项目（2004年之前的项目），普通住宅增值额为－100万元、非普通住宅增值额－1 000万元，其他用房（商业及车库等）增值额500万元，按照项目清算整个项目增值额为－600万元。而税务机关仅按照其他用房增值额500万元计算缴纳土地增值税150万元，住宅类增值额－1 100万元不计算在内。这种征税方法是否正确？

答：《财政部、国家税务总局关于土地增值税一些具体问题规定的通知》（财税字〔1995〕48号）规定，对纳税人既建普通标准住宅又搞其他房地产开发的，应分别核算增值额。不分别核算增值额或不能准确核算增值额的，其建造的普通标准住宅不能适用条例第八条（一）项的免税规定。

关于项目清算中不同开发品分别计算增值额问题。《重庆市地方税务局转发国家税务总局关于土地增值税清算有关问题的通知的通知》（渝地税发〔2010〕167号）规定，在清算项目中，房地产开发企业既建造普通住宅，又建造非普通住宅（非普通住宅包括：非普通住宅、车库、营业用房）的，纳税人必须按照不同开发品，分别计算扣除项目金额、增值额和增值率，缴纳土地增值税。否则，其建造的普通标准住宅不得适用免税规定。

依据上述规定，对一个清算项目中既有普通标准住宅又有非普通标准住宅不同开发品的，应分别核算增值额。普通住宅增值额为－100万元；非普通住宅（包括：非普通住宅、车库、营业用房）增值额－500万元（－1 000＋500），因此清算项目中非普通住宅无增值额，不需缴纳土地增值税。

756. 地下设施成本可否作为开发成本在计算土地增值税时扣除？

问：房地产企业利用地下设施修建的地下车位，将部分车位使用权转让取得收入（无法取得产权及土地使用证）。请问该笔收入是按租赁收入还是按销售不动产收入缴纳营业税？如按租赁确认收入，该地下设施的成本在计算缴纳土地增值税时是否可计入开发成本？

答：《国家税务总局关于印发〈营业税税目注释（试行稿）〉的通知》（国税发〔1993〕149号）第九条规定，以转让有限产权或永久使用权方式销售建筑物，视同销售建筑物。

《国家税务总局关于房地产开发企业土地增值税清算管理有关问题的通知》（国税发〔2006〕187号）第四条第（三）项规定，房地产开发企业开发建造的与清算项目配套的居委会和派出所用房、会所、停车场（库）、物业管理场所、变电站、热力站、水厂、文体场馆、学校、幼儿园、托儿所、医院、邮电通讯等公共设施，按以下原则处理：

（1）建成后产权属于全体业主所有的，其成本、费用可以扣除；

（2）建成后无偿移交给政府、公用事业单位用于非营利性社会公共事业的，其成本、费用可以扣除；

（3）建成后有偿转让的，应计算收入，并准予扣除成本、费用。

根据上述规定，该企业应按销售不动产确认收入，地下设施成本可以扣除。

757. 未开票也未签订销售合同的房产清算时如何确认收入？

问：房地产企业在土地增值税清算时，未开票也未签订销售合同的房产应如何确认收入？

答：（1）关于土地增值税清算时收入确认的问题。

《国家税务总局关于土地增值税清算有关问题的通知》（国税函〔2010〕220号）规定，土地增值税清算时，已全额开具商品房销售发票的，按照发票所载金额确认收入；未开具发票或未全额开具发票的，以交易双方签订的销售合同所载的售房金额及其他收益确认收入。销售合同所载商品房面积与有关部门实际测量面积不一致，在清算前已发生补、退房款的，应在计算土地增值税时予以调整。

（2）关于土地增值税的核定征收。

《国家税务总局关于房地产开发企业土地增值税清算管理有关问题的通知》（国税发〔2006〕187号）第六条规定，房地产开发企业有下列情形之一的，税务机关可以参照与其开发规模和收入水平相近的当地企业的土地增值税税负情况，按不低于预征率的征收率核定征收土地增值税：

①依照法律、行政法规的规定应当设置但未设置账簿的；

②擅自销毁账簿或者拒不提供纳税资料的；

③虽设置账簿，但账目混乱或者成本资料、收入凭证、费用凭证残缺不全，难以确定转让收入或扣除项目金额的；

④符合土地增值税清算条件，未按照规定的期限办理清算手续，经税务机关责令限期清算，逾期仍不清算的；

⑤申报的计税依据明显偏低，又无正当理由的。

依据上述规定，房地产开发企业在土地增值税清算时，对既未开具发票也未签订销售合同的房产，若申报的计税收入明显偏低，又无正当理由的，税务机关可按下列方法和顺序核定确认清算收入：
①按本企业当月销售的同类房地产的平均价格核定。
②按本企业在同一地区、同一年度销售的同类房地产的平均价格确认。
③参照当地当年、同类房地产的市场价格或评估价值确认。

758. 清算后补缴的土地增值税是否加收滞纳金？

问：房地产开发企业预售房产时已按规定预缴土地增值税。现在进行土地增值税清算时，税务机关要求在当月 15 日补缴，请问在这之前缴纳是否不加收滞纳金？

答：《国家税务总局关于土地增值税清算有关问题的通知》（国税函〔2010〕220 号）规定，纳税人按规定预缴土地增值税后，清算补缴的土地增值税，在主管税务机关规定的期限内补缴的，不加收滞纳金。

759. 住宅未分开核算能否享受土地增值税免税优惠？

问：四川成都某房地产开发企业，开发一项目开工时间为 2006 年 6 月 1 日，竣工时间为 2010 年 6 月。该项目账上未将普通住宅与非普通住宅、车位、商铺等分开核算，在申报土地增值税时申报表也未分开计算普通住宅与非普通住宅、车位、商铺的增值额、增值率与土地增值税，该项目还能否享受增值率超过 20% 才计算土地增值税的优惠政策？

答：《财政部、国家税务总局关于土地增值税一些具体问题规定的通知》（财税字〔1995〕48 号）规定，对纳税人既建普通标准住宅又搞其他房地产开发的，应分别核算增值额。不分别核算增值额或不能准确核算增值额的，其建造的普通标准住宅不能适用条例第八条第（一）项的免税规定。

根据上述规定，房地产企业在申报土地增值税时申报表未分开计算普通住宅与非普通住宅、车位、商铺的增值额、增值率与土地增值税，该项目不能享受增值率不超过 20% 免征土地增值税的优惠政策。

760. 开发项目土地增值税清算时收入如何确认？

答：根据《国家税务总局关于土地增值税清算有关问题的通知》（国税函〔2010〕220 号）规定，土地增值税清算时，已全额开具商品房销售发票的，按照发票所载金额确认收入；未开具发票或未全额开具发票的，以交易双方签订的销售合同所载的售房金额及其他收益确认收入。销售合同所载商品房面积与有关部门实际测量面积不一致，在清算前已发生补、退房款的，应在计算土地增值税时予以调整。

761. 企业不同项目的土地增值税能否混算？

答：《财政部、国家税务总局关于土地增值税一些具体问题规定的通知》（财税字〔1995〕48号）第十三条规定，关于既建普通标准住宅又搞其他类型房地产开发的如何计税的问题：对纳税人既建普通标准住宅又搞其他房地产开发的，应分别核算增值额；不分别核算增值额或不能准确核增值额的，其建造的普通标准住宅不能适用条例第八条（一）项的免税规定。

《土地增值税暂行条例实施细则》第十一条规定，条例第八条（一）项所称的普通标准住宅，是指按所在地一般民用住宅标准建造的居住用住宅。高级公寓、别墅、度假村等不属于普通标准住宅。普通标准住宅与其他住宅的具体划分界限由各省、自治区、直辖市人民政府法规。纳税人建造普通标准住宅出售，增值额未超过本细则第七条（一）、（二）、（三）、（五）、（六）项扣除项目金额之和20％的，免征土地增值税；增值额超过扣除项目金额之和20％的，应就其全部增值额按法规计税。

依据上述规定，房地产开发企业既建普通标准住宅又搞其他房地产开发的，不分别核算增值额或不能准确核增值额的，应就其全部增值额按法规计税。

762. 违约金是否可以在土地增值税前扣除？

答：根据《土地增值税暂行条例》及其实施细则的规定，土地增值税的扣除项目为：（1）取得土地使用权所支付的金额；（2）开发土地的成本、费用；（3）新建房及配套设施的成本、费用，或者旧房及建筑物的评估价格；（4）与转让房地产有关的税金；（5）财政部规定的其他扣除项目。而"违约金"没有在扣除项目中列举，因此，房地产开发企业支付的违约金不可以在计算土地增值税时扣除。

763. 转让自有房屋及土地如何计算土地增值税？

问：工业企业若将土地、自建的房屋进行转让，计算土地增值税时土地的评估增值能否扣除？房屋及构筑物是按原值还是按余值扣除？

答：《财政部、国家税务总局关于土地增值税一些具体问题规定的通知》（财税字〔1995〕48号）第十条规定，转让旧房的，应按房屋及建筑物的评估价格、取得土地使用权所支付的地价款和按国家统一规定缴纳的有关费用以及在转让环节缴纳的税金作为扣除项目金额计征土地增值税。对取得土地使用权时未支付地价款或不能提供已支付的地价款凭据的，不允许扣除取得土地使用权所支付的金额。

根据上述规定，工业企业转让旧房，不能扣除土地的评估增值。

《土地增值税暂行条例》第六条第（一）款规定，取得土地使用权所支付的金额为计算增值额的扣除项目。《国家税务总局关于印发〈土地增值税宣传提纲〉的通知》（国税函发〔1995〕110号）规定，对取得土地或房地产使用权后，未进行开发即转让的，计算其增值额时，只允许扣除取得土地使用权时支付的地价款、缴纳的有关费用，以及在转让环节缴纳的税金。

因此，工业企业转让土地，可以扣除取得土地使用权时支付的地价款等，不能扣除土地的评估增值。

《土地增值税暂行条例》第六条第（三）款规定，新建房及配套设施的成本、费用，或者旧房及建筑物的评估价格为计算增值额的扣除项目。《土地增值税暂行条例实施细则》规定，旧房及建筑物的评估价格，是指在转让已使用的房屋及建筑物时，由政府批准设立的房地产评估机构评定的重置成本价乘以成新度折扣率后的价格。评估价格须经当地税务机关确认。《财政部、国家税务总局关于土地增值税若干问题的通知》（财税〔2006〕21号）第二条规定，纳税人转让旧房及建筑物，凡不能取得评估价格，但能提供购房发票，经当地税务部门确认，《条例》第六条第（一）、（三）项规定的扣除项目的金额，可按发票所载金额并从购买年度起至转让年度止每年加计5%计算。对纳税人购房时缴纳的契税，凡能提供契税完税凭证的，准予作为"与转让房地产有关的税金"予以扣除，但不作为加计5%的基数。

对于转让旧房及建筑物，既没有评估价格，又不能提供购房发票的，地方税务机关可以根据《税收征收管理法》第三十五条的规定，实行核定征收。

《国家税务总局关于土地增值税清算有关问题的通知》（国税函〔2010〕220号）第七条规定，《财政部、国家税务总局关于土地增值税若干问题的通知》（财税〔2006〕21号）第二条第一款规定的"纳税人转让旧房及建筑物，凡不能取得评估价格，但能提供购房发票的，经当地税务部门确认，《条例》第六条第（一）、（三）项规定的扣除项目的金额，可按发票所载金额并从购买年度起至转让年度止每年加计5%计算"。计算扣除项目时"每年"按购房发票所载日期起至售房发票开具之日止，每满12个月计一年；超过一年，未满12个月但超过6个月的，可以视同为一年。

根据上述规定，转让旧房不是按房屋原值也不是按余值扣除。计算增值额时，可扣除旧房的评估价格；没有评估价格的，可按购房发票所载金额并从购买年度起至转让年度止每年加计5%计算扣除金额；均不能取得的，税务机关可以核定征收。

764. 生产企业销售办公楼如何缴纳土地增值税？

问：某生产企业2009年销售一栋8年前建造的办公楼，取得销售收入1800万元。该办公楼原值1050万元，已计提折旧600万元。经房地产评估机构评估，该办公楼的重置成本为2100万元，成新度折扣率为5成，销售时缴纳各种税费共计

108万元。该生产企业销售办公楼如何缴纳土地增值税？

答：《土地增值税暂行条例》第二条规定，转让国有土地使用权、地上的建筑物及其附着物（以下简称转让房地产）并取得收入的单位和个人，为土地增值税的纳税义务人，应当依照本条例缴纳土地增值税。

《土地增值税暂行条例实施细则》第二条规定，条例第二条所称的转让国有土地使用权、地上的建筑物及其附着物并取得收入，是指以出售或者其他方式有偿转让房地产的行为。不包括以继承、赠与方式无偿转让房地产的行为。

根据上述规定，该生产企业销售旧办公楼取得销售收入，属于转让房地产并取得收入的单位，该生产企业应缴纳土地增值税。

《土地增值税暂行条例实施细则》第七条规定，条例第六条所列的计算增值额的扣除项目，具体为：

（1）取得土地使用权所支付的金额，是指纳税人为取得土地使用权所支付的地价款和按国家统一规定交纳的有关费用。

（2）开发土地和新建房及配套设施的成本，是指纳税人房地产开发项目实际发生的成本，包括土地征用及拆迁补偿费、前期工程费、建筑安装工程费、基础设施费、公共配套设施费、开发间接费用。

（3）开发土地和新建房及配套设施的费用，是指与房地产开发项目有关的销售费用、管理费用、财务费用。

（4）旧房及建筑物的评估价格，是指在转让已使用的房屋及建筑物时，由政府批准设立的房地产评估机构评定的重置成本价乘以成新度折扣率后的价格。评估价格须经当地税务机关确认。

（5）与转让房地产有关的税金，是指在转让房地产时缴纳的营业税、城市维护建设税、印花税。因转让房地产缴纳的教育费附加，也可视同税金予以扣除。

《财政部、国家税务总局关于土地增值税一些具体问题规定的通知》（财税字〔1995〕48号）第十条规定，转让旧房的，应按房屋及建筑物的评估价格、取得土地使用权所支付的地价款和按国家统一规定缴纳的有关费用以及在转让环节缴纳的税金作为扣除项目金额计征土地增值税。对取得土地使用权时未支付地价款或不能提供已支付的地价款凭据的，不允许扣除取得土地使用权所支付的金额。

根据上述规定，该生产企业旧房的扣除项目金额为：

旧房评估价＋转让房地产有关税金＋土地使用权所支付的地价款
＝2 100×50％＋108＋0（假设）＝1 158（万元）

增值额＝收入－扣除项目金额＝1 800－1 158＝642（万元）

增值率＝增值税÷扣除项目金额＝642÷1 158＝55％

土地增值税税额＝增值额×40％－扣除项目金额×5％
＝642×40％－1 158×5％＝198.8（万元）

765. 拍卖抵债房地产无增值额是否缴纳土地增值税？

问：我单位于2008年接收抵债房地产一处，接受价2 450万元，现在拍卖后得款1 950万元，请问是否缴纳土地增值税？

答：《土地增值税暂行条例》第三条规定，土地增值税按照纳税人转让房地产所取得的增值额和本条例第七条法规的税率计算征收。

第六条规定，计算增值额的扣除项目为：

（1）取得土地使用权所支付的金额；

（2）开发土地的成本、费用；

（3）新建房及配套设施的成本、费用，或者旧房及建筑物的评估价格；

（4）与转让房地产有关的税金；

（5）财政部法规的其他扣除项目。

旧房及建筑物的评估价格，是指在转让已使用的房屋及建筑物时，由政府批准设立的房地产评估机构评定的重置成本价乘以成新度折扣率后的价格。评估价格须经当地税务机关确认。

《财政部、国家税务总局关于土地增值税一些具体问题规定的通知》（财税字〔1995〕48号）第十条规定，转让旧房的，应按房屋及建筑物的评估价格、取得土地使用权所支付的地价款和按国家统一规定缴纳的有关费用以及在转让环节缴纳的税金作为扣除项目金额计征土地增值税。对取得土地使用权时未支付地价款或不能提供已支付的地价款凭据的，不允许扣除取得土地使用权所支付的金额。

第七条规定，土地增值税实行四级超率累进税率：

增值额未超过扣除项目金额50％的部分，税率为30％；

增值额超过扣除项目金额50％、未超过扣除项目金额100％的部分，税率为40％；

增值额超过扣除项目金额100％、未超过扣除项目金额200％的部分，税率为50％；

增值额超过扣除项目金额200％的部分，税率为60％。

根据上述规定，问题所述抵债房产如果没有增值额，不需要缴纳土地增值税；有增值额的，按第七条规定税率计算土地增值税。

另外需要注意的是，纳税人有《土地增值税暂行条例》第九条规定的下列情形之一的，按照房地产评估价格计算征收：

（1）隐瞒、虚报房地产成交价格的；

（2）提供扣除项目金额不实的；

（3）转让房地产的成交价格低于房地产评估价格，又无正当理由的。

766. 土地增值额的扣除项目如何确定？

问：土地增值税清算中计入房地产开发成本的"五险一金"可以扣除吗？按计入房地产开发成本人员工资为基数计提的工会经费可以扣除吗？

答：《土地增值税暂行条例》第六条规定，计算增值额的扣除项目为：

（1）取得土地使用权所支付的金额；

（2）开发土地的成本、费用；

（3）新建房及配套设施的成本、费用，或者旧房及建筑物的评估价格；

（4）与转让房地产有关的税金；

（5）财政部规定的其他扣除项目。

《土地增值税条例实施细则》第七条规定：

《土地增值税暂行条例》第六条所列的计算增值额的扣除项目，具体为：

（1）开发土地和新建房及配套设施（以下简称房增开发）的成本，是指纳税人房地产开发项目实际发生的成本（以下简称房增开发成本），包括土地征用及拆迁补偿费、前期工程费、建筑安装工程费、基础设施费、公共配套设施费、开发间接费用。

开发间接费用，是指直接组织、管理开发项目发生的费用，包括工资、职工福利费、折旧费、修理费、办公费、水电费、劳动保护费、周转房摊销等。

（2）开发土地和新建房及配套设施的费用（以下简称房地产开发费用），是指与房地产开发项目有关的销售费用、管理费用、财务费用。

财务费用中的利息支出，凡能够按转让房地产项目计算分摊并提供金融机构证明的，允许据实扣除，但最高不能超过按商业银行同类同期贷款利率计算的金额。其他房地产开发费用，按取得土地使用权所支付的金额和开发土地的成本、费用金额之和的5%以内计算扣除。凡不能按转让房地产项目计算分摊利息支出或不能提供金融机构证明的，房地产开发费用按取得土地使用权所支付的金额和开发土地的成本、费用金额之和的10%以内计算扣除。

根据上述规定，在开发间接费用中列明了工资、职工福利费。故企业为员工缴纳的"五险一金"，计提的工会经费不属于开发间接费用，不能列入开发土地和新建房及配套设施的成本，不是计算增值额的扣除项目，应计入当期损益，作为房地产开发费用，按规定扣除。

767. 转让旧房在加计扣除时应按几年计算？

问：对纳税人转让旧房的，规定在计算土地增值税时，可按发票所载金额并从购买年度起至转让年度止，每年加计5%计算扣除项目金额，2005年10月购买的房产在 2010 年 6 月出售，在加计扣除时应按几年计算？

答：《国家税务总局关于土地增值税清算有关问题的通知》（国税函〔2010〕220 号）第七条对转让旧房准予扣除项目的加计问题作出了如下规定：《财政部、国家税务总局关于土地增值税若干问题的通知》（财税〔2006〕21 号）第二条第一项规定，纳税人转让旧房及建筑物，凡不能取得评估价格，但能提供购房发票的，经当地税务部门确认，《土地增值税暂行条例》第六条第一项、第三项规定的扣除项目金额，可按发票所载金额并从购买年度起至转让年度止每年加计 5％计算。

计算扣除项目时"每年"按购房发票所载日期起至售房发票开具之日止，每满 12 个月计 1 年。超过 1 年，未满 12 个月但超过 6 个月，可以视同为 1 年计算。根据上述规定，2005 年 10 月购置、2010 年 6 月出售的房产，可按 5 年计算加计扣除。

768. 以土地投资入股如何缴纳土地增值税？

问： A 公司于 2007 年 6 月 1 日与 B 学校签订协议，B 学校以土地 350 亩作价 8 812 万元投资入股成立 C 房地产公司，并于 2008 年 2 月 28 日正式注册成立。B 学校于 2008 年 8 月份向国土部门补交了 350 亩的土地出让金 2 400 万元，当地政府返还投资 2 000 万元作为国家资本金给 B 学校，用于支持学校建设。B 学校于 2009 年 6 月把拥有的 C 公司的股权以 1.1 亿元转让给 D 公司。请问：

（1）B 学校应该如何缴纳土地增值税和企业所得税？土地增值税收入是以投资入股时的收入额 8 812 万元计征，还是以最后股权转让时的收入额 1.1 亿元计征？

（2）如果 B 学校以土地评估作价入股 8 812 万元作为计征土地增值税的依据，补交的 2 400 万元土地出让金是否可以计入土地成本，该块土地还有一些拆迁费用未列支，是否可以列入或预提计入土地的成本？

答：《财政部、国家税务总局关于土地增值税一些具体问题规定的通知》（财税〔1995〕48 号）第一条规定，对于以房地产进行投资、联营的，投资、联营的一方以土地（房地产）作价入股进行投资或作为联营条件，将房地产转让到所投资、联营的企业中时，暂免征收土地增值税。对投资、联营企业将上述房地产再转让的，应征收土地增值税。

《财政部、国家税务总局关于土地增值税若干问题的通知》（财税〔2006〕21 号）第五条规定，对于以土地（房地产）作价入股进行投资或联营的，凡所投资、联营的企业从事房地产开发的，或者房地产开发企业以其建造的商品房进行投资和联营的，均不适用《财政部、国家税务总局关于土地增值税一些具体问题规定的通知》（财税字〔1995〕048 号）第一条暂免征收土地增值税的规定。

根据上述规定，企业应当在将土地使用权投资时计算缴纳土地增值税。在计算土地投资时应当以投资额作为收入额，补交的土地出让金作为土地成本。企业最终转让的是股权，不是土地使用权，因而在转让股权环节不存在缴纳土地增值税的问题。

另外，《土地增值税暂行条例》第六条规定，取得土地使用权所支付的金额以及开发土地的成本、费用，可以在计算土地增值税时扣除。

《土地增值税暂行条例实施细则》第七条规定，取得土地使用权所支付的金额，是指纳税人为取得土地使用权所支付的地价款和按国家统一规定缴纳的有关费用。开发土地和新建房及配套设施（以下简称房增开发）的成本，是指纳税人房地产开发项目实际发生的成本（以下简称房增开发成本），包括土地征用及拆迁补偿费、前期工程费、建筑安装工程费、基础设施费、公共配套设施费、开发间接费用。土地征用及拆迁补偿费，包括土地征用费、耕地占用税、劳动力安置费及有关地上、地下附着物拆迁补偿的净支出、安置动迁用房支出等。

就上述规定分析，在计算转让土地使用权增值额时，拆迁费用可以作为土地增值税的扣除项目进行扣除。

769. 转让政府投入的土地如何缴纳土地增值税？

问：公司改制前通过政府划拨形式及支付部分出让金取得土地一块，2005年初公司改制为国企，政府以原土地评估后的价值作为出资额。现公司转让该土地，如何缴纳土地增值税？

答：政府以土地进行投资，那么投资后，土地使用权即属于公司，因而公司转让土地应当按照规定缴纳土地增值税。

《土地增值税暂行条例》第二条规定，转让国有土地使用权、地上的建筑物及其附着物（以下简称转让房地产）并取得收入的单位和个人，为土地增值税的纳税义务人（以下简称纳税人），应当依照本条例缴纳土地增值税。

第四条规定，纳税人转让房地产所取得的收入减除本条例第六条规定扣除项目金额后的余额，为增值额。

第五条规定，纳税人转让房地产所取得的收入，包括货币收入、实物收入和其他收入。

第六条规定，计算增值额的扣除项目：（1）取得土地使用权所支付的金额；（2）开发土地的成本、费用……

《土地增值税暂行条例实施细则》第七条规定，条例第六条所列的计算增值额的扣除项目，具体为：取得土地使用权所支付的金额，是指纳税人为取得土地使用权所支付的地价款和按国家统一规定缴纳的有关费用……

根据问题所述，企业取得的土地是通过接受投资途径取得的，因而投资时作价的土地即是土地成本。在此基础上，企业再按照上述规定计算确定土地增值额及其对应的税率计算缴纳土地增值税。

770. 合作建房如何进行土地增值税清算？

问：我公司是房地产开发企业，2007年与本地粮食局签订合同，约定粮食局出地，我公司出资，合作建房，建成后按比例分配。2008年房屋建成，面积为20 000平方米，我公司分得16 000平方米，粮食局4 000平方米，并办理了房产证。此项目建筑总成本为8 000万元，建筑支出均为我公司支出，建筑发票及相关费用发票抬头均为我公司名称。2008年年底土地增值税汇算清缴，请问我公司房地产开发成本应该按8 000万元，还是按分房比例6 400万元（8 000÷20 000×16 000）计算？我公司本次汇算的可售面积和总面积分别是多少？粮食局土地契税及取得土地的相关费用是否可以计入我公司进行土地增值税的汇算？

答：（1）关于合作建房土地增值税计算。

对于一方出地，一方出资金，双方合作建房，建成后按比例分房的情况。纳税人应按规定分别进行土地增值税清算，扣除项目金额按清算时的单位建筑面积成本费用乘以销售或转让面积计算。

单位建筑面积成本费用＝清算时的扣除项目总金额÷清算的总建筑面积

单位建筑面积成本费用＝80 000 000÷20 000＝4 000（元）

房地产开发面积和成本分摊：房地产开发企业面积16 000平方米，开发成本6 400万元。粮食局面积4 000平方米，开发成本1 600万元。

（2）关于合作建房扣除项目问题。

《土地增值税暂行条例》及实施细则第六条规定，计算增值额的扣除项目：取得土地使用权所支付的金额。取得土地使用权所支付的金额，是指纳税人为取得土地使用权所支付的地价款和按国家统一法规缴纳的有关费用。

房地产开发企业取得土地使用权时支付的契税的扣除问题。

《国家税务总局关于土地增值税清算有关问题的通知》（国税函〔2010〕220号）第五条规定，房地产开发企业为取得土地使用权所支付的契税，应视同"按国家统一规定缴纳的有关费用"，计入"取得土地使用权所支付的金额"中扣除。

根据上述规定，粮食局为取得土地使用权所支付的契税和按国家统一规定缴纳的有关费用可以作为计算增值额的扣除项目。

771. 开发成本需要取得何种合法有效凭证？

问：土地增值税进行清算时，发生如下问题如何处理？

（1）多个项目共同受益的公共配套，其成本如何计算？

(2) 房地产企业上交的维修基金有何标准？天津市的标准是1‰吗？

(3) 开发成本需要取得何种合法有效的凭据？（发票、合同、核算凭单、支付凭据）

答：（1）《国家税务总局关于房地产开发企业土地增值税清算管理有关问题的通知》（国税发〔2006〕187号）规定，属于多个房地产项目共同的成本费用，应按清算项目可售建筑面积占多个项目可售总建筑面积的比例或其他合理的方法，计算确定清算项目的扣除金额。

根据上述规定，多个项目共同受益的公共配套成本，应按清算项目可售建筑面积占多个项目可售总建筑面积的比例或其他合理的方法，计算确定清算项目的扣除金额。

（2）住宅专项维修资金标准。《住宅专项维修资金管理办法》（财政部令〔2007〕第165号）第六条规定，下列物业的业主应当按照本办法的规定交存住宅专项维修资金：

①住宅，但一个业主所有且与其他物业不具有共用部位、共用设施设备的除外。

②住宅小区内的非住宅或者住宅小区外与单幢住宅结构相连的非住宅。

前款所列物业属于出售公有住房的，售房单位应当按照本办法的规定交存住宅专项维修资金。

第七条规定，商品住宅的业主、非住宅的业主按照所拥有物业的建筑面积交存住宅专项维修资金，每平方米建筑面积交存首期住宅专项维修资金的数额为当地住宅建筑安装工程每平方米造价的5%～8%。直辖市、市、县人民政府建设（房地产）主管部门应当根据本地区情况，合理确定、公布每平方米建筑面积交存首期住宅专项维修资金的数额，并适时调整。

第八条规定，出售公有住房的，按照下列规定交存住宅专项维修资金：

①业主按照所拥有物业的建筑面积交存住宅专项维修资金，每平方米建筑面积交存首期住宅专项维修资金的数额为当地房改成本价的2%。

②售房单位按照多层住宅不低于售房款的20%、高层住宅不低于售房款的30%，从售房款中一次性提取住宅专项维修资金。

天津市的标准规定如下：

《天津市人民政府办公厅转发市国土房管局拟定的天津市非住宅物业交存专项维修资金意见的通知》（津政办发〔2008〕181号）规定：

● 专项维修资金的交存范围。

凡在本市行政区域内，销售给两个以上业主的新建非住宅物业项目，应当统一交存共用部位、共用设施设备专项维修资金。但住宅小区内的非住宅物业或住宅小区外与住宅物业结构相连的非住宅物业专项维修资金的交存，仍按照市人民政府《批转市房管局市财政局拟定的天津市商品住宅维修基金管理办法的通知》（津政发

〔2002〕90号）规定执行。

● 专项维修资金的交存标准。

非住宅物业的购房人和开发建设单位，应当按照每建筑平方米100元的标准分别交存首期专项维修资金。

《天津市人民政府批转市房管局、市财政局拟定的天津市商品住宅维修基金管理办法的通知》（津政发〔2002〕90号）第五条规定，首期维修基金由开发建设单位和购房人以购房款总额为基数，分别按以下比例缴存：

①不配备电梯的商品住宅，开发建设单位和购房人各按1‰缴存维修基金；

②配备电梯的商品住宅，开发建设单位按1.5‰、购房人按1‰缴存维修基金。

第六条规定，开发建设单位自用、出租商品住宅的，应当在办理房屋权属证书前，按同期售房价格或指导价格为基数的2‰或者2.5‰计算缴存维修基金数额，由开发建设单位一次性存入市维修基金专户。

因此，天津市房地产企业上交住宅维修基金的标准应依具体情况判断，不是固定为1‰。

（3）《营业税暂行条例实施细则》第十九条规定，条例第六条所称符合国务院税务主管部门有关规定的凭证（以下统称合法有效凭证），是指：

①支付给境内单位或者个人的款项，且该单位或者个人发生的行为属于营业税或者增值税征收范围的，以该单位或者个人开具的发票为合法有效凭证；

②支付的行政事业性收费或者政府性基金，以开具的财政票据为合法有效凭证；

③支付给境外单位或者个人的款项，以该单位或者个人的签收单据为合法有效凭证，税务机关对签收单据有疑义的，可以要求其提供境外公证机构的确认证明；

④国家税务总局规定的其他合法有效凭证。

《国家税务总局关于金融企业销售未取得发票的抵债不动产和土地使用权征收营业税问题的批复》（国税函〔2005〕77号）规定，《财政部、国家税务总局关于营业税若干政策问题的通知》（财税〔2003〕16号）第四条规定的合法有效凭证，包括法院判决书、裁定书、调解书，以及可由人民法院执行的仲裁裁决书、公证债权文书。

参照上述规定，开发成本需取得的合法有效的凭据包括发票、财政票据、境外签收单据、境外公证证明、司法文书、合同或协议和支付凭证。

772. 土地增值税清算中不同项目增值额负数与正数能否相抵？

问：在土地增值税清算中，如果普通住宅增值额小于零，而商业用房增值额大于零，能否将普通住宅与商业用房增值额相抵后计算土地增值税？

答：《国家税务总局关于房地产开发企业土地增值税清算管理有关问题的通知》

(国税发〔2006〕187号)土地增值税的清算单位规定,开发项目中同时包含普通住宅和非普通住宅的,应分别计算增值额。

《国家税务总局关于印发〈土地增值税清算管理规程〉的通知》(国税发〔2009〕91号)规定,清算审核时,对不同类型房地产是否分别计算增值额、增值率,缴纳土地增值税进行审核。

《财政部、国家税务总局关于土地增值税一些具体问题规定的通知》(财税〔1995〕48号)规定,对纳税人既建普通标准住宅又搞其他房地产开发的,应分别核算增值额。不分别核算增值额或不能准确核算增值额的,其建造的普通标准住宅不能适用条例第八条(一)项的免税规定。

根据上述规定,开发项目中同时包含普通住宅和非普通住宅的,应分别计算增值额。不分别核算增值额或不能准确核算增值额的,其建造的普通标准住宅不能适用条例第八条(一)项的免税规定。

773. 缴纳土地增值税能否在各年度平均调整?

问:2011年企业在土地增值税清算时补缴了较大金额的税款,估计以后年度没有利润可以弥补,能否追溯调整到整个开发项目各年度?

答:企业正常经营年度"以前年度按固定比例预缴,今年结算时补缴的土地增值税"如果在补交年度的应纳税所得额中不足扣除的,应按照企业亏损处理,不得追溯调整以前年度应纳税所得额。

特殊规定:房地产开发企业按规定对开发项目进行土地增值税清算后,在向税务机关申请办理注销税务登记时,如注销当年汇算清缴出现亏损,可按照《国家税务总局关于房地产开发企业注销前有关企业所得税处理问题的公告》(国家税务总局2010年第29号公告)规定的方法计算出其在注销前项目开发各年度多缴的企业所得税税款,并申请退税在所属年度扣除。

774. 土地增值税清算时销售收入如何确定?

问:某房地产公司与客户在2009年12月10日签订购房合同,合同总额50万元。首付20万元,在2009年12月10日交付;按揭30万元,在2010年1月20日由银行发放。请问在2009年12月31日为截止时间进行土地增值税清算(已达到销售85%的清算条件)时,清算收入金额是20万元,还是50万元?

答:《国家税务总局关于土地增值税清算有关问题的通知》(国税函〔2010〕220号)规定,土地增值税清算时,已全额开具商品房销售发票的,按照发票所载金额确认收入;未开具发票或未全额开具发票的,以交易双方签订的销售合同所载的售房金额及其他收益确认收入。销售合同所载商品房面积与有关部门实际测量面积不一致,在清算前已发生补、退房款的,应在计算土地增值税时予以调整。

根据上述规定,房地产公司采取银行按揭方式销售开发产品的,已全额开具商品房销售发票的,按照发票所载金额确认收入;未开具发票或未全额开具发票的,应按销售合同或协议约定的价款 50 万元确定收入额。

775. 转让闲置营业楼是否缴纳土地增值税?

问:我单位有一栋营业楼,已建成未投入使用。现在我单位想转让这栋营业楼,是否应缴纳土地增值税?

答:《土地增值税暂行条例实施细则》规定,条例第二条所称的转让国有土地使用权、地上的建筑物及其附着物并取得收入,是指以出售或者其他方式有偿转让房地产的行为。不包括以继承、赠与方式无偿转让房地产的行为。

条例第二条所称的国有土地,是指按国家法律法规属于国家所有的土地。

条例第二条所称的地上的建筑物,是指建于土地上的一切建筑物,包括地上地下的各种附属设施。

条例第二条所称的附着物,是指附着于土地上的不能移动,一经移动即遭损坏的物品。

根据上述规定,企业转让闲置的营业楼属于建筑物,为土地增值税的纳税义务人,应缴纳土地增值税。

776. 土地增值税计算实例。

问:某公司开发销售一房地产项目,取得销售收入 1 800 万元(假定城建税税率为 7%,教育费附加征收率为 3%)。开发此项目该房地产公司共支付地价款 200 万元(含相关手续费 2 万元),开发成本 400 万元,贷款利息支出无法准确分摊。(注:该地区人民政府确定的费用计提比例为 10%。)那么该房地产开发公司应缴纳多少土地增值税?

答:(1)收入总额:1 800 万元
(2)扣除项目金额:
①支付地价款:200 万元
②支付开发成本:400 万元
③扣除开发费用:(200+400)×10%=60(万元)
④扣除税金:1 800×5%×(1+7%+3%)=99(万元)
⑤加计扣除费用:(200+400)×20%=120(万元)
⑥扣除项目总额:200+400+60+99+120=879(万元)
(3)增值额:1 800-879=921(万元)

(4) 增值比率：921÷879 100%＝105%

适用三档税率。

(5) 应纳税额：

879×50%×30%＋879×(100%－50%)×40%＋(921－879)×50%
＝328.65（万元）

777. 清算后应补缴的土地增值税如何加收滞纳金？

答：纳税人按规定预缴土地增值税后，清算补缴的土地增值税，在主管税务机关规定的期限内补缴的，不加收滞纳金。

778. 对外投资未取得实际收入，计算土地增值税时如何确定收入？

问：房地产开发企业用开发的商品房对外投资，没有取得实际收入，计算土地增值税时如何确定收入？

答：根据《关于印发〈土地增值税清算管理规程〉的通知》（国税发〔2009〕91号）第十九条规定，房地产开发企业将开发产品用于职工福利、奖励、对外投资、分配给股东或投资人、抵偿债务、换取其他单位和个人的非货币性资产等，发生所有权转移时应视同销售房地产，其收入按下列方法和顺序确认：

(1) 按本企业在同一地区、同一年度销售的同类房地产的平均价格确定；

(2) 由主管税务机关参照当地当年、同类房地产的市场价格或评估价值确定。

779. 房地产开发费用如何扣除？

答：(1) 财务费用中的利息支出，凡能够按转让房地产项目计算分摊并提供金融机构证明的，允许据实扣除，但最高不能超过按商业银行同类同期贷款利率计算的金额。其他房地产开发费用，在按照"取得土地使用权所支付的金额"与"房地产开发成本"金额之和的5%以内计算扣除。

(2) 凡不能按转让房地产项目计算分摊利息支出或不能提供金融机构证明的，房地产开发费用在按"取得土地使用权所支付的金额"与"房地产开发成本"金额之和的10%以内计算扣除。

全部使用自有资金，没有利息支出的，按照以上方法扣除。

上述具体适用的比例按省级人民政府此前规定的比例执行。

(3) 房地产开发企业既向金融机构借款，又有其他借款的，其房地产开发费用计算扣除时不能同时适用(1)、(2)项所述两种办法。

（4）土地增值税清算时，已经计入房地产开发成本的利息支出，应调整至财务费用中计算扣除。

780. 拆迁安置土地增值税如何计算？

答：（1）房地产企业用建造的本项目房地产安置回迁户的，安置用房视同销售处理，按《国家税务总局关于房地产开发企业土地增值税清算管理有关问题的通知》（国税发〔2006〕187号）第三条第（一）款规定确认收入，同时将此确认为房地产开发项目的拆迁补偿费。房地产开发企业支付给回迁户的补差价款，计入拆迁补偿费；回迁户支付给房地产开发企业的补差价款，应抵减本项目拆迁补偿费。

（2）开发企业采取异地安置，异地安置的房屋属于自行开发建造的，房屋价值按国税发〔2006〕187号第三条第（一）款的规定计算，计入本项目的拆迁补偿费；异地安置的房屋属于购入的，以实际支付的购房支出计入拆迁补偿费。

（3）货币安置拆迁的，房地产开发企业凭合法有效凭据计入拆迁补偿费。

781. 转让旧房准予扣除项目的加计扣除率是多少？

答：《财政部、国家税务总局关于土地增值税若干问题的通知》（财税〔2006〕21号）第二条第一款规定，纳税人转让旧房及建筑物，凡不能取得评估价格，但能提供购房发票的，经当地税务部门确认，《条例》第六条第（一）、（三）项规定的扣除项目的金额，可按发票所载金额并从购买年度起至转让年度止每年加计5%计算。计算扣除项目时"每年"按购房发票所载日期起至售房发票开具之日止，每满12个月计一年；超过一年，未满12个月但超过6个月的，可以视同为一年。

782. 联合开发项目土地增值税如何清算？

问：我公司是房地产开发公司，与其他单位联合开发房地产项目，我公司出土地，联合开发方出资金，开发产品三七分成。土地增值税清算是针对我公司分取产品销售收入以及土地成本单独进行清算呢，还是与联合开发方共同计算整个项目的收入与全部开发成本，确定应纳税金，然后在税金总额内由我公司与联合开发方分摊税金？

答："合作建房"是开发商在土地实施"招、拍、挂"之前拿地的重要途径之一，利用这种方式开发的房地产项目清算中需要准确把握政策的核心内容。特别是联合开发的协议约定以及项目立项的办理方式。针对贵公司所描述的情况，我们认为：

（1）若联合开发方只取得房屋自用，根据《财政部、国家税务总局关于土地增值税一些具体问题规定的通知》（财税字〔1995〕48号）规定：对于一方出地，一方出资金，双方合作建房，建成后按比例分房自用的，暂免征土地增值税，建成后转让的，应征收土地增值税。因此，你们双方开发的房产若是自用是暂免征收土地增值税；若是对外销售，就要按规定计算缴纳土地增值税。

（2）根据贵公司的情况，假设贵公司出地，建成后按比例分享三成，以贵公司为开发主体并且建成后进行销售处理，在纳税处理上就应当以贵公司为主体，按整个项目为单位进行土地增值税预征和清算。贵公司分配给联合开发方的开发产品应按照公允价值计算缴纳土地增值税，公允价值可按《国家税务总局关于房地产开发企业土地增值税清算管理有关问题的通知》（国税〔2006〕187号）文件第三条第（一）款的要求确认：①按本企业在同一地区、同一年度销售的同类房地产的平均价格确定；②由主管税务机关参照当地当年、同类房地产的市场价格或评估价值确定。对联合开发方来说相当于用资金换取你单位建好的房产，贵公司相当于提前收取了联合开发房的预售款。贵公司应开具销售不动产发票给联合开发方。

（3）如果贵公司不是开发主体，项目以联合开发方名义主体进行开发，则贵公司应按照"转让土地使用权"进行土地增值税清算。分得房产自用暂免土地增值税，之后再行转让要另行计算土地增值税。

783. 房企收取顾客的违约金是否缴纳土地增值税？

问：房地产开发公司收取顾客的违约金及更名费是否需要缴纳土地增值税？

答：房地产开发公司因购房者在履行购房合同时违约而收取的违约金及更名费，实际构成了房屋销售价值并在房屋转让时取得了收入。因此，根据《土地增值税暂行条例实施细则》第五条"条例第二条所称的收入，包括转让房地产的全部价款及有关的经济收益"的规定，该违约金及更名费应并入其房屋转让收入计征土地增值税。

784. 转让土地是否可以加计5%扣除计算土地增值税？

问：根据《财政部、国家税务总局关于土地增值税若干问题的通知》（财税〔2006〕21号）的规定，纳税人转让旧房及建筑物，可按原发票金额每年加计5%扣除。请问，纳税人转让早年买的土地，是否也可以每年加计5%扣除？

答：《财政部、国家税务总局关于土地增值税若干问题的通知》（财税〔2006〕21号〕第二条关于转让旧房准予扣除项目的计算问题规定，纳税人转让旧房及建筑物，凡不能取得评估价格，但能提供购房发票的，经当地税务部门确认，《条例》第六条第（一）、（三）项规定的扣除项目的金额，可按发票所载金额并从购买年度起至转让年度止每年加计5%计算。对纳税人购房时缴纳的契税，凡能提供契税完税凭证的，准予作为"与转让房地产有关的税金"予以扣除，但不作为加计5%的基数。

对于转让旧房及建筑物，既没有评估价格，又不能提供购房发票的，地方税务机关可以根据《税收征收管理法》第三十五条的规定，实行核定征收。

第六条规定，本文自2006年3月2日起执行。

文中并未对旧房的购置时间做出限定，自2006年3月2日起，转让旧房及建筑物，凡不能取得评估价格，但能提供购房发票的，经当地税务部门确认，《条例》第六条第（一）、（三）项规定的扣除项目的金额，可按发票所载金额并从购买年度起至转让年度止每年加计5%计算。

785. 地下车位出租收入是否缴纳土地增值税？

问：我公司是房地产开发公司企业，将地下车位使用权出租给部分业主，并签订合同约定使用年限为15年，使用费分次按年收取，收取的这笔收入是否应当缴纳土地增值税？

答：《土地增值税暂行条例》及其实施细则规定，土地增值税是对出售或者以其他方式有偿转让国有土地使用权、地上的建筑物及其附着物的行为所征收的税。出售或转让应当以办理相应产权转移为标志，产权未发生转移不需要缴纳土地增值税，地下车位的成本在计算土地增值税时也不得扣除。

786. 房地产开发间接费如何进行分配？

问：房地产开发企业开发间接费在完工开发产品和未完工开发产品之间如何进行分配？依据是什么？例如，某房地产开发公司2007年办理完毕有关部门开发某开发项目的手续，2009年8月末累计发生开发间接费用236万元，2009年8月份实现完工开发产品销售收入3 000万元，该完工开发产品销售收入需结转销售成本的建筑安装成本为1 800万元，未完工开发产品的建筑安装成本累计余额为2 200万元，基础设施费、前期工程费、公共配套费暂不考虑。

答：《房地产开发经营业务企业所得税处理办法》（国税发〔2009〕31号）自2008年1月1日起执行，本办法第二十八规定企业计税成本核算的一般程序如下：

（1）对当期实际发生的各项支出，按其性质、经济用途及发生的地点、时间进行整理、归类，并将其区分为应计入成本对象的成本和应在当期税前扣除的期间费用。同时还应按规定对在有关预提费用和待摊费用进行计量与确认。

（2）对应计入成本对象的各项实际支出、预提费用、待摊费用等合理地划分为直接成本、间接成本和共同成本，并按规定将其合理归集、分配至已完工成本对象、在建成本对象和未建成本对象。

（3）对期前已完工成本对象应负担的成本费用按已销开发产品、未销开发产品和固定资产进行分配，其中应由已销开发产品负担的部分，在当期纳税申报时进行扣除，未销开发产品应负担的成本费用待其实际销售时再予扣除。

（4）对本期已完工成本对象分类为开发产品和固定资产并对其计税成本进行结算。其中属于开发产品的，应按可售面积计算其单位工程成本，据此再计算已销开发产品计税成本和未销开发产品计税成本。对本期已销开发产品的计税成本，准予在当期扣除，未销开发产品计税成本待其实际销售时再予扣除。

（5）对本期未完工和尚未建造的成本对象应当负担的成本费用，应分别建立明细台账，待开发产品完工后再予结算。

开发产品建筑安装成本、开发间接费用都属于上述规定的应当计入成本对象的成本，建筑安装成本属于可以直接计入成本对象的直接成本，开发间接费用根据企业成本项目设置的不同，有些可以直接计入成本对象，有些需要按照一定方式分摊计入成本对象。对于直接成本和能够分清成本对象的间接成本，直接计入成本对象。对于共同成本和不能分清负担对象的间接成本，按受益的原则和配比的原则分配至各成本对象。

国税发〔2009〕31号第二十九条进一步明确了共同成本和不能分清负担对象的间接成本的分配原则：占地面积法、建筑面积法、直接成本法、预算造价法。

此外，国税发〔2009〕31号第三十条还明确规定，土地成本，一般按占地面积法进行分配；单独作为过渡性成本对象核算的公共配套设施开发成本，应按建筑面积法进行分配；借款费用属于不同成本对象共同负担的，按直接成本法或按预算造价法进行分配；其他成本项目的分配法由企业自行确定。不同的成本分配方法计算出来的成本可能会有一定差异。本案例对于开发间接费用的分配即属于此种情况，如果该企业仅开发一个项目或是成本对象，则开发间接费用属于能够直接计入成本对象的成本，可以如同建筑安装费用按照单位面积成本在完工开发产品与未完工开发产品之间进行分配。如果该企业开发多个成本对象，则开发间接费用就需要在完工开发对象与未完工开发对象之间进行分配，分配的方法可以根据企业情况选用占地面积法、建筑面积法、直接成本法、预算造价法。

787. 企业分立时房产、土地的分割是否缴的土地增值税？

问：在企业分立过程中，对于房产土地的分割是否缴纳土地增值税？

答：《土地增值税暂行条例》第二条规定，转让国有土地使用权、地上的建筑物及附着物（以下简称转让房地产）并取得收入的单位和个人，为土地增值税的纳税义务人（以下简称纳税人），应当依照本条例缴纳土地增值税。

《土地增值税暂行条例实施细则》第二条规定，条例第二条所称的转让国有土地使用权、地上的建筑物及其附着物并取得收入，是指以出售或者其他方式有偿转让房地产的行为。不包括以继承、赠与方式无偿转让房地产的行为。

第五条规定，条例第二条所称的收入，包括转让房地产的全部价款及有关的经济收益。

根据上述规定，企业分立过程中，对房产、土地的分割不缴纳土地增值税。

788. 委托贷款利息支出能在土地增值税税前扣除吗？

问：某房地产公司通过银行委托贷款方式取得贷款 1 000 万元，其支付的利息是否可以在土地增值税税前扣除？

答：《土地增值税暂行条例实施细则》第七条规定，条例第六条所列的计算增值额的扣除项目，具体为：

……

开发土地和新建房及配套设施的费用（以下简称房地产开发费用），是指与房地产开发项目有关的销售费用、管理费用、财务费用。

财务费用中的利息支出，凡能够按转让房地产项目计算分摊并提供金融机构证明的，允许据实扣除，但最高不能超过按商业银行同类同期贷款利率计算的金额。其他房地产开发费用，按取得土地使用权所支付的金额和开发土地的成本费用金额之和的 5％以内计算扣除。

凡不能按转让房地产项目计算分摊利息支出或不能提供金融机构证明的，房地产开发费用按取得土地使用权所支付的金额和开发土地的成本费用金额之和的 10％以内计算扣除。

上述计算扣除的具体比例，由各省、自治区、直辖市人民政府规定。

根据上述文件规定，贵公司通过银行委托贷款取得的借款，支付的利息在满足上述条件的前提下可以按规定在计算土地增值税时扣除。

789. 清算时用于出租的地下停车场面积如何处理？

问：某房地产开发企业开发了一栋商住混合楼，1～4 层为商铺（4 层尚未售出），5～24 层为住宅（23～24 层留作自用），有一地下停车场（用于出租），现已达到进行土地增值税清算的条件，在土地增值税清算过程中，对用于出租的地下停车场，其建筑面积是否计入可售面积？是否应分摊取得土地使用权所支付的金额？

答：用于出租的地下停车场，建筑面积应当计入可售面积。

（1）国家税务总局《房地产开发经营业务企业所得税处理办法》（国税发〔2009〕31 号）第十七条规定，企业在开发区内建造的会所、物业管理场所、电站、热力站、水厂、文体场馆、幼儿园等配套设施，按以下规定进行处理：

①属于非营利性且产权属于全体业主的，或无偿赠与地方政府、公用事业单位

的，可将其视为公共配套设施，其建造费用按公共配套设施费的有关规定进行处理。

②属于营利性的，或产权归企业所有的，或未明确产权归属的，或无偿赠与地方政府、公用事业单位以外其他单位的，应当单独核算其成本。除企业自用应按建造固定资产进行处理外，其他一律按建造开发产品进行处理。

（2）该出租的地下车库属于第二种性质，应当视同建造开发产品进行处理，所以地下停车场计入可售面积，应当分摊取得土地使用权所支付的金额。

790. 出售自有土地如何缴纳土地增值税？

问：本公司于2008年出售土地一块，土地来源为早期政府划拨（20世纪五六十年代划拨），土地及房屋产权均属于本公司，现居住部分单位老职工。该土地经评估价格为1 000万元，房产评估价格为308万元，总价为1 308万元。最终拍卖总价格为1 150万元。我方认为土地成交价格低于评估价格，不应该缴纳土地增值税，地方税务局认为应按照1 150万元作为土地增值额，缴纳土地增值税。请问该如何计算这块土地的土地增值税？

答：《土地增值税暂行条例》第二条规定，转让国有土地使用权、地上的建筑物及其附着物（以下简称转让房地产）并取得收入的单位和个人，为土地增值税的纳税义务人（以下简称纳税人），应依照本条例缴纳土地增值税。第三条规定，土地增值税按照纳税人转让房地产所取得的增值额和本条例第七条规定的税率计算征收。第四条规定，纳税人转让房地产所取得的收入减除本条例第六条规定扣除项目金额后的余额，为增值额。第六条规定，计算增值额的扣除项目为：①取得土地使用权所支付的金额；②开发土地的成本、费用；③新建房及配套设施的成本、费用，或者旧房及建筑物的评估价格；④与转让房地产有关的税金；⑤财政部规定的其他扣除项目。

《土地增值税暂行条例实施细则》第七条规定，条例第六条所列的计算增值额的扣除项目，具体为：取得土地使用权所支付的金额，是指纳税人为取得土地使用权所支付的地价款和按国家统一法规缴纳的有关费用……

因而，对于贵企业而言，该转让行为中所涉及的扣除项目应包括取得土地使用权所支付的金额以及旧房的评估价格（不考虑其他税费及扣除项目的情况下），土地使用权应按当初取得土地使用权所实际支付的金额来计算。该土地使用权属于早期国家划拨，贵企业如果在取得该项土地使用权时未付出任何款项，则在计算转让环节土地增值税时该项土地使用权的可扣除金额应为零，不能以土地的评估价格为基数进行扣除；对于自建的旧房在转让环节计算土地增值税时可依据上述规定按其评估价格进行扣除。

所以，贵企业就该转让行为可作为土地增值税扣除的项目应仅为旧房的评估价格，贵企业实现了土地的增值，应按照上述规定计算缴纳土地增值税。

791. 土地增值税清算中扣除项目金额中所归集的各项成本和费用如何处理？

问：房地产企业开发成本支出中已取得的合同及发票，截至土地增值税清算日尚未付款的部分，是否可以作为土地增值税的开发成本予以扣除？

答：《国家税务总局关于印发〈土地增值税清算管理规程〉的通知》（国税发〔2009〕91号）第二十一条规定，审核扣除项目是否符合下列要求：

（1）在土地增值税清算中，计算扣除项目金额时，其实际发生的支出应当取得但未取得合法凭据的不得扣除。

（2）扣除项目金额中所归集的各项成本和费用，必须是实际发生的。

（3）扣除项目金额应当准确地在各扣除项目中分别归集，不得混淆。

（4）扣除项目金额中所归集的各项成本和费用必须是在清算项目开发中直接发生的或应当分摊的。

（5）纳税人分期开发项目或者同时开发多个项目的，或者同一项目中建造不同类型房地产的，应按照受益对象，采用合理的分配方法，分摊共同的成本费用。

（6）对同一类事项，应当采取相同的会计政策或处理方法。会计核算与税务处理规定不一致的，以税务处理规定为准。因此，在土地增值税清算中，扣除项目金额中所归集的各项成本和费用，必须是实际发生的才能扣除。

792. "与转让房地产有关的税金"是否包括地方教育附加？

问：土地增值税清算时规定可以扣除的"与转让房地产有关的税金"，是否包括地方教育附加？

答：《国家税务总局关于房地产开发企业土地增值税清算管理有关问题的通知》（国税发〔2006〕187号）第四条第一项规定，房地产开发企业办理土地增值税清算时计算与清算项目有关的扣除项目金额，应根据《土地增值税暂行条例》第六条及其实施细则第七条的规定执行。除另有规定外，扣除取得土地使用权所支付的金额、房地产开发成本、费用及与转让房地产有关税金，须提供合法有效凭证。不能提供合法有效凭证的，不予扣除。

所以，"与转让房地产有关的税金"包括地方教育附加。

793. 受让土地使用权时缴纳的契税能否在计算土地增值税时扣除？

问：房产开发企业在开发房产过程中，受让土地使用权时缴纳的契税，能否在计算土地增值税时扣除？

答：根据《国家税务总局关于土地增值税清算有关问题的通知》(国税函〔2010〕220号)规定，房地产开发企业为取得土地使用权所支付的契税，应视同"按国家统一规定缴纳的有关费用"，计入"取得土地使用权所支付的金额"中扣除。

794. 企业转让旧房及建筑物，如何缴纳土地增值税？

问：企业转让旧房及建筑物，缴纳的土地增值税扣除项目中是否可以包含购房时缴纳的契税？

答：根据《财政部、国家税务总局关于土地增值税若干问题的通知》(财税〔2006〕21号)规定，纳税人转让旧房及建筑物，凡不能取得评估价格，但能提供购房发票的，经当地税务机关确认，《土地增值税暂行条例》第六条第一项、第三项规定的扣除项目的金额，可按发票所载金额并从购买年度起至转让年度止每年加计5％计算。对纳税人购房时缴纳的契税，凡能提供契税完税凭证的，准予作为"与转让房地产有关的税金"予以扣除，但不作为加计5％的基数。

795. 合作建房是否需要缴纳土地增值税？

问：两个单位合作建房，一方出地，一方出资金，建成后按比例分房自用，是否需要缴纳土地增值税？

答：根据《财政部、国家税务总局关于土地增值税一些具体问题规定的通知》(财税〔1995〕48号)第二条规定，对于一方出地，一方出资金，双方合作建房，建成后按比例分房自用的，暂免征收土地增值税。

796. 2011年卖掉一套自有住房是否要缴纳土地增值税？

问：2011年某人打算卖掉一套自有住房，是否要缴纳土地增值税？

答：根据《财政部、国家税务总局关于调整房地产交易环节税收政策的通知》(财税〔2008〕137号)第三条规定，自2008年11月1日起，对个人销售住房暂免征收土地增值税。

797. 个人将土地归还政府取得的收入，是否缴纳土地增值税？

答：根据《土地增值税暂行条例》及其实施细则的规定，转让国有土地使用权属于土地增值税的征税对象，而个人将土地使用权归还政府的行为属于转让土地使用权行为，按照规定应缴纳土地增值税。但因城市实施规划、国家建设的需要，而被政府批准征用的房产或收回的土地使用权,或是由纳税人自行转让原房地产的,则免征土地增值税。

798. 企业是否可以委托税务中介机构进行土地增值税的清算鉴证?

问:企业是否可以委托税务中介机构进行土地增值税的清算鉴证?税款如何缴纳?

答:《国家税务总局关于房地产开发企业土地增值税清算管理有关问题的通知》(国税发〔2006〕187号)第六条关于土地增值税清算项目的审核鉴证规定,税务中介机构受托对清算项目审核鉴证时,应按税务机关规定的格式对审核鉴证情况出具鉴证报告。对符合要求的鉴证报告,税务机关可以采信。税务机关要对从事土地增值税清算鉴证工作的税务中介机构在准入条件、工作程序、鉴证内容、法律责任等方面提出明确要求,并做好必要的指导和管理工作。因此,企业可以委托给税务中介机构进行清算鉴证工作,但是税务中介机构应按税务机关规定的格式对审核鉴证情况出具鉴证报告。鉴证报告由主管税务机关进行审核,纳税人最后在主管税务机关汇缴税款。

799. 房地产开发企业扣留的质保金可否税前扣除?

问:在房地产开发项目进行土地增值税清算时,房地产开发企业扣留的建筑施工企业质量保证金是否允许扣除?

答:根据《国家税务总局关于土地增值税清算有关问题的通知》(国税函〔2010〕220号)第二条规定,房地产开发企业在工程竣工验收后,根据合同约定,扣留建筑安装施工企业一定比例的工程款,作为开发项目的质量保证金,在计算土地增值税时,建筑安装施工企业就质量保证金对房地产开发企业开具发票的,按发票所载金额予以扣除。未开具发票的,扣留的质保金不得计算扣除。

800. 未办理完工备案和会计决算手续可以进行计税成本结转吗?

问:房地产开发企业开发的房屋已办理入住手续,由于种种原因未办理完工备案手续且未办理会计决算手续,此种情况是否视为已完工产品进行计税成本的结转?

答:《国家税务总局关于房地产开发企业开发产品完工条件确认问题的通知》(国税函〔2010〕201号)规定,房地产开发企业建造、开发的开发产品,无论工程质量是否通过验收合格,或是否办理完工(竣工)备案手续以及会计决算手续,当企业开始办理开发产品交付手续(包括入住手续),或已开始实际投入使用时,为开发产品开始投入使用，应视为开发产品已完工。房地产开发企业应按规定及时结算开发产品计税成本，并计算企业当年度应纳税所得额。

801. 房地产企业单独修建的售楼部等营销设施费，在土地增值税清算中如何扣除？

问：房地产企业单独修建的售楼部、样板房等营销设施费，在土地增值税清算中如何扣除？

答：房地产企业单独修建的售楼部、样板房等营销设施费，应分不同情况处理：

（1）房地产企业在开发小区内、主体外修建临时性建筑物作为售楼部、样板房的，其发生的设计、建造、装修等费用，应计入房地产销售费用扣除。售楼部、样板房内的资产，如空调、电视机等资产性购置支出不得在销售费用中列支。

（2）房地产企业在主体内修建临时售楼部、样板房的，其发生的设计、建造、装修等费用，建成后有偿转让的，应计算收入并准予扣除。

（3）房地产企业利用规划配套设施（如会所、物业管理用房）作为售楼部的，发生的售楼部、样板房的设计、建造、装修等费用，按以下原则处理：①建成后产权属于全体业主所有的，其成本、费用可以扣除。②建成后无偿移交给政府、公用事业单位用于非营利性社会公共事业的，其成本、费用可以扣除。③建成后有偿转让的，应计算收入，并准予扣除成本、费用。

802. 土地闲置费及契税滞纳金是否可在计算土地增值税时扣除？

问：纳税人支付的土地闲置费及契税滞纳金是否可在计算土地增值税时扣除？

答：根据《土地增值税暂行条例》第六条和《土地增值税暂行条例实施细则》第七条的规定，对于企业因违约而承受的处罚性开支如土地闲置费及契税滞纳金等，不属于按税法规定正常开支的成本费用和按国家统一规定缴纳的有关费用，以及与转让房地产有关的税金的范畴，不能作为扣除的项目金额。因此，在计征土地增值税时不能作为正常的成本费用支出予以扣除。

803. 出售高级公寓增值额未超过扣除金额的 20%，是否可以免征土地增值税？

问：建造高级公寓出售，增值额未超过扣除项目金额的 20%，是否可以免征土地增值税？

答：根据《土地增值税暂行条例》第八条规定，纳税人建造普通标准住宅出售，增值额未超过扣除项目金额 20% 的，免征土地增值税。根据《土地增值税暂行条例实施细则》第十一条规定，条例第八条第一项所称的普通标准住宅，是指按所在地一般民用住宅标准建造的居住用住宅。高级公寓、别墅、度假村等不属于普通标准住宅。

因此，建造高级公寓出售不可以免征土地增值税。

804. 国家行政机关、事业单位是否是土地增值税的纳税人？

答：根据《土地增值税暂行条例》第二条、《土地增值税暂行条例实施细则》第六条规定，土地增值税的纳税义务人为转让国有土地使用权、地上的建筑物及其附着物并取得收入的单位和个人。单位，是指各类企业单位、事业单位、国家机关和社会团体及其他组织。

因此，国家行政机关、事业单位是土地增值税的纳税人。

805. 以土地使用权投资入股房地产开发企业，土地成本如何确认？

问：以土地使用权投资入股，被投资企业从事房地产开发的，其土地成本如何进行确认？

答：根据《财政部、国家税务总局关于土地增值税若干问题的通知》（财税〔2006〕21号）规定，房地产开发企业以接受投资方式取得的土地使用权，分两种情况确认土地成本：

（1）2006年3月2日之后，在投资或联营环节，已对土地使用权投资确认收入，并对投资人按规定征收土地增值税的，以征税时确认的收入作为被投资企业取得土地使用权所支付的金额据以扣除。

（2）2006年3月2日之前，以土地作价入股进行投资或联营从事房地产开发的，被投资企业在土地增值税清算时，应以投资者取得土地使用权所支付的地价款和按国家统一规定缴纳的有关费用作为其取得土地使用权所支付的金额据以扣除。

806. 向其他企业借用资金的利息费用能否在土地增值税清算时扣除？

问：房地产企业由于资金紧张，向银行贷款仍不能满足资金需求。向其他企业借用资金支付资金占用利息。请问，该项利息费用能否在进行项目土地增值税清算时作为利息费用扣除？

答：《国家税务总局关于土地增值税清算有关问题的通知》（国税函〔2010〕220号）中关于房地产开发费用的扣除问题规定：

（1）财务费用中的利息支出，凡能够按转让房地产项目计算分摊并提供金融机构证明的，允许据实扣除，但最高不能超过按商业银行同类同期贷款利率计算的金额。其他房地产开发费用，在按照"取得土地使用权所支付的金额"与"房地产开发成本"金额之和的5%以内计算扣除。

（2）凡不能按转让房地产项目计算分摊利息支出或不能提供金融机构证明的，房地产开发费用在按"取得土地使用权所支付的金额"与"房地产开发成本"金额之和的10%以内计算扣除。全部使用自有资金，没有利息支出的，按照以上方法扣除。上述具体使用的比例按省级人民政府此前规定的比例执行。

（3）房地产开发企业既向金融机构借款，又有其他借款的，其房地产开发费用计算扣除时不能同时适用本条（1）、（2）项所述两种办法。

（4）土地增值税清算时，已经计入房地产开发成本的利息支出，应调整至财务费用中计算扣除。

807. 如何确定土地增值税的清算单位？

答：《国家税务总局关于房地产开发企业土地增值税清算管理有关问题的通知》（国税发〔2006〕187号）规定，土地增值税以国家有关部门审批的房地产开发项目为单位进行清算；对于分期开发的项目，以分期项目为单位清算。开发项目中同时包含普通住宅和非普通住宅的，应分别计算增值额。

《国家税务总局关于印发〈土地增值税清算管理规程〉的通知》（国税发〔2009〕91号）第十七条规定，清算审核时，应审核房地产开发项目是否以国家有关部门审批、备案的项目为单位进行清算；对于分期开发的项目，是否以分期项目为单位清算；对不同类型房地产是否分别计算增值额、增值率，缴纳土地增值税。

808. 土地增值税清算后尾房销售如何报税？

答：由于主管税务机关对已竣工验收的房地产开发项目已转让的房地产建筑面积占整个项目可售建筑面积的比例在85%以上，或该比例虽未超过85%，但剩余的可售建筑面积已经出租或自用的，即可要求纳税人进行土地增值税清算，因此尾房销售是普遍存在的。

此外，房地产开发企业在清算之前将开发的部分房地产转为企业自用或用于出租等商业用途时，如果产权未发生转移，这部分也未列作清算内容，这也导致相当一部分房企已清算项目还存在部分未售待售尾房现象。

房企土地增值税清算后尾房销售，应根据《国家税务总局关于房地产开发企业土地增值税清算管理有关问题的通知》（国税发〔2006〕187号）的第八条规定，在土地增值税清算时未转让的房地产，清算后销售或有偿转让的，纳税人应按规定进行土地增值税的纳税申报，扣除项目金额按清算时的单位建筑面积成本费用乘以销售或转让面积计算（单位建筑面积成本费用＝清算时的扣除项目总金额÷清算的总建筑面积）。纳税人已清算项目继续销售的，应在销售的当月进行清算，不再先预征后重新启动土地增值税清算。

这是因为，土地增值税以国家有关部门审批的房地产开发项目为单位进行清算，对于分期开发的项目，以分期项目为单位清算。也就是说，土地增值税是以一个项目为单位进行清算，对属于同一清算单位所发生的房地产开发成本费用不得从其他的房地产开发项目中扣除，同一项目也不能作为两个清算单位，所以，对一个开发项目清算后，剩余的房产再转让不能再单独作为一个清算单位计算土地增值税。

809. 土地增值税清算中利息扣除有哪些规定？

问：土地增值税清算中利息扣除有哪些规定？

答：《土地增值税暂行条例实施细则》第七条规定，开发土地和新建房及配套设施的费用（以下简称房地产开发费用），是指与房地产开发项目有关的销售费用、管理费用、财务费用。根据现行财务会计制度的规定，这三项费用作为期间费用，直接计入当期损益，不按成本核算对象进行分摊。而《土地增值税暂行条例实施细则》第八条规定，土地增值税以纳税人房地产成本核算的最基本的核算项目或核算对象为单位计算。故作为土地增值税扣除项目的房地产开发费用，不能按纳税人房地产开发项目实际发生的费用进行扣除。

《国家税务总局关于土地增值税清算有关问题的通知》（国税函〔2010〕220号）第三条规定：①财务费用中的利息支出，凡能够按转让房地产项目计算分摊并提供金融机构证明的，允许据实扣除，但最高不能超过按商业银行同类同期贷款利率计算的金额。其他房地产开发费用，在按照"取得土地使用权所支付的金额"与"房地产开发成本"金额之和的5％以内计算扣除。②凡不能按转让房地产项目计算分摊利息支出或不能提供金融机构证明的，房地产开发费用在按"取得土地使用权所支付的金额"与"房地产开发成本"金额之和的10％以内计算扣除。全部使用自有资金，没有利息支出的，按照以上方法扣除。上述具体适用的比例按省级人民政府此前规定的比例执行。可见，在土地增值税扣除项目中，正确归集利息支出是计算房地产开发费用的重要一环。

笔者提醒纳税人注意的是，利息扣除时不能忽视以下几个问题。

（1）资本化利息应并入财务费用中扣除。

《土地增值税清算管理规程》（国税发〔2009〕91号）第二十七条规定，审核利息支出时应当重点关注：①是否将利息支出从房地产开发成本中调整至开发费用。②分期开发项目或者同时开发多个项目的，其取得的一般性贷款的利息支出，是否按照项目合理分摊。③利用闲置专项借款对外投资取得收益，其收益是否冲减利息支出。《国家税务总局关于土地增值税清算有关问题的通知》（国税函〔2010〕220号）第三条规定，土地增值税清算时，已经计入房地产开发成本的利息支出，应调整至财务费用中计算扣除。而按照《房地产开发经营业务企业所得税处理办法》（国税发〔2009〕31号）和《企业会计准则第17号——借款费用》规定，从事房地产开发业务的企业为开发房地产而借入资金所发生的借款费用，在房地产完工前，应计入有关房地产的开发成本。在房地产完工后，应计入财务费用。纳税人在计算土地增值税扣除项目时要特别注意，在房地产完工前已计入有关房地产开发成本的利息支出部分已经在"开发土地和新建房及配套设施的成本"中，因此，土地增值税清算时，已经计入房地产开发成本的属于资本化的利息支出，不能在开发成本扣除，而是调整至财务费用中计算扣除。同时，还应注意利用闲置专项借款对外投资取得收益的，其收益要冲减利息支出。

（2）违反常规的利息支出不允许扣除。

《土地增值税暂行条例实施细则》第七条第二款规定，财务费用中的利息支出，凡能够按转让房地产项目计算分摊，并提供金融机构证明的，允许据实扣除，但最高不能超过按商业银行同类同期贷款利率计算的金额。《财政部、国家税务总局关于土地增值税一些具体问题规定的通知》（财税字〔1995〕48号）第八条规定：①利息的上浮幅度按国家的有关规定执行，超过上浮幅度的部分不允许扣除；②对于超过贷款期限的利息部分和加罚的利息不允许扣除。对上述规定，纳税人应特别注意财务费用中只有提供了金融机构证明的不含逾期利息和罚息的利息支出，才允许土地增值税前扣除。言外之意，房地产开发企业从非金融机构取得的借款利息，如果不能提供金融机构证明的，即使能够按转让房地产项目计算分摊并按规定计入财务费用，也不能在土地增值税税前扣除。

（3）未实际支付的利息支出不允许扣除。

《土地增值税清算管理规程》（国税发〔2009〕91号）第二十一条规定：①在土地增值税清算中，计算扣除项目金额时，其实际发生的支出应当取得但未取得合法凭据的不得扣除。②扣除项目金额中所归集的各项成本和费用，必须是实际发生的。③扣除项目金额应当准确地在各扣除项目中分别归集，不得混淆。④扣除项目金额中所归集的各项成本和费用必须是在清算项目开发中直接发生的或应当分摊的。⑤纳税人分期开发项目或者同时开发多个项目的，或者同一项目中建造不同类型房地产的，应按照受益对象，采用合理的分配方法，分摊共同的成本费用。⑥对同一类事项，应当采取相同的会计政策或处理方法。会计核算与税务处理规定不一致的，以税务处理规定为准。

《税收征收管理法》第十九条规定，纳税人、扣缴义务人按照有关法律、行政法规和国务院财政、税务主管部门的法规设置账簿，根据合法、有效凭证记账，进行核算。《国家税务总局关于进一步加强普通发票管理工作的通知》（国税发〔2008〕80号）规定，在日常检查中发现纳税人使用不符合规定发票特别是没有填开付款方全称的发票，不得允许纳税人用于税前扣除、抵扣税款、出口退税和财务报销。

依据上述规定，纳税人已实际支付的利息且能够提供真实、合法、有效的支付凭据，才可按照规定在土地增值税税前扣除。否则，未实际支付的或没有合法凭据的利息支出，都不允许扣除。

810. 房企分立分割土地是否缴纳土地增值税？

问：A房地产公司因经营需要，分立为A、B两个房地产公司，原A公司续存，分立公司（B）股东和股权比例都与原公司（A）相同。公司分立中，土地的分割是否需要缴纳土地增值税？

答：《土地增值税暂行条例》第二条规定，转让国有土地使用权、地上的建筑物及其附着物并取得收入的单位和个人，为土地增值税的纳税义务人，应当依照本条例缴纳土地增值税。

《财政部、国家税务总局关于企业重组业务企业所得税处理若干问题的通知》（财税〔2009〕59号）规定，分立是指一家企业（以下称为被分立企业）将部分或全部资产分离转让给现存或新设的企业，被分立企业股东换取分立企业的股权或非股权支付，实现企业的依法分立。

《青岛市地方税务局房地产开发项目土地增值税清算有关业务问题问答》（青地税函〔2009〕47号）规定，房地产开发企业依照法律规定、合同约定分设为两个或两个以上的企业，对派生方、新设方承受原企业房地产的，不征收土地增值税。派生方、新设方转让房地产时，按照分立前原企业实际支付的土地价款和发生的开发成本、开发费用，按规定计入扣除计算征收土地增值税。

股东将持有的企业股权转让，企业土地、房屋权属不发生转移，不征收土地增值税。

参照上述规定，房地产开发企业依法分立，对派生方、新设方承受原企业房地产的，不征收土地增值税。但转让房地产时，按照分立前原企业实际支付的土地价款和发生的开发成本、开发费用，按规定计入扣除计算征收土地增值税。

811. 土地增值税税前扣除范围有哪些？

答：根据《土地增值税暂行条例》及其实施细则，纳税人计算土地增值额时税法允许扣除的项目主要包括四个方面：一是土地取得成本，即取得土地使用权所支付的地价款和按国家统一规定缴纳的有关费用；二是房产开发成本，即开发土地和新建房及配套设施的成本，包括纳税人房地产开发项目实际发生的土地征用及拆迁补偿费、前期工程费、建筑安装工程费、基础设施费、公共配套设施费和开发间接费用；三是房地产开发费用，即开发土地和新建房及配套设施的费用，包括与房地产开发项目有关的销售费用、管理费用和财务费用；四是转让房地产有关的税金，包括纳税人在转让房地产时缴纳的营业税、城市维护建设税和印花税，纳税人转让房地产时缴纳的教育费附加可以视同税金扣除。另外，《土地增值税暂行条例实施细则》还规定，对从事房地产开发的企业，允许按取得土地使用权时所支付的金额和房地产开发成本之和，加计20%扣除。

812. 企业重组中的土地增值税如何处理？

答： 2011年国家税务总局下发了《关于纳税人资产重组有关增值税问题的公告》（国家税务总局公告2011年第13号）和《关于纳税人资产重组有关营业税问题的公告》（国家税务总局公告2011年第51号），对企业重组中的流转税问题给予了明确，而企业重组中的土地增值税处理和流转税的处理有所不同。

（1）股权收购中以转让房地产以盈利目的股权转让的特殊情形应征收土地增值税。

股权转让是股东间交易，被收购企业并不涉及房屋产权和土地使用权转让，单纯的股权转让是不征收土地增值税的。而对于特殊的以转让房地产以盈利目的股权转让是征收土地增值税的。《国家税务总局关于以转让股权名义转让房地产行为征收土地增值税问题的批复》（国税函〔2000〕687号）规定：你局《关于以转让股权名义转让房地产行为征收土地增值税问题的请示》（桂地税报〔2000〕32号）收悉。鉴于深圳市能源集团有限公司和深圳能源投资股份有限公司一次性共同转让深圳能源（钦州）实业有限公司100%的股权，且这些以股权形式表现的资产主要是土地使用权、地上建筑物及附着物，经研究，对此应按土地增值税的规定征税。《安徽省地方税务局关于对股权转让如何征收土地增值税问题的批复》（皖地税政三字〔1996〕367号）规定：你局《关于省旅游开发中心转让部分股权如何计征土地增值税的请示》（黄地税一字〔1996〕第136号）悉。经研究，并请示国家税务总局，现批复如下：据了解，目前股权转让（包括房屋产权和土地使用权转让）情况较为复杂。其中，对投资联营一方由于经营状况等原因而中止联营关系，正常撤资的，其股权转让行为，暂不征收土地增值税；对以转让房地产为盈利目的的股权转让，应按规定征收土地增值税。因此，你局请示中的省旅游开发中心的股权转让，可按上述原则前款进行确定。

从以上文件可以看出，第一，这是对股东以转让股权名义转让房地产行为税收筹划的一种封堵措施。那么这里土地增值税的纳税人是以转让股权名义转让房地产行为的股东，而不是拥有土地使用权的被收购企业；第二，股权转让以转让房地产为盈利目的，征收土地增值税。股权转让的目的是征不征收土地增值税的关键。如何判断股权转让是否以转让房地产为盈利目，从文件规定看有两点：其一，判断被收购企业的资产是否主要是土地使用权、地上建筑物及附着物；其二，股东的转让股权比例。国税函〔2000〕687号只是对个案的批复，股权转让情况较为复杂，上述的原则性规定难以参照。实务中没有具体的标准，简单的交易还是可以执行，复杂一点执行中难以把握。

因此，以转让房地产为盈利目的股权转让征收土地增值税的政策有待明确。

（2）企业合并中被兼并企业将房地产转让到兼并企业中的，暂免征收土地增值税。

《财政部、国家税务总局关于土地增值税一些具体问题规定的通知》（财税字〔1995〕48号）第三条规定，在企业兼并中，对被兼并企业将房地产转让到兼并企业中的，暂免征收土地增值税。

兼并的含意。1989年国家体改委、国家计委、财政部、国家国有资产管理局发布的《关于企业兼并的暂行办法》规定，本办法所称企业兼并，是指一个企业购买其他企业的产权，使其他企业失去法人资格或改变法人实体的一种行为，不通过购买方式实行的企业之间的合并，不属本办法规范。1996年财政部颁布的《企业兼并有关财务问题暂行规定》对此进行了修正，认为兼并是指"一个企业通过购买等有偿方式取得其他企业的产权，使其丧失法人资格或虽然保留法人资格但改变投资主体的一种行为"。但此文件于2008年1月31日在《关于公布废止和失效的财政规章和规范性文件目录（第十批）的决定》中宣布失效。《国务院关于促进企业兼并重组的意见》（国发〔2010〕27号）也没有给出兼并的定义，从文件内容看兼并重组包括合并和股权、资产收购等多种形式。通过以上分析可以看出，从严格的法律意义上说，兼并并不是一个具有严密逻辑的法律概念，和财税字〔1995〕48号文件中的兼并不是同一概念。比如一般的股权收购实现的兼并，不涉及房产土地的权属转移，不是土地增值税的征收范围，也谈不上免征的问题。《公司法》第一百八十四条规定，公司合并可以采取吸收合并和新设合并两种形式。一个公司吸收其他公司为吸收合并，被吸收的公司解散。两个以上公司合并设立一个新的公司为新设合并，合并各方解散。被合并企业的法人资格消灭。因此，财税字〔1995〕48号企业兼并应当是《公司法》中的企业合并。

将上述房地产再转让会涉及土地增值税的扣除问题。合并企业将上述房地产再转让多为旧房，财税字〔1995〕48号文件第十条规定，旧房土地增值税扣除政策的土地使用权部分不是按评估价扣除，而是按取得土地使用权所支付的地价款扣除。

财税字〔1995〕48号文件第一条规定，对于以房地产进行投资、联营的，投资、联营的一方以土地（房地产）作价入股进行投资或作为联营条件，将房地产转让到所投资、联营的企业中时，暂免征收土地增值税。对投资、联营企业将上述房地产再转让的，应征收土地增值税。以房地产进行投资、联营的，对投资、联营企业将上述房地产再转让的，该转让环节企业计算土地增值税扣除项目金额为以房地产进行投资、联营的投资人取得土地的代价。即被投资企业所吸收投资入股的土地发生再次转移，则投资环节的"暂免"二字应当作为"开始征收"来理解。

笔者认为，财税字〔1995〕48号文件第三条的"暂免"的含意和第一条规定是不同的，理由有两个：

第一，和财税字〔1995〕48号文件第一条规定比少了"对投资、联营企业将上述房地产再转让的，应征收土地增值税"。也就是第一条对原"暂免"的土地增值税，在将上述房地产再转让时"开始征收"；而对第三条"暂免"的土地增值税，兼并企业将上述房地产再转让的土地使用权价款如何扣除并无明确规定。对此，实务中有很多争议，有的地方税务机关对该问题作出明确，比如青岛地方税务局《房地产开发项目土地增值税清算有关业务问题问答》（青地税函〔2009〕47号）第十八条规定，两个或两个以上的房地产开发企业，依据法律规定、合同约定，合并改建为一个企业，合并后的企业承受原合并各方的房地产，不征收原合并各方房地产的土地增值税。合并后的企业在转让房地产时，按照合并前原企业实际支付的土地价款和发生的开发成本、开发费用，按规定计入扣除计算征收土地增值税。青地税函〔2009〕47号文件中对两个或两个以上的房地产开发企业合并产生的房地产权属转移土地增值税政策表述为"不征收"而不是"暂免"。也就是说，房地产作为存货管理的房地产开发企业发生合并时，不适用财税字〔1995〕48号文件第三条规定，因此合并后的企业在转让房地产时，按照合并前原企业实际支付的土地价款和发生的开发成本、开发费用，按规定计入扣除计算征收土地增值税。

而更多的地方无明确规定。但从字面理解，在没有明确规定的情况下，由于财税字〔1995〕48号文件第三条和第一条相比少了"对投资、联营企业将上述房地产再转让的，应征收土地增值税"这句话，也就是第三条规定"暂免"的土地增值税，在兼并企业将上述房地产再转让时不能理解为"开始征收"。对合并企业将上述房地产再转让的，当然也应征收土地增值税。但兼并企业将上述房地产再转让所扣除的地价是兼并企业取得被兼并企业的土地作价，而不是被兼企业购置的土地使用权的地价。第三条的"暂免"，应理解为如果没有新的征收规定，被兼并企业将房地产转让到兼并企业时，暂免征收土地增值税，不能因为兼并企业将上述房地产再转让补征已经给予的税收优惠。

第二，企业合并中被兼并企业必然涉及股权转让，无论是股权支付还是非股权支付，都是被兼并企业股权转让，股权支付也是非现金支付的一种。从皖地税政三字〔1996〕367号文件规定的"对投资联营一方由于经营状况等原因而中止联营关系，正常撤资的，其股权转让行为，暂不征收土地增值税；对以转让房地产为盈利目的的股权转让，应按规定征收土地增值税"看，国税函〔2000〕687号文件规定的不仅是股权收购一种情况，还包括撤资和其他股权转让情况，只要以转让房地产为盈利目的股权转让都要征收土地增值税。那么，在企业兼并中，对被兼并企业将房地产转让到兼并企业中的，以转让房地产为盈利目的股权转让的，应征收征收土地增值税。此时土地已经实现土地转让增值额,并征收土地增值税,如将上述房地产再次转让时,已经实现增值的部分不能重复征收,即所扣除的地价是兼并企业取得被兼并企业的土地作价。这里同样涉及以转让房地产为盈利目的股权转让征收土地增值税的政策不明确,无法操作的问题。

(3) 资产收购不是企业兼并,应按规定征收土地增值税。

对资产收购,《公司法》中没有规定,财税〔2009〕59号文件给出的定义是:资产收购,是指一家企业(受让企业)购买另一家企业(转让企业)实质经营性资产的交易。资产收购和企业合并不同,企业合并后被合并企业的法人资格消灭,资产收购不论是部分资产收购还是整体资产收购,被收购企业法人资格仍然保留。资产收购不是《关于土地增值税一些具体问题规定的通知》(财税字〔1995〕48号)中所说的企业兼并。因此,被收购企业将房地产转让到收购企业中的,应按规定征收土地增值税。

(4) 企业分立不征收土地增值税。

公司分立是指将一家公司分成两个以上具有相互独立的法律地位而互不具有股权连接关系的公司。企业分立过程中,很可能涉及房产、土地的分割。

《土地增值税暂行条例》第二条规定,转让国有土地使用权、地上的建筑物及其附着物(以下简称转让房地产)并取得收入的单位和个人,为土地增值税的纳税义务人(以下简称纳税人),应当依照本条例缴纳土地增值税。《土地增值税暂行条例实施细则》第五条对收入作出明确,即转让房地产的全部价款及有关的经济收益。土地增值税是对企业转让土地及地上建筑及附着物时所实现的增值额进行征税。企业分立过程中,对房产、土地进行分割,被分立公司分立时未取得相应的收入和其他经济利益,也没有实现土地转让增值额。因此,企业分立对房产、土地的分割不是土地增值税的征税范围,无须缴纳土地增值税。

813. 转让独立的地下商业街是否缴纳土地增值税?

答:《土地增值税暂行条例》第二条规定,转让国有土地使用权、地上的建筑物及其附着物并取得收入的单位和个人,为土地增值税的纳税义务人,应当依照本条例缴纳增值税。

《土地增值税暂行条例实施细则》第四条规定,条例第二条所称的地上的建筑物,是指建于土地上的一切建筑物,包括地上地下的各种附属设施。

因此,独立的地下商业街转让也属于土地增值税征税范畴。

814. 合作建房土增税清算时成本如何确认?

问:在合作建房中,其中一种合作方式是一方出地,一方出资,建成后按比例分房。

依据《财政部、财政部、国家税务总局关于土地增值税一些具体问题规定的通知》(财税〔1995〕48号)规定,对于一方出地,一方出资金,双方合作建房,建成后按比例分房自用的,暂免征收土地增值税;建成后转让的,应征收土地增值税。

但是,对分到房屋后土地增值税如何征收的问题,没有文件做相关的规定。请问:

(1) 对于提供土地的一方,我公司内部有两种意见:

一种观点认为,在整个过程中要缴纳两道土地增值税:一是提供土地合作建房时,视同销售部分土地,按换房屋的公允价值确认转让土地的收入,账面的土地成本视为成本计算土地增值税;二是分得房屋再销售时的土地增值税,按转让旧房屋及建筑物征收土地增值税。

另一种观点认为,在整个过程中只缴纳一道土地增值税:就是分得房屋再销售时缴纳土地增值税,按实际售价确认收入,账面的土地成本确认为成本。

(2) 对于提供资金一方,在整个过程中只缴纳一道土地增值税,就是分得房屋再销售时,但对于再销售时如何缴纳土地增值税又有两种不同观点(对收入的确认没有异议,只就成本有争议):

一种观点认为,该种合作方式的实质是"以物易物",在计算分得房屋再销售的土地增值税时,成本应该按换出房屋的公允价值再加上分得房屋的建安成本确认。

另一种观点认为,在计算分得房屋再销售的成本为建设该合作项目发生的所有建安成本支出。依据为《国家税务总局关于印发〈房地产开发经营业务企业所得税处理办法〉的通知》(国税发〔2009〕31号)第三十一条的规定。这种观点认为,在成本确认方面,各税种确认的原则应该保持一致。

上述两个问题中的哪个观点正确?

答:(1) 对于出地方,合作建房自用暂免征收土地增值税,是指以地换房环节的土地增值税,由于分房后销售不再符合免税条件,应补缴以地换房环节的增值税,同时申报缴纳销售房屋的土地增值税,是两道土地增值税而非一道土地增值税。

(2) 对于出资方而言,是以房产抵偿出地方的土地款,在计算土地增值税时应以分出房屋的公允价作为取得土地使用权的价值,另外加上发生的各项成本费用作为土地增值税的扣除项目。应当适用《国家税务总局关于土地增值税清算有关问题的通知》(国税函〔2010〕220号)文件第六条一款的规定:房地产企业用建造的本项目房地产安置回迁户的,安置用房视同销售处理,按《国家税务总局关于房地产开发企业土地增值税清算管理有关问题的通知》(国税发〔2006〕187号)第三条第(一)款规定确认收入,同时将此确认为房地产开发项目的拆迁补偿费。房地产开发企业支付给回迁户的补差价款，计入拆迁补偿费；回迁户支付给房地产开发企业的补差价款，应抵减本项目拆迁补偿费。

815. 土地增值税清算金额是否可分期缴纳？

问：《国家税务总局关于土地增值税清算有关问题的通知》（国税函〔2010〕220号）规定，纳税人按规定预缴土地增值税后，清算补缴的土地增值税，在主管税务机关规定的期限内补缴的，不加收滞纳金。

《广东省人民政府关于促进我省房地产市场平稳健康发展的若干意见》（粤府办〔2009〕16号）规定，对已进入土地增值税清算的企业，在清算过程中由于资金流暂时出现困难而无法及时缴纳土地增值税的，可向税务机关提出申请，在纳税期限内作出分期缴纳土地增值税的计划，并按计划做好土地增值税清算工作。

请问如何理解上述两份文件中的"主管税务机关规定的期限"和"纳税期限"？是指《税收征收管理法》中规定的土地增值税的纳税期限，还是可以与主管税务机关协商申请一个更为宽松的纳税期限？企业如因资金流困难，是否可以向主管税务机关申请将土地增值税清算金额在若干年内分期缴纳？

答：《广东省人民政府关于促进我省房地产市场平稳健康发展的若干意见》（粤府办〔2009〕16号）规定的纳税期限即为《国家税务总局关于土地增值税清算有关问题的通知》（国税函〔2010〕220号）规定的主管税务机关规定的期限。

关于土地增值税纳税期限问题，根据《土地增值税暂行条例》第十条规定，纳税人应当自转让房地产合同签订之日起七日内向房地产所在地主管税务机关办理纳税申报，并在税务机关核定的期限内缴纳土地增值税。

《土地增值税暂行条例实施细则》第十五条规定，根据条例第十条的规定，纳税人应按照下列程序办理纳税手续：

（1）纳税人应在转让房地产合同签订后的七日内，到房地产所在地主管税务机关办理纳税申报，并向税务机关提交房屋及建筑物产权、土地使用权证书，土地转让、房产买卖合同，房地产评估报告及其他与转让房地产有关的资料。纳税人因经常发生房地产转让而难以在每次转让后申报的，经税务机关审核同意后，可以定期进行纳税申报，具体期限由税务机关根据情况确定。

（2）纳税人按照税务机关核定的税额及规定的期限缴纳土地增值税。

因此，土地增值税的纳税期限通常是由税务机关核定的，包括土地增值税清算需补缴税款的期限。

例如，《青岛市地方税务局房地产开发项目土地增值税税款清算管理暂行办法》（青地税发〔2008〕100号）第二十九条规定，符合本办法第七条规定的开发企业，主管税务机关通知其清算时应出具《税务事项通知书》，开发企业应在收到《税务事项通知书》之日起四十五日内，进行土地增值税税款清算，并向主管税务机关申报缴纳应补税款。

第三十七条规定,对符合本办法第七条规定进行土地增值税清算的开发企业,在主管税务机关做出土地增值税清算税款结论前取得的房地产转让收入,应按规定预缴土地增值税。

主管税务机关出具土地增值税清算税款结论后,开发企业取得的转让房地产收入,应当于次月十日内向主管税务机关申报缴纳土地增值税,但在该期限内,各地如广东省对由于资金流暂时出现困难而无法及时缴纳土地增值税的,可向税务机关提出申请,在纳税期限内作出分期缴纳土地增值税的计划,分期缴纳税款。

因此,土地增值税相关法规中规定的土地增值税纳税期限(主管税务机关核定)与你公司想协商更为宽松的期限是一致的,都是要由主管税务机关核定。

816. 开发产品毁损如何清算土地增值税?

问: 房地产企业开发产品发生毁损(建造完后被认定为危楼),没有出售,没有取得收入。在土地增值税清算中,是否可以计入扣除项目进行扣除?

答:《土地增值税暂行条例》第二条规定,转让国有土地使用权、地上的建筑物及其附着物(以下简称转让房地产)并取得收入的单位和个人,为土地增值税的纳税义务人(以下简称纳税人),应当依照本条例缴纳土地增值税。

第四条规定,纳税人转让房地产所取得的收入减除本条例第六条规定扣除项目金额后的余额,为增值额。

第五条规定,纳税人转让房地产所取得的收入,包括货币收入、实物收入和其他收入。

根据上述规定,开发产品毁损不能出售,房地产企业未能发生转让房地产行为,房地产企业不需要缴纳土地增值税。不涉及扣除项目计算问题。

817. 房企采用自有资金该如何计算开发费用?

问: 房地产开发公司全部使用自有资金,没有利息支出,实际发生的房地产开发费用450万元(属于销售费用、财务费用、管理费用),取得土地使用权所支付的金额1 000万元,房地产开发成本5 000万元。按《国家税务总局关于土地增值税清算有关问题的通知》(国税函〔2010〕220号)规定计算可扣除房地产开发费用为(1 000+5 000)×10%=600(万元)。请问实际发生的房地产开发费用450万元小于计算可扣除房地产开发费用600万元,按照哪个金额扣除?

是否意味着开发企业在清算后发生的相关费用(包括土地款、开发成本、开发费用、税金、财政部规定的其他扣除项目)均不得计入土地增值税扣除项目?

答：《国家税务总局关于土地增值税清算有关问题的通知》（国税函〔2010〕220号）第三条第（二）项规定，凡不能按转让房地产项目计算分摊利息支出或不能提供金融机构证明的，房地产开发费用在按"取得土地使用权所支付的金额"与"房地产开发成本"金额之和的10%以内计算扣除。

全部使用自有资金，没有利息支出的，按照以上方法扣除。

上述具体适用的比例按省级人民政府此前规定的比例执行。

《天津市房地产开发企业土地增值税清算管理办法》（津地税地〔2010〕49号）规定，全部使用自有资金，没有利息支出的，按照"取得土地使用权所支付的金额"与"房地产开发成本"金额之和的5%以内计算扣除。

《海南省地方税务局转发国家税务总局关于土地增值税清算有关问题的通知》（琼地税函〔2010〕250号）规定，全部使用自有资金，没有利息支出的，房地产开发费用的扣除比例为10%。

依据上述规定，对房地产开发费用采取的是按比例计算的扣除办法，因此应当按照（1 000+5 000）×10%＝600（万元）作为土地增值税开发费用扣除额。

《国家税务总局关于房地产开发企业土地增值税清算管理有关问题的通知》（国税发〔2006〕187号）第八条规定，在土地增值税清算时未转让的房地产，清算后销售或有偿转让的，纳税人应按规定进行土地增值税的纳税申报，扣除项目金额按清算时的单位建筑面积成本费用乘以销售或转让面积计算。单位建筑面积成本费用＝清算时的扣除项目总金额÷清算的总建筑面积。

根据上述规定，土地增值税采取项目清算方式。

818. 土地一级整理是否缴纳土地增值税？

问：国土资源部土地中心统征的集体土地和国有土地，在对其住户拆迁及整理后，把土地分块拍卖是否缴纳土地增值税？

答：《土地增值税税暂行条例》第二条规定，转让国有土地使用权、地上的建筑物及其附着物（以下简称转让房地产）并取得收入的单位和个人，为土地增值税的纳税义务人（以下简称纳税人），应当依照本条例缴纳土地增值税。

《国家税务总局关于印发〈土地增值税宣传提纲〉的通知》（国税函发〔1995〕110号）规定第六条第（二）款规定，对取得土地使用权后投入资金，将生地变为熟地转让的，计算其增值额时，允许扣除取得土地使用权时支付的地价款、缴纳的有关费用，和开发土地所需成本再加计开发成本的20%以及在转让环节缴纳的税金。这样规定，是鼓励投资者将更多的资金投向房地产开发。

根据上述规定，国土资源部土地中心统征的集体土地和国有土地，在对其住户拆迁及整理后，把土地分块拍卖俗称土地一级开发，属于缴纳土地增值税的范围。

819. 转让在建项目是否缴纳土地增值税？

问：我公司是房地产开发企业，有一酒店项目，目前在建状态，建成后作为固定资产自己经营。现在我公司成立一家控股51%的子公司，也是房地产开发企业，想把该酒店项目投资到子公司中，由子公司作为固定资产经营。上述在建项目的投资行为，是否免缴土地增值税？

《财政部、国家税务总局关于土地增值税一些具体问题规定的通知》（财税字〔1995〕48号）规定，对于以房地产进行投资、联营的，投资、联营的一方以土地（房地产）作价入股进行投资或作为联营条件，将房地产转让到所投资、联营的企业中时，暂免征收土地增值税。对投资、联营企业将上述房地产再转让的，应征收土地增值税。

《财政部、国家税务总局关于土地增值税若干问题的通知》（财税〔2006〕21号）规定，对于以土地（房地产）作价入股进行投资或联营的，凡所投资、联营的企业从事房地产开发的，或者房地产开发企业以其建造的商品房进行投资和联营的，均不适用《财政部、国家税务总局关于土地增值税一些具体问题规定的通知》（财税字〔1995〕48号）第一条暂免征收土地增值税的规定。

我公司理解，上述两项规定国家是想规范房地产企业的开发项目转让投资不得免缴土地增值税。对于自建项目，作为固定资产投资的行为是否可以免缴土地增值税？

答：《财政部、国家税务总局关于土地增值税若干问题的通知》（财税〔2006〕21号）规定：房地产开发企业以其建造的商品房进行投资和联营的，均不适用《财政部、国家税务总局关于土地增值税一些具体问题规定的通知》（财税字〔1995〕48号）第一条暂免征收土地增值税的规定。

《土地增值税清算管理规程》第十九条规定，非直接销售和自用房地产的收入确定：

（1）房地产开发企业将开发产品用于职工福利、奖励、对外投资、分配给股东或投资人、抵偿债务、换取其他单位和个人的非货币性资产等，发生所有权转移时应视同销售房地产……

（2）房地产开发企业将开发的部分房地产转为企业自用或用于出租等商业用途时，如果产权未发生转移，不征收土地增值税，在税款清算时不列收入，不扣除相应的成本和费用。

商品房是指按法律、法规及有关规定可在市场上自由交易，不受政府政策限制的各类商品房屋，包括新建商品房、二手房（存量房）等。商品房根据其销售对象的不同，可以分为外销商品房和内销商品房两种。

依据上述规定，房地产开发企业以其建造的非商品房（依法证明）进行投资，暂免征收土地增值税。否则，应视同销售房地产，缴纳土地增值税。

820. 装修费用能否作为开发成本加计扣除？

问：《国家税务总局关于房地产开发企业土地增值税清算管理有关问题的通知》（国税发〔2006〕187号）第四条第（四）款规定，房地产开发企业销售已装修的房屋，其装修费用可以计入房地产开发成本，作为土地增值税的扣除项目。

如果开发商将房屋进行了精装修销售，装修费是否可以加计扣除？如果附带橱柜等一体式家具是否可以加计扣除？

答：《国家税务总局关于房地产开发企业土地增值税清算管理有关问题的通知》（国税发〔2006〕187号）第四条第（四）款规定，房地产开发企业销售已装修的房屋，其装修费用可以计入房地产开发成本，作为土地增值税的扣除项目。

既然规定装修费用可以计入开发成本，则应当允许土地增值税加计扣除；对于精装修部分，如果属于与房屋不可分离，如果分离将会导致房屋结构、功能损坏的部分，应当允许土地增值税加计扣除。但是，对于电视机、壁式空调等可以分离的部分，不得作为房地产开发成本，且不得加计扣除。

821. 对土地增值税能否定率征收？

答：普通住宅和非普通住宅的认定已成为地税机关和房地产商"较量"的焦点。相关文件规定，纳税人建造普通住宅出售，增值额未超过扣除项目金额20%的，免征土地增值税。同时，满足下列条件的住宅为普通住宅：即住宅小区建筑容积率在1.0以上，单套建筑面积在144平方米以下，实际成交价格低于同级别土地上住房平均交易价格1.44倍以下。而在税收实践中，如果当地政府没有发布住房平均交易价格，在管理中只能拿容积率、单套房建筑面积这两个标准去认定是普通住宅还是非普通住宅。

但现实中单套房面积超过144平方米的非常少。一些房地产商在项目建设中的每一个环节通过虚增建设成本、人工费用、其他费用等，人为把增值额调整到20%这根"红线"以下。

由于这一政策本身的原因，导致一些地方的普通住宅和非普通住宅认定难，进行土地增值税清算很难操作。即使是地税机关严格执行土地增值税的预征管理，先预征税款，但相当一部分房地产开发项目在最终决算时，增值额占扣除项目金额的比例不超过20%，使地税机关面临先预征后退税的尴尬境地。另外，土地增值税预征率太低。陕西省现行政策规定，对位于县城地域的普通住宅按0.5%预征土地增值税，非普通住宅按1%预征，营业性用房、别墅、写字楼按2%预征。与房地产开发商应该承担的税负相差太大。

针对土地增值税管理中存在的问题，笔者建议完善土地增值税政策。对普通住宅的认定标准进行修改，将普通住宅认定标准"住宅小区建筑容积率在1.0以上，单套建筑面积在144平方米以下，实际成交价格低于同级别土地上住房平均交易价格1.44倍以下"，修改为"住宅小区建筑容积率在1.0以上，单套建筑面积在144平方米以下，实际成交价格比同级别土地上同期同类住房交易市场价格低20%以上"。

提高土地增值税的预征率。建议由各省、市地税机关在调查测算的基础上，统一并且提高土地增值税预征率，做到一个市或一个省对土地增值税预征率的统一。全省或全市对房地产不同项目类型，确定不同的预征率，可对普通住宅项目执行2%的预征率，对非普通住宅项目可执行4%的预征率，对别墅、写字楼、商业用房项目可执行6%的预征率。

改变现行土地增值税先预征后清算的管理方式，实行定率征收。笔者建议，在现行土地增值税政策暂不能修改完善的情况下，由各省、市地税机关，改变现行的土地增值税"先预征后清算"的管理方式。根据目前房地产市场行情，调查测算出不同类型的房地产开发项目应承担的土地增值税税负水平，按照房地产企业的预（销）售收入，对土地增值税实行定率征收，一次征收到位，不再进行土地增值税清算。此举既操作简单，又便于管理，土地增值税也能征收到位。依据笔者的初步测算结果，建议对多层（8层以下）商品住宅（不再认定普通住宅和非普通住宅）执行5%的土地增值税征收率，对高层（含小高层、高层）商品住宅（不再认定普通住宅和非普通住宅）执行10%的土地增值税征收率，对别墅、写字楼、营业性用房执行20%的土地增值税征收率。

822. 股东投入的土地在计算土地增值税时如何扣除？

问：我公司是一家国有房地产开发企业，股东将一块部分开发的土地投资给我公司作为实收资本增加。该地块取得时缴纳的土地出让金等为1亿元，投资我公司时按评估值作价5亿元，增值部分当时已按规定缴纳土地增值税。我公司将该开发后进行了销售。请问我公司在计算缴纳土地增值税时，该土地是否可按5亿元作为土地成本计算扣除额？

答：根据《财政部、国家税务总局关于土地增值税若干问题的通知》（财税〔2006〕21号）文件第五条规定，关于以房地产进行投资或联营的征免税问题，对于以土地（房地产）作价入股进行投资或联营的，凡所投资、联营的企业从事房地产开发的，或者房地产开发企业以其建造的商品房进行投资和联营的，均不适用《财政部、国家税务总局关于土地增值税一些具体问题规定的通知》（财税字〔1995〕048号）第一条暂免征收土地增值税的规定。

股东已就投资宗土地申报缴纳土地增值税，你公司应按评估值5亿元作为取得土地使用权的成本,在计算土地增值税时作为扣除项目处理。

823. 转让土地的土地增值税如何计算?

问: 我公司向另一房地产公司购买了一块位于城市市区的土地,拟开发为商业地产,并对土地上的建筑物进行了拆除及土地的平整,并委托中介机构进行了规划方案设计、勘查设计等,已支付的部分设计费计入了开发成本,同时因项目进行招商发生的费用直接计入了管理费用。后因其他原因,我公司将尚未开工的该地块进行了转让。请问,该转让行为的土地增值税是否可以按开发成本的20%加计扣除?期间费用及利息可否按比例扣除?若认定为直接转让土地,根据相关规定只能扣除取得土地支付的地价款及缴纳的转让环节的税费。那么我公司已发生的开发成本(规划方案设计、勘查设计、景观绿化养护支出)及相关费用如何扣除?

答: 根据《国家税务总局关于印发〈土地增值税宣传提纲〉的通知》(国税函发〔1995〕110号)第六条二款规定:"对取得土地使用权后投入资金,将生地变为熟地转让的,计算其增值额时,允许扣除取得土地使用权时支付的地价款、缴纳的有关费用和开发土地所需成本再加计开发成本的20%以及在转让环节缴纳的税金。这样规定,是鼓励投资者将更多的资金投向房地产开发。

因此你公司将生地变为熟地的开发过程中,对开发成本可以加计20%扣除,但期间费用及利息不得扣除。

如果你公司实质上属于未进行开发即转让的,则根据国税发〔1995〕110号文件第六条一款规定:对取得土地或房地产使用权后,未进行开发即转让的,计算其增值额时,只允许扣除取得土地使用权时支付的地价款、缴纳的有关费用,以及在转让环节缴纳的税金。这样规定,其目的主要是抑制"炒"买"炒"卖地皮的行为。

则相关费用在计算土地增值额时不得作为扣除项目。

824. 投资、联营企业将房地产再转让时,纳税义务人是谁?

问:《关于土地增值税一些具体问题规定的通知》财税字〔1995〕48号文件第一条规定:对于以房地产进行投资、联营的,投资、联营的一方以土地(房地产)作价入股进行投资或作为联营条件,将房地产转让到所投资、联营的企业中时,暂免征收土地增值税。对投资、联营企业将上述房地产再转让的,应征收土地增值税。请问,上述对投资、联营企业将接受投资的房地产再转让时,土地增值税的纳税义务人是谁?是投资者还是接受投资的企业?

答: 根据《关于土地增值税一些具体问题规定的通知》(财税字〔1995〕48号)第一条规定,再转让时土地增值税纳税人为投资、联营企业,而投资、联营企业应是接受投资企业,而且相应不动产投入时,所有权已归属于接受投资企业,再转让的主体只能是接受投资企业而不是投资者。

825. 国有划拨地对外有偿转让时是否先缴纳土地出让金？

问：国有划拨地对外有偿转让时是否应该先缴纳土地出让金？另外，计算土地增值税时是否可以将缴纳的土地出让金在取得的收入中扣除来计算增值额？

答：根据《土地增值税暂行条例》第六条，计算增值额的扣除项目有：取得土地使用权所支付的金额……

根据《土地增值税暂行条例实施细则》第七条规定，条例第六条所列的计算增值额的扣除项目，具体为：取得土地使用权所支付的金额，是指纳税人为取得土地使用权所支付的地价款和按国家统一法规缴纳的有关费用……

因此，转让国有划拨用地补缴的土地出让金属于取得土地使用权所支付的金额，计算土地增值税时允许扣除。

房 产 税

826. 外资企业及外籍个人如何缴纳房产税？

答：根据《财政部、国家税务总局关于对外资企业及外籍个人征收房产税有关问题的通知》（财税〔2009〕3号）规定，(1) 自2009年1月1日起，对外资企业及外籍个人的房产征收房产税，在征税范围、计税依据、税率、税收优惠、征收管理等方面按照《房产税暂行条例》及有关规定执行。(2) 以人民币以外的货币为记账本位币的外资企业及外籍个人在缴纳房产税时，均应将其根据记账本位币计算的税款按照缴款上月最后一日的人民币汇率中间价折合成人民币。(3) 房产税由房产所在地的地方税务机关征收，其征收管理按《税收征收管理法》及相关规定执行。

827. 烟囱是否视同建筑物缴纳房产税？

答：根据《财政部、税务总局关于房产税和车船使用税几个业务问题的解释与规定》（财税地〔1997〕3号）规定，"房产"是以房屋形态表现的财产。房屋是指有屋面和围护结构（有墙或两边有柱），能够遮风避雨，可供人们在其中生产、工作、学习、娱乐、居住或储藏物资的场所。独立于房屋之外的建筑物，如围墙、烟囱、水塔、变电塔、油池油柜、酒窖菜窖、酒精池、糖蜜池、室外游泳池、玻璃暖房、砖瓦石灰窑以及各种油气罐等，不属于房产，不用缴纳房产税。

828. 供热企业为居民供热所使用的厂房是否需要缴纳房产税？

答：根据《财政部、国家税务总局关于继续执行供热企业增值税房产税城镇土地使用税优惠政策的通知》（财税〔2011〕118号）规定，2011年7月1日至2015年12月31日，对向居民供热而收取采暖费的供热企业，为居民供热所使用的厂房及土地继续免征房产税、城镇土地使用税。对既向居民供热，又向单位供热或者兼营其他生产经营活动的供热企业，按其向居民供热而取得的采暖费收入占企业总收入的比例免征房产税、城镇土地使用税。本通知所述供热企业，是指热力产品生产企业和热力产品经营企业。热力产品生产企业包括专业供热企业、兼营供热企业和自供热单位。

829. 按揭买房发生的利息支出是否计入房屋原值计算缴纳房产税？

答：根据《财政部、国家税务总局关于房产税、城镇土地使用税有关问题的通知》（财税〔2008〕152号）规定，对依照房产原值计税的房产，不论是否记载在会计账簿"固定资产"科目中，均应按照房屋原价计算缴纳房产税。房屋原价应根据国家有关会计制度规定进行核算。对纳税人未按国家会计制度规定核算并记载的，应按规定予以调整或重新评估。因此，按揭买房发生的利息支出，凡按照国家会计制度规定应该计入房产原价的，则计入原值计征房产税。

830. 企业土地未全部使用该如何计算房产税？

问：企业新成立时买了一块土地，实际只用了其中的三分之二建造了房屋，企业该如何计算房产税？

答：根据《财政部、国家税务总局关于安置残疾人就业单位城镇土地使用税等政策的通知》（财税〔2010〕121号）第三条规定，关于将地价计入房产原值征收房产税问题，对按照房产原值计税的房产，无论会计上如何核算，房产原值均应包含地价，包括为取得土地使用权支付的价款、开发土地发生的成本费用等。宗地容积率低于0.5的，按房产建筑面积的2倍计算土地面积并据此确定计入房产原值的地价。

831. 违章建筑是否缴纳房产税？

答：根据《房产税暂行条例》规定，房产税由产权所有人缴纳。产权属于全民所有的，由经营管理的单位缴纳。产权出典的，由承典人缴纳。产权所有人、承典人不在房产所在地的，或产权未确定及租典纠纷未解决的，由房产代管人或使用人缴纳。根据《房产税暂行条例》的有关规定，已构成应税房产的违章建筑，应按规定征收房产税。对产权未确定的，由房产代管人或使用人缴纳房产税。

832. 武警部队对外出租房产取得的租金是否可以免征房产税？

答：根据《财政部、国家税务总局关于对武警部队房产免征房产税的通知》（财税地字〔1997〕第012号）和《国家税务总局关于部队取得应税收入税收征管问题的批复》（国税函〔2000〕466号）规定，武警部队将房产出租应按规定缴纳房产税。另根据《财政部、国家税务总局关于暂免征收军队空余房产租赁收入营业税、房产税的通知》（财税〔2004〕123号）规定，自2004年8月1日起，对军队空余房产租赁收入暂免征收营业税、房产税。因此，若武警部队对外出租的房产确为军队空余房产，且出租时悬挂《军队房地产租赁许可证》的，可以暂免征收房产税。

833. 更换原消防设备后的房产税计税原值可否减除原消防设备的价值？

问：对厂房进行改造更换原消防设备后的房产税计税原值可否减除原消防设备的价值？
答：《国家税务总局关于进一步明确房屋附属设备和配套设施计征房产税有关问题的通知》（国税发〔2005〕173号）第二条规定，对于更换房屋附属设备和配套设施的，在将其价值计入房产原值时，可扣减原来相应设备和设施的价值。

834. 自己使用的载人电梯和货梯缴纳房产税时是否并入房产总额？

问：企业安装了载人电梯和货梯供自己使用，计入固定资产，在缴纳房产税时是否要并入房产总额？
答：《国家税务总局关于进一步明确房屋附属设备和配套设施计征房产税有关问题的通知》（国税发〔2005〕173号）规定：为了维持和增加房屋的使用功能或使房屋满足设计要求，凡以房屋为载体，不可随意移动的附属设备和配套设施，如给排水、采暖、消防、中央空调、电气及智能化楼宇设备等，无论在会计核算中是否单独记账与核算，都应计入房产原值，计征房产税。

835. 住宅小区内共有经营性房产由谁缴纳房产税？

答：根据《财政部、国家税务总局关于房产税、城镇土地使用税有关政策的通知》(财税〔2006〕186号)第一条规定:对居民住宅区内业主共有的经营性房产,由实际经营(包括自营和出租)的代管人或使用人缴纳房产税。其中自营的,依照房产原值减除10%~30%后的余值计征,没有房产原值或不能将业主共有房产与其他房产的原值准确划分开的,由房产所在地地方税务机关参照同类房产核定房产原值;出租的,依照租金收入计征。

836. 外商投资企业和外国企业是否需要缴纳房产税?

答:根据《财政部、国家税务总局关于对外资企业及外籍个人征收房产税有关问题的通知》(财税〔2009〕3号)规定,自2009年1月1日起,废止《城市房地产税暂行条例》,外商投资企业、外国企业和组织以及外籍个人(包括港澳台资企业和组织以及华侨、港澳台同胞,以下统称外资企业及外籍个人)依照《房产税暂行条例》缴纳房产税。即在征收范围、计税依据、税率、税收优惠、征收管理等方面均按照《房产税暂行条例》及有关规定执行。

837. 房地产开发公司临时搭建的售楼部是否要缴纳房产税?

问:房地产开发公司临时搭建的售楼部,在售楼结束后需要拆除的,该售楼部是否要缴纳房产税?

答:《财政部、国家税务总局关于房产税和车船使用税几个业务问题的解释与规定》(财税地字〔1997〕3号)第一条规定:房产是以房屋形态表现的财产。房屋是指有屋面和维护结构(有墙或两边有柱),能够遮风避雨,可供人们在其中生产、工作、学习、娱乐、居住或者储藏物资的场所。《财政部、国家税务总局关于房产税若干具体问题的解释和暂行规定》(财税地字〔1986〕8号)第21条规定,凡是在基建工地为基建工地服务的各种工棚、材料棚和办公室、食堂、茶炉房、汽车房等临时性房屋,不论是施工企业自行建造还是由基建单位出资建造交施工企业使用的,在施工期间,一律免征房产税。但是,如果在基建工程结束以后,施工企业将这种临时性房屋交换或者估价转让给基建单位的,应当从基建单位接收的次月起,依照规定征收房产税。

因此,售楼处(不论是永久性或临时性)若符合上述房屋定义,均应按规定缴纳房产税,但如果其符合《财政部、国家税务总局关于房产税若干具体问题的解释和暂行规定》第二十一条免税条件的,可按规定免税。

838. 甲乙两企业合作建房的房产税由哪方缴纳?

问:甲乙两企业合作建房,在建工程的成本只在甲企业账上反映,工程尚未竣工。产权证也没有办理。现甲乙两企业已将房产投入使用,请问房产税由哪方缴纳?

答:根据《房产税暂行条例》规定,房产税由产权所有人缴纳。产权所有人、出典人不在房产所在地的,或者产权未确定及租典纠纷未解决,由房产代管人或者使用人缴纳。因此,甲乙两企业应当分别就自己使用部分的房产缴纳房税。

839. 房地产开发企业开发的商品房是否缴纳房产税?

答:《国家税务总局关于房产税、城镇土地使用税有关政策定的通知》(国税发〔2003〕89号)第一条规定,鉴于房地开发企业开发的商品房在出售前,对房地产开发企业而言是一种产品,因此,对房地产开发企业建造的商品房,在售出前,不征收房产税;但对售出前房地产开发企业已使用或出租、出借的商品房应按规定征收房产税。

840. 房产开发公司将自己开发的门面房两间作为售楼部,是否征收房产税?如果征收房产税应如何确定原值?

答:《国家税务总局关于房产税、城镇土地使用税有关政策规定的通知》(国税发〔2003〕89号)第二条规定,房地产开发企业自用、出租、出借本企业建造的商品房,自房屋使用或交付之次月起计征房产税。开发企业利用商品房作售楼部的情况,应自开始使用售楼部的次月按其原值的70%缴纳房产税。

对其房产原值的确认,应按《财政部、国家税务总局关于房产税、城镇土地使用税有关问题的通知》(财税〔2008〕152号)中"对依照房产原值计税的房产,不论是否记载在会计账簿固定资产科目中,均应按照房屋原价计算缴纳房产税。房屋原价应根据国家有关的会计制度规定进行核算。对纳税人未按国家会计制度规定核算并记载的,应按规定予以调整或重新评估"的规定来执行。

841. 没有拿到房产证的房产,需要缴纳房产税吗?

问:用于生产经营在按揭之中的房产,没有拿到房产证,需要缴纳房产税吗?
答:《国家税务总局关于房产税、城镇土地使用税有关政策规定的通知》(国税发〔2003〕89号)规定,购置新建商品房,自房屋交付使用之次月起计征房产税和城镇土地使用税。

根据《房产税暂行条例》规定,自有房屋用于经营,房产税按房产原值一次减除10%~30%后的余值计征,税率为1.2%。

842. 自行开发的商品房作为售楼部，用不用缴纳房产税？

问：公司将自行开发的商品房一楼作为售楼部，并搬入使用。公司认为房子将来是要出售的，不属于自己的固定资产，是否不用缴纳房产税？

答：根据《国家税务总局关于房产税、城镇土地使用税有关政策规定的通知》（国税发〔2003〕89号）规定：对房地产开发企业建造的商品房，在售出前，不征收房产税；但对售出前房地产开发企业已使用的商品房，自房屋使用之次月起计征房产税。所以，贵公司的售楼部应按规定缴纳房产税。

843. 土地价值是否要并入固定资产缴纳房产税？

答：根据闽财税〔2011〕31号文件规定，该问题适用《财政部、国家税务总局关于安置残疾人就业单位城镇土地使用税等政策的通知》（财税〔2010〕121号）第三条规定，自2010年12月21日起，对按照房产原值计税的房产，无论会计上如何核算，房产原值均应包括地价，包括为取得土地使用权产生的成本费用等。宗地容积率小于0.5的，按房产建筑面积的2倍计算土地面积并据此确定计入房产原值的地价。

844. 土地是否应并入房产缴纳房产税？

问：某生产制造企业的土地未纳入房产缴纳2011年度的房产税。该企业占地20 000平方米，该地价平均每平方米0.5万元，该土地上房屋建筑物面积8 000平方米，由于该宗地容积率＝8 000÷20 000＝0.4，小于0.5。该土地应如何缴纳房产税？

答：根据政策，对按照房产原值计税的房产，无论会计上如何核算，房产原值均应包含地价，包括为取得土地使用权支付的价款、开发土地发生的成本费用等。宗地容积率低于0.5的，按房产建筑面积的2倍计算土地面积并据此确定计入房产原值的地价。

根据《江苏省财政厅、江苏省地方税务局转发财政部、国家税务总局关于安置残疾人就业单位城镇土地使用税等政策的通知》（苏财税〔2011〕3号）的规定，宗地容积率低于0.5的，按房产建筑面积的2倍计算土地面积并据此确定计入房产原值的地价。具体公式如下：

计入房产原值的地价＝应税房产建筑面积×2×土地单价

因此，计入房产原值的地价为8 000×2×0.5＝8 000（万元），该土地应缴纳房产税＝8 000×1.2％＝96（万元）。

注：按照规定，房产税从价计征的，可扣除原值的10%～30%，以余值作为计税依据。具体扣除比例，会依具体情况而不同，所以本文中计算部分不涉及扣除原值这个环节。

845. 职工使用的生产运行倒班楼是否免缴房产税？

问：企业自行建造并提供给职工使用的生产运行倒班楼是否免缴房产税？
答：《房产税暂行条例》第二条规定，房产税由产权所有人缴纳。产权属于全民所有的，由经营管理的单位缴纳。产权出典的，由承典人缴纳。产权所有人、承典人不在房产所在地的，或者产权未确定及租典纠纷未解决的，由房产代管员或者使用人缴纳。

《财政部、国家税务总局关于房产税城镇土地使用税有关问题的通知》（财税〔2009〕128号）第一条规定，无租使用其他单位房产的应税单位和个人，依照房产余值代缴纳房产税。

根据上述规定，企业为职工建造生产运行所必须使用的倒班休息的楼房，应属于生产经营用房，应由产权所有人缴纳房产税，不应属于无租使用房产。

846. 几种特殊租赁情况下房产税如何缴纳？

答：在进行税收检查时，我们发现目前房屋租赁的方式有许多，但许多单位对房产税的纳税义务人与计税依据往往搞不清楚，多缴或少缴房产税的情况也不少见。现将几种特殊房产租赁方式下房产税的缴纳方法归纳如下：

（1）出租房产免收租金期间由产权所有人缴纳房产税

根据财税〔2010〕121号文规定：对出租房产，租赁双方签订的租赁合同约定有免收租金期限的，免收租金期间由产权所有人按照房产原值缴纳房产税。这里要提醒纳税人注意，免租期的房产税是由产权人缴纳，房主千万不要觉得自己没有收入就不应该纳税，"免租期"条款写入房产租赁合同时，免租期间的房产税就由房主按照房产原值缴纳房产税。

（2）转租房产不征房产税

苏地税发〔1999〕087号文件第一条第（四）款曾经规定：对转租房产的，由转租人按转租收入和承租租金的差额缴纳房产税。但苏地税发〔2006〕135号早已将该规定废止，也就是说房产承租人再将房屋转租出去（也就是常说的二房东）收取的租金收入不需要缴纳房产税。

（3）无租使用其他单位房产的房产税问题

根据财税〔2009〕128号文件规定：无租使用其他单位房产的应税单位和个人，依照房产余值代缴纳房产税。该条规定明确了房产税的纳税义务人是无租使用其他单位房产的应税单位和个人，计税依据是房产余值。

847. 产权已确定是否应纳房产税？

问：我单位有一栋房产，因改制已入账多年，但未过户（未改房产证名称）。请问，我单位是否应就此房产缴纳房产税？

答：《房产税暂行条例》第二条规定，房产税由产权所有人缴纳。产权属于全民所有的，由经营管理的单位缴纳，产权出典的，由承典人缴纳。产权所有人、承典人不在房产所在地的，或者产权未确定及租典纠纷未解决的，由房产代管人或者使用人缴纳。前款列举的产权所有人、经营管理单位、承典人、房产代管人或者使用人，统称为纳税义务人。

如果企业的产权已经确定，仅是因为特别原因而没有办理房产证，并不能因形式要件的缺失而免除纳税义务。如果不能确定是否属于本单位的房产，但由本单位使用，也应该是由使用人缴纳房产税。因此，你单位应就该房产缴纳房产税。

848. 地下车库临时经营收入如何缴纳房产税？

问：我公司开发的商品房含有的地下车库一直未能出售，也未转为公司固定资产，现将其一部分临时对外出租用于经营，另一部分供车主临时停车并收取车辆保管费。这两种情况下，应分别如何缴纳房产税？

答：根据相关规定，房地产开发企业建造的商品房，在售出前，不征收房产税；但对售出前房地产开发企业已使用或出租、出借的商品房应按规定征收房产税。根据《财政部、国家税务总局关于具备房屋功能的地下建筑征收房产税的通知》（财税〔2005〕181号）规定，凡在房产税征收范围内的具备房屋功能的地下建筑，包括与地上房屋相连的地下建筑以及完全建在地面以下的建筑、地下人防设施等，均应当依照有关规定征收房产税。自用的与地上房屋相连的地下建筑，如房屋的地下室、地下停车场、商场的地下部分等，应将地下部分与地上房屋视为一个整体按照地上房屋建筑的有关规定计算征收房产税。出租的地下建筑，按照出租地上房屋建筑的有关规定计算征收房产税。

因此，房地产开发公司出租的地下车库应按租金计算缴纳房产税。对具备房屋功能的地下建筑，仍由房地产开发公司负责管理的收取车辆保管费的停车位，其房产税从价缴纳，依照房产原值按规定税率计征房产税。

849. 账面土地评估增值如何计入房产原值缴纳房产税？

问：根据《国家税务总局关于安置残疾人就业单位城镇土地使用税等政策的通

知》(财税〔2010〕121号)规定,对按照房产原值计税的房产,无论会计上如何核算,房产原值均应包含地价,包括为取得土地使用权支付的价款、开发土地发生的成本费用等。宗地容积率低于0.5的,按房产建筑面积的2倍计算土地面积并根据上述规定确定计入房产原值的地价。

如果我单位在"无形资产——土地使用权"科目核算的地价经过改制评估增值,是否去除评估增值的价值仅以原取得土地使用权支付的价款(即原账面价值)确认为房产原值?

答:《财政部、国家税务总局关于房产税城镇土地使用税有关问题的通知》(财税〔2008〕152号)第一条规定,对依照房产原值计税的房产,不论是否记载在会计账簿固定资产科目中,均应按照房屋原价计算缴纳房产税。房屋原价应根据国家有关会计制度规定进行核算。对纳税人未按国家会计制度规定核算并记载的,应按规定予以调整或重新评估。

土地评估增值也应按照会计规定处理,若按会计规定已将增值计入无形资产核算,应纳入房产原值缴纳房产税。

850. 无租使用关联企业房屋如何缴纳房产税?

问: 我公司的房屋产权由公司所有,房产税也由我公司缴纳。现在公司准备成立一家新公司(办公地点和股东不变),房产税想由新公司承担。考虑到土地增值税,公司不想办理房屋产权过户。若以租赁方式,公司会有租金收入,但需要多缴企业所得税。请问,有什么方法可以使房产税由新公司承担,又不会有额外的税金、成本产生?

答: 关于无租使用其他单位房产的房产税问题,《财政部、国家税务总局关于房产税城镇土地使用税有关问题的通知》(财税〔2009〕128号)规定,无租使用其他单位房产的应税单位和个人,依照房产余值代缴房产税。

《企业所得税法》第八条规定,企业实际发生的与取得收入有关的、合理的支出,包括成本、费用、税金、损失和其他支出,准予在计算应纳税所得额时扣除。

《企业所得税法实施条例》第三十一条规定,企业所得税法第八条所称税金,是指企业发生的除企业所得税和允许抵扣的增值税以外的各项税金及其附加。

《税收征收管理法》第三十六条规定,企业或者外国企业在中国境内设立的从事生产、经营的机构、场所与其关联企业之间的业务往来,应当按照独立企业之间的业务往来收取或者支付价款、费用;不按照独立企业之间的业务往来收取或者支付价款、费用,而减少其应纳税的收入或者所得额的,税务机关有权进行合理调整。

依据上述规定,新公司无租使用关联企业房屋依照房产余值代缴房产税。新公司可承担与取得收入有关的房产税。但是,该公司应注意营业税及附加税费、印花税和企业所得税涉税风险,不按照独立企业之间的业务往来收取或者支付价款、费用，而减少其应纳税的收入或者所得额的，税务机关有权进行合理调整。

851. 租入房产经改造，增值财产如何缴税？

问： 企业因生产经营需要，对租入的房产进行装饰、装修、改造，根据现行税法的规定，维持和增加房屋的使用功能或使房屋满足设计要求，凡以房屋为载体，不可随意移动的附属设备和配套设施都应计入房产原值，计征房产税。那么，对租入房产进行改造支出形成的财产是否缴纳房产税？如何缴纳房产税？

答： 我们通过案例分析如下：

甲企业主要从事工业厂房租赁业务，2009年将固定资产原值为1800万元的标准厂房出租给乙企业使用。乙企业从事医疗用品的制造，取得厂房后，根据国家对医药行业GMP标准的要求对厂房进行改造，改造支出为500万元。合同约定租赁期满后，乙方负责对改造部分进行拆除，恢复厂房原貌。假设甲企业预计厂房出租业务的投资回报期为8年，则原值1800万元的厂房年租金为225万元（1800÷8）。本案例仅对房产税进行分析，不考虑其他税费。会计处理为（单位：万元）：

（1）甲企业：

收到租金。

  借：银行存款   225

   贷：主营业务收入——租赁收入   225

（2）乙企业：

支付租入固定资产改造款项。

  借：长期待摊费用——租入固定资产改造   500

   贷：银行存款   500

乙企业支付厂房租金。

  借：制造费用（管理费用等）   225

   贷：银行存款   225

税务处理：甲企业应就租金收入缴纳房产税27万元（225×12%）。

本案例中，乙企业对租入房产发生改造支出500万元形成的财产是否缴纳房产税？如何缴纳房产税？纳税人是甲企业还是乙企业？对此，笔者认为先要解决两个问题，第一，对租入房产进行改造形成的财产是否符合房产税的征收条件；第二，租入房产改造支出形成的财产的产权性质。

第一，租入房产改造支出形成的财产是否符合房产税计征条件。

《房产税暂行条例》第三条规定，房产税依照房产原值一次减除10%～30%后的余值计算缴纳。房产出租的，以房产租金收入为房产税的计税依据。根据条例第三条的规定，房产税的计征方法依据使用对象不同可分为自用和他用两类。自用，依照房产原值一次减除10%～30%后的余值计算缴纳；他用，以房产租金收入为房产税的计税依据计算缴纳。但无论房产的使用对象是谁,根据条例第二条的规定,房产税由产权所有人缴纳。

那么,对以房产原值计征房产税的计税对象"房产"如何确认及辨别,《财政部、国家税务总局关于房产税和车船使用税几个业务问题的解释与规定》(财税地〔1997〕3号)规定,"房产"是以房屋形态表现的财产。房屋是指有屋面和围护结构(有墙或两边有柱),能够遮风避雨,可供人们在其中生产、工作、学习、娱乐、居住或储藏物资的场所。独立于房屋之外的建筑物,不属于房产。财税地〔1997〕3号文件特别强调,房产原值应包括与房屋不可分割的各种附属设备或一般不单独计算价值的配套设施。《国家税务总局关于进一步明确房屋附属设备和配套设施计征房产税有关问题的通知》(国税发〔2005〕173号)对房屋附属设备和配套设施计征房产税有关问题进一步明确,关于房屋附属设备和配套设施计征房产税问题,财税地〔1997〕3号文件第二条已作了明确。随着社会经济的发展和房屋功能的完善,又出现了一些新的设备和设施,亟须明确。经研究,现将有关问题通知如下:第一,为了维持和增加房屋的使用功能或使房屋满足设计要求,凡以房屋为载体,不可随意移动的附属设备和配套设施,如给排水、采暖、消防、中央空调、电气及智能化楼宇设备等,无论在会计核算中是否单独记账与核算,都应计入房产原值,计征房产税。第二,对于更换房屋附属设备和配套设施的,在将其价值计入房产原值时,可扣减原来相应设备和设施的价值;对附属设备和配套设施中易损坏、需要经常更换的零配件,更新后不再计入房产原值。

根据以上文件的规定,以房产原值计征房产税,无论会计上如何核算,只要符合上述规定而发生的与房屋不可分割的、维持和增加房屋的使用功能或使房屋满足设计要求,以房屋为载体,不可随意移动的原建或改造支出,均应并入房产原值计征房产税。本案例中乙企业承租甲企业的厂房后,以原有厂房为主体,根据生产经营的需要进行改造发生的支出,虽然符合"为了维持和增加房屋的使用功能或使房屋满足设计要求,凡以房屋为载体,不可随意移动的附属设备和配套设施,如给排水、采暖、消防、中央空调、电气及智能化楼宇设备等,无论在会计核算中是否单独记账与核算,都应计入房产原值,计征房产税"的要求,但甲企业作为该房产税的纳税义务人,是以房产租金计算缴纳房产税的,房产原值增加与否不影响甲企业计征房产税的计税基础。乙企业发生改造支出形成的财产不符合对甲企业计征房产税的条件,不征收房产税。

第二,改造租入房产而发生的支出的产权性质。

产权是指财产的所有权,是经济所有制关系的法律表现形式,包括财产的所有权、占有权、支配权、使用权、收益权和处置权。根据《中华人民共和国民法通则》第七十一条的规定,财产所有权是指所有人依法对自己的财产享有占有、使用、收益和处分的权利。显然,甲企业是出租房产的权利人,对出租房产享有上述权利。那么,对于乙企业承租后发生的改造支出形成的财产是否享有上述权利,最高人民法院《关于贯彻执行〈中华人民共和国民法通则〉若干问题的意见（试行）》规定，非产权人在使用他人的财产上增添附属物，财产所有人同意增添，并就财产返还时附属物如何处理有约定的，按约定办理；没有约定又协商不成，能够拆除的，可以责令拆除，不能拆除的，也可以折价归财产所有人；造成财产所有人损失的，应当负赔偿责任。由此可见，甲企业仅对出租的房产拥有所有权，对乙企业承租后发生的改造支出所形成的财产不拥有任何权利。根据《房产税暂行条例》第二条的规定，房产税由产权所有人缴纳，产权所有人为纳税义务人。所以，甲企业对乙企业发生的改造支出不负有纳税义务。

房产税的课税对象是房产，虽然属财产税的课税范畴，但也仅对房产征税而不能对所有的财产征税。乙企业对租入房产进行改造而发生的支出所形成的财产是以出租方所拥有的房产为载体而存在的，但对改造方乙企业来说只是改造财产而不是完整的房产。同理，乙企业对改造财产也仅享有财产权而不是房产权。因此，根据税法规定，乙企业发生的改造支出所形成的财产不是房产税的课税对象，乙企业无须对改造支出承担房产税纳税义务。

852. 按揭买房发生的利息支出是否计入房屋原值计算缴纳房产税？

答：根据《财政部、国家税务总局关于房产税、城镇土地使用税有关问题的通知》（财税〔2008〕152号）规定，对依照房产原值计税的房产，不论是否记载在会计账簿固定资产科目中，均应按照房屋原价计算缴纳房产税。房屋原价应根据国家有关会计制度规定进行核算。对纳税人未按国家会计制度规定核算并记载的，应按规定予以调整或重新评估。因此，按揭买房发生的利息支出，凡按照国家会计制度规定应该计入房产原价的，则计入原值计征房产税。

853. 公司以融资租赁方式租入房产，房产税如何缴纳？

答：根据《财政部、国家税务总局关于房产税城镇土地使用税有关问题的通知》（财税〔2009〕128号）第三条"关于融资租赁房产的房产税问题"规定，融资租赁的房产，由承租人自融资租赁合同约定开始的次月起依照房产余值缴纳房产税。合同未约定开始日的，由承租人自合同签订的次月起依照房产余值缴纳房产税。

854. 频繁更换的给水设备是否需计入房产原值缴房产税？

问：我单位对厂房给水设备进行维护，需要经常更换密封阀门，密封阀门单位价值高但易损坏，需要4个月更换一次。请问更换频繁的密封阀门是否需要计入房产原值缴纳房产税?

答: 根据《国家税务总局关于进一步明确房屋附属设备和配套设施计征房产税有关问题的通知》(国税发〔2005〕173号)第二条的规定,对于更换房屋附属设备和配套设施的,在将其价值计入房产原值时,可扣减原来相应设备和设施的价值;对附属设备和配套设施中易损坏、需要经常更换的零配件,更新后不再计入房产原值。

因此,频繁更换的密封阀门,不再计入房产原值征收房产税。

855. 房产评估增值部分是否应当缴纳房产税?

问: 纳税人发生的房产评估增值部分是否应当缴纳房产税?执行新《企业会计准则》的纳税人,因初始确认投资性房地产或者投资性房地产公允价值发生变化而调整房产账面原价的,是否应当同时调整房产税计税原值?

答:《江苏省地方税务局关于地方税有关业务问题的通知》(苏地税发〔1999〕087号)规定:企业改组改制过程中,对资产进行重新评估并调整房产原值的,不论是否按新调整的房产原值提取折旧,均应按调整后的房产原值计征房产税。财税〔2008〕152号文件规定:房屋原价应根据国家有关会计制度规定进行核算。因此,纳税人发生房产评估增值(或减值)以及初始确认投资性房地产或者持有投资性房地产期间公允价值发生变化,并按国家有关会计制度规定调增(或调减)房产原值的,应按调整后的房产原值计征房产税。需要说明的是,根据国家有关会计制度的规定,纳税人除发生资产重组以及确认投资性房地产等少数情形外,房产的会计核算应当遵循历史成本原则,纳税人不得因房产增值(或减值)而随意调增(或调减)房产原值。

856. 地价应当如何把握?

问: 财税〔2010〕121号文件规定:对按照房产原值计税的房产,无论会计上如何核算,房产原值均应包含地价,包括为取得土地使用权支付的价款、开发土地发生的成本费用等。对于"地价"应当如何把握?是否应当考虑土地评估增值和摊销等因素?纳税人支付的土地租金是否构成地价?

答: 财税〔2010〕121号文件规定的"地价"应为纳税人实际支付的地价,包括纳税人取得土地使用权实际支付的价款以及开发土地实际支出的成本费用。纳税人会计核算时将土地评估增值记入"无形资产"或"投资性房地产"等科目(土地价值单独核算)而未计入房价的,在确定房产计税原值时,不需要将土地评估增值部分加计入地价。纳税人会计核算时对土地进行摊销的,在确定房产计税原值时,摊销额也不得从地价中扣减。纳税人通过划拨等方式取得土地未支付地价的,计入房产计税原值的地价应为零。

857. 闲置土地是否免征房产税与土地使用税？

问：房屋大修半年、闲置土地是否只要事先备案就可以免缴房产税、城镇土地使用税？

答：（1）房产税：

《国家税务总局关于房产税部分行政审批项目取消后加强后续管理工作的通知》（国税函〔2004〕839号）目前仍有效。该文件规定，对房屋大修停用半年以上，经纳税人向主管税务机关报备相关证明材料，包括大修房屋的名称、坐落地点、产权证编号、房产原值、用途、房屋大修的原因、大修合同及大修的起止时间等信息和资料后，房屋在大修期间可免征房产税。

（2）城镇土地使用税：

《国家税务总局关于城镇土地使用税部分行政审批项目取消后加强后续管理工作的通知》（国税函〔2004〕939号）文件规定，对企业搬迁后原场地不使用的、企业范围内荒山等尚未利用的土地，经纳税人事先向土地所在地主管税务机关报备有关部门的批准文件或认定书等相关证明材料，可暂免征收土地使用税。

858. 未办理产权的地下停车场如何缴纳房产税？

问：我公司地下停车场（主要用于临时车辆停放，并收取停车费）购买后未办理产权，在计算房产税时，能否按从租计征方式缴纳？

答：《房产税暂行条例》第二条规定，房产税由产权所有人缴纳。产权属于全民所有的，由经营管理的单位缴纳，产权出典的，由承典人缴纳。产权所有人、承典人不在房产所在地的，或者产权未确定及租典纠纷未解决的，由房产代管人或者使用人缴纳。

前款列举的产权所有人、经营管理单位、承典人、房产代管人或者使用人，统称为纳税义务人（以下简称纳税人）。

根据上述规定，公司地下停车场虽未办理产权，但企业已实际购买停车场，且为停车场实际使用人，应按规定缴纳房产税。

同时，《财政部、国家税务总局关于具备房屋功能的地下建筑征收房产税的通知》（财税〔2005〕181号）规定，自用的地下建筑，按以下方式计税：

（1）工业用途房产，以房屋原价的50%～60%作为应税房产原值。

$$应纳房产税的税额 = 应税房产原值 \times [1-(10\%-30\%)] \times 1.2\%$$

（2）商业和其他用途房产，以房屋原价的70%～80%作为应税房产原值。

应纳房产税的税额＝应税房产原值×[1－(10%－30%)]×1.2%

房屋原价折算为应税房产原值的具体比例，由各省、自治区、直辖市和计划单列市财政和地方税务部门在上述幅度内自行确定。

（3）对于与地上房屋相连的地下建筑，如房屋的地下室、地下停车场、商场的地下部分等，应将地下部分与地上房屋视为一个整体，按照地上房屋建筑的有关规定计算征收房产税。

综合上述规定，企业地下停车场用于临时车辆停放收取停车费，不属于出租，应按上述规定计算缴纳房产税。

859. 租用房产发生的装修费是否缴纳房产税？

问：我公司最新租了2层写字楼，发生装修费300万元，是否缴纳房产税？

答：《财政部、国家税务总局关于房产税、城镇土地使用税有关问题的通知》（财税〔2008〕152号）规定，对依照房产原值计税的房产，不论是否记载在会计账簿固定资产科目中，均应依照房屋原价计算缴纳房产税。其中，房屋原价应根据国家有关会计制度规定进行核算，纳税人未按国家会计制度规定核算并记载的，应按规定予以调整或重新评估。

对于租入新房屋的装修支出，根据企业会计准则和企业所得税法有关精神，如由承租人承担有关装修费用，作为承租公司的"长期待摊费用"，不计入出租方的房屋原值，所发生的装修支出不缴纳房产税。

根据上述规定：

（1）房屋改建、扩建支出应该计入房产原值征收房产税。

（2）新建房屋初次装修费用应计入房产原值征收房产税。

（3）租入房屋由承租人承担的装修费用，所发生的装修支出不缴纳房产税。

（4）旧房重新装修，涉及国税发〔2005〕173号文件列明的房屋附属设施和配套设施的更换，则无论会计上如何核算，都要并入房产原值缴纳房产税；如果房屋装修过程中不涉及上述列明的房屋附属设施和配套设施的更换，仅是装饰性的普通装修，根据相关文件规定以及企业会计准则的规定，看是否应该资本化，应资本化的并入房产原值征税，不资本化的不征税。

860. 车棚和临时仓库是否应缴纳房产税？

问：车棚、污水处理站顶蓬、煤蓬、临时简易仓库等，是否属于建筑物？是否免征房产税？

答：房产税依照房产原值或租金作为征收对象。在税收管理中，对"房产"的界定，可根据《财政部、税务总局关于房产税和车船使用税几个业务问题的解释与规定》（财税地〔1997〕3号）中关于"房产"的解释规定，"房产"是以房屋形态表现的财产。房屋是指有屋面和围护结构（有墙或两边有柱），能够遮风避雨，可供人们在其中生产、工作、学习、娱乐、居住或储藏物资的场所。

独立于房屋之外的建筑物，如围墙、烟囱、水塔、变电塔、油池油柜、酒窖菜窖、酒精池、糖蜜池、室外游泳池、玻璃暖房、砖瓦石灰窑以及各种油气罐等，不属于房产。

《财政部、国家税务总局关于加油站罩棚房产税问题的通知》（财税〔2008〕123号）规定，加油站罩棚不属于房产，不征收房产税。以前各地已做出税收处理的，不追溯调整。

因此，车棚、污水处理站顶蓬、煤蓬、临时简易仓库等不属于税法中所称的"房产"，无须缴纳房产税。

城镇土地使用税

861. 不拥有该土地使用权的公司是否应缴纳城镇土地使用税？

问：某公司使用已经破产企业的土地，但不拥有该土地使用权，请问是否应缴纳城镇土地使用税？

答：根据《国家税务局关于检发〈关于土地使用税若干具体问题的解释和暂行规定〉的通知》（国税地〔1988〕15号）规定，土地使用税由拥有土地使用权的单位或个人缴纳。拥有土地使用权的纳税人不在土地所在地的，由代管人或实际使用人纳税，土地使用权未确定或权属纠纷未解决的，由实际使用人纳税。土地使用权共有的，由共有各方分别纳税。因此，上述单位应依据通知规定确定城镇土地使用税纳税人。

862. 购买填海整治的土地是否可以享受免缴城镇土地使用税的优惠政策？

问：某房地产公司，购买了一块填海整治的土地。请问，房地产公司是否可以享受免缴城镇土地使用税的优惠政策？

答：根据《城镇土地使用税暂行条例》第六条规定，经批准开山填海整治的土地和改造的废弃土地，从使用的月份起免缴土地使用税5～10年。另根据《国家税务总局关于填海整治土地免征城镇土地使用税问题的批复》（国税函〔2005〕968号）规定，享受免缴土地使用税5～10年的填海整治的土地，是指纳税人经有关部门批准后，自行填海整治的土地，不包括纳税人通过出让、转让、划拨等方式取得的已填海整治的土地。

863. 未取得土地证的纳税人是否应缴纳城镇土地使用税？

答：根据《财政部、国家税务总局关于房产税城镇土地使用税有关政策的通知》（财税〔2006〕186号）规定，以出让或转让方式有偿取得土地使用权的，应由受让方从合同约定交付土地时间的次月起缴纳城镇土地使用税。合同未约定交付土地时间的，由受让方从合同签订的次月起缴纳城镇土地使用税。因此，不论是否取得土地证，若属于城镇土地使用税的纳税义务人，则应按税法规定缴纳城镇土地使用税。是否办理土地证并不是应否缴纳土地使用税的必要前提，只要是用于生产经营的坐落在城镇土地使用税征收范围内的用地，就应按有关规定缴纳城镇土地使用税。

864. 城镇土地使用税和耕地占用税有何不同？

问：城镇土地使用税和耕地占用税有何不同？已缴纳耕地占用税的，是否还需要缴纳城镇土地使用税？

答：城镇土地使用税和耕地占用税不同之处在于，耕地占用税是在全国范围内，就改变耕地用途的行为在土地取得环节一次性征收的税种，目的是保护耕地。而城镇土地使用税是在城市、县城、建制镇和工矿区范围内，在土地的持有和使用环节征收的一种税，目的是引导企业集约、节约土地，促进土地资源的合理配置。城镇土地使用税按年计算，分期缴纳。

城镇土地使用税和耕地占用税是在不同环节征收的税种，因此，占用耕地的纳税人在缴纳耕地占用税以后，在土地持有和使用过程中仍要缴纳城镇土地使用税。但是在占用耕地的当年，考虑到纳税人已经支付了较高的补偿费、缴纳了耕地占用税，因此，《城镇土地使用税暂行条例》将其缴纳城镇土地使用税的纳税义务发生时间设置为批准征用耕地的1年以后，从而保证耕地占用税和城镇土地使用税的合理衔接。

865. 企业搬迁后，原有场地不使用的，是否可以免征城镇土地使用税？

答：根据《国家税务局关于印发〈关于土地使用税若干具体问题的补充规定〉的通知》（国税地〔1989〕140号）第十条规定，企业搬迁后，其原有场地和新场地都使用的，均应照章征收城镇土地使用税。原有场地不使用的，经各省、自治区、直辖市税务局审批，可暂免征收城镇土地使用税。

根据《国家税务总局关于城镇土地使用税部分行政审批项目取消后加强后续管

理工作的通知》(国税函〔2004〕939号)第一条规定,对国家税务总局关于印发《关于土地使用税若干具体问题的补充规定》(国税地〔1989〕第140号)中第十条关于企业搬迁后原场地不使用的、第十二条关于企业范围内的荒山等占地尚未利用的,经各省、自治区、直辖市税务局审批,可暂免征收土地使用税的规定作适当修改,取消经各省、自治区、直辖市税务局审批的内容。据此,企业搬迁后原场地不使用的,可暂免征城镇土地使用税。

866. 物流企业仓储设施用地何种情形可减征城镇土地使用税?

问: 物流企业大宗商品仓储设施用地,何种情形可减征城镇土地使用税?

答:《财政部、国家税务总局关于物流企业大宗商品仓储设施用地城镇土地使用税政策的通知》(财税〔2012〕13号)规定,减征条件为:一是为工农业生产、流通、进出口和居民生活提供仓储、配送服务的专业物流企业。二是仓储设施占地面积在6 000平方米以上的,且储存粮食、棉花、油料、糖料、蔬菜、水果、肉类、水产品、化肥、农药、种子、饲料等农产品和农业生产资料;煤炭、焦炭、矿砂、非金属矿产品、原油、成品油、化工原料、木材、橡胶、纸浆及纸制品、钢材、水泥、有色金属、建材、塑料、纺织原料等矿产品和工业原材料;食品、饮料、药品、医疗器械、机电产品、文体用品、出版物等工业制成品的仓储设施。三是仓库库区内的各类仓房(含配送中心)、油罐(池)、货场、晒场(堆场)、罩棚等储存设施和铁路专用线、码头、道路、装卸搬运区域等物流作业配套设施的用地。符合上述减税条件的物流企业需持相关材料向主管税务机关办理备案手续。

867. 储备仓库是否需要缴纳城镇土地使用税?

问: 我公司是一家商品储备管理公司,受市政府有关部门委托承担粮食商品储备业务,储备仓库是否需要缴纳城镇土地使用税?

答: 根据《财政部、国家税务总局关于部分国家储备商品有关税收政策的通知》(财税〔2011〕94号)规定,对商品储备管理公司及其直属库承担商品储备业务自用的房产、土地,免征房产税、城镇土地使用税。其中,本通知所称商品储备管理公司及其直属库,是指接受中央、省、市、县四级政府有关部门委托,承担粮(含大豆)、食用油、棉、糖、肉、盐(限于中央储备)6种商品储备任务,取得财政储备经费或补贴的商品储备企业。承担省、市、县政府有关部门委托商品储备业务的储备管理公司及其直属库名单由省、自治区、直辖市财政、税务部门会同有关部门明确或制定具体管理办法,并报省、自治区、直辖市人民政府批准后予以发布。

868. 对于单独建造的地下建筑是否需要缴纳城镇土地使用税？

答：对在城镇土地使用税征税范围内单独建造的地下建筑用地，按规定征收城镇土地使用税。其中，已取得地下土地使用权证的，按土地使用权证确认的土地面积计算应征税款；未取得地下土地使用权证或地下土地使用权证上未标明土地面积的，按地下建筑垂直投影面积计算应征税款。对上述地下建筑用地暂按应征税款的50％征收城镇土地使用税。

869. 个人卖房应缴哪些税费？

答：个人卖房应缴纳的税费有：营业税、城市维护建设税、教育费附加、地方教育附加、个人所得税、印花税、土地增值税。

（1）营业税、城市维护建设税、教育费附加、地方教育附加。

①个人将购买不足5年的住房对外销售的，全额征收营业税；个人将购买超过5年（含5年）的非普通住房对外销售的，按照其销售收入减去购买房屋的价款后的差额征收营业税；个人将购买超过5年（含5年）的普通住房对外销售的，免征营业税。

②以实际缴纳的营业税税额乘以城市维护建设税税率（按纳税人所在地不同适用7％、5％、1％三档税率）、教育费附加率3％和地方教育附加率2％计算缴纳城市维护建设税及附加。

（2）个人所得税。

①对纳税人能够完整、准确地提供转让房屋收入、成本和费用凭证的，经审核后，以其转让收入额减除财产原值和合理费用后的余额为应纳税所得额，按20％的比例计算缴纳个人所得税。

②纳税人不能提供完整、准确的房屋原值凭证，不能正确计算房屋原值和应纳税额的，按其住房转让全部收入的3％定率征收个人所得税。

③个人转让自用5年以上并且是家庭唯一生活用房的所得，免征个人所得税。

（3）印花税、土地增值税。

为减轻个人住房交易的税收负担，对个人销售或购买住房暂免征收印花税；对个人销售住房暂免征收土地增值税。

870. 火电厂是否征收城镇土地使用税？

答：根据《国家税务总局关于电力行业征免土地使用税问题的规定》（国税地字〔1989〕13号）第一条规定，对火电厂厂区围墙内的用地，均应照章征收城镇土地使用税。对厂区围墙外的灰场、输灰管、输油（气）管道、铁路专用线用地，免征城镇土地使用税；厂区围墙外的其他用地，应照章征税。

871. 租用村集体用地是否缴纳城镇土地使用税？

问：我公司向村委租用村集体用地。请问是否由我公司缴纳城镇土地使用税？

答：根据《财政部、国家税务总局关于集体土地城镇土地使用税有关政策的通知》（财税〔2006〕56号）规定，自2006年5月1日起，在城镇土地使用税征税范围内实际使用应税集体所有建设用地，但未办理土地使用权流转手续的，由实际使用集体土地的单位和个人按规定缴纳城镇土地使用税。

对贵公司租用的、未办理土地使用权流转手续的村集体用地，应由贵公司缴纳城镇土地使用税。

872. 尚未出售的商品房占用的土地是否能够减免城镇土地使用税？

问：房地产开发企业开发的尚未出售的商品房占用的土地是否能够减免城镇土地使用税？

答：《国家税务总局关于进一步加强城镇土地使用税和土地增值税征收管理工作的通知》（国税发〔2004〕100号）规定：除经批准开发建设经济适用房的用地外，对各类房地产开发用地一律不得减免城镇土地使用税。

因此，房地产开发企业尚未出售的商品房占用的土地不能减免城镇土地使用税。

873. 无偿使用村委会土地从事经营，谁来缴纳城镇土地使用税？

问：某公司无偿使用村委会一块土地从事经营，问该公司使用土地的城镇土地使用税该由谁来缴纳？

答：根据《财政部、国家税务总局关于集体土地城镇土地使用税有关政策的通知》（财税〔2006〕56号）规定，在城镇土地使用税征税范围内实际使用应税集体所有建设用地，但未办理土地使用权流转手续的，由实际使用集体土地的单位和个人按规定缴纳城镇土地使用税，该公司使用村委会土地从事经营，应由该公司缴纳城镇土地使用税。

874. 在同一栋房产中土地使用权共有的怎样计算城镇土地使用税？

答：《国家税务局关于检发〈关于土地使用税若干具体问题的解释和暂行规定〉

的通知》（国税地字〔1988〕15号）第四条规定：土地使用税由拥有土地使用权的单位或个人缴纳。拥有土地使用权的纳税人不在土地所在地的，由代管人或实际使用人纳税；土地使用权未确定或权属纠纷未解决的，由实际使用人纳税；土地使用权共有的，由共有各方分别纳税。第五条规定：土地使用权共有的各方，应按其实际使用的土地面积占总面积的比例，分别计算缴纳土地使用税。因此，在同一栋房产中土地使用权共有的各方，应按其实际使用的土地面积占总面积的比例，分别计算缴纳城镇土地使用税。

875. 股东无偿将个人名下房产做办公室用，哪方缴纳城镇土地使用税？

问：股东无偿将个人名下房产给所在单位做办公室用，城镇土地使用税应由哪方缴纳？

答：《国家税务总局（关于土地使用税若干具体问题的解释和暂行规定）的通知》（国税地字〔1988〕15号）规定：土地使用税由拥有土地使用权的单位或个人缴纳。拥有土地使用权的纳税人不在土地所在地的，由代管人或实际使用人纳税。股东无偿将个人名下房产给所在单位做办公室用，可根据上述情况规定由股东缴纳或由实际使用人缴纳城镇土地使用税。

876. 林场中度假村等休闲娱乐场所是否征收城镇土地使用税？

答：根据《财政部、国家税务总局关于房产税、城镇土地使用税有关政策的通知》（财税〔2006〕186号）规定，在城镇土地使用税征收范围内，利用林场土地兴建度假村等休闲娱乐场所的，其经营、办公和生活用地，应按规定征收城镇土地使用税。

印 花 税

877. 委托开垦耕地合同是否需要缴纳印花税？

答：《印花税暂行条例》第一条、第二条规定，在中华人民共和国境内书立、领受本条例所列举凭证的单位和个人，都是印花税的纳税义务人（以下简称纳税人），应当按照本条例规定缴纳印花税。下列凭证为应纳税凭证：（1）购销、加工承揽、建设工程承包、财产租赁、货物运输、仓储保管、借款、财产保险、技术合同或者具有合同性质的凭证；（2）产权转移书据；（3）营业账簿；（4）权利、许可证照；(5) 经财政部确定征税的其他凭证。《财政部关于发布〈中华人民共和国印花税暂行条例施行细则〉的通知》(财税字〔1988〕第255号) 第十条规定，印花税只对税目税率表中列举的凭证和经财政部确定征税的其他凭证征税。根据上述规定，委托开垦耕地合同不属于印花税应税凭证，不需要缴纳印花税。

878. 货物运输合同印花税计税依据是否包括装卸费？

答：《国家税务总局、铁道部关于铁路货运凭证印花税若干问题的通知》(国税发〔2006〕101号) 第二条规定，铁路货运运费结算凭证为印花税应税凭证，包括：(1) 货票（发站发送货物时使用）；(2) 运费杂费收据（到站收取货物运费时使用）；(3) 合资、地方铁路货运运费结算凭证（合资铁路公司、地方铁路单独计算核收本单位管内运费时使用）。上述凭证中所列运费为印花税的计税依据，包括统一运价运费、特价或加价运费、合资和地方铁路运费、新路均摊费、电力附加费。对分段计费一次核收运费的，以结算凭证所记载的全程运费为计税依据；对分段计费分别核收运费的，以分别核收运费的结算凭证所记载的运费为计税依据。因此，货物运输合同印花税的计税依据为取得的运费金额，不包括装卸费金额。

879. 管理费是否也要合并到租金中一起缴印花税？

问：企业将一套房屋出租，签订的租赁合同上明确记载租金金额和管理费金额，并注明管理费是代物业管理公司收取。请问，管理费是否也要合并到租金中一起缴印花税？

答：《印花税暂行条例施行细则》第十一条、第十七条规定，印花税只对税目税率表中列举的凭证和经财政部确定征税的其他凭证征税。同一凭证，因载有两个或者两个以上经济事项而适用不同税目税率，如分别记载金额的，应分别计算应纳税额，相加后按合计税额贴花。如未分别记载金额的，按税率高的计税贴花。由于在税目税率表中，没有列举物业费相关的服务项目，因此物业费不属于印花税征税范围。上述企业所签合同在分别列示两种经济事项的基础上，应分别计算，只对房屋租金部分，按财产租赁合同记载的租赁金额千分之一贴花。

880. 工程监理合同是否需要贴花？

答：《印花税暂行条例》第二条规定，下列凭证为应纳税凭证：(1) 购销、加工承揽、建设工程承包、财产租赁、货物运输、仓储保管、借款、财产保险、技术合同或者具有合同性质的凭证；(2) 产权转移书据；(3) 营业账簿；(4) 权利、许可证照；(5) 经财政部确定征税的其他凭证。《印花税暂行条例施行细则》第十条规定，印花税只对税目税率表中列举的凭证和经财政部确定征税的其他凭证征税。因此，企业与监理公司签订的工程监理合同，不属于上述列举的印花税征税范围，不缴纳印花税。

881. 婚前财产婚后加名是否需要缴纳印花税？

答：不需要缴纳印花税。因为，根据《印花税暂行条例施行细则》第五条规定，暂行条例第二条所说的产权转移书据，是指单位和个人产权的买卖、继承、赠与、交换、分割等所立的书据。《婚姻法》规定，婚后约定一方的财产可以变为共同财产，所以夫妻婚前财产，婚后加名，是夫妻之间关于财产的一种处分行为，是夫妻之间对财产关系作出的一个约定，并不代表产权的变更，不是一般意义上所讲的普通的赠与关系。因此，按照现行规定，不属于《印花税暂行条例施行细则》第五条规定的征税范围，不需要缴纳印花税。

882. 出版单位与发行单位之间订立的征订凭证是否缴纳印花税？

答：根据《国家税务局关于图书报刊等征订凭证征免印花税问题的通知》（国税地〔1989〕142号）规定：（1）各类出版单位与发行单位之间订立的图书、报纸、期刊以及音像制品的征订凭证（包括订购单、订数单等），应由持证双方按规定纳税；（2）各类发行单位之间，以及发行单位与订阅单位或个人之间书立的征订凭证，暂免征印花税；（3）征订凭证适用印花税"购销合同"税目，计税金额按订购数量及发行单位的进货价格计算；（4）征订凭证发生次数频繁，为简化纳税手续，可由出版发行单位采取按期汇总方式，计算缴纳印花税。实行汇总缴纳以后，购销双方个别订立的协议均不再重复计税贴花。因此，出版单位与发行单位之间签订的征订合同，应该按照"购销合同"贴花。

883. 没有签订运输合同取得的发票金额是否缴纳印花税？

问：某公司委托一家运输公司进行货物运输，没有与其签订运输合同，现取得运输公司开给该公司的《公路、内河货物运输统一发票》，该公司是否需要就发票金额缴纳印花税？

答：《国家税务总局关于货运凭证征收印花税几个具体问题的通知》（国税发〔1990〕173号）第一条关于应税凭证确定，在货运业务中，凡是明确承、托运双方业务关系的运输单据均属于合同性质的凭证。鉴于目前各类货运业务使用的单据不够规范统一，不便计税贴花，为了便于征管，现规定以运费结算凭证作为各类货运的应税凭证。根据此项规定，上述单位应按取得的公路、内河货物运输统一发票所载金额的万分之五贴花。

884. 企业转让旧汽车如何缴纳印花税？

问：企业转让旧汽车，签订的合同是否按照"购销合同"缴纳印花税？

答：《国家税务局关于印花税若干具体问题的解释和规定的通知》（国税发〔1991〕155号）明确，"财产所有权"转移书据的征税范围是：经政府管理机关登记注册的动产、不动产的所有权转移所立的书据，以及企业股权转让所立的书据。因此，企业转让旧汽车的合同，应属于"产权转移书据"，按照所载金额的万分之五缴纳印花税。

885. 合同结算金额与合同所载金额不一致的是否补贴印花？

答：根据《国家税务局关于印花税若干具体问题的规定》（国税地〔1988〕025号）规定，依照《印花税暂行条例》规定，纳税人应在合同签订时按合同所载金额计税贴花。因此，对已履行并贴花的合同，发现实际结算金额与合同所载金额不一致的，一般不再补贴印花。

886. 事业单位的开办资金是否需要缴纳印花税？

问：事业单位的开办资金是否和实收资本一样，需要缴纳印花税？

答：根据《国家税务总局关于印花税若干具体问题的规定》（国税地字〔1988〕第025号）规定，对有经营收入的事业单位，凡属由国家财政部门拨付事业经费，实行差额预算管理的单位，其记载经营业务的账簿，按其他账簿定额贴花，不记载经营业务的账簿不贴花。凡属经费来源实行自收自支的单位，其营业账簿，应对记载资金的账簿和其他账簿分别按规定贴花。

887. 进口货物的购货合同是否需要按购销合同贴花？

答：根据《印花税暂行条例》规定，购销合同范围包括供应、预购、采购、购销结合及协作、调剂、补偿、易货等合同，按购销金额万分之三贴花。进口货物的购货合同应按购销金额万分之三贴花。

888. 招聘合同是否需要缴纳印花税？

问：企业与劳务公司签订招聘合同，委托其为企业招聘员工，招聘合同是否需要缴纳印花税？

答：根据《印花税暂行条例施行细则》第十条规定，印花税只对税目税率表中列举的凭证和经财政部确定征税的其他凭证征税。也就是说，印花税的征收范围采用列举的方式，没有列举的凭证，无须贴花。招聘合同不在印花税应税合同或凭证的列举范围内，因此，企业与劳务公司签订的招聘合同不缴纳印花税。

889. 年营业收入在 100 万元以下的餐饮企业与银行签订的借款合同，是否需要缴纳印花税？

答：根据《财政部、国家税务总局关于金融机构与小型微型企业签订借款合同免征印花税的通知》（财税〔2011〕105 号）规定，2011 年 11 月 1 日至 2014 年 10 月 31 日，对金融机构与小型、微型企业签订的借款合同免征印花税。上述小型、微型企业的认定，按照《工业和信息化部、国家统计局、国家发展和改革委员会、财政部关于印发中小企业划型标准规定的通知》（工信部联企业〔2011〕300 号）的有关规定执行。年营业收入 100 万元以下，符合工信部联企业〔2011〕300 号文件规定的餐饮业微型企业的标准。因此，其与银行签订的借款合同目前免征印花税。

890. 高校学生公寓租赁合同是否缴纳印花税？

问：与高校学生签订的学生公寓租赁合同是否需要缴纳印花税？
答：根据《财政部、国家税务总局关于经营高校学生公寓和食堂有关税收政策的通知》（财税〔2011〕78 号）规定，自 2011 年 1 月 1 日至 2012 年 12 月 31 日，对与高校学生签订的高校学生公寓租赁合同，免征印花税。本通知所述"高校学生公寓"，是指为高校学生提供住宿服务，按照国家规定的收费标准收取住宿费的学生公寓。

891. 股东将其股权转让给其他自然人是否缴纳印花税？

问：有限责任公司的自然人股东将其股权的全部或部分转让给其他自然人，是否缴纳印花税？
答：《印花税暂行条例》的印花税税目表中规定，产权转移书据包括财产所有权和版权、商标专用、专利权、专有技术使用权等转移书据，按所载金额万分之五贴花。《印花税暂行条例施行细则》第五条规定，产权转移书据是指单位和个人产权的买卖、继承、赠与、交换、分割等所立的书据。

《国家税务局关于印花税若干具体问题的解释和规定的通知》（国税发〔1991〕

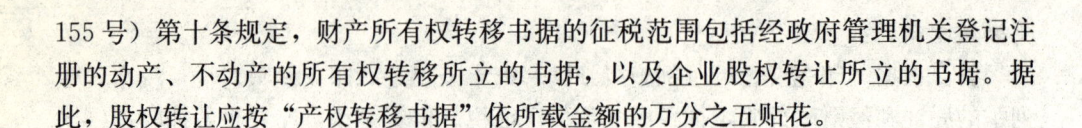

155号）第十条规定，财产所有权转移书据的征税范围包括经政府管理机关登记注册的动产、不动产的所有权转移所立的书据，以及企业股权转让所立的书据。据此，股权转让应按"产权转移书据"依所载金额的万分之五贴花。

892. 见证方是否需要缴纳印花税？

问：我公司是一家中介机构，以前买卖双方直接签订合同，我公司不在合同中体现，现在客户提出要我公司以见证方出现在合同里。请问，买方、卖方和见证方签订三方合同，见证方是否需要缴纳印花税？

答：根据《印花税暂行条例》规定，同一凭证，由两方或者两方以上当事人签订并各执一份的，应当由各方就所执的一份各自全额贴花。当事人，是指对凭证有直接权利义务关系的单位和个人，不包括保人、证人、鉴定人。因此，如果见证方对凭证没有直接的权利义务关系就不需缴纳印花税。

893. 一次性签订多年的房屋租赁合同，如何缴纳印花税？

答：根据《印花税暂行条例》规定，财产租赁合同应当在合同签订时按租赁金额千分之一贴花。因此，一次性签订多年的租赁合同，应按租金一次性缴纳印花税。比如，一次性签订三年的房屋租赁合同，应当按照三年租金一次性缴纳印花税。

894. 以持有的上市公司股权出资而发生的股权转让行为，是否要缴纳印花税？

答：根据《财政部、国家税务总局关于以上市公司股权出资有关证券（股票）交易印花税政策问题的通知》（财税〔2010〕7号）规定，投资人以其持有的上市公司股权进行出资而发生的股权转让行为，不属于证券（股票）交易印花税的征税范围，不征收证券（股票）交易印花税。上述行为的认定，由投资人按规定的要求提供相关资料，由证券登记结算公司所在地主管税务机关办理，并通知证券登记结算公司。

895. 土地租赁合同是否属于印花税应税凭证？

答：土地租赁合同和房屋租赁合同等有区别，它不是印花税应税凭证。《印花税暂行条例》第一条规定，在中华人民共和国境内书立、领受本条例所列举凭证的单位和个人，都是印花税的纳税义务人，应当按照本条例规定缴纳印花税。《印花税暂行条例施行细则》第十条规定，印花税只对税目税率表中列举的凭证和经财政部确定征税的其他凭证征税。也就是说,印花税的征收范围采用列举的方式,没有列举的凭证,不需要贴花。由于在印花税税目表的财产租赁合同税目中没有列举土地租赁合同,因此签订的土地租赁合同不属于印花税应税凭证,不需要贴花。

896. 无租赁期限使用房产合同如何贴花?

答:依据《国家税务局关于印花税若干具体问题的规定》(国税地〔1988〕025号)第四条规定,有些合同在签订时无法确定计税金额,如技术转让合同中的转让收入,按销售收入的一定比例收取或是按实现利润分成,财产租赁合同,只是规定了月(天)租金标准却无租赁期限的。对这类合同,可在签订时先按定额5元贴花,以后结算时再按实际金额计税,补贴印花。因此,无租使用房产合同可在签订时按定额5元贴花,以后结算时再按实际金额计税,补贴印花。

897. 跨省市的建筑安装项目,其印花税纳税地点如何确定?

答:《印花税暂行条例》第七条只是规定了应纳税凭证应当于书立或者领受时贴花。《印花税暂行条例施行细则》第十四条第一项规定,条例第七条所说的书立或者领受时贴花,是指在合同签订时、书据立据时、账簿启用时和证照领受时贴花。因为印花税是以粘贴印花税票的形式来完税,而印花税票是全国统一的,所以印花税无须也无法规定纳税地点,只要在凭证书立或领受时完税即可。

898. 甲乙双方签订的买卖合同由哪方来缴纳印花税?

问:甲乙双方签订的买卖合同,在缴纳印花税时,是否必须由甲乙各方缴纳,可否由第三方缴纳?

答:《印花税暂行条例施行细则》规定,对于同一凭证,如果由两方或者两方以上当事人签订并各执一份的,各方均为纳税人,应当由各方就所持凭证的各自金额贴花。当事人,是指对凭证有直接权利义务关系的单位和个人,不包括保人、证人、鉴定人。如果应税凭证是由当事人的代理人代为书立的,则由代理人代为承担纳税义务。

899. 企业签订的应税合同如果没有履行是否可免缴印花税?

问:企业签订的应税合同如果没有履行是否可免缴印花税?如果合同所载金额与实际结算金额不同又该如何处理?

答:《印花税暂行条例》、《印花税暂行条例施行细则》及国家税务局《关于印花税若干具体问题的规定》(国税地字〔1988〕第025号)规定，应纳税凭证应当于合同签订时、书据书立时、账簿启用时和证照领受时贴花。因此，不论合同是否兑现或能否按期兑现，都一律按规定贴花。对已履行并贴花的合同，发现实际结算金额与合同所载金额不一致的，一般不再补贴印花。凡修改合同后增加金额的，应就增加部分补贴印花。

900. 仓储保管单据是否需要贴花？

答：《国家税务局关于印花税若干具体问题的规定》(国税地〔1988〕025号)第五条关于对货物运输单、仓储保管单、财产保险单、银行借据等单据是否贴花规定，对货物运输、仓储保管、财产保险、银行借款等，办理一项业务既书立合同，又开立单据的，只就合同贴花。凡不书立合同，只开立单据，以单据作为合同使用的，应按照规定贴花。

《国家税务总局关于印花税若干具体问题的解释和规定的通知》(国税发〔1991〕155号)第四条规定，仓储保管业务的应税凭证为仓储保管合同或作为合同使用的仓单、栈单（或称入库单等）。对有些凭证使用不规范，不便计税的，可就其结算单据作为计税贴花的凭证。因此，对仓储保管业务，若既书立合同，又开立单据的，只就合同贴花。凡不书立合同，只开立单据，以单据作为合同使用的，应按照规定贴花。仓储保管合同按仓储保管费用千分之一贴花。

901. 合并成立新企业，启用资金账簿怎样缴纳印花税？

答：根据《财政部、国家税务总局关于企业改制过程中有关印花税政策的通知》(财税〔2003〕183号)规定，对经县级以上人民政府及企业主管部门批准改制的企业，其资金账簿印花税适用以下政策：以合并或分立方式成立的新企业，其新启用的资金账簿记载的资金，凡原已贴花的部分可不再贴花，未贴花的部分和以后新增加的资金按规定贴花。合并包括吸收合并和新设合并。分立包括存续分立和新设分立。

902. 境外签订的股权转让合同，是否缴纳印花税？

问：外资企业中的外国股东要把其所持股权转让给一家外国公司，在国外签订了股权转让合同，签订合同的双方都是国外的，并且股权合同签订地点在国外，是否需要缴纳印花税？是否合同签订双方都要缴纳？

答：《印花税暂行条例施行细则》第二条规定：条例第一条所说的在中华人民共和国境内书立、领受本条例所列举凭证，是指在中国境内具有法律效力，受中国法律保护的凭证。上述凭证无论在中国境内或者境外书立，均应依照条例规定贴花。条例第一条所说的单位和个人，是指国内各类企业、事业、机关、团体、部队以及中外合资企业、合作企业、外资企业、外国公司、企业和其他经济组织及在华机构等单位和个人。

《国家税务局关于印花税若干具体问题的解释和规定的通知》（国税发〔1991〕155号）规定：合同在国外签订的，应在国内使用时贴花，是指印花税暂行条例列举征税的合同在国外签订时，不便按规定贴花；因此，应在带入境内时办理贴花完税手续。

据此，只要是在中国境内既具法律效力又受中国法律保护的凭证，无论其在境内或者境外书立，均应依照规定贴花。如果合同在境外签订的，应在境内使用时贴花。在境内贴花时，由单方使用的则单方贴花；若双方使用的，则双方同时贴花。对涉及股权转让的书据和凭证，其适用"产权转移书据"税目所规定的税率。

903. 商品房买卖如何征收印花税？

问：商品房买卖是按"购销合同"征收印花税还是按"产权转移书据"征收印花税？

答：根据《财政部、国家税务总局关于印花税若干政策的通知》（财税〔2006〕162号）规定，对商品房销售合同按照产权转移书据征收印花税。

904. 企业集团内部使用的有关凭证是否征收印花税？

答：根据《国家税务总局关于企业集团内部使用的有关凭证征收印花税问题的通知》（国税函〔2009〕9号）规定，企业集团内部在经销和调拨商品物资时使用的各种形式的凭证（表、证、单、书、卡等），既有作为企业集团内部执行计划使用的，又有代替合同使用的。根据《印花税暂行条例》及有关规定，对于企业集团内具有平等法律地位的主体之间自愿订立、明确双方购销关系、据以供货和结算、具有合同性质的凭证，应按规定征收印花税。对于企业集团内部执行计划使用的、不具有合同性质的凭证，不征收印花税。

905. 电子合约是否要缴纳印花税？

问：电子商务公司通过互联网签订电子形式的合约是否要缴纳印花税？
答：根据《财政部、国家税务总局关于印花税若干政策的通知》（财税〔2006〕162号）规定：对纳税人以电子形式签订的各类应税凭证按规定征收印花税。因此，电子商务公司签订电子形式的合约或协议，也应缴纳印花税。

906. 个人出租房屋合同需要缴纳印花税吗？

答：根据《财政部、国家税务总局关于廉租住房、经济适用住房和住房租赁有关税收政策的通知》（财税〔2008〕24号）第二条第二款规定，自2008年3月1日起，对个人出租、承租住房签订的租赁合同，免征印花税。

907. 银行与客户签订的委托贷款合同是否需要缴纳印花税？

答：《国家税务局关于印花税若干具体问题的解释和规定的通知》（国税发〔1991〕155号）第十四条规定：在代理业务中，代理单位与委托单位之间签订的委托代理合同，凡仅明确代理事项、权限和责任的，不属于应税凭证，不贴印花。银行与委托单位签订委托贷款协议书，应作为仅明确委托、代理关系的凭证，不属于列举征税的凭证，不贴印花。

908. 装饰装修行业合同如何计算缴纳印花税？

问：装饰装修行业合同（包工包料）在缴纳印花税时，应按《印花税暂行条例》规定的哪一项目计算，税率是多少？

答：根据《国家税务局关于印花税若干具体问题的规定》）（国税地字〔1988〕第25号）第一条规定，由受托方提供原材料的加工、定做合同，凡在合同中分别记载加工费金额与原材料金额的应分别按"加工承揽合同"、"购销合同"计税，两项税额相加数，即为合同应贴印花；合同中不划分加工费金额与原材料金额的，应按全部金额，依照"加工承揽合同"计税贴花。

购销合同印花税税率为0.3‰，加工承揽合同印花税税率为0.5‰。

909. 贴息贷款合同要缴纳印花税吗？

问：我公司向银行借了1500万元的贴息贷款，请问签订的贴息贷款合同要缴纳印花税吗？

答：根据《印花税暂行条例》及其实行细则的规定，下列凭证免纳印花税：（1）已缴纳印花税的凭证的副本或者抄本；（2）财产所有人将财产赠给政府、社会福利单位、学校所立的书据；（3）国家指定的收购部门与村民委员会、农民个人书立的农副产品收购合同；（4）无息、贴息贷款合同；（5）外国政府或者自际金融组织向我国政府及国家金融机构提供优惠贷款所书立的合同。

贵公司向银行借的是贴息贷款，符合免税规定，因此不用缴纳印花税。

910. 用工合同适用印花税的什么项目？

问：我公司与其他劳务输出单位签订用工合同，请问该合同适用印花税的什么项目？

答：《印花税暂行条例》第二条规定，下列凭证为应纳税凭证：（1）购销、加工承揽、建设工程承包、财产租赁、货物运输、仓储保管、借款、财产保险、技术合同或者具有合同性质的凭证；（2）产权转移书据；（3）营业账簿；（4）权利、许可证照；（5）经财政部确定征税的其他凭证。《印花税暂行条例施行细则》第十条规定，印花税只对税目税率表中列举的凭证和经财政部确定征税的其他凭证征税。

贵公司所签订的劳务输出合同应属于服务性合同，在税目税率表中并未列举该类合同，因此不用缴纳印花税。

契　税

911. 用拆迁补偿款重新购房如何缴纳契税？

问：拆迁户主用拆迁补偿款重新购买住房，应如何计算缴纳契税？

答：根据《财政部、国家税务总局关于城镇房屋拆迁有关税收政策的通知》（财税〔2005〕45号）规定，对城镇居民因拆迁重新购置住房的，对购房成交价格中相当于拆迁补偿款的部分免征契税，成交价格超过拆迁补偿的，对超过部分征收契税。

912. 事业单位改制后承受的土地房屋是否缴契税？

问：某些事业单位改制为企业后，承受原事业单位的土地、房屋权属，是否需要缴纳契税？

答：根据《财政部、国家税务总局关于事业单位改制有关契税政策的通知》（财税〔2010〕22号）规定，自2010年4月1日至2011年12月31日，事业单位按照国家有关规定改制为企业的过程中，投资主体没有发生变化的，对改制后的企业承受原事业单位土地、房屋权属，免征契税。投资主体发生变化的，改制后的企业按照《劳动法》等有关法律法规妥善安置原事业单位全部职工，其中与原事业单位全部职工签订服务年限不少于3年劳动用工合同的，对其承受原事业单位的土地、房屋权属，免征契税。与原事业单位30％以上职工签订服务年限不少于3年劳动用工合同的，对其承受原事业单位的土地、房屋权属，减半征收契税。

913. 与已有购房记录的人共同购房可否享受首次购房的契税优惠政策？

问：甲某与朋友共同购买一套普通住房，该朋友已有购房记录，而甲某属首次购房。请问，甲某可否享受首次购房的契税优惠政策？

答：根据《财政部、国家税务总局关于首次购买普通住房有关契税政策的通知》（财税〔2010〕13号）规定，对两个或两个以上个人共同购买90平方米及以下普通住房，其中一人或多人已有购房记录的，该套房的共同购买人均不适用首次购买普通住房的契税优惠政策。依据上述规定，甲某不得享受首次购买普通住房的契税优惠政策。

914. 采取分期付款方式购买住房的个人如何缴纳契税？

问：采取分期付款方式购买住房的个人，分次缴纳契税还是一次性缴纳契税？

答：根据《财政部、国家税务总局关于房屋附属设施有关契税政策的批复》（财税〔2004〕126号）规定，采取分期付款方式购买房屋附属设施土地使用权、房屋所有权的，应按合同规定的总价款计征契税。

915. 房产证变更为夫妻双方共有是否缴纳契税？

问：房产证由夫妻一方所有变更为夫妻双方共有是否缴纳契税？

答：根据《财政部、国家税务总局关于房屋土地权属由夫妻一方所有变更为夫妻双方共有契税政策的通知》（财税〔2011〕82号）规定，婚姻关系存续期间，房屋、土地权属原归夫妻一方所有，变更为夫妻双方共有的，免征契税。

916. 购买精装房屋的装修费用是否缴纳契税？

问：购买精装修房屋，装修费用是否需要合并缴纳契税？

答：根据《国家税务总局关于承受装修房屋契税计税价格问题的批复》（国税函〔2007〕606号）规定，房屋买卖的契税计税价格为房屋买卖合同的总价款，买卖已装修的房屋，装修费用应包括在内。

917. 房屋置换如何缴纳契税？

答：如果交换后的房屋与原房屋价值相等，可免征契税，如果交换后的房屋比原房屋价值高，则按差额缴纳契税。具体依据是：（1）《契税暂行条例》、《契税暂行条例细则》第四条第三项规定，土地使用权交换、房屋所有权交换的契税计税依据，为所交换的土地使用权、房屋价格的差额。（2）《契税暂行条例细则》第十条规定，土地使用权交换、房屋交换，交换价格不相等的，由多交付货币、实物、无形资产或者其他经济利益的一方缴纳税款。交换价格相等的，免征契税。土地使用权与房屋所有权之间相互交换，按照前款征税。

对土地使用权交换、房屋所有权交换及土地使用权与房屋所有权之间相互交换的差额，明显不合理且无正当理由的，由征收机关参照市场价格核定的计税价格作为计税依据。

918. 请建筑公司建造厂房，是否需要缴纳契税？

问：我单位是一家工业企业，请建筑公司建造厂房，完工后对方给我公司开具了"建筑安装业"统一发票，我公司现正在办理房产证。请问，我公司是否需要缴纳契税？

答：《契税暂行条例》第一条规定，在中华人民共和国境内转移土地、房屋权属，承受的单位和个人为契税的纳税人，应当依照暂行条例的规定缴纳契税。暂行条例所称转移土地、房屋权属是指下列行为：（1）国有土地使用权出让；（2）土地使用权转让，包括出售、赠与和交换；（3）房屋买卖；（4）房屋赠与；（5）房屋交换。上述企业委托建筑公司建造厂房，未发生产权转移行为，因此，办理房产证时不需要缴纳契税。但需要提醒的是，上述企业购买国有土地使用权时，应当按规定缴纳契税。

919. 出租房屋永久使用权是否缴纳契税？

答：根据《国家税务总局关于出售或租赁房屋使用权是否征收契税问题的批复》（国税函〔1999〕465号）规定，房屋使用权与房屋所有权是两种不同性质的权属。根据现行契税法规的规定，房屋使用权的转移行为不属于契税征收范围，不应该缴纳契税。

920. 将个人房地产投入自己投资的个人独资企业是否征收契税？

答：个人独资企业属非法人企业，根据《个人独资企业法》的有关规定，企业的财产为投资人个人所有。因此，将个人房地产投入该自然人投资设立的个人独资企业，其权属没有变动，不属于契税征税范围，不征收契税，在办理土地使用权、房屋所有权登记时仅需办理更名手续。

921. 房地产开发企业以新建的房屋作为对拆迁户的补偿金，如何缴纳契税？

问：房地产开发企业在开发过程中以新建的房屋作为对拆迁户被拆迁房屋、土地的补偿金，该如何缴纳契税？

答：按照《财政部、国家税务总局关于城镇居民拆迁有关契税政策的通知》（财税〔2004〕45号）规定，对拆迁居民因拆迁重新购置住房的，对购房成交价格中相当于拆迁补偿款的部分免征契税，成交价格超过拆迁补偿款的，对超过部分征收契税。因此，对拆迁户从房地产开发企业取得的价值相当于补偿金部分的新建房屋，免征契税。

922. 退房是否可以退契税？

答：完税后办理退房的情况有两种：一是已签订房地产买卖合同，但未办理房地产权属登记。二是已签订合同，并办理了房地产权属登记。

对第一种情况，原则上给予办理退税，但也有例外。根据《国家税务总局关于办理期房退房手续后应退还已征契税的批复》（国税函〔2002〕622号）规定，交易双方已签订房屋买卖合同，由于各种原因最终未能完成交易的，如果购房者已按规定缴纳契税，在办理期房退房手续后，对其已纳税款应予以退还。但其中有例外的情况，即购房人以按揭、抵押贷款方式购买房屋的，根据《国家税务总局关于抵押贷款购买商品房征收契税的批复》（国税函〔1999〕613号）规定，当购房人从银行取得抵押凭证时，购房人与原产权人之间的房屋产权转移已经完成，必须依法缴纳契税，这种情况退房就不再给予退税。

第二种情况，原则上已纳契税不予退还，但也有例外，即经法定程序判定（如法院判决）该房地产交易合同及发生的房屋土地权属转移无效的，已缴契税可予退税。

923. 享受减征或免征契税的土地、房屋改变用途后是否要补缴契税？

答：根据《契税暂行条例》第七条规定，经批准减征、免征契税的纳税人改变有关土地、房屋的用途，不再属于本条例第六条规定的减征、免征契税范围的，应当补缴已经减征、免征的税款。《契税暂行条例实施细则》第十七条规定，纳税人因改变土地、房屋用途应当补缴已经减征、免征契税的，其纳税义务发生时间为改变有关土地、房屋用途的当天。因此，经批准减征、免征契税的纳税人改变有关土地、房屋的用途，应在改变有关土地、房屋用途的当日，按规定补缴契税。

924. 原企业资产含有房产、土地，变更法人后的企业是否要缴纳契税？

问：企业转让100%股权、变更法人，原企业资产含有房产、土地，变更法人后的企业是否要缴纳契税？

答：根据《财政部、国家税务总局关于企业改制重组若干契税政策的通知》（财税〔2008〕175号）第二条规定，在股权转让中，单位、个人承受企业股权，企业土地、房屋权属不发生转移，不征收契税。同时根据《国家税务总局关于企业改制重组契税政策若干执行问题的通知》（国税发〔2009〕89号）第一条规定，财税〔2008〕175号文件第二条中规定的"股权转让"，仅包括股权转让后企业法人存续的情况，不包括企业法人注销的情况。在执行中，应根据工商管理部门对企业进行的登记认定，即企业不需办理变更和新设登记，或仅办理变更登记的，适用该条。企业办理新设登记的，不适用该条，对新设企业承受原企业的土地、房屋权属应征收契税。财税〔2008〕175号文件第二条、第三条、第四条中的"企业"，是指公司制企业，包括股份有限公司和有限责任公司。

925. 房屋附属设施的契税应如何计算？

答：《财政部、国家税务总局关于房屋附属设施有关契税政策的批复》（财税〔2004〕126号）规定，对于承受与房屋相关的附属设施（包括停车位、汽车库、自行车库、顶层阁楼以及储藏室等）所有权或土地使用权的行为，按照相关法律、法规的规定征收契税。对于不涉及土地使用权和房屋所有权转移变动的，不征收契税。承受的房屋附属设施权属如果是单独计价，按照当地确定的适用税率征收契税。如果是与房屋统一计价，适用与房屋相同的契税税率。

926. 承受破产企业的房屋，可否免征契税？

答：《财政部、国家税务总局关于企业改制重组若干契税政策的通知》（财税〔2008〕175号）规定，企业依照有关法律、法规的规定实施注销、破产后，债权人（包括注销、破产企业职工）承受注销、破产企业土地、房屋权属以抵偿债务的，免征契税；对非债权人承受注销、破产企业土地、房屋权属，凡按照《劳动法》等国家有关法律法规政策妥善安置原企业全部职工，其中与原企业30%以上职工签订服务年限不少于3年的劳动用工合同的，对其承受所购企业的土地、房屋权属，减半征收契税；与原企业全部职工签订服务年限不少于3年的劳动用工合同的，免征契税。

927. 土地使用权由划拨方式改为出让方式是否应缴纳契税？

问：以划拨方式取得土地使用权，经批准后改为出让方式取得该土地使用权的是否应缴纳契税？

答：根据《财政部、国家税务总局关于国有土地使用权出让等有关契税问题的通知》（财税〔2004〕134号）规定，先以划拨方式取得土地使用权，后经批准改为出让方式取得该土地使用权的，应依法缴纳契税，其计税依据为应补缴的土地出让金和其他出让费用。

928. 以竞标方式取得国有土地使用权，契税的计税依据是如何规定的？

问：房地产开发企业以竞标方式取得一处国有土地使用权。请问契税的计税依据是如何规定的？

答：根据《国家税务总局关于明确国有土地使用权出让契税计税依据的批复》（国税函〔2009〕603号）规定，对通过"招、拍、挂"等竞价方式承受国有土地使用权的，应按照土地成交总价款计征契税，其中的土地前期开发成本不得扣除。

车 船 税

929. 境外机动车临时入境是否缴纳车船税？

问：境外机动车临时入境是否缴纳车船税，应如何缴纳？

答：《车船税法实施条例》第二十四条规定，临时入境的外国车船和香港特别行政区、澳门特别行政区、台湾地区的车船，不征收车船税。

930. 不需要在车船登记管理部门登记的车辆是否需要缴纳车船税？

问：企业厂区内部行驶的，不需要在车船登记管理部门登记的车辆是否需要缴纳车船税？

答：根据《车船税法实施条例》第二十五条第二款规定，依法不需要在车船登记管理部门登记的机场、港口、铁路站场内部行驶或者作业的车船，自车船税法实施之日（2012年1月1日）起5年内免征车船税。除此之外，其他单位内部行驶或者作业的依法不需要在车船登记管理部门登记的车船，均需要按规定缴纳车船税。

931. 购买交强险时应该提供哪些资料给保险公司？

问：对于自《车船税法》实施之日起 5 年内免征车船税的机场、港口、铁路站场内部行驶或者作业的机动车，需要购买交强险，此时应该提供哪些资料给保险公司？

答：《国家税务总局、中国保险监督管理委员会关于机动车车船税代收代缴有关事项的公告》（国家税务总局、中国保险监督管理委员会公告 2011 年第 75 号）第二条第六项、第七项和第三条第四项规定，对于自《车船税法》实施之日起 5 年内免征车船税的机场、港口、铁路站场内部行驶或者作业的机动车，在购买交强险时，应当向保险机构出示税务机关开具的免税证明。否则，保险机构在销售交强险时仍将代收代缴车船税。

932. 履带式专业机械车是否应缴纳车船税？

问：履带式专业机械车（如履带式挖沟机）是否应缴纳车船税？
答：根据《车船税法》及其实施条例的相关规定，履带式专业机械车不属于轮式专用作业车或机械车，不在车船税征税范围内，不需要缴纳车船税。

933. 在非车辆登记地由保险公司代收代缴了机动车车船税是否还要向车辆登记地税务机关缴纳？

答：根据《国家税务总局关于车船税征管若干问题的通知》（国税发〔2008〕48 号）规定，在一个纳税年度内，纳税人在非车辆登记地由保险公司代收代缴车船税，且能够提供合法有效完税证明的，纳税人不再向车辆登记地税务机关缴纳机动车车船税。

934. 车辆达到报废年限，已缴纳的车船税是否可以办理退税？

答：根据《车船税暂行条例实施细则》第十四条规定，在一个纳税年度内，已完税的车船被盗抢、报废、灭失的，纳税人可以凭有关管理机关出具的证明和完税证明，向纳税所在地主管地方税务机关申请退还自被盗抢、报废、灭失月份起至该纳税年度终了期间的税款。对报废车辆可以退还自报废月份起至该纳税年度终了期间的税款,具体办理流程为:对于车辆达到报废年限的,应先到机动车管辖地车辆管理所申请机动车注销登记,凭注销登记证明和完税证明,向纳税所在地的主管地方税务机关申请退还相应的税款。

935. 个人汽车被盗后,是否还需要缴纳车船税?

答:根据《车船税法实施条例》第十九条规定,在一个纳税年度内,已完税的车船被盗抢、报废、灭失的,纳税人可以凭有关管理机关出具的证明和完税凭证,向纳税所在地的主管税务机关申请退还自被盗抢、报废、灭失月份起至该纳税年度终了期间的税款。已办理退税的被盗抢车船失而复得的,纳税人应当从公安机关出具相关证明的当月起计算缴纳车船税。

936. 特殊情况下的机动车如何缴纳车船税?

问:境外机动车临时入境、机动车临时上道路行驶、机动车距规定的报废期限不足一年而购买短期"交强险"的车辆,是否缴纳车船税?应如何缴纳?

答:根据《国家税务总局、中国保险监督管理委员会关于做好车船税代收代缴工作的通知》(国税发〔2007〕55号)第二条第八项规定,境外机动车临时入境、机动车临时上道路行驶、机动车距规定的报废期限不足一年而购买短期交强险的,车船税从交强险有效期起始日的当月至截止日的当月按月计算。《国家税务总局、中国保险监督管理委员会关于保险机构代收代缴车船税有关问题的通知》(国税发〔2007〕98号)第二条第一项规定,特殊情况下车船税应纳税款的计算:对于境外机动车临时入境、机动车临时上道路行驶、机动车距规定的报废期限不足一年而购买短期交强险的车辆,保单中"当年应缴"项目的计算公式为:

$$当年应缴 = 计税单位 \times 年单位税额 \times 应纳税月份数 \div 12$$

其中,应纳税月份数为交强险有效期起始日期的当月至截止日期当月的月份数。

车辆购置税

937. 车辆购置税的计税依据是如何规定的?

答:根据《车辆购置税暂行条例》第六条,车辆购置税的计税价格根据不同情况，按照下列规定确定：(1) 纳税人购买自用的应税车辆的计税价格，为纳税人购买应税车辆而支付给销售者的全部价款和价外费用，不包括增值税税款。(2) 纳税人进口自用的应税车辆的计税价格的计算公式为：

$$计税价格＝关税完税价格＋关税＋消费税$$

(3) 纳税人自产、受赠、获奖或者以其他方式取得并自用的应税车辆的计税价格，由主管税务机关参照本条例第七条规定的最低计税价格核定。

资 源 税

938. 生产建材产品的企业，在当地主管税务机关没有书面资料委托或者口头通知的情况下，应该代扣代缴资源税吗？

答：根据《资源税暂行条例》第十一条和《国家税务总局关于印发〈中华人民共和国资源税代扣代缴管理办法〉的通知》（国税发〔1998〕49号）规定，收购未税矿产品的单位为资源税的扣缴义务人。扣缴义务人履行代扣代缴的适用范围是：收购的除原油、天然气、煤炭以外的资源税未税矿产品。未税矿产品，指资源税纳税人在其销售其矿产品时不能向扣缴义务人提供由主管税务机关开具的"资源税管理证明"的矿产品。因此，贵单位对收购的"未税矿产品"，应作为法定扣缴义务人，履行代扣代缴义务。

第二篇
营改增专题纳税答疑

939. 参与营改增的纳税人是哪些企业或组织？

答：交通运输业和部分现代服务业营业税改征增值税的试点纳税人（以下简称试点纳税人），是指按照《交通运输业和部分现代服务业营业税改征增值税试点实施办法》（以下简称《试点实施办法》）的有关规定缴纳增值税的纳税人。

（1）试点纳税人范围的界定：

试点纳税人应当是试点地区内的单位和个人，以及向试点地区内的单位和个人提供应税服务的境外单位和个人。目前的试点地区包括：天津、江苏、浙江、安徽、福建、湖北、广东、宁波、厦门、深圳。

（2）"单位"和"个人"范围的界定：

①"单位"包括：企业、行政单位、事业单位、军事单位、社会团体及其他单位。

②"个人"包括：个体工商户和其他个人。其他个人是指除了个体工商户外的自然人。

③"单位"和"个体工商户"的机构所在地应当在试点地区内，即在在试点地区办理税务登记的单位和个体工商户；其他个人的居住地应当在试点地区内。

（3）试点地区油气田企业提供应税服务的纳税规定：

按照《交通运输业和部分现代服务业营业税改征增值税试点有关事项的规定》（以下简称《试点有关事项的规定》）规定：试点地区的油气田企业提供应税服务，应当按照《试点实施办法》缴纳增值税，不再执行《油气田企业增值税管理办法》（财税〔2009〕8号）。

（4）对"境内"概念的理解和掌握，应依照《试点实施办法》第十条的相关规定执行。

940. 单位以承包、承租、挂靠方式经营的应如何纳税？

答：关于采用承包、承租、挂靠经营方式，纳税人的界定，分为如下两种情况：

（1）同时满足以下两个条件的，以发包人为纳税人：

①以发包人名义对外经营；

②由发包人承担相关法律责任。

（2）不同时满足上述两个条件的，以承包人为纳税人。

941. 试点纳税人有哪几类，如何划分？

答：应从以下四个方面来把握：

(1) 试点纳税人分类。

按照我国现行增值税的管理模式，对增值税纳税人实行分类管理，在本次增值税改革试点中，仍予以沿用，将试点纳税人分为一般纳税人和小规模纳税人。小规模纳税人与一般纳税人的划分，以应税服务年销售额为标准。其计税方法、凭证管理等方面都不同，需作区别对待。

(2) 试点纳税人适用小规模纳税人标准的规定。

《试点有关事项的规定》明确：应税服务年销售额标准为500万元（含本数）。应税服务年销售额超过500万元的纳税人为一般纳税人；应税服务年销售额未超过500万元的纳税人为小规模纳税人。财政部和国家税务总局可以根据试点情况对应税服务年销售额标准进行调整。

应税服务年销售额，是指纳税人在连续不超过12个月的经营期内累计应征增值税销售额，含减、免税销售额、提供境外服务销售额以及按规定已从销售额中差额扣除的部分。如果该销售额为含税的，应按照应税劳务的适用税率或征收率换算为不含税的销售额。

(3) 必须认定为一般纳税人的特殊规定。

《试点有关事项的规定》明确：试点地区应税服务年销售额未超过500万元的原公路、内河货物运输业自开票纳税人，应当申请认定为一般纳税人。

(4) 不认定为一般纳税人的两个特殊规定。

①应税服务年销售额超过规定标准的其他个人不属于一般纳税人；

②非企业性单位、不经常提供应税服务的企业和个体工商户可选择按照小规模纳税人纳税。

942. 小规模纳税人可否成为一般纳税人？

答：关于小规模纳税人申请一般纳税人资格认定的规定。

(1) 小规模纳税人与一般纳税人的划分，会计核算制度健全是一条重要标准。实践中，很多小规模纳税人建立健全了财务会计核算制度，能够提供准确的税务资料，满足了凭发票注明税款抵扣的管理需要。这时如小规模纳税人向主管税务机关提出申请，可认定为一般纳税人，依照一般计税方法计算应纳税额。

(2) 会计核算健全，是指能够按照国家统一的会计制度规定设置账簿，根据合法、有效凭证核算。例如，有专业财务会计人员，能按照财务会计制度规定，设置总账和有关明细账进行会计核算；能准确核算增值税销售额、销项税额、进项税额和应纳税额等；能按规定编制会计报表，真实反映企业的生产、经营状况。

能够准确提供税务资料，是指能够按照增值税规定如实填报增值税纳税申报表及其他税务资料，按期申报纳税。是否做到"会计核算健全"和"能够准确提供税务资料"，由小规模纳税人的主管税务机关来认定。

除上述规定外，小规模纳税人认定为一般纳税人还须具备固定经营场所等其他条件。

943. 营改增后，一般纳税人资格如何认定？

答：关于试点增值税一般纳税人资格认定的规定。
（1）本条所称符合一般纳税人条件，包括以下两种情况：
①试点纳税人应税服务年销售额超过500万元，且不属于《试点实施办法》第三条规定的不认定为一般纳税人情况的；
②试点地区应税服务年销售额未超过500万元的原公路、内河货物运输业自开票纳税人。

符合一般纳税人条件的试点纳税人应当向主管税务机关申请资格认定，未申请办理一般纳税人认定手续的，应按销售额依照增值税税率计算应纳税额，不得抵扣进项税额，也不得使用增值税专用发票（包括货物运输业增值税专用发票）。

（2）除国家税务总局另有规定外，一经认定为一般纳税人后，不得转为小规模纳税人。这项规定与现行增值税一般纳税人管理模式相同，只增加了国家税务总局可以设定不适用上述办法的特殊规定，但目前尚未公布相关特殊规定。

（3）《试点有关事项的规定》规定：试点地区的原增值税一般纳税人兼有应税服务，按照规定应当申请认定一般纳税人的，不需要重新办理一般纳税人认定手续。由主管税务机关制作、送达《税务事项通知书》，告知纳税人。

944. 增值税扣缴义务人有哪些？

答：关于增值税扣缴义务人的规定。
与现行增值税的征收原则不同，在境内提供应税服务，是指应税服务提供方或者接受方在境内，而且因现行海关管理对象的限制，仅对进、出口货物进行管理，各类劳务尚未纳入海关管理范畴，对涉及跨境提供劳务的行为，将仍由税务机关进行管理。

对上述规定应从以下三个方面来把握：
（1）境外单位或者个人在境内提供应税服务，在境内未设有经营机构的，以其代理人为增值税扣缴义务人。

《试点有关事项的规定》进一步明确：以境内代理人为扣缴义务人的，境内代理人和接受方的机构所在地或者居住地必须均在试点地区，否则仍按照现行有关规定代扣代缴营业税。

（2）境外单位或者个人在境内提供应税服务，在境内未设有经营机构的，如果在境内没有代理人的，以接受方为增值税扣缴义务人。

《试点有关事项的规定》进一步明确：以接受方为扣缴义务人的，接受方机构所在地或者居住地必须在试点地区，否则仍按照现行有关规定代扣代缴营业税。

（3）理解本条规定的扣缴义务人时需要注意，其前提是境外单位或者个人在境内没有设立经营机构，如果设立了经营机构，应以其经营机构为增值税纳税人，就不存在扣缴义务人的问题。

945. 总、分公司，母、子公司，两个或者两个以上的试点纳税人，营改增后如何计征？

答：对两个或者两个以上的试点纳税人，可以视为一个试点纳税人合并纳税的规定。

合并纳税的批准主体是财政部和国家税务总局。具体办法将由财政部和国家税务总局另行制定。依据这一规定，财政部和国家税务总局下发了《总机构试点纳税人增值税计算缴纳暂行办法》（以下简称《暂行办法》），并批准中国东方航空公司及其分支机构自2012年1月1日起按照上述办法计算缴纳增值税（财税〔2011〕132号）。《暂行办法》主要是解决营业税改征增值税试点期间总机构试点纳税人缴纳增值税问题。例如，公司总部在试点地区，并在试点地区以外的其他省、市设有分公司和子公司，不属于试点范围，造成了该公司改征增值税后的进销项不均衡问题，即购买设备等费用大多发生在总部，进项税额大部分留在总部，而应税服务的业务分布在分公司和子公司，造成了进销项不均衡问题。为此，《暂行办法》明确该公司准予将其分公司和子公司的业务汇总到公司总部纳税，具体办法是：

（1）公司总部、及其分公司、子公司均认定为增值税一般纳税人；

（2）公司的各分公司、子公司均按照现行规定在所在地缴纳增值税或营业税，并将各自销售额（或营业额）、进项税额及应纳税额（包括增值税、营业税）通过传递单传至总部；

（3）公司总部将全部收入汇总后计算销项税额，减除汇总的全部进项税额后形成总的增值税应纳税额，再将各分公司、子公司汇总的应纳税额（包括增值税、营业税）作为已交税金予以扣减后，形成总部的增值税应纳税额。

946. 营改增中应税服务指哪些服务？

答：关于应税服务的具体范围的规定。

《试点实施办法》所称应税服务包括交通运输业（包括：陆路运输服务、水路运输服务、航空运输服务、管道运输服务）和部分现代服务业（包括：研发和技术服务、信息技术服务、文化创意服务、物流辅助服务、有形动产租赁服务、鉴证咨询服务）。

947. 营改增中提供的无偿应税服务、有偿服务如何界定？

答：关于提供应税服务以及非营业活动的规定。
（1）提供应税服务。
提供应税服务，是指有偿提供应税服务。有偿，是指取得货币、货物或者其他经济利益。
试点航空企业已售票但未提供航空运输服务取得的逾期票证收入，不属于增值税应税收入，不征收增值税。（财税〔2011〕133号）
（2）非营业活动。
非营业活动中提供的交通运输业和部分现代服务业服务不属于提供应税服务。因此，不征收增值税。
非营业活动包括如下情形：
①非企业性单位按照法律和行政法规的规定，为履行国家行政管理和公共服务职能收取政府性基金或者行政事业性收费的活动。例如，国家机关按照法律和行政法规的规定，为履行国家行政管理职能而收取的行政事业性收费的活动。
②单位或者个体工商户聘用的员工为本单位或者雇主提供交通运输业和部分现代服务业服务。例如，单位聘用的员工为本单位职工开班车，或者为单位领导开车。
③单位或者个体工商户为员工提供交通运输业和部分现代服务业服务。例如，单位提供班车接送本单位职工上下班。
④财政部和国家税务总局规定的其他情形。

948. 营改增中，何为境内提供应税服务？

答：对在境内提供应税服务的具体规定。
（1）采取排除法明确了不属于在境内提供应税服务的三种情形，具体如下：
①境外单位或者个人向境内单位或者个人提供完全在境外消费的应税服务。例如，境外单位向境内单位提供完全发生在境外的会展服务。
②境外单位或者个人向境内单位或者个人出租完全在境外使用的有形动产。例如，境外单位向境内单位或者个人出租完全在境外使用的小汽车。
③财政部和国家税务总局规定的其他情形。
对上述①、②两项规定的理解把握三个要点：一是应税服务的提供方为境外单位或者个人；二是境内单位或者个人在境外接受应税服务；三是所接受的服务必须完全在境外消费、使用。
（2）除上述不属于在境内提供应税服务的三种情形外，其他均属于在境内提供

应税服务,可从以下两个方面把握:

①境内的单位或者个人提供的应税服务均属于在境内提供应税服务。即境内的单位或者个人提供的应税服务无论是否发生在境内、境外,均属于在境内提供应税服务。例如,境内的单位提供的国际运输服务(包括:出境、入境和境外)属于境内提供应税服务;又如,境内的单位提供的完全发生在境外的会展服务、出租完全在境外使用的有形动产等等。

对于境内单位或者个人提供的境外劳务是否给予税收优惠,需要财政部、国家税务总局制定相关规定。

②凡应税服务发生在境内的,无论提供方是否在境内提供,均属于在境内提供应税服务。

单位或者个人在境内接受应税服务,包括境内单位或者个人在境内接受应税服务(含境内单位或者个人在境内接受他人在境外提供的应税服务)和境外单位或者个人在境内接受应税服务。

949. 单位和个体工商户向其他单位或者个人无偿提供交通运输业和部分现代服务业服务是否是应税服务?

答:关于视同提供应税服务的具体规定。

对于单位和个体工商户向其他单位或者个人无偿提供交通运输业和部分现代服务业服务视同其提供了应税服务,理解本条需把握以下内容:

为了体现税收制度设计的完整性及堵塞征管漏洞,将无偿提供应税服务与有偿提供应税服务同等对待,全部纳入应税服务的范畴,体现了税收制度的公平性。同时,将以公益活动为目的或者以社会公众为对象的情况,排除在视同提供应税服务之外,也有利于促进社会公益事业的发展。

要注意区别提供应税服务、视同提供应税服务以及非营业活动三者的不同,准确把握征税与不征税的处理原则。

提供的旅客利用里程积分兑换的航空运输服务,不征收增值税。(财税〔2011〕133号)

根据国家指令无偿提供的航空运输服务,属于《试点实施办法》第十一条规定的以公益活动为目的的服务,不征收增值税。(财税〔2011〕133号)

950. 营改增后,增值税税率有何变动?

答:(1)提供有形动产租赁服务,税率为17%

对提供有形动产租赁服务适用增值税税率的规定。提供有形动产租赁服务的适用税率为17%。有形动产租赁,包括有形动产融资租赁和有形动产经营性租赁。

①有形动产融资租赁，是指具有融资性质和所有权转移特点的有形动产租赁业务活动。即出租人根据承租人所要求的规格、型号、性能等条件购入有形动产租赁给承租人，合同期内设备所有权属于出租人，承租人只拥有使用权，合同期满付清租金后，承租人有权按照残值购入有形动产，以拥有其所有权。不论出租人是否将有形动产残值销售给承租人，均属于融资租赁。

②有形动产经营性租赁，是指在约定时间内将物品、设备等有形动产转让他人使用且租赁物所有权不变更的业务活动。

远洋运输的光租业务、航空运输的干租业务，属于有形动产经营性租赁。

光租业务，是指远洋运输企业将船舶在约定的时间内出租给他人使用，不配备操作人员，不承担运输过程中发生的各项费用，只收取固定租赁费的业务活动。

干租业务，是指航空运输企业将飞机在约定的时间内出租给他人使用，不配备机组人员，不承担运输过程中发生的各项费用，只收取固定租赁费的业务活动。

(2) 提供交通运输业服务，税率为11%。

对提供交通运输业服务适用增值税税率的规定。提供交通运输业服务的适用税率为11%。

交通运输业，是指使用运输工具将货物或者旅客送达目的地，使其空间位置得到转移的业务活动。包括陆路运输服务、水路运输服务、航空运输服务和管道运输服务。

①陆路运输服务。是指通过陆路（地上或者地下）运送货物或者旅客的运输业务活动，包括公路运输、缆车运输、索道运输及其他陆路运输，暂不包括铁路运输。

②水路运输服务。是指通过江、河、湖、川等天然、人工水道或者海洋航道运送货物或者旅客的运输业务活动。

远洋运输的程租、期租业务，属于水路运输服务。

程租业务，是指远洋运输企业为租船人完成某一特定航次的运输任务并收取租赁费的业务。

期租业务，是指远洋运输企业将配备有操作人员的船舶承租给他人使用一定期限，承租期内听候承租方调遣，不论是否经营，均按天向承租方收取租赁费，发生的固定费用均由船东负担的业务。（财税〔2011〕133号）

③航空运输服务。是指通过空中航线运送货物或者旅客的运输业务活动。

航空运输的湿租业务，属于航空运输服务。

湿租业务，是指航空运输企业将配备有机组人员的飞机承租给他人使用一定期限，承租期内听候承租方调遣，不论是否经营，均按一定标准向承租方收取租赁费，发生的固定费用均由承租方承担的业务。

④管道运输服务。是指通过管道设施输送气体、液体、固体物质的运输业务活动。

注：铁路运输服务未纳入本次营业税改征增值税试点范畴，仍按照现行营业税规定征收营业税。

（3）提供现代服务业服务（有形动产租赁服务除外），税率为6%。

对提供部分现代服务业服务（有形动产租赁服务除外）适用增值税税率的规定。提供部分现代服务业服务（有形动产租赁服务除外）的适用税率为6%。

部分现代服务业，是指围绕制造业、文化产业、现代物流产业等提供技术性、知识性服务的业务活动。包括研发和技术服务、信息技术服务、文化创意服务、物流辅助服务、有形动产租赁服务、鉴证咨询服务。上述部分现代服务业中，除了有形动产租赁服务适用17%的税率之外，其他均适用6%的税率。

①研发和技术服务。包括研发服务、技术转让服务、技术咨询服务、合同能源管理服务、工程勘察勘探服务。

● 研发服务，是指就新技术、新产品、新工艺或者新材料及其系统进行研究与试验开发的业务活动。

● 技术转让服务，是指转让专利或者非专利技术的所有权或者使用权的业务活动。

● 技术咨询服务，是指对特定技术项目提供可行性论证、技术预测、专题技术调查、分析评价报告和专业知识咨询等业务活动。

● 合同能源管理服务，是指节能服务公司与用能单位以契约形式约定节能目标，节能服务公司提供必要的服务，用能单位以节能效果支付节能服务公司投入及其合理报酬的业务活动。

● 工程勘察勘探服务，是指在采矿、工程施工以前，对地形、地质构造、地下资源蕴藏情况进行实地调查的业务活动。

（2）信息技术服务。是指利用计算机、通信网络等技术对信息进行生产、收集、处理、加工、存储、运输、检索和利用，并提供信息服务的业务活动。包括软件服务、电路设计及测试服务、信息系统服务和业务流程管理服务。

● 软件服务，是指提供软件开发服务、软件咨询服务、软件维护服务、软件测试服务的业务行为。

● 电路设计及测试服务，是指提供集成电路和电子电路产品设计、测试及相关技术支持服务的业务行为。

● 信息系统服务，是指提供信息系统集成、网络管理、桌面管理与维护、信息系统应用、基础信息技术管理平台整合、信息技术基础设施管理、数据中心、托管中心、安全服务的业务行为。

● 业务流程管理服务，是指依托计算机信息技术提供的人力资源管理、财务经济管理、金融支付服务、内部数据分析、呼叫中心和电子商务平台等服务的业务活动。

③文化创意服务。包括设计服务、商标著作权转让服务、知识产权服务、广告

服务和会议展览服务。

- 设计服务，是指把计划、规划、设想通过视觉、文字等形式传递出来的业务活动。包括工业设计、造型设计、服装设计、环境设计、平面设计、包装设计、动漫设计、展示设计、网站设计、机械设计、工程设计、创意策划等。
- 商标著作权转让服务，是指转让商标、商誉和著作权的业务活动。
- 知识产权服务，是指处理知识产权事务的业务活动。包括对专利、商标、著作权、软件、集成电路布图设计的代理、登记、鉴定、评估、认证、咨询、检索服务。
- 广告服务，是指利用图书、报纸、杂志、广播、电视、电影、幻灯、路牌、招贴、橱窗、霓虹灯、灯箱、互联网等各种形式为客户的商品、经营服务项目、文体节目或者通告、声明等委托事项进行宣传和提供相关服务的业务活动。包括广告的策划、设计、制作、发布、播映、宣传、展示等。
- 会议展览服务，是指为商品流通、促销、展示、经贸洽谈、民间交流、企业沟通、国际往来等举办的各类展览和会议的业务活动。

④物流辅助服务。包括航空服务、港口码头服务、货运客运场站服务、打捞救助服务、货物运输代理服务、代理报关服务、仓储服务和装卸搬运服务。

- 航空服务，包括航空地面服务和通用航空服务。

航空地面服务，是指航空公司、飞机场、民航管理局、航站等向在我国境内航行或者在我国境内机场停留的境内外飞机或者其他飞行器提供的导航等劳务性地面服务的业务活动。包括旅客安全检查服务、停机坪管理服务、机场候机厅管理服务、飞机清洗消毒服务、空中飞行管理服务、飞机起降服务、飞行通讯服务、地面信号服务、飞机安全服务、飞机跑道管理服务、空中交通管理服务等。

通用航空服务，是指为专业工作提供飞行服务的业务活动，包括航空摄影、航空测量、航空勘探、航空护林、航空吊挂播洒、航空降雨等。

- 港口码头服务，是指港务船舶调度服务、船舶通讯服务、航道管理服务、航道疏浚服务、灯塔管理服务、航标管理服务、船舶引航服务、理货服务、系解缆服务、停泊和移泊服务、海上船舶溢油清除服务、水上交通管理服务、船只专业清洗消毒检测服务和防止船只漏油服务等为船只提供服务的业务活动。

船舶代理服务按照港口码头服务缴纳增值税。

船舶代理服务，是指接受船舶所有人或者船舶承租人、船舶经营人的委托，经营办理船舶进出港口手续，联系安排引航、靠泊和装卸；代签提单、运输合同，代办接受订舱业务；办理船舶、集装箱以及货物的报关手续；承揽货物、组织货载，办理货物、集装箱的托运和中转；代收运费，代办结算；组织客源，办理有关海上旅客运输业务；其他为船舶提供的相关服务。（财税〔2011〕133号）

- 货运客运场站服务，是指货运客运场站（不包括铁路运输）提供的货物配载服务、运输组织服务、中转换乘服务、车辆调度服务、票务服务和车辆停放服务等业务活动。

● 打捞救助服务，是指提供船舶人员救助、船舶财产救助、水上救助和沉船沉物打捞服务的业务活动。

● 货物运输代理服务，是指接受货物收货人、发货人的委托，以委托人的名义或者以自己的名义，在不直接提供货物运输劳务情况下，为委托人办理货物运输及相关业务手续的业务活动。

● 代理报关服务，是指接受进出口货物的收、发货人委托，代为办理报关手续的业务活动。

● 仓储服务，是指利用仓库、货场或者其他场所代客贮放、保管货物的业务活动。

● 装卸搬运服务，是指使用装卸搬运工具或人力、畜力将货物在运输工具之间、装卸现场之间或者运输工具与装卸现场之间进行装卸和搬运的业务活动。

⑤鉴证咨询服务。包括认证服务、鉴证服务和咨询服务。

● 认证服务，是指具有专业资质的单位利用检测、检验、计量等技术，证明产品、服务、管理体系符合相关技术规范、相关技术规范的强制性要求或者标准的业务活动。

● 鉴证服务，是指具有专业资质的单位，为委托方的经济活动及有关资料进行鉴证，发表具有证明力的意见的业务活动。包括会计、税务、资产评估、律师、房地产土地评估、工程造价的鉴证。

● 咨询服务，是指提供和策划财务、税收、法律、内部管理、业务运作和流程管理等信息或者建议的业务活动。

（4）财政部和国家税务总局规定的应税服务，税率为零。

对应税服务适用增值税零税率的规定。应税服务适用零税率的具体范围，由财政部和国家税务总局另行规定。

依据本条规定，财政部、国家税务总局下发了《关于应税服务适用增值税零税率和免税政策的通知》（财税〔2011〕131号），明确了应税服务适用增值税零税率和免税政策的有关规定，主要包括如下内容：

①试点地区的单位和个人提供的国际运输服务、向境外单位提供的研发服务和设计服务适用增值税零税率。

第一，国际运输服务，是指：在境内载运旅客或者货物出境；在境外载运旅客或者货物入境；在境外载运旅客或者货物。

第二，试点地区的单位和个人提供国际运输服务适用增值税零税率的，应当取得相关的《经营许可证》，且具备相关的经营许可。

第三，向境外单位提供的设计服务，不包括对境内不动产提供的设计服务。

②试点地区的单位和个人提供适用零税率的应税服务，如果属于适用增值税一般计税方法的，实行免抵退税办法，退税率为适用的增值税税率；如果属于适用简

易计税方法的，实行免征增值税办法。

③试点地区的单位和个人提供适用零税率的应税服务，按月向主管退税的税务机关申报办理增值税免抵退税或免税手续。具体管理办法由国家税务总局商财政部另行制定。

④试点地区的单位和个人提供的下列应税服务免征增值税，但财政部和国家税务总局规定适用零税率的除外：

- 工程、矿产资源在境外的工程勘察勘探服务。
- 会议展览地点在境外的会议展览服务。
- 存储地点在境外的仓储服务。
- 标的物在境外使用的有形动产租赁服务。
- 提供国际运输服务，但未取得相关的《经营许可证》，或未具备相关的经营许可。
- 向境外单位提供的下列应税服务：

技术转让服务、技术咨询服务、合同能源管理服务、软件服务、电路设计及测试服务、信息系统服务、业务流程管理服务、商标著作权转让服务、知识产权服务、物流辅助服务（仓储服务除外）、认证服务、鉴证服务、咨询服务。但不包括：合同标的物在境内的合同能源管理服务，对境内货物或不动产的认证服务、鉴证服务和咨询服务。

广告投放地在境外的广告服务。

951. 营改增后，增值税征收率是多少？

答： 小规模纳税人提供应税服务，增值税征收率为3%。

一般纳税人提供应税服务，如有符合规定的特定项目，可以选择适用简易计税方法的，增值税征收率也为3%。

952. 营改增后，增值税如何计税？

答： 增值税的计税方法，包括一般计税方法和简易计税方法。

一般计税方法是按照销项税额减去进项税额的差额计算应纳税额。简易计税方法是按照销售额与征收率的乘积计算应纳税额。一般纳税人提供应税服务适用一般计税方法计税。一般纳税人提供财政部和国家税务总局规定的特定应税服务，可以选择适用简易计税方法计税，一经选择，36个月内不得变更。

对一般纳税人提供应税服务适用计税方法的规定如下：

（1）通常情况下，一般纳税人提供应税服务适用一般计税方法。

试点地区的增值税一般纳税人兼有销售货物、提供加工修理修配劳务或者提供应税服务的，凡未规定可以选择按照简易计税方法计算缴纳增值税的，其全部销售额应一并按照一般计税方法计算缴纳增值税。（财税〔2011〕133号）

（2）一般纳税人提供财政部和国家税务总局规定的特定应税服务，可以选择适用简易计税方法计税，也可以选择适用一般计税方法计税。但对一项特定应税服务，一般纳税人一经选择适用简易计税方法计税的，在选定后的36个月内不得再变更计税方法。

试点纳税人中的一般纳税人提供的公共交通运输服务（包括轮客渡、公交客运、轨道交通、出租车），可以选择按照简易计税方法计算缴纳增值税。（《试点有关事项的规定》）

953. 销售固定资产如何纳税？

答：按照《试点实施办法》和《试点有关事项的规定》认定的一般纳税人，销售自己使用过的在试点实施之后购进或自制的固定资产，按照适用税率征收增值税；销售自己使用过的在试点实施之前购进或者自制的固定资产，按照4%征收率减半征收增值税。使用过的固定资产，是指纳税人根据财务会计制度已经计提折旧的固定资产。（财税〔2011〕133号）

被认定为动漫企业的试点纳税人中的一般纳税人，为开发动漫产品提供的动漫脚本编撰、形象设计、背景设计、动画设计、分镜、动画制作、摄制、描线、上色、画面合成、配音、配乐、音效合成、剪辑、字幕制作、压缩转码（面向网络动漫、手机动漫格式适配）服务，以及在境内转让动漫版权（包括动漫品牌、形象或者内容的授权及再授权），自试点开始实施之日至2012年12月31日，可以选择适用简易计税方法计算缴纳增值税，但一经选择，在此期间不得变更计税方法。（财税〔2012〕53号）

954. 小规模纳税人提供应税服务如何纳税？

答：小规模纳税人提供应税服务的，一律适用简易计税方法计税。

955. 境外单位或者个人在境内提供应税服务如何纳增值税？

答：境外单位和个人在境内的试点地区提供应税服务的扣缴税款问题。

（1）境外单位或者个人在境内的试点地区提供应税服务的，且没有在境内设立经营机构的情况。

（2）范围仅限定于提供应税服务，即《试点实施办法》规定的应税服务范围，提供非试点范围劳务不在本条规定的范围内。

(3) 在计算应扣缴税额时，应将接受应税服务方支付的含税价款，换算为不含税价款，再乘以应税服务的增值税适用税率（不是增值税征收率），计算出应扣缴的增值税税额。例如，境外公司在试点地区为某纳税人提供咨询服务，合同价款106 万元，且该境外公司没有在境内设立经营机构，也没有代理人，应以接收方为增值税扣缴义务人，则接收方应当扣缴的税额计算如下：

$$应扣缴增值税 = 106 \div (1+6\%) \times 6\% = 6（万元）$$

未与我国政府达成双边运输免税安排的国家和地区的单位或者个人，向境内单位或者个人提供的国际运输服务，符合《交通运输业和部分现代服务业营业税改征增值税试点实施办法》第六条规定的，试点期间扣缴义务人暂按 3% 的征收率代扣代缴增值税。（财税〔2012〕53 号）。

956. 一般计税方法如何计算应纳税额？

答：目前我国增值税实行购进扣税法，也就是纳税人在购进货物时按照销售额支付税款（构成进项税额），在销售货物时也按照销售额收取税款（构成销项税额），但是允许从销项税额中扣除进项税额，这样就相当于仅对货物、加工修理修配劳务和应税服务的增值部分征税。当销项税额小于进项税额时，目前的做法是将差额结转下期继续抵扣。

例如，试点地区某一般纳税人 2012 年 7 月取得交通运输收入 111 万元（含税），当月外购汽油 10 万元（不含税金额，取得增值税专用发票上注明的增值税额为 1.7 万元），购入运输车辆 20 万元（不含税金额，取得机动车销售统一发票上注明的增值税额为 3.7 万元），发生的联运支出 50 万元（不含税金额，取得货物运输业增值税专用发票上注明的增值税额为 5.5 万元）。

$$该纳税人 2012 年 7 月应纳税额 = 111 \div (1+11\%) \times 11\% - 1.7 - 3.4 - 5.5 = 0.4（万元）$$

957. 什么是销项税额？

答：销项税额的概念及其计算方法。

(1) 从上述销项税额的计算公式中可以看出，销项税额是应税服务的销售额和增值税税率的乘积，是该环节提供应税服务的增值税整体税金，抵扣当期进项税额之后，形成当期增值税应纳税额。

(2) 一般纳税人应在"应交税费"科目下设置"应交增值税"明细科目。在"应交增值税"明细账中，应设置"销项税额"等专栏。

"销项税额"专栏，记录一般纳税人销售货物或者提供应税劳务和应税服务应收取的增值税额。一般纳税人销售货物或者提供应税劳务和应税服务应收取的销项税额,用蓝字登记;退回销售货物以及服务中止或者折让应冲销销项税额,用红字登记。

958. 什么是销售额?

答:确定一般纳税人应税服务的销售额时,可能会遇到一般纳税人由于销售对象的不同、开具发票种类的不同而将销售额和销项税额合并定价的情况。对此,本条规定,一般纳税人销售货物或者应税服务,采用销售额和销项税额合并定价方法的,按照"销售额=含税销售额÷(1+税率)"这一公式计算不含税销售额。

在应税服务改征增值税之前征收营业税时,由于营业税属于价内税,纳税人根据实际取得的价款确认营业额,按照营业额和营业税税率的乘积确认应交营业税。在应税服务营业税改征增值税之后,由于增值税属于价外税,一般纳税人取得的含税销售额,先进行价税分离换算成不含税销售额,再按照不含税销售额与增值税税率之间的乘积确认销项税额。

959. 什么是进项税额?

答:进项税额的概念。
(1) 关于进项税额的概念需从以下三方面理解:
①只有增值税一般纳税人,才涉及进项税额的抵扣问题;
②产生进项税额的行为是纳税人购进货物或者接受加工修理修配劳务和应税服务;
③是购买方或者接受方支付或者负担的增值税额。
(2) 一般纳税人应在"应交税费"科目下设置"应交增值税"明细科目。在"应交增值税"明细账中,应设置"进项税额"等专栏。

"进项税额"专栏,记录一般纳税人购进货物或者接受加工修理修配劳务和应税服务而支付的、准予从销项税额中抵扣的增值税额。一般纳税人购进货物或者接受加工修理修配劳务和应税服务支付的进项税额,用蓝字登记;退回所购货物以及服务中止或者折让应冲销的进项税额,用红字登记。

960. 哪些进项税额准予从销项税额中抵扣?

答:纳税人可抵扣增值税进项税额的情况。
一、增值税专用发票
从货物销售方、加工修理修配劳务或者应税服务提供方取得的增值税专用发票上注明的增值税额准予抵扣。增值税专用发票具体包括以下三种：

（1）增值税专用发票。增值税专用发票是增值税一般纳税人销售货物或者提供应税劳务和应税服务开具的发票。

（2）货物运输业增值税专用发票。货物运输业增值税专用发票是试点地区增值税一般纳税人提供货物运输服务开具的发票。

（3）机动车销售统一发票。机动车销售统一发票是增值税一般纳税人从事机动车零售业务开具的发票。

二、海关进口增值税专用缴款书

从海关取得的海关进口增值税专用缴款书上注明的增值税额准予抵扣。目前货物进口环节的增值税是由海关负责代征的，试点纳税人在进口货物办理报关进口手续时，需向海关申报缴纳进口增值税并从海关取得完税证明，其取得的海关进口增值税专用缴款书上注明的增值税额准予抵扣。

三、农产品进项税额抵扣

一般纳税人购进农产品抵扣进项税额存在如下四种情况：

（1）从一般纳税人购进农产品，按照取得的增值税专用发票上注明的增值税额，从销项税额中抵扣。

（2）进口农产品，按照取得的海关进口增值税专用缴款书上注明的增值税额，从销项税额中抵扣。

（3）购进农产品，按照取得的销售农产品的增值税普通发票上注明的农产品买价和13％的扣除率计算的进项税额，从销项税额中抵扣。

（4）从农户收购农产品，按照收购单位自行开具农产品收购发票上注明的农产品买价和13％的扣除率计算的进项税额，从销项税额中抵扣。

四、运输费用扣税凭证

增值税一般纳税人接受交通运输业服务抵扣进项税额存在如下三种情况：

（1）接受试点地区一般纳税人提供的货物运输服务，取得其开具的货物运输业增值税专用发票，按照该发票上注明的增值税额，从销项税额中抵扣。

（2）接受试点地区小规模纳税人提供的货物运输服务，取得其委托税务机关代开的货物运输业增值税专用发票，按照该发票上注明的价税合计金额和7％的扣除率计算进项税额，从销项税额中抵扣。（《试点有关事项的规定》）

（3）接受非试点地区的单位和个人提供的交通运输劳务，取得其开具的运输费用结算单据，按照该运输费用结算单据上注明的运输费用金额和7％的扣除率计算的进项税额，从销项税额中抵扣。

从试点地区取得的试点实施之后开具的运输费用结算单据（铁路运输费用结算单据除外），不得作为增值税扣税凭证。（《试点有关事项的规定》）

五、通用税收缴款书

接受境外单位或者个人提供应税服务，从税务机关或者境内代理人取得的解缴税款的中华人民共和国通用税收缴款书上注明的增值税额准予抵扣。应税服务的接受方取得通用缴款书包括如下两种方式：

（1）境外单位或者个人在境内提供应税服务，在境内未设有经营机构，以境内代理人为增值税扣缴义务人的，由境内代理人按照规定扣缴税款并向主管税务机关申报缴纳相应税款，税务机关向境内代理人出具通用缴款书。境内代理人将取得的通用缴款书转交给接受方。接受方从境内代理人取得通用缴款书后，按照该通用缴款书上注明的增值税额，从销项税额中抵扣。

（2）境外单位或者个人在境内提供应税服务，在境内未设有经营机构，且在境内没有代理人，以接受方为增值税扣缴义务人情况的，由接受方按照规定扣缴税款并向主管税务机关申报缴纳相应税款，税务机关向接受方出具通用缴款书。接受方从税务机关取得通用缴款书后，按照该通用缴款书上注明的增值税额，从销项税额中抵扣。

需注意：境外单位或者个人提供应税服务，无论以境内代理人还是接受方为增值税扣缴义务人的，抵扣税款方均为接受方。

961. 纳税人抵扣进项税额时，原则上有何要求？

答： 我国自94年实行增值税改革以来，为加强增值税管理（包括对增值税专用发票以及其他增值税扣税凭证的抵扣管理）陆续出台了若干税收规定，其中的一些税收规定目前仍然有效。这次交通运输业和部分现代服务业营业税改征增值税试点纳税人发生的增值税涉税问题，除了应按照《试点实施办法》、《试点有关事项的规定》等有关试点税收政策执行以外，涉及上述原有增值税政策规定的，也应当依照执行。因此，试点纳税人需注意这一原则，其中在增值税进项税额抵扣方面，应重点关注如下规定：

一、《增值税专用发票使用规定》

《增值税专用发票使用规定》是增值税一般纳税人如何领购、开具、缴销、报税、认证、抵扣增值税专用发票等有关问题的具体规定。

涉及上述规定的主要文件有：国税发〔2006〕156号和国税发〔2007〕18号。

二、关于增值税扣税凭证抵扣期限有关规定

（1）增值税专用发票。增值税一般纳税人取得的增值税专用发票（包括：《增值税专用发票》、《货物运输业增值税专用发票》、《机动车销售统一发票》），应在开具之日起180日内到税务机关办理认证，并在认证通过的次月申报期内，向主管税务机关申报抵扣进项税额。

（2）公路内河货物运输业统一发票。增值税一般纳税人取得的公路内河货物运输业统一发票，应在开具之日起180日内到税务机关办理认证，并在认证通过的次月申报期内，向主管税务机关申报抵扣进项税额。

（3）海关进口增值税专用缴款书。增值税一般纳税人取得的海关缴款书，应在开具之日起180日后的第一个纳税申报期结束以前，向主管税务机关申报抵扣进项税额。纳税人应根据申报抵扣的相关海关缴款书逐票填写《海关完税凭证抵扣清单》，在进行增值税纳税申报时，将《海关完税凭证抵扣清单》纸质资料和电子数据随同纳税申报表一并报送。

（4）未在规定期限内认证或者申报抵扣的情况。增值税一般纳税人取得的增值税专用发票（包括增值税专用发票、货物运输业增值税专用发票、机动车销售统一发票）、公路内河货物运输业统一发票以及海关缴款书，未在规定期限内到税务机关办理认证或者申报抵扣的，不得作为合法的增值税扣税凭证，不得计算进项税额抵扣。

涉及上述规定的主要文件有：国税函〔2009〕617号和国税函〔2004〕128号。

三、未规定抵扣期限的相关增值税扣税凭证

目前没有规定抵扣期限的增值税扣税凭证包括：

（1）购进农产品，取得的农产品收购发票或者销售发票。

（2）接受境外单位或者个人提供的应税服务，从税务机关或者境内代理人取得的解缴税款的中华人民共和国通用税收缴款书。

（3）接受铁路运输劳务以及接受非试点地区的纳税人提供的航空运输、管道运输和海洋运输劳务，取得的运输费用结算单据。纳税人申报抵扣上述运输费用结算单据的，应按照要求填写《增值税运输发票抵扣清单》，随同其他申报资料向主管税务机关进行申报。

涉及上述规定的主要文件有：国税发〔2005〕61号和国税发〔2006〕163号。

962. 哪些项目的进项税额不得从销项税额中抵扣？

答：不得抵扣的进项税额的种类。

（1）用于简易计税方法计税项目、非增值税应税项目、免征增值税项目、集体福利或者个人消费的购进货物、加工修理修配劳务或者应税服务。

①非增值税应税项目，是指提供非应税服务、销售不动产和不动产在建工程等。纳税人新建、改建、扩建、修缮、装饰建筑物，无论会计制度规定如何核算，均属于不动产在建工程。

②涉及的固定资产、专利技术、非专利技术、商誉、商标、著作权、有形动产租赁，仅指专用于上述项目的情况。对兼用于增值税应税项目和上述项目情况的，其进项税额准予全部抵扣。

（2）虽然取得合法的扣税凭证，但非正常损失的购进货物、加工修理修配劳务和应税服务和非正常损失的在产品、产成品所耗用的购进货物、加工修理修配劳务或者应税服务的进项税额是不能抵扣的。

非正常损失,是指因管理不善造成被盗、丢失、霉烂变质的损失,以及被执法部门依法没收或者强令自行销毁的货物。

(3) 一般纳税人接受的旅客运输劳务不得抵扣进项税额。一般意义上,旅客运输劳务主要接受对象是个人。对于一般纳税人购买的旅客运输劳务,难以准确界定接受劳务的对象是企业还是个人,因此,一般纳税人接受的旅客运输劳务不得从销项税额中抵扣。

(4) 自用的应征消费税的摩托车、汽车、游艇之所以不允许抵扣,主要是考虑它们多是用于集体福利或者个人消费,所以不得抵扣进项税额。另外,由于提供交通运输业服务和有形动产租赁服务已经作为营业税改征增值税的应税服务,分别依照11%和17%的适用税率征收增值税,因此,作为提供交通运输业服务的运输工具和租赁服务标的物的,可以作为进项税额进行抵扣。

963. 非增值税应税项目是指哪些项目?

答: 对非增值税应税项目以及固定资产、非正常损失等情况的解释:

一、非增值税应税项目

非增值税应税项目是相对于增值税应税项目的一个概念。在原《增值税暂行条例》的规定中,非增值税应税服务项目是指属于应征收营业税的项目。交通运输业和部分现代服务业由营业税改征增值税之后,其由非增值税应税服务项目改变为增值税应税项目,而其他目前还征收营业税尚未改征增值税的项目,仍然属于非增值税应税服务项目。随着营业税改征增值税试点行业的逐步扩大,非增值税应税项目的范围将会逐步缩小。

二、固定资产、专利技术、非专利技术、商誉、商标、著作权、有形动产租赁项目进项税额的处理原则

上述项目的进项税额抵扣原则与上述项目之外的其他项目(以下简称其他项目)相比较有一定的特殊性。一般情况下,对纳税人用于适用简易方法计税项目、非增值税应税项目、免征增值税(以下简称免税)项目、集体福利或者个人消费的购进货物、接受的加工修理修配劳务或者应税服务的进项税额不得从销项税额中抵扣。但是,涉及的固定资产、专利技术、非专利技术、商誉、商标、著作权、有形动产租赁,仅指专用于上述项目的情况,对属于兼用情况的,其进项税额准予全部抵扣。之所以如此规定,主要原因是:固定资产、专利技术、非专利技术、商誉、商标、著作权、有形动产租赁项目发生上述兼用情况的较多,且比例难以准确区分。以固定资产进项税额抵扣为例,纳税人购进一台发电设备,既可用于增值税应税项目,也可用于增值税免税项目,还可用于非增值税应税项目,三者共用,且比例并不固定,难以准确区分。如果按照对其他项目进项税额的一般处理原则办理,不具备可操作性。因此,选取了有利于纳税人的如下特殊处理原则:

对纳税人涉及的固定资产、专利技术、非专利技术、商誉、商标、著作权、有形动产租赁项目的进项税额，凡发生专用于简易计税方法计税项目、非增值税应税项目、免征增值税项目、集体福利或者个人消费项目的，该进项税额不得予以抵扣；发生兼用于增值税应税项目和上述项目情况的，该进项税额准予全部抵扣。

964. 适用一般计税方法的纳税人，兼营简易计税方法计税项目、非增值税应税服务、免征增值税项目而无法划分不得抵扣的进项税额的应如何计算？

答：兼营免税项目或非增值税应税服务而无法划分的进项税额的划分。主要有以下情况：

（1）在纳税人现实生产经营活动中，兼营行为是很常见的，经常出现进项税额不能准确划分的情形。比较典型的就是耗用的水和电力。但同时也有很多进项税额是可以划分清楚用途的，比如，纳税人购进的原材料，用途是确定的，所对应的进项税额可以准确划分。因此，这里的公式只是对不能准确划分的进项税额进行划分计算的方法，对于能够准确划分的进项税额，直接按照归属进行区分。纳税人全部不得抵扣的进项税额应按照下列公式计算：

$$\begin{aligned}\text{纳税人全部不得抵扣的进项税额} =\,&\text{当期可以直接划分的不得抵扣的进项税额} + \text{当期无法划分的全部进项税额} \\ &\times (\text{当期简易计税方法计税项目销售额} + \text{非增值税应税劳务营业额} + \text{免税增值税项目销售额}) \\ &\div (\text{当期全部销售额} + \text{当期全部营业额})\end{aligned}$$

（2）按照销售额比例法进行换算是税收管理中常用的方法，与此同时还存在其他的划分方法。一般情况下，按照销售额的比例划分是较为简单的方法，操作性比较强。

（3）引入年度清算的概念。对于纳税人而言，进项税额转出是按月进行的，但由于年度内取得进项税额的不均衡性，有可能会造成按月计算的进项转出与按年度计算的进项转出产生差异，主管税务机关可在年度终了对纳税人进项转出计算公式进行清算，对相关差异进行调整。

965. 已抵扣进项税额的购进货物、接受加工修理修配劳务或者应税服务（营改增地区），发生简易计税方法项目，非增值税应税服务，免征增值税项目，应如何计算？

答：纳税人进项税额扣减的问题，并确定了扣减进项税额应按当期实际成本的原则。

(1) 本条规定针对的是已经抵扣进项税额的情况，不包括尚未抵扣进项税额的用于简易计税方法计税项目、免税项目和非增值税应税服务，此三者的进项税额应按照第二十六条规定的适用换算公式：

$$不得抵扣的进项税额 = 当期无法划分的进项额 \times \left(\frac{当期简易计税方法计税项目销售额 + 非增值税应税劳务营业额 + 免征增值项目销售额}{当期全部销售额 + 当期营业额} \right)$$

依照销售额比例法来计算应扣减进项税额，而不应采取本条规定的依实际成本计算应扣减进项税额的方法。

(2) 由于经营情况复杂，纳税人有时会先抵扣进项税额，然后发生不得抵扣进项税额的情形，如将购进货物申报抵扣后，又将其分配给本单位员工作为福利。为了保持征、扣税一致，规定了相应的进项税额应当从已申报的进项税额中予以扣减。方法为：

①对于能够确定的进项税额，直接将该进项税额从当期进项税额中扣减；

②对于无法确定的进项税额，则统一按照当期实际成本来计算应扣减进项税额。

966. 纳税人提供的适用一般计税方法计税的应税服务，因服务中止或者折让而退还给购买方的增值税额如何计算？

答：对纳税人扣减销项税额和进项税额的规定。

一、应税服务的提供方

对因服务中止或者折让而退还给购买方的增值税额，应税服务的提供方（以下简称提供方）依照规定从当期的销项税额中扣减的，如果提供方已经向购买方开具了增值税专用发票且不符合作废条件的，则提供方必须相应取得《开具红字增值税专用发票通知单》（以下简称《通知单》），方可开具红字专用发票冲减销项税额；提供方未相应取得《通知单》的，不得开具红字专用发票冲减销项税额。提供方取得《通知单》包括如下两种方式：

(1) 从提供方主管税务机关取得。

因开票有误等原因尚未将专用发票交付购买方或者购买方拒收专用发票的，提供方须在规定的期限内向其主管税务机关填报《开具红字增值税专用发票申请单》（以下简称《申请单》），主管税务机关审核确认后向提供方出具《通知单》。提供方凭《通知单》开具红字专用发票冲减销项税额。上述规定的期限内是指：

①属于未将专用发票交付购买方情况的，在开具专用发票的次月内；

②属于购买方拒收专用发票情况的，在专用发票开具后的180天认证期限内。

（2）从购买方取得。

购买方取得了专用发票的，由购买方向其主管税务机关填报《申请单》，主管税务机关审核后向购买方出具《通知单》，由购买方将《通知单》送交提供方。提供方凭《通知单》开具红字专用发票冲减销项税额。

二、购买方

购买方取得专用发票后，发生服务中止、购进货物退出、折让的，购买方应向其主管税务机关填报《申请单》，主管税务机关审核后向购买方出具《通知单》。购买方必须暂依《通知单》所列增值税额从当期进项税额中转出，未抵扣增值税进项税额的可列入当期进项税额，待取得提供方开具的红字专用发票后，与留存的《通知单》一并作为记账凭证。

涉及上述规定的主要文件：国税发〔2006〕156号、国税发〔2007〕18号和国家税务总局公告2011年第77号。

967. 有下列情形之一者，应当按照销售额和增值税税率计算应纳税额，不得抵扣进项税额，也不得使用增值税专用发票：一般纳税人会计核算不健全，或者不能够提供准确税务资料的；应当申请办理一般纳税人资格认定而未申请的。如何理解？

答：为了加强对符合一般纳税人条件的纳税人的管理，防止利用一般纳税人和小规模纳税人的两种不同的征税办法达到少缴税款的情况发生，《试点实施办法》制定了一项特殊的规定：对一般纳税人会计核算不健全，或者不能够提供准确税务资料的，以及应当申请办理一般纳税人资格认定而未申请的（如应税服务年销售额超过小规模纳税人标准但未申请办理一般纳税人认定手续的；应税服务年销售额未超过小规模纳税人标准的原公路、内河货物运输业自开票纳税人等），要按销售额依照增值税税率计算应纳税额，不得抵扣进项税额，也不得使用增值税专用发票。

968. 简易计税方法的应纳税额如何计算？

答：所称销售额为不含税销售额，征收率为3%。采取简易计税方法计算应纳税额时，不得抵扣进项税额。

小规模纳税人一律采用简易计税方法计税，一般纳税人提供的特定应税服务可以选择适用简易计税方法。如试点纳税人中的一般纳税人提供的公共交通运输服务（包括轮客渡、公交客运、轨道交通、出租车），被认定为动漫企业的一般纳税人提供的相关服务、试点前购入标的物的经营租赁，可以选择按照简易计税方法计算缴纳增值税。

969. 简易计税方法的销售额不包括其应纳税额，如何确定？

答：和一般计税方法相同，简易计税方法中的销售额也不包括向购买方收取的税额。

例如，某试点纳税人某项交通运输服务含税销售额为103元，在计算时应先扣除税额，即：不含税销售额＝103÷（1＋3％）＝100（元），增值税应纳税额＝100×3％＝3（元）。

970. 纳税人提供的适用简易计税方法计税的应税服务，因服务中止或者折让而退还给接受方的销售额如何处理？

答：对纳税人提供适用简易计税方法计税的应税服务扣减销售额的规定。
一、适用对象
（1）小规模纳税人提供应税服务；
（2）一般纳税人提供适用简易计税方法计税的应税服务。
二、开具增值税专用发票情况
对小规模纳税人提供应税服务并收取价款后，发生服务中止或者折让而退还销售额给接受方，依照本条规定将所退的款项扣减当期销售额的，如果小规模纳税人已就该项业务委托税务机关为其代开了增值税专用发票的，则小规模纳税人必须从接受方相应取得《开具红字增值税专用发票通知单》，并将《通知单》交代开税务机关后，方可扣减当期销售额；小规模纳税人未相应取得《通知单》的，或者未将《通知单》交代开税务机关的，均不得扣减当期销售额。

涉及上述规定的主要文件：国税发〔2007〕18号。

971. 销售额允许扣除的项目有哪些？

答：（1）《试点有关事项的规定》明确的三种情况有：
①试点纳税人提供应税服务，按照国家有关营业税政策规定差额征收营业税的，允许其以取得的全部价款和价外费用，扣除支付给非试点纳税人（指试点地区不按照《试点实施办法》缴纳增值税的纳税人和非试点地区的纳税人）价款后的余额为销售额。
②试点纳税人中的小规模纳税人提供交通运输业服务和国际货物运输代理服务，按照国家有关营业税政策规定差额征收营业税的，其支付给试点纳税人的价款，也允许从其取得的全部价款和价外费用中扣除。
③试点纳税人中的一般纳税人提供国际货物运输代理服务，按照国家有关营业

税政策规定差额征收营业税的，其支付给试点纳税人的价款，也允许从其取得的全部价款和价外费用中扣除；其支付给试点纳税人的价款，取得增值税专用发票的，不得从其取得的全部价款和价外费用中扣除。

允许扣除价款的项目，应当符合国家有关营业税差额征税政策规定。

（2）试点纳税人从全部价款和价外费用中扣除价款，应当取得符合法律、行政法规和国家税务总局有关规定的凭证。否则，不得扣除。

上述凭证是指：

①支付给境内单位或者个人的款项，且该单位或者个人发生的行为属于增值税或营业税征收范围的，以该单位或者个人开具的发票为合法有效凭证。

②支付的行政事业性收费或者政府性基金，以开具的财政票据为合法有效凭证。

③支付给境外单位或者个人的款项，以该单位或者个人的签收单据为合法有效凭证，税务机关对签收单据有疑义的，可以要求其提供境外公证机构的确认证明。

④国家税务总局规定的其他凭证。

972. 销售额的计算单位如何确定？

答：销售额应当以人民币计算。包括如下两项要求：

（1）销售额应当以人民币计算。纳税人以外币结算销售额的，应当折合成人民币计算。

（2）纳税人可以选择以销售额发生的当天或者当月1日的人民币汇率中间价作为折合率，但应当在事先确定采用何种折合率，且确定后12个月内不得变更。

973. 多个不同税率或者征收率的应税服务如何计算？

答：（1）纳税人提供适用不同税率或者征税率的应税服务（即：混业经营行为）的税收处理原则为：应当分别核算销售额；未分别核算的，从高适用税率。

例如，某试点一般纳税人既提供交通运输服务，又提供物流辅助服务，如果该纳税人能够分别核算上述两项应税服务的销售额，则提供交通运输服务适用11%的增值税税率，提供物流辅助服务适用6%的增值税税率；如果该纳税人没有分别核算上述两项应税服务的销售额，则提供交通运输服务和提供物流辅助服务均从高适用11%的增值税税率。

（2）《试点有关事项的规定》对混业经营行为明确了如下规定：

试点纳税人兼有不同税率或者征收率的销售货物、提供加工修理修配劳务或者应税服务的，应当分别核算适用不同税率或征收率的销售额，未分别核算销售额的，按照以下方法适用税率或征收率：

①兼有不同税率的销售货物、提供加工修理修配劳务或者应税服务的,从高适用税率。

②兼有不同征收率的销售货物、提供加工修理修配劳务或者应税服务的,从高适用征收率。

③兼有不同税率和征收率的销售货物、提供加工修理修配劳务或者应税服务的,从高适用税率。

974. 纳税人兼营营业税应税项目的如何计缴增值税?

答:纳税人既提供增值税应税服务,又提供营业税应税项目的,应当分别核算应税服务的销售额和营业税应税项目的营业额;未分别核算的,由主管税务机关核定应税服务的销售额。

例如,某试点纳税人在2011年7月提供交通运输服务取得收入1万元(不含税销售额),提供建筑业劳务取得收入1万元,如果该纳税人能够分别核算上述销售额和营业额,则按照销售额1万元计算缴纳增值税,按照营业额1万元计算缴纳营业税;如果该纳税人没有分别核算上述销售额和营业额,则由主管国税机关核定提供交通运输服务的销售额,并由主管地税机关核定提供建筑业劳务的营业额。

纳税人兼营免税、减税项目的,应当分别核算免税、减税项目的销售额;未分别核算的,不得免税、减税。

为了使纳税人能够准确核算和反映免税、减税项目的销售额,将分别核算作为纳税人减免税的前置条件。未分别核算销售额的,不得享受免税、减税优惠。

975. 对一般纳税人提供应税服务发生退款如何征税?

答:对一般纳税人提供应税服务发生退款等情形而扣减销项税额或者销售额和进项税额以及开具红字专用发票进行规定。这一规定体现了权利与义务对等的原则,从销售方的角度看,发生退款时,计算征收增值税的销售额减少,因此可以扣减自己的销项税额,减少纳税义务。而从购买方的角度看,发生退款时对方应纳增值税减少,相应要扣减自己的进项税额。这样做,可以保证销货方按照扣减后的税额计税,购买方同样按照扣减后的进项税额申报抵扣,避免销售方减少了销项税额但购买方不减少进项税额的情况发生,保证国家税款能够足额征收。

需从如下两方面理解:

一、纳税人提供应税服务,开具增值税专用发票情况,既包括一般纳税人自行开具增值税专用发票,也包括小规模纳税人委托税务机关代开增值税专用发票。

二、增值税专用发票包括《增值税专用发票》和《货物运输业增值税专用发票》,但不包括《机动车销售统一发票》。

976. 纳税人采取折扣方式提供应税服务如何征税？

答：（1）纳税人采取折扣方式提供应税服务的，如果将价款和折扣额在同一张发票上分别注明的，可按价款减除折扣额后的金额作为销售额计算缴纳增值税；如果没有在同一张发票上分别注明的，纳税人不得按价款减除折扣额后的金额作为销售额，应按价款作为销售额计算缴纳增值税。

例如，纳税人提供应税服务的价款为100元、折扣额为10元，如果将价款和折扣额在同一张发票上分别注明的，以90元为销售额；如果未在同一张发票上分别注明的，以100元为销售额。

（2）纳税人采取折扣方式提供应税服务，价款和折扣额在同一张发票上分别注明是指价款和折扣额在同一张发票上的"金额"栏分别注明的，以折扣后的价款为销售额征收增值税。未在同一张发票"金额"栏注明折扣额，而仅在发票的"备注"栏注明折扣额的，折扣额不得从价款中减除。（国税函〔2010〕56号）

977. 纳税人提供应税服务的价格明显偏低或者偏高，税务局如何征税？

答：（1）纳税人提供应税服务的价格明显偏低或者偏高包括如下三种情况：
①提供应税服务的价格明显偏低且不具有合理商业目的的；
②提供应税服务的价格明显偏高且不具有合理商业目的的；
③发生《试点实施办法》第十一条所列视同提供应税服务而无销售额的。

（2）发生上述情况的，主管税务机关有权确定纳税人所提供应税服务的销售额，但应按照下列顺序确定：
①按照纳税人最近时期提供同类应税服务的平均价格确定。
②按照其他纳税人最近时期提供同类应税服务的平均价格确定。
③按照组成计税价格确定。组成计税价格的公式为：

$$组成计税价格 = 成本 \times (1 + 成本利润率)$$

978. 增值税纳税义务发生时间如何确定？

答：关于纳税义务发生时间确认原则的规定。
（1）先开具发票的，纳税义务发生时间为开具发票的当天。

提供应税服务由营业税改征增值税后，由于增值税实行凭专用发票抵扣税款的办法，接受方在取得提供方开具的专用发票后，即使尚未向提供方支付相关款项，仍然可以按照有关规定凭专用发票抵扣进项税额。因此，如果以收讫销售款项或者取得索取销售款项凭据的当天作为提供方的纳税义务发生时间，就会造成增值税的征收与抵扣脱节，即提供方尚未申报纳税，接受方已经提前抵扣了税款。

（2）收讫销售款项，是指纳税人提供应税服务过程中或者完成后收到款项。

①按照收讫销售款项确认应税服务纳税义务发生时间的，应以提供应税服务为前提。

②收讫销售款项，是指在应税服务开始提供后收到的款项，包括在应税服务发生过程中或者完成后收取的款项。

③除了提供有形动产租赁服务外，在提供应税服务之前收到的款项不属于收讫销售款项，不能按照该时间确认纳税义务发生。

（3）取得索取销售款项凭据的当天，是指书面合同确定的付款日期的当天；未签订书面合同或者书面合同未确定付款日期的，为应税服务完成的当天。

取得索取销售款项凭据的当天按照如下顺序掌握：

①签订了书面合同且书面合同确定了付款日期的，按照书面合同确定的付款日期的当天确认纳税义务发生；

②未签订书面合同或者书面合同未确定付款日期的，按照应税服务完成的当天确认纳税义务发生。

（4）纳税人提供有形动产租赁服务采取预收款方式的，其纳税义务发生时间为收到预收款的当天。

纳税人提供有形动产租赁服务与提供其他应税服务的处理原则有所不同，纳税人采取预收款方式的，以收到预收款的当天作为纳税义务发生时间。例如，某试点纳税人出租一辆小轿车，租金5 000元/月，一次性预收了对方一年的租金共60 000元，则应在收到60 000元租金的当天确认纳税义务发生，并按60 000元确认收入。而不能将60 000元租金采取按月分摊确认收入的方法，也不能在该业务完成后再确认收入。

（5）纳税人发生《试点实施办法》第十一条视同提供应税服务的，其纳税义务发生时间为应税服务完成的当天。

《试点实施办法》第十一条规定：除以公益活动为目的或者以社会公众为对象外，向其他单位或者个人无偿提供交通运输业和部分现代服务业服务，应视同提供应税服务缴纳增值税。由于无偿提供应税服务不存在收讫销售款项或者取得索取销售款项凭据的情况，因此，将其纳税义务发生时间确定为应税服务完成的当天。

（6）增值税扣缴义务发生时间为纳税人增值税纳税义务发生的当天。

《试点实施办法》第六条规定：境外单位或者个人提供应税服务，在境内未设有经营机构的，以其代理人或者接受方为增值税扣缴义务人。增值税扣缴义务发生时间确定为纳税人增值税纳税义务发生的当天，即：先按照《试点实施办法》第四十一条的相关规定确认境外单位或者个人提供应税服务的增值税纳税义务发生时间，再以增值税纳税义务发生的当天作为增值税扣缴义务发生时间。

979. 增值税纳税地点如何确定？

答： 固定业户、非固定业户以及扣缴义务人的纳税地点问题。

(1) 固定业户应当向其机构所在地或者居住地主管税务机关申报纳税。

根据税收属地管辖原则，固定业户应当向其机构所在地的主管税务机关申报纳税，这是一般性规定。这里的机构所在地是指纳税人的注册登记地。如果固定业户设有分支机构，且不在同一县（市）的，应当分别向各自所在地的主管税务机关申报纳税。经财政部和国家税务总局或者其授权的财政和税务机关批准，可以由总机构合并向总机构所在地的主管税务机关申报纳税。具体审批权限如下：

①总机构和分支机构不在同一省、自治区、直辖市的，经财政部和国家税务总局批准，可以由总机构合并向总机构所在地的主管税务机关申报纳税。

②总机构和分支机构不在同一县（市），但在同一省、自治区、直辖市范围内的，经省、自治区、直辖市财政厅（局）、国家税务局审批同意，可以由总机构合并向总机构所在地的主管税务机关申报纳税。（财税〔2012〕9号）

(2) 非固定业户应当向应税服务发生地的主管税务机关申报纳税；未申报纳税的，由其机构所在地或者居住地的主管税务机关补征税款。

①非试点地区的非固定业户。

机构所在地或者居住地在非试点地区的非固定业户在试点地区提供应税服务，应当向应税服务发生地的主管税务机关申报缴纳增值税；未申报纳税的，由其主管税务机关按照现行营业税有关规定补征营业税。

②试点地区的非固定业户。

机构所在地或者居住地在试点地区的非固定业户在非试点地区提供应税服务，应当向其机构所在地或者居住地主管税务机关申报缴纳增值税。（《试点有关事项的规定》）

(3) 扣缴义务人应当向其机构所在地或者居住地的主管税务机关申报缴纳其扣缴的税款。

为促使扣缴义务人履行扣缴义务，同时方便其申报缴纳所扣缴税款，本条规定扣缴义务人向其机构所在地或者居住地的主管税务机关申报缴纳其扣缴的税款。

980. 增值税的纳税期限如何规定？

答： 目前有关纳税人提供应税服务的增值税纳税期限如下：

(1) 增值税一般纳税人提供应税服务的（除另有规定以外），以1个月为1个纳税期，并自期满之日起15日内申报纳税。

(2) 增值税小规模纳税人（《试点实施办法》规定的其他个人除外）提供应税

服务的,以1个月为1个纳税期,并自期满之日起15日内申报纳税。

(3)《试点实施办法》规定的其他个人提供应税服务的,实行按次纳税。

981. 税收减免有何优惠规定?

答:一、现行的增值税税收优惠主要包括:直接免税、减征税款、即征即退(税务机关负责退税)、先征后返(财政部门负责退税)等形式。提供应税服务由营业税改征增值税后,为实现试点纳税人原享受的营业税优惠政策平稳过渡,《交通运输业和部分现代服务业营业税改征增值税试点过渡政策的规定》(以下简称《试点过渡政策的规定》)明确了在试点期间试点纳税人可以享受的有关增值税优惠政策,具体如下:

(1)下列项目免征增值税:

①个人转让著作权。

②残疾人个人提供应税服务。

③航空公司提供飞机播洒农药服务。

④试点纳税人提供技术转让、技术开发和与之相关的技术咨询、技术服务。

⑤符合条件的节能服务公司实施合同能源管理项目中提供的应税服务。

⑥自2012年1月1日起至2013年12月31日,注册在上海的企业从事离岸服务外包业务中提供的应税服务。

⑦台湾航运公司从事海峡两岸海上直航业务在大陆取得的运输收入。

⑧台湾航空公司从事海峡两岸空中直航业务在大陆取得的运输收入。

⑨美国ABS船级社在非营利宗旨不变、中国船级社在美国享受同等免税待遇的前提下,在中国境内提供的船检服务。

⑩随军家属就业。

⑪军队转业干部就业。

⑫城镇退役士兵就业。

⑬失业人员就业。

直接免税是对纳税人提供应税服务的这一环节免于征收增值税。纳税人用于免征增值税项目的购进货物、接受加工修理修配劳务或者应税服务的进项税额不得抵扣。纳税人提供应税服务享受免征增值税优惠政策的,不得开具增值税专用发票。

(2)下列项目实行增值税即征即退:

①注册在洋山保税港区内试点纳税人提供的国内货物运输服务、仓储服务和装卸搬运服务。

②安置残疾人的单位,实行由税务机关按单位实际安置残疾人的人数,限额即征即退增值税的办法。

③试点纳税人中的一般纳税人提供管道运输服务,对其增值税实际税负超过

3%的部分实行增值税即征即退政策。

④经中国人民银行、银监会、商务部批准经营融资租赁业务的试点纳税人中的一般纳税人提供有形动产融资租赁服务，对其增值税实际税负超过3%的部分实行增值税即征即退政策。

增值税即征即退是指税务机关按照有关税收规定将纳税人的增值税应纳税额及时足额征收入库，再由税务机关将已征收入库的增值税税款全部或部分退还给纳税人。纳税人提供应税服务享受增值税即征即退优惠政策的，可以开具增值税专用发票，并按照一般计税方法计算增值税的销项税额、进项税额和应纳税额。

对于税务机关、财政监察专员办事机构、审计机关等执法机关根据税法有关规定查补的增值税等各项税款，必须全部收缴入库，均不得执行由财政和税务机关给予返还的优惠政策。（财税字〔1998〕80号）

二、试点纳税人提供应税服务适用免税、减税规定的，可以放弃免税、减税，依照本办法的规定缴纳增值税。放弃免税、减税后，36个月内不得再申请免税、减税。

要理解本条规定还需注意以下几个方面：

（1）放弃免税权的增值税一般纳税人提供应税服务可以开具增值税专用发票。

（2）纳税人一经放弃免税权，其提供的全部应税服务均应按照适用税率征税，不得选择某一免税项目放弃免税权，也不得根据不同的对象选择部分应税服务放弃免税权。

（3）纳税人在免税期内购进用于免税项目的货物、加工修理修配劳务或者应税服务所取得的增值税扣税凭证，一律不得抵扣。

982. 对增值税起征点有何规定？

答：一、适用范围

增值税起征点仅适用于《试点实施办法》规定的个人，包括：个体工商户和其他个人，但不适用于认定为一般纳税人的个体工商户。即增值税起征点仅适用于个体工商户小规模纳税人和其他个人。

二、销售额的确定

增值税起征点所称的销售额是指纳税人提供应税服务的销售额（不包括销售货物和提供加工修理修配劳务的销售额），销售额不包括其应纳税额，采用销售额和应纳税额合并定价方法的，按照下列公式计算销售额：

销售额＝含税销售额÷（1＋征收率）

三、达到增值税起征点的征税规定

纳税人达到增值税起征点的，应全额计算缴纳增值税，不应仅就超过增值税起征点的部分计算缴纳增值税。

983. 跨期业务如何进行税务处理？

答：

一、租赁业务

试点纳税人在试点实施之前签订的尚未执行完毕的租赁合同，在合同到期日之前继续按照现行营业税政策规定缴纳营业税。(《试点有关事项的规定》)

二、差额征税

试点纳税人提供应税服务，按照国家有关营业税政策规定差额征收营业税的，因取得的全部价款和价外费用不足以抵减允许扣除项目金额，截至试点实施之前尚未扣除的部分，不得在计算试点纳税人试点实施之后的销售额时予以抵减，应当向主管税务机关申请退还营业税。

试点纳税人按照《试点有关事项的规定》继续缴纳营业税的有形动产租赁服务，不适用上述规定。(财税〔2011〕133号)

三、发生退款

试点纳税人提供应税服务在试点实施之前已缴纳营业税，试点实施之后因发生退款减除营业额的，应当向主管税务机关申请退还已缴纳的营业税。(财税〔2011〕133号)

四、补缴税款

试点纳税人在试点实施之前提供的应税服务，因税收检查等原因需要补缴税款的，应按照现行营业税政策规定补缴营业税。(财税〔2011〕133号)

五、优惠政策的延续

试点实施之前，如果试点纳税人已经按照有关政策规定享受了营业税税收优惠，在剩余税收优惠政策期限内，按照《试点过渡政策的规定》享受有关增值税优惠。(《试点过渡政策的规定》)

六、开具发票

试点纳税人在试点实施之前提供改征增值税的营业税应税服务并开具发票后，如发生服务中止、折让、开票有误等，且不符合发票作废条件的，应开具红字普通发票，不得开具红字专用发票。对于需重新开具发票的，应开具普通发票，不得开具专用发票（包括货运专用发票）。(国家税务总局公告2011年第77号)

984. 纳税人提供应税服务不得开具增值税专用发票的情况有哪些？

答： 纳税人提供应税服务开具增值税专业发票的相关规定。

增值税专用发票，是接受方支付增值税额并可按照增值税有关规定据以抵扣进项税额的凭证，是将上一环节纳税人已缴纳增值税税款传递给下一环节纳税人据以抵扣的重要链条。为此,《试点实施办法》明确:纳税人提供应税服务,应当向索取增值税专用发票的接受方开具增值税专用发票,并在增值税专用发票上分别注明销售额和销项税额。但是,有如下两种情况之一的,纳税人不得开具增值税专用发票:

(1) 向消费者个人提供应税服务。

消费者个人是应税服务的最终消费者,也是增值税税款的最终负担者,无须取得增值税专用发票据以抵扣进项税额。因此,纳税人向消费者个人提供应税服务不得开具增值税专用发票,只能开具增值税普通发票。

(2) 适用免征增值税规定的应税服务。

纳税人提供应税服务适用免征增值税规定的,在该环节不缴纳增值税,不存在将本环节已缴纳增值税税款传递给下一环节纳税人抵扣的问题。因此,纳税人提供应税服务适用免征增值税规定的,也不得开具增值税专用发票,只能开具增值税普通发票。

985. 小规模纳税人提供应税服务,接受方索取增值税专用发票的,如何处理?

答:由于增值税小规模纳税人不能自行开具增值税专用发票,其提供应税服务,如果接受方索取增值税专用发票的,可以向主管税务机关申请代开增值税专用发票。但是,对小规模纳税人向消费者个人提供应税服务以及提供应税服务适用免征增值税规定的,不得申请代开增值税专用发票。

986. 营业税改征增值税一般纳税人资格认定与现行一般纳税人资格认定的主要差异是什么?

答:

一、财政部国家税务总局规定的小规模纳税人标准不同

(1) 从事货物生产或者提供应税劳务的小规模纳税人标准。

《增值税暂行条例细则》第二十八条规定:

①从事货物生产或者提供应税劳务的纳税人,以及以从事货物生产或者提供应税劳务为主,并兼营货物批发或者零售的纳税人,年应征增值税销售额(以下简称应税销售额)在 50 万元以下(含本数,下同)的;

②除上述①规定以外的纳税人,年应税销售额在 80 万元以下的。

(2) 提供应税服务的小规模纳税人标准。

《财政部、国家税务总局关于在上海市开展交通运输业和部分现代服务业营业税改征增值税试点的通知》(财税〔2011〕111 号)附件 2 第一条第(五)项规定,《试点实施办法》第三条规定的应税服务年销售额标准为 500 万元(含本数)。

二、可实行纳税辅导期管理适用的企业范围不同

(1) 从事货物生产或者提供应税劳务的纳税人。

①新认定为一般纳税人的小型商贸批发企业。

②其他一般纳税人。

(2) 提供应税服务的纳税人。

试点纳税人取得一般纳税人资格后，发生增值税偷税、骗取退税和虚开增值税扣税凭证等行为的，主管税务机关可以对其实行不少于 6 个月的纳税辅导期管理。

987. 混业经营的小规模纳税人，如何确认是否超过小规模纳税人标准？

答：增值税小规模纳税人根据申报的从事货物生产或者提供应税劳务销售额和提供的应税服务销售额分别计算年应税销售额。

无论哪项年应税销售额超过财政部、国家税务总局规定的小规模纳税人标准，均应当按照相关规定申请认定增值税一般纳税人或申请不认定一般纳税人。

988. 计税销售额如何计算？

答：《交通运输业和部分现代服务业营业税改征增值税试点实施办法》第三十三条规定，销售额，是指纳税人提供应税服务取得的全部价款和价外费用。上述全部价款和价外费用指不含税的全部价款和价外费用。

$$(1)\ \substack{一般纳税人\\计税销售额} = \left(\substack{取得的全部含税\\价款和价外费用} - \substack{支付给其他单位或\\个人的含税价款}\right) \div \left(1 + \substack{对应征税应税服务适用\\的增值税税率或征收率}\right)$$

$$(2)\ \substack{小规模纳税人\\计税销售额} = \left(\substack{取得的全部含税\\价款和价外费用} - \substack{支付给其他单位或\\个人的含税价款}\right) \div (1 + 征收率)$$

989. 兼有多项差额征税应税服务如何核算？

答：

(一) 政策规定。《财政部国家税务总局关于在上海市开展交通运输业和部分现代服务业营业税改征增值税试点的通知》（财税〔2011〕111 号）有关规定：

(1)《交通运输业和部分现代服务业营业税改征增值税试点实施办法》第三十五条规定：纳税人提供适用不同税率或者征收率的应税服务，应当分别核算适用不

同税率或者征收率的销售额;未分别核算的,从高适用税率。第三十七条规定:纳税人兼营免税、减税项目的,应当分别核算免税、减税项目的销售额;未分别核算的,不得免税、减税。

(2)《交通运输业和部分现代服务业营业税改征增值税试点有关事项的规定》第一条第(一)项规定:试点纳税人兼有不同税率或者征收率的销售货物、提供加工修理修配劳务或者应税服务的,应当分别核算适用不同税率或征收率的销售额,未分别核算销售额的,按照以下方法适用税率或征收率:

①兼有不同税率的销售货物、提供加工修理修配劳务或者应税服务的,从高适用税率。

②兼有不同征收率的销售货物、提供加工修理修配劳务或者应税服务的,从高适用征收率。

③兼有不同税率和征收率的销售货物、提供加工修理修配劳务或者应税服务的,从高适用税率。

(二)核算要求。根据上述规定及目前营业税差额征税的有关具体政策规定,纳税人兼有多项差额征税应税服务经营的,应根据适用的差额征税政策按具体应税服务项目、免税和免抵退税应税服务项目分别核算含税销售额、扣除项目金额和计税销售额。例如,同时经营交通运输业服务、货物代理、报关代理、融资租赁服务,适用免税应税服务和出口适用免抵退应税服务的纳税人,应对上述不同项目的应税服务分别核算含税销售额、扣除项目金额和计税销售额。需分别核算的上述扣除项目金额包括:期初余额、本期发生额、本期可抵减金额、本期实际抵减金额和期末余额。

990. 当期扣除支付给其他单位或个人价款如何规定?

答:
(1)当期发生属于规定扣除项目支付给其他单位或个人的价款,除有形动产融资租赁外,可以全部计入当期允许扣除项目申报扣除。

当期允许扣除的支付给其他单位或个人的价款 = 上期转入本期允许扣除的支付给其他单位或个人的价款余额 + 本期发生的允许扣除的支付给其他单位或个人的价款

(2)当期允许扣除的支付给其他单位或个人的价款小于等于当期取得的全部含税价款和价外费用的,当期实际扣除的价款为当期允许扣除的支付给其他单位或个人的价款。

(3)当期允许扣除的支付给其他单位或个人的价款大于当期取得的全部含税价款和价外费用的,当期实际扣除的价款为当期取得的全部含税价款和价外费用。不足扣除的支付给其他单位或个人的价款可以转到下期继续扣除。

991. 增值税差额征税应税服务项目，交通运输业服务中允许扣除价款项目的具体规定是什么？

答：
一、基本规定

（1）《营业税暂行条例》第五条第（一）项规定，纳税人将承揽的运输业务分给其他单位或者个人的，以其取得的全部价款和价外费用扣除其支付给其他单位或者个人的运输费用后的余额为营业额。

（2）《财政部、国家税务总局关于营业税若干政策问题的通知》（财税〔2003〕16号）第三条第（十六）项规定，经地方税务机关批准使用运输企业发票，按"交通运输业"税目征收营业税的单位将承担的运输业务分给其他运输企业并由其统一收取价款的，以其取得的全部收入减去支付给其他运输企业的运费后的余额为营业额。

（3）《国家税务总局关于新版公路、内河货物运输业统一发票有关使用问题的通知》（国税发〔2007〕101号）第一条规定，公路、内河联合货物运输业务，是指其一项货物运输业务由两个或两个以上的运输单位（或个人）共同完成的货物运输业务。运输单位（或个人）应以收取的全部价款向付款人开具货运发票，合作运输单位（或个人）以向运输单位（或个人）收取的全部价款向该运输单位（或个人）开具货运发票，运输单位（或个人）应以合作运输单位（或个人）向其开具的货运发票作为差额缴纳营业税的扣除凭证。

二、具体规定

（1）《国家税务总局关于客运飞机腹舱联运收入营业税问题的通知》（国税函〔2005〕202号）规定，中国国际航空股份有限公司（简称国航）与中国国际货运航空有限公司（简称货航）开展客运飞机腹舱联运业务时，国航以收到的腹舱收入为营业额；货航以其收到的货运收入扣除支付给国航的腹舱收入的余额为营业额，营业额扣除凭证为国航开具的"航空货运单"。

（2）《国家税务总局关于试点物流企业有关税收政策问题的通知》（国税发〔2005〕208号）第一条第（一）项规定，试点企业（此处指国家发改委和国家税务总局联合确认纳入试点名单的物流企业及所属企业）开展物流业务应按其收入性质分别核算。提供运输劳务取得的运输收入按"交通运输业"税目征收营业税并开具货物运输业发票。凡未按规定分别核算其营业税应税收入的，一律按"服务业"税目征收营业税。试点企业（此处指国家发改委和国家税务总局联合确认纳入试点名单的物流企业及所属企业）将承揽的运输业务分给其他单位并由其统一收取价款的，应以该企业取得的全部收入减去付给其他运输企业的运费后的余额为营业额计算征收营业税。

（3）《财政部、国家税务总局关于交通运输业和部分现代服务业营业税改征增值税试点若干税收政策的通知》（财税〔2011〕133号）第四条第三款规定，提供船舶代理服务的单位和个人，受船舶所有人、船舶经营人或者船舶承租人委托向运输服务接受方或者运输服务接受方代理人收取的运输服务收入，应当按照水路运输服务缴纳增值税。

（4）《国家税务总局关于航空运输企业包机业务征收营业税问题的通知》（国税发〔2000〕139号）规定，对航空运输企业从事包机业务向包机公司收取的包机费，按"交通运输业"税目征收营业税。包机业务，是指航空运输企业与包机公司签订协议，由航空运输企业负责运送旅客或货物，包机公司负责向旅客或货主收取运营收入，并向航空运输企业支付固定包机费用的业务。

992. 试点物流承揽的仓储业务中允许扣除价款项目的具体要求有哪些？

答：《国家税务总局关于试点物流企业有关税收政策问题的通知》（国税发〔2005〕208号）第一条第（二）项规定，试点企业（此处指国家发改委和国家税务总局联合确认纳入试点名单的物流企业及所属企业）将承揽的仓储业务分给其他单位并由其统一收取价款的，应以该企业取得的全部收入减去付给其他仓储合作方的仓储费后的余额为营业额计算征收营业税。

993. 勘察设计单位承担的勘察设计劳务允许扣除价款项目的具体要求有哪些？

答：《国家税务总局关于勘察设计劳务征收营业税问题的通知》（国税函〔2006〕1245号）规定，对勘察设计单位将承担的勘察设计劳务分包或转包给其他勘察设计单位或个人并由其统一收取价款的，以其取得的勘察设计总包收入减去支付给其他勘察设计单位或个人的勘察设计费后的余额为营业税计税营业额。

994. 代理业务中允许扣除价款项目的具体要求有哪些？

答：
一、基本规定
《国家税务总局关于营业税若干问题的通知》（国税发〔1995〕76号）第四条规定：代理业的营业额为纳税人从事代理业务向委托方实际收取的报酬。《国家税务总局关于代理业营业税计税依据确定问题的批复》（国税函〔2007〕908号）规定：纳税人从事代理业务，应以其向委托人收取的全部价款和价外费用减除现行税收政策规定的可扣除部分后的余额为计税营业额。

二、具体规定
（1）知识产权代理。《财政部国家税务总局关于在上海市开展交通运输业和部分现代服务业营业税改征增值税试点的通知》(财税〔2011〕111号)附件1第二条第(三)项3规定,知识产权服务,是指处理知识产权事务的业务活动。包括对专利、商标、著作权、软件、集成电路布图设计的代理、登记、鉴定、评估、认证、咨询、检索服务。

(2) 广告代理。《国家税务总局关于广告代理业征收文化事业建设费问题的批复》(国税函〔1999〕353号)规定,广告代理业应按"服务业——广告业"征收营业税。

① 《财政部、国家税务总局关于营业税若干政策问题的通知》(财税〔2003〕16号)第三条第(十八)项规定,从事广告代理业务的,以其全部收入减去支付给其他广告公司或广告发布者(包括媒体、载体)的广告发布费后的余额为营业额。

② 《国家税务总局关于互联网广告代理业务营业税问题的批复》(国税函〔2008〕660号)规定,纳税人从事广告代理业务时,委托广告发布单位制作并发布其承接的广告,无论该广告是通过何种媒体或载体(包括互联网)发布,无论委托广告发布单位是否具有工商行政管理部门颁发的广告经营许可证,纳税人都应该按照《财政部国家税务总局关于营业税若干政策问题的通知》(财税〔2003〕16号)第三条第十八款的规定,以其从事广告代理业务实际取得的收入为计税营业额计算缴纳营业税,其向广告发布单位支付的全部广告发布费可以从其从事广告代理业务取得的全部收入中减除。

(3) 货物运输代理。《财政部国家税务总局关于在上海市开展交通运输业和部分现代服务业营业税改征增值税试点的通知》(财税〔2011〕111号)附件1第二条第(四)项5规定,货物运输代理服务,是指接受货物收货人、发货人的委托,以委托人的名义或者以自己的名义,在不直接提供货物运输劳务情况下,为委托人办理货物运输及相关业务手续的业务活动。

(4) 船舶代理服务。《财政部国家税务总局关于交通运输业和部分现代服务业营业税改征增值税试点若干税收政策的通知》(财税〔2011〕133号)第四条第一、二款规定:

① 船舶代理服务按照港口码头服务缴纳增值税。

② 船舶代理服务,是指接受船舶所有人或者船舶承租人、船舶经营人的委托,经营办理船舶进出港口手续,联系安排引航、靠泊和装卸;代签提单、运输合同,代办接受订舱业务;办理船舶、集装箱以及货物的报关手续;承揽货物、组织货载,办理货物、集装箱的托运和中转;代收运费,代办结算;组织客源,办理有关海上旅客运输业务;其他为船舶提供的相关服务。

(5) 无船承运业务。《国家税务总局关于无船承运业务有关营业税问题的通知》(国税函〔2006〕1312号)规定,无船承运业务是指无船承运业务经营者以承运人身份接受托运人的货载,签发自己的提单或其他运输单证,向托运人收取运费,通过国际船舶运输经营者完成国际海上货物运输,承担承运人责任的国际海上运输经营活动。

①无船承运业务应按照"服务业——代理业"税目征收营业税。

②纳税人从事无船承运业务,以其向委托人收取的全部价款和价外费用扣除其支付的海运费以及报关、港杂、装卸费用后的余额为计税营业额申报缴纳营业税。

③纳税人从事无船承运业务,应按照其从事无船承运业务取得的全部价款和价外费用向委托人开具发票,同时应凭其取得的开具给本纳税人的发票或其他合法有效凭证作为差额缴纳营业税的扣除凭证。

(6) 包机业务。《国家税务总局关于航空运输企业包机业务征收营业税问题的通知》(国税发〔2000〕139号)规定,对包机公司向旅客或货主收取的运营收入,应按"服务业——代理"项目征收营业税,其营业额为向旅客或货主收取的全部价款和价外费用减除支付给航空运输企业的包机费后的余额。包机业务,是指航空运输企业与包机公司签订协议,由航空运输企业负责运送旅客或货物,包机公司负责向旅客或货主收取运营收入,并向航空运输企业支付固定包机费用的业务。

(7) 代理报关业务。《国家税务总局关于加强代理报关业务营业税征收管理有关问题的通知》(国税函〔2006〕1310号)规定:

①代理报关业务营业税政策代理报关业务,是指接受进出口货物收、发货人的委托,代为办理报关相关手续的业务,应按照"服务业——代理业"税目征收营业税。纳税人从事代理报关业务,以其向委托人收取的全部价款和价外费用扣除以下项目金额后的余额为计税营业额申报缴纳营业税:支付给海关的税金、签证费、滞报费、滞纳金、查验费、打单费、电子报关平台费、仓储费;支付给检验检疫单位的三检费、熏蒸费、消毒费、电子保险平台费;支付给预录入单位的预录费;国家税务总局规定的其他费用。

②代理报关业务的营业税征收管理纳税人从事代理报关业务,应按其从事代理报关业务取得的全部价款和价外费用向委托人开具发票。纳税人从事代理报关业务,应凭其取得的开具给本纳税人的发票或其他合法有效凭证作为差额征收营业税的扣除凭证。

995. 有形动产融资租赁中允许扣除价款项目的具体要求有哪些?

答:

一、概念

《财政部、国家税务总局关于在上海市开展交通运输业和部分现代服务业营业税改征增值税试点的通知》(财税〔2011〕111号)附件1第二条第(五)项规定:有形动产融资租赁,是指具有融资性质和所有权转移特点的有形动产租赁业务活动。即出租人根据承租人所要求的规格、型号、性能等条件购入有形动产租赁给承租人,合同期内设备所有权属于出租人,承租人只拥有使用权,合同期满付清租金后，承租人有权按照残值购入有形动产，以拥有其所有权。不论出租人是否将有形动产残值销售给承租人，其均属于融资租赁。

二、征税规定

（1）《国家税务总局关于融资租赁业务征收流转税问题的通知》（国税函〔2000〕514号）规定，对经中国人民银行批准经营融资租赁业务的单位所从事的融资租赁业务，无论租赁货物的所有权是否转让给承租方，均按《营业税暂行条例》的有关规定征收营业税，不征收增值税。其他单位从事的融资租赁业务，租赁的货物的所有权转让给承租方，征收增值税，不征收营业税；租赁货物的所有权未转让给承租方，征收营业税，不征收增值税。融资租赁是指具有融资性质和所有权转移特点的设备租赁业务。即出租人根据承租人所要求的规格、型号、性能等条件购入设备租赁给承租人，合同期内设备所有权属于出租人，承租人只拥有使用权，合同期满付清租金后，承租人有权按残值购入设备，以拥有设备的所有权。

（2）《国家税务总局关于融资租赁业务征收流转税问题的补充通知》（国税函〔2000〕909号）规定，按照《国家税务总局关于融资租赁业务征收营业税问题的通知》（国税函发〔1995〕656号）的规定，对经对外贸易经济合作部批准的经营融资租赁业务的外商投资企业和外国企业开展的融资租赁业务，与经中国人民银行批准的经营融资租赁业务的内资企业开展的融资租赁业务同样对待，按照融资租赁征收营业税。因此，《国家税务总局关于融资租赁业务征收流转税问题的通知》（国税函〔2000〕514号）的有关规定，同样适用于对外贸易经济合作部批准经营融资租赁业务的外商投资企业和外国企业所从事的融资租赁业务。《商务部、国家税务总局关于从事融资租赁业务有关问题的通知》（商建发〔2004〕560号）第一条规定，根据国务院办公厅下发的商务部"三定"规定，原国家经贸委、外经贸部有关租赁行业的管理职能和外商投资租赁公司管理职能划归商务部，今后凡《财政部、国家税务总局关于营业税若干政策问题的通知》（财税〔2003〕16号）中涉及原国家经贸委和外经贸部管理职能均改由商务部承担。

三、计税依据

《财政部、国家税务总局关于营业税若干政策问题的通知》（财税〔2003〕16号）第三条第（十一）项规定：经中国人民银行、外经贸部和国家经贸委批准经营融资租赁业务的单位从事融资租赁业务的，以其向承租者收取的全部价款和价外费用（包括残值）减除出租方承担的出租货物的实际成本后的余额为营业额。以上所称出租货物的实际成本，包括由出租方承担的货物的购入价、关税、增值税、消费税、运杂费、安装费、保险费和贷款的利息（包括外汇借款和人民币借款利息）。

996. 增值税专用发票如何发售？

答：（1）主管税务机关对增值税一般纳税人初次领购增值税专用发票的，应根据核定的发票用量向其发售发票。

（2）主管税务机关对增值税一般纳税人再次领购增值税专用发票的实行验旧供新制度。纳税人在领购专用发票时，应向主管税务机关提供已开具专用发票的情况，并申报专用发票领购、使用、结存和税款缴纳情况。主管税务机关审核无误后，方可发售新的专用发票。

（3）辅导期纳税人领购的专用发票未使用完而再次领购的，主管税务机关发售专用发票的份数不得超过核定的每次领购专用发票份数与未使用完的专用发票份数的差额。辅导期纳税人一个月内多次领购专用发票的，应从当月第二次领购专用发票起，按照上一次已领购并开具的专用发票销售额的3％预缴增值税，未预缴增值税的，主管税务机关不得向其发售专用发票。

预缴增值税时，纳税人应提供已领购并开具的专用发票记账联，主管税务机关根据其提供的专用发票记账联计算应预缴的增值税。

997. 增值税专用发票开具要求有哪些？

答：（1）增值税专用发票应同时按下列要求开具，否则将不得作为扣税凭证，对不符合要求的增值税专用发票，购买方有权拒收：

①项目齐全，与实际交易相符；

②字迹清楚，不得压线、错格；

③发票联和抵扣联加盖财务专用章或者发票专用章；

④按照增值税纳税义务的发生时间开具。

（2）增值税一般纳税人销售货物、提供增值税应税劳务或应税服务，符合相关法律、法规规定的，应向购买方开具增值税专用发票。

商业企业增值税一般纳税人销售的烟、酒、食品、服装、鞋帽（不包括劳保专用部分）、化妆品等消费品不得开具专用发票。

销售免税货物不得开具专用发票，法律、法规及国家税务总局另有规定的除外。向消费者个人提供应税服务，适用免征增值税规定的应税服务不得开具增值税专用发票。

（3）增值税一般纳税人销售货物、提供增值税应税劳务或者提供应税服务，符合相关法律、法规规定的，可汇总开具专用发票。汇总开具专用发票的，同时使用防伪税控系统开具销售货物或者提供应税劳务清单，并加盖财务专用章或者发票专用章。

998. 作废增值税专用发票的条件是什么？

答：增值税一般纳税人在开具增值税专用发票当月，发生销货退回、开票有误等情形，收到退回的发票联、抵扣联符合作废条件的，按作废处理；开具时发现有误的，可即时作废。

同时具有下列情形作废条件的，按作废处理：

(1) 收到退回的发票联、抵扣联时间未超过销售方开票当月；

(2) 销售方未抄税并且未记账；

(3) 购买方未认证或者认证结果为"纳税人识别号认证不符"，"专用发票代码、号码认证不符"。

作废的增值税专用发票须在防伪税控系统中将相应的数据电文按"作废"处理，在纸质增值税专用发票（含未打印的专用发票）各联次上注明"作废"字样，全联次留存。

999. 红字增值税专用发票如何开具？

答：增值税一般纳税人取得增值税专用发票后，发生销货退回、应税服务中止、折让、开票有误以及发票抵扣联、发票联均无法认证等情形，且不符合发票作废条件的，或者因销货部分退回及发生销售折让的，购买方应向主管税务机关填报《开具红字增值税专用发票申请单》。未按规定开具红字增值税专用发票的，增值税税额不得从销项税额中扣减。

一、红字增值税专用发票开具要求

(1) 纳税人开具红字发票，应向主管税务机关填报《开具红字增值税专用发票申请单》（以下简称《申请单》）。

《申请单》所对应的蓝字专用发票应经税务机关认证。经认证结果为"认证相符"并且已经抵扣增值税进项税额的，在填报《申请单》时不填写相对应的蓝字专用发票信息。经认证结果为"纳税人识别号认证不符"，"专用发票代码、号码认证不符"的，在填报《申请单》时应填写相对应的蓝字专用发票信息。《申请单》应加盖一般纳税人财务专用章。

(2) 主管税务机关对填报的《申请单》进行审核后，出具《开具红字增值税专用发票通知单》（以下简称《通知单》）。《通知单》应与《申请单》一一对应。《通知单》应加盖主管税务机关印章。《通知单》应按月依次装订成册，并比照专用发票保管规定管理。

(3) 购买方必须暂依《通知单》所列增值税税额从当期进项税额中转出，未抵扣增值税进项税额的可列入当期进项税额，待取得销售方开具的红字专用发票后，与留存的《通知单》一并作为记账凭证。属于经认证结果为"纳税人识别号认证不符"，"专用发票代码、号码认证不符"情形的，不作进项税额转出。

(4) 销售方凭购买方提供的《通知单》开具红字专用发票，在防伪税控系统中以销项负数开具。红字增值税专用发票应与《通知单》一一对应。

二、红字增值税专用发票的开具，应视不同情况分别按以下办法处理

（1）因增值税专用发票抵扣联、发票联均无法认证的，由购买方填报《申请单》，并在申请单上填写具体原因以及相对应蓝字增值税专用发票的信息，主管税务机关审核后出具《通知单》。购买方不作进项税额转出处理。

（2）购买方所购货物不属于增值税扣税项目范围，取得的增值税专用发票未经认证的，由购买方填报《申请单》，并在《申请单》上填写具体原因以及相对应蓝字增值税专用发票的信息，主管税务机关审核后出具《通知单》。购买方不作进项税额转出处理。

（3）因开票有误购买方拒收增值税专用发票的，销售方须在增值税专用发票认证期限内向主管税务机关填报《申请单》，并在《申请单》上填写具体原因以及相对应蓝字增值税专用发票的信息，同时提供由购买方出具的写明拒收理由、错误具体项目以及正确内容的书面材料，主管税务机关审核确认后出具通知单。销售方凭通知单开具红字增值税专用发票。

（4）因开票有误等原因尚未将专用发票交付购买方的，销售方须在开具有误增值税专用发票的次月内向主管税务机关填报《申请单》，并在《申请单》上填写具体原因以及相对应蓝字增值税专用发票的信息，同时提供由销售方出具的写明具体理由、错误具体项目以及正确内容的书面材料，主管税务机关审核确认后出具《通知单》。销售方凭《通知单》开具红字增值税专用发票。

（5）发生销货退回或销售折让的，除按照相关规定进行处理外，销售方还应在开具红字增值税专用发票后将该笔业务的相应记账凭证复印件报送主管税务机关备案。

1000. 丢失增值税专用发票如何抵扣？

答：（1）增值税一般纳税人丢失已开具增值税专用发票的发票联和抵扣联，如果丢失前已认证相符的，购买方凭销售方提供的相应增值税专用发票记账联复印件及销售方所在地主管税务机关出具的《丢失增值税专用发票已报税证明单》，经购买方主管税务机关审核同意后，可作为增值税进项税额的抵扣凭证。

（2）增值税一般纳税人丢失已开具增值税专用发票的发票联和抵扣联，如果丢失前未认证的，购买方凭销售方提供的相应专用发票记账联复印件到主管税务机关进行认证，认证相符的凭该专用发票记账联复印件及销售方所在地主管税务机关出具的《丢失增值税专用发票已报税证明单》，经购买方主管税务机关审核同意后，可作为增值税进项税额的抵扣凭证。

（3）一般纳税人丢失已开具专用发票的抵扣联，如果丢失前已认证相符的，可使用专用发票发票联复印件留存备查；如果丢失前未认证的，可使用专用发票发票联到主管税务机关认证，专用发票发票联复印件留存备查。

（4）一般纳税人丢失已开具专用发票的发票联，可将专用发票抵扣联作为记账凭证，专用发票抵扣联复印件留存备查。

1001. 发票违法如何处罚？

答：增值税专用发票违法处罚可分为行政处罚和刑事处罚两种。国家对不同的增值税专用发票违法行为分别制定了相应的处罚规定。对造成偷税、骗税、少缴税款的除按《税收征收管理法》的规定补税罚款外，还可按《发票管理办法》进行经济制裁。增值税专用发票违法事实、情节特别严重，构成犯罪的，还应移送司法机关追究刑事责任。

1002. 会计科目如何设定？

答：一般纳税人应在"应交税费"科目下设置"应交增值税"、"未交增值税""待抵扣进项税额"、"期初留抵挂账税额"四个明细科目。在"应交增值税"明细账中，借方应设置"进项税额"、"已交税金"、"出口抵减内销应纳税额"、"转出未交增值税"等专栏，贷方应设置"销项税额"、"出口退税"、"进项税额转出"、"转出多交增值税"等专栏。小规模纳税人只需设置"应交增值税"明细科目，不需要在"应交增值税"明细科目中设置上述专栏。

"进项税额"专栏，记录企业购入货物或接受应税劳务和应税服务而支付的、准予从销项税额中抵扣的增值税额。企业购入货物或接受应税劳务和应税服务支付的进项税额，用蓝字登记。

"已交税金"专栏，记录企业已缴纳的增值税额，企业已缴纳的增值税额用蓝字登记。

"出口抵减内销应纳税额"专栏，记录企业按免、抵、退税规定计算的向境外单位提供适用增值税零税率应税服务的当期应免抵税额。

"转出未交增值税"专栏，记录企业月终转出应交未交的增值税。月终，企业转出当月发生的应交未交的增值税额用蓝字登记。

"销项税额"专栏，记录企业提供应税服务应收取的增值税额。企业提供应税服务应收取的销项税额，用蓝字登记；发生服务中止或按规定可以实行差额征税、按照税法规定允许扣减的增值税额应冲减销项税额，用红字或负数登记。

"出口退税"专栏，记录企业向境外提供适用增值税零税率的应税服务，按规定计算的当期免、抵、退税额或按规定直接计算的应收出口退税额；出口业务办理退税后发生服务中止而补交已退的税款，用红字或负数登记。

"进项税额转出"专栏，记录企业的购进货物、在产品、产成品等发生非正常损失以及其他原因而不应从销项税额中抵扣，按规定转出的进项税额。

"转出多交增值税"专栏,记录企业月终转出多交的增值税。月终,企业转出当月发生的多交的增值税额用蓝字登记。

"未交增值税"明细科目,核算一般纳税人月终时转入的应交未交增值税额,转入多交的增值税也在本明细科目核算。

"待抵扣进项税额"明细科目,核算一般纳税人按税法规定不符合抵扣条件,暂不予在本期申报抵扣的进项税额。

"期初留抵挂账税额"明细科目,核算原增值税一般纳税人截止到营业税改征增值税实施当月,不得从应税服务的销项税额中抵扣的应税货物及劳务的上期留抵税额。

1003. 营业税改增值税后,账务应如何处理?

答:(1)一般纳税人国内采购的货物或接受的应税劳务和应税服务,按照增值税专用发票上注明的增值税额,借记"应交税费——应交增值税(进项税额)"科目,按照专用发票上记载的应计入采购成本的金额,借记"材料采购"、"商品采购"、"原材料"、"制造费用"、"管理费用"、"销售费用"、"固定资产"、"主营业务成本"、"其他业务成本"等科目,按照应付或实际支付的金额,贷记"应付账款"、"应付票据"、"银行存款"等科目。购入货物发生的退货,作相反的会计分录。

(2)一般纳税人进口货物或接受境外单位或者个人提供的应税服务,按照海关提供的海关进口增值税专用缴款书上注明的增值税额或税收通用缴款书上注明的增值税额,借记"应交税费——应交增值税(进项税额)"科目,按照进口货物或接受境外单位或者个人提供的应税服务应计入采购成本的金额,借记"材料采购"、"商品采购"、"原材料"、"管理费用"、"销售费用"、"固定资产"等科目,按照应付或实际支付的金额,贷记"应付账款"、"银行存款"等科目。

(3)一般纳税人国内采购的货物或接受的应税劳务和应税服务,已经取得的增值税扣税凭证,按税法规定不符合抵扣条件,暂不予在本期申报抵扣的进项税额,借记"应交税费——待抵扣进项税额"科目,应计入采购成本的金额,借记"材料采购"、"商品采购"、"原材料"、"制造费用"、"管理费用"、"销售费用"、"固定资产"、"主营业务成本"、"其他业务成本"等科目,按照应付或实际支付的金额,贷记"应付账款"、"应付票据"、"银行存款"等科目。

收到税务机关告知的稽核比对结果通知书及其明细清单后,按稽核比对结果通知书及其明细清单注明的稽核相符、允许抵扣的进项税额,借记"应交税费——应交增值税(进项税额)",贷记"应交税费——待抵扣进项税额"。

(4)兼有增值税应税服务的原增值税一般纳税人,应在营业税改征增值税的实施当月将应税货物及劳务的上期留抵税额,转入"期初留抵挂账税额"明细科目,借记"应交税费——期初留抵挂账税额"科目,借记"应交税费——应交增值税

(进项税额)"(红字或负数)科目。

月末，按规定计算的允许在当期抵扣的期初留抵挂账税额，借记"应交税费——应交增值税（进项税额）"科目，贷记"应交税费——期初留抵挂账税额"科目。

(5)一般纳税人提供应税服务，按照确认的收入和按规定收取的增值税额，借记"应收账款"、"应收票据"、"银行存款"等科目，按照按规定收取的增值税额，贷记"应交税费——应交增值税（销项税额）"科目，按确认的收入，贷记"主营业务收入"、"其他业务收入"等科目。发生的服务终止或折让，作相反的会计分录。

一般纳税人发生《试点实施办法》第十一条所规定情形，视同提供应税服务应提取的销项税额，借记"营业外支出"、"应付利润"等科目，贷记"应交税费——应交增值税（销项税额）"科目。

(6)小规模纳税人提供应税服务，按确认的收入和按规定收取的增值税额，借记"应收账款"、"应收票据"、"银行存款"等科目，按规定收取的增值税额，贷记"应交税费——应交增值税"科目，按确认的收入，贷记"主营业务收入"、"其他业务收入"等科目。

(7)一般纳税人向境外单位提供适用零税率的应税服务，不计算营业收入应缴纳的增值税。凭有关单证向税务机关申报办理该项出口服务的免、抵、退税。

①按税务机关批准的免抵退税额，借记"应交税费——应交增值税（出口抵减内销应纳税额）"、"其他应收款——增值税"等科目，贷记"应交税费——应交增值税（出口退税）"科目。

②收到退回的税款时，借记"银行存款"科目，贷记"其他应收款——增值税"科目。

③办理退税后发生服务终止补交已退回税款的，用红字或负数登记。

(8)非正常损失购进的货物、在产品、产成品及相关的加工修理修配劳务和交通运输业服务，以及购进货物改变用途等原因，其进项税额，应相应转入有关科目，借记"待处理财产损溢"、"在建工程"、"应付福利费"等科目，贷记"应交税费——应交增值税（进项税额转出）"科目，属于转作待处理财产损失的部分，应与非正常损失的购进货物、在产品、产成品成本一并处理。

(9)纳税人提供应税服务取得按税法规定的免征增值税收入时，借记"银行存款"、"应收账款"、"应收票据"等科目，贷记"主营业务收入"、"其他业务收入"等科目。

(10)一般纳税人提供适用简易计税方法应税服务的，借记"银行存款"、"应收账款"、"应收票据"等科目，贷记"主营业务收入"、"其他业务收入"等科目，贷记"应交税费——未交增值税"科目。

一般纳税人提供适用简易计税方法应税服务，发生《试点实施办法》第十一条所规定情形的视同提供应税服务应缴纳的增值税额，借记"营业外支出"、"应付利润"等科目，贷记"应交税费——未交增值税"科目。

（11）月份终了，一般纳税人应将当月发生的应交未交增值税额自"应交税费——应交增值税"科目转入"未交增值税"明细科目，借记"应交税费——应交增值税（转出未交增值税）"科目，贷记"应交税费——未交增值税"科目。将本月多交的增值税自"应交税费——应交增值税"科目转入"未交增值税"明细科目，借记"应交税费——未交增值税"科目，贷记"应交税费——应交增值税（转出多交增值税）"科目。

当月上缴上月应交未交的增值税，借记"应交税费——未交增值税"科目，贷记"银行存款"科目。

当月上缴本月增值税时，借记"应交税费——应交增值税（已交税金）"科目，贷记"银行存款"科目。

（12）一般纳税人享受限额扣减增值税优惠政策的，按规定扣减的增值税额，借记"应交税费——未交增值税"科目，贷记"营业外收入——政府补助"科目。

小规模纳税人享受限额扣减增值税优惠政策的，按规定扣减的增值税额，借记"应交税费——应交增值税"科目，贷记"营业外收入——政府补助"科目。

（13）一般纳税人初次购买增值税税控系统专用设备费用以及技术维护费，在增值税应纳税额中抵减时，借记"应交税费——未交增值税"科目，贷记"存款银行"等科目。

小规模纳税人初次购买增值税税控系统专用设备费用以及技术维护费，在增值税应纳税额中全额抵减时，借记"应交税费——应交增值税"科目，贷记"存款银行"等科目。

（10）经财政部和国家税务总局批准可以视为一个纳税人合并纳税的：

①分公司、子公司按照现行规定计算的在所在地缴纳的增值税，借记"其他应收款"、"内部往来"等科目，贷记"应交税费——未交增值税"科目；上缴时，借记"应交税费——未交增值税"科目，贷记"银行存款"科目。月初，分、子公司要将上月各自销售额（或营业额）、进项税额及应纳税额（包括增值税、营业税）通过传递单传至总部。

②公司总部收到各分公司、子公司的传递单后，按照传递单上注明的应纳税额，借记"应交税费——应交增值税（已交税金）"科目，贷记"其他应付款"、"内部往来"等科目；将全部收入汇总后计算销项税额，减除汇总的全部进项税额后形成总的增值税应纳税额，再将各分公司、子公司汇总的应纳税额（包括增值税、营业税）作为已交税金予以扣减后，形成总部的增值税应纳税额。

（15）小规模纳税人月份终了上缴增值税时，借记"应交税费——应交增值税"科目，贷记"银行存款"科目。收到退回多交的增值税，作相反的会计分录。

（16）"应交税费——应交增值税"科目的期末借方余额，反映尚未抵扣的增值税。"应交税费——未交增值税"科目的期末借方余额，反映多交的增值税；贷方余额，反映未交的增值税。

1004. 一般纳税人差额征税的账务应如何处理？

答：
（1）一般纳税人提供按规定可以实行差额征税的应税服务时，按照实际取得或应取得的全部价款和价外费用金额，借记"银行存款"、"应收账款"、"应收票据"等科目，贷记"主营业务收入"、"其他业务收入"等科目。

（2）一般纳税人支付价款后，在取得符合法律、行政法规和国家税务总局有关规定的凭证当月，按照税法规定允许扣减的金额，借记"主营业务成本"、"其他业务成本"等科目，贷记"银行存款"、"应付账款"等科目。

（3）纳税人提供适用不同应税项目的应税服务，应当分别按不同应税项目设置明细科目。

（4）纳税人应设置营业税改征增值税扣除项目辅助账，逐笔记载实行差额征税的应税服务，以核算当月应计提的销项税额和不足抵减的扣除项目余额。

（5）月末，按照主营业务收入（其他业务收入）与主营业务成本（其他业务成本）的差额计算提取销项税额，贷记"主营业务收入"、"其他业务收入"（红字或负数）等科目，贷记"应交税费——应交增值税（销项税额）"科目。

1005. 小规模纳税人差额征税的账务应如何处理？

答：
（1）小规模纳税人提供按规定可以实行差额征税的应税服务时，按照实际取得或应取得的全部价款和价外费用金额，借记"银行存款"、"应收账款"、"应收票据"等科目，贷记"主营业务收入"、"其他业务收入"等科目。

（2）小规模纳税人支付价款后，在取得符合法律、行政法规和国家税务总局有关规定的凭证当月，按照税法规定允许扣减的金额，借记"主营业务成本"、"其他业务成本"科目，贷记"银行存款"、"应付账款"等科目。

（3）纳税人提供适用不同应税项目的应税服务，应当分别按不同应税项目设置明细科目。

（4）纳税人应设置营业税改征增值税扣除项目辅助账，逐笔记载实行差额征税的应税服务，以核算当月应计提的销项税额和不足抵减的扣除项目余额。

（5）月末，按照主营业务收入（其他业务收入）与主营业务成本（其他业务成本）的差额计算提取应纳税额，贷记"主营业务收入"、"其他业务收入"；（红字或负数）等科目，贷记"应交税费——应交增值税"科目。

附录一

财政部　国家税务总局负责人就营业税改征增值税试点答记者问

1. 为什么要将征收营业税的行业改征增值税？这一重大税制改革对经济社会发展有哪些积极作用？

答：增值税自1954年在法国开征以来，因其有效地解决了传统销售税的重复征税问题，迅速被世界其他国家采用。目前，已有170多个国家和地区开征了增值税，征税范围大多覆盖所有货物和劳务。我国1979年引入增值税，最初仅在襄樊、上海、柳州等城市的机器机械等5类货物试行。1984年国务院发布增值税条例（草案），在全国范围内对机器机械、汽车、钢材等12类货物征收增值税。1994年税制改革，将增值税征税范围扩大到所有货物和加工修理修配劳务，对其他劳务、无形资产和不动产征收营业税。2009年，为了鼓励投资，促进技术进步，在地区试点的基础上，全面实施增值税转型改革，将机器设备纳入增值税抵扣范围。

当前，我国正处于加快转变经济发展方式的攻坚时期，大力发展第三产业，尤其是现代服务业，对推进经济结构调整和提高国家综合实力具有重要意义。按照建立健全有利于科学发展的财税制度要求，将营业税改征增值税，有利于完善税制，消除重复征税；有利于社会专业化分工，促进三次产业融合；有利于降低企业税收成本，增强企业发展能力；有利于优化投资、消费和出口结构，促进国民经济健康协调发展。

2. 为什么选择在上海市的交通运输业和部分现代服务业进行改革试点？

答：营业税改征增值税涉及面较广，为保证改革顺利实施，在部分地区和部分行业开展试点十分必要。上海市服务业门类齐全，辐射作用明显，选择上海市先行试点，有利于为全面实施改革积累经验。

选择交通运输业试点主要考虑：一是交通运输业与生产流通联系紧密，在生产性服务业中占有重要地位；二是运输费用属于现行增值税进项税额抵扣范围，运费发票已纳入增值税管理体系，改革的基础较好。选择部分现代服务业试点主要考虑：一是现代服务业是衡量一个国家经济社会发达程度的重要标志，通过改革支持其发展有利于提升国家综合实力；二是选择与制造业关系密切的部分现代服务业进行试点，可以减少产业分工细化存在的重复征税因素，既有利于现代服务业的发展，也有利于制造业产业升级和技术进步。

3. 财政部和国家税务总局为这次试点印发了一个办法和两个规定，请问其主要内容是什么？

答：为了贯彻落实国务院关于先在上海市交通运输业和部分现代服务业开展改革试点的决定，根据经国务院同意的《营业税改征增值税试点方案》，财政部和国家税务总局印发了《交通运输业和部分现代服务业营业税改征增值税试点实施办法》、《交通运输业和部分现代服务业营业税改征增值税试点有关事项的规定》和《交通运输业和部分现代服务业营业税改征增值税试点过渡政策的规定》等文件，自2012年1月1日起施行。

试点实施办法明确了对交通运输业和部分现代服务业征收增值税的基本规定，包括纳税人、应税服务、税率、应纳税额、纳税时间和地点等各项税制要素。

试点有关事项的规定是对试点实施办法的补充，主要是明确试点地区与非试点地区、试点纳税人与非试点纳税人、试点行业与非试点行业适用税种的协调和政策衔接问题。

试点过渡政策的规定主要是明确试点纳税人改征增值税后，原营业税优惠政策的过渡办法和解决个别行业税负可能增加的政策措施。

4. 为什么说营业税改征增值税是一项重要的结构性减税措施？改征后的增值税收入如何确定归属？

答：根据规范税制、合理负担的原则，通过税率设置和优惠政策过渡等安排，改革试点行业总体税负不增加或略有下降。对现行征收增值税的行业而言，无论在上海还是其他地区，由于向试点纳税人购买应税服务的进项税额可以得到抵扣，税负也将相应下降。

根据现行财政体制，增值税属于中央和地方共享税，营业税属于地方税。试点期间，维持现行财政体制的基本稳定，营业税改征增值税后的收入仍归属试点地区。

5. 改革试点为什么新增了11%和6%两档低税率？

答：按照试点行业营业税实际税负测算，陆路运输、水路运输、航空运输等交通运输业转换的增值税税率水平基本在11%～15%之间，研发和技术服务、信息技术、文化创意、物流辅助、鉴证咨询服务等现代服务业基本在6%～10%之间。为使试点行业总体税负不增加，改革试点选择了 11% 和 6% 两档低税率，分别适用于交通运输业和部分现代服务业。

目前实行增值税的 170 多个国家和地区中，税率结构既有单一税率，也有多档税率。改革试点将我国增值税税率档次由目前的两档调整为四档，是一种必要的过渡性安排。今后将根据改革的需要，适时简并税率档次。

6. 改革试点期间将如何做好增值税与营业税之间的制度衔接？对现行营业税优惠政策有哪些过渡安排？

答：由于增值税和营业税的制度差异，加之本次改革试点仅在个别地区的部分行业实施，必然带来试点地区与非试点地区、试点行业与非试点行业、试点纳税人与非试点纳税人之间的税制衔接问题。为妥善处理好这些问题，试点文件从三个方面做出了安排：

一是不同地区之间的税制衔接。纳税地点和适用税种，以纳税人机构所在地作为基本判定标准。试点纳税人在非试点地区从事经营活动就地缴纳营业税的，允许其在计算增值税时予以抵减。

二是不同纳税人之间的税制衔接。对试点纳税人与非试点纳税人从事同类经营活动，在分别适用增值税和营业税的同时，就运输费用抵扣、差额征税等事项，分不同情形做出了规定。

三是不同业务之间的税制衔接。对纳税人从事混业经营的，分别在适用税种、适用税率、起征点标准、计税方法、进项税额抵扣等方面，做出了细化处理规定。

为保持现行营业税优惠政策的连续性，试点文件明确，对现行部分营业税免税政策，在改征增值税后继续予以免征；对部分营业税减免税优惠，调整为即征即退政策；对税负增加较多的部分行业，给予了适当的税收优惠。

7. 纳税人在改革前需要做哪些准备？从什么时候开始缴纳增值税？

答：从现在到试点实施还有 1 个多月的时间，希望进行试点的纳税人及时了解掌握改革试点的相关政策，积极参加税务机关组织的纳税辅导培训，调整与改革试点相关的财务管理方法，提前做好一般纳税人认定等方面的准备工作。

上海市试点纳税人自 2012 年 1 月 1 日起提供的交通运输业和部分现代服务业服务，应按规定申报缴纳增值税，在此之前提供的，仍然按原规定缴纳营业税。例如，按月申报的试点纳税人，2012 年 1 月申报缴纳的是 2011 年 12 月实现的营业税，2012 年 1 月实现的增值税应于 2 月申报缴纳。

8. 在上海市交通运输业和部分现代服务业开展改革试点后,对下一步推进改革试点有哪些考虑?

答:作为改革迈出的第一步,上海市开展试点具有全国性示范意义。我们将密切跟踪上海市试点运行情况,认真总结试点经验,逐步扩大试点范围,力争在"十二五"期间将改革逐步推广到全国范围。

附录二

营业税改征增值税试点方案
（财税〔2011〕110号）

根据党的十七届五中全会精神,按照《中华人民共和国国民经济和社会发展第十二个五年规划纲要》确定的税制改革目标和2011年《政府工作报告》的要求,制定本方案。

一、指导思想和基本原则

（一）指导思想。

建立健全有利于科学发展的税收制度,促进经济结构调整,支持现代服务业发展。

（二）基本原则。

1. 统筹设计、分步实施。正确处理改革、发展、稳定的关系,统筹兼顾经济社会发展要求,结合全面推行改革需要和当前实际,科学设计,稳步推进。

2. 规范税制、合理负担。在保证增值税规范运行的前提下,根据财政承受能力和不同行业发展特点,合理设置税制要素,改革试点行业总体税负不增加或略有下降,基本消除重复征税。

3. 全面协调、平稳过渡。妥善处理试点前后增值税与营业税政策的衔接、试点纳税人与非试点纳税人税制的协调,建立健全适应第三产业发展的增值税管理体系,确保改革试点有序运行。

二、改革试点的主要内容

（一）改革试点的范围与时间。

1. 试点地区。综合考虑服务业发展状况、财政承受能力、征管基础条件等因素,先期选择经济辐射效应明显、改革示范作用较强的地区开展试点。

2. 试点行业。试点地区先在交通运输业、部分现代服务业等生产性服务业开展试点，逐步推广至其他行业。条件成熟时，可选择部分行业在全国范围内进行全行业试点。

3. 试点时间。2012年1月1日开始试点，并根据情况及时完善方案，择机扩大试点范围。

（二）改革试点的主要税制安排。

1. 税率。在现行增值税17％标准税率和13％低税率基础上，新增11％和6％两档低税率。租赁有形动产等适用17％税率，交通运输业、建筑业等适用11％税率，其他部分现代服务业适用6％税率。

2. 计税方式。交通运输业、建筑业、邮电通信业、现代服务业、文化体育业、销售不动产和转让无形资产，原则上适用增值税一般计税方法。金融保险业和生活性服务业，原则上适用增值税简易计税方法。

3. 计税依据。纳税人计税依据原则上为发生应税交易取得的全部收入。对一些存在大量代收转付或代垫资金的行业，其代收代垫金额可予以合理扣除。

4. 服务贸易进出口。服务贸易进口在国内环节征收增值税，出口实行零税率或免税制度。

（三）改革试点期间过渡性政策安排。

1. 税收收入归属。试点期间保持现行财政体制基本稳定，原归属试点地区的营业税收入，改征增值税后收入仍归属试点地区，税款分别入库。因试点产生的财政减收，按现行财政体制由中央和地方分别负担。

2. 税收优惠政策过渡。国家给予试点行业的原营业税优惠政策可以延续，但对于通过改革能够解决重复征税问题的，予以取消。试点期间针对具体情况采取适当的过渡政策。

3. 跨地区税种协调。试点纳税人以机构所在地作为增值税纳税地点，其在异地缴纳的营业税，允许在计算缴纳增值税时抵减。非试点纳税人在试点地区从事经营活动的，继续按照现行营业税有关规定申报缴纳营业税。

4. 增值税抵扣政策的衔接。现有增值税纳税人向试点纳税人购买服务取得的增值税专用发票，可按现行规定抵扣进项税额。

三、组织实施

（一）财政部和国家税务总局根据本方案制定具体实施办法、相关政策和预算管理及缴库规定，做好政策宣传和解释工作。经国务院同意，选择确定试点地区和行业。

（二）营业税改征的增值税，由国家税务局负责征管。国家税务总局负责制定改革试点的征管办法，扩展增值税管理信息系统和税收征管信息系统，设计并统一印制货物运输业增值税专用发票,全面做好相关征管准备和实施工作。

附录三

交通运输业和部分现代服务业营业税改征增值税试点实施办法

(财税〔2011〕111号)

第一章 纳税人和扣缴义务人

第一条 在中华人民共和国境内(以下称境内)提供交通运输业和部分现代服务业服务(以下称应税服务)的单位和个人,为增值税纳税人。纳税人提供应税服务,应当按照本办法缴纳增值税,不再缴纳营业税。

单位,是指企业、行政单位、事业单位、军事单位、社会团体及其他单位。

个人,是指个体工商户和其他个人。

第二条 单位以承包、承租、挂靠方式经营的,承包人、承租人、挂靠人(以下称承包人)以发包人、出租人、被挂靠人(以下称发包人)名义对外经营并由发包人承担相关法律责任的,以该发包人为纳税人。否则,以承包人为纳税人。

第三条 纳税人分为一般纳税人和小规模纳税人。

应税服务的年应征增值税销售额(以下称应税服务年销售额)超过财政部和国家税务总局规定标准的纳税人为一般纳税人,未超过规定标准的纳税人为小规模纳税人。

应税服务年销售额超过规定标准的其他个人不属于一般纳税人;非企业性单位、不经常提供应税服务的企业和个体工商户可选择按照小规模纳税人纳税。

第四条 小规模纳税人会计核算健全,能够提供准确税务资料的,可以向主管税务机关申请一般纳税人资格认定,成为一般纳税人。

会计核算健全,是指能够按照国家统一的会计制度规定设置账簿,根据合法、有效凭证核算。

第五条 符合一般纳税人条件的纳税人应当向主管税务机关申请一般纳税人资格认定。具体认定办法由国家税务总局制定。

除国家税务总局另有规定外,一经认定为一般纳税人后,不得转为小规模纳税人。

第六条 中华人民共和国境外(以下称境外)的单位或者个人在境内提供应税服务,在境内未设有经营机构的,以其代理人为增值税扣缴义务人;在境内没有代理人的,以接受方为增值税扣缴义务人。

第七条 两个或者两个以上的纳税人,经财政部和国家税务总局批准可以视为一个纳税人合并纳税。具体办法由财政部和国家税务总局另行制定。

第二章 应税服务

第八条 应税服务,是指陆路运输服务、水路运输服务、航空运输服务、管道运输服务、研发和技术服务、信息技术服务、文化创意服务、物流辅助服务、有形动产租赁服务、鉴证咨询服务。

应税服务的具体范围按照本办法所附的《应税服务范围注释》执行。

第九条 提供应税服务,是指有偿提供应税服务。

有偿,是指取得货币、货物或者其他经济利益。

非营业活动中提供的交通运输业和部分现代服务业服务不属于提供应税服务。

非营业活动,是指:

(一)非企业性单位按照法律和行政法规的规定,为履行国家行政管理和公共服务职能收取政府性基金或者行政事业性收费的活动。

(二)单位或者个体工商户聘用的员工为本单位或者雇主提供交通运输业和部分现代服务业服务。

(三)单位或者个体工商户为员工提供交通运输业和部分现代服务业服务。

(四)财政部和国家税务总局规定的其他情形。

第十条 在境内提供应税服务,是指应税服务提供方或者接受方在境内。

下列情形不属于在境内提供应税服务:

(一)境外单位或者个人向境内单位或者个人提供完全在境外消费的应税服务。

(二)境外单位或者个人向境内单位或者个人出租完全在境外使用的有形动产。

(三)财政部和国家税务总局规定的其他情形。

第十一条 单位和个体工商户的下列情形,视同提供应税服务:

(一)向其他单位或者个人无偿提供交通运输业和部分现代服务业服务,但以公益活动为目的或者以社会公众为对象的除外。

(二)财政部和国家税务总局规定的其他情形。

第三章 税率和征收率

第十二条 增值税税率:

(一)提供有形动产租赁服务,税率为17%。

(二)提供交通运输业服务,税率为11%。

(三)提供现代服务业服务(有形动产租赁服务除外),税率为6%。

（四）财政部和国家税务总局规定的应税服务，税率为零。

第十三条 增值税征收率为3%。

第四章 应纳税额的计算

第一节 一般性规定

第十四条 增值税的计税方法，包括一般计税方法和简易计税方法。

第十五条 一般纳税人提供应税服务适用一般计税方法计税。

一般纳税人提供财政部和国家税务总局规定的特定应税服务，可以选择适用简易计税方法计税，但一经选择，36个月内不得变更。

第十六条 小规模纳税人提供应税服务适用简易计税方法计税。

第十七条 境外单位或者个人在境内提供应税服务，在境内未设有经营机构的，扣缴义务人按照下列公式计算应扣缴税额：

$$应扣缴税额 = 接受方支付的价款 \div (1 + 税率) \times 税率$$

第二节 一般计税方法

第十八条 一般计税方法的应纳税额，是指当期销项税额抵扣当期进项税额后的余额。应纳税额计算公式：

$$应纳税额 = 当期销项税额 - 当期进项税额$$

当期销项税额小于当期进项税额不足抵扣时，其不足部分可以结转下期继续抵扣。

第十九条 销项税额，是指纳税人提供应税服务按照销售额和增值税税率计算的增值税额。销项税额计算公式：

$$销项税额 = 销售额 \times 税率$$

第二十条 一般计税方法的销售额不包括销项税额，纳税人采用销售额和销项税额合并定价方法的，按照下列公式计算销售额：

$$销售额 = 含税销售额 \div (1 + 税率)$$

第二十一条 进项税额，是指纳税人购进货物或者接受加工修理修配劳务和应税服务，支付或者负担的增值税税额。

第二十二条 下列进项税额准予从销项税额中抵扣：

（一）从销售方或者提供方取得的增值税专用发票上注明的增值税额。

（二）从海关取得的海关进口增值税专用缴款书上注明的增值税额。

（三）购进农产品，除取得增值税专用发票或者海关进口增值税专用缴款书外，按照农产品收购发票或者销售发票上注明的农产品买价和13%的扣除率计算的进项税额。计算公式为：

$$进项税额＝买价×扣除率$$

买价，是指纳税人购进农产品在农产品收购发票或者销售发票上注明的价款和按照规定缴纳的烟叶税。

（四）接受交通运输业服务，除取得增值税专用发票外，按照运输费用结算单据上注明的运输费用金额和7％的扣除率计算的进项税额。进项税额计算公式：

$$进项税额＝运输费用金额×扣除率$$

运输费用金额，是指运输费用结算单据上注明的运输费用（包括铁路临管线及铁路专线运输费用）、建设基金，不包括装卸费、保险费等其他杂费。

（五）接受境外单位或者个人提供的应税服务，从税务机关或者境内代理人取得的解缴税款的中华人民共和国税收通用缴款书（以下称通用缴款书）上注明的增值税额。

第二十三条 纳税人取得的增值税扣税凭证不符合法律、行政法规或者国家税务总局有关规定的，其进项税额不得从销项税额中抵扣。

增值税扣税凭证，是指增值税专用发票、海关进口增值税专用缴款书、农产品收购发票、农产品销售发票、运输费用结算单据和通用缴款书。

纳税人凭通用缴款书抵扣进项税额的，应当具备书面合同、付款证明和境外单位的对账单或者发票。资料不全的，其进项税额不得从销项税额中抵扣。

第二十四条 下列项目的进项税额不得从销项税额中抵扣：

（一）用于适用简易计税方法计税项目、非增值税应税项目、免征增值税项目、集体福利或者个人消费的购进货物、接受加工修理修配劳务或者应税服务。其中涉及的固定资产、专利技术、非专利技术、商誉、商标、著作权、有形动产租赁，仅指专用于上述项目的固定资产、专利技术、非专利技术、商誉、商标、著作权、有形动产租赁。

（二）非正常损失的购进货物及相关的加工修理修配劳务和交通运输业服务。

（三）非正常损失的在产品、产成品所耗用的购进货物（不包括固定资产）、加工修理修配劳务或者交通运输业服务。

（四）接受的旅客运输服务。

（五）自用的应征消费税的摩托车、汽车、游艇，但作为提供交通运输业服务的运输工具和租赁服务标的物的除外。

第二十五条 非增值税应税项目，是指非增值税应税劳务、转让无形资产（专利技术、非专利技术、商誉、商标、著作权除外）、销售不动产以及不动产在建工程。

非增值税应税劳务，是指《应税服务范围注释》所列项目以外的营业税应税劳务。

不动产，是指不能移动或者移动后会引起性质、形状改变的财产，包括建筑物、构筑物和其他土地附着物。

纳税人新建、改建、扩建、修缮、装饰不动产，均属于不动产在建工程。

个人消费，包括纳税人的交际应酬消费。

固定资产，是指使用期限超过12个月的机器、机械、运输工具以及其他与生产经营有关的设备、工具、器具等。

非正常损失，是指因管理不善造成被盗、丢失、霉烂变质的损失，以及被执法部门依法没收或者强令自行销毁的货物。

第二十六条 适用一般计税方法的纳税人，兼营简易计税方法计税项目、非增值税应税劳务、免征增值税项目而无法划分不得抵扣的进项税额，按照下列公式计算不得抵扣的进项税额：

$$\text{不得抵扣的进项税额} = \text{当期无法划分的全部进项税额} \times \frac{\text{当期简易计税方法计税项目销售额} + \text{非增值税应税劳务营业额} + \text{免征增值税项目销售额}}{\text{当期全部销售额} + \text{当期全部营业额}}$$

主管税务机关可以按照上述公式依据年度数据对不得抵扣的进项税额进行清算。

第二十七条 已抵扣进项税额的购进货物、接受加工修理修配劳务或者应税服务，发生本办法第二十四条规定情形（简易计税方法计税项目、非增值税应税劳务、免征增值税项目除外）的，应当将该进项税额从当期进项税额中扣减；无法确定该进项税额的，按照当期实际成本计算应扣减的进项税额。

第二十八条 纳税人提供的适用一般计税方法计税的应税服务，因服务中止或者折让而退还给购买方的增值税额，应当从当期的销项税额中扣减；发生服务中止、购进货物退出、折让而收回的增值税额，应当从当期的进项税额中扣减。

第二十九条 有下列情形之一者，应当按照销售额和增值税税率计算应纳税额，不得抵扣进项税额，也不得使用增值税专用发票：

（一）一般纳税人会计核算不健全，或者不能够提供准确税务资料的。

（二）应当申请办理一般纳税人资格认定而未申请的。

第三节 简易计税方法

第三十条 简易计税方法的应纳税额，是指按照销售额和增值税征收率计算的增值税额，不得抵扣进项税额。应纳税额计算公式：

$$\text{应纳税额} = \text{销售额} \times \text{征收率}$$

第三十一条 简易计税方法的销售额不包括其应纳税额，纳税人采用销售额和应纳税额合并定价方法的，按照下列公式计算销售额：

销售额＝含税销售额÷(1＋征收率)

第三十二条 纳税人提供的适用简易计税方法计税的应税服务，因服务中止或者折让而退还给接受方的销售额，应当从当期销售额中扣减。扣减当期销售额后仍有余额造成多缴的税款，可以从以后的应纳税额中扣减。

第四节 销售额的确定

第三十三条 销售额，是指纳税人提供应税服务取得的全部价款和价外费用。

价外费用，是指价外收取的各种性质的价外收费，但不包括代为收取的政府性基金或者行政事业性收费。

第三十四条 销售额以人民币计算。

纳税人按照人民币以外的货币结算销售额的，应当折合成人民币计算，折合率可以选择销售额发生的当天或者当月1日的人民币汇率中间价。纳税人应当在事先确定采用何种折合率，确定后12个月内不得变更。

第三十五条 纳税人提供适用不同税率或者征收率的应税服务，应当分别核算适用不同税率或者征收率的销售额；未分别核算的，从高适用税率。

第三十六条 纳税人兼营营业税应税项目的，应当分别核算应税服务的销售额和营业税应税项目的营业额；未分别核算的，由主管税务机关核定应税服务的销售额。

第三十七条 纳税人兼营免税、减税项目的，应当分别核算免税、减税项目的销售额；未分别核算的，不得免税、减税。

第三十八条 纳税人提供应税服务，开具增值税专用发票后，提供应税服务中止、折让、开票有误等情形，应当按照国家税务总局的规定开具红字增值税专用发票。未按照规定开具红字增值税专用发票的，不得按照本办法第二十八条和第三十二条的规定扣减销项税额或者销售额。

第三十九条 纳税人提供应税服务，将价款和折扣额在同一张发票上分别注明的，以折扣后的价款为销售额；未在同一张发票上分别注明的，以价款为销售额，不得扣减折扣额。

第四十条 纳税人提供应税服务的价格明显偏低或者偏高且不具有合理商业目的的，或者发生本办法第十一条所列视同提供应税服务而无销售额的，主管税务机关有权按照下列顺序确定销售额：

（一）按照纳税人最近时期提供同类应税服务的平均价格确定。

（二）按照其他纳税人最近时期提供同类应税服务的平均价格确定。

（三）按照组成计税价格确定。组成计税价格的公式为：

组成计税价格＝成本×(1＋成本利润率)

成本利润率由国家税务总局确定。

第五章 纳税义务、扣缴义务发生时间和纳税地点

第四十一条 增值税纳税义务发生时间为:

(一) 纳税人提供应税服务并收讫销售款项或者取得索取销售款项凭据的当天;先开具发票的,为开具发票的当天。

收讫销售款项,是指纳税人提供应税服务过程中或者完成后收到款项。

取得索取销售款项凭据的当天,是指书面合同确定的付款日期;未签订书面合同或者书面合同未确定付款日期的,为应税服务完成的当天。

(二) 纳税人提供有形动产租赁服务采取预收款方式的,其纳税义务发生时间为收到预收款的当天。

(三) 纳税人发生本办法第十一条视同提供应税服务的,其纳税义务发生时间为应税服务完成的当天。

(四) 增值税扣缴义务发生时间为纳税人增值税纳税义务发生的当天。

第四十二条 增值税纳税地点为:

(一) 固定业户应当向其机构所在地或者居住地主管税务机关申报纳税。总机构和分支机构不在同一县(市)的,应当分别向各自所在地的主管税务机关申报纳税;经财政部和国家税务总局或者其授权的财政和税务机关批准,可以由总机构合并向总机构所在地的主管税务机关申报纳税。

(二) 非固定业户应当向应税服务发生地主管税务机关申报纳税;未申报纳税的,由其机构所在地或者居住地主管税务机关补征税款。

(三) 扣缴义务人应当向其机构所在地或者居住地主管税务机关申报缴纳其扣缴的税款。

第四十三条 增值税的纳税期限分别为1日、3日、5日、10日、15日、1个月或者1个季度。纳税人的具体纳税期限,由主管税务机关根据纳税人应纳税额的大小分别核定。以1个季度为纳税期限的规定适用于小规模纳税人以及财政部和国家税务总局规定的其他纳税人。不能按照固定期限纳税的,可以按次纳税。

纳税人以1个月或者1个季度为1个纳税期的,自期满之日起15日内申报纳税;以1日、3日、5日、10日或者15日为1个纳税期的,自期满之日起5日内预缴税款,于次月1日起15日内申报纳税并结清上月应纳税款。

扣缴义务人解缴税款的期限,按照前两款规定执行。

第六章 税收减免

第四十四条 纳税人提供应税服务适用免税、减税规定的,可以放弃免税、减

税，依照本办法的规定缴纳增值税。放弃免税、减税后，36个月内不得再申请免税、减税。

第四十五条 个人提供应税服务的销售额未达到增值税起征点的，免征增值税；达到起征点的，全额计算缴纳增值税。

增值税起征点不适用于认定为一般纳税人的个体工商户。

第四十六条 增值税起征点幅度如下：

（一）按期纳税的，为月应税销售额5 000～20 000元（含本数）。

（二）按次纳税的，为每次（日）销售额300～500元（含本数）。

起征点的调整由财政部和国家税务总局规定。省、自治区、直辖市财政厅（局）和国家税务局应当在规定的幅度内，根据实际情况确定本地区适用的起征点，并报财政部和国家税务总局备案。

第七章 征收管理

第四十七条 营业税改征的增值税，由国家税务局负责征收。

第四十八条 纳税人提供适用零税率的应税服务，应当按期向主管税务机关申报办理退（免）税，具体办法由财政部和国家税务总局制定。

第四十九条 纳税人提供应税服务，应当向索取增值税专用发票的接受方开具增值税专用发票，并在增值税专用发票上分别注明销售额和销项税额。

属于下列情形之一的，不得开具增值税专用发票：

（一）向消费者个人提供应税服务。

（二）适用免征增值税规定的应税服务。

第五十条 小规模纳税人提供应税服务，接受方索取增值税专用发票的，可以向主管税务机关申请代开。

第五十一条 纳税人增值税的征收管理，按照本办法和《中华人民共和国税收征收管理法》及现行增值税征收管理有关规定执行。

第八章 附则

第五十二条 纳税人应当按照国家统一的会计制度进行增值税会计核算。

第五十三条 本办法适用于试点地区的单位和个人，以及向试点地区的单位和个人提供应税服务的境外单位和个人。

试点地区的单位和个人，是指机构所在地在试点地区的单位和个体工商户，以及居住地在试点地区的其他个人。

附录四
国家税务总局关于上海市营业税改征增值税试点增值税一般纳税人资格认定有关事项的公告

(国家税务总局公告2011年第65号)

根据《财政部 国家税务总局关于在上海市开展交通运输业和部分现代服务业营业税改征增值税试点的通知》(财税〔2011〕111号),现就上海市试点纳税人有关增值税一般纳税人资格认定事项公告如下:

一、试点纳税人应税服务年销售额超过500万元的,除本公告第二、三条规定外,应当向主管税务机关申请增值税一般纳税人(以下简称一般纳税人)资格认定。

应税服务年销售额,是指试点纳税人在连续不超过12个月的经营期内,提供交通运输业和部分现代服务业服务的累计销售额,含免税、减税销售额。按《交通运输业和部分现代服务业营业税改征增值税试点有关事项的规定》(财税〔2011〕111号印发)第一条第(三)项确定销售额的试点纳税人,其应税服务年销售额按未扣除之前的销售额计算。

二、已取得一般纳税人资格并兼有应税服务的试点纳税人,不需重新申请认定,由主管税务机关制作、送达《税务事项通知书》,告知纳税人。

三、2011年年审合格的原公路、内河货物运输业自开票纳税人,其应税服务年销售额不论是否超过500万元,均应认定为一般纳税人。办理一般纳税人资格认定时,不需提交认定申请,由主管税务机关制作、送达《税务事项通知书》,告知纳税人。

四、应税服务年销售额未超过500万元以及新开业的试点纳税人,可以向主管税务机关申请一般纳税人资格认定。

提出申请并且同时符合下列条件的试点纳税人,主管税务机关应当为其办理一般纳税人资格认定:

(一)有固定的生产经营场所;

(二)能够按照国家统一的会计制度规定设置账簿,根据合法、有效凭证核算,能够提供准确税务资料。

五、试点纳税人取得一般纳税人资格后,发生增值税偷税、骗取退税和虚开增值税扣税凭证等行为的,主管税务机关可以对其实行不少于6个月的纳税辅导期管理。

六、试点纳税人一般纳税人资格认定具体程序由上海市国家税务局根据《增值税一般纳税人资格认定管理办法》(国家税务总局令第22号)和本公告确定,并报国家税务总局备案。

七、本公告自 2012 年 1 月 1 日起执行。

特此公告。

2011 年 12 月 2 日

附录五

国家税务总局关于调整增值税纳税申报有关事项的公告

（国家税务总局公告 2011 年第 66 号）

根据《财政部　国家税务总局关于在上海市开展交通运输业和部分现代服务业营业税改征增值税试点的通知》（财税〔2011〕111 号），现就调整增值税纳税申报有关事项公告如下：

一、非试点地区有关事项

（一）非试点地区增值税一般纳税人纳税申报表不作调整。具体包括：《增值税纳税申报表（适用于增值税一般纳税人）》；《增值税纳税申报表附列资料（表一）、（表二）》和《固定资产进项税额抵扣情况表》。其中：《增值税纳税申报表（适用于增值税一般纳税人）》、《增值税纳税申报表附列资料（表一）》和《固定资产进项税额抵扣情况表》仍按原填表说明填写。

（二）《增值税纳税申报表附列资料（表二）》填表说明增加如下内容：

1. 接受试点纳税人提供的部分现代服务业服务，取得的《增值税专用发票》，填入第 2 栏"本期认证相符且本期申报抵扣"。辅导期一般纳税人按稽核比对结果通知书及其明细清单注明的稽核相符、允许抵扣的进项税额，填入第 3 栏"前期认证相符且本期申报抵扣"。

2. 接受试点纳税人提供的交通运输业服务，取得的《货物运输业增值税专用发票》，填入第 8 栏"运输费用结算单据"。

（1）第 8 栏"金额"：按《货物运输业增值税专用发票》"合计金额"栏数据填写。

（2）第 8 栏"税额"：《货物运输业增值税专用发票》"税率"栏为"11%"的，按《货物运输业增值税专用发票》"税额"栏数据填写；"税率"栏为其他情况的，按《货物运输业增值税专用发票》"价税合计"栏数据乘以 7% 扣除率计算填写。

3. "二、进项税额转出额"（第 13 栏至第 21 栏）增加已经抵扣按税法规定应作进项税额转出的应税服务进项税额。

4."三、待抵扣进项税额"(第 22 栏至第 34 栏)增加纳税人已经取得或认证相符,按税法规定不符合抵扣条件,暂不予在本期申报抵扣和按照税法规定不允许抵扣的应税服务进项税额。(三)非试点地区增值税小规模纳税人纳税申报不作调整。

二、试点地区增值税纳税申报由上海市国家税务局确定,报国家税务总局备案。

三、各地税务机关应做好纳税人增值税纳税申报宣传和培训辅导工作。

四、本公告自 2012 年 1 月 1 日起执行。

特此公告。

附录六

财政部 国家税务总局关于中国东方航空公司执行总机构试点纳税人增值税计算缴纳暂行办法的通知

(财税〔2011〕132 号)

各省、自治区、直辖市、计划单列市财政厅(局)、国家税务局、地方税务局,新疆生产建设兵团财务局:

为解决中国东方航空股份有限公司(以下简称中国东方航空公司)营业税改征增值税试点期间总机构缴纳增值税问题,根据《交通运输业和部分现代服务业营业税改征增值税试点实施办法》(财税〔2011〕111 号)和现行增值税有关规定,我们制定了《总机构试点纳税人增值税计算缴纳暂行办法》(附件 1)。自 2012 年 1 月 1 日起,中国东方航空公司及其分支机构(具体名单见附件 2)应当按照上述办法计算缴纳增值税。

附件 1:

总机构试点纳税人增值税计算缴纳暂行办法

一、为妥善解决营业税改征增值税试点期间总机构试点纳税人缴纳增值税问题,根据《交通运输业和部分现代服务业营业税改征增值税试点实施办法》(财税〔2011〕111 号),以下简称《试点实施办法》)和现行增值税有关规定,制定本办法。

二、财政部和国家税务总局规定的总机构(以下称总机构)及其分支机构(以下称分支机构)适用本办法。

三、总机构应当汇总计算总机构及其分支机构的应交增值税，抵减分支机构已缴纳的增值税和营业税税款后，解缴入库。分支机构按现行规定计算缴纳增值税和营业税，并按规定归集汇总已缴纳的增值税和营业税数据，传递给总机构。

四、总机构的汇总应征增值税销售额由以下两部分组成：

（一）总机构及其分支机构的应征增值税销售额；

（二）非试点地区分支机构发生《试点实施办法》中《应税服务范围注释》所列业务的销售额。计算公式如下：

销售额＝应税服务的营业额÷(1＋增值税适用税率)

应税服务的营业额，是指非试点地区分支机构发生《应税服务范围注释》所列业务的营业额。增值税适用税率，是指《试点实施办法》规定的增值税适用税率。

五、总机构的销项税额，按照本办法第四条规定的汇总应征增值税销售额和《试点实施办法》规定的增值税适用税率计算。

六、总机构的进项税额，是指总机构及其分支机构购进货物或者接受加工修理修配劳务和应税服务，支付或者负担的增值税税额，用于销售货物、提供加工修理修配劳务和发生《应税服务范围注释》所列业务之外的进项税额不得抵扣。

非试点地区分支机构发生《应税服务范围注释》所列业务而购进货物或者接受加工修理修配劳务和应税服务，应当索取增值税扣税凭证。

七、非试点地区分支机构销售货物、提供加工修理修配劳务，按照现行规定申报缴纳增值税；发生《应税服务范围注释》所列业务，按照现行规定申报缴纳营业税。

分支机构当期已缴纳的增值税税款和营业税税款，允许在总机构当期增值税应纳税额中抵减，抵减不完的，可以结转下期继续抵减。

八、总机构及其分支机构，一律由其机构所在地主管国税机关认定为增值税一般纳税人。

九、发生《应税服务范围注释》所列业务的非试点地区分支机构，应按月将当月的营业税应税营业额和已缴纳的营业税税款归集汇总，填写《营业税传递单》（附1），报送主管地税机关签章确认后，于次月10日前传递给总机构。

销售货物、提供加工修理修配劳务和应税服务的分支机构，应按月将当月应征增值税销售额、进项税额和已缴纳的增值税税款归集汇总，填写《增值税传递单》（附2），报送主管国税机关签章确认后，于次月10日前传递给总机构。

十、总机构的增值税纳税期限为一个季度。

总机构应当在开具增值税专用发票的次月15日前向主管税务机关报税。

总机构的增值税进项税额，应当在认证当季终了后的申报期内申报抵扣。

十一、总机构及其分支机构取得的增值税扣税凭证，应当在规定期限内到主管国税机关办理认证或者申请稽核比对。

十二、总机构其他增值税涉税事项,按照《财政部、国家税务总局关于在上海市开展交通运输业和部分现代服务业营业税改征增值税试点的通知》(财税〔2011〕111号)及其他增值税有关政策执行。

附:
1. 营业税传递单
2. 增值税传递单

附件2:

中国东方航空公司总机构及其分支机构名单

一、总机构

中国东方航空股份有限公司

二、分支机构

中国东方航空股份有限公司安徽分公司
中国东方航空股份有限公司山东分公司
中国东方航空股份有限公司江西分公司
中国东方航空股份有限公司浙江分公司
中国东方航空股份有限公司山西分公司
中国东方航空股份有限公司河北分公司
中国东方航空股份有限公司西北分公司
中国东方航空股份有限公司甘肃分公司
中国东方航空股份有限公司北京分公司
中国东方航空股份有限公司四川分公司
上海航空有限公司

附录七

关于交通运输业和部分现代服务业营业税改征 增值税试点若干税收政策的通知

(财税〔2011〕133号)

各省、自治区、直辖市、计划单列市财政厅(局)、国家税务局、地方税务局,新疆生产建设兵团财务局：

现将上海市（以下称试点地区）开展交通运输业和部分现代服务业营业税改征增值税试点若干税收政策通知如下：

一、销售使用过的固定资产

按照《交通运输业和部分现代服务业营业税改征增值税试点实施办法》（财税〔2011〕111号，以下简称《试点实施办法》）和《交通运输业和部分现代服务业营业税改征增值税试点有关事项的规定》（财税〔2011〕111号，以下简称《试点有关事项的规定》）认定的一般纳税人，销售自己使用过的2012年1月1日（含）以后购进或自制的固定资产，按照适用税率征收增值税；销售自己使用过的2011年12月31日（含）以前购进或者自制的固定资产，按照4%征收率减半征收增值税。

使用过的固定资产，是指纳税人根据财务会计制度已经计提折旧的固定资产。

二、计税方法

试点地区的增值税一般纳税人兼有销售货物、提供加工修理修配劳务或者提供应税服务的，凡未规定可以选择按照简易计税方法计算缴纳增值税的，其全部销售额应一并按照一般计税方法计算缴纳增值税。

三、跨年度业务

（一）试点纳税人（指按照《试点实施办法》缴纳增值税的纳税人，下同）提供应税服务，按照国家有关营业税政策规定差额征收营业税的，因取得的全部价款和价外费用不足以抵减允许扣除项目金额，截至2011年12月31日尚未扣除的部分，不得在计算试点纳税人2012年1月1日后的销售额时予以抵减，应当向主管税务机关申请退还营业税。

试点纳税人按照《试点有关事项的规定》第一条第（六）项，继续缴纳营业税的有形动产租赁服务，不适用上述规定。

（二）试点纳税人提供应税服务在2011年底前已缴纳营业税，2012年1月1日后因发生退款减除营业额的，应当向主管税务机关申请退还已缴纳的营业税。

（三）试点纳税人2011年底前提供的应税服务，因税收检查等原因需要补缴税款的，应按照现行营业税政策规定补缴营业税。

四、船舶代理服务

船舶代理服务按照港口码头服务缴纳增值税。

船舶代理服务，是指接受船舶所有人或者船舶承租人、船舶经营人的委托，经营办理船舶进出港口手续，联系安排引航、靠泊和装卸；代签提单、运输合同，代办接受订舱业务；办理船舶、集装箱以及货物的报关手续；承揽货物、组织货载，办理货物、集装箱的托运和中转；代收运费，代办结算；组织客源，办理有关海上旅客运输业务；其他为船舶提供的相关服务。

提供船舶代理服务的单位和个人，受船舶所有人、船舶经营人或者船舶承租人委托向运输服务接受方或者运输服务接受方代理人收取的运输服务收入，应当按照水路运输服务缴纳增值税。根据财税［2011］53号该处已废止。

五、销售额

试点纳税人中的一般纳税人按《试点有关事项的规定》第一条第（三）项确定销售额时，其支付给非试点纳税人价款中，不包括已抵扣进项税额的货物、加工修理修配劳务的价款。

六、扣缴增值税适用税率

中华人民共和国境内的代理人和接受方为境外单位和个人扣缴增值税的，按照适用税率扣缴增值税。

七、航空运输企业

（一）除中国东方航空股份有限公司、上海航空有限公司、中国货运航空有限公司、春秋航空股份有限公司、上海吉祥航空股份有限公司、扬子江快运航空有限公司外，其他注册在试点地区的单位从事《试点实施办法》中《应税服务范围注释》规定的航空运输业务，不缴纳增值税，仍按照现行营业税政策规定缴纳营业税。

（二）提供的旅客利用里程积分兑换的航空运输服务，不征收增值税。

（三）根据国家指令无偿提供的航空运输服务，属于《试点实施办法》第十一条规定的以公益活动为目的的服务，不征收增值税。

（四）试点航空企业的应征增值税销售额不包括代收的机场建设费和代售其他航空运输企业客票而代收转付的价款。

（五）试点航空企业已售票但未提供航空运输服务取得的逾期票证收入，不属于增值税应税收入，不征收增值税。

财政部 国家税务总局
2011年12月29日

附录八
财政部 国家税务总局关于增值税税控系统专用设备和技术维护费用抵减增值税税额有关政策的通知
(财税〔2011〕15号)

各省、自治区、直辖市、计划单列市财政厅（局）、国家税务局，新疆生产建设兵团财务局：

为减轻纳税人负担，经国务院批准，自2011年12月1日起，增值税纳税人购买增值税税控系统专用设备支付的费用以及缴纳的技术维护费（以下称二项费用）可在增值税应纳税额中全额抵减。现将有关政策通知如下：

一、增值税纳税人2011年12月1日（含，下同）以后初次购买增值税税控系统专用设备（包括分开票机）支付的费用，可凭购买增值税税控系统专用设备取得的增值税专用发票，在增值税应纳税额中全额抵减（抵减额为价税合计额），不足抵减的可结转下期继续抵减。增值税纳税人非初次购买增值税税控系统专用设备支付的费用，由其自行负担，不得在增值税应纳税额中抵减。

增值税税控系统包括：增值税防伪税控系统、货物运输业增值税专用发票税控系统、机动车销售统一发票税控系统和公路、内河货物运输业发票税控系统。

增值税防伪税控系统的专用设备包括金税卡、IC卡、读卡器或金税盘和报税盘；货物运输业增值税专用发票税控系统专用设备包括税控盘和报税盘；机动车销售统一发票税控系统和公路、内河货物运输业发票税控系统专用设备包括税控盘和传输盘。

二、增值税纳税人2011年12月1日以后缴纳的技术维护费（不含补缴的2011年11月30日以前的技术维护费），可凭技术维护服务单位开具的技术维护费发票，在增值税应纳税额中全额抵减，不足抵减的可结转下期继续抵减。技术维护费按照价格主管部门核定的标准执行。

三、增值税一般纳税人支付的二项费用在增值税应纳税额中全额抵减的，其增值税专用发票不作为增值税抵扣凭证，其进项税额不得从销项税额中抵扣。

四、纳税人购买的增值税税控系统专用设备自购买之日起3年内因质量问题无法正常使用的，由专用设备供应商负责免费维修，无法维修的免费更换。

五、纳税人在填写纳税申报表时，对可在增值税应纳税额中全额抵减的增值税税控系统专用设备费用以及技术维护费，应按以下要求填报：

增值税一般纳税人将抵减金额填入《增值税纳税申报表（适用于增值税一般纳税人）》第23栏"应纳税额减征额"。当本期减征额小于或等于第19栏"应纳税额"与第21栏"简易征收办法计算的应纳税额"之和时，按本期减征额实际填写；当本期减征额大于第19栏"应纳税额"与第21栏"简易征收办法计算的应纳税额"之和时，按本期第 19 栏与第 21 栏之和填写，本期减征额不足抵减部分结转下期继续抵减。

小规模纳税人将抵减金额填入《增值税纳税申报表（适用于小规模纳税人）》第 11 栏"本期应纳税额减征额"。当本期减征额小于或等于第 10 栏"本期应纳税额"时，按本期减征额实际填写；当本期减征额大于第 10 栏"本期应纳税额"时，按本期第 10 栏填写，本期减征额不足抵减部分结转下期继续抵减。

六、主管税务机关要加强纳税申报环节的审核，对于纳税人申报抵减税款的，应重点审核其是否重复抵减以及抵减金额是否正确。

七、税务机关要加强对纳税人的宣传辅导，确保该项政策措施落实到位。

财政部　国家税务总局

2012 年 2 月 7 日